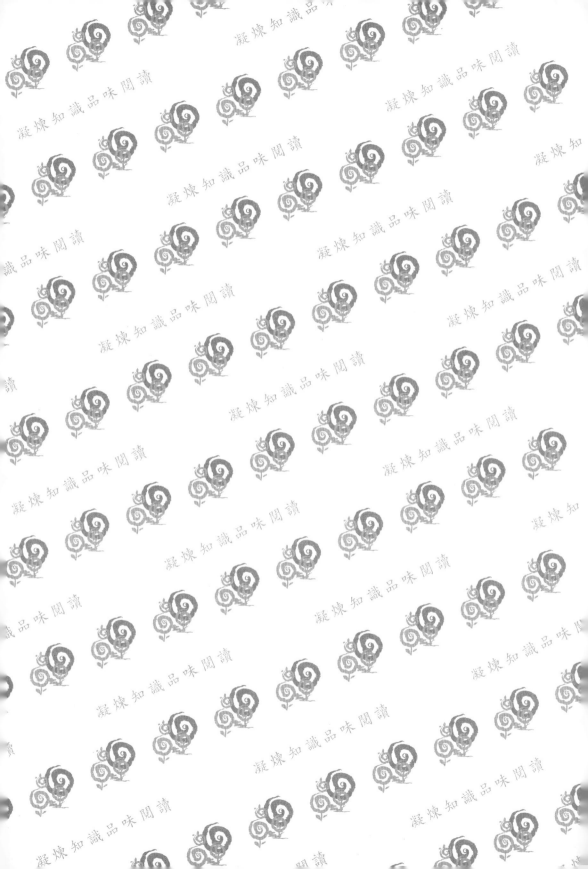

政治學的現況與展望

POLITICAL SCIENCE: THE STATE OF THE DISCIPLINE

吳重禮、吳文欽、張廖年仲

主編

INSTITUTE OF POLITICAL SCIENCE AT ACADEMIA SINICA · IPSAS ·

20th ANNIVERSARY IPSAS

序言

Preface

> 半畝方塘一鑑開，天光雲影共徘徊，
> 問渠哪得清如許，為有源頭活水來。
> 朱熹

　　從事學術研究工作的深深感觸是，閱讀是非常重要的。藉由閱讀，得以瞭解當前主要學說為何，知悉相同領域學者的不同見解；藉由閱讀，理解不同領域學者的論述觀點；藉由閱讀，慢慢沉澱知識內涵、緩緩地奠定思想底蘊。在研究過程中，閱讀的積累往往發揮觸類旁通的效果。《政治學的現況與展望》是我國政治學術社群的自省與規劃，以臺灣學者的研究成果為核心。我們希望以簡單易懂的方式，引領讀者閱讀，瞭解當代臺灣政治學發展的概況。本書預設的讀者群是政治學相關科系大三、大四、研究所學生，甚至是甫取得博士學位準備踏入學術領域的年輕學者，本書旨在引介各個領域的情形和重要趨勢，引領學子進入學術殿堂。值得說明的是，這本書的出版和中央研究院政治學研究所的發展歷程密切相關。

　　韶光荏苒，政治所籌備處成立在 2002 年，迄今共計有 21 年的時間。在 2022 年 8 月，我們舉辦成立廿週年所慶暨學術研討會，將會議主題設定為「政治學的現況與展望」，誠摯邀集國內外學術先進共襄盛舉，檢視臺灣政治學的現況歷程與關鍵議題，會後並編輯專書出版。本書的編撰要義傳承自中國政治學會在 2000 年出版的《邁入廿一世紀的政治學》，以及政治所於 2013 年出版的《政治學的回顧與前瞻》，係第三次全方位審視我國政治學各個領域的發展脈絡，並且提出未來可能重要研究課題。

　　本書得以順利付梓，所慶活動的籌劃、研討會的舉辦，以及之後的學術審查和校閱編輯，都是不可或缺的要素。感謝吳文欽老師和傅澤民老師協助規劃廿週年所慶系列活動。吳玉山院士、潘崇易先生、傅心娟小姐把注相當心力設計所慶網頁、宣傳海報、邀請函、精美紀念品。黃雅惠小姐、郭相立小姐細心籌辦研討會行政事宜、議程安排和聯繫與會貴賓，全所行政人員和各個群組專任助理在研討會之前的排練、場地布置、行政準備工作，以及兩天活動的人員接待。本所學術諮詢委員（黃紀講座教授、林正義研究員、鄧中堅教授等）和全體研究人員積極支持，以及眾多政治學界學術先進撥冗參與研討會，使得會議得以圓滿落幕。

在本書的編輯過程當中，吳文欽老師和張廖年仲老師應我邀約，組成編輯小組，花費諸多寶貴時間密集開會，仔細閱讀每篇論文，以嚴謹學術標準撰寫編輯報告。為了出版所需經費，魏雅蓁小姐多次陪同和院方會計人員協調，順利爭取預算。賴芊卉小姐耐心地聯繫作者、匿名審查學者，提供極為完整的格式體例和編撰細節，藉以維繫「中研政治系列叢書」的水準。郭相立小姐細心協調封面的設計與修改。五南圖書副總編輯劉靜芬小姐和責任編輯林佳瑩小姐的高度配合，在排版和校對的細膩要求，才得以讓本書順利出版。走筆至此，讓我憶起中學時閱讀陳之藩先生的〈謝天〉，「得之於人者太多，出之於己者太少。因為需要感謝的人太多了，就感謝天罷」，完全反映內心感恩之情。值得一提的是，在 2023 年 2 月 5日，本所朱雲漢院士因病溘然長逝，這無疑是臺灣政治學界和國際社會科學領域的重大損失，在此感謝朱院士對於政治所的付出與貢獻。

瞭解事實、解釋現象，以及預測未來，是科學研究的三個目的。在過去十餘年來，我們共同面對鉅變的國內外政治局勢，政治學者有必要抱持科學研究的精神，善盡自我的社會責任，提出符合臺灣國家利益、且足以解決問題的政策方針。檢視國家面臨的關鍵政治議題，提出具有學理基礎的實證分析，這是政治學研究者的使命，也是培育傳承人才最深切的期待。

吳重禮

謹識於中央研究院政治學研究所 507 室

2023 年 5 月

作者簡介　　　**About the Authors**

吳重禮

　　美國紐奧良大學政治學博士（1997年），現任中央研究院政治學研究所研究員兼所長，並於國立中正大學政治學系、國立中興大學國際政治研究所、國立中山大學政治學研究所、國立中央大學法律與政府研究所、臺北市立教育大學社會暨公共事務學系擔任合聘教授。研究領域為美國政治（政治制度）、都市政治暨少數政治、比較政治、國際關係。研究論文曾發表於 *Political Studies Review*、*Social Movement Studies*、*Communication Research*、*Party Politics*、*Social Science Quarterly*、*The China Quarterly*、*Parliamentary Affairs*、《台灣政治學刊》、《人文及社會科學集刊》、《選舉研究》、《政治科學論叢》、《臺灣民主季刊》、《公共行政學報》、《問題與研究》等學術期刊。曾獲得國科會傑出研究獎（2009-2012、2016-2019）、傑出人才發展基金會傑出人才講座（2018-2021、2021-2024）。

吳文欽

　　美國密西根州立大學政治學博士（2012年），現任中央研究院政治學研究所副研究員，曾於2019年到2020年擔任哈佛大學燕京學社訪問學者。研究領域涵蓋比較政治經濟學、國際政治經濟學、比較威權主義以及中國研究，特別關注威權國家的經濟國策與媒體政治。研究成果發表於 *International Studies Quarterly*、*Political Communication*、*World Development*、《台灣政治學刊》、《歐美研究》等學術期刊。曾獲得中央研究院年輕學者研究著作獎（2017）、國科會博士後研究人員學術著作獎（2015）、國科會吳大猷先生紀念獎（2020）、國科會傑出研究獎（2022）。

張廖年仲

　　國立政治大學東亞研究所博士（2012 年），現任中央研究院政治學研究所副研究員。曾在國立政治大學國際關係研究中心、中央研究院政治學研究所擔任博士後研究員。研究興趣是國際關係理論、東亞國際政治、中國外交政策與兩岸關係。文章曾發表在 *Comtemporary Security Policy*、*International Affairs*、*Survival*、*The Washington Quarterly* 等學術期刊。

曾國祥

　　英國倫敦政經學院政府學系博士（1998 年），現任中央研究院人文社會科學研究中心研究員，兼任院本部秘書處處長，並於國立中山大學政治學研究所擔任合聘教授。主要研究領域為政治思想史、政治哲學與比較政治思想。著有 *Confucian Liberalism: Mou Zongsan and Hegelian Liberalism*（2023）、《麥可‧歐克秀》（2018）、《主體危機與理性批判：自由主義的保守主義詮釋》（2009）、*The Sceptical Idealist: Michael Oakeshott as a Critic of the Enlightenment*（2003）等專書。研究論文曾發表於 *History of Political Thought*、*Chicago-Kent Law Review*、*Philosophy East and West*、*Philosophy and Social Criticism*、*Collingwood and British Idealism Studies*、《政治與社會哲學評論》、《人文及社會科學集刊》、《歐美研究》、《臺灣民主季刊》、《思想史》、《哲學與文化》等學術期刊。曾獲國科會傑出研究獎（2014-2016）、中央研究院特優學術研究獎金（2021-2023）。

劉正山

　　美國堪薩斯大學政治學博士（2006 年），現任國立中山大學政治學研究所教授，2011 年創辦網調平台 smilepoll.tw，2014 年起專注於將探索式分析方法（EDA）應用於網路調查，於 2018 年至 2024 年兼任第十任及第十一任所長。主要教學研究領域為方法論、民意與群眾行為以及社群傳播等。目前關注的領域為國家認同理論與測量、網路調查資料的探索分析，以及民意形成中的傳播及心理現象。研究成果曾在《台灣政治學刊》、

《選舉研究》、《政治科學論叢》、《中國行政評論》、*Journal of East Asian Studies*、*Advances in Complex System*、*Issues & Studies*、*International Political Science Review*、*Asian Survey*、*International Journal of Public Opinion Research* 等學術期刊發表，以及出版專著《民意調查資料分析的 R 實戰手冊》。

張佑宗

國立政治大學政治學系博士（2000 年），現任國立臺灣大學政治學系教授、國立臺灣大學社會科學院東亞民主研究中心主任、國立臺灣大學公共政策與法律研究中心主任，曾任美國加州大學洛杉磯分校訪問學者。研究領域包括比較民主化、東亞政經發展、調查實驗法、網路調查等。研究成果分別發表於國際學術期刊（SSCI），如 *Journal of Democracy*、*Electoral Studies*、*Democratization, International Political Science Review*、*The International Journal of Press/Politics*、*Telecommunications Policy*、*Public Relations Review*、*Journal of East Asian Studies*、*Journal of Contemporary China*、*International Journal of Public Opinion Research*、*International Relations of the Asia-Pacific*、*Global Asia*、*Issues & Studies*、*Taiwan Journal of Democracy*，中文學術期刊（TSSCI），如《台灣政治學刊》、《臺灣民主季刊》、《台灣社會研究季刊》、《政治科學論叢》、《東吳政治學報》、《選舉研究》，以及在國外出版專書論文，如 The Johns Hopkins University Press、Columbia University Press、Routledge、Lynne Reinner Publishers、M. E. Sharpe 等。

曾煥凱

美國喬治華盛頓大學政治學博士（2016 年），現任國立臺灣大學政治系博士後研究員暨兼任助理教授。研究領域為比較威權主義、國際政治經濟學及量化研究方法。曾獲教育部留學獎學金、蔣經國基金會（美洲區）論文獎學金等獎項。

張卿卿

　　美國威斯康辛大學傳播博士（1996 年），現任中央研究院人文社會科學研究中心特聘研究員。研究領域為傳播效果與傳播心理。曾獲得教育部學術獎（第 60 屆）、國科會傑出研究獎三次（2003-2005、2009-2011、2012-2015），並列名為全球前 2% 科學家（2019、2020、2021）。研 究 論 文 曾 發 表 於 *Human Communication Research*、*Communication Research*、*Journal of Communication*、*Political Communication*、*New Media & Society*、*Computers in Human Behavior*、*Communication Theory*、*Media Psychology*、*Digital Journalism*、*Health Communication*、*Journal of Health Communication*、*Science Communication*、*Environmental Communication*、*Journal of Advertising*、*International Journal of Advertising*、*Journal of Advertising Research*、*Journal of Interactive Marketing*、*Journal of Consumer Affairs*、*Journal of Business and Psychology*、*Psychology & Marketing*、*Sex Roles*、*Journal of Social and Personal Relationships and the Harvard International Journal of Press/Politics* 等學術期刊。

朱雲漢

　　美國明尼蘇達大學政治學博士（1987 年），中央研究院院士、中央研究院政治學研究所特聘研究員、國立臺灣大學政治學系合聘教授，兼任蔣經國國際學術交流基金會執行長。曾擔任美國哥倫比亞大學政治學系客座副教授、北京大學國際關係學院客座教授、國科會人文處第一屆政治學門召集人、國科會人文處政治學門計畫審議人以及諮議委員。曾三度獲國科會傑出研究獎，並於 2016 年當選為世界科學院院士。長期投入民主化跨國研究，主持「胡佛東亞民主研究中心」，領導「亞洲民主動態調查」，以及創建「全球民主動態調查」等國際級重要大型研究，引領建構民主治理的國際測量指標。主要研究領域為民主化、東亞政治經濟、以及兩岸三地政經發展。曾擔任 *Journal of Democracy*、*Journal of Contemporary China*、*China Review*、*Journal of East Asian Studies*、*International Studies Perspectives* 等學術期刊編輯委員。出版專書包括：*Taiwan's Democracy Challenged: The Chen Shui-bian Years*、*Routledge Handbook of Democratization in East Asia*、*Dynamics of Democracy in Taiwan: The Ma Ying-jeou Years*、*The Decline of the Western-Centric World and the Emerging New Global Order: Contending Views*、*Understandings of Democracy: Origins and Consequences Beyond Western Democracies*。

童涵浦

　　美國哈佛大學政治學博士（2011 年），現任國立臺灣大學政治學系副教授，並兼任國立臺灣大學計量理論與應用研究中心以及行為與資料科學研究中心成員。專長為政治經濟學、比較威權主義，與中國大陸研究。研究興趣著重透過政治經濟學的思維分析諸多威權政體之下的政治經濟現象。近期的研究題目則包括媒體自由、所得重分配的衝突與偏好、集體行動的發生與所帶來的政治效應、中國大陸研究學者專家的社會網絡分析。近期著作包括 *Economic Growth and Endogenous Authoritarian Institutions in Post-Reform China* 一書，並發表於諸如 *Political Communication*、*Review of International Organizations*、*Public Opinion Quarterly*、*Japanese Economic Review* 等學術期刊。

林政楠

　　美國萊斯大學政治學博士（2015 年），現任中央研究院政治學研究所副研究員。研究領域為比較政治，內容圍繞於代議關係、政治制度、政黨競爭與選舉行為、立法行為等相關研究主題。研究成果曾發表於 *American Political Science Review*、*Journal of Politics*、*Legislative Studies Quarterly*、*European Journal of Political Research*、*Electoral Studies*、*Party Politics* 等學術期刊。曾獲得國科會吳大猷先生紀念獎（2021）、中央研究院年輕學者研究成果獎（2021）、傑出人才發展基金會年輕學者創新獎（2022），以及國科會傑出研究獎（2023）。

沈有忠

　　國立臺灣大學政治學博士（2009 年），現任東海大學政治學系教授，同時為亞洲政經與和平交流協會理事長。曾於中央研究院政治學研究所擔任博士後研究員、德國柏林自由大學博士研究訪問。並曾任考試院典試委員、立法院未來願景諮詢委員、台灣政治學會理事、民主開放守望協會理事與監事等職位。專長為比較政治、憲政體制、半總統制、德國與歐洲研究等。著有《威瑪憲政變奏曲》、《臺灣與後共國家半總統制的憲政運作》、《德國再起》等學術專書。論文曾發表於《政治科學論叢》、《臺灣民主季刊》、《問題與研究》、《行政暨政策學報》、*Asian Journal of Political Science* 等學術期刊。

吳玉山

美國柏克萊加州大學政治學博士（1991 年），現任中央研究院院士、中央研究院政治所特聘研究員與臺灣大學政治學系合聘教授。現為國立中央大學首屆羅家倫講座、國立中山大學榮譽講座教授、國立政治大學講座教授，與國立清華大學臺北政經學院講座教授。曾經擔任中央研究院政治學研究所籌備處主任與創所所長、國科會政治學門召集人，與中國政治學會秘書長及理事長。曾獲得美國政治學會最佳博士論文獎、三次國科會傑出研究獎、國立臺灣大學首屆與 109 學年度教學傑出獎、教育部學術獎、二次國科會特約研究與傑出特約研究員獎等學術榮譽。研究領域包括社會主義國家政治與經濟轉型、民主化與憲政設計、兩岸關係與國際關係理論。研究區域包括臺灣、中國大陸、東歐與俄羅斯。長期帶領臺灣之半總統制研究與兩岸關係研究的理論化，近期更致力於引領歷史與國關之研究，以跨越人文與社會科學的學術畛域。共出版 25 本中英文專書，及 160 餘篇期刊與專書論文。

傅澤民

美國南加州大學政治科學與國際關係博士（2019 年），現任中央研究院政治學研究所助研究員。曾於美國哥倫比亞－哈佛大學中國與世界計畫擔任博士後研究員，及哥倫比亞大學政治學系講師。研究領域為國際關係理論、政治心理學、美中戰略關係、中共政治與外交政策、實驗方法。研究論文曾刊登於 *International Security*、*International Studies Quarterly*、

Political Geography、*Journal of Conflict Resolution*。曾獲選為國科會 2030
跨世代年輕學者方案之新秀學者。

邱明斌

美國克萊蒙研究大學政治經濟學博士（2006 年），現任國立中興大
學國家政策與公共事務研究所特聘教授兼校務發展中心主任。研究領域為
國際政治經濟學、國際貨幣金融、政治制度與國際關係。主要研究聚焦
於新興市場經濟體以及開發中國家之政治制度，與資本管制以及匯率制
度選擇下的互動效果，對於總體經濟穩定度的影響。研究論文曾發表於
International Studies Quarterly、*Political Studies Review*、*Emerging Market
Finance and Trade*、*Open Economies Review*、*Journal of Financial Economic
Policy*、*Journal of Economic Policy Reform* 等國際學術期刊，以及英國
Routledge 出版社發表國際專書 *Power in a Changing World Economy*。曾獲
得國科會優秀年輕學者研究計畫（2013-2015）、國科會吳大猷先生紀念
獎（2016）。

林宬葦

東海大學政治學碩士（2021 年），現任國立中興大學政策科學與政治
行為研究中心助理研究員。研究領域為國際政治經濟學、歐洲極右翼政黨
政治、移民政治。研究議題涵蓋民主制度、金融危機、民粹主義。近期主
要研究聚焦於金融危機對於新興民主國家的經濟穩定性影響。

李佳怡

美國聖路易華盛頓大學政治學博士（2013 年），現任國立政治大學
外交學系教授，曾任新加坡南洋理工大學拉惹勒南國際關係學院助理教
授。研究領域為國際關係、國際政治經濟學、非傳統安全、能源與自然
資源、恐怖主義、對外直接投資等。研究成果曾發表於 *British Journal
of Politics and International Relations*、*Energy Research & Social Science*、
International Studies Quarterly、*Journal of Conflict Resolution*、*Journal of*

Peace Research、*The Review of International Organizations*、《台灣政治學刊》、《問題與研究》等學術期刊。曾獲得傑出人才發展基金會積極爭取國外優秀年輕學者獎助（2020-2025），以及中央研究院年輕學者研究成果獎（2022）。

陳敦源

　　美國羅徹斯特大學政治學博士（1997年），現任國立政治大學公共行政學系教授兼數位治理研究中心研究員。主要專長領域是民主治理、數位治理、官僚政治、公共政策分析與管理、政府公關與政策行銷、以及健保政策等。曾任行政院公投審議委員會委員、考試院文官制度改革委員會委員、典試委員、臺北市政府市政顧問（網路組），臺灣公共行政系所聯合會數位政府委員會召集人，協助考試院國官學院開發「智慧政府與數位創新」課程，並擔任各公務機關訓練課程的專業講師，主要教授「問題分析與決策」、「跨域治理」、「政府公關與政策行銷」以及「政策規劃」等。發表方面，曾在 *Public Administration, Administration & Society*、*International Public Management Journal*、*Public Management Review*、*Public Administration and Development*、*Government Information Quarterly*、*Social Science Computer Review*、《公共行政學報》、《政治科學論叢》、《行政暨政策學報》、《東吳政治學報》以及《文官制度》發表相關論文百餘篇，另著有《民主治理：公共行政與民主政治的制度性調和》（2009）一書，並合編《政府數位轉型：一本必讀的入門書》（2022），最新研究包括 AI 與行政組織、公部門數位轉型與資料治理，以及公務人力制度與服務改革等議題。

王光旭

　　英國諾丁漢大學社會政策學（2015年）與國立政治大學公共行政學（2009年）雙博士，現任國立臺南大學行政管理學系教授，並兼任考試院國家文官學院及政府相關單位文官培訓講座。研究領域為社會網絡與社會資本、政策分析與管理（社區長照、社福人口、健保醫療、跨域協調）、公共組織行為。研究論文曾發表於 *Social Science & Medicine*、*Journal of*

Asian Public Policy、*International Review of Administrative Sciences*、*Asian Social Science*、《政治科學論叢》、《公共行政學報》、《行政暨政策學報》、《都市與計畫》、《調查研究 —— 方法與應用》、《民主與治理》等學術期刊與中英文專書。

陳揚中

　　國立政治大學公共行政學系博士（2023 年）。研究領域為官僚研究、民主治理、公民參與、Q 方法論。研究論文曾發表於《公共行政學報》、《行政暨政策學報》、《臺灣公共衛生雜誌》、《社會科學論叢》等學術期刊以及中英文專書。曾獲得國科會獎勵人文與社會科學領域博士候選人撰寫博士論文（2021）、臺灣公共行政與公共事務系所聯合會年度最佳期刊論文獎（2022）。

范玫芳

　　英國蘭開斯特大學環境變遷與政策博士（2005 年）。現任國立陽明交通大學科技與社會研究所特聘教授、食品安全暨健康風險評估研究所合聘教授、*Environmental Science and Policy* 期刊副主編。研究領域包括環境政治、審議民主、科技社會與公民參與、風險治理。著有 *Deliberative Democracy in Taiwan: A Deliberative Systems Perspective*（2021）。研究論文曾發表在 *Environmental Politics*、*Environment and Planning C: Politics and Space*、*Public Understanding of Science, Policy Studies*、*Sustainable Development*、*Environmental Planning and Management*、《人文及社會科學集刊》、《臺灣民主季刊》、《台灣政治學刊》等學術期刊。曾獲得國科會吳大猷先生紀念獎（2013）。

黃東益

　　美國德州大學奧斯汀校區政府學系博士（1998 年），現任國立政治大學公共行政學系教授兼數位治理研究中心主任，並擔任《臺灣民主季刊》、《文官制度》主編。近期研究領域為數位治理、公民參與、審議民主、民主行政。研究論文曾發表於 *Social Science Computer Review*、*Public Administration*、*Taiwan Journal of Democracy*、*Journal of Democracy*、《政治科學論叢》、《選舉研究》、《公共行政學報》、《公共行政暨政策學報》、《東吳政治學報》、《調查研究——方法與應用》、《資訊管理學報》等學術期刊。

王宏恩

美國杜克大學政治學博士（2018 年），現任美國內華達大學拉斯維加斯分校政治系助理教授。研究領域為比較政治、政治行為、政治心理學、與社群媒體。研究論文曾發表於 *Journal of Peace Research*、*Social Media + Society*、*Journal of Computational Social Science*、*International Interactions*、*Political Research Quarterly*、*Electoral Studies* 等學術期刊。曾獲得美國 Wilson Center 2022 China Fellow、美國 Global Taiwan Institute Scholarship、蔣經國基金會，以及陳文成博士紀念基金會等研究補助。

吳親恩

美國密西根大學政治學博士（2004 年），現任中央研究院政治學研究所副研究員和 Asian Barometer Survey 成員。研究領域為政治經濟發展、民主化與東亞政治經濟。研究論文曾發表於 *Political Research Quarterly*、*Studies in Comparative International Development*、*Democratization*、*Journal of Contemporary Asia*、《台灣政治學刊》、《選舉研究》、《臺灣民主季刊》、《政治學報》、《問題與研究》等學術期刊。

林奕孜

美國南卡羅來納大學政治學博士（2020 年），現任東海大學政治學系助理教授。研究領域為政治經濟學、民主與威權體制、收入不平等與政治制度、政黨政治等。研究論文曾發表於 *Journal of Contemporary China*、*Government and Opposition*、*Journal of Asian and African Studies*、《台灣政治學刊》、《選舉研究》、《臺灣民主季刊》等學術期刊。

蔡中民

美國柏克萊加州大學政治學博士（2010 年），現任國立政治大學政治學系教授，並任國立清華大學臺北政經學院合聘教授。研究領域為比較政治、政治經濟學、中國研究。研究論文曾發表於 *The China Quarterly*、*Asian Survey*、*Problems of Post-Communism*、《台灣政治學刊》、《中國大陸研究》、《政治學報》等學術期刊。

冷則剛

美國維吉尼亞大學政府與外交博士（1995 年），現任中央研究院政治學研究所研究員、國立政治大學政治學系合聘教授。曾任中央研究院政治學研究所所長、國立政治大學政治學系主任、專任教授、國立政治大學國際關係研究中心研究員、Visiting Fellow at Stimson Center、Senior Fulbright Scholar at University of Virginia、Visiting Professor at University of Göttingen、Visiting Professor at University of Tübingen、Visiting Fellow at Hoover Institution at Stanford University。除出版、編輯中英文專書多本以外，研究論文出版於《問題與研究》、《政治學報》、*China Journal*、*Journal of Contemporary China*、*Asian Survey*、*Pacific Focus*、*Journal of Contemporary East Asia* 等學術期刊。研究專長為全球化政治、城市發展政治經濟學、比較文化治理、對外政策分析等。

賴潤瑤

美國喬治城大學政治學博士（2015 年），現任中央研究院政治學研究所副研究員，曾任美國普林斯頓大學博士後研究員。研究領域為國際關係理論、中國外交政策，國際安全、亞洲政治、質性研究方法。學術論文曾發表於 *Politics*、*International Politics*、*Political Science*、*Journal of Contemporary China*、*Pacific Review*、*International Relations of the Asia-Pacific*、*Asian Survey*、*Asian Security* 等學術期刊。

蔡文軒

　　國立政治大學東亞研究所博士（2010 年），現任中央研究院政治學研究所研究員，及國立政治大學東亞研究所合聘教授。研究領域為中國大陸政治制度與地方治理、比較威權政體。研究論文曾發表於 *Asian Survey*、*China: An International Journal*、*China Information*、*China Perspectives*、*China Review*、*China Journal*、*China Quarterly*、*Critical Asian Studies*、*Journal of Chinese Political Science*、*Journal of Contemporary China*、*Journal of East Asian Studies*、*Modern China*、*Problems of Post-Communism*、*Issues & Studies*，及《政治學報》、《中國大陸研究》、《遠景基金會季刊》、《政治科學論叢》、《公共行政學報》等學術期刊。曾獲得國科會吳大猷先生紀念獎（2015）、中央研究院年輕學者研究著作獎（2016），與國科會傑出研究獎（2019-2022）。

目錄　Contents

中國大陸政治　**477**

圖表目錄　Tables and Figures

圖目錄

表目錄

第一章

政治學的現況與展望

吳重禮、吳文欽、張廖年仲

壹、前言

　　政治學是研究權力如何運作的學科。權力的運作在所有人類組織中都會發生，小從家庭、班級、社團、公司，在國內社會的新聞媒體、利益團體、非政府組織、政黨、政府，大至兩岸關係、國際組織、國家與國家的互動關係等，在在展現出權力運作的痕跡。在過去十餘年來，臺灣內部局勢、兩岸關係、國際政治，以及政治學發展都面臨劇烈的變動。對於政治學研究者和學子而言，如果我們能夠定期檢視學科的發展脈絡，探討學門現況的整體面貌，並且提出未來可能的重要研究議題和趨勢，應該是饒富意義的學術基礎工作。

　　感謝許多學術先進已經為臺灣政治學的發展記錄下清晰的發展軌跡。[1]中國政治學會在 2000 年年會暨學術研討會，時任理事長的何思因和秘書長的吳玉山規劃以「政治學各領域發展之回顧與前瞻」作為主題，邀集各個次領域重要學者撰寫引介性質論文。之後再經過作者修訂，編輯出版《邁入廿一世紀的政治學》（何思因、吳玉山，2000），英文書名為 *Political Science: The State of the Discipline*，這是我國首次瞭解學門現況的專書，分為緒論、政治哲學與經驗政治理論、國際關係、公共行政，以及區域研究等五部分，合計 18 章，參與作者總共 19 位。該書出版對於臺灣政治學發展影響深遠，許多國內政治學研究所課程紛紛以該書作為介紹學科發展的基礎，引領學子進入學術的殿堂。

　　第二次全面檢視政治學發展是在 2012 年，當時中央研究院政治學研究所籌備處成立十週年暨正式成所的學術研討會，研討會主題設定為「政治學的回顧與前瞻」，時任所長的吳玉山和副所長的冷則剛規劃邀約各個領域代表性學者為文，並且邀集權威學者

---

[1] 關於政治學在我國的緣起和發展歷程，建議參閱吳玉山、林繼文、冷則剛（2013b：1）。該文簡要介紹政治學的翻譯原由，1912 年民國創建之後各個大學籌設政治學的情形，以及多位前輩開啟政治學各個領域，詳細內容建議參閱馬起華（1975）和 1971 年出版的《政治學報》。

參與討論。之後經過論文編修，集結出版《政治學的回顧與前瞻》（吳玉山、林繼文、冷則剛，2013a），英文書名仍然命名為 *Political Science: The State of the Discipline*。該書分為緒論〈政治學的回顧與前瞻〉、政治理論與方法、比較政治、國際關係與兩岸關係、公共行政、台灣政治、中國大陸政治，以及結論〈台灣政治學的發展：議題、方法與評鑑〉等部分，共計 21 章，參與撰寫作者有 28 位。相較於《邁入廿一世紀的政治學》，該書的領域範圍更為完備，參與學者人員更為多元，集結資深、中生代，以及年輕學者參與撰文。[2] 該書的出版同樣引起諸多迴響，五南圖書再版該書進行銷售，可見一斑。不少國內政治學系所在大三、大四，或者研究所課程經常以該書作為素材，引介各個領域的發展情形和趨勢。

以美國政治學研究當作範例，以十年進行學門回顧的週期應該是頗為適切的。為了檢討臺灣政治學的發展歷程與前景，我們將 2022 年 8 月舉行的中央研究院政治學研究所成立廿週年所慶暨學術研討會和專書計畫結合在一起，廣泛邀請國內外學術先進共襄盛舉，並且將會議主題設定為「政治學的現況與展望」。針對國內政治學各個領域發展情況進行檢視，會後並編輯專書出版。為了提升論文的嚴謹程度，在研討會舉行之後，作者依據評論人意見和會議討論建議進行修訂，之後經過編輯團隊審慎討論提名，每篇論文送交該領域術有專精的匿名審查人進行專業審查。[3]

這本書的出版，我們希望呈現的，是類似美國政治學會（American Political Science Association, APSA）從 1980 年代開始，約略每隔十年出版的 *Political Science: The State of the Discipline*（Finifter, 1983, 1993; Katznelson and Milner, 2003）那樣對於政治學發展

---

[2] 這兩本檢視學門發展現況的書籍主要差別在於前者是由中國政治學會出版，屬於《政治學報特輯》第 31 期，後者係由中央研究院政治學研究所主編，委請五南圖書出版。以美國政治科學經驗為例，出版類似專書較適合由政治學會進行；儘管如此，由中央研究院政治學研究所邀集政治學各個次領域的重要學者參與討論，在廣度和影響力方面應該也能獲致相當的效果。無論如何，這兩本專書的出版都為國內政治學界提供一項重要的公共財，也為社會大眾開啟一扇瞭解臺灣政治學發展的窗口。

[3] 猶如一般學術期刊的稿件處理方式，完成初審之後，送給作者進行修訂，修訂稿件連同回覆意見說明書，再提交審查人進行複審。在本書所收納的文稿中，來回修改超過三次以上者，所在多有。在獲得審查人推薦刊登之後，再由編輯團隊扮演類似期刊編輯委員會的角色；編輯成員皆須撰寫意見或編輯報告，每篇論文必須獲得編輯團隊的全數同意，才得以接受刊登。當然，倘若該稿件作者為編輯成員，則依循一般學術慣例，從審查人提名作業、初審、複審、編輯報告撰寫過程等，必須迴避，確保學術研究的公正和客觀標準。

的審視，以臺灣政治學的各個領域作為討論範圍。[4] 無疑地，本書是自 2000 年以來第三次的全方位回顧，相較於《邁入廿一世紀的政治學》和《政治學的回顧與前瞻》，當然有其經驗延續，亦有不同之處。

貳、傳承和差異

　　這本書的出版和之前兩本檢視政治學發展的專書有些異同之處。在相同之處，有三點必須說明。首先，專書的各篇章架構安排，先前《邁入廿一世紀的政治學》和《政治學的回顧與前瞻》已經提供頗為堅實的學理基礎（關於政治學的範圍與領域，請參閱吳玉山，2000：5-10；吳玉山、林繼文、冷則剛，2013b：3-6），因此我們持續沿用，裨益讀者在新書和舊作之間的銜接。[5] 篇章主軸規劃依序為緒論〈政治學的現況與展望〉、政治理論與研究方法、比較政治、國際關係與兩岸關係、公共行政與政策、臺灣政治，以及中國大陸政治等部分，總計 22 章，參與著述作者共有 29 位。藉由如此的篇章組織，我們希望一方面契合西方政治學研究架構的分類，諸如政治理論（哲學）、研究方法、比較政治、國際關係、公共行政與政策，另一方面也足以彰顯我國政治學的發展特色，包括兩岸關係、中國大陸研究、臺灣政治等。

4　值得說明的是，《邁入廿一世紀的政治學》和《政治學的回顧與前瞻》就是以美國政治學會出版的 *Political Science: The State of the Discipline* 作為範例，就連英文書名都是相同的（吳玉山、林繼文、冷則剛，2013b：2-3）。或許有人好奇，為何美國政治學會在 1983 年、1993 年、2002 年出版系列書籍之後，迄今再未有類似出版？這和美國政治學會在 2000 年底開始的「改革運動」（the Perestroika movement）有所關係，該運動由一封匿名 Mr. Perestroika 電子郵件開始，提出 11 個尖銳批評的質疑，主要在於批判該學會由一小批東岸學者掌握學會組織，並且掌握學術期刊 *American Political Science Review* 的出版方向，過度強調計量和形式理論研究方法。該信件在結語指出，希望這封匿名信能夠瓦解美國政治學會所建立的「奧威爾體系」（Orwellian system），並且我們將在該學科中看到真正的改革。之後，該學會進行諸多舉措，包括在 2003 年另外創立一份學術期刊 *Perspectives on Politics*（該改革運動的緣起和意涵，建議參閱郭秋永，2009；Kasza, 2001: 597-599; Kaufman, 2005: 87-90; Monroe, 2005: 1-4; Smith, 2005: 525）。至此之後，該學會就不再出版這種全方位回顧的專書，該學會另一份通訊性質的刊物 *PS: Political Science and Politics* 也不再進行美國各個大學政治學系所的評比。

5　猶如先前所出版的兩本專書，本書的定位著重在臺灣所進行的政治學研究，亦即臺灣政治學相關領域學術社群所出版的研究著作。首先，這樣定位的主要考量在於臺灣政治學發展不能夠以臺灣政治當作單一研究對象，類似比較政治研究，許多國內學者對於非臺灣政治研究亦有興趣，就宛如有不少國外學者也相當熟悉臺灣政治（吳玉山、林繼文、冷則剛，2013b：4）。其次，本書討論的範圍並未限定在近十年來臺灣政治學發展作為檢視對象，而是委由各章作者依據各次領域發展狀況，擇定適切的時間範疇。

其次,維持前兩本書的做法,我們盡量邀請在各個次領域具有代表性的學者進行撰稿,尤其是學術表現甚佳的中生代和年輕新秀,是邀約的重點學者。必須強調的是,若干邀約學者因為研究時程衝突,無法共襄盛舉,或者是我們思慮不周,極有可能遺漏重要學者,懇請讀者務必見諒。再者,中央研究院政治學研究所和五南圖書編輯團隊合作多年,出版「中研政治系列叢書」,無論在文字編排和美工設計,彼此已有極佳默契;因此,此次專書的編輯事務工作,仍然和五南圖書合作,維持前書《政治學的回顧與前瞻》既有風格。

迴異於兩本前書之處,在此提出三項。第一,在過去十餘年來,政治學次領域蓬勃發展,因此在各個範圍之下的研究主題亦有所調整取捨。舉例來說,在政治理論與研究方法之下,增加多元知識論和方法論、網路輿情與調查方法、跨媒介跨方法的政治傳播;在比較政治之下,討論民主化研究前沿議題、政治制度和聯合政府治理;在國際關係和兩岸關係之下,觸及檢視美中對峙國際關係理論的霸權與挑戰、國際關係非傳統安全議題;在公共行政與政策之下,增加電子化政府和數位治理;在臺灣政治之下,檢視臺灣和東亞國家的政治經濟發展、臺灣司法政治研究的評析;在中國大陸政治之下,增加臺灣學術社群對於中國多邊外交的研究、中國崛起的網絡分析,以及從制度視野檢視中共政治法規的本質。

第二,本書各章所檢視的領域範圍,主要側重在臺灣政治學術社群所累積的研究成果。儘管如此,在全球化、網路通訊極為便利的時代之下,國內和國際學術社群的分野界線更為模糊,學術人才的流動日趨頻繁,學術合作意見交流更為便捷。因此,臺灣政治學研究社群和學術成果的定義似乎有必要進行調整。我們認為,無論是在海外工作的臺灣學者,或者是國外學者對於臺灣政治研究有興趣者,只要他們所從事的研究屬於臺灣政治,這些學術著作出版皆足以促進臺灣政治學的學術對話,因此都可以視為本書涵蓋的學術範疇。

第三,值得一提的是,在邀集學者撰寫專文和籌辦學術研討會期間,國立政治大學國際關係研究中心主任寇健文、《問題與研究》主編張文揚和執行編輯林義鈞、《中國大陸研究》主編王信賢和我們聯繫,希望進行合作規劃。因此,本書有八篇著作先刊登為期刊論文,之後再進行適度修訂,編輯收納為專書論文,並且清楚標示該文已先刊登於學術期刊,這種做法符合一般學術慣例。[6] 這些論文屬於比較政治、國際關係、國際政治經濟學,以及中國大陸研究等相關領域的文獻回顧和研究統整。

---

[6] 這八篇論文有六篇出版在《問題與研究》,分別是林政楠之〈政治制度與議會內閣制下的聯合政府治理〉;吳玉山、傅澤民之〈霸權與挑戰:國際關係理論的詮釋〉;邱明斌、林成蔚之〈國際政治經濟學研究現況與未來展望〉;李佳怡之〈國際關係非傳統安全研究的發展〉;吳親恩、

關於本書內容，有幾點必須說明。其一，各章之參考書目依循「中研政治系列叢書」格式體例進行編排。其二，各章均採用夾註方式註明文獻引述出處。其三，因為我國中央政府組織調整，國家科學委員會曾經於 2014 年 3 月改制為科技部，之後在 2022 年 7 月再轉型為國家科學及技術委員會。為了求取一致，本書各章提及時，一律以「國科會」稱之。其四，在數字方面，各篇章編號使用國字，文中提及一至十時使用國字，其餘一律使用阿拉伯數字，但統計數字與出版日期一律使用阿拉伯數字，統計數字加撇節號；在時間方面，年分使用西洋年，且使用阿拉伯數字。其五，關於外國政治人物和學者的姓名、國家名稱、世界各大城市及美國各州地名，尊重各章作者的慣用方式，不再另行調整。其六，為了呈現書籍的完整性，諸多用語全書求取一致，例如「臺灣」、「臺北」、「部分」、「布置」、「公布」、「年分」、「瞭解」等，但若是原文照錄時，則仍然援引作者所使用的文字，不會進行更動。

整體來說，本書編撰精神傳承自先前兩本著作，嘗試對於臺灣政治學領域的近年發展情況和未來趨勢，予以完整回顧並提出研究建議，一同積累學術底蘊。以下我們依據各篇順序，逐一介紹本書各章的論述觀點，裨益讀者閱讀。

參、政治理論與研究方法

規範性政治理論（一般被理解為政治思想或政治哲學）是政治學知識發展的起源，因此將〈政治理論的知識視域：規範、歷史、比較、全球〉安排為本書第二章，由專攻西洋政治思想史的曾國祥執筆。作者首先介紹「正義」在政治哲學中的重要性，以及正義的規範性對於「政治哲學」和「政治科學」所造成的「應然世界」與「實然世界」的分野。其次，作者論述政治思想史的研究如何可能促成東西方的文明價值彼此對話（甚至是批判），並開展出超脫以國家甚至是區域的「全球政治思想」，例如康德的「永久和平論」和新儒家的「天下體系」。作者在文中也談及，政治哲學的規範性研究如何支撐政治科學的實證研究，以及政治思想的研究如何映照政治學各個次領域的發展，讓政治學知識能夠找出並實踐「人類恆常價值」（human constants）。

林奕孜之〈政治經濟發展：臺灣與東亞國家經驗的檢視〉；冷則剛、賴潤瑤之〈中國的多邊外交：臺灣學術社群研究之比較分析〉。另外，《中國大陸研究》則收錄兩篇，為蔡中民之〈中國研究的延續、變遷與挑戰：美國與臺灣的比較〉，以及蔡文軒之〈中共政治法規的本質：辯證邏輯與制度化視野〉。

社會科學領域一向有「質化」與「量化」孰輕孰重的爭辯，在政治學門亦然。在第三章〈多元知識論與多元方法論對政治學門帶來的啟發與契機〉一文中，劉正山從方法論與知識論的角度出發，回顧政治學門內不同知識論立場之間的隔閡，呈現學門內多元知識論立場並存的特色與限制。往正面觀點來看，不同研究方法所建立的知識體系，增加了政治學的多元性，但是往負面角度視之，因為研究方法的差異，造成對於彼此知識成果的評價不一，甚至是阻礙了彼此的學術溝通，導致了知識成果的孤立與碎裂。基於社會科學近來受到大數據資料途徑的影響，他也提醒學者需重新正視「實用主義」（pragmatism）知識論傳統，強調以解決「問題困境」為主要目標。因此，只要是可以解答研究問題，不同的理論或方法都可以參考。這種實用主義的觀點也可以結合多元方法論的研究途徑，進行學門之內與領域之間的交流，避免知識過於分化與碎裂。

民意調查是社會科學領域學者蒐集資料的常見方法，在政治學領域中更因為選舉研究而受到重視。然而，傳統的民意調查方法（包含面訪與電訪）因為社會形態的改變而面臨挑戰，包括拒訪率提升、機構效應等。在第四章〈網路輿情與調查研究方法的新挑戰〉一文中，張佑宗和曾煥凱討論了這些挑戰，並介紹目前社會科學界新興的網路調查法，如何克服傳統民調之限制，並結合目前社會科學界流行的「因果推論」（causal inference）典範，透過研究設計蒐集到品質更佳的調查資料。他們同時介紹由國家科學委員會推動補助的「臺大動態民意調查計畫」所設立的網路調查問卷平台，具體說明如何透過網路調查進行「聯合分析」（conjoint analysis）問卷實驗。不過作者在結論中也強調，網路調查的挑戰在於建立一個「數量夠大」、「隨機來源」、「地理分布夠廣」的樣本庫，這也是未來從事網路調查研究的學子必須注意之處。

在第五章〈跨媒介跨方法的互動：政治傳播新研究發展〉一文中，張卿卿宏觀地回顧政治傳播研究發展的四個時期，並介紹政治傳播研究因為傳播媒介革新，以及傳播管道多元化所帶來的各種質變，包括新聞媒體的極化現象與不文明留言等。為了因應這些變化，早期所提出來的傳播理論也開始「華麗轉身」，重新回到研究者的視野，包含「迴聲室效應」、「議題設定」，以及「沉默螺旋」等。此外，作者回顧的政治傳播研究所涵蓋的新興研究方法，包括文本或影像探勘、網絡分析、網路足跡、網路行為分析，以及生理途徑（例如眼球移動、腦神經訊號、賀爾蒙分泌）等。這些新興研究方法也促成了政治傳播研究方法的整合，並形成以下兩種趨勢：首先，是調查研究與運算科學的結合；其次，是調查資料結合數位足跡資料。簡言之，媒體科技的推陳出新和電腦科技的發達，同時推動了政治傳播研究的理論開展與研究方法整合。

肆、比較政治

在之前出版的《政治學的回顧與前瞻》中，張佑宗、朱雲漢（2013）曾經為文探討威權韌性與民主赤字的文獻發展。過去十年來，這些文獻進一步開展出「民主倒退」（democratic backsliding）這個研究議程。儘管學界目前對於如何測量「民主倒退」這個概念仍未有共識，但許多老牌民主國家的民主制度和治理績效也的確面對挑戰。在第六章〈回顧民主化研究前沿議題的演進：全球民主發展進入衰退期？〉一文，張佑宗與朱雲漢再次回顧了這項研究議程過去十年來的四個發展軌跡，包括民主倒退的過程與類型、民主倒退的原因、民主的「去鞏固化」（deconsolidation），以及「民粹」（populist）領袖如何透過行政接管而削弱民主制度的正當性等。作者同時回顧了國內學者以臺灣政治發展為主要個案而進行的相關研究，以及國際學術社群正在積極開展的研究議題，例如新冠肺炎、俄烏戰爭、數位科技對於民主治理的影響，以及部分民主國家針對反民主浪潮所展現出來的「民主韌性」（democratic resilience）。從他們的回顧可以發現，民主進程並非線性開展，而是會隨著科技與社會變動而歷經不同的風貌。

與前述民主倒退議題相關的另一支學術文獻，即是「比較威權主義」（comparative authoritarianism）。Francis Fukuyama 曾經樂觀地以為自由民主政體是人類政治的終極形式，但目前仍有許多威權國家並未有民主化之跡象，Andrew Nathan 稱之為「威權韌性」（authoritarian resilience）。因此學界的研究焦點便從「哪些因素會導致民主化」轉為「為何有些國家不會進行民主化轉型」，並特別重視威權國家內部的統治邏輯和政權穩定的因素，這也促成了「比較威權主義」這項文獻領域的發展。在第七章〈比較威權主義研究在臺灣的發展與前瞻〉一文，吳文欽與童涵浦一方面探討了這些學術文獻在過去 20 年來的發展，包括威權政體的分類以及相關理論觀點的推陳出新；另一方面，作者也回顧了臺灣政治學界在這個領域的貢獻，並提出臺灣曾經歷威權統治的歷史以及民主轉型的經驗，特別是轉型正義資料庫的建置，如何能夠對於這些文獻未來發展有新的貢獻。

在比較政治研究領域中，聯合政府是多黨制議會內閣制國家的特色。早期的文獻關注聯合政府的組成和終結，而晚近的文獻則開始重視政府的治理和政府內部各政黨的互動。在第八章〈政治制度與議會內閣制下的聯合政府治理〉一文中，林政楠回顧相關文獻的發展。首先，他指出聯合政府面臨一項治理困境：亦即政府權力分散至來自不同政黨的部會首長，使得內閣制中選民和政黨透過選舉而形成的「委託—代理」關係，在政府組成後更為複雜化，使得聯合政府不一定能夠成功制訂相關政策，兌現對於民眾的競選承諾。為了解決這個問題，議會內閣制國家發展出兩種不同類型的制度機制，包括代理前的預防機制（例如選前或組閣前的執政協議），以及代理後的預防機制（例如正副部長來自不同政黨、委員會制度）。此外，作者提出兩個研究文獻的發展方向，包括民眾如何認知聯合政府的決策並據此針對所支持政黨進行選舉課責，以及組成聯合政府的各個政黨，對於各種穩固前述委託─代理關係的制度機制，是否會有策略性的反制。

　　瞭解議會內閣制國家聯合政府的議題之後，回過頭來檢視我國憲政體制的發展脈絡。臺灣在 1997 年第四次修憲後，進入半總統制的國家之林，而且因為我國總統多數時候身兼其所屬政黨之主席，在組閣時亦扮演積極角色，是屬於「總統優越的半總統制」，也構成對於民主深化的挑戰。在第九章〈臺灣的半總統制與民主深化的挑戰〉一文中，沈有忠從制度特性與黨政關係兩個層面，討論臺灣半總統制發展的路徑過程中所呈現的雙重模糊性。首先，在憲政層次上，我國內閣負責的對象不明，總統的權責亦不明；其次，在黨政運作上，由於總統經常身兼黨主席，在組閣時亦具有主導權，與原本憲法所賦予總統超然的角色有所衝突。作者認為，這些制度的模糊地帶，帶來了幾種可能阻礙民主深化的潛在風險，包括總統與閣揆潛在的僵局風險、總統透過國安會擴權的風險，以及政黨內部人事變化影響憲政機關人事（如內閣改組）的風險。因此，作者結論提出，重新界定總統在憲政與黨政之間的角色，是未來我國展開憲政工程的關鍵議題。

伍、國際關係與兩岸關係

　　當前國際政治和兩岸關係是密切相關的，尤其在美中霸權競逐的國際關係架構下，臺灣究竟應該採取何種外交策略和立場，較符合我們的國家利益，這是當前最為重要的課題。在第十章〈霸權與挑戰：國際關係理論的詮釋〉中，吳玉山和傅澤民回顧國內外國際關係學者對於「權力轉移理論」和「歷史與國關」的研究文獻。作者首先檢視權力轉移理論，並發現權力差距不足以導致支配性強權與崛起國發生衝突，兩者之間還存在著現狀滿意度、正當化策略，以及時間視野等理念性的多元機制。作者接著再從普適論（跨時跨域）與特殊論（跨時限域）的辯論，探討文化義理因素對中國對外行為模式的解釋力，並提出從歷史的角度檢視中國的「再起」，以補充權力轉移理論對理念研究的不足。最後，作者建議以權力轉移理論為分析框架，佐以歷史與國關的經驗內涵，在掌握科學原理的同時又能夠探索細緻的文化意念，以為攸關國家生存的重大國際關係議題，做出學術與實務上的貢獻。

　　第十一章是〈國際政治經濟學研究現況與未來展望〉，由邱明斌和林戍蓘執筆撰寫，旨在比較美國與我國國際政治經濟學的相關研究。國際政治經濟學主要探討國內政治與國際政治對國家之間經濟關係的影響，在全球化的浪潮下，美國學界的研究重心開始從國家變成跨國企業與國際組織。臺灣學者則受到兩岸經貿與國際環境限制所影響，研究議題偏好與中國相關的經濟投資與援助，研究方法則仍以質性研究為主，但量化研究的比例逐漸提高。面對中美漸趨緊張的貿易競爭，作者建議未來可從臺灣的視角探討國際貿易動態競合的過程，同時針對金融危機和國際債務等議題進行跨國研究，並在研究方法上強化形式理論和實驗法的運用，才能加強與國際社群的學術連結，以提升臺灣國際政治經濟學研究的國際能見度。

　　如同國際政治經濟學一般，全球化也促進國際關係關於非傳統安全研究的興起。在第十二章〈國際關係非傳統安全研究的發展〉一文中，迥異於現實主義國際政治所探討的課題，李佳怡回顧國內外學者對於能源安全、環境議題、恐怖主義等非傳統安全議題的研究。作者認為非傳統安全研究具有議題取向、跨國界與跨領域及影響國家安全等幾項特色，舉凡糧食安全、移民與難民、跨國犯罪，以及傳染病等議題皆可涵蓋在內。作者也指出，非傳統安全的研究議題會持續擴充，進而影響國家之間的互動與競爭，但是議題之間的界線有時也相當模糊，例如能源、糧食和傳染病也可以是環境議題的一部分。儘管國際恐怖主義有所消緩，但國內恐怖主義卻開始盛行，而能源安全仍是最重要的國家安全議題。作者最後強調，科技對非傳統安全的重要性，並鼓勵更多國內外學者投入該領域研究。

陸、公共行政與政策

　　就領域定位來說，公共行政與政策猶如政治學的應用科學，具有相當重要的實用價值，而且和企業管理、人力資源、財務分析、產業組織等領域息息相關。在第十三章〈探索臺灣的公共行政，1992-2021：民主治理、數位轉型與循證化研究的再定位〉一文中，陳敦源、王光旭與陳揚中從公共行政領域的「認同危機」出發，比較該學門在歐美國家與臺灣的演變，並且提出頗具啟發的觀點。作者首先回顧西方學界關於公共行政研究的演變，認為「善治」（good governance）、原生性理論，以及「循證」（evidence-based）研究的興起，使得公共行政研究得以從政治學門的次領域逐漸分家出來，這點也反映在臺灣的公共行政研究趨勢。作者發現，臺灣學者在治理與網絡理論等研究議題與方法與國際社群有一定程度的相關性，在民主化、第三部門與地方行政的研究議題與其社群網絡則展現了本土特色。儘管公共行政領域已卓然一家，但仍與政治學的發展密不可分，因為兩者皆從解決問題變成為理論導向、從國家中心朝向跨部門與跨領域研究，以及從規範性論述朝向經驗性研究，以因應日益複雜的國內外環境與社會的多元需求。

　　在第十四章〈公共行政與治理的共同演變：審議的轉向與價值共創〉中，范玫芳進一步探討臺灣公共行政研究的次領域──「公共治理」的演進過程。作者回應前一章提及治理研究在西方公共行政領域的興起，認為公民參與決策過程的「審議民主」
（deliberative democracy）已成為因應民主危機的制度創新。作者並分析過去十年發表
在「臺灣社會科學引文索引核心期刊」（Taiwan Social Sciences Citation Index, TSSCI）
中的研究成果，發現臺灣學者在「審議民主和參與式預算」與「公民參與和協力治理」
兩大研究主軸上，與國際社群同步蓬勃發展，在「環境治理」與「災害防救協力」等研
究主題方面，則有增加的趨勢。作者研究結論指出，未來臺灣的公共治理研究可關注制
度性傳遞機制及課責機制，並從比較公共行政的視野為東亞的治理研究和民主創新做出
貢獻。

　　延續前一章「公共治理」的主軸，黃東益在第十五章〈從電子化政府到數位治理：
公共行政實務、教學與研究〉一文中，探討在政府部門已有所發展，但在國內學界尚在
萌芽階段的「數位治理」（digital governance）課題。作者從教學與研究兩大面向，盤點
國內學界關於數位治理在師資、課程、研究計畫與學術出版的現況，發現在師資方面存
在著世代落差與人力銜接的風險，在研究取向方面則以「電子化政府」（e-government）
為主，並且與民主化議題相關，但缺乏討論政府運用數位科技、尤其是人工智慧與演算
法對資訊隱私或網路人權所造成的影響，甚至可能會產生數位獨裁的問題。作者因此建
議，引進跨領域的數位科技師資與增加相關實務課程，並從規範性角度與理論面向探討
數位治理背後的哲學辯證與倫理議題，這應是頗值得重視的。

柒、臺灣政治

　　臺灣曾經是國際政治學中第三波民主化的重要研究個案，近年來也因為美國和中國
從事戰略競爭，在國際政治研究與新聞輿論中備受關注。在第十六章〈臺灣研究於政治
科學中的質變與量變（1987-2022）〉一文中，王宏恩檢閱了 1987 年至 2022 年間，16
本政治學門主要英文學術期刊，以瞭解「臺灣研究」（Taiwan studies）在政治科學知識
進展過程中的角色。實證資料顯示，國際上與臺灣政治研究相關的研究，於中國研究的
期刊逐漸下降，而在通論性期刊則上升，在研究議題上也隨著臺灣在國際學界受到重視
的偏重程度而有所差異。這些數據證實，國際上有關臺灣政治的研究，除了受到臺灣本
身內部政治發展所影響之外，更是隨著國際上政治科學的主流議題發展與轉型。作者也
討論了臺灣政治研究未來在定位與資料上的挑戰，以及四個可能的研究方向，包括政治
暴力、資訊操弄、後國族認同，以及制度改革等。隨著臺灣在地緣政治的重要性增加，
作者結論指出，可以預期未來臺灣研究會有新一波的研究浪潮。

無疑地，任何國家的經濟發展和政治決策息息相關，而經濟成果的分配也往往是關鍵的政治問題。在第十七章〈政治經濟發展：臺灣與東亞國家經驗的檢視〉一文中，吳親恩與林奕孜回顧近年來政治經濟發展的研究，特別聚焦以下兩個議題：國家在經濟發展中的角色，以及所得分配和社會安全的關係。首先，作者檢視「發展型國家」（developmental state）的學術文獻，並討論近來發展型國家的轉型，其中作者分析了臺灣在經濟自由化的時的政策過程，這個過程中的制度與結構性因素，以及國家所扮演的角色。其次，作者探討影響東亞（包含臺灣）社會安全保障制度發展背後的因素，影響民眾對於所得重分配偏好的因素，以及所得分配對於民主支持與政體穩定的影響。這兩個研究視角分別從總體與個體的角度切入，對於東亞國家政治經濟發展的相關研究提出評述，呈現了政治經濟學研究結合總體經濟資料，以及個體民意調查資料的重要趨勢。

相較於行政部門和立法部門，司法政治在實證研究中，通常是較為人所忽略的學術領域，其中一項可能原因在於資料取得較為不易。儘管如此，在第十八章〈臺灣司法政治研究的評析和芻議〉一文，吳重禮回顧了 1997 年至 2021 年間，我國政治學者出版的 48 篇臺灣司法政治的實證研究。除了呈現論文發表的逐年趨勢之外，作者檢視論文內容，嘗試勾勒出我國司法政治研究的粗略樣貌。據此，作者提出兩點觀察。首先，這段期間的部分研究，與 1990 年代臺灣民主化初期的研究頗為相似，偏重探討國民黨威權統治時期的司法體制，而較少觸及臺灣在政黨輪替之後，以及當前政治領域中的司法爭議，使得司法政治研究呈現「時空凍結」的現象。其次，作者指出，若干研究亦有「選擇論述」的現象，亦即對於綠營（或者反國民黨陣營）與藍營（親近國民黨陣營）的相關檢調和法院案件或人事安排，採取雙重標準。針對這兩個現象，作者提出兩項呼籲。首先，學術研究應該謹守「價值中立」原則，對於類似案件應該採取相近評價標準。其次，研究者應回歸學術研究的初衷，特別以監督制衡政府作為基礎，關懷當前政治所涉及的司法爭議，並建立可以用來進行跨時與跨國解釋的理論。

捌、中國大陸政治

在廣泛的政治學研究範疇中，無疑地，中國研究是臺灣政治學者占有比較優勢的領域。直到近年來，兩岸關係呈現緊張對峙狀態之前，由於彼此人文、歷史、語言、文化的高度社會同質性，加上中國改革開放之後，經濟結構的互補性，使得兩岸民間互動愈趨密切，有利於學術活動的交流往來。這意味著臺灣政治學成為西方學界得以窺探中國政治的重要窗口。在第十九章〈中國研究的延續、變遷與挑戰：美國與臺灣的比較〉一文中，蔡中民回顧美國的中國研究如何從區域研究往學科訓練發展，開始強調理論貢獻與實證分析,而非傳統的語言歷史與背景脈絡,因而出現「分殊化」(specialization)與「破碎化」(fragmentation)的現象;另一方面,臺灣的中國研究則是由政治主導轉向學術優先,並受到西方學科訓練的影響,逐漸成為政治學門重要的次領域。與美國不同的是,臺灣的中國研究雖以質性方法為主,但卻缺乏中國籍學者提供「內部人」(insider)的觀點,還會因兩岸關係的影響而後繼無人。在國內外局勢與中國內部情勢皆不利於中國研究的當下,臺灣的中國研究者更應善用自身優勢,結合不同的研究方法,以在全球的中國研究場域享有一席之地。

在比較美國與臺灣的中國研究之後,在第二十章〈中國的多邊外交:臺灣學術社群研究之比較分析〉一文中,冷則剛和賴潤瑤回顧了臺灣學界對中國多邊外交的研究成果及其與國際學界的連結。作者認為,相較關於中國雙邊關係的討論,對於中國多邊外交的研究更能檢視中國崛起對國際秩序所帶來的影響。他們發現,有別於西方與中國學者,臺灣學者更強調中國多邊主義「內外有別」、「反霸」、「多極化」、「多重雙邊主義」與「結伴而不結盟」等特點,並且聚焦在東南亞國家協會、亞洲基礎建設投資銀行、「一帶一路」倡議與聯合國維和行動等個案,較少觸及中國在歐洲、拉丁美洲和非洲區域組織的參與。作者建議,未來可進一步研究中國多邊外交的合作面向,並針對外交政策菁英進行系統性分析,研究議題則可擴展到中國多邊外交與內政的連結、與不同集團之間的關係、非政府組織角色、議題設定及談判策略等,藉此為國際關係理論與臺灣的中國研究做出更大的貢獻。

無獨有偶地,張廖年仲在第二十一章〈中國崛起的網絡分析:以戰略夥伴關係為例〉一文中,也從多邊關係的角度探討中國崛起對國際政治的影響。作者運用「網絡分析」(network analysis)來檢視中國的「戰略夥伴」(strategic partnerships)關係,並以此來評估中國崛起的過程中,其與國際社會的互動模式。作者以全球戰略夥伴資料庫為基礎,發現中國過去主要發展與西方國家和亞洲鄰國的夥伴關係,現在則著重在俄羅斯與中亞國家;此外,中國目前尚未壟斷網絡中心的位置,對區域或國際秩序的影響力有限、甚至面臨其他國家的挑戰。作者認為,未來網絡分析還可應用在研究中國戰略夥伴關係對美國聯盟體系的影響、中小型國家的避險策略、中國在全球威權擴散,以及夥伴協議的文本分析等研究主題,以更動態地理解中國與國際社會關係的變化與走向。

在第二十二章〈中共政治法規的本質:辯證邏輯與制度化視野〉一文中,蔡文軒反思關於中共政治制度化的研究。以往臺灣學界認為,中共已經發展出一套幹部甄補與政治繼承的慣例,使其列寧黨國體制逐漸制度化,然而習近平執政後的強人統治改變了此一現象,主要是由於領導人的性格與缺乏派系制衡所導致。作者從中共政治法規的角度來檢視,發現黨內法規的人治色彩與「辯證邏輯」(dialectical logic),往往限制了國家法律獨立性與制衡的作用。因此，在習近平主政下，中共開始提倡「社會主義法治」，透過黨內法規來制訂權力繼承或幹部管理相關的規範，確保黨對國家與社會的全面控制，以達到持續執政的目的。然而，此舉卻造成威權主義法制化、高層政治體制的破壞，以及個人崇拜的興起，結果導致中共政治制度的倒退化。

玖、結論與限制

在簡要介紹各篇各章摘要之後，從下一章開始，本書將逐一進入政治理論與研究方法、比較政治、國際關係與兩岸關係、公共行政與政策、臺灣政治，以及中國大陸政治等各個領域的探討，希望瞭解該研究主題在近十年來的發展狀況，並且眺望未來，提出可能的關鍵研究議題。

在開始進入本書之前，我們也必須坦承告知本書的限制和不足之處。第一，或許有些讀者在閱讀各篇章之後，可能有意猶未盡之感，或者發覺缺漏某個政治學重要研究領域。最明顯的例子是，在《邁入廿一世紀的政治學》和《政治學的回顧與前瞻》收錄謝復生（2000）和謝復生、林繼文（2013）的作品，而本書欠缺關於理性抉擇運用於臺灣政治學研究的篇章，顯然甚為遺憾。第二，在當前美中競逐的國際體系中，面臨中國在亞太區域的崛起和全球重要性提升之際，臺灣政府應該選擇何種策略，裨益整體國家利益考量；更確切地說，我們究竟應該選擇文化語言相近但軍事威脅、新興崛起的中國，還是繼續支持長期盟友、既有強權的美國？此外，如何解讀民眾對於美國和中國的態度和立場，這些都是臺灣政治學研究領域的重要議題。然而，在本書的國際關係和兩岸關係該篇中，嚴格來說，並沒有專門納入兩岸關係研究，或者探討美中臺關係的著作，猶如吳玉山（2013）和陳一新（2000、2013）類似論文，殊為可惜。

第三，在 2005 年我國第七次修憲開啟另一次民主發展的契機，其中最受矚目的部分是立法委員選舉制度的修改，由以往的「複數選區單記非讓渡投票制」（single non-transferable vote with multimember-district system, SNTV）改為「單一選區兩票並立制」（mixed-member majoritarian, MMM），配合國會席次減半。國會選舉制度的變革如何影響政黨體系的發展，以及對於選民投票行為產生何種後續效應，本應值得我國政治學者持續觀察；然而，在臺灣政治該篇中，欠缺王業立、蘇子喬、郭銘峰（2013）這類著作，確實是本書罅漏之處。第四，無疑地，這三本回顧性質的專書皆沒有探討若干研究領域，例如中國政治思想、中國歷代政治制度，中西政治思想的對話，以及臺灣學者所從事的區域研究（歐盟研究、東北亞研究、美國研究等），這些缺憾有待日後再予以補強。

　　本書旨在為當代臺灣政治學的現況與展望描繪一個宏觀的樣貌,掛一漏萬,恐無可避免,衷心期待學界先進的回饋、批評和指正。

參考書目

王業立、蘇子喬、郭銘峰，2013，〈臺灣選舉制度研究的回顧與前瞻〉，吳玉山、林繼文、冷則剛（編），《政治學的回顧與前瞻》，臺北：五南，頁 329-358。

何思因、吳玉山（編），2000，《邁入廿一世紀的政治學》，臺北：中國政治學會。

吳玉山，2000，〈政治與知識的互動：臺灣的政治學在九〇年代的發展〉，何思因、吳玉山（編），《邁入廿一世紀的政治學》，臺北：中國政治學會，頁 3-48。

吳玉山，2013，〈兩岸關係研究的開展與侷限〉，吳玉山、林繼文、冷則剛（編），《政治學的回顧與前瞻》，臺北：五南，頁 175-195。

吳玉山、林繼文、冷則剛（編），2013a，《政治學的回顧與前瞻》，臺北：五南。

吳玉山、林繼文、冷則剛，2013b，〈政治學的回顧與前瞻〉，吳玉山、林繼文、冷則剛（編），《政治學的回顧與前瞻》，臺北：五南，頁 1-18。

馬起華，1975，〈中國政治學史檢論〉，《政治學報》4：79-107。

張佑宗、朱雲漢，2013，〈威權韌性與民主赤字：21 世紀初葉民主化研究的趨勢與前瞻〉，吳玉山、林繼文、冷則剛（編），《政治學的回顧與前瞻》，臺北：五南，頁 122-150。

郭秋永，2009，〈改造運動：政治哲學與政治科學〉，《東吳政治學報》27（3）：1-64。

陳一新，2000，〈美中臺三邊關係研究的回顧與展望〉，何思因、吳玉山（編），《邁入廿一世紀的政治學》，臺北：中國政治學會，頁 315-357。

陳一新，2013，〈美中臺關係學術研究的回顧與前瞻〉，吳玉山、林繼文、冷則剛（編），《政治學的回顧與前瞻》，臺北：五南，頁 197-224。

謝復生，2000，〈理性抉擇理論的回顧與前瞻〉，何思因、吳玉山（編），《邁入廿一世紀的政治學》，臺北：中國政治學會，頁 141-153。

謝復生、林繼文，2013，〈理性抉擇與臺灣的政治學研究〉，吳玉山、林繼文、冷則剛（編），《政治學的回顧與前瞻》，臺北：五南，頁 65-87。

Finifter, Ada W., ed. 1983. *Political Science: The State of the Discipline*. Washington, DC: American Political Science Association.

Finifter, Ada W., ed. 1993. *Political Science: The State of the Discipline II*. Washington, DC: American Political Science Association.

Kasza, Gregory J. 2001. "Perestroika: For an Ecumenical Science of Politics." *PS: Political Science and Politics* 34 (3): 597-600.

Katznelson, Ira, and Helen V. Milner, eds. 2003. *Political Science: The State of the Discipline*. New York, NY: W. W. Norton.

Kaufman, Stuart J. 2005. "Rational Choice, Symbolic Politics, and Pluralism in the Study of Violent Conflict." In *Perestroika! The Raucous Rebellion in Political Science*, ed. Kristen Renwick Monroe. New Haven, CT: Yale University Press, pp. 87-102.

Monroe, Kristen Renwick. 2005. "Introduction." In *Perestroika! The Raucous Rebellion in Political Science*, ed. Kristen Renwick Monroe. New Haven, CT: Yale University Press, pp. 1-5.

Smith, Rogers M. 2005. "Of Means and Meaning: The Challenge of Doing Good Political Science." In *Perestroika! The Raucous Rebellion in Political Science*, ed. Kristen Renwick Monroe. New Haven, CT: Yale University Press, pp. 525-533.

第一篇

政治理論與研究方法

第二章

政治理論的知識視域：
規範、歷史、比較、全球[*]

曾國祥

壹、前言

　　概略來說，政治科學是使用可重複操作的客觀方法，來解釋具有經驗內涵之政治現象與政治行為的因果規律，而政治理論則是致力於探索政治活動與政治判斷所涉及的公共生活之基本價值，諸如：自由、平等、人性尊嚴、相互尊重、人權、法治、憲政、民主等。誠然政治科學是當前政治學研究的主流典範，但從道德面向來理解政治本質，實乃政治學源遠流長的偉大學術傳統。在本文中，作者試圖介紹四種探問公共價值的思維路徑：政治哲學、政治思想史、比較政治思想或跨文化對話，以及方興未艾的全球政治思想或國際政治理論，並藉以側寫臺灣政治理論的發展現況。如此定義下的政治理論，固然不包括一般所謂的經驗政治理論，但這並不表示應然與實然是兩個相互對立的理性範疇；相反，作者認為，建立一套融貫的政治知識體系，必須同時涵蓋科學通則與道德價值，只是要如何化解「自然與道德」的二元性問題，遠遠超出了本文的研究範圍。

　　就知識性質來說，上述四種理論途徑的顯著特徵，分別是在探求公共價值的規範性（normativity）、歷史性（historicity）、特殊性（particularity）或多元性（plurality），以及全球性（globality）或世界性（world-ness）；它們從不同的知識視域，對公共價值進行闡述，並因而豐富了「政治理解」（political understanding）的深度與廣度。也因此，在論述型態上，其各自的議論重心互有差異，從而呈現出多元並存的「政治觀

[*] 本文初稿發表於 2022 年 8 月 4 日至 5 日中央研究院政治學研究所廿週年所慶暨「政治學的現況與展望」學術研討會。除了必須對論文評論人陳嘉銘教授與匿名審查人謹申謝忱，作者還要特別感謝沈明璁博士、趙翊夫博士與李煒先生，協助整理國內政治理論學界的相關研究成果。

點」（visions of politics），例如當代政治哲學所提倡的「正義政治」（the politics of justice）、政治思想史研究所涉足的「語言政治」（the politics of language）、比較政治思想史所關注的「文明政治」（the politics of civility），以及全球政治思想所探詢的「共存政治」（the politics of coexistence）。雖然如此，這些「政治觀點」並非相互排斥；恰恰相反，政治理論至為根本的學術任務，便是構思一套融貫的公共價值體系所需具備的知識視域。就此而言，本文另一深遠的寫作意圖，也可以說是在政治理論的框架內，尋求規範性、歷史性、多元性與全球性等知識視域的融通。在作者看來，當代正義的規範性所追求的人性尊嚴和平等尊重等核心價值，倘若能通過語言的歷史性、文明的多元性、共存的世界性等客觀理由的層層檢視，應可更合理地被視為這個時代的「人類恆常價值」（human constants）。

有關「人類恆常價值」的論證，是作者長期的研究議程，基於本文的旨趣，在此僅擬扣住臺灣政治理論的發展，提出一些初步想法。扼要地說，在當代普遍被人們視為「恆常」的人性尊嚴與平等尊重等價值，在西方思想史上主要是根植於個體性（individuality）觀念的崛起，而對於個體性的尊崇，實則是（廣義用法下的）自由主義典範的道德基礎。就此而言，從政治理論的知識視野，回顧人性尊嚴與平等尊重的規範論證與歷史敘述，對於自由民主已臻成熟的臺灣社會而言，自有其重大的學術意義。也因此，後文在論及政治哲學與政治思想史的理論途徑時，其重點將放在臺灣政治理論學界過去約莫 20 年來，對於西方政治現代性之理論思辨的引介、評述與批判。事實上，依作者之見，當代政治哲學的不同流派，諸如平等派自由主義、共和主義、社群主義、乃至於保守主義，縱使在本體議題與倡導議題上出現激烈交鋒，但就捍衛人性尊嚴與平等尊重的價值硬核來說，它們之間仍然存在著高度的交疊共識。不僅如此，從今天的角度來看，即便是近代政治思想史上的重大爭辯，例如黑格爾對康德的歷史性批判，其矛頭也不是指向個體性價值本身，而是針對如何實現個體性價值所發動的哲學方法轉向：從「自我立法」到「自我實現」。

話雖如此，西方政治現代性及其獨鍾個體性的思想資產，主要卻是透過帝國主義與殖民主義，而被轉譯到非西方世界的政治語言系統中；故此，晚近政治理論學界所興起的議論方向之一，即是透過批判西方中心主義，來揭露以個體性為基底的「普遍價值」體系的道德特殊性與歷史偶然性。換言之，相對於政治哲學與政治思想史，比較政治思想與全球政治思想所關切的一項課題，涉及埋設在當代核心價值論述背後的文化脈絡與歷史限制。為了集中討論，本文後半段在處理此二理論途徑時，將以當代儒家政治哲學的發展為例，來彰顯中國與臺灣政治理論學圈，在回應西方政治現代性及其普遍價值論述上，所呈現的兩種迥然相異的思維態度：文化相對主義 vs. 中西文化會通。從作者所採取的詮釋架構來看，港臺新儒家一個顯著、但卻已逐漸被人們遺忘的卓越貢獻，是透過康德與黑格爾的哲學架構，闡明作為民主政治之道德基石的人性尊嚴與平等尊重，與中國文化的相容性，以及儒家人文主義與「天下太平」的道德理想，對於我們思索這個時代的「人類恆常價值」，所可能帶來的哲學啟發。

綜上，本文希望達成三項目標：介紹政治理論的知識視域、回顧臺灣政治理論的發展概況，以及反省攸關「人類恆常價值」的若干爭議。合而論之，本文或可謂是有關「政治理論方法論」的一篇芻議。

貳、政治哲學：正義的規範性

政治哲學的蓬勃發展，是過去 2、30 年來臺灣學界有目共睹的一件盛事。除了英美分析哲學蔚為風氣，來自歐陸哲學的各種研究取向亦是百花齊放，例如馬克思主義、[1] 決斷論、[2] 法國左翼政治哲學、[3] 基進民主、[4] 生命政治[5] 等。惟因篇幅所限，作者於此僅擬扣住英美分析哲學的「正義政治」，來略述政治哲學研究的規範性意義。

規範性為實踐哲學的中心課題，意指我們日常生活中所應遵循的行為準則，也就是「應該」或「不應該」如此為之的要求。這些要求，可能是道德的、宗教的、禮儀的或法律的，當然也可能是政治的。這些價值領域的區分及其關係，向來是哲學家們議論的重點。例如，柏克堅信禮儀是道德不可或缺的泉源，康德卻認為禮儀只是一種社會德行（a social virtue），而非道德德行（a moral virtue）。[6] 從規範性的角度來說，政治概念所指涉的公共價值或政治價值，難免與道德命令、禮儀規約、宗教教義或法律規則相互交疊。有關政治與人類其他活動領域之間的關係，為一極其複雜的哲學問題，無法在此深究；基於本文的題旨，我們只需注意，正義之所以成為我們這個時代公共價值體系的中樞，自有其特殊的思想史背景與政經結構因素，但如著眼於當代英美哲學，則「正義政治」的盛行與羅爾斯（John Rawls）於 1971 年出版《正義論》（*A Theory of Justice*）一書關係甚大。

---

[1]　孫善豪（2009）於眾所周知的黑格爾之「辯證」之外，加上了康德之「批判」，有其獨特之處。晚近則有萬毓澤的兩本著作（2018a、2018b），深入淺出地介紹了資本論的版本、爭議及其當代價值，並由八個重要概念出發，透過概念引導出原典，無論是初學者或入門者皆能有所收穫。關於馬克思與列寧之關係的歷史公案，另可參閱：陳宜中（2002）。

[2]　參閱：蔡英文（1997、2010）；張旺山（2003）；蕭高彥（2006）；楊尚儒（2011、2014）。

[3]　參閱：吳豐維（2013）；洪世謙（2014、2016）。

[4]　參閱：朱元鴻（2005）；林淑芬（2005）；蔡英文（2005）；洪世謙（2019）；蕭育和（2022）。

[5]　參閱：何乏筆（2010）；洪世謙（2020）；黃涵榆（2021）。

[6]　參閱：J. Laverty Megan（2012: 71-72）。

　　羅爾斯對於當代政治哲學的最大貢獻，便在於以正義之名，為當代自由主義公共價值確立了兩項根本的規範性主張，此即「權利優先」，或更準確地說，「對的」優先於「善的」（the priority of the right over the good），[7] 以及「國家中立」。[8] 概要而言，羅爾斯認為，從道德的角度來看，理性最可貴的價值，是允許個人自由選擇自己的人生目標與特殊善觀，而沿著康德的「定言令式」（categorical imperative），[9] 他進一步主張國家的首要責任是尊重公民的這種自治能力，用康德的目的自身令式（formula of the end in itself）來說，就是「永遠不要把個人視為手段，而應將其視為目的本身」。換言之，「權利優先」是指在一個民主社會中，當產生價值衝突的狀況時，基於個人權利的主張應優先於基於善的主張。由此，乃可推導出「國家中立」的倡導立場，認為國家不應依據任何一種特定的目的或價值，來侵害個人依據人性尊嚴與平等尊重所擁有的普遍權利。[10]

　　雖然羅爾斯在其後期著作如《政治自由主義》（*Political Liberalism*）中調整了論證策略，並多次修正著名的兩項正義原則的陳述方式，但他依然致力於建構一個獨立於整全性的（comprehensive）道德體系與宗教學說之外的特殊政治道德概念（a particular conception of political morality），而此一特定的規範性領域，即是正義。在羅爾斯看來，伴隨著現代民主社會而來的一個歷史特徵，是「合理多元主義事實」的出現。基於此，人們對於何謂良善生活方式的看法，因而存在著深度分歧與莫衷一是的紛爭；也因此，一個民主國家透過憲政法治的正當程序所應予保障的公共價值，原則上指向每位公民平等擁有的、追求殊異良善觀念與策劃個己理性人生計畫的自主道德能力，而不涉及存在於社群中的各種爭議不休的善觀。故此，

> 政府對其公民所採納的道德與宗教觀點應保持中立。也就是說，因為人民對於什麼是最好的生活方式並無法達成共識，政府不應在法律中確立任何有關良善生活的特定觀點。相反地，它應該提供一個尊重每個人都是自由且獨立的個體，並有能力對其價值與目的做出選擇的權利框架。因為這樣的自由主義論述主張公正程序（fair procedures）之於特定目的的優位性，它所表徵的公共生活因而可被稱為程序共和國（procedural republic）。（Sandel, 1996: 4）

---

[7]　參閱：戴華（1989）；周保松（2009）。

[8]　參閱：吳豐維（2019）。

[9]　關於羅爾斯與康德定言令式的關係，參閱：戴華（2004）。

[10]　由於羅爾斯的重要性，關於其學說之發展與討論多如恆河沙數，限於篇幅，只能概略羅列幾項：關於羅爾斯與言論自由，參閱：張福建（2004）；關於羅爾斯與全球正義，參閱：許漢（2004）；關於羅爾斯與義戰，參閱：陳宜中（2004）；關於羅爾斯與儒家的跨文化對話，參閱：鄧育仁（2016）。

　　而既然在程序共和國的論述中，作為公共生活首要價值的正義，基本上是奠基於個人自主的道德能力所對應的「對的」道德範疇，所以正義原則所涵蓋的公共價值，主要包括與他人相容的最大可能限度的自由、人性尊嚴、相互尊重、寬容、職務開放與差異原則等內容，而盡可能地迴避對於「善的」道德範疇，尤其是對於實質性的「共善」（the common good）的追求。又，由於如此定義下的正義理念，基本上是本於平等原則，這種自由主義也可被稱作是「平等派自由主義」（egalitarian liberalism）。

　　在國內學界，德沃金（Ronald Dworkin）無疑是羅爾斯之外最受矚目的一位平等派自由主義者。雖然在哲學論證上德沃金提倡「原則一貫論」（integrity）而與後期羅爾斯迥然不同，但在規範性議題上，他同樣主張權利至上，或用他自己的話來說，「權利作為王牌」，並恪遵中立性原則，主張重大政治決定的做成，應該盡可能地獨立於深度分歧的道德體系與宗教教義之外。事實上，對德沃金來說，政治雖然是道德的，卻是一種特殊的道德，也就是政治道德，而法律實質上只是政治道德的一個分支。順著這層意義來說，正義可被視為道德價值、政治價值與法律價值的交集。在羅爾斯、德沃金及其追隨者的倡議下，各種正義理論如雨後春筍，大量湧現；從社會正義、環境正義、居住正義、能源正義、轉型正義、醫療分配正義，到全球正義，正義一詞如今不但已經成為政治論述的主導概念，同時也是公共政策的議論焦點。[12]

　　如一般所知，羅爾斯的康德主義路線與正義理論，同時掀起了社群主義與共和主義等思想陣營的反擊，代表人物包括泰勒（Charles Taylor）、麥金泰爾（Alasdair MacIntyre）、瓦瑟（Michael Walzer）與沈岱爾（Michael Sandel）。總的來說，社群主義批評「程序自由主義」（procedural liberalism）的重點主要有二：其一是在本體論層次上質疑其所預設的原子論個人主義，其二則是在規範性層次上批評其所提倡的權利至上與國家中立。[13]羅爾斯正義理論所引發的其他重要議論，還包括：米勒（David Miller）具有多元主義色彩的《社會正義的原則》（*Principles of Social Justice*），強調公平分配的正義原則，在不同的人類關係模式或不同的社會網絡中，應有多元之運用，[14]以及沈恩（Amartya Kumar Sen）的《正義的理念》（*The Idea of Justice*），針對不正義問題提出剖析。

---

[11] 關於德沃金法律與政治哲學的討論，參閱：謝世民（編）（2014）；陳閔翔（2014）；莊世同（2022）。

[12] 以「正義政治」為主題的研究成過，頗為頗豐，陳宜中的專書（2013、2016）堪為代表，其他重要論著包括：葉浩（2008）；陳嘉銘（2010、2014）；陳嘉銘、葉明叡（2020）；郭秋永（2012）；魏楚陽（2013）；郭祐輑（2017）。

[13] 參閱：曾國祥（2009：第三篇）。

[14] 參閱：梁文韜（2005a、2005b、2005c）。

　　就政治理論方法論而言，正義的規範性所觸及的重要哲學爭議之一，是有關政治哲學與政治科學的分野。從康德哲學切入，我們的世界是一個二元的世界，在自然與道德或現象與物自身之間存在著理性使用上的範疇差異。換言之，康德認為，道德規範作為一種「定言令式」，是理性主體依據實踐理性的自我立法，而無涉於經驗世界的任何利益考量，也不受到欲望、情感與文化的牽制。而在政治與法律哲學上，康德則是透過「普遍法權原則」（the universal principle of right）來解決個人自主的道德理性與具有強制性的法律規範之間的矛盾。依此，政治哲學所面對的應然世界，與政治科學所處理的實然世界，因而成了兩個互不隸屬的知識領域：當政治科學家所提出的命題或法則與經驗世界不相吻合時，自然是政治科學家必須修正他們的命題與法則，以便更正確地解釋政治現象與政治行為的因果規律；但是，當政治哲學家所提出的道德規範和當前的現實狀況產生齟齬時，卻很有可能是因為這個世界還不夠美好，尚待人們勇敢地使用理性予以改善。藉助康德的觀點，我們或不妨說，正義的規範性，宛如一座北極星，雖然我們依著北極星所指引的方向前進，一定可以走向北方，但我們卻永遠到達不了北極星！

　　在康德主義下，奠基於「普遍法權原則」的正義的規範性，因而具備「超驗普遍性」（transcendental universality），得以為全體人類提供一套超越歷史文化與社群載體之侷限的普遍價值。然而這種抽象、去脈絡的普遍主義，不僅容易招致西方中心主義之議，而且忽略了語言的歷史性以及文明的多元性。事實上，前述社群主義的批評，以及羅爾斯本人在《政治自由主義》中的論證轉向，都說明了歷史性與多元性在政治理論中所扮演的重要地位正在持續提升當中。不僅如此，當代分析哲學刻正進行的「理由轉向」，[15] 也有助於我們轉換思考模式來克服康德有關自然與道德的二元分界。誠如吳瑞媛（2015：28、34）所指出的，相對於康德的「超驗理由論」，亞里斯多德派「奠基於價值的理由觀」（a value-based theory of reasons）主張：我們從事某一作為或產生某一行動的理由是「實現某項客觀價值」；換言之，對亞里斯多德派而言，「我們（理性主體）是自然界的一部分，我們施展理性能力，亦即，我們掌握並回應理由（客觀事實），這是再自然不過的事」。要之，亞里斯多德派認為規範性來自於主體對客觀事實與客觀價值之認可的立場，不僅跨越了康德所設下的理性主體（物自身）與經驗世界（現象）之間的鴻溝，並因而替政治哲學與政治科學的知識連結找到了一個可能的哲學基點。

---

[15] 參閱：謝世民（編）（2015）。

參、政治思想史：語言的歷史性

因篇幅所限，此處無法繼續深究亞里斯多德有關客觀價值的論述，而只能聚焦於黑格爾從歷史性的知識視域，對康德所掀起的內在批判。暫且不論黑格爾飽受爭議的一些哲學見解，如有關歷史終點的晦澀教義，關於人類恆常價值，黑格爾主要的貢獻，便是提出「具體普遍性」（concrete universal）的架構，以超克康德的「超驗普遍性」：在黑格爾看來，「實在」（reality, *Wirklichkeit*）的完整呈現必須有兩項原則搭配運作，此即「觀念的普遍原則」（the universal principle of the idea）以及使得普遍觀念得以在歷史（與自然）中獲得具體實現的「個體性或主體性的特殊原則」（the particular principle of individuality or subjectivity）。[16] 以自由為例，倘若沒有人類的自由意志作為主體性的特殊原則，以自由為最高目的並努力付諸實現，透過不斷的掙扎與不停的爭鬥，而於歷史進程中展現出人類對於自由不曾間歇的無盡求索，進而在社會中建立起能夠確保自由之實踐機制的制度，那麼自由的普遍觀念就只能停留在抽象理想的階段，無法客觀化為具體的「倫理生活」。因此，與其說黑格爾背離了（廣義用法下的）自由主義的核心價值：個體性、自主性、理性、自由與尊嚴等，還不如說他在自由主義的思想系譜中推動了一場「倫理性的轉向」。而在方法論的層次上，如果說一般熟悉的自由主義的主論證成策略，包括：自然權利、契約論或效益論，大致上可被稱作「假設導向的途徑」（hypothesis-based approach），那麼黑格爾所開啟的哲學方案，便不妨被稱為「實踐導向的策略」（practice-based approach）。

據此，黑格爾對於政治理解所產生的深遠影響，就是確立了歷史為人們認識政治價值與政治制度所不可或缺的知識視域，並因而奠定了政治思想史作為一門學科的合法地位。在本文中，作者傾向於使用「語言政治」或語言的歷史性，來形塑政治思想史研究的實踐意義，正是因為相對於康德主義，從赫德的「語言哲學」到黑格爾的「倫理生活」，不但反覆重申「人是語言的動物」、「人是歷史性的存有者」，並且再三強調人必須透過語言所承載的意義世界與價值規範來表現個體性或主體性，並藉以認識人類自己所創造的社會、國家、乃至於歷史。在許多方面，深受赫德啟發的黑格爾，其哲學思想同時帶有亞里斯多德的關懷；從前文討論可知，對黑格爾而言，人類的自由與理性只有在歷史中才能獲得具體的實現，而其意義與價值也唯有透過語言的歷史性才能被確切地掌握。沿此線索，政治思想史研究的基本任務，大致上可被界定成是透過探索人類行

---

[16] 參閱：Schmidt（2011: 280-281）。

動的歷史成果,來挖掘、敘述、評價某一時期的特定群體之政治文明,亦即其公共生活
所關涉的客觀價值之起源、發展與轉化,以及這些價值對於當代世界的影響、支配以及
刻正面臨的困頓。要之,政治思想史是完整的政治理解所需具備的知識視野,因為政治
語言是我們認識與評價政治世界的主要依據。

　　在當代英美學界,最受矚目的政治思想史方法論流派,首推由史金納(Quintin
Skinner)、波卡克(John Pocock)、唐恩(John Dunn)和塔克(Richard Tuck)等學者
所開創的劍橋學派(Cambridge School);一言以蔽之,該學派最為核心的方法論立場,
就是推崇「脈絡主義」(contextualism)的歷史研究。[17] 雖然史金納等人曾引用了不同
的哲學資源,如語言行動理論、詮釋學、系譜學、語言典範等,來闡釋其方法論要旨,
但就重視思想與行動的歷史性這點而言,該學派仍受惠於英國黑格爾主義者,尤其是柯
靈屋(R. G. Collingwood)與歐克秀(Michael Oakeshott)的論著。[18]

　　按史金納的說法,語言不但是人類歷史實踐的成果,語言本身其實就是一種行動,
因此政治理論作為一種語言行動,可被視為是政治理論家在面對政治紛爭與道德衝突
時,為了辯護或反對某些政治價值或政治方案而提出的解方。就此而言,政治思想史的
語境研究有兩層意義,一是爬梳特定思想家在使用特定語彙時的特定意圖,二是釐清
這些思想家如何透過語言行動而改變了實際的政治生活。如此,政治理論的歷史,既是
政治語言的歷史,同時也是政治行動的歷史,而所謂的政治思想史研究,就是透過政治
語言典範的重構,講述歷史行動者在政治論述中所展現的各種觀點及其後續影響。或
換個說法,政治思想史上的許多經典文本,其實都是對政治現實的實際介入(蕭高彥,
2020:628);透過對行動所涉及的客觀事實與客觀價值的表述,政治思想史研究因而
有助於我們澄清理論與實踐之間的落差,甚至弭平應然與實然之間的隔閡。

　　對政治理論家而言,有關應然與實然之關係的思辨,必將觸及政治哲學與政治思想
史之知識性質的討論。從本文所採取的亞里斯多德主義與黑格爾主義的立場來說,劍橋
學派另一健將唐恩所稱的「整合取向」(an integral approach)(曾國祥,2012:163)
頗具啟發性,因其中心旨趣,恰恰在於結合「歷史的特殊性」與「哲學的敏銳性」。[19]
依唐恩之見,一個相對完整的政治理論研究,必須兼備政治哲學的價值判斷與政治思想

---

[17] 關於劍橋學派方法論的討論及其運用,參閱:陳思賢(1989);蕭高彥(2002、2020);Karl
　　Shaw(蕭高彥)(2003);梁裕康(2006a、2006b、2007、2009、2013);Alvin Chen(陳禹仲)
　　(2019)。
[18] 史金納對柯靈屋推崇備至。有關歐克秀與劍橋學派的關係,參閱:Thompson(2019)。
[19] 誠如唐恩所言:「歷史的特殊性與哲學的敏銳性是更容易被達成的,如果它們被一起探索的
　　話」(Dunn, 1980: 14)。

史的事實探源：在一方面，政治理論家必須在歷史解釋中將「原因」與「價值」（或「客觀事實」與「客觀價值」）予以扣連，[20] 也就是嘗試對人類價值的「歷史根源」（historical resources）提出因果性解釋；在另一方面，他們同時必須認真對待存在於現存結構與人類利益之間的「道德間隙」（moral gaps），也就是對出現在我們眼前的這個生活世界與我們期待能在未來變得更好的那個生活世界之間的價值落差，進行評估與判斷。於唐恩而言，雖然人類能夠充分理解與完全掌握的知識有其界限，但政治理論家仍不應放棄對「歷史根源」與「道德間隙」的表述，以便幫助人們思索如何在一個歷史上已被給定的實踐世界中，持續理解、盡力掌握「從事某一行動的好的理由」（the "good reasons to act"）。

在唐恩的架構下，政治思想史與政治現實的距離因而被拉得更近了。[21] 舉例來說，波卡克（Pocock, 1975: 335-340, 402-409）曾指出，對於認同盛行於 14 世紀至 16 世紀「公民人文主義」（civic humanism）思想傳統的歷史行動者來說，擁有財產並不意味著我們今天在資本主義當道下的物質享受或資本積累，相反，財產的意義僅在於透過保障所有權人的生活，令其得以在共同福祉（common weal）或公共事務（res publica）中過著積極的生活（vita activa）。然而在光榮革命中，這些理念卻催生了英國的早期資本主義，而伴隨著現代國家職權的不斷質變，到了 18 世紀時這些理念開始「變得」不合時宜，終而產生語言典範的歷史置換。順著這層理路來說，我們若要全面理解資本主義及其財產觀的深層困境，就必須對現代國家的興起與發展進行歷史考察。

由此可見，歷史性與規範性並不必然是兩個對立的知識範疇。反之，政治思想史研究在很大的程度上可以幫助我們揭露哲學分析所未能詳加探究的、有關人類恆常價值的「歷史根源」問題，例如何以「正義政治」會取代「德行政治」成為現代政治世界的主導典範？何以我們今天對於自由的認識，泰半圍繞著消極自由與政治權利的說法，而逐漸遠離了積極自由與共和自由的論說傳統？為何民主會從希臘以來即遭逢尖銳批判的歷史聲浪中，漸次蛻變成今天大家口中的普世價值？不僅如此，透過政治思想史的知識視野，政治理論家還可以對在價值轉化過程中所出現的「道德間隙」，發出更具歷史性與現實感的提問，例如我們對於以「對的」道德範疇為底蘊的「正義」原則的理解，是否限縮了我們對於自由主義之歷史發展與哲學基礎的全面認識？我們對於不同的自由概念之實踐意義的歷史抉擇是正確的嗎？為何在民主成為普世價值的這個時代，一般公民卻同時失去了進行民主思辨與理性審議所需具備的公民德性與道德能力？

---

[20] 用唐恩自己的說法，在政治理解中我們不應偏廢政治因果性與人類價值的任何一方，而應讓它們「各就各位」（line up）（Dunn, 2000: 92），並盡可能地提出完整的說明。

[21] 這說明了為何唐恩也時常被歸類為「新現實主義」政治理論的一位要角。

　　如此甚明，語言不僅是我們認識世界的工具，更提供了我們思索公共價值之實踐歷程的媒介，因此說語言是權力的一種綿密的、歷史性的展現形式並不為過。也因此，對於政治語言典範革命的歷史考察，不僅可以被用來說明西方從古典世界邁入現代世界的價值轉換問題，而且在東亞語境中，這更可被用來解釋因為西方現代性之入侵而產生的「知識論危機」。在此推導下，著名思想史家列文森（Levenson, 2005: 156-163）的此一評論，也就顯得格外切題：在 19 世紀末葉以來的中西文化撞擊中，西方或許在藝術與文化方面從中國學到了一些新穎的詞彙（a new vocabulary），但在中國卻是產生了一套全新的語言（a new language），從而導致傳統與現代之間出現一道史無前例的裂痕。

　　關於近代中國政治語言的典範革命，稍後在論及比較政治思想時，將有補充說明。現在，作者想要接著指出的是，在東亞與華文語境中，我們今天所依循的公共價值體系，在歷史上無疑是源自於西方世界，尤其是政治現代性；[22] 在臺灣，我們公民社會的主導語言，更早已不再是「內聖外王」，而是以現代國家為藍圖所建構起來的一套嶄新的政治語言，例如正義、自由、平等、權利、民主、法治、憲政。就此而言，前文所稱的「正義政治」，不過只是這套公共價值體系的一種當代陳述。究實而論，國內的政治思想研究，除了持續對從柏拉圖到馬克思的經典文本進行詮釋與再詮釋之外，[23] 過去 2、30 年來的主要發展重點，正是集中在對西方政治現代性的認識與批評，其具體成果，包括深入闡釋上述這些重要政治觀念的意涵，[24] 以及對自由主義、共和主義、社群主義、效益主義、憲政愛國主義、乃至於保守主義等主要政治思潮，進行歷史溯源與哲學重構。[25]

　　透過這些重要研究，正義、自由、平等與尊嚴等貫穿西方政治現代性的基本價值，在臺灣的公共論述中，因而獲得了更充分的討論與更深入的理解。而依循本文的研究觀點，必須再次強調的是，上述當代政治思潮之間雖然互有爭論，但這些論爭卻無法被簡

---

[22] 參閱：蔡英文、張福建（編）（2007）；蕭高彥（2020）。

[23] 這方面研究的論文與專書數量過多，茲不特別舉例說明。

[24] 關於正義，除了前一節所提及的討論之外，國內第一本重要專書，參閱：戴華、鄭曉時（編）（1991）。提到自由，柏林有關自由的兩個概念的經典闡釋，對華文世界的自由主義思想影響頗深，參閱：葉浩（2018）。以民主來說，已故蔡英文教授（2015）的研究首屈一指，基本上蔡教授的方法論思維亦是在尋求思想系譜與哲學理路的共鳴；而郭秋永（2001）的研究，則是為經驗民主理論奠定了深厚基礎。除此之外，政治理論新秀周家瑜（2019）有關平等以及劉佳昊（2019）有關普遍意志的討論，都有其可觀之處。

[25] 就政治思潮而言，國內學界過去 2、30 年來對於自由主義（如江宜樺，2001；許國賢，2008；錢永祥，2014）、共和主義（如蕭高彥，2013）、馬克思主義（孫善豪，2009；萬毓澤，2018a、2018b）、效益主義（陳建綱，2017、2021）、憲政愛國主義（石忠山，2015），乃至於保守主義（曾國祥，2009、2018）等，都有系統性的論述。

單地化約成「個體性 vs. 反個體性」。舉例來說，社群主義的崛起，深受黑格爾的影響，但黑格爾政治哲學的主題，其實是對盧梭與康德以來西方近代尊崇個人理性與自由之論述範式的批判性繼承；即便羅爾斯在其《道德哲學史講稿》中亦坦言，黑格爾的政治哲學歸屬於「自由主義傳統」，並稱黑格爾是「一位具有溫和進步之改革心智的自由主義者」（Rawls, 2000: 330, 352）。又例如，歐克秀這位號稱當代最具原創性的保守主義哲學家，其終身捍衛的核心價值，實非集體目標，而是個體性與個人自由；故此，學者間傾向於視歐克秀為一位自由主義者的詮釋，所在多有。這再次印證，個體性觀念所蘊含的人性尊嚴與平等尊重，可以說是西方政治現代性的主要資產，同時也是當代具有代表性的政治理論流派在價值取向上的交疊共識。因此，在個體性的基礎上，自由主義、社群主義與保守主義之間實際上具有進一步融通的可能，而在本文的討論脈絡中，康德主義與黑格爾主義也可以合理地被歸類在（廣義用法下）的自由主義思想系譜中。

　　縱然如此，有關人類恆常價值的追索，卻還有一項根本挑戰必須解決。一言以蔽之，在文明衝突已成歷史事實的大勢下，東亞政治理論家似乎再也不能無視於下列質問的迫切性：這些源自西方現代性的公共價值，在什麼意義上可以被稱為人類恆常價值？在什麼條件下它們可以被視為全體人類應當遵循的普遍道德要求？（廣義用法下的）自由主義及其所支持的自由民主體制，是否適用於與西方世界具有不同文化傳承與歷史發展的東方社會？從前文討論來看，有關政治語言的典範革命問題，剛好提供了我們從臺灣、乃至於整個華文學圈，來回應此些提問的重要線索。在這點上，誠如後文將指出的，蕭高彥教授的新作具有重要意義。此外值得一提的是：國內政治理論學界近期出現的一個重要轉向，便是針對「帝國與文明」的相關議題，進行思想史的全幅考察與哲學的深入批判。[26]

　　關於此，作者尚在發展中的一個粗略想法是：重回「文明政治」。基本上，作者立論的出發點是：西方普遍主義（例如康德的形式主義）所預設的普遍價值，基本上忽略了文明的多元性；故此，我們並不意外發現，在中國學界隨著「中國崛起」而來的一個反撲，就是倡議文明的特殊性來解消人權的普世性。的確，在近代政治史上，帝國主義與西方文明的全球擴張是互為因果的，也因此，從二次大戰以來批判西方中心主義與帝國主義的聲浪便絡繹不絕；然而，這並不意味著極端的文化相對主義，是我們面對此一時代課題的唯一解答。相反，作者深信，處於東亞地緣政治邊緣位置的臺灣，由於歷史的因緣際會，向來保有尋求中西思想會通的學術傳統。就此而言，如何在批判西方

---

[26]　參閱：曾國祥、劉佳昊（編）（2022）。

中心主義與帝國主義之餘,透過跨文化的思想對話,嘗試提出「好的共同理由」(good common reasons),來追求中西文明有關基本公共價值的交疊共識,也許是臺灣政治理論學者探索人類恆常價值一個可能的研究進路。在接下來的討論中,作者將試著從「文明政治」的觀點,進一步展演比較政治思想研究的意義與特色。

肆、比較政治思想:文明的多元性

在中國大陸,比較政治思想研究的復甦,或多或少受到了杭亭頓(Samuel P. Hungtington)「文明衝突論」的刺激。然而,從更長遠的歷史縱深來看,文明論述實際上是與西方現代國家的歷史形塑並肩而行的一組思想議程,我們甚至可以說,整個西方現代政治思想的目標,就是在追求一個文明化的國家、社會與公民。事實上,civility 這個字具有雙層意涵,此即:「禮儀」(good manners)與「規範」(norms)(曾國祥、劉佳昊,2022:13-14)。從「禮儀」一面來看,對我們探索近代歐洲思想具有重要意義的陳述,包括:「文明」(civilization)、「開化(文雅)社會」(a civilized society)、「優雅生活」(a polished life),乃至於「傳統」(tradition)、「風俗」(custom)、「習慣」(habit)等;從「規範」的角度切入,另一組影響深遠的政治詞彙包含:「公民」(citizenship)、「公民社會」(civil society)、「公民政府」(civil government)、「公民德行」(civil virtue)、「公民權利」(civil rights),以及「公民秩序」(civil order)等。合而論之,解釋歐洲現代國家起源及其發展的一個重要視角,是對「civility」的兩層意涵,也就是文明進程與公民規範之間的複雜關係,提出兼具哲思與史識的分析。

接續前文的陳述,在華文語境中思索「文明政治」至少具有三層重要意涵,值得再次強調:政治語言的典範革命、批判帝國主義以及反制西方中心主義。首先,正因為是中西文化的歷史撞擊,方才導致以主權國家為軸心的現代政治價值,被傳遞、「轉譯」至中國與日本,所以從事比較政治思想研究的一項重點工作,即是探究政治語言的典範革命。在這點上,蕭高彥教授的新作《探索政治現代性:從馬基維利到嚴復》(2020:719),具有開啟新猷的意義。以歐洲的「馬基維利時刻」和中國的「嚴復時刻」作為論述主軸,《探索》有關現代中國政治價值系譜的歷史揭示,緊密扣合著西方兩波政治現代性,包括:第一波現代性所觸及的民權論、社會契約論與主權國家,以及第二波現代性所涵蓋的文明、商業社會與自由國家。引述蕭教授自己的話來說,《探索》主要的研究目標有兩層:其一是探問「自由、民主、權利、憲政,以及國家主權這些政治現代性的價值,是如何在西方近代思想中『開出』?」接著追問:「哪些核心的西方政治理論經典影響了中國現代政治價值的形成？而這些經典的語彙以及理論證成的方式，如何透過在地的知識以及行動，轉化成為中國知識分子及行動者在中國的語境中，用來論辯、說服，以及進行意識形態爭鬥的工具？」換言之，依據劍橋學派的方法論立場，《探索》極其鮮明的特點，就是聚焦於晚清歷史人物在對西方文本進行翻譯與詮釋時所涉及的政治修辭與政治說服（蕭高彥，2020：612、705）。

其次，「文明政治」同時是我們反思西方帝國主義的一條重要線索：從思想史的角度來看，西方帝國擴張最強而有力的道德理據，主要涉及「文明標準」的設定。從地理大發現，到因尋求海外貿易與殖民所引發的文化衝突，以及伴隨而來的自然法與萬民法的適用範圍之爭辯，一直都是以國家為軸心的近代政治思想史的議論主軸。正因為國家概念是從歐洲思想中誕生出來，所以到了 19 世紀中後期，所謂國際法（international law）的學習與適用就變成了當時帝國政治的重要課題；而判斷一個國家（nation）是否適格成為國際法之權利義務主體的依據，便是根植於西方政治現代性的「文明標準」。換言之，雖然從西方近代政治思想的發展脈絡來看，文明概念的興起原本是與歐洲諸國的國家建構與民族自覺有關，但當時序進入 19 世紀中葉以後，由於資本主義的市場需求、歐洲文化自信的提升、種族優越論的興起等因素，不僅在自由主義的思想陣營中出現了所謂的「帝國轉向」，包括彌爾與托克維爾在內的自由主義思想家都傾向支持歐洲帝國的向外擴張與殖民（Pitts, 2005: 13-21）。受此影響所及，文明倏然成為當時東亞語境的流行詞彙。福澤諭吉在著名的《文明論概略》中，將人類道德進步與歷史發展化約成「野蠻—半開化—文明」的階段論，為當時日本的「脫亞入歐」提供了思想理據；受到福澤諭吉的啟發，梁啟超有關據亂世、昇平世、太平世的「公羊三世說」，也開始在中國廣為流傳（許紀霖，2018：72）。要之，帝國主義對於東亞所造成的一個重大的歷史思想轉折，就是促使「文明政治」成為長期受到儒家文化薰陶的中國與日本尋求現代化的實踐指導原則：藉著富國強兵，和西方國家一起躋身文明國家之林。

順此，轉回到人類恆常價值的方法論問題，我們便不難理解，何以當前比較政治思想研究的另一重點，即是批判西方中心主義。若以自由主義為範例，則前述「帝國轉向」所揭露出的一個自由主義的自我矛盾是：自由主義宣稱自主、自由、尊嚴與平等這些放諸四海皆準的共同價值，應該適用於世界各地與各文化群體當中，然而自由主義的普世理想與帝國主義的國家利益之間在歷史上卻有著密不可分的依存關係：如果沒有帝國主義在 19 世紀所造成的全球政治版圖的重整，自由主義作為一種意識形態就不會取得空前的巨大勝利，進而撼動了東亞的中國與日本在面對現代化轉型下的國家建構過程。而隨著自由主義在二戰之後的擴展，人權於是乎成為了我們這個時代的普遍價值論述的主導概念；但如上段所言，自由主義關於人權的普世價值不但是被鑲嵌在某種特殊的文明框架內，而且與帝國主義的全球蔓延息息相關。也就是說，西方帝國的治理經驗與法律實踐，不僅是自由主義作為一種政治思潮所實際對應的世界秩序，同時也是我們追索人權理念的思想史起源時所無法迴避的歷史脈絡。因此，有學者指出：「自由國際主義」的世界秩序在本質上就是羅馬法傳統的再現，亦即我們現今對於人權概念的理解，是從整個西方政治思想史的發展而來的（Pagden, 2015: 1-44, 243-262）。

　　值得注意的是：雖然反省西方中心主義是比較政治思想研究的關鍵議題，但相對於中國大陸所盛行的、走向偏鋒的文化相對主義論述，臺灣的比較政治思想研究基本上展現出跨文化對話的特性，嘗試在差異的文化傳統與歷史經驗中尋求共同的普遍價值。關於這點，我們不妨透過儒家政治思想在兩岸呈現出來的、截然不同的發展態勢，來略加說明。在中國崛起下，中國政治思想開始受到極大關注，而這也開啟了中國新儒家（或所謂的政治儒學）和臺港新儒家之間的論戰。在過往，臺港新儒家或海外新儒家，樂於借助西方哲學來重新解讀儒家思想，例如牟宗三不僅透過康德的道德間架，彰顯出中國哲學所具有的「內在道德性」、「縱貫縱講」與「道德圓善」等特質，和西方現代性所尊崇的人性尊嚴與平等尊重等基本價值相接榫，並透過道德主體的「自我坎陷」，尋求以中國儒家文明為基底的「治道」和西方民主政治所預設的「政道」之間的融通：或更精確地說，以儒家的仁與忠恕之道所涵蓋的公民德行作為民主制度的道德基礎。要之，臺港新儒家與海外新儒家，儘管對於中國傳統文化的消逝感到憂心，但對於尊嚴、民主、自由、人權等基本政治價值仍抱持著高度肯定的態度。

　　相對於此，中國新儒家嚴詞批判「心性儒學」，並轉而以「建立制度」為儒學復興的首要課題。對他們而言，接受來自西方的普世價值不僅是有害的，更是一種「自我夷狄化」的表現。此種自我夷狄化不只是價值上的差異，更被提升到文明與野蠻之間的衝突，甚至是種族與文化之間的絕對對立（葛兆光，2017：248）。在從「心性儒學」到「政治儒學」的轉折波動中，最具代表性的人物莫過於蔣慶。蔣慶的《公羊學引論》（1995）與《政治儒學》（2003）將以儒家精神為導向的「文明政治」，視作為「體現禮樂精神、王道理想、大一統智慧、三世學說以及天子一爵等儒家思想的政治制度」，並宣稱唯有這樣的儒家思想和制度，才能讓東亞人民有著安身立命、和諧且穩定的政治生活（2003：126）。因此，對蔣慶及其追隨者而言，臺港新儒家的主要缺失，是忽視了儒家自身獨特的政治思想傳統（如春秋公羊傳），昧於西方中心主義，並因而無法回應當前中國所面臨的現實挑戰。在這層意義上，我們甚至可以說，中國新儒家要做的是「帝師」，是要在政治和制度上重建國家與世界秩序，因此，他們試圖超越牟宗三等人的新儒家，並嚴厲否定源自於西方政治現代性的普遍價值。

　　這即是說，中國新儒家的外王學，志在建立一套帶有中國特色的政治制度，並將此制度推廣成一套有別於西方世界的道德文明秩序。貝淡寧（Daniel Bell, 2016）即指出，中國的「賢能政治」（meritocracy）不僅具有中國的特色，甚至比西方民主更能達到「選賢與能」的目標，進而解決西方國家「每人一票、每票等值」的民主選舉之困境。在這些學者筆下，中國因而被重新想像成一個博大精深、綿延不絕的文明母體，而真正的大國崛起，除了國力與國際地位的提升，更意味著「中國性」（Chineseness）的擴散，也就是藉著重新認識中國與西方，重新認識古典與現代，來建立起一個徹底獨立於西方中心主義之外的中國文明主體性（甘陽，2014：2-9）。

　　相對於此，臺灣因為歷史的偶然性與地理的邊陲性，反倒使其成為中西思想交流的樞紐，而「文明政治」在臺灣的實踐意義，自然也就與前述的大中國語境迥然不同。這一方面表現在臺灣的比較政治思想研究，重視文明的對話性甚於中國的特殊性；舉例而言，在作者看來，如何貫通自由民主與儒家文化，甚或是尋求自由主義與儒家哲學的結合，以便與中國反民主的政治儒學相互抗衡，仍有其重要的理論價值與實踐啟示。[27] 在另一方面，面對中國崛起以及隨之而來的當代中國研究的重要課題，諸如：威權轉型、地緣政治、權力移轉、大國政治、霸權抗衡、反民主浪潮等，同時受到西方學術訓練與儒家文明薰陶的臺灣政治科學家有著極佳的契機與優勢，結合政治理論的知識視野，建構一套融貫的解釋架構。

　　在此架構中，值得政治理論家探詢的一個柏克式論題（a Burkean problem）是：如果說極權與暴政是人類政治邪惡（political evils）的根源，而帝國主義的歷史後果就是造成政治邪惡的全球化與普遍化（曾國祥，2022：207），那麼當前「中國崛起」的政治計畫所包藏的具有中國特色的極權與暴政因子，究竟是源自於中國文明？還是歸因於西方文明的入侵？還是兩者的結合？或換個提法，如果我們把民主與極權看成是實際存於經驗世界中的兩種相互競爭的「理念型」（ideal types），那麼有關政治制度的整合研究，除了必須仰賴政治科學家對於民主與極權具有經驗內涵的界定與分類，同時涉及我們對於公共生活之基本價值的道德判斷與政治抉擇。從後面這點來說，人性尊嚴與平等尊重等人類恆常價值的實踐意義，恰恰在於它們通常正是政治理論家用以區別民主與極權的道德判準、據以批判政治邪惡的價值理據。要之，面對政治邪惡的威脅，政治理論無可取代的學術價值，即是透過結合正義的規範性、語言的歷史性與文明的對話性等知識視野，提出可以積極展現人類恆常價值的客觀理由。而此一提問，必然將把我們的思緒帶向共存的世界性。

---

[27] 參閱：鄧育仁（2015、2016）；Roy Tseng（曾國祥）（2023）。

伍、全球政治思想：共存的世界性

　　隨著世界性問題的浮出，我們的討論重點將指向全球政治思想或國際政治理論。「全球轉向」是晚近文史哲與社科領域常見的語詞。以政治哲學而言，在「正義政治」的激盪下，有關全球正義的各種討論刻正風起雲湧，識者紛紛立足於規範性的視界，論證國家在面對諸如貧窮、人道干預、戰爭、氣候變遷、醫療資源與疫苗分配等全球性重大議題時，所應該承擔的道德義務；[28] 眾所周知，晚期的羅爾斯也出版了《萬民法》一書，嘗試將正義原則運用到國際社會中。由於這些討論試圖整合政治理論與國際關係，因此可被稱為國際政治理論（international political theory）。

　　在另一方面，由於以國家為中心的現代政治語言源自於近代歐洲，而近代歐洲的政治史實質上又涉足從「帝國到帝國主義」的海外殖民史，因此，在「全球轉向」的驅動下，政治思想史的研究對象也從國家移轉到國際，為「語言政治」加添了新的元素，諸如萬民法、征服、義戰、奴隸、占有、殖民、自由貿易、商業社會、法的普遍性與特殊性、國際法、普遍人性、普世人權、民族意識、資本主義、進步史觀等。延續前文的討論，作者認為，全球政治思想研究的重要任務之一，就是從「歷史根源」與「道德間隙」兩個方面，來擴展國際政治理論有關人類恆常價值的討論版圖。在此脈絡下，國際關係理論中的英國學派（English School）別具意義，因其基本的理論旨趣，即是在於結合國際政治理論與政治思想史研究，從而與新現實主義、自由主義、社會建構主義等派別鼎足而立。

　　轉回到華文語境，晚近流行的天下論述不容忽視。雖然天下是中國政治思想的核心語言，但其語意卻相當分歧；在當代，有關天下的討論，基本上牽涉到了朝貢體系、關係倫理、中國學派、文明國家、中國新儒家等學說思潮，而在政治哲學上，趙汀陽有關天下體系的重建，則引發了西方學者的廣泛討論。大致說來，「『朝貢體系』是一個古代東亞歷史上的實存，其倫理觀念的反應是『天下秩序』。『天下體系』則是今人反省『天下秩序』後，指向未來的，抽象的理論建構」（張登及、陳瑩羲，2012：100）。更具體地說，透過和親、冊封、貿易等身分關係與互動關係所建立的朝貢體系（張登及，2010：38-39），是古代中國重要的對外行為模式，此一模式所依賴與擷取的倫理觀念資源，大凡來自儒家用以定分止息的「禮」，尤其是「名分」與「和諧」所體現的「關係理性」。所謂的「中國學派」，包括「道德現實主義」與「關係理論」（陳欣之，

28　參閱：梁文韜（2012）；陳俊宏（2000、2001）；陳嘉銘（2010、2013）；葉浩（2013）；
　　Yeh Ho（葉浩）（2014）。

2018：31），則是透過重新解釋清朝以前、還未被席捲進政治現代性漩渦裡的中國，在處理鄰邦（四夷）問題時所涉足的特殊歷史經驗，來建構一套足以超越現代主權國家與西伐利亞體系的非西方國際關係理論。[29]

　　另一方面，晚近中國學界所盛行的天下論述也和文明國家的討論息息相關。列文森（Levenson, 2005: 103）曾說，中國近代思想史的諸多重大轉折，都涉及到「從天下成為國家的過程」；然而，他始料未及的是，隨著中國的再起，當前中國學界明顯出現了一股從國家回到天下的思想逆轉，文明國家之論爭的興起，即為一顯著例證。事實上，知名的政治科學家白魯恂（Pye, 1992: 235）便曾說：「中國是一個偽裝成國家的文明」（a civilization pretending to be a state），而在國際關係領域中「文明政治」現已成為西方學者理解中國的一個重要範式。[30] 與前述中國新儒家或政治儒學相呼應，許多中國學者咸信，在以政治現代性為主軸的普遍主義支配下，中國本身的文化特殊性和文明價值在過去逾百年來始終沒有獲得正確認識，相反，西方世界總是以西方觀點來看待中國。身處在「世界歷史的中國時刻」（葛兆光，2021：23），若要破除這樣的狹隘觀點，就得將中國文化獨特性突顯出來。因此，蔣慶、甘陽、姚中秋、趙汀陽等中國學者，[31] 都試圖回到中國特有的天下觀念，以重新定義中國的文明體系與普遍價值，進而重構國際秩序。

　　至於趙汀陽的天下體系，則可被視為一套新的政治哲學系統，其主要架構先是出現在《天下體系：世界制度哲學導論》，經過之後的發展與修正，而在《天下的當代性：世界秩序的實踐與想像》中取得定型。在《天下體系》一書的開頭，趙汀陽直言：崛起中的中國必須「對世界負責」，這意味著中國必須進行一場「重思中國」的政治語言典範的再革命，而其歷史意義，即是「在於試圖恢復中國自己的思想能力，重新創造自己的世界觀、價值觀和方法論，重新思考自身與世界，也就是去思考中國的前途、未來理念以及世界中的作用與責任」（2005：3、7）。由於該書充滿中國中心主義的氣息，因此英國學者 William A. Callahan（2011: 105）批評天下體系實際上只是為中國崛起所量身打造的政治獻策，其最高宗旨就是達成「中國治理下之和平」（Pax Sinica）。為了

---

[29] 國內學者也從不同的角度與關懷，對天下主義與朝貢體系，提出相當深入且精闢的論述與反省。參閱：吳玉山（編）（2018）；石之瑜、林廣挺、湯名暉（2019）；張登及（2010）；張登及、陳瑩羲（2012）；張其賢（2009）；楊尚儒（2017）。

[30] 參閱：Peter J. Katzenstein（2012）。

[31] 參閱：甘陽（2014）；姚中秋（2012）；趙汀陽（2005、2011、2016）。有些學者也在此脈絡下進行「天下」正當性的論述，參閱：陳贇（2007）；汪暉（2004）；張維為（2011）。在中國思想界中，許紀霖（2018：esp. chap. 15）的新天下主義最具自由主義精神。有關天下論述的文獻回顧，參閱：梁治平（2021）。

回應此一批評，趙汀陽在新作《天下的當代性》中，於是大幅調整了問題提出的方式、論證與敘事，除了更加重視歷史與思想史的鋪陳，[32] 並特別強調：就像「人權概念來自歐洲，但屬於世界」，天下體系源自於中國，但以世界性為依歸，不可和現實中國混淆（2016：viii，278-279）。換言之，《天下的當代性》所呈現的，是一種非西方、但並非反西方的政治哲學方案，其終極目標，是以全球性取代主權國家，作為政治思考的主體。

在趙汀陽（2016：60-63、cf. 2005：41）的哲學建構中，天下體系是由三層意義互不相同的世界所疊合而成的世界概念：一、「在地理學意義上，天下指天底下所有的土地，即整個世界」；二、「在社會心理學意義上，天下指世界所有人的共同選擇，即民心」；三、「在政治學意義上，天下指世界政治制度」。如前所述，彰顯天下體系的中心精神是「無外」（all-inclusive），也就是不預先排除任何民族、國家、異端或他者；天下體系的運作邏輯是「內部化」（internalization），也就是一視同仁地接納世界各地的成員。為了達成「謀求人類普遍安全以及共享利益制度」（2016：269）的鵠的，天下理論透過中國哲學視野對政治價值順位進行重新排序，並藉以建立所謂的「新天下的辭典」（2016：269-283）：在政治本體論的層次上，天下體系主張「共在先於存在」（existence presupposes coexistence），認為最合理的世界秩序是一種「共在秩序」（order of coexistence）（2016：265、2），也就是永久和平。在世界制度的層面上，天下體系以「關係理性」取代「個人理性」作為人道的基本要求，並遵循「互相傷害的最小化」原則以盡可能地排除戰爭，提倡「相互利益的最大化」原則以實現中國政治思想傳統所推崇的「德與和」，也就是「德治天下」與「協和萬邦」的理想（2016：105-117）。在普遍價值的層面上，天下體系提倡「兼容的普遍主義」，在承認文明的多元性、文化的差異性的前提上，以「關係」而非「個體」來界定普遍價值：凡是能夠適用於每種關係的價值就是普遍價值（2016：277）。

趙汀陽再三強調，和西方主權國家主導下的國際體系相比，天下體系最大的不同與優勢，就是從世界性來思考政治，以世界性為政治主體。在這點上，趙汀陽自有其獨到貢獻，不容抹煞。然而，一個重要、卻時常受到忽視的事實是，早於當前天下論述興起之前，臺港新儒家代表人物唐君毅於 1950 年代便已從文化悠久的視角，深入討論過儒

---

[32] 基於歷史的知識視野，知名史學家葛兆光（2021：24-37）指出，古代中國的天下秩序所預設的「『內』與『外』的區別」、「『華』與『夷』的不同」、「『尊』與『卑』的差異」，與天下體系所標榜的「無外」恰恰形成了強烈的反差。雖然趙汀陽在《天下的當代性》中沒有直接回應以葛兆光為代表的、來自歷史學界的批評，但該書增加了許多篇幅來討論中國歷史，則是一個顯而易見的事實。

家的天下觀如何可能矯治康德有關永久和平之哲學論證的缺失。在唐君毅看來，東方哲學雖在超越精神、理性的客觀化、尊重個人自由與文化多元發展等方面不及西方，但西方哲學長久以來卻始終無法化解文化悠久與永久和平的問題。對此，我們只有藉助東方智慧才能獲得充分的解答（2000：429）。

　　唐君毅主要的論點是：黑格爾從戰爭價值論來反思康德的永久和平論，著實顯露出了西方哲學的一個大漏洞，那就是未能立足於文化悠久的客觀理由，來論證永久和平所傳達的人類和平共存的普遍價值。從儒家道德哲學傳統來看，人類負有「使其文化悠久存在之義務」，而且「這是一絕對當然的義務」（2000：433、434）。在唐君毅看來，此一道德義務的「歷史根源」，就在於「天下太平」的義理之中；在最根本的意義上，天下本來就同時指稱道德文明與政治秩序，因此「天下太平」作為一規範性命題，將要求我們藉著維護道德文明的悠久傳承，來體現永久和平的普遍價值，也就是作者所稱的共存的世界性。如此理解下的天下與西方世界的國際關係體系之間因而呈現出了前文所稱的「道德間隙」。關於「天下性」與「國際性」的跨文化對話顯然超出了本文的研究範圍。在此，作者僅擬從方法論的角度指出，這再次突顯出了中國新儒家與臺港新儒家一個根本的差別：雖然趙汀陽是一位嚴謹的政治哲學家，但因在當前中國的學術語境中創作，所以他仍然採取了現實主義的途徑來重建天下體系；相對地，延續心性儒學的思維路線，唐君毅主要是依循道德主義的路徑，來開展他的天下理論。若從兩位學者所依賴的哲學資源來做類比，則我們或也不妨說，趙汀陽採取的是「霍布斯—荀子的進路」，而唐君毅則是依循「康德—孟子的進路」，並以黑格爾作為中介。[33]

　　簡而言之，在政治上唐君毅主張「以民主主義代替極權主義」（2000：437），因為在道德上他堅定認為只有民主才能在現代世界中實現儒家尊重人之價值與人格尊嚴的人文主義精神；或反過來說，對唐君毅而言，民主的道德基礎，就是人文主義精神。雖然人文主義精神是中西哲學的「共法」，並因而提供了我們開啟跨文化對話的橋梁，但西方人文主義從柏拉圖、亞里斯多德、中世紀到近代哲學，卻衍生出一個嚴重弊病，那就是科學主義與技術主義所導致的個人生活的機械化與異化，使其終究不能成就西方文化自身之悠久性。而作為西方哲學集大成者的康德與黑格爾，在面對世界性之道德問題時所形成的對立見解，正好可以幫助我們更加清楚地認識到，西方哲學向來欠缺從維持文化悠久的道德義務觀點來思索永久和平問題的內在限制。

　　在一方面，從康德哲學的角度來說，人確實應當有「超越家族界限國家民族界限之人道主義思想，以求和平社會之實現」（唐君毅，2000：439），而其哲學基礎，即

---

[33] 關於此二進路的進一步比較，參閱：Roy Tseng（曾國祥）（Forthcoming）。

是立基於康德所建構的，擁有克制私慾、清明無私之理性能力的道德主體。再一次地，康德「定言令式」所預設的道德自律，在當代全球正義論述中扮演著舉足輕重的角色，而在跨文化對話的意義上，誠如唐君毅等臺港新儒家所再三重申的，康德自律倫理學的超越精神，與心性儒學完全相應、絲絲入扣（李明輝，2016）。引用《論語・顏淵第十二》孔子的話來說，「克己復禮為仁。一日克己復禮，天下歸仁焉。為仁由己，而由人乎哉？」。雖然如此，「康德對於道德實踐之功夫，卻始終未如中國儒家之重視」（唐君毅，2000：468）。

在另一方面，相較於康德，道德實踐正是黑格爾哲學的論說重心所在。話雖如此，透過對人類理性與自由在歷史中之具體實現過程的考察，黑格爾所得到的結論卻是：國家即為倫理生活的最高展現形式，至於國家間之關係，則是「非道德的自然的關係」；「國與國之上，既無更高之組織以為裁判，則國際條約，本身為抽象的，無絕對拘束力的，而國與國之間即立於一自然關係中，亦即非道德倫理之關係中。因而國與國之戰爭，必然地不能在原則上根絕」（唐君毅，2000：470、472）。換言之，正如黑格爾將哲學家比喻成米若瓦的貓頭鷹，只有在夜幕低垂的黃昏才展翅高飛，[34] 唐君毅認為，黑格爾哲學只能證明「已成之人類世界，皆為人之道德理性，人之精神價值之客觀化、人類已成之歷史世界，即上帝之行程而已」，但是這卻不能證明高於國家的更高組織的存在，不能證明人之道德理性與人之精神價值之更高境界的客觀化，不能證明一個跨越民族國際界限的道德義務的存在；要之，黑格爾哲學只是一種「事後之哲學」，無法說明人對於未來的理性期待（2000：474）。

為了解決這個終極提問，我們因此必須再度回到康德，以為全體人類的未來「定置一超國家之天下太平之理想」；究實而論，從黑格爾哲學的辯證性格來說，承認此「天下太平之理想」的必要性，實質上乃是對黑格爾哲學所進行的一種「真正的內在批判」（2000：474）。換句話說，中國哲學和黑格爾哲學對於道德實踐與倫理生活的共同重視，意味著我們不能毫無批判地回到康德；相反，我們必須避開康德哲學有關普遍價值的抽象設想，轉而基於「具體普遍性」的理念，持續努力「使現存之各國之關係，綜攝於更高的具有機關係之全人類的組織中」，促使天下一家逐步成為「人之最高的道德」（2000：476）。而從前文討論可知，與其說此一最高道德的展示形式為康德超驗的「定言命令」，不如說它是刻正形成當中的「全球倫理生活」（global ethical life）的構成要素。

綜上所述，透過康德與黑格爾的相互詰問來彰顯中國政治哲學的特質，唐君毅的全球政治思想開啟了三個重大的理論突破口：其一是從天下太平的義理來確認人類負有維

---

[34] 這段話暗指：哲學的任務僅限於透視文明危機，而不在於為此危機指明出路，因為哲學家的進場，永遠為時已晚。

持文化悠久之義務，其二是以天下一家為人類永久和平的道德基礎，其三則是藉著「致天下之和平，成人文之悠久」（唐君毅，2000：483）的相互印證，來建構一套以共存的世界性為核心的「全球倫理生活」：在悠久不朽的人文世界的歷史實踐中，人類共享人性尊嚴與相互尊重等基本價值，並依據這些普遍價值而永久和平共存。誠如唐君毅（2000：497）所言：

> 中國儒家喜論可久可大之道。求久求大是求「萬物並育」，「萬邦咸休」，「萬國咸寧」，「建萬國親諸侯」，是慕「太平之世」，「大同世界」，「天下之家」之實現，是要「安天下」、「和天下」、「治天下」、「平天下」。……中國文化之所以以悠久與和平，久與大為文化之理想，這是依於中國先哲對於人生之根本智慧，此即人與知之智慧、人性善之智慧、天人合德之智慧。

由此觀之，唐君毅全球政治思想中的天下理論，乃是從其心性儒學所推演出來的，一套以世界性為思考焦點的政治哲學，也因此，其天下理論的深意必須扣連上臺港新儒家的道德形上學、道德宗教、道德實踐、民主開出、自由人權等中心論題加以開展。關於臺港新儒家的這些問題面向，作者已經在其他地方做過詳實討論，茲不贅述（Tseng, 2023）。在此，作者僅擬重申幾項論點，以為本文畫下句點。

陸、結論

首先，回到兩岸新儒家的論戰上，臺港新儒家與中國新儒家對於天下的兩種不同想像，不僅源自於雙方在法論上的歧異：道德主義與現實主義之爭，實質上還牽涉到兩個陣營對於儒家的道德本體、道德實踐、政治理想、文明願景與世界秩序的不同解讀。在一方面，這固然與時空環境有關：臺港新儒家因面對冷戰與共產主義的挑戰，而試圖以自由民主來完成儒家的現代化功業，中國新儒家則是躬逢中國崛起之盛，刻正面迎「世界歷史的中國時刻」；但在另一方面，這因而也就再度觸動了應該如何「重新評價西方政治現代性」這個東亞政治理論學者所必須嚴肅面對的時代問題。

順此，從作者所採取的立場來說，也許自由民主不是中國政治的未來，[35] 但對生活在臺灣民主社會的我們而言，只要我們有客觀的價值事實可以指證極權主義是政治邪

---

[35] 參閱：朱元鴻（2010）。

惡的根源,是對人性尊嚴、平等尊重、個體自主、人文精神、文化悠久與和平共存的戕害,那麼我們就有規範性的道德理由,拒絕任何形式的極權主義的統治。就此而言,本文之所以將當代正義的規範性所追求的、本於人性尊嚴的公共價值,放在語言的歷史性、文明的多元性、共存的世界性等知識視域中加以層層檢視,其初衷不外是希望藉著政治哲學、政治思想史、比較政治思想與全球政治思想的相互對話與融貫整合,來思索一組可以兼具規範性、歷史性、多元性與世界性的人類恆常價值的可能性。

　　政治學是人類最古老的知識體系之一,而政治理論則是政治學的基礎研究;政治思想史通過歷史的視域,幫助我們澄清政治語言的起源、發展與當代意涵;當我們在公共政策辯論中面臨價值衝突時,政治哲學的規範性是我們必須依靠的價值理由與公共理性;比較政治思想從哲學的厚度與歷史的縱深,開拓了比較政治與中國研究的問題意識;而全球政治思想與國際關係的對話,則可提供我們對於未來世界之發展的合理期盼。如果我們把政治學想像成是一株樹苗,新方法、新工具比擬成陽光,把價值、歷史實踐看成是土壤,那麼按照亞里斯多德的講法,政治學若要實現其目的發展成為一棵枝葉扶疏的大樹,除了需要陽光的刺激,也需要肥沃的土壤。

參考書目

甘陽，2014，《通三統》，新版，北京：生活・讀書・新知三聯書店。

石忠山，2015，〈憲政愛國主義 ── 探尋一個國族認同的理性概念〉，《政治與社會哲學評論》（52）：63-122。

石之瑜、林廣挺、湯名暉，2019，〈科學的國際關係性：天下、軟實力與世界秩序〉，《國際政治研究》（3）：38-63。

朱元鴻，2005，〈阿岡本「例外統治」裡的薄暮或晨晦〉，《文化研究》（1）：197-219。

朱元鴻，2010，〈如果美式自由民主不該是中國未來的夢想〉，《政治與社會哲學評論》（33）：1-46。

江宜樺，2001，《自由民主的理路》，臺北：聯經。

何乏筆，2010，〈哲學生命與工夫論的批判意涵：關於晚期傅柯主體觀的反思〉，《文化研究》（11）：143-167。

吳玉山（編），2018，《中國再起：歷史與國關的對話》，臺北：國立臺灣大學出版中心。

吳瑞媛，2015，〈導論〉，謝世民（編），《理由轉向：規範性之哲學研究》，臺北：國立臺灣大學出版中心，頁 1-78。

吳豐維，2013，〈邁向解構的正義：從列維納斯到德希達〉，黃瑞祺（編），《理論的饗宴》，新北：碩亞數碼科技，頁 309-332。

李明輝，2016，《儒學與現代意識》，增訂版，臺北：國立臺灣大學出版中心。

汪暉，2004，《現代中國思想的興起》，北京：生活・讀書・新知三聯書店。

周保松，2009，〈正義感的優先性與契合論〉，《政治與社會哲學評論》（30）：165-202。

周家瑜，2019，《平等》，臺北：聯經。

林淑芬，2005，〈人民作主？民粹主義、民主與人民〉，《政治社會哲學評論》（12）：141-182。

姚中秋，2012，《華夏治理秩序史》，海口：海南出版社。

洪世謙，2013，〈德勒茲的流變理論與網路政治行動〉，《哲學與文化》40（6）：83-100。

洪世謙，2014，〈主體的出口 ── 以阿圖塞「主體是無」為路徑〉，劉石吉、王儀君、楊雅惠（編），《海洋、地理探索與主體性》，高雄：國立中山大學人文研究中心，頁 287-306。

洪世謙，2016，〈可能－不可能的基進倫理－政治〉，《中外文學》45（4）：99-124。

洪世謙，2019，〈他者的主體：跨個體的公民身分〉，《中山人文學報》（47）：1-20。

洪世謙，2020，〈從生命政治到生命經濟：主體與去主體的當代辯證〉，趙恩潔（編），《南方的社會學》，新北：左岸文化，頁 287-309。

唐君毅，2000，《人文精神之重建》，臺北：臺灣學生書局。

孫善豪，2009，《批判與辯證：馬克思主義政治哲學論文集》，臺北：唐山。

張其賢，2009，〈「中國」與「天下」概念探源〉，《東吳政治學報》27（3）：169-256。

張旺山，2003，〈史密特的決斷論〉，《人文及社會科學集刊》16（2）：185-219。

張登及，2010，〈清代蒙古盟旗制度建立的意涵：一種「天下體系」觀念下的國際政治制度創新〉，
《蒙藏季刊》19（4）：34-49。

張登及、陳瑩義，2012，〈朝貢體系再現與「天下體系」興起？中國外交的案例研究與理論反思〉，
《中國大陸研究》55（4）：89-123。

張福建，2004，〈政治言論自由與社會正義 —— 羅爾斯的觀點〉，《政治與社會哲學評論》（9）：
39-77。

張維為，2014，《中國震撼：一個「文明型國家」的光榮與夢想》，上海：上海人民出版社。

梁文韜，2005a，〈論米勒的制度主義社會正義論〉，《台灣政治學刊》9（1）：119-198。

梁文韜，2005b，〈程序、後果及社會正義：論米勒的混合型正義論〉，《人文及社會科學集刊》
17（2）：217-269。

梁文韜，2005c，〈系絡、原則與社會正義 —— 比較米勒及瓦瑟的多元主義正義論〉，《歐美研究》
35（3）：605-668。

梁文韜，2012，《國際政治理論與人道干預：論多元主義與團合主義之爭辯》，臺北：巨流。

梁治平，2021，〈想像「天下」：當代中國的意識形態建構〉，陳宜中（編），《大國的想望：
天下主義、強國主義及其他》，臺北：聯經，頁 77-184。

梁裕康，2006a，〈語境與典範 —— 論 John Pocock 之方法論中的一些問題〉，《政治與社會哲學
評論》（20）：183-228。

梁裕康，2006b，〈語言、歷史、哲學 —— 論 Quentin Skinner 之政治思想方法論〉，《政治科學
論叢》（28）：91-122。

梁裕康，2007，〈意圖與意義 —— 論 Quentin Skinner 意義理論中的一些問題〉，《政治科學論叢》
（33）：83-116。

梁裕康，2009，〈歷史研究與語言的轉向 —— 論德希達與史欽納對文本的不同理解〉，《政治與
社會哲學評論》（8）：139-176。

梁裕康，2013，〈哲學家兼修辭家？論修辭學在霍布斯政治理論中的功能〉，《政治與社會哲學
評論》（45）：175-216。

莊世同，2022，〈法律、尊嚴與消極自由：反思德沃金的倫理獨立性論證〉，《哲學與文化》49
（2）：83-102

許紀霖，2018，《家國天下：現代中國的個人、國家與世界認同》，香港：三聯書店。

許國賢，2008，《個人自由的政治理論》，北京：法律出版社。

許漢，2004，〈羅爾斯與全球正義中的人權問題〉，《政治與社會哲學評論》（9）：113-149。

郭秋永，2001，《當代三大民主理論》，臺北：聯經。

郭秋永，2012，〈社會正義、差異政治、以及溝通民主〉，《人文及社會科學集刊》2（4）：
529-574。

郭祐輑，2017，〈義戰理論與全球正義〉，湯智貿（編），《和平與衝突研究：理論新視野》，
臺北：五南，頁 161-180。

陳宜中，2002，〈列寧到馬克思：論馬克思的共產思想及其與列寧的關聯性〉，《政治與社會哲學評論》（2）：1-46。

陳宜中，2004，〈羅爾斯的國際正義論與戰爭的正當性〉，《政治與社會哲學評論》（8）：181-212。

陳宜中，2013，《當代正義論辯》，臺北：聯經。

陳宜中，2016，《何為正義》，北京：中央編譯出版社。

陳欣之，2018，〈現代國際關係理論是否能充分解釋中國的對外行為〉，吳玉山（編），《中國再起 —— 歷史與國關的對話》，臺北：臺大出版中心，頁23-48。

陳俊宏，2000，〈人權民主：共生與互斥〉，《東吳政治學報》（11）：107-142。

陳俊宏，2001，〈人權與全球治理：非政府組織的角色〉，《思與言》38（4）：1-34。

陳建綱，2017，〈效益主義的發軔：初探邊沁的政治思想〉，《人文及社會科學集刊》29（4）：527-562。

陳建綱，2021，〈以人民主權超克政治之惡：析探邊沁的民主憲政思想〉，《政治與社會哲學評論》74：183-255。

陳思賢，1989，〈語言與政治：關於政治思想史典籍詮釋的一些論爭〉，《政治學報》（3）：1-30。

陳閔翔，2014，〈作為平等的正義：德沃金平等自由主義的理路與辯護〉，《政治與社會哲學評論》（51）：93-138。

陳嘉銘，2010，〈全球「制度體系」的神話：消極義務、基本結構與全球正義〉，《政治與社會哲學評論》（35）：1-51。

陳嘉銘，2013，〈盧梭推論戰爭權利的途徑：從共和自由到萬民法〉，《臺灣民主季刊》10（4）：93-136。

陳嘉銘，2014，〈死刑的政治權威能否證立？〉，《政治與社會哲學評論》（50）：1-57。

陳嘉銘、葉明叡，2020，〈正義穩定性、道德情感與共同生活：一個平等主義未來生活的想像〉，《臺灣民主季刊》17（2）：1-41。

陳贇，2007，《天下或天地之間：中國思想的古典視域》，上海：上海書店出版社。

曾亦、郭曉東，2013，《何謂普世？誰之價值？—— 當代儒家論普世價值》，上海：華東師範大學出版社。

曾國祥，2009，《主體危機與理性批判：自由主義的保守詮釋》，臺北：巨流。

曾國祥，2018，《麥可歐克秀》，臺北：聯經。

曾國祥，2022，〈文明帝國 vs. 野蠻帝國：從社會情感觀點重建柏克的全球政治思想〉，曾國祥、劉佳昊（編），《帝國與文明：政治思想的全球轉向》，臺北：聯經，頁203-244。

曾國祥、劉佳昊（編），2022，《帝國與文明：政治思想的全球轉向》，臺北：聯經。

曾國祥、劉佳昊，2022，〈導論：在帝國主義之前〉，曾國祥、劉佳昊（編），《帝國與文明：政治思想的全球轉向》，臺北：聯經，頁7-45。

黃涵榆，2021，《閱讀生命政治》，臺北：春山。

楊尚儒，2011，〈政治統一體與代表 —— 沃格林對施米特政治代表理論的批判〉，《政治與社會哲學評論》（37）：39-74。

楊尚儒，2014，〈再論國家元首之權威在 Schmitt 理論中之意義：與〈人格權威與政治秩序的形成〉一文商榷〉，《政治與社會哲學評論》（50）：101-156。

楊尚儒，2017，〈Schmitt 的思想是否可構成對普世帝國的批判？兼論「天下體系」作為一種普世帝國思想〉，《人文及社會科學集刊》29（1）：1-37。

楊尚儒，2019，〈「賢能政治」才有良善的政治袖？—從韋伯的觀點省思「中國模式」〉，《臺灣民主季刊》16（4）：1-37。

楊尚儒，2021，〈不再壟斷政治性的現代國家 —— 論 Carl Schmitt 如何轉化 Weber 的政治性和國家概念〉，《臺灣民主季刊》18（2）：1-36。

萬毓澤，2018a，《《資本論》完全使用手冊：版本、系譜、爭議與當代價值》，臺北：聯經。

萬毓澤，2018b，《你不知道的馬克思：精選原典，理解資本主義，尋找改造社會的動力》，臺北：聯經。

葉浩，2008，〈價值多元式轉型正義理論：一個政治哲學進路的嘗試〉，《台灣政治學刊》12（1）：11-51。

葉浩，2011，〈價值多元論與自由主義 —— 兼論伯林的政治理論方法論〉，《政治與社會哲學評論》（39）：58-112。

葉浩，2013，〈Robert Jackson 的「全球共約」理論與柏林的價值多元主義：兼論國際關係英倫學派的古典途徑〉，《政治與社會哲學評論》（45）：111-173。

葉浩，2018，《以薩柏林》，臺北：聯經。

葛兆光，2014，《何為中國：疆域、民族、歷史與文化》，香港：牛津大學出版社。

葛兆光，2015，〈對「天下」的想像：一個烏托邦想像背後的政治、思想與學術〉，《思想》29：1-56。

葛兆光，2017，〈異想天開：近年來大陸新儒學的政治訴求〉，《思想》（33）：241-284。

葛兆光，2021，〈對「天下」的想像：一個烏托邦想像背後的政治、思想與學術〉，陳宜中（編），《大國的想望：天下主義、強國主義及其他》，臺北：聯經，頁 21-76。

趙汀陽，2005，《天下體系：世界制度哲學導論》，江蘇：江蘇教育出版社。

趙汀陽，2011，《天下體系：世界制度哲學導論》，北京：中國人民大學出版社。

趙汀陽，2016，《天下的當代性：世界秩序的實踐與想像》，北京：中信出版集團。

劉佳昊，2019，《普遍意志》，臺北：聯經。

蔡英文，1997，〈兩種政治的概念：卡爾・史密特與漢娜・鄂蘭〉，《台灣社會研究季刊》27：139-171。

蔡英文，2005，〈基進民主理論的政治思辨〉，《政治科學論叢》（23）：1-26。

蔡英文，2010，〈人民主權與民主：卡爾・施密特對議會式民主的批判〉，《人文及社會科學集刊》22（2）：139-173。

蔡英文，2015，《從王權、專制到民主：西方民主思想的開展及其問題》，臺北：聯經。

蔡英文、張福建（編），2007，《現代性的政治反思》，臺北：中央研究院。

蔣慶，1995，《公羊學引論：儒家的政治智慧與歷史信仰》，瀋陽：遼寧教育出版社。

蔣慶，2003，《政治儒學：當代儒學的轉向、特質與發展》，臺北：養正堂文化。

蔣慶，2009，《儒學的時代價值》，成都：四川人民出版社。

蔣慶，2011，《再論政治儒學》，上海：華東師範大學出版社。

蔣慶，2014，《廣論政治儒學》，北京：東方出版社。

鄧育仁，2015，《公民儒學》，臺北：國立臺灣大學出版社。

鄧育仁，2016，〈公民哲學的理念：從政治自由主義到公民儒學〉，《政治與社會哲學評論》（59）：93-151。

蕭育和，2022，〈左翼民粹主義：理論與戰略的反思〉，《人文及社會科學集刊》34（1）：153-187。

蕭高彥，2002，〈史金納與當代共和主義之典範競爭〉，《東吳政治學報》（15）：33-59。

蕭高彥，2006，〈共和主義、民族主義與憲政理論：鄂蘭與施密特的隱蔽對話〉，《政治科學論叢》（27）：113-146。

蕭高彥，2013，《西方共和主義思想史論》，臺北：聯經。

蕭高彥，2020，《探索政治現代性：從馬基維利到嚴復》，臺北：聯經。

錢永祥，2014，《動情的理性：政治哲學作為道德實踐》，臺北：聯經。

戴華，1989，〈對錯的優先性〉，《人文及社會科學集刊》2（1）：57-83。

戴華，2004，〈羅爾斯論康德「定嚴令式程序」〉，《政治與社會哲學評論》（9）：79-112。

戴華、鄭曉時（編），1991，《正義及其相關問題》，臺北：中央研究院人文社會科學研究中心。

謝世民（編），2014，《以平等為本的自由主義：德沃金法政哲學研究》，臺北：開學文化。

謝世民（編），2015，《理由轉向：規範性之哲學研究》，臺北：國立臺灣大學出版中心。

魏楚陽，2013，〈社會正義、公民意識與貧富差距：黑格爾視角的觀察〉，《人文及社會科學集刊》25（3）：393-419。

Bell, Daniel A. 2015. *The China Model: Political Meritocracy and the Limits of Democracy*. Princeton, NJ: Princeton University Press.

Chen, Alvin. 2019. "George Berkeley on Enlightenment and Commercial Society." *History of Political Thought* 40 (4): 675-698.

Dunn, John. 1980. *Political Obligation in Its Historical Context*. Cambridge, UK: Cambridge University Press.

Dunn, John. 2000. *The Cunning of Unreason: Making Sense of Politics*. New York, NY: Basic Books.

Katzenstein, Peter J. 2012. *Civilization Politics in World Affairs Trilogy: Sinicization and the Rise of China*. New York, NY: Routledge.

Laverty, Megan J. 2012. "Communication and Civility." In *Civility in Politics and Education*, eds. Deborah S. Mower and Wade L. Robison. New York, NY; London, UK: Routledge, pp. 65-79.

Lee, Ming Huei. 2016. "Studies of Chinese Philosophy from a Transcultural Perspective: Contextualization and Decontextualization." In *The Bloomsbury Research Handbook of Chinese Philosophy Methodologies*, ed. Sor-hoon Tan. London, UK; New York, NY: Bloomsbury, pp. 115-124.

Levenson, Joseph. 1958. *Confucian China and Its Modern Fate*, Vol. 1, *The Problem of Intellectual Continuity*. Berkeley, CA: University of California Press.

Levenson, Joseph. 1965. *Confucian China and Its Modern Fate*, Vol. 3, *The Problem of Historical Significance*. London, UK: Routledge & K. Paul.

Miller, David. 1999. *Principles of Social Justice*. Cambridge, MA: Harvard University Press.

Pagden, Anthony. 2015. *The Burdens of Empire: 1539 to the Present*. New York, NY: Cambridge University Press.

Pitts, Jennifer. 2005. *A Turn to Empire: The Rise of Imperial Liberalism in Britain and France*. Princeton, NJ: Princeton University Press.

Pocock, J. G. A. 1975. *The Machiavellian Moment*. Princeton, NJ: Princeton University Press.

Pye, Lucian W. 1992. *The Spirit of Chinese Politics*. Cambridge, MA: Harvard University Press.

Rawls, John. 1971. *A Theory of Justice*. Cambridge, MA: Belknap Press of Harvard University Press.

Rawls, John. 1993. *Political Liberalism*. New York, NY: Columbia University Press.

Rawls, John. 2000. *Lectures on the History of Moral Philosophy*, ed. Barbara Herman. Cambridge, Massachusetts, MA: Harvard University Press.

Sandel, Michael. 1996. *Democracy's Discontent: America in Search of a Public Philosophy*. Cambridge, MA: Harvard University Press.

Schmidt, Stephan. 2011. "Mou Zongsan, Hegel, and Kant: The Quest for Confucian Modernity." *Philosophy East and West* 61 (2): 279-286.

Sen, Amartya. 2009. *The Idea of Justice*. Cambridge, MA: Belknap Press of Harvard University Press.

Shaw, Carl K. Y. 2003. "Quentin Skinner on the Proper Meaning of Republican Liberty." *Politics* 23 (1): 45-56.

Thompson, Martyn. 2019. *Michael Oakeshott and the Cambridge School on the History of Political Thought*. London, UK: Routledge.

Tseng, Roy. 2023. *Confucian Liberalism: Mou Zongsan and Hegelian Liberalism*. Albany, WA: State University of New York Press.

Tseng, Roy. Forthcoming. "Two Ways of Reading All-under-Heaven: Realistic versus Idealistic." In *Bloomsbury Handbook of Global Justice and East Asian Philosophy*, eds. Janusz Salamon and Hsin-Wen Lee. London, UK: Bloomsbury.

Yeh, Hao. 2014. "Experiments in Living and Liberal Imperialism: A Re-interpretation of J. S. Mill's International Political Thought." *The Taiwanese Political Science Review* 18 (1): 227-266.

第三章

多元知識論與多元方法論對政治學門帶來的啟發與契機[*]

劉正山

壹、前言

多元宇宙（parallel universe / multiverse）是個近期出現在量子物理學及天文學的學術議題。這個假說認為我們存在的世界，只是個理論上無窮多的世界中僅存的一個；若真是如此，我們就無法排除在這廣大的時空中至少有一個跟我們現存世界一模一樣的世界，以及那個世界有個很像自己的個體的可能性。這個跟自己很像的「人」，可能會在很多事的想法及做法上與身處這個世界的自己非常不同。在此世界可能是一位善於做網路調查實驗的實證主義者（positivist），在另一個世界卻可能是個詮釋主義者（interpretivist）。這個來自物理學的哲學思辨引導出一個需要深思的命題：既然都是自己，就沒有不能包容的道理。即使立場與信仰相左，我們也仍有可能欣賞不同世界的自己所做出的信仰選擇，借鏡彼此，取長補短，一如《最後一次相遇，我們只談喜悅》一書所勾勒的真實故事：兩位來自不同宗教的領袖相知相惜，雖然要好到互相吐槽但仍隨時不忘互相稱讚與擁抱（Lama et al., 2016）。宗教界能如此，政治學、社會科學、自然科學乃至整個知識界亦有機會見到這一幕。

量子物理學中多元宇宙的「多元」二字，其指涉概念範圍比我們政治學研究時常用的「多元」二字要深廣得多。一般我們研究方法上講的多元，多半指涉途徑上的多元（例如歸納法或演繹法）、工具選擇的多元（使用數量分析工具或是選擇質性觀察方式等），或是資料型態的多元（如影音資料、文字資料或數據資料）。多元宇宙的多元，講的則是包含研究途徑選擇在內的整體世界觀。[1]本文所倡議的多元方法論觀點，便是

[*] 本文初稿發表於 2022 年 8 月 4 日至 5 日中央研究院政治學研究所廿週年所慶暨「政治學的現況與展望」學術研討會，作者感謝陳陸輝教授的評論、廖達琪教授、蔣麗君教授及何宗武教授在初稿寫作時的指教，以及匿名審稿人的回饋意見及建議。

[1] multiverse 也可直譯作多重宇宙。不過「多重」二字帶著可能有高下之分的、垂直的意向。本文想要強調的是「平等」、「平行」的意向，因此選擇用「多元」而非「多重」，較能避免語意上的誤解。

從這個世界觀，而非工具選擇的角度來回顧學門的發展。若是能先完成知識論及方法論的多元世界之巡禮，再來回頭看看當前學門的狀態，就較容易看見學門當前的限制與突破的契機，並能體會到「限制」與「突破」並不是二元對立的概念：學門當前的碎片化（fragmented）現象也同時是吸引學人重新認識政治學門、參與政治學研究的優點。[2]

臺灣的政治學近 30 年來，議題逐漸豐富，並已經出現了跨次學門、跨學門的交流。2000 年由中國政治學會出版的《邁入二十一世紀的政治學》，以及 2013 年由中央研究院政治學研究所號召出版的《政治學的回顧與前瞻》勾勒的圖像，提供了回顧學門在臺灣發展的珍貴基礎。這兩本大冊歸納了 1990 年至 2010 年這段時間政治學已成形成研究社群的領域研究。依研究的主題大致可分類為：政治哲學、經驗政治、比較政治、國際關係、公共行政、區域研究（含中國大陸研究與兩岸關係）、研究方法、臺灣政治（含國會、選制、選舉行為等）等。[3] 相對於國內學者的努力，美國政治學會亦在2002 年出版了一門學門回顧的大冊，所作的四大分類則為全球化（含國關、政經與國家等主題）、民主／正義／機構（含民主化、立法、發展等主題）、公民／認同／參與（含思想、政黨、認同、性別等主題），以及展望（含比政與方法等主題）。

雖然依特定主題（如實驗方法）來歸納特定議題的文獻，有助於該議題的學者按圖所驥、鑑往知來，但是隨著學門主題愈來愈多元，次領域及跨域主題愈來愈多，依主題歸類不見得能在一本書中盡數展現學門全貌。畢竟在美國政治學門，依研究主題的分類就已不只傳統的六大。[4] 本文採取比較不同的取徑來進行回顧：從知識論與方法論角度，來歸納政治學門發展的文獻。因此以下本文所回顧的文獻將全數來自於國際英語期

---

[2] fragmented 一詞譯作碎片化、碎裂化，長久被用來形容政治學門因為對於方法及次學門的投入而在期刊出版中出現的狀態（Easton, 1985; Garand, 2005）。不只是政治學門，不同領域中亦見學者使用這個詞來形容自己的學門。

[3] 參見何思因、吳玉山（編）（2000）及吳玉山、林繼文、冷則剛（編）（2013）。

[4] 當前美國政治學的主要次領域（subfields）「六大」包括了美國政治、政治理論（思想）、比較政治、國際關係、政治經濟、與研究方法（參考美國哥倫比亞大學政治學系官網：https://polisci.columbia.edu/research）。我國的政治學界的次領域與美國相當一致。加上從臺灣的公行界與政治學門分立發展，以及數量分析愈來愈強調因果推論等趨勢來看，作者個人判斷臺灣政治學門的演變，相當大程序依循著美國政治學門的變化。對於國際上政治學門在主題演進有興趣的讀者，可參考美國政治學會所整理出的該學會會員依興趣主題形成的次領域社群（subcategories），註冊會員人數達一定規模的社群已超過 50 個，且持續增加與變動中（參見：https://www.apsanet.org/sections）。國內的政治學社群相較美、日、韓為小，因此無法就眾多議題形成社群。因此，我國政治學門是否能吸納、包括或因應這些新興領域而調整出新的次領域，或是鼓勵新興次學門正式成為政治學門的一支，讓學門次領域更具彈性（例如政治傳播學與政治心理學納入比較政治），值得學界進一步討論。

刊。依此歸納出來的圖像，或可反映以美國為首的政治學門發展的可能現況，並供我國政治學界未雨綢繆。

美國政治學門在二戰之後因為行為主義（behaviorism）的崛起而出現研究主題的轉型，學者的興趣由偏重國家角色的哲學、概念框架式的討論轉變為偏重個人與群體行為的驗證式研究（Dryzek, 2006）。在統計技術的提升及軟體工具的升級下，學門在研究議題上逐漸出現高度的分立與分化（Grant, 2005）。而行為主義者背後的真理觀便是實證主義（positivism）。實證主義者所擁護的「理論優先」的知識論立場，以及講求「證據」的方法論立場，無疑是當今知識世界（含自然科學與社會科學）的最大陣營（在此將知識論立場比喻為大陸「板塊」）。不少社會科學學門（如經濟學與心理學）已經走向學門內部實證主義的一統。實證主義的學術語彙在有系統的推廣下多已成為課堂（尤其是「研究方法」課程）中所選用的教科書，以及師生對話中的基本語言。

只是，政治學門是個歷史攸久的學門，實證主義的真理觀並非一開始就是主流。在美國，這個學門即使叫作「政治科學」（political science），美國的政治科學學門也尚未出現如心理學一般，走入實證主義一統天下的局面。

我們不妨試想：如果今天學界內每一篇研究論文，從頭到尾都不去使用實證主義者最常掛在嘴邊的「理論」、「變數／變項」、「假設」等語彙，學者還能不能宣稱掌握了什麼政治學的知識？如果答案為「否」（實證主義立場），那麼現在的學術社群是否已拿出最好的理論並以此造福了知識或實務界？如果答案為「是」，那所求的「知」會是什麼型態？如何可能？這種型態的研究，還能不能得到學門社群的接納與歡迎？無論要不要把理論當作求知的「神主牌」，當前的政治學者都肩負著責任與使命來回答：政治學門能否透過自己最信仰的知識論立場來恢復它最有活力的狀態，讓源源不絕的學子跨域而來，並且讓實務界趨之若鶩？

本文將試著為這個問題勾勒出一個世界觀，從這個世界觀來找答案。本文所稱的「世界觀」，指的是看待知識世界的多重角度與立場。多元的知識論立場（epistemology）有如漂浮在叫作「無知」（unknown）這個原始星球中的「大陸板塊」，而持有特定知識論立場的學者，則是這些大陸上生活的住民。他們憑著對這塊大地的理解，進行文明的發展。文章後半段將以此比喻為起點來勾勒這個多元知識論的圖像，進一步將多元方法論帶入這個系統中討論，以此作為學門發展的契機。本文雖然將會倡議並錨定「多元方法論」這個概念，但目的並不在於倡議「質化量化方法並重」這樣的調合論。本文的重心在於「多元知識論」如何成為「多元方法論」的基礎，以及多元方法論如何為學門帶來新的動能。「方法論」三個字在傳統的說法是「途徑」（approaches），在本文中將更像是「通道」（paths）與「航線」（course）的概念。以下首先回溯政治學門的碎片化現況，再論多元方法論如何就此現況帶來契機。

貳、政治學門發展的挑戰

一、政治學門當前的「知」的危機

　　作為社會科學（social sciences）的一環，政治學的內涵是從被研究對象的角度來定義的。人類社會的複雜需要被解釋、被瞭解、被賦予意義，且人類社會的種種社會矛盾與問題需要被面對、被解決，因此社會科學的研究對象主要是自然現象外的人類現象，依所關注的領域不同，而有了政治、經濟、社會等學門的分工。同樣的邏輯也發生在自然科學。只是，從研究對象來區分，時間一久很容易坐實「分工是目的而非手段」的錯覺。就如同政治學門中的區域研究（area studies），依所關注的區域而出現了亞、非、美、歐等的專業次領域。這些分工的終究目的為何呢？若分工是一種手段，那麼難道還有更上一層、可供不同次學門之間共享的目的嗎？誰在談論這個目的，而這目的真的有共識嗎？這些次領域之間，真的是在追尋共識嗎？這些知識論層次「為何求知」的問題，應該是學者在分工之外，需要面對的根本問題（Halperin and Heath, 2020; Hathcoat et al., 2019）。分工的當下，若能知道自己與彼此在「為何求知」的立場，就能更清楚看見研究上的貢獻。政治學門若能持續討論求知的目的與自己求知方式的侷限，那麼各個次學門之間的壁壘就能拆除。政治學如此，社會科學學門之間乃至於社會與自然科學之間亦然。

　　只是，當前政治學門內部、社會科學學門之間、乃至社會科學與自然科學之間已經布滿了前述因分工，甚至因方法論、研究方法、乃至於技術而帶來的壁壘。原本是用來追問知識論立場的提問方式 ——「那又如何？」（so what?）—— 往往會成為研究者用來捍衛自己、挑戰對方的武器，也就是用批判、否定的方式與口吻來間接捍衛自己所信仰的真理觀或知識論立場、研究方法，甚至是技術上的正當性（Cruickshank, 2004; Michel, 2009）。情況輕者造成了各自為政的學術聚落；情況重者則造成了聚落之間的分裂與攻詰、奚落與嘲諷。更糟的情況是將這些立場透過課堂、論文審查、學位考試等途徑傳遞給下一代，讓學子一開始就被迫選邊（例如「你是量化的、我是質化的」）或是架構他我之間的屏障。在尚未「一統」的政治學門，以及情況相似的其他社會科學學門，這樣的情況非常容易發生。

　　政治學作為社會科學中最資深的一員，原本還抱持著只要面對人類現象展現實事求是的態度研究政治，就能將之稱作「科學」的浪漫想象。只是，隨著科學這二個字在美國二戰後行為主義革命過程中被灌入了方法論、研究工具與技術的內涵之後，整個「政治科學」的內涵出現了質變。「科學」二字本身的意涵，已經不再等於只有「實事求是」

的態度這種軟性的定義而已，而是在定義中進一步包含了方法論、研究方法以及技術的支持與填充，構築為一個「缺一即不叫科學」的體系。到了今日，似乎研究政治，若不談技術、不強調工具應用的研究，便不宜叫作政治科學，甚至連國際政治經濟學這個次領域之中也看得到質化量化的對辯（Dickins, 2006）。於是實證主義者在方法論上不斷在鼓吹方法上的一統（Elman et al., 2016; King et al., 1994），卻因為缺乏多元知識論的包容觀點而招致巨大的反彈，至今未消（Bernstein, 2010; Brady and Collier, 2004）。[5]

　　這樣的「政治科學」學門想像，似乎一直在被技術的發展，以及特定知識論立場所形塑。政治學門中不同研究作品中的「問題意識」本身亦足以構成一連串的火藥庫。學者們在以下這些問題上各選立場，形成不同的國度：什麼樣的問題意識是該被歡迎、依據什麼問題意識的作品是值得被刊登、什麼樣的問題意識「不夠成熟」或火候不夠、「理論」在問題被提出時該在什麼位階、沒有理論的作品還算不上是學術等。上述問題雖然同樣存在不同的學門之中，但是即使是作為最老牌社會科學學門，這類問題始終懸而未決，導致連美國政治學界要不要再稱自己是「政治科學」還是轉頭改叫「政治學」或是「政府學」，自己也開始動搖。[6]

　　上述這些看不到解答的爭論，隨著學門依技術或方法上的專業化分工後，變得更加激烈而且無可避免地持續著。對參與正名運動者來說，將「政治科學」加以正名（例如把科學二字拿掉），才是解決之道。只是，這個學門到底是不是科學，見仁見智——對部分政治學者來說，科學二字終究只是一種框架，可有可無；對部分政治學者（主流）來說，灌入更多的工具與技術成分才足夠名實相符。不同的倡議終究會各說各話。但是更根本且要緊的是，應該先來釐清這個問題是否真實（「政治學門今日的困境到底是不是來自於這個先天的名字」），再來評估改名或正名之後得到的只是個符號性的象徵，還是恢復了多少實質的內涵。這一小段開場，對於本文接下來穿過這大氣層的面紗，向下俯視知識論各大板塊非常重要。除去符號上的爭議，才可能有機會去面對實相。

　　造成對上述研究價值認定出現分歧的主要環節，還不是「政治」二個字上是否要冠上「科學」二個字的層次。爭論的出發點多半是依研究方法及工具進行的「量化」

---

[5]　從美國的政治學門發展歷程來看，這個政治科學學門的變化可能是「公共行政」、「公共政策」、「國際關係」等原本是同一家族的領域學者出走、另立門戶的重要原因之一，而「政治思想」與「區域研究」同樣在這個氛圍中感受到被邊緣化的壓力。

[6]　一位來到作者服務單位的美國普林斯頓大學資深教授，曾指著筆者服務單位的木製招牌「政治學研究所」對筆者說「你們這樣的名稱真是有先見之名」。他補充道，他的意思是我們沒稱自己是「政治科學研究所」的做法領先了許多美國常春藤名校。不只是政治科學學系可能已對於自己的知識論立場是否完善感到懷疑，同樣的情況也發生在公共行政學系之中（Yang, 2019）。

（透過技術與科學接軌）以及「反量化」（這個學門不必自己窄化為科學）之爭（Bond, 2007; Elman et al., 2016; Hanson, 2008）。政治學門中高度期待自己的學門以科學的身分被知識界認可（更接近今日主流科學定義）的學者，正在努力讓所發掘的知識在證據（尤其是具有因果推論意涵的研究成果）的陪襯下更具說服力。也有學者則是看到了以這個技術結合科學而躍升的情況，擔心學門的發展「被綁架」（學門走向只有一個主流）、自己的專業領域被貼上「較軟性」（不全然依據數量工具或資料技術進行研究）的標籤，進而感到不安、憂心或反胃。這個依照量化與質化研究途徑之分而進行的政治科學與政治哲學之間的冷戰，延續至今（Baert, 2005; O'Neill, 2003; Smith, 2000; White, 2000）。

目前政治學門中比較普遍的一個重要共識是「具有理論意涵」的作品較受青睞。只是，學者在審議該作品是否具備出版或取得學位價值時，往往會忽略所謂的理論到底是來自何方，或是以為英語系知名期刊中所提出的觀點才是上流。不少學位論文美其名是依章法上的要求進行文獻引用，但實際上則是以引用之名行不假省思就進行「套用理論」之實。換言之，在這個「有理論才對」的共識底下，學術討論多半會聚焦在有沒有理論，而較少是基於方法論的檢閱（歸納或演繹的價值），更不用說知識論層次的審議的闕如——例如問自己及作者「這是個可以套用的理論嗎？」或是「這樣套用理論，算不算在求知？」。

政治學者（包含作者本人在內）很常會從工具使用的偏好來投入研究，或依擅長的工具來挑選研究主題。因此，我們很常不知不覺陷入一個盲點：若是因為這樣的選擇而出現了排斥不做同樣選擇的人、甚至是做了這樣的選擇而無法去欣賞不使用這樣研究工具所做的研究時，就很容易在心中產生排他性的壁壘。例如，依工具的挑擇而形成「同好」性的研究社群（例如同樣使用最新程式語言及某些套件）是常見的現象，但若依所選工具而宣稱它只屬於特定方法論或知識論（例如只有實證主義者能使用假設檢證的演繹法），那就很可能在無意之間建築壁壘。情節輕者忘情地形塑「我們做的才是主流、我們是未來」的品牌形象；情節重者對內壓抑其他工具的選擇，或是看輕在工具選擇上「跟不上腳步」的研究者。這很容易造成學門內部知識不易積累，跨域對話更像是各說各話的困境。[7]

---

[7]　在臺灣，政治學門人數相對美歐日韓等地為少，走創新或跨域的研究者人數比例更少，所以上述情節很可能倒轉：情節輕者如主流社群形塑「某某（現行西方流行的）做法才是王道」的形象；情節重者在同儕之間質疑工具創新者不夠入流（例如「沒有理論何來貢獻」）。這樣子的情節若為真，那麼就意味著學者之間樹立壁壘的層次有高有低，有的容易化解，有的艱難。從資料、工具研究方法的層次進行切割相對容易發生，但也最好克服；要克服從方法論及知識論層次進行切割彼此，則相對艱難，一旦發生刻板印象植入心裡，便難以恢復。

二、知識論、方法論與研究方法之間的關係

　　上述的回顧指出政治學門的科學化辯論主要停留在研究方法層次，並不算是最嚴重的困境。接下來是進一步釐清問題的根源以及更深層的困境。知識論、方法論與研究方法這三者之間有層次之別且環環相扣。一個研究者選擇用什麼研究方法（research methods）或工具來求知，是基於「為什麼選擇這個方法」的立場（方法論）而來，而這個方法論又通常立基於一個「為什麼這樣做算是求知」或是「為什麼這個選擇是對知識的建構有貢獻」的知識論立場。換言之，每個研究方法或工具的選擇背後有其真理觀及哲學系統。無論自己清不清楚這個哲學系統，無礙於研究的進行，但愈是有經驗的學者就愈能看清楚這三者之間的差異。愈是清楚這個層狀的系統的學者，愈能說出自己的或他人的研究成果在特定知識論領域的貢獻。因此，若研究者一開始被訓練能選擇以特定的知識論立場尋找與思考研究問題，便較容易提出清楚的問題意識，並選擇特定的方法論立場。當方法論立場清楚了（例如歸納法），並由此挑選研究工具（例如多個案研究），當然便容易說出自己的研究成果有多少貢獻，以及貢獻的對象。[8]

　　從定義上來看，這三者之間的差異不難理解。但實務上來看，學者所進出的知識世界中，不同的知識論立場（以及伴隨而來的方法論立場及工具選擇）卻能產生不同層次的隔閡，再被帶入現實世界，便很容易造成人際之間（甚至是學術機構之間）的隔閡。這樣的知識論立場之間的隔閡，往往可以大到用「鴻溝」或「多元宇宙」來比喻。因為知識論是關於「什麼能被叫作知識」的立場，一旦認定後很難轉變或是切換，而且很容易產生「我是他非」的情感及認同。這些立場近乎信仰。當前的政治學研究中，主要常見的知識論立場包含了實證主義（positivism）、科學實存主義（scientific realism），以及詮釋主義（interpretivism）。[9] 實證主義主張，知識的目的是為了解釋（to explain），因此所謂的知識指的是現象背後的起因（causes）或因素（factors）。找出有助於解釋概念或事物之間因果關係的知識，也就是有通則化效果的理論（generalized theories），是

8　本文並未處理到比知識論更高一層次的本體論（ontology）議題，因為本體論立場是個「世界是否獨立於人的意識之外而存在」的立場（Hathcoat et al., 2019）。由本體論出發出現的分歧將會是類似「神學」與「科學」的差異，且這樣的差異若成了不可動搖的信念，則會成為全盤相互否定存在價值，甚至被誤用來以本體論的立場否定特定知識論立場的論述。

9　Daniel Little（1991: 222-238）曾經將社會科學的哲學進行了七分類：理性－直觀（rational-intentional）、因果（causal）、功能（functional）、結構（structural）、物質主義（materialist）、統計（statistical）與詮釋（interpretive），並主張回歸社會科學的哲學的討論來緩解這些類別之間的緊張關係。本文的分類則是依當前主要辯論圍繞的主題進行分類，但仍保留了其他知識論世界存在的可能。

最神聖可敬的學術活動（Barber, 2006; Gaines et al., 2007; Glynn and Ichino, 2015; Imbens and Rubin, 2015; K. R. Monroe, 2002）。科學實存主義雖然承認兩兩概念或事物之間的因果關係是重要的，但發生的過程本身或機制（mechanism）更為重要。無論這個勾勒出來的過程有沒有足夠實證的證據支持，能將這個過程發掘交待清楚，讓人能掌握箇中來龍去脈，像是看見鐘錶面板下方的機械互動過程，便是取得神聖可敬的知識（Azzouni, 2004; Castellani and Hafferty, 2010; Khanna, 2019; Lane, 1996; Schelling, 1978）。詮釋主義則認定知識來自於自心與自己所處的脈絡。對詮釋主義者來說，求知最高的目標，是在揭露一個概念、現象或人事物背後的意義（meaning）。凡是抽取出這些意義的努力，都可視為神聖可敬的學術作品（Gelman and Basbøll, 2014; Schwartz-Shea and Yanow, 2011）。這三個知識論立場看似都很美好、神聖，但對這三個立場各自的擁護者來說，所謂神聖可敬的知識，眼裡只有一種型態，其他的都只居次要位置，只具參考價值。

　　圖 3-1 以概念圖的方式，呈現這個無知星球中的知識世界板塊的隔閡情況。知識論就像一個大陸板塊或世界，足以容納持著同樣信念的研究者聚集，發展文明。板塊之間有深不可測的鴻溝，不易跨過，跨過或誤闖很可能就被視為「非我族類」而被批判攻擊。

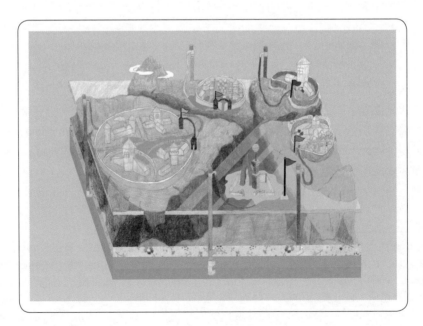

圖 3-1　多元知識論與多元方法論示意圖
資料來源：作者自繪。

　　每個知識論大地上的居民，又各自選擇了方法論的途徑，在圖 3-1 中以國度來呈現。在這個世界中，持有相同的方法論立場的學者往往能夠形成學術社群、團隊或組織（如學會），一如擁有自己的國土、疆界（城牆）與旗幟（神聖的符號），生產這個國度認為最有價值的知識。實證主義的世界最大（因為人數最多），最常見的兩個方法論國度是歸納（induction）與演繹（deduction）。偏重歸納法的學者偏好透過比較或匯整不同個案，從他們共同之處找出真相、理論或是法則，偏重演繹法的學者則偏好先端出理論或假設，將這個假定為真的陳述放在不同的時空中進行檢證，之後進行修正。這兩個王國的目標並不相斥，都是在尋求一個能夠解釋最多現象的理論或法則，只是方法論立場或途徑的選擇不同。這並不影響他們共同生活在同一個世界或大陸之上。每個王國都會有自己慣用的能源，一如散在地殼中深度不一的「礦脈」，由研究者透過特定的工具汲取（在圖 3-1 中以水龍頭為喻）。例如實證主義者最常用的多是數據資料，包含了文字資料、調查資料偏重數量化的資料。不同的知識世界，對於不同資源的價值認定不同。在詮釋主義者的世界中，所謂的資料可能來自影像、人物誌、日記或是手稿。依取得及分析這些資料的手段來看，就有了「量化方法」或「質性方法」的區別。[10]

　　在各自方法論的王國中，很可能會出現依特定研究方法或工具形成的聚落。研究者會依所熟悉的、認同的工具形成同好圈或是出版品，彼此切磋分享技術、觀點與成果。例如實證主義大陸的演繹法王國中，熟悉使用迴歸模型的學者形成社群，透過選擇的統計工具提升自己求知求真的實力。而同一個國度，或是不同國度的研究者可能在不同工具或方法的聚落之間遊走或參訪。[11]

三、各知識論體系的盲點

　　我們在寫作時很少需要直接地揭示自己的知識論立場，因為這些立場往往一下筆就會流露出來。例如，做民意調查研究者不太需要去宣告這是個實證主義作品，研究思想家的學者也不必刻意說這是個詮釋主義的作品。只是，研究者往往在不知不覺成為某知識論立場的擁護者時，便容易忽略自己知識論上的盲點。若同屬某一個方法論國度，那

---

[10] 本文審查人曾指出水或資源不一定來自地下，也可能是從空中降下。在此作者表示同意，但為了表達此段要呈現的「汲取」概念，謹將所有資源設定由地下取出。

[11] 部落的比喻可以用在真實世界某些學術期刊上。有些期刊設定只收某些方法的研究作品，或是依據特定工具而形成期刊社群（例如 *Structural Equation Modeling: A Multidisciplinary Journal*）。在期刊名稱不易辨識其方法論或知識論立場時，學者投錯期刊就像是走錯部落一樣會直接被拒絕請出。

麼在研究作品中避談這個方法論的盲點並不會構成問題,因為所有研究者或是期刊的讀者都共享了特定的知識論立場,會共同遵守選擇過後的「標準」或「文體」(例如實證主義的研究作品中不可能不去談最核心的依變項,卻不必去討論測量的主觀性會如何傷害研究發現)。研究者所屬知識論或方法論上的盲點,若拿來跟自己為所屬知識世界所做的貢獻相比,往往無足輕重。

於是,這些差異逐漸「演化」成了學者用來建立認同圈的理由與畫界的依據,甚至相互駁火。例如,非實證主義世界的研究者批評實證主義,太過看重理論以及因果關係(Gunnell, 2007; Johnson, 2006; Merom and John, 2019)。科學實存論者覺得實證主義不夠重視「機制」,或以為將模型稍稍複雜化就能宣稱是掌握「機制」,不但無法呈現現象背後的全貌,更無法提供一個事件來龍去脈的詳盡解釋(Azzouni, 2004; Downey, 2012; West, 2018)。詮釋主義者眼中的實證主義者追求客觀解釋卻忽略了理解及意義流動的實況及價值,導致模型複雜有餘但解讀時反而乾枯無味的窘狀(Alvesson et al., 2017; Blau, 2021; Schaffer, 2015)。對於非科學實存主義者來說,科學實存論者強調的知識型態過於漂緲主觀,有過度渲染特定機制而導致誤導讀者的危險(Cruickshank, 2004; Kivinen and Piiroinen, 2006; Steele, 2005)。對於非詮釋主義者來說,詮釋主義者行雲流水式的「主觀」最多有助於樹立一家之言,但無助於提供對真相的勾勒(Barkin and Sjoberg, 2017; Lees, 2006)。這些長久的辯論便是知識論世界深不見底鴻溝的由來,也很難令人相信這些鴻溝能在科學哲學的辯論中被弭平。[12]

若學術社群夠大,同一個知識論立場的研究者夠多,學者在悠遊於自己的方法論國度之餘,或許不必刻意井水犯河水。但若社群不大,社群中「雜」入不同的知識論立場的研究者,而各自擁護自己的知識論、方法論乃至於獨斷所使用工具的立場,就很容易出現摩擦。有時看似是學術的批判與討論,本質卻是自己知識論立場辯解或推銷。一旦反覆出現在學術會議評論、期刊審查過程、機構組織之間、教師之間,甚至是師生之間,則光是學門本身就將持續碎片化,無從合作解決當前千絲萬縷、治絲益棼的人類社會議題。[13]

---

[12] 在詮釋主義與其他知識論立場的鴻溝中,最鮮明的便是「反基礎論」(anti-foundationalism)立場,也就是不相信知識的基礎來自外於心智與脈絡的理論與經驗「證據」,強調脈絡、語境才是焦點。鴻溝這個比喻的重點,便是在學界常出現的「反」(anti-)字上。

[13] 作者同意匿名審查人指出:「不同的知識論或是研究方法,也許各有領地、可能涇渭分明,其進入的門檻不同,個人的偏好或特長各異,自然吸引不同的『門徒』。此一部分也許不需要過於介意甚至視為缺失。」本文在呈現這個事實之餘,著重在點出這些領地的差異往往被放大與誤解。研究者在缺乏多元知識論與多元方法論視角時,便會產生「別人的研究不夠格」的誤解,看似無故意的情況下,壓抑了學門的活力與包容性,這便應視為缺失。

不少調合論者試著提出「研究方法上的多元主義」當作是上述嚴肅困境的解方，試圖解決學門依不同研究方法形成社群導致學門愈來愈碎片化的問題，例如鼓勵充分認識不同知識論宇宙（Dowding, 2016; Little, 1991: 222-238）、質化量化並重（Hanson, 2008）、以質輔量（King et al., 1994）等。不過，從上述的知識論－方法論－研究工具的體系觀來看，研究工具的選用，一如喝水要用吸管、湯匙，還是直接就口，見仁見智。對於來自同一個方法論或知識論國度的研究者來說，只要能喝到水（達到知識上的目標），工具本身的選用並不需要辯論或是對選擇本身進行批判，同一知識論板塊上的工具反而可以被交流、模仿或是借用。只是，倡議質量方法兼用，很可能會透過增加對研究者的期待反而增加了研究者的負擔 ——　一方面創造「一篇研究同時用到了吸管跟湯匙比較好」的壓力，另方面轉移了更重要的「這些工具都用了，那到底喝到了水沒有或是喝到了多少水」，以及「有沒有喝到好水」（有沒有提出好的研究問題）的根本問題。[14]

倡議質量並重，或是以質輔量的倡議，多半來自實證主義世界。例如，實證主義者會「教育」選擇以個案進行研究的新人，要從個案中找到潛在因果關係，或是透過個案之間的比較，來為理論的建構做出貢獻。因此，個案研究者應該努力把個案發揮以樹見林的效果，讓個案作為開拓（新）理論或修正理論的尖兵（Gelman and Basbøll, 2014; Lees, 2006）。至於本來就不是信仰同一個知識論體系的個案研究者，面對這樣的「教育」與「標準」便會因此覺得不滿、有話要說。這可說是長達 30 年自「KKV」（美國學者 Gary King、Robert O. Keohane 及 Sidney Verba 三位姓氏第一個字母的合稱）倡議社會科學研究方法應該「一統」以來（King et al., 1994），所謂的質化與量化學者異化彼此（alienize）的關鍵。這裡頭不乏跨知識論立場的學者，隔著不同的知識論世界互相叫陣的筆仗（Brady and Collier, 2010; Rueschemeyer, 2003）。

實證主義者在看見新的研究工具或資料型態之後，很自然的會從實證主義的知識論立場出發，看見這些工具或資料對於實證主義國度，在知識生產不同環節中的價值。例如，當大量文字數據變得可以採集，大數據的方法及工具隨之出現之後，實證主義者在 Gary King 的領軍下摩拳擦掌，以高度的效率，引領實用主義者再次為社會科學設下標準（King, 2016; King, Pan, et al., 2017; King, Schneer, et al., 2017）。隨著愈來愈多的大數據使用價值上倡議，以及研究方法的討論進入政治學門主流期刊，愈來愈多的實證主義者將大數據視為新的「礦脈」，用於回答尚未解答以及新的（實證主義意義下的）研究問題（Bella et al., 2018; B. L. Monroe et al., 2015; Schroeder, 2014）。

---

[14] 後句觀點為本文審查人所提出，本人非常贊同並引述原文：「也許應該考慮不只是喝水有無問題，而應該優先考慮的是喝好水（好的研究問題），否則，水質不優（無趣的研究問題）則喝到或是喝多都沒太大意義。」

最具有代表性的倡議是 James A. Evans 與 Pedro Aceves（2016）在《社會學年報》（*Annual Review of Sociology*）上所刊登的 Machine Translation: Mining Text for Social Theory 一文。他們正式以雙重方法論的概念，賦予文字（大）數據在實證主義體系中的位置。如圖 3-2 所示，這個雙循環的方法論模型，可以說是長年來以假設檢證（演繹法）為主要方法論立場的實證主義者，首次因為新型態的資料而開始正視「探索」（歸納法）在實證主義知識生產中的位階的重要一步。換言之，實證主義的社會科學已正式迎接探索式的研究（但前提仍是要以理論的探究為最神聖目標）；投身大數據的學者，也確定能在實證主義世界中找到一席之地（只要能說出自己研究的理論意涵）。此外，這張圖展現了同一個知識論世界中，兩個方法論國度可以依其知識論立場的相通（例如演繹法），而在同一個知識目標下，選用同一種資料礦脈而進行合作。[15] 至此，實證主義世界已優先其他知識論世界，完成了讓大數據研究者接軌「知識論－方法論－研究方法／工具－資料」這個體系的工程，準備在自己的知識論板塊上進行高速生產。

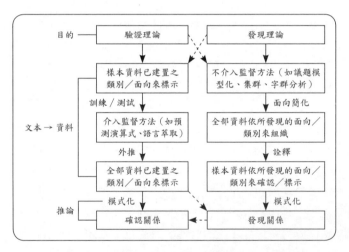

圖 3-2　實證主義（資料科學家）倡議的二元方法論
資料來源：譯自 Evans 與 Aceves（2016: 29）。

---

[15] 同樣的視野與倡議，也可以在以工具為基礎的學者身上看到。例如統計學重量級學者 Frank Harrell（2022）所倡議的 R Workflow（https://www.fharrell.com/post/rflow）便可視為是實證主義者依其工具所展現出來的教學「指南」。

參、從霧中的實用主義大陸板塊求解

當實證主義者開始掌握大數據操作的話語權時，我們看見來自不同知識論世界的研究者有多種反應：有冷眼旁觀者（Rohlfing, 2015）、提出警語者（Levy and Johns, 2016），也有積極參與尋找大數據技術在自己知識論世界貢獻者（Barkin and Sjoberg, 2017; Lazer et al., 2014）。然而，知識的宇宙中不同知識論世界之間的鴻溝，顯然並不會因為現實宇宙中出現新興技術（如 fMRI 腦造影系統、大數據產業等）而出現明顯的縮減。這些知識論板塊之間的鴻溝本身不是問題，因為知識論世界之間本來就不應該被強迫撞擊合併（incursion）。問題在於，如何在這個現實之中找出方法上多元主義之外可能的解決方案，讓同樣都在使用大數據資料或技術、卻信仰不同知識論體系的人能夠對話甚至合作。這個方案對當今準備朝向跨域發展的政治學門來說，格外重要。

鼓勵學者成為知識論上的多元論的信仰者是一種可能的解方（Little, 1991: 222-238）。只是，一個人很難同時具備多個信仰。瞭解了多個宇宙並不代表這個人能同時包容三種知識論。舉例而言，一個實證主義者不可能同時擁抱「理論很重要」與「理論不重要」兩個信仰。這位實證主義者雖然找到了大數據應用在理論開發與驗證上的價值，然而他需要瞭解：資料科學（家）社群的興趣不見得會聚焦在實證主義者所在乎的知識論神主牌（理論）身上。資料科學家並不一定是實證主義世界的原住民，反而比較像是來自另一個知識體系世界的移民或者只是遊客。因此，實證主義者要面對的挑戰，很可能不再是已經非常熟悉的詮譯主義者的「反派」論點，而是聽到資料科學家在倡儀「理論無用論」的時候感到的陌生與失望。

資料科學家在倡儀「理論無用論」時，所依據的知識論立場是什麼呢？資料科學社群恐怕對此無法且無興趣提出答案。當他們說「可以有理論，也可以沒有理論」時，背後顯然是個「看狀況」的前提。依需要而使用理論作為工具，非常接近目前像是處在大霧中的「實用主義」（pragmatism）大陸板塊 —— 這是塊曾經存在但是被鎖在霧中尚未得到足夠的探索與承認的世界。

實用主義知識論的世界，是個把經驗世界的「困境」（identified problems）當作是研究的標的，把實踐當作知識本體的世界。[16] 對這個世界的人 —— 尤其最早陳述這個概念的 William James —— 來說，所謂的知識就是解決真實問題過程中所採取的行動及

---

[16] 本文所提到的實用主義，是個知識論上的立場，而非道德上的立場。因此它與拯救社會群體命運為目標淑世主義（meliorism）的異同，非本文所能涵蓋的範圍，它與利己主義（egoism）和功效主義（utilitarianism）的差別，則可以參考社群中的討論（https://www.quora.com/What-are-the-differences-between-egoism-pragmatism-and-utilitarianism）。

驗證（心法之後的）心得。所謂的理論並不是被追求的目標（ends）；理論是一種手段（means），是解決方案（solutions）的一種型態。彌足珍貴的東西並不是理論或定律這個最終產品的本身，而是解決困境過程中採取的行動（actions）及心法（Bernstein, 2010; Kivinen and Piiroinen, 2007; Whetsell, 2013）。對實用主義者來說，只要有助於解決困境，當然可以投入理論發展與驗證的行列。所以實用主義者不會排斥理論的使用與實證的發現，但也同時不覺得依靠理論是絕對神聖的事。因此，對他們來說，為了解決問題，形塑理論時所用得到的方法論、研究方法及工具都可以選擇來嘗試與應用；但是，若有實證主義之外其他的方法論、研究方法及工具，對於解決困境是可能有效的，那麼實用主義者也會大方地取用這些方法論、研究方法與工具，將之用於解決這個困境。所謂的知識，就是親身參與解決問題及提出解方的過程，值得記錄、流傳與分享。這個知識論體系者重的是「解決問題的過程與心得」，與實證主義強調的理論、科學實存主義強調的機制，以及詮釋主義者強調的意義，分庭抗禮。

　　實用主義這個世界像是在大霧中的大陸板塊（如圖 3-1 的第四板塊）。上頭到底有多少、有哪些住民、有沒有自己的國度與聚落，我們仍不清楚。畢竟這個看似與政治學主體息息相關的知識論體系，從 James 以降多半落在哲學、教育學與心理學的論述之中（Bacon, 2012; Dewey and Walsh, 1988）。實用主義的論述是在 20 世紀初期，在崇尚創業、進步價值的美國（The Progressive Era）中開展出來，因此實用主義多半被視為充滿美國特色的哲學流派。只是，即使是美國政治學界，也鮮少看見在政治學主流期刊中出現以 James 思想為行動依據，並以「行動與心得」作為著述主體的「正統實用主義應用於政治學界」作品。[17] 不過，從哲學上的討論中，我們至少可以窺見，實用主義者與實證主義者最大的相同點是不排斥經驗主義（Baert, 2005）。但兩者最大的不同，除了對理論必要性的看法不一致之外，實用主義者還強調研究者應該保留「非理性」元素（subject matter），如感情、直覺、信仰、精神等。因此，強調心靈作用的宗教，在實用主義者眼裡也是知識建構的一環，與理性不必也不應分開。如果神學的某些觀念證明對具體的生活確有價值，就必須承認它是真實的（James, 1907）。這樣的知識論會強調提出嚴苛且直搗困境核心的問題意識（research questions），並反對任何在困境解決前就預先設下立場的教條主義（Huang, 2010）。

　　當然，政治學門中實用主義四個字不算是新名詞。這個詞不見得是上述來自 James 的定義，主要是出現在國際關係領域之中，被當作為一種理解世界秩序的途徑，偏重

---

[17] 極為少數的例外之一，可參見 Joseph S. Nye, Jr.（2008）發表於 *Political Psychology* 的經驗談。即使如此，也難判定他有意識的將自己的心得當作「知識」的實用主義作品，只能說是個被該學刊所接納的一個（提出解方的）嘗試。

知識建構中「選擇解決方案」這個環節。美國實用主義的外交政策曾經在兩德統一之後的 1990 年代中期受到討論與重視，而近十年則重新受到注意（Franke and Hellmann, 2017），甚至有學者已經開始用這個概念討論美國之外的國家或區域（如印度、中國等）的外交政策（Panda, 2016）。美國近期外交政策內憂外患不斷，在樂觀傾向的自由主義及悲觀傾向的現實主義之間，重新浮現了「實用主義的論點」。*Foreign Affairs* 的主編 Gideon Rose（2021）寫道：「美國現在所走向的路，比較接近自己傳統中所倡議的實用主義，也就是從不同理論方案及其所對應的可能結果中，依事實不斷的進行謹慎選擇。」（The key is to draw on diverse theoretical traditions to develop plausible scenarios of many alternative futures, design and track multiple indicators to see which of those scenarios is becoming more likely, and follow the evidence honestly where it goes.）。[18]

　　雖然實用主義一詞被當作概念工具廣被傳用，但今日以美國為領頭羊的政治學門尚未將「實用主義」充分辨識為一個知識論板塊。從「政治學術」與「政治實務界」對彼此的期待落差，以及「政治科學家」對於如何看待「資料科學家」這個身分感到遲疑這兩個面向來看，政治學門尚未開始前往這個知識論世界中找尋答案（DiMaggio, 2018）。政治學是否能在既有的知識論系統中，讓實務界生產屬於實務界需要的知識？若政治學不行，公共行政學呢？政治學能否張開雙臂歡迎不以理論與歸依的資料科學作品？如果可以，會是以哪個知識論立場來歡迎？

　　我們不妨從實用主義知識論的立場思考看看，多元方法論是否有可能成為跨越鴻溝的解方。持有這個多元方法論立場者，會認為不同知識論體系中的方法論、研究方法乃至於工具，都可以切換使用無礙。例如實證主義中最常見的歸納法、演繹法等都可以成為在親自參與辨識困境、尋找解方、實踐的過程被取來使用的途徑或手段。

　　圖 3-1 的四個板塊世界之外，有一個看似懸浮在空中的王國，比喻著這個多元方法論。想像它是建基於實用主義板塊但並不座落在原始的大陸板塊上的國度。它在該世界中以另一維次的方式存在著。它座落於一層透明（在多元知識世界目前還看不見的）穿越平臺，用以比喻它能夠連同到其他的知識論世界而成為穿越的通道（nexus）。在這個國度裡的研究者，能夠自在取用來自由各個知識論世界所提供的工具。而這個國度也開放給不同知識論世界的研究者進入，讓其他不同世界的研究者能自由取用。[19] 這裡的研究方法（水管）連通各式的資料（不同層的礦脈），住在這個王國的實用主義者及其他旅人，能自由形成新方法的聚落。在這裡的居民，依據要解決的困境被取出運用不同

---

[18] 由此可推論，若過度偏重策略選擇的模式，則 James 所強調的「辨識困境是否真實」、「為這個困境提出的問題（questions）是否到位」這兩個環節，很容易在國關與外交策略的討論中被忽略。這樣是否還能算是正統的美國「實用主義」就耐人尋味了。

的資料與方法，或是跨域的交流與交換方法。因此這裡的聚落，能從別的世界找到或開
發出新的研究方法與工具。[20]

　　從上述的討論順下來，就能發現社會科學中常見「質性方法」與「量化方法」之間
的「科學」爭論，在這個多元方法論國度裡會自然消解。當研究者去除了「堅持自己擁
護的知識論」與「並對其他知識論世界進攻」的意念，那麼接下來面對不同知識論板塊
中，各大國度裡各式各樣的研究方法，就是自由選擇。只要是用於達到解決問題所設下
的目標都可以派上用場。一般用於假設檢證的民意調查資料，當然就能被運用為質性訪
談；調查資料便當然可以由詮釋主義者運用來重構意義，或是被實用主義者用來辨識困
境。這個多元方法論國度裡的研究者，亦可前往詮釋主義者的世界，取用深度訪談以及
說故事的方法，用於更清楚的辨識困境、找出執行的目標，甚至是用於記錄自己在行動
過程中的所證及所得。[21]

---

[19] 除了歸納法與演繹法之外，最早提出實用主義一詞的數學家查爾斯・皮爾斯（Charles S.
Peirce）提出了溯因推理的方法論（abductive reasoning），以「見果推因」來進行思考及潛在
因素的探索與發現（Aliseda, 2006; Tavory and Timmermans, 2014）。

[20] 這個可以跨越不同知識論世界的多元方法論國度，本文暫稱之為厚資料方法論（thick data
methodology）。國內或有學者將 thick data 一詞譯為「厚數據」，但內涵上理應作較嚴謹的
釐清與區分。若從多元知識論角度來看，本文所勾勒的「多元方法論」並不宜專屬於特定學
門或特定知識論立場，更不宜只用於指稱某種資料型態或是某種研究方法，而是每個知識
論體系中的人都能持有的一種（方法論上的）「立場」，使用各式資料進行意義織造（data-
assisted meaning netting），才更接近人社學者強調 sense making 的原意（Alvesson et al.,
2017; Madsbjerg, 2017）。Thick data 這個概念自 2014 年被提出及倡議之後（Madsbjerg, 2017;
Madsbjerg and Rasmussen, 2014），多由人類學者採用，除了用於對照當下流行的「大數據」
（big data）一詞之外，本質上並未展現面對與處理數據的知識立場，而是以此詞標舉質性（田
野）研究方法的（市場）價值。從研究方法層次上再次進行質化量化的切割，一如新瓶裝舊酒
並無法展現這個詞 sense making 的精神。

[21] 近期已經能見到企業管理學者採取實用主義知識論立場，觀察民眾與消費者的自證的偏好與價
值觀（Hiller and Woodall, 2019）。以本文的比喻來說，實證主義者「旅行」到多元方法論國度
後能夠自由切換為實用主義者身分。他們可以提出不同於實證主義者的問題意識，或是把理論
當作是一種解決困境的解方。一個值得推薦的範例是 Clayton M. Christensen、Efosa Ojomo 與
Karen Dillon（2019）所著的《繁榮的悖論》（*The Prosperity Paradox: How Innovation Can Lift
Nations Out of Poverty*）。作者在這個研究中把焦點從「推敲理論及原理本身」，切換到「理
論可不可能成為解決困境（如國家的貧窮與貪腐）的有效手段」的討論。另一個以實證主義學
者的身分，以多元方法論角度，取用了實證主義的民調研究以及詮釋主義的敘事比喻方法，勾
勒出真實困境的例子是 Jonathan Haidt（2012）所著的《好人總是自以為是》（*The Righteous
Mind: Why Good People Are Divided by Politics and Religion*）。作者結合了哲學反省、民調實證
資料、詮釋主義比喻（如象與騎象人、道德味蕾、蜂巢開關等）等方法，呈現出美國政局走向
極化、分裂、難以逆轉的困境。這兩個例子的作者都是透過多元方法論王國的「傳送門」進入
政治學門議題並產生創新觀點的管理學者。他們的影響力並不在於政治學門的學術社群，而是
正在面對困境的實務界。

肆、代結論與展望

政治學是關於人類文明的學問中，歷史最悠久的學門，因為有人群社會的地方就有關於共善、幸福與資源分配與管理的討論。它也是議題面最廣的學門，有人類之間權力關係運作的地方就能算入政治學研究的課題。上至太空下至海溝，遠至史前人類的社群爭戰，近到今日的氣候難民，無一不是政治學門議題的範圍。只是，近 30 年來它為了自己是否能成為一門因為強調研究方法而獨樹一格的學門而努力的同時，也備受質疑。

從本文的世界觀來看，這樣的分立與分化，未必是種落後於其他擁有期刊分類標準、所謂內部一統化的學門的象徵或是缺陷。政治學門與心理學與經濟學發展不同。目前政治學者還未在「追求學門內部在知識建構手段與標準上的一統」形成共識，也還未讓這件事成為目標。可能有學者認為這個狀態令人覺得是學門在原地打轉不爭氣，但從本文的角度來看它卻可能是個讓政治學者有機會來創造談論多元方法論的契機。

本文所勾勒的「多元方法論」的概念源自於對這個多元知識論宇宙的凝視。作者既無意否定這個知識界多元宇宙的存在，也未對這些鴻溝帶著負面評價。當前方法論的文獻並不缺乏「有很多的方法論存在」或是「一個研究該盡可能運用上很多研究方法」的觀點。本文所提出的觀點，既無意否定也無意附和這些倡議，而是透過「正視知識論的多元宇宙（至少四個）」，以及「想像政治學者可以在實用主義世界中找到的機會」兩個觀點，對當前一些學門中的現象提出一些思考解方的線索。以下以五點作為代結論，期待成為引玉之磚。

首先，在多元方法論的國度裡，方法論的立場不必專屬特定的知識論世界，而是視需要取用。實證主義者已經搶先看到在理論發展的前提下，運用既有的歸納法與演繹法，賦予資料科學、區域研究以及個案研究的價值。其他知識論世界的住民，也應能同樣使用自己的方法論，甚至是取用實證主義的歸納法、演繹法，梳理出區域研究、個案研究，以及資料科學在其知識論世界中的價值。

第二，在多元方法論的國度裡，學者不一定要在現實的世界中切換或更換自己的知識論立場。切換信仰理論上可行，但實務上非常困難。因此要做到像是該世界原住民（native speaker）那樣達到充分欣賞不同知識論世界的作品，並提出建設性的建議非常不容易。本文所勾勒的知識論多元宇宙圖像，或許能讓這種嘗試的難度下降許多。我們既然不難想像在另一個同時存在的世界中的自己可能是一位天文物理學者，那麼在知識論中的宇宙，透過在這個國度中「想像的切換」來欣賞不同旅人的作品，或是給予批判或建議便仍是行得通的做法。政治學門的研究者（含投稿者）不妨在研究中標定出自己在特定知識世界（知識論）的位置，幫助自己的讀者（包含期刊審查人在內）更認識自己研究貢獻。

　　第三，在多元方法論國度裡，群體的覺知與行動是帶動實用主義學術風氣的關鍵。單一學者或審查人的修養或氣度，對於政治學門重新恢復生氣可能力有未逮。雖然我們不能勉強來自不同知識論世界的政治學者欣賞彼此的研究貢獻，但對於選擇進入多元方法論國度的學人來說，跳開工具、方法與資料層次的爭辯，從更高的層次去尋求一起使用特定方法論進行合作，有助於能帶來新的研究動能。以開發一個模型所使用的演繹法為例，實證主義者驗證多組因果關係的假設，為的是理論的開發；但參與模型驗證的實用主義者眼中，驗證這個模型的成果，目的則是用於解決實務上的挑戰。目的不同，亦能合作。使用了同樣的方法論組成團隊進行研究，成果仍然能貢獻到各自的知識論體系。演繹法對這兩組團隊來說，都是達成目的的手段，都能從驗證假設的過程中，使用相同的工具，並互相學習。來自各任知識論世界的學者都能在這個國度裡找到夥伴，沒有所謂的主流與邊陲。從這個角度看，「臺灣的政治學門太小，只好加入歐美社群以汲取其問題意識以接軌『世界潮流』」的這個觀點便可以調整為更具主體性的「臺灣的政治學門因為能夠進入多元方法論國度，因此在代工之外更有能力創造及處理歐美社群認知之外問題導向的議題」；新加坡國立大學的李光耀政府學院教師的出版品已反映出了這樣的立場。[22]

　　第四，已具實務經驗者，未來將透過政治學門的多元方法論國度，重新發現或踏上實用主義知識論的世界。臺灣的政治學門（以及公共行政學門）雖然還未正式將實用主義視為一個知識論體系（或許正準備這麼做），但可知的是管理學門正在踏上這個多元方法論國度（Lorino, 2018; Visser, 2019）。這個多元方法論國度並非任何學門所能獨享；在實用主義世界，尤其是這個方法論國度中，反而能成為政治學者、公行學者、管理學者，以及具實務經驗者共同合作的場域，借用彼此的方法論，達到各自的目標。至於政治學門，或許能在接下來的幾個十年中，看見實用主義知識論世界上出現移民甚至誕生出原民。當初 William James 所倡議的實用主義其定義與精神，不會只適用於商學界、哲學界與心理學界。他所倡議的多元方法論或許早已存在於中國的歷史中（Huang, 2010）。春秋戰國時期以恢復社會秩序為目標的「學者」（諸子）為自己所提出的解決方案百家爭鳴；唐代的《群書治要》為例，所載便是歷朝各代實用主義者倡議治國解方的匯整。政治實務界所需要的治理與領導的心法（的探討與研究）便可向實用主義知識論的文獻中取經。顯然「領導」（leadership）不只是管理學界的專利或被獨占的課題，

---

[22] 新加坡國立大學李光耀政府學院的出版品可參見：https://lkyspp.nus.edu.sg/research/publications。同樣的實作亦可見美國哈佛大學甘迺迪政府學院的出版：https://www.hks.harvard.edu/research-insights/publications。

而是辨識出實用主義世界之後的政治學門，會有人樂於投入，且被學術上及實務上歡迎的課題。

　　第五，多元方法論，有助於打開於實務界人士覺得「政治學界活在象牙塔」與學者心中「實務界不懂學術（理論）的美」的矛盾。當前社會科學學門開設的碩士在職專班，多半會造成硬是磨合追求學術（出版）卓越的學者，與尋求學位的在職學生的狀況。兩造的立場都沒錯，但很容易造成「教師無奈降低標準」以及「學生終究只想寫完論文趕快畢業」，最後落得私下碎念抱怨的窘境。回歸到 James 為實用主義做的定義後，這些困境或許有機會找到一些解套的契機。

　　擁有不同背景、不同才華、不同人生經驗的學子，都是政治學門未來的活水，因為他們的才華足以對應於政治學門精彩的各式議題。但是，有渾身才華的學生很可能誤會自己的能力與經驗，對學門必然有貢獻，卻忽略了如何將這些經驗與才華轉化為生產「知識」的動能。對知識界的貢獻，才是換得學位的鑰匙。來自實務界學生必須充分認知到：實用主義的世界雖然強調經驗的價值，但是憑這些經驗不見得就能稱自己是個實用主義者。即使自己有渾身的實務經驗，也不見得知道如何從中萃取能夠換到學位的、對實用主義知識界的貢獻。即使是自稱為實用主義者，所做的研究不見得對應得上 James 勾勒出的「知識」的定義。在政治學門，以及其他在乎知識的學門中，找到「自己的問題意識是否能對應到任何一個知識論立場」，或是「應該對應到哪一個知識論立場」，才能開啟學術之路。

　　面對來自實務界的學子，政治學者不需要急於拿出自己所屬的知識論世界的文獻強壓。來自實務界的人多半已知道如何蒐集「經驗」也有滿身的「心法」，但他們需要的是有實用主義世界觀的政治學者來引導如何「求知」、進行問題驅動的研究（problem-driven research）：第一步是重新挑選並辨識自己所在乎的真實困境；第二步透過學術上嚴格的審問來確認並設定困境解決的目標；第三步則是讓實務界的學子透過採取行動、記錄省思的方法，來為困境找出解方，並將所選擇的心法，以及行動的種種心得，加以記錄及系統式的呈現。本身已有知識論立場的政治學者不需要因此認為不訓練學生加入自己的知識論世界便是「拉低身段」或「對不起自己的專業」。我們能做的，是更積極地嘗試切換（或至少是想像或扮演）不同知識論世界的旅人，幫助學生在實證主義、科學實存主義、詮釋主義以及實證主義立場之間進行選擇（或是降落）。只要師生在問題意識上找到同樣的基礎，便能由知識論立場找到方法論立場，並且選擇適合的研究方法，教學相長，同享開創知識的樂趣。

　　若學生的問題意識契合實用主義立場，那麼政治學者便不必「訓練」或「要求」一定要以理論為目標（產生「未達此目標就不夠格」的想法），而是鼓勵學生拿出對議題的熱忱，針對「辨識真實困境」或「尋找真實解方」這些實用主義所在乎的重要環節做出貢獻。若一定要有理論，不妨從「以理論作為解方」（theory as solution）的角度來輔導同學。如此一來跨域而來的學生，也將在進入政治學門，認識實用主義者的世界（以及其他知識論世界）後，發現自己的背景及自帶的才華，被這個學門所欣賞與肯定。

　　政治學門是個天生就具備擁抱這個多元知識論與方法論的學門。現在看它是個被割裂且內耗不斷的世界；或許有一天，我們會看這樣的「裂」反而是相較於其他已經鎖定特定知識論的學門來說最閃耀、令人羨慕的特色。我們期待政治學門恢復為能夠吸納百川之海。實用主義在政治學門終究不會只是外交領域上的策略選擇而已。當愈來愈多的學子或學者願意參訪這個目前還在濃霧中的知識大陸，或許我們會有更多的實證主義者或詮釋主義者展現他們的實用主義作品、或許會有系所發展出實用主義的招生特色，或許會有學術會議或學會匯聚實用主義者舉行論壇，或許會有期刊以實用主義作為定位，直接與實務界對話或是引領公領域私領域革新。無限的分工的目的是無限的合作。這非常可能是正視知識論多元宇宙、辨識出實用主義世界、建立起多元方法論國度的政治學門的美好未來。

參考書目

Aliseda, A. 2006. *Abductive Reasoning: Logical Investigations into Discovery and Explanation.* Dordrecht, Netherlands: Springer.

Alvesson, M., Y. Gabriel, and R. Paulsen. 2017. *Return to Meaning: A Social Science with Something to Say.* Oxford, UK: Oxford University Press.

Azzouni, J. 2004. Theory, Observation, and Scientific Realism. *British Journal for the Philosophy of Science* 55 (3): 371-392.

Bacon, M. 2012. *Pragmatism: An Introduction.* Cambridge, UK: Polity.

Baert, P. 2005. *Philosophy of the Social Sciences: Towards Pragmatism.* Cambridge, UK: Polity.

Barber, B. R. 2006. "The Politics of Political Science: 'Value-free' Theory and Wolin-Strauss Dust-up of 1963." *American Political Science Review* 100 (4): 539-545.

Barkin, J. S., and L. Sjoberg. 2017. *Interpretive Quantification: Methodological Explorations for Critical and Constructivist IR.* Ann Arbor, MI: University of Michigan Press.

Bella, E. di, L. Leporatti, and F. Maggino. 2018. "Big Data and Social Indicators: Actual Trends and New Perspectives." *Social Indicators Research* 135 (3): 869-878.

Bernstein, R. J. 2010. *The Pragmatic Turn.* Cambridge, UK: Polity.

Blau, A. 2021. "How (not) to Use the History of Political Thought for Contemporary Purposes." *American Journal of Political Science* 65 (2): 359-372.

Bond, J. R. 2007. "The Scientification of the Study of Politics: Some Observations on the Behavioral Evolution in Political Science." *Journal of Politics* 69 (4): 897-907.

Brady, H. E., and D. Collier, eds. 2004. *Rethinking Social Inquiry: Diverse Tools, Shared Standards.* Lanham, MD: Rowman & Littlefield.

Brady, H. E., and D. Collier, eds. 2010. *Rethinking Social Inquiry: Diverse Tools, Shared Standards*, 2nd ed. Lanham, MD: Rowman & Littlefield Publishers.

Castellani, B., and F. W. Hafferty. 2010. *Sociology and Complexity Science: A New Field of Inquiry.* Berlin, Germany: Springer.

Christensen, C. M., E. Ojomo, and K. Dillon. 2019. *The Prosperity Paradox: How Innovation Can Lift Nations Out of Poverty.* New York, NY: Harper Business.

Cruickshank, J. 2004. "A Tale of Two Ontologies: An Immanent Critique of Critical Realism." *Sociological Review* 52 (4): 567-585.

Dewey, J., and B. A. Walsh. 1988. *Reconstruction in Philosophy and Essays: 1920.* Carbondale, IL: Southern Illinois University Press.

Dickins, A. 2006. "The Evolution of International Political Economy." *International Affairs* 82 (3): 479-492.

DiMaggio, A. 2018. "Is Political Science Relevant? The Decline of Critical Scholarly Engagement in the Neoliberal Era." *Poverty & Public Policy* 10 (2): 222-252.

Dowding, K. 2016. *The Philosophy and Methods of Political Science*. Basingstoke, UK: Palgrave.

Downey, A. B. 2012. *Think Complexity: Complexity Science and Computational Modeling*. Sebastopol, CA: O'Reilly Media.

Dryzek, J. S. 2006. "Revolutions without Enemies: Key Transformations in Political Science." *American Political Science Review* 100 (4): 487-492.

Easton, D. 1985. "Political Science in the United States: Past and Present." *International Political Science Review* 6 (1): 133-152.

Elman, C., J. Gerring, and J. Mahoney. 2016. "Case Study Research Putting the Quant into the Qual." *Sociological Methods & Research* 45 (3): 375-391.

Evans, J. A., and P. Aceves. 2016. "Machine Translation: Mining Text for Social Theory." *Annual Review of Sociology* 42 (1): 21-50.

Franke, U., and G. Hellmann. 2017. "American Pragmatism in Foreign Policy Analysis." In *Oxford Research Encyclopedia of Politics*, ed. William R. Thompson. Oxford, UK: Oxford University Press. https://doi.org/10.1093/acrefore/9780190228637.013.356.

Gaines, B. J., J. H. Kuklinski, and P. J. Quirk. 2007. "The Logic of the Survey Experiment Reexamined." *Political Analysis* 15 (1): 1-20.

Garand, J. C. 2005. "Integration and Fragmentation in Political Science: Exploring Patterns of Scholarly Communication in a Divided Discipline." *The Journal of Politics* 67 (4): 979-1005.

Gelman, A., and T. Basbøll. 2014. "When Do Stories Work? Evidence and Illustration in the Social Sciences." *Sociological Methods & Research* 43 (4): 547-570.

Glynn, A. N., and N. Ichino. 2015. "Using Qualitative Information to Improve Causal Inference." *American Journal of Political Science* 59 (4): 1055-1071.

Grant, J. T. 2005. "What Divides Us? The Image and Organization of Political Science." *PS: Political Science & Politics* 38 (3): 379-386.

Gunnell, J. G. 2007. "Are We Losing Our Minds? Cognitive Science and the Study of Politics." *Political Theory* 35 (6): 704-731.

Haidt, J. 2012. *The Righteous Mind: Why Good People Are Divided by Politics and Religion*. New York, NY: Vintage.

Halperin, S., and O. Heath. 2020. "Forms of Knowledge: Laws, Explanation, and Interpretation in the Study of the Social World." In *Political Research: Methods and Practical Skills*, 3rd ed., eds. Sandra Halperin and Oliver Heath. Oxford, UK: Oxford University Press, pp. 27-63.

Hanson, B. 2008. "Wither Qualitative/ Quantitative? Grounds for Methodological Convergence." *Quality & Quantity* 42 (1): 97-111.

Hathcoat, J. D., C. Meixner, and M. C. Nicholas. 2019. "Ontology and Epistemology." In *Handbook of Research Methods in Health Social Sciences*, ed. Pranee Liamputtong. Singapore: Springer, pp. 99-116.

Hiller, A., and T. Woodall. 2019. "Everything Flows: A Pragmatist Perspective of Trade-offs and Value in Ethical Consumption." *Journal of Business Ethics* 157 (4): 893-912.

Huang, Y., ed. 2010. *Rorty, Pragmatism, and Confucianism: With Responses by Richard Rorty*. Albany, NY: State University of New York Press.

Imbens, G. W., and D. B. Rubin. 2015. *Causal Inference for Statistics, Social, and Biomedical Sciences: An Introduction*. New York, NY: Cambridge University Press.

James, W. 1907. *Pragmatism: A New Name for Some Old Ways of Thinking & Memories and Studies*. Cambridge, MA: Harvard University Press.

Johnson, J. 2006. "Consequences of Positivism Consequences of Positivism: A Pragmatist Assessment." *Comparative Political Studies* 39 (2): 224-252.

Khanna, P. 2019. "Positivism and Realism." In *Handbook of Research Methods in Health Social Sciences*, ed. Pranee Liamputtong. Singapore: Springer, pp. 151-168.

King, G. 2016. "Preface: Big Data is Not about the Data!" In *Computational Social Science: Discovery and Prediction*, ed. R. Michael Alvarez. New York, NY: Cambridge University Press.

King, G., B. Schneer, and A. White. 2017. "How the News Media Activate Public Expression and Influence National Agendas." *Science* 358 (6364): 776-780.

King, G., J. Pan, and M. E. Roberts. 2017. "How the Chinese Government Fabricates Social Media Posts for Strategic Distraction, Not Engaged Argument." *American Political Science Review* 111 (3): 484-501.

King, G., R. O. Keohane, and S. Verba. 1994. *Designing Social Inquiry: Scientific Inference in Qualitative Research*. Princeton, NJ: Princeton University Press.

Kivinen, O., and T. Piiroinen. 2006. "On the Limits of a Realist Conception of Knowledge: A Pragmatist Critique of Archerian Realism." *Sociological Review* 54 (2): 224-241.

Kivinen, O., and T. Piiroinen. 2007. "Sociologizing Metaphysics and Mind: A Pragmatist Point of View on the Methodology of the Social Sciences." *Human Studies* 30 (2): 97-114.

Lama, D., D. Tutu, and D. C. Abrams. 2016. *The Book of Joy: Lasting Happiness in a Changing World*. New York, NY: Avery.

Lane, R. 1996. "Positivism, Scientific Realism and Political Science: Recent Developments in the Philosophy of Science." *Journal of Theoretical Politics* 8 (3): 361-382.

Lazer, D., R. Kennedy, G. King, and A. Vespignani. 2014. "The Parable of Google Flu: Traps in Big Data Analysis." *Science* 343 (6176): 1203-1205.

Lees, C. 2006. "We Are All Comparativists Now: Why and How Single-country Scholarship Must Adapt and Incorporate the Comparative Politics Approach." *Comparative Political Studies* 39 (9): 1084-1108.

Levy, K. E., and D. M. Johns. 2016. "When Open Data is a Trojan Horse: The Weaponization of Transparency in Science and Governance." *Big Data & Society* 3 (1): 1-6.

Little, D. 1991. *Varieties of Social Explanation: An Introduction to the Philosophy of Social Science.* Boulder, CO: Westview Press.

Lorino, P. 2018. *Pragmatism and Organization Studies.* Oxford, UK: Oxford University Press.

Madsbjerg, C. 2017. *Sensemaking: The Power of the Humanities in the Age of the Algorithm.* New York, NY: Hachette Books.

Madsbjerg, C., and M. B. Rasmussen. 2014. "The Power of 'Thick' Data." *Wall Street Journal*, March 21: http://www.wsj.com/news/articles/SB10001424052702304256404579449254114659882.

Merom, D., and J. R. John. 2019. "Measurement Issues in Quantitative Research." In *Handbook of Research Methods in Health Social Sciences*, ed. Pranee Liamputtong. Singapore: Springer, pp. 663-679.

Michel, T. 2009. "Pigs Can't Fly, or Can They? Ontology, Scientific Realism and the Metaphysics of Presence in International Relations." *Review of International Studies* 35 (2): 397-419.

Monroe, K. R. 2002. "Interdisciplinary Work and a Search for Shared Scientific Standards." *PS: Political Science & Politics* 35 (2): 203-205.

Monroe, B. L., J. Pan, M. E. Roberts, M. Sen, and B. Sinclair. 2015. "No! Formal Theory, Causal Inference, and Big Data are Not Contradictory Trends in Political Science." *PS: Political Science & Politics* 48 (1): 71-74.

Nye, J. S. 2008. "Bridging the Gap between Theory and Policy." *Political Psychology* 29 (4): 593-603.

O'Neill, J. 2003. "Unified Science as Political Philosophy: Positivism, Pluralism and Liberalism." *Studies in History And Philosophy of Science* 34 (3): 575-596.

Panda, J. P. 2016. "Narendra Modi's China Policy: Between Pragmatism and Power Parity." *Journal of Asian Public Policy* 9 (2): 185-197.

Rohlfing, I. 2015. "Mind the Gap: A Review of Simulation Designs for Qualitative Comparative Analysis." *Research & Politics* 2 (4): 2053168015623562.

Rose, G. 2021. "Foreign Policy for Pragmatists." *Foreign Affairs*, April 29: https://www.foreignaffairs.com/articles/united-states/2021-02-16/foreign-policy-pragmatists.

Rueschemeyer, D. 2003. "Can One or a Few Cases Yield Theoretical Gains?" In *Comparative Historical Analysis in the Social Sciences*, eds. J. Mahoney and D. Rueschemeyer. Cambridge, UK: Cambridge University Press, pp. 305-336.

Schaffer, F. C. 2015. *Elucidating Social Science Concepts: An Interpretivist Guide.* New York, NY: Routledge.

Schelling, T. C. 1978. *Micromotives and Macrobehavior.* New York, NY: Norton.

Schroeder, R. 2014. "Big Data and the Brave New World of Social Media Research." *Big Data & Society* 1 (2): 2053951714563194.

Schwartz-Shea, P., and D. Yanow. 2011. *Interpretive Research Design: Concepts and Processes.* Hoboken, NJ: Routledge.

Smith, S. B. 2000. "Political Science and Political Philosophy: An Uneasy Relation." *PS: Political Science & Politics* 33 (2): 189-191.

Steele, G. R. 2005. "Critical Thoughts about Critical Realism." *Critical Review* 17 (1-2): 133-154.

Tavory, I., and S. Timmermans. 2014. *Abductive Analysis: Theorizing Qualitative Research.* Chicago, IL: University of Chicago Press.

Visser, M. 2019. "Pragmatism, Critical Theory and Business Ethics: Converging Lines." *Journal of Business Ethics* 156 (1): 45-57.

West, G. 2018. *Scale: The Universal Laws of Life, Growth, and Death in Organisms, Cities, and Companies.* New York, NY: Penguin Books.

Whetsell, T. A. 2013. "Theory-pluralism in Public Administration: Epistemology, Legitimacy, and Method." *American Review of Public Administration* 43 (5): 602-618.

White, S. K. 2000. "Taking Ontology Seriously in Political Science and Political Theory: A Reply to Mayhew." *PS: Political Science & Politics* 33 (4): 743-744.

Yang, L. 2019. "Public Administration as a Dynamic Balance and Integrative Science across Politics, Management, and Law: Rosenbloom's Framework and Chinese Experiences." *The American Review of Public Administration* 49 (1): 79-97.

第四章

網路輿情與調查研究方法的新挑戰[*]

張佑宗、曾煥凱

壹、導論

20 世紀初，美國開始發展以調查方式得到客觀資料，並作為決策主要依據。調查方法符合科學標準，透過隨機抽樣，以面訪或電訪方式得到精準的民眾意向或有用的社會變數（Groves et al., 2009; Johnson et al., 2018）。

近十幾年來，網路普及化造就網路調查的崛起，讓人們漸漸看到網路調查所帶來的高成本效益、動態性與即時性。網路在社會中不同次群體間穿透率（penetration rate）的差異所產生的「數位分歧」（digital divide），使得網路調查深受低覆蓋率的問題。為增加網路調查的代表性，歐洲與美國的調查公司，開始嘗試利用以網路為基礎（web-based）的調查模式，在抽樣過程中和臺灣的面訪相似，以地址作為抽樣清冊確保樣本代表性。但實際接觸後並不直接完成訪問，而是請求受訪者前往網路調查平臺註冊，是謂「網路優先」（online-first）或推網（push-to-web）的調查模式。在多波的調查比較後，Ipsos 調查公司不僅將網路填答比例不斷提升，同時也運用混合模式（mixed-mode），包含合併地址抽樣與雙底冊隨機電話撥號（dual-frame RDD）的方式來得到樣本，他們證明在代表性與信效度上與傳統的面訪模式相差無幾，卻大幅降低調查成本與不回應率（Ipsos insights, 2018）。

國際上興起網路調查的研究，臺灣發展的狀況又如何？本文首先將點出傳統調查研究正面臨的困境，以及如何建構一個具有學術價值的網路調查平臺。其次，本文將比較

---

[*] 本文初稿發表於 2022 年 8 月 4 日至 5 日中央研究院政治學研究所廿週年所慶暨「政治學的現況與展望」學術研討會（會議地點：中央研究院人文社會科學館第二會議室）。本文的研究資料來自張佑宗教授主持的國科會「人文及社會科學卓越計畫」：網路輿情與社群媒體實驗室 —— 創新研究方法與建立動態資料庫（MOST 110-2423-H-002-005）三年期計畫第一年研究成果。兩位作者感謝臺灣大學政治學研究所司宇航博士生、李易修博士生、黃繹民碩士、許良亦碩士、林懿平碩士、李佩軒碩士在資料蒐集與分析上提供協助。

網路調查蒐集到的數據，與採用傳統電訪或面訪在哪些地方會有差異？最後，本文將舉出一個研究範例，說明網路調查可結合實驗設計的優越性。

貳、傳統調查方法的瓶頸

臺灣地區在 1953 年就有人使用民意調查方法，由臺灣省氣象局利用郵寄問卷方式，調查民眾對天氣預報及他們業務的看法。隔年，聯合報也以郵寄問卷來調查他們的讀者對於簡體中文政策的態度。1956 年臺灣新生報成立調查研究中心，在十年間執行超過 30 次的民意調查（陳義彥，1986）。在大眾媒體方面，由聯合報於 1983 年開始執行系統性的選舉民調，並將民調結果藉由新聞報導而公布。隨後，中國時報亦於 1985 年跟進。同時，隨著電話的普及，以電話執行民意調查成為一種更佳的選擇。1988 年，聯合報設計了一套電腦輔助電話調查系統（Computer Assisted Telephone Interview System, CATIS）以增進調查的品質與效率（Chu and Chang, 2004）。

目前在臺灣社會科學學術研究領域，有四個多年期大型面訪計畫，分別是「臺灣社會變遷基本調查」（Taiwan Social Change Survey, TSCS）、「傳播調查資料庫」（Taiwan Communication Survey, TCS）、臺灣選舉與民主化調查（Taiwan's Election and Democratization Study, TEDS）及亞洲民主動態調查（Asian Barometer Survey, ABS），均為標準的問卷調查研究，透過戶籍資料取得樣本清冊，派遣訪員至樣本所在地以問卷施測。這些計畫執行多年，以針對國內重大政經社會價值議題累積了可觀的資料，並培育了大量的研究人員。

傳統問卷調查在執行上逐漸面臨一些瓶頸。首先，問卷調查的「樣本」既來自人口這個「母體」（population），則在抽樣之時便須確保每個組成分子，如性別、年齡、教育程度、居住地區、職業別等，均需符合母體的抽樣概率，才能確保樣本的代表性。由於居住環境的改變，以及對個人隱私權的重視，讓面訪成功率愈來愈低。實地面訪的訪員在接觸受訪者時，很容易遭受拒絕，或是在敏感問題上選擇不回應。學術單位不再能使用戶籍資料作為抽樣清冊，迅速流動的人口，也使得戶籍資料無法反映國民真實的居住狀況。因此，高無回應率（訪問失敗）導致無法觸及原本欲接觸的人，提高覆蓋的誤差。有部分學者提出「戶中抽樣」的設計，但系統性偏差仍不可避免（洪永泰，2001）。

其次，過去以家用電話隨機撥號（Random Digit Dialing, RDD）的調查面臨挑戰。由於手機與行動上網十分方便，家用電話的普及率大幅降低，甚至有許多年輕族群或租屋族群成為「唯手機族」，該族群的比例不斷上升（洪永泰等人，2014；張鐙文、黃東益、洪永泰，2017）。因此，利用家用電話隨機撥號來進行抽樣的覆蓋誤差逐漸增高，導致電話調查結果出現高齡的偏誤。針對這個問題，部分學者建議應結合家戶電話與手機的調查方式，並使用「雙底冊加權」的方法（洪永泰，2021；俞振華、涂志揚，2017；蔡奇霖，2022）。這種方法除了大幅提高電訪成本，也產生另外一個問題，到底要用何種「客觀數據」進行「雙底冊加權」？使用面訪結果作為加權依據，仍然有問題。

　　第三，傳統問卷調查的速度逐漸無法精確掌握瞬息萬變的民意。以 TEDS 及 ABS 兩計畫為例，其問卷中包含多個國際共用、衍伸自經典政經社會心理學的概念題組（例如民主化態度、傳統價值觀等），以及數個植基於臺灣政社發展背景的專屬題組（如藍綠政黨傾向、統獨立場等），歷屆調查所蒐集的資料確實有助於呈現臺灣社會在前述問題上貫時性（longitudinal）的價值變遷趨勢。但面訪調查時間需要半年左右，執行過程中若遇不可預期之外部事件（exogenous shock）衝擊，如新冠肺炎等足以改變社會多數人口長年所持價值觀時，則調查結果的效度將受質疑。此外，在施測過程中難以臨時納入新的題組來衡量此類外部事件對受測者價值觀的衝擊。特別是在發生重大公共衛生危機（如新冠肺炎疫情）期間，以面訪為主的問卷調查幾乎無法反應。

　　第四，傳統以紙筆為主的問卷調查，難以結合新近的實驗法（experiment），透過隨機分派實驗、控制組，透過影像的刺激及題組排序的隨機化（randomization）來盡可能控制環境中的干擾因素，以助於瞭解受測者回覆背後的個體微觀基礎（microfoundation），進行因果推論（causal inference）。近年的面訪問卷雖已逐漸使用電子平板執行，有助於呈現影像實驗，惟仍受限於面訪調查廣度（樣本量）的限制，且無法在題組間落實隨機化的設計。

　　最後一點，同一個概念或指標各家（尤其是非學術民調機構）測量出來的差異愈來愈大。原因之一，是機構效應的情況愈來愈嚴重。受訪者受訪經驗愈來愈豐富，能從其調查機構名稱中判斷調查機構的立場，再決定接不接受調查，造成樣本涵蓋率的偏差。另外，由於大規模調查需聘用多位訪員，訪員的個人特質及面訪當時的身心狀況，皆可影響其與受訪者的互動，進而影響受訪者的回覆，形成所謂的訪員－受訪者互動誤差（interviewer-respondents interaction error），影響問卷回收結果（Hanneke, 2000: 128-153; Benstead, 2014）。

參、建構學術性的網路調查平臺

欲解決上述傳統問卷調查所遭遇的困境，藉由西方的經驗，可建構一個新式的網路問卷平臺，除能廣納具代表性的樣本，更可搭配現今實驗研究法及多媒體工具的運用。在歐美的社會科學研究領域，透過網路平臺招攬樣本施以問卷實驗，早已行之多年，可惜在臺灣仍處於未發展階段。本文將以「臺大動態民意調查計畫」為例，說明網路調查平臺如何開發以及操作過程。[1]

現今最廣泛使用的模式便是透過群眾外包（crowdsourcing，簡稱「眾包」）模式，經由網路招攬潛在受測者，以小額報酬獲取所需的服務和想法的一種資源交換模式，而當工作完成，工作請求者（requestors）與承擔者間的「聘僱」關係隨即終止。由於眾包的工作性質多為匿名性、零散、短期、業餘的小型工作（microtasks），此模式一般被認為適用於處理客戶意見反饋，特別是問卷調查或影像判別此類簡單、迅速、需大量意見反饋的工作。大型電商公司如美國的 Amazon 和中國的百度便利用自身用戶對人口結構的廣泛涵蓋性，開發出 Mechanical Turk（MTurk）和百度眾測等眾包平臺，[2] 外包者可透過平臺發包各種人類智慧任務（Human Intelligence Tasks, HIT，諸如問卷調查）給願意承接此類工作的電商用戶。工作請求者可透過平臺內建的一些前測模組（像是要求有意承接的用戶回答一些適性測驗或精簡版的問卷題組）或工作承接者先前的評價來篩選合格的工作承接者，[3] 請求者亦可透過提高報酬招攬用戶承接難度較高、需時較長的工作或誘使承接者提高每次工作的品質（例如避免漏答與拒答、因隨意勾選而提供前後不一致的答案）。簡言之，眾包平臺提供了外包工作者一個可快速從一個具多元背景的客層中大量招募潛在工作者，且能對後者實行篩選與工作績效獎懲的機制。此些優勢使眾包平臺成為近十餘年來以美國為主的西方社會科學研究者廣泛使用的問卷施測平臺，用於檢證各種行為經濟學、政社議題等研究假說（Arceneaux, 2012; Berinsky et al., 2012; Chandler et al., 2014; Grimmer et al., 2012; Huber et al., 2012; Krupnikov and Levine, 2014; Paolacci and Chandler, 2014）。

---

[1]   請參考計畫網站：https://websurvey.coss.ntu.edu.tw。本平臺目前已執行超過 30 次的網路調查，而且大都使用調查實驗（survey experiment）方式執行調查，使用者除了本文兩位作者，還包括臺大經濟系王道一教授、臺大政治系劉康慧教授、黃心怡副教授等。

[2]   MTurk 的命名典故來自 18 世紀盛行於歐洲，由真人在裝置後方操縱的土耳其下棋機器人，以此典故比喻由後端的真人承包者在眾包平臺上執行看似機器人的工作。

[3]   當每次外包工作完成後，請求者與承接者間將可互評對彼此的滿意程度，長期下來便會累積可量化的個人評價作為其他用戶是否同意對該用戶外包（從該用戶承接）工作的評估基礎。

　　這項群眾外包調查模式所引領的問卷調查方式的創新，目前並未能在臺灣帶來迴響，國內電商因獲利模式考量，缺乏開發客戶資料成為眾測平臺的誘因，而國內學術研究者仍偏好透過委託市場行銷公司執行相關調查，未有招攬、培養大量具代表性網路樣本作為可供長期連續性調查樣本的規劃，缺乏一個有效的施測完成監督機制與快速的獎勵方式，應是侷限此類問卷施測模式在臺發展的主因。[4]

一、學術性的網路調查平臺要具備以下五大標準

1. 專業化網路調查平臺，可支援各種不同類型調查及第三方線上問卷軟體，自動簡訊與郵件推播功能。
2. 建置可靠長期追蹤的樣本資料庫（panel sample pools），結合 Google Analytics，定期檢查及招募會員，維持會員資料的真實性及可靠度。
3. 利用 AI 分析技術及人工定期查驗樣本身分及調查資料邏輯的正確性，刪除出現問題的會員資格。
4. 嚴謹的調查執行過程，自動產生一次性問卷連結（unique link），結合特定會員名單綁定功能，避免遭到網軍的灌水。
5. 設置外接網路硬碟（NAS）資料庫，保障資安。

二、會員招攬

　　我們將開發的網路平臺（簡稱「平臺」）定義為一個具備串接第三方雲端問卷系統、受測者註冊與管理功能、留言管理功能、禮券登入及發送功能、抽獎活動管理功能、基本統計分析查詢功能，及後臺管理功能的線上平臺。透過此平臺，研究者可透過面訪、家用電話隨機撥號及隨機發送簡訊招攬會員（此被歸類為隨機樣本），以及在 PPT、Line、Facebook 等社群網站發送邀請函，這是網路上的自願樣本（opt-in samples）。用平臺派送線上問卷給指定的樣本、於樣本完成問卷後發送等值禮券，並對樣本個人資料與歷次問卷填答紀錄做整理及分析。

　　為避免網路樣本的招攬，淪為沒有明確母體的非機率性樣本〔即任何瀏覽到本計畫網頁，且具 email 帳號者皆可註冊，包含同一個自然人的多個帳號即機器人帳號

---

[4] 少數的例外為劉正山教授的「微笑小熊」計畫、中研院調查中心及政大選舉研究中心，經由幾次面訪成功樣本，邀應請受訪者成為會員。然而，這三個網路調查計畫，目前的樣本庫（sampling pool）仍不足，僅能作探索性的研究。

（bot）〕。為排除不符前述資格的網路用戶，平臺設計了驗證機制，使用現有的人工智慧驗證功能，[5] 要求有意註冊為受測者的網路用戶先行閱覽頁面所顯示的本計畫知情同意書及個資／填答資訊使用權限，待用戶同意後始得進行註冊。註冊時要求輸入出生年分、性別、教育程度（學歷）、居住縣市、簡單的名稱（不需是本名），[6] 輸入完成後填入手機和 email 聯絡資訊作為驗證依據。[7] 待用戶確認後，平臺便透過串接的簡訊發送裝置發送認證簡訊至用戶登錄之手機號碼，同一時間亦發送 email 至用戶的信箱作雙重確認，待用戶回傳確認訊息後便完成註冊程序，而正式成為平臺的受測者之一，具有填寫問卷及獲取酬勞的資格。圖 4-1 呈現了平臺作業的流程及各功能項目的支援程式／次系統。

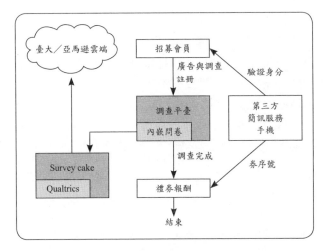

圖 4-1　平臺的運作流程與外接第三方系統示意圖

---

[5]　平臺使用 Google 的 reCAPTCHA 驗證程式。

[6]　研究設計上，有領取高於新臺幣 1,000 元等值抽獎禮品的受測者因有依法報稅之需求，需額外提供真實姓名。

[7]　平臺亦允許有社群媒體（social media，如 Facebook）的使用者以既有之社群媒體帳號直接註冊。由於平臺後端（backend）設有與臉書 API 串接的功能，可在欲註冊的用戶同意後直接獲取其登記於臉書的個人資訊，惟因此類資訊真實性存疑且不完整，本計畫皆會使用後續的問卷要求此類用戶重新回答此些問題作為補充。平臺原先的設計包含有第三方實名制認證功能，要求用戶輸入身分證字號做確認，在申請計畫之初亦通過倫理審查，惟因在測試期間持續有受測者質疑安全性，故取消此功能，研究團隊將在未來提請更正式的審查將此項已被電商購物網站廣泛採用的驗證功能定制化（參見下段所敘）。

　　為增加瀏覽上的安全性，平臺也使用了安全性閱覽模式（Secure Sockets Layer，即安全通訊端層）並將主網站資料及備份資料分別儲存於 Amazon 雲端平臺（Amazon Web Services）和自設的外接 NAS（Network Attached Storage）網路儲存裝置。同時，平臺後臺亦串接 Google Analytics，為電商常用的網域分析工具，用於偵測用戶的網址來源（URL）、縣市位置、現正使用之移動通訊裝置，以及停留在平臺上的時間，藉以窺知特定時段用戶的數位輪廓（digital profile），可轉化成統計分析之個人層級變數：如活動位置、持有的移動通訊裝置類型、對平臺的使用黏著度（stickiness，可作為預測回訪率的指標）。

　　在平臺開發第一階段的驗證期間，平臺曾遭遇疑似 SQL 隱碼攻擊（SQL injection attack）或多重帳號重複註冊的情形，但均在系統工程師的協助下排除，自啟用後已不再發生此類問題。然而，在缺乏實名制認證的情形下，的確在核對後臺資料時，發現有多名用戶持有多支手機門號，以此註冊多個帳號，造成少數受測者有較高的機率被選中代表性問題。然而，經過比對後，擁有多支手機門號，源自同一個網址來源且資料高度相似的受測者僅占總樣本的 0.5% 至 0.8% 之間，不至於形成重大的抽樣誤差來源。未來仍待整合實名制認證工具來盡可能解決此問題。

三、分層抽樣及問卷調查系統

　　通過驗證的用戶即成為平臺的潛在受測者，意即有大於 0 的機率被選中為施以問卷調查的「樣本」。若受測者被選中參與特定的問卷調查計畫（通常為特定時限內，為期二日至三日，長則一週），則將收到平臺自動寄發的簡訊及 email 邀約，受測者點選簡訊或 email 上的連結後便會被導引至平臺網頁，進入問卷填寫。本平臺的優點之一，就是可將會員資料做事先的分層（依據性別、年齡與區域分為 60 層），之後再依據母體在各層的百分比，分配分層成功樣本數。

　　本平臺第二個優點，是在問卷系統的選擇上，平臺目前可支援串接的第三方問卷開發系統，包括了國內廠商自製的 SurveyCake 及被歐美學界廣泛採用的美商 Qualtrics 問卷系統。兩系統均具備單題選項與題組間題目隨機化（避免受測者被選項順序或語意邏輯引導作答，損及題目實驗設計的效度）、單一受測者不重複填答、上傳圖文影像，以及問卷連結設定密碼的功能，可排除未被抽中之受測者進入填答而影響施測結果。其中，Qualtrics 尚具備經緯度標註等題型功能，有助於透過長期的追蹤調查，勾勒出平臺樣本群體實際生活範圍與所填之戶籍地區的距離差異，精進後續的抽樣加權與樣本個人層級特徵工程（feature engineering，即資料過濾）。也冀望在未來能持續擴增對其他問

卷系統的串接能力，使本平臺能更廣泛的應用於國內各學科乃至於國際合作的問卷調查
計畫。

　　相較於傳統面訪，本平臺對問卷調查上另一個貢獻在於，提供了一套標準化、較少
受人為因素干擾的樣本接觸及施測機制，並可隨研究需求縮放（scalable）及持續徵補樣
本。[8] 在遭遇重大不可預期的外力因素（如重大傳染病或天災危機）致使面訪窒礙難行
時，本平臺的優勢將更易體現，而這也充分展現在本報告第四節中於本土新冠疫情爆發
初期所執行的即時民調。

四、資料儲存

　　本平臺的最終目標為建構一個三萬人以上、具各類個人層級資訊、可持續追蹤的代
表性樣本，對相關學科的研究作出累積性貢獻，故自計畫執行之始便著眼於個資儲存安
全性的機制設計。

　　平臺目前採用三種儲存方式。當受測者完成問卷確認送出後，該份問卷即在第三
方問卷系統的後臺產生紀錄，此部分的安全性由第三方問卷公司的後臺提供。在同一時
間，平臺後臺（back end）也將以非同步（asynchronous）的方式，經由 API（Application
Programming Interface）程式從對方後臺獲取問卷紀錄，存取於平臺所屬的雲端資料庫保
存。在問卷施測結束、核對資料後，整理好的資料將備份於外接硬碟中作冷儲存（cold
storage）待日後需要時使用；離線的儲存方式也確保不會受到外部侵入而盜取受測者個
資。此外，回收的問卷資料皆將受訪者可辨識資訊從填答紀錄中作「去識別化」處理。

肆、樣本庫的檢核及分析

　　近年國外學者使用 Amazon Mechanical Turk（MTurk）的社會科學研究愈來愈多，
但同時也受到在外部推論效度上的挑戰（Baker et al., 2010; Huff and Tingley, 2015）。如
何對網路調查方法的優缺進行比較？本文主要參考澳洲國立大學「社會研究與方法」研
究中心，在近幾年陸續出版的研究報告為參考範例（Pennay et al., 2018; Kaczmirek et al.,
2019; Kocar et al., 2021）。「臺大動態民意網路平臺」於計畫執行第一年（2019）夏季
對相關功能進行概念化，於同年 9 月底展開第一階段工程，於隔年（2020）2 月完成驗

---

[8] 如訪員－受測者互動誤差。

收。受到新冠疫情爆發的延宕，平臺於 2020 年夏季始展開大規模實測，並於 2020 年秋季進行一系列問卷測驗。經累積一年的實測經驗後，又於 2021 年春季進行第二階段工程，包括既有功能的優化、增添額外的功能、修正版面、資料庫整併等，最後於 2021 年夏季完成實測。截至 2022 年 6 月 30 日為止，臺大動態民意調查（NTU websurvey, NTUWS）計畫，目前已徵集 21,606 個樣本。

一、會員資料清理流程

為求線上網路眾包平臺樣本代表性，需盡可能地排除單一會員註冊多組帳號的情況，以求在抽樣調查能提高作答的真實性，降低「單一個人重複填答」的可能性。在此目標之下，本平臺透過系統性的方式來排除不符標準的名單。

首先，將註冊會員之基本資料填答做第一輪的清掃，將註冊會員之「姓名」、「信箱」與「生日」進行比對，並輔以註冊時間，將重複或高度雷同者加以排除。然而，透過這樣的做法僅有一層保障，無法確保是否能排出「一人多帳」的風險。

其次，將線上調查的結果輸出，透過比對填答紀錄的 IP 位置與所填寫的聯絡信箱來排除多次填寫的會員。此一做法，除可以排除重複註冊的會員之外，亦能減少在抽樣時單一家戶（社經背景相似者）被重複抽中的情狀（使用家用 WiFi 填寫會是同一 IP 位置），提高抽樣後的樣本代表性。圖 4-2 勾勒了整個程序。

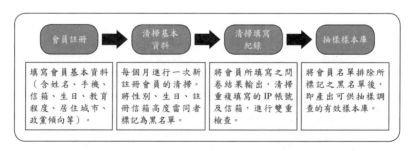

圖 4-2　會員基本資料清理流程圖

截至 2022 年 6 月底為止，以清掃過「LUPI 實驗研究 1-14 輪」、「政治態度調查」、「假消息調查」、「中研院減碳政策偏好」、「輕推公共行政」等問卷，得到表 4-1 之結果。

表 4-1　有效樣本數統計

總會員數	基本資料清掃	問卷 IP 重複	問卷信箱重複	有效樣本數
21,606	2,055	1,258	393	17,194

資料來源：張佑宗（2021）。

　　經過兩輪的清掃，即可產出有效可供抽樣的樣本庫，約能留下 82% 的有效樣本數。再透過抽樣程式將會員依照性別、年齡、地區分為 60 個區組，即可依照各調查需求來進行樣本之抽樣，提高調查問卷之樣本代表性。

二、訪問成功率

　　本平臺問卷執行過程「抽出合適的受訪者」中最為關鍵的，是在於發出的邀請數與成功回收數。過去兩年的經驗顯示，確實回填問卷的回收數（收到問卷酬勞）約占抽出會員數（收到簡訊邀請）的 15% 至 20%，亦即每抽出、發出簡訊邀請 100 人，可以預計有 15 至 20 人會成功完成指定問卷。在觀察回收比例時，我們針對各個年齡層做出細分研究，以表 4-2 呈現的最近一次的縣市議員偏好調查（2022 年 6 月執行）問卷為例，總回收率為 19.6%，以 40-49 歲族群、50-59 歲族群回應率最高，20-29 歲族群回應率最低，但整體而言，回應率並沒有因為年齡層而有巨大落差。

表 4-2　訪問成功率統計

年齡	比例	應回應	抽出	回應	回應率
20-29	0.16	256	2,062	333	16.1%
30-39	0.18	288	2,342	457	19.5%
40-49	0.19	304	2,392	534	22.3%
50-59	0.188	300.8	807	183	22.7%
60-	0.283	452.8	690	118	17.1%
	1.001	1601.6	8,293	1,625	19.6%

資料來源：張佑宗（2021）。

三、回答不一致性的檢測

　　透過比對會員註冊資料，與調查時填寫個人資料是否具備一致性，來檢測計畫平臺中蒐集到網路樣本的回答可信度。我們主要依據性別與年齡作為檢驗標的，篩選具有 2 次以上填答紀錄的會員並依據填答次數進行分類，次數統計如下表 4-3 所顯示：

表 4-3　回答不一致性的比率

	性別	樣本數 n	年齡	樣本數 n
2 次	3.0%	1,970	6.1%	1,981
3 次	2.8%	981	7.6%	987
4 次	3.3%	609	7.3%	613
5 次	1.9%	376	7.5%	375
6 次以上	4.0%	325	12.9%	326
總計	3.0%	4,261	7.3%	4,282

資料來源：張佑宗（2021）。

我們將填答（與註冊資料）不一致的比例依填答次數與性別圖示於圖 4-3。首先在性別的部分，總計來看會員填答不一致率僅有 3%，而以填答 6 次以上的會員不一致率最高來到 4%，但相去不大。此外，高達 96% 的會員在不同時間進行多次問卷填答（6 次以上）仍維持相當的一致性，可見平臺會員的在回答的真實性上有一定的水準。再

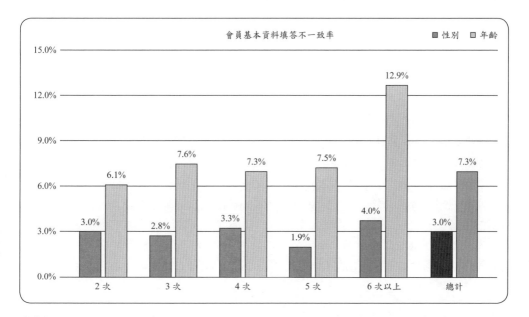

圖 4-3　不一致性的比率
資料來源：張佑宗（2021）。

來，看到年齡的部分，平均來看不一致率達 7.3%，略高於性別，可能係因為年齡會隨著時間增長，在問卷中選擇年齡區間上容易出現錯誤，但與註冊年齡的一致率仍高於 90%。而以填答次數來看，不一致率最高者為填答 6 次以上的會員達 12.9%，可能與填答愈多次出現填答不一致的機率就愈高有關。整體而言，不一致率仍在可接受的範圍內。

伍、與其他網路調查平臺作比較

在臺灣能蒐集到的網路調查平臺相關資訊非常有限，大多數都沒有對外公開樣本庫的相關資訊。因此，本文在作為評比的相關平臺與計畫的選擇上，挑選了樂天線上問卷調查服務（Rakuten Insight，簡稱樂天問卷）、YouGov 與「臺灣選舉與民主化調查」（TEDS）計畫作比較。

一、會員徵集方式

樂天問卷為一專業線上有償問卷調查公司，由日本電商樂天（Rakuten）所經營，提供全球性超過 14 個國家地區有關客戶經驗的意見與市場洞見，在臺灣已有超過 23 萬名註冊會員。YouGov 為 2000 年代成立於英國的國際網路市調和數據分析公司，專精於線上調查，在北美、歐洲、中東及亞太均有分部，而在臺灣亦有近七萬名註冊的固定樣本（panelists）。TEDS 計畫則源自國科會支持的全國性民意調查研究計畫，旨在整合國內與選舉有關之大型面訪民調。

此三平臺／計畫所提供的服務與資料也廣為國內問卷研究者所使用，若以內政部戶政司人口統計資料作為基準（baseline），將本平臺與此三平臺／計畫的樣本結構做一比較，將更能突顯本平臺在相關功能上的效益及在未來能對國內研究社群所帶來的貢獻。[9]

表 4-4 呈現了各平臺／計畫與本平臺在樣本徵集（recruitment）方式、計畫執行週期、交件（turnaround）週期、樣本數與徵集年齡限制上的比較。樂天問卷由於是電商所經營，加上報酬方式為發放樂天點數兌換樂天商場的商品或等值服務，故樣本多徵集自該電商的線上會員。YouGov 的樣本徵集為混和模式，除來自線上線下廣告，亦透過在地商業合作夥伴獲取潛在用戶名單投放徵募廣告。TEDS 因其面訪的性質，較仰賴樣本底冊，經訪員造訪實際地址徵求住戶同意後，行戶中選樣面訪所得之資料為成功樣本。

---

[9] 樂天及 YouGov 樣本結構資料來自廠商提供之樣本庫簡介（panel book）。樂天問卷的資料以 2021 年 5 月為準，YouGov 則以 2022 年 5 月為準。TEDS 樣本資料來自 2021 年面訪資料，各項次比例由研究團隊計算所得，人口統計資料來自內政部戶政事務所及主計處。

本平臺因設計之處即規劃執行混和調查（mixed-mode survey），在樣本招攬上較接近 YouGov，惟本平臺考量到網路樣本偏重於中年以下族群及手機用戶，會定期透過具合作關係之商業機構的電訪單位執行隨機撥號補充中老年家戶樣本。本平臺亦藉由委辦之年度全國性問卷計畫中加權抽樣少量偏鄉樣本，由學生訪員執行面訪，補充偏鄉高齡樣本。

表 4-4　各平臺／計畫樣本徵集方式、問卷執行週期之比較

	Rakuten	YouGov	TEDS／中研院	NTUWS
樣本徵集方式	會員	廣告	電訪[10]	廣告
		線上	線上	線上
	商業夥伴			RDD 面訪 網路
調查執行週期	隨時	隨時	年度	隨時
交件週期	數日	數小時至數日	數日	數小時至數日
樣本庫	230,000	70,000	約 10,000	21,000
年齡限制	16 歲以上	16 歲以上	20 歲以上	20 歲以上

因樂天問卷與 YouGov 的線上性質，其在問卷執行週期與交件週期的速度上遠優於仰賴面訪或電訪為主的 TEDS。本平臺因以線上問卷為主，在此功能上效益與樂天及 YouGov 接近。

在樣本數與徵集年齡限制上，樂天問卷及 YouGov 採用西方社會普遍認定的 16 歲法定「同意年齡」（age of consent），在樣本徵集的限制上遠較以我國 20 歲投票年齡為起始的 TEDS 及本平臺更具彈性。加以樂天問卷及 YouGov 深耕多年，又以前者的電商優勢，在樣本數上遠優於 TEDS 與本平臺。TEDS 因其訪調計畫配合該年選舉週期，以數月或一年為執行週期，加以其面訪的性質，每次徵集之樣本不同並有嚴格的樣本數量規定。本平臺則以不到兩年的發展時間累積 2 萬餘人的樣本，並可依訪調計畫需求執行無機率、無總量限制的「主動選擇加入」（opt-in）問卷或透過加權抽樣、綁定特定受訪者派發線上問卷的定額模式、尚能使用 email、手機與特定受訪者進行視訊約訪或面訪，[11] 可謂兼顧線上問卷與面訪兩者的優勢。另外，本平臺因結合國立臺灣大學與國科會的學術資源，將較於樂天問卷及 YouGov，在線上問卷的執行上具有較低的單位成本。

---

[10] 以電訪為主，搭配少部分面訪。

[11] 以本平臺協助執行的「亞洲民主動態調查」（The Asian Barometer Survey）第六波前測問卷為例，本平臺透過加權抽樣對入選的平臺樣本發送簡訊招攬受試者與其約訪視訊訪問，並即時將回應輸入線上問卷，成功於一個月的時間內完成 300 份前測問卷。

二、會員基本資料之比較

　　表 4-5 及表 4-6 顯示，因樂天問卷與 YouGov 的線上性質，樣本的年齡層多半分布在 49 歲（中壯年）以下，熟悉網路、移動通訊產品的世代，尤以 40 歲以下為多，60 歲以上的樣本較稀少因招募困難。本平臺因側重線上問卷，在樣本的年齡分布上也與樂天問卷與 YouGov 兩平臺接近，在 30-39、40-49 歲的年齡層所占比例最高，因本平臺定期執行 RDD 與偏鄉面訪，在 60 歲以上的樣本比例上亦較樂天問卷與 YouGov 為高，未來仍將持續善用此項優勢。

表 4-5　各平臺／計畫的樣本年齡層分布

	Rakuten	YouGov	NTUWS	Census
20-29	37.2%	30.9%	26.7%	16.0%
30-39	33.0%	28.8%	37.7%	18.0%
40-49	20.2%	23.5%	23.5%	19.0%
50-59	7.5%	11.2%	6.3%	18.8%
60-	2.1%	5.6%	5.8%	28.2%
	100.00%	100.00%	100.00%	100.00%

表 4-6　各平臺／計畫的樣本性別比例

	Rakuten	YouGov	NTUWS	Census
男性	44%	46%	46.80%	49.30%
女性	56%	54%	53.20%	50.70%
	100.00%	100.00%	100.00%	100.00%

　　在性別的比例上，各平臺與計畫皆出現女性受訪者比例略多於男性的現象，本平臺亦不例外，而以 TEDS 的差異較低。事實上，多項國內外訪調研究均顯示大學以上教育程度的 40 歲以下城居女性具有最高的訪調回應率，因其生活習慣及工作特性，也是最易被網路問卷招攬的族群。

　　在樣本的地區分布上，各平臺與計畫皆以新竹以北為主，除符合臺灣現階段人口分布以外，也呼應北部人口在網路工具使用上的普及，[12] 惟比例上仍以 TEDS 與全國人口

---

[12] 2020 臺灣網路報告，財團法人臺灣網路資訊中心（https://report.twnic.tw/2020）。

統計最為接近。本平臺在表 4-7 的各區樣本比例上與樂天和 YouGov 不分軒輊，然而，本平臺在宜花東外島的樣本比例為各平臺／計畫中最低，極可能與網路工具的可及性較低有關，而本區也是平臺未來在樣本招攬上的重點之一。

表 4-7　各平臺／計畫樣本的主要地區分布

	Rakuten	YouGov	NTUWS	Census
北北基	38%	37%	39.4%	30.1%
桃竹苗	16%	19%	16.2%	15.8%
中彰投	18%	17%	17.7%	19.3%
雲嘉南	11%	12%	10.7%	14.4%
高屏	13%	12%	13.2%	15.0%
宜花東離島	4%	4%	2.8%	5.4%
	100.00%	100.00%	100.00%	100.00%

陸、成功樣本代表性之比較

我們比較調查資料在性別、年齡、教育程度、地區、（父親）省籍等變項分布與母體對應變項的差異。與母體比較的資料中，除卻「NTUWS 合併」係由網調與電訪所合併，其餘皆為獨立進行抽樣所完成的調查，調查目的與性質皆屬相近，皆是透過抽樣調查以推論母體，也就是推測臺灣總體民眾的意向目標，故可相比。在性別部分，各組調查資料的比例與母體資料皆屬相近，惟「TEDS2021 公投網調」的偏差較大，男性比例過高。

年齡部分，電話訪問的中、老年比例明顯高於網路調查，而也因此與臺灣逐漸高齡化的母體分布較為相近，但各組調查之中，「NTUWS 合併」在合併網路調查與電話調查之後與母體分布最為相近。在教育程度方面，網路調查出現嚴重偏向高教育程度族群的現象，特別是「TEDS2021 公投網調」偏誤的情形最為明顯，但值得注意的是，即便是電話訪問的資料組，也同樣有偏向高教育程度的傾向。[13]

在地區分布方面，表 4-8 以兩種方式呈現其分布狀況，一是將慣常並稱的縣市進行合併，區分為六大區域以做呈現；二是提供粗資料，呈現各個縣市的分布。無論是用哪

---

[13] TEDS 調查資料來自陳陸輝（2021a、2021b、2022）。

一種呈現方式觀之，各個調查資料庫都未與母體分布相差甚遠。最後，在省籍方面，此處將其分類簡化為傳統上稱為「本省」的閩南、客家、原住民族，以及傳統上認定為「外省」的大陸各省，不在此四個類別者則歸為其他。同樣，各組調查所得的分布也與母體分布差異不大。

表 4-8　成功樣本代表性之比較

	NTUWS 混和調查	NTUWS 網路調查	NTUWS 電訪	TEDS2022 電訪	TEDS 網路調查	TEDS2021 面訪	母體
性別							
男	0.490	0.500	0.480	0.510	0.580	0.490	0.490
女	0.510	0.500	0.520	0.490	0.420	0.510	0.510
年齡							
20-29	0.170	0.240	0.100	0.130	0.080	0.131	0.160
30-39	0.220	0.310	0.130	0.200	0.230	0.166	0.180
40-49	0.210	0.250	0.180	0.220	0.320	0.197	0.190
50-59	0.170	0.110	0.240	0.200	0.220	0.176	0.180
60up	0.220	0.090	0.350	0.250	0.150	0.331	0.290
教育							
國中以下	0.060	0.050	0.090	0.140	0.002	0.220	0.240
高中、職	0.210	0.120	0.290	0.250	0.010	0.267	0.280
大專以上	0.730	0.830	0.620	0.620	0.990	0.508	0.480
省籍							
閩南	0.710	0.740	0.680	0.700	0.690	0.755	-
客家	0.110	0.110	0.120	0.140	0.110	0.126	-
大陸各省	0.090	0.060	0.120	0.110	0.170	0.100	-
原住民	0.003	0.004	0.001	0.020	0.010	0.014	-
其他	0.080	0.086	0.079	0.030	0.020	0.005	-

表 4-8　成功樣本代表性之比較（續）

地區							
	NTUWS 混和調查	NTUWS 網路調查	NTUWS 電訪	TEDS2022 電訪	TEDS 網路調查	TEDS2021 面訪	母體
北北基	0.320	0.320	0.300	0.290	0.390	0.300	0.300
桃竹苗	0.120	0.150	0.160	0.150	0.140	0.160	0.160
中彰投	0.190	0.190	0.190	0.190	0.180	0.190	0.190
雲嘉南	0.140	0.140	0.140	0.170	0.110	0.140	0.150
高屏	0.150	0.150	0.150	0.150	0.140	0.160	0.150
宜花東及離島	0.050	0.050	0.060	0.050	0.040	0.050	0.050
N	2410	1216	1194	1169	1109	3547	

　　總體而言，根據上述分析，我們可以得到兩個方面的結論。第一，臺大動態民意調查（NTUWS）在結合網路調查與電話訪問後，與母體相比，除了在教育程度（特別是國小以下）外，在性別、年齡與地理區域上相差無幾。但 NTUWS 最大的優勢即在於透過網調大幅降低對訪員的需求，因而於研究執行上具有成本的優勢；第二，NTUWS 的網調本身儘管和母體間存在一定差距，不過比起同為網路調查的「TEDS 公投網調」，已經能有效地在性別、地區／縣市上獲得相當的代表性，同時於教育程度和年齡的偏差上相對較小。綜上，NTUWS 若能結合電訪，將能在相當低廉的成本下達到和面訪相同的結果，而若只看網路樣本的代表性，NTUWS 也是更好的選擇。

柒、研究範例：如何提名縣市議員參選人？如何有效行銷？

　　2022 年臺灣各政黨的縣市議員提名作業過程中爭議不斷發生，很多人憤而退黨參選。各政黨究竟要提名何種特質的縣市議員參選人才具有吸票能力？如何有效行銷給選民？從學理上來看，這必須清楚瞭解民眾對縣市議員的不同偏好。國民黨與民進黨都經由傳統的民意調查方式決定人選，這種簡易的問法根本抓不到選民多面向的「偏好組合」。

　　本文使用臺大動態民意調查計畫架設的網路調查平臺，結合聯合分析（conjoint analysis）這種新的調查實驗（survey experiment）方法，發現政黨推薦（政黨標籤）是影響選民偏好最重要的因素。其中，國民黨推薦對候選人的偏好居然呈現「負向作用」，顯然國民黨標籤已成為選舉包袱。背後主要的原因，則與國民黨的「親中態度」有關。

一、研究設計

Horiuchi 等人（2020）使用與本文同樣的方法，以九個特徵研究日本選民對議員個人特質的偏好組合。他們研究發現性別與偏好無關，但年齡有關，日本選民偏好較年輕的候選人。矛盾的是，選民同時偏好「有經驗」的候選人，且隨著過去參政經驗次數的增加影響力更大（選民偏愛年輕但有從政經驗的候選人）。「政治家族」與「名人效應」（celebrity）的影響相反，具有負面的影響。這說明「政二代」仍必須依靠傳統社會網絡的動員，而具有知名度的候選人，則可看自身的力量當選。Horiuchi 等人另一項發現是，日本選民比較喜歡「無黨派」的候選人，候選人的政黨標籤，反而是有負面的影響。

臺灣的地方選舉提供了檢證前述各項因素對候選人偏好的影響及結合本平臺各項功能的應用實例。為此，我們首先界定了八項候選人特質的特徵變數（features），分別是：

1. 年齡：55 歲以上、35 歲以下。
2. 性別：男、女。
3. 學歷：碩士以上、高中職。
4. 從政經歷：政治素人、兩屆以上縣市議員或民選公職。
5. 父母政治背景：無、父母曾擔任地方民意代表或首長。
6. 政黨推薦：無黨籍、國民黨、民進黨、民眾黨。
7. 對美中關係的看法：對美友好、對中友好。
8. 是否為在地居住：設籍十年以上、設籍一年以內。

每個特徵內的選項均為離散選項（discrete choices），且在意義上不重疊。[14] 我們運用聯合分析（conjoint analysis）的方式，來對這些特徵在選民對候選人評估上的重要性作一分析。聯合分析為一種植基於多元分布的統計分析法，用於瞭解具多面向特徵的研究標的中各特徵在行為者偏好中的相對重要性，並將行為者對此的評價予以量化處理再建立模型，已廣泛運用於商業分析，特別是產品性價測評領域。其執行方式為透過設定一系列兩兩相比的特徵組合題，即基於選擇的聯合分析（Choice-Based Conjoint,

---

[14] 例如，受測者無法選擇「友中親美」這類兩者兼具的選擇。

CBC），來探知受測者對八項候選人特徵變數的偏好權重。因年底（2022）即將舉行縣市長大選，我們將問題的主軸放在縣市議員候選人之上，藉由其參選人數較多、人選不特定的幾項特性，淡化受測者對特定候選人的既有印象並強化個人特質偏好在受測者選擇上的重要性。

　　我們首先藉由現行常用的特徵組合數建議標準來決定所需的題目數。根據 Sawtooth（2019）因子設計（factorial design）原則，取任兩題選項數的最小公倍數，故所需的組合數為 4 × 3 = 12，可經由 12 ÷ 2 = 6 題的特徵組合兩兩相比題來取得受測者偏好排序。在設定特徵組合即出現序列時，我們將之隨機化以降低因部分選項出現頻率高或較先出現而導致的類別不均衡（class imbalance）現象（Green and Srinivasan, 1978），影響研究效度。我們亦根據類別降維（typology reduction）的邏輯概念（Elman, 2005），預先排除了排列中最不可能出現的組合（例如民進黨推薦－對中友好），使此組合不會出現在隨機跳出的特徵組合選項之中。

　　同時，我們亦根據下列公式來計算所需之最小樣本數（Qualtrics; Sawtooth, 2019）：

$$樣本數 = \frac{750（小樣本）或1000（大樣本）\text{ X 特徵中最多的選項數}}{問題數 \text{ X 每題中的選項數}}$$

　　經由問卷設計軟體（Qualtrics）的建議，所需之最小樣本數為 340 人，及 512 組獨特的特徵組合序列。所有受測者皆有同樣的機率被任意指派至此 512 組特徵序列組成的六題特徵組合偏好選擇題。

　　問卷同時亦包含了如政黨認同、負面黨性、對 2022 年底縣市長大選選情的評估、對防疫措施的看法，以及性別、年齡、教育程度、父母配偶籍貫、接種疫苗品牌等題目作為後續分析的篩選標準及控制變項。

二、抽樣及問卷施測

　　為求研究效度的穩健，我們將目標樣本數擴大為 1,600 人。並根據全臺人口比例對平臺內的樣本作加權抽樣，從 2022 年 6 月 10 日起至 15 日，以簡訊派發三波樣本通知，導引潛在受測者至本計畫的問卷平臺上填寫 Qualtrics 問卷。經分析、核對回傳之填答資料身分無誤後，於三日內以簡訊發送禮券予合格之受測者。

三、分析結果

自 2022 年 6 月 10 日起至 15 日終，本研究蒐集了 1,717 份合格樣本。這批樣本共被隨機派發了 260 組的特徵序列組成。我們使用了 Hainmueller 等人（2014）、Egami與 Imai（2019），以及 Zhirkov（2022）等人定義的、適用於 CBC 問卷的分析方法，對本份問卷的填答結果做了候選人特徵偏好上的聯合分析。

首先，如圖 4-4 所示，即便在咸認為候選人個人特質較重要的地方選舉中，政黨推薦仍是最重要的一個偏好來源。而在兩岸關係逐漸僵化的當下，對美中關係的看法亦相當程度影響選民對地方層級候選人的看法。此兩因素占據了超過六成的偏好成分。

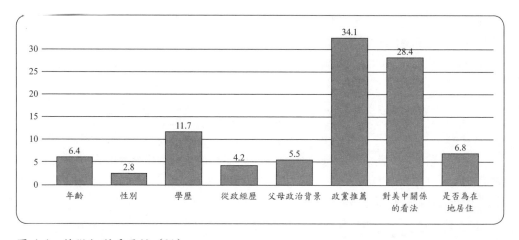

圖 4-4　特徵相對重要性（%）

接著，我們計算出所有受測者對各特徵內選項的平均邊際組合效應（Average Marginal Component Effects, AMCEs）。[15] 意即，平均而言，一個特徵比其他特徵對個人選擇偏好的邊際效應。各特徵的效應值與 95% 信心區間以不同符號呈現於圖 4-5。我們可以看到在受測者個人層次上，八個特徵下每一個類別對受測者候選人偏好上的邊際效

---

[15] AMCE 的定義為 the marginal effect of the attribute averaged over the joint distribution of the remaining attributes。其定義為在 k-1 個組成皆相同，僅第 k 項特徵不同的任兩個特徵組合（profiles）上，兩者在第 k 項之差異導致此特徵組合較任一隨機特徵組合（any random profiles）更被受測者偏好（或不偏好）的機率：$= E[Y_i ([a(=1)bc…h],[a' b' c'…h']) - Y_i ([a(=0)bc…h],[a' b' c'…h'])] \forall k, \forall i$。參見 Hainmueller 等人（2014）、Bansak 等人（Forthcoming）與 Zhirkov（2022）。

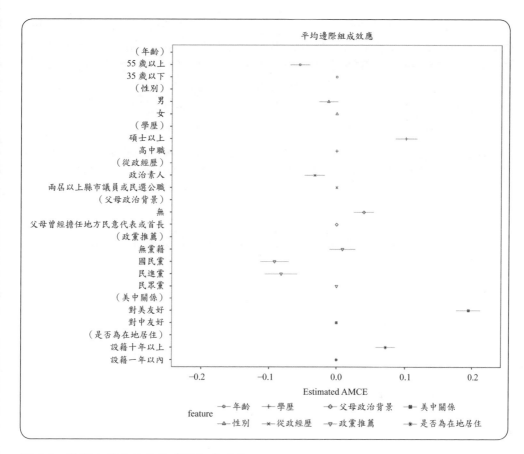

圖 4-5 候選人特徵的平均邊際組成效應

應。就全體樣本而言,受測者偏好較年輕、女性、高學歷、已有政治歷練、父母無從政背景、國民黨以外推薦、對美友好的在地候選人。反之,年長、男性、無政治歷練、父母有從政背景、國民黨推薦的非在地候選人則較不受到青睞。值得注意的是,立場上對中友好的候選人在偏好上有著最極端的負面效應,在國內選舉中缺乏政治市場,此亦說明了前日國民黨主席朱立倫訪美期間強調國民黨「親美不親中」的發言有其務實的選戰定位考量。[16]

16 BBC News,2022,〈朱立倫訪美重申國民黨走「親美路線」黨內「疑美」路線之爭仍在〉,6月 7 日:https://www.bbc.com/zhongwen/trad/world-61717640。檢索日期:2022 年 8 月 1 日。

　　然而，此平均效應必然在次群體（sub-group）中存在著差異。對此，我們同樣可透過個人變數篩選次群體的方式，使用同樣的分析方法計算出次群體在縣市議員候選人特徵偏好上的差異。以下分別以性別（gender）、政黨認同（Party ID）及世代（cohort）為例，分別呈現男性相較於女性、政黨認同偏好國民黨相較於偏好非國民黨者，及30歲以下相較於30歲以上受測者在前述八個候選人特徵上的偏好差異。

　　圖4-6 呈現了男性與女性以及兩性之間在候選人特徵偏好上的差異。我們可見相較於女性受測者，男性受測者更為偏好男性、高學歷、無政治歷練的候選人，而較不喜歡年長、對美友好的候選人。而兩性在其他候選人特徵面向上的偏好則差異不大。

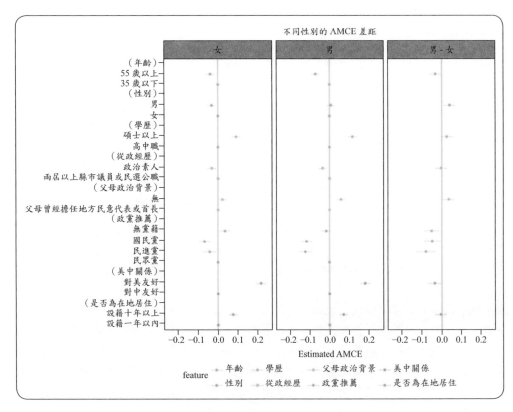

圖 4-6　不同性別對候選人特徵上的偏好差異

　　圖 4-7 則呈現了認同國民黨與非國民黨以及兩種政黨屬性之間在候選人特徵偏好上的差異。我們可見相較於不認同國民黨的受測者，認同國民黨的受測者更為偏好男性、年長、同黨籍的候選人，而較不喜歡無政治歷練、對美友好、長期在籍的本地候選人。

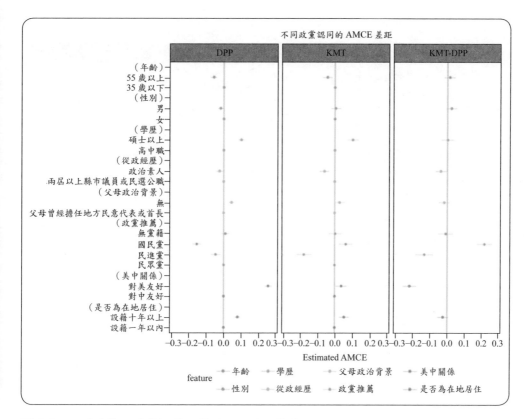

圖 4-7　不同政黨認同對候選人特徵上的偏好差異

　　最後，圖 4-8 呈現了不同世代在候選人特質偏好上的差異。30 歲以下的年輕世代顯著較不偏好高齡的候選人、較不喜歡政治素人，但較偏好對美友好的候選人。

　　前述分析所透露出的候選人特徵偏好，在不同次群體中的歧異是否隨著受測者個人特質（individual-level attributes）而改變呢？我們進一步善用貝氏加性回歸樹（Bayesian Additive Regression Tree, BART）模型在特徵選擇（feature selection）的長處，來分析各項特徵偏好在受測者個人特質上所顯現的異質性（heterogeneity）。此模型依給定的特徵變數將資料切割成一系列超矩形（hyperreactangles），經由 Markov Chain Monte Carlo（MCMC）的倒擬合（back fit）對各矩形中的變異量行最小化以優化模型的預測力（Chipman et al., 2010; Dorie et al., 2019）。近期的文獻顯示亦可運用 BART 模型對聯合分析的結果作受測者層次的異質性分析，藉由納入受測者個人層次變數，找出偏好的異質性來源（Robinson and Duch, 2022）。

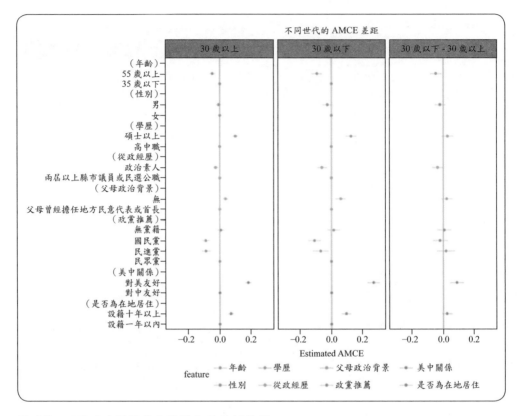

圖 4-8　不同世代對候選人特徵上的偏好差異

　　如圖 4-9 所示，候選人的年齡、性別、從政經歷、在地時間長久和學歷在作用上較為均質（homogeneous），幾乎為平行線；而政黨推薦、中美關係及候選人父母政治背景則依存隨著受測者個人特質存在異質性，且有明顯的線性趨勢。而當圖 4-10 將受測者的政黨認同標籤納入後，更可發現在對美友好這一特徵上得到泛綠選民的高度偏好，但對民眾黨（推薦）此一標籤較喜愛的則涵蓋了一部分中立、淺藍、淺綠以及深藍的選民，由此，也不難理解民眾黨在近年一些政治議題上所採取的較模糊的立場。[17]

---

[17] 民視新聞網，2021，〈美方質疑兩岸立場模糊 柯文哲：不然要怎樣清楚〉，11 月 28 日：https://www.ftvnews.com.tw/news/detail/2021B28P06M1。檢索日期：2022 年 8 月 1 日。

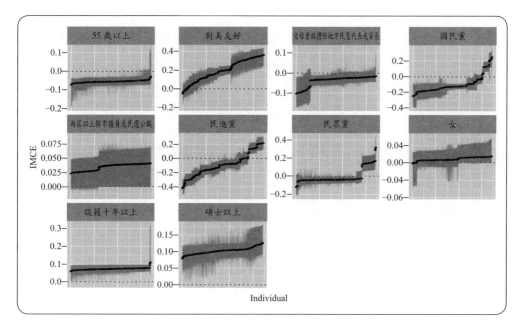

圖 4-9　候選人特徵偏好在受測者個人層次的異質性

　　我們並可以此預測結果計算出受測者個人層次變數對其在各項候選人特徵偏好上的相關性，以熱區圖（heatmap）的方式呈現於圖 4-11，其中顏色愈深代表強度愈高，愈淺則愈低。我們發現受測者性別對其於候選人的性別偏好最為重要、受測者的泛藍／泛綠認同亦反映在其對候選人政黨標籤的偏好上；反之，受測者年齡和主觀社經地位則對各個因素影響都偏弱。

　　我們的研究結果有一個重要的理論意義。我們過去對臺灣的地方選舉有一個刻板印象，就是「選人不選黨」的觀念。選民的投票行為基於人與人之間的情感或物質交換，不是基於政黨認同或全國性議題或政策爭議，被歸類為一種「個人化投票」（personal vote），不像西方國家的「政黨投票」（party vote）或「經濟投票」。地方選舉仰賴地方派系、農漁會、社區發展協會、宗親會甚至黑道勢力的動員。然而，隨著科技演進與社群媒體的發展，人與人之間的距離拉近，臺灣全國性與地方性選舉的界線變得模糊，政黨標籤與全國性議題逐漸能影響到地方選舉的結果；2018 年韓流的崛起席捲全臺的地方選舉，造就國民黨地方選舉大勝，就是一個很好的案例。

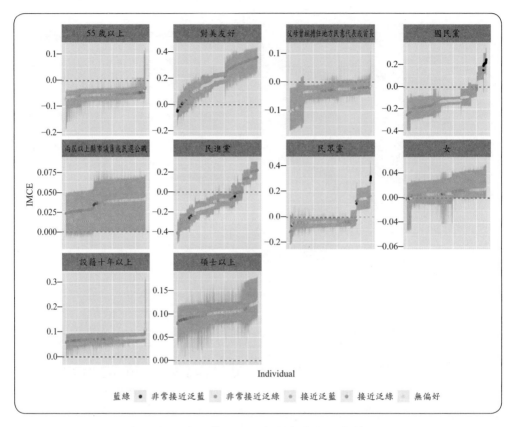

圖 4-10　候選人特徵偏好在不同政黨認同的受測者層次的異質性
說明：偏民進黨（綠）← 中立傾向（黃）→ 偏國民黨（藍）

捌、結論

　　民調方法在過去半世紀中隨著資訊科技的發達取得了長足的進展。相較於其他調查方法，網路調查平臺的優點之一，就是調查成本低廉。當樣本資料庫建立後，網路調查的主要費用來源，便僅剩金額隨問卷長度而異的電子禮券（一份八分鐘至十分鐘的通常以一美金上下的報酬為準），以及接觸與發送禮券予受訪者的簡訊成本（每則約 0.8 元）。

　　然而，網路調查最大的挑戰，就是如何建議一個「數量夠大」、「隨機來源」、「地理分布夠廣」，具代表性的樣本資料庫。這需要投入相當的時間與研究經費。受益

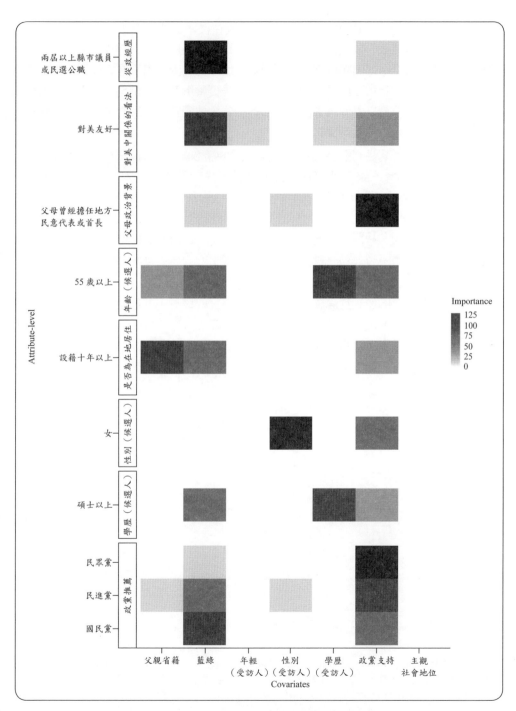

圖 4-11 受測者個人因素對其候選人特徵偏好之影響效用

於資料探勘和 IP 偵測技術的普及，目前網路調查在樣本的建構與選取上，已不難達到性別、年齡及地理區域的代表性，惟在受訪者教育程度的取捨上仍存在爭議。接受網路調查的受訪者，教育程度明顯偏高。而群教育程度偏低的受訪者，在一般面訪中回答不知道的比率則較高，若扣除此類受訪者的回應，是否會影響研究結果？這是一個值得深究的問題。根據澳洲國立大學調查研究中心的經驗，他們在網路調查之外，會額外做一些面訪樣本，來補足樣本代表性的問題。[18]

　　網路調查另一個優點，是可透過線上問卷系統的諸多自動化與隨機化（randomization）功能執行以往面訪所不能落實的調查實驗設計，符合因果推論的需求。網路調查可以用國內廠商自製的 SurveyCake 問卷軟體撰寫開源碼，或是高階特規問卷軟體（如 Qualtrics、Sawtooth 等）的支援下，有效地進行各種調查實驗的研究，前節的候選人特質聯合分析即為一例。甚至，研究者可以透過實驗室相關設備，觀察或記錄受訪者的表情、眼球，甚至和受訪者互動，發展「實驗政治學」的領域，讓政治學逐步走向科學化的發展路徑。

　　最後，網路調查的便利性除能快速掌握瞬息萬變的民意，其超越地理限制的高可及性（accessibility）更可在重大災變阻卻人與人接觸的困難下（如已延宕兩年的新冠肺炎疫情），協助研究者克服面訪的接觸限制，調查重大政經社議題，即時反映民意。[19]

---

[18] 可參考 ANU Centre for Social Research and Methods，網址：https://csrm.cass.anu.edu.au。
[19] 參見張佑宗等人，2021，〈民眾因黨派立場影響疫苗廠牌偏好，不利於科學防疫〉，6 月 3 日：https://www.twreporter.org/a/opinion-covid-19-vaccine-politics-storm。檢索日期：2022 年 8 月 1 日。

參考書目

俞振華、涂志揚，2017，〈探討以電訪資料及「入選機率調整法」修正網路調查偏誤的可行性〉，《政治科學論叢》（73）：81-125。

洪永泰，2001，《戶中選樣之研究》，臺北：五南。

洪永泰，2021，〈雙底冊電話調查的估計成效評估：以選前調查為例〉，《選舉研究》28（2）：95-126。

洪永泰、洪百薰、林宇璇、呂孟穎、許勝懋、吳淑惠、卓仲彥、徐書儀，2014，〈手機使用對臺灣地區電話調查涵蓋率之影響評估〉，《調查研究 —— 方法與應用》（31）：7-30。

張佑宗，2021，《網路輿情與社群媒體實驗室：創新研究方法與建立動態資料庫》，國科會人文及社會科學卓越計畫（三年期）（計畫編號 MOST 110-2423-H-002-005）。

張鐙文、黃東益、洪永泰，2017，〈住宅電話與手機雙底冊調查的組合估計：以 2016 總統選舉預測為例〉，《選舉研究》24（2）：65-96。

陳陸輝，2021a，《2020 年至 2024 年「台灣選舉與民主化調查」四年期研究規劃（1/4）：2021年大規模基點調查面訪案》（TEDS2021），國科會計畫（計畫編號 MOST 109-2740-H-004-004-SS4）。

陳陸輝，2021b，《2020 年至 2024 年「台灣選舉與民主化調查」四年期研究規劃（2/4）：2021公民投票網路民調實驗平台調查案》（TEDS2021_SE12），國科會計畫（計畫編號 MOST 109-2740-H-004-004-SS4）。

陳陸輝，2022，《2020 年至 2024 年「台灣選舉與民主化調查」四年期研究規劃（2/4）：總統滿意度電訪及手機調查案 —— 第三十八次》（TEDS2022_PA03），國科會計畫（計畫編號 MOST 109-2740-H-004-004-SS4）。

陳義彥，1986，〈我國投票行為研究的回顧與展望〉，《思與言》23（6）：557-585。

蔡奇霖，2022，〈雙底冊電話抽樣調查之事後校正〉，《台灣政治學刊》26（1）：1-55。

Abramowitz, Alan I., and Steven W. Webster. 2018. "Negative Partisanship: Why Americans Dislike Parties But Behave Like Rabid Partisans." *Political Psychology Supplement: Advances in Political Psychology* 39 (51): 119-135.

Arceneaux, Kevin. 2012. "Cognitive Biases and the Strength of Political Arguments." *American Journal of Political Science* 56 (2): 271-285.

Baier, Daniel, Marcin Pelka, Aneta Rybicka, and Stefanie Schreiber. 2015. "Ratings-/ Rankings-Based Versus Choice-Based Conjoint Analysis for Predicting Choices." In *Data Science, Learning by Latent Structures, and Knowledge Discovery*, eds. B. Lausen, S. Krolak-Schwerdt, and M. Böhmer. Berlin, Germany: Springer.

Baker, Reg, et al. 2010. "Research Synthesis: AAPOR Report on Online Panels." *Public Opinion Quarterly* 74 (4): 711-781.

Bansak, Kirk, Jens Hainmueller, Daniel Hopkins, and Teppei Yamamoto. Forthcoming. "Using Conjoint Experiments to Analyze Election Outcomes: The Essential Role of the Average Marginal Component Effect." *Political Analysis*: https://doi.org/10.1017/pan.2022.16.

Benstead, Lindsay J. 2014. "Effects of Interviewer-Respondent Gender Interaction on Attitudes toward Women and Politics: Findings from Morocco." *International Journal of Public Opinion Research* 26 (3): 369-383.

Berinsky, Adam J, Gregory A. Huber, and Gabriel S. Lenz. 2012. "Evaluating Online Labor Markets for Experimental Research: Amazon.com's Mechanical Turk." *Political Analysis* 20 (3): 351-368.

Breiman, Leo. 1996. "Bagging Predictors." *Machine Learning* 24: 123-140.

Caruana, Nicholas J., R. Michael McGregor, and Laura B. Stephenson. 2015. "Negative Partisanship in a Multi-party System: The Case of Canada." *Journal of Elections, Public Opinion and Parties* 25 (3): 300-316.

Chandler, Jesse, Pam Mueller, and Gabriele Paolacci. 2014. "Nonnaivete among Amazon Mechanical Turk Workers: Consequences and Solutions for Behavioral Researchers." *Behavior Research Methods* 46: 112-130.

Chipman, Hugh A., Edward I. George, and Robert E. McCulloch. 2010. "BART: Bayesian Additive Regression Trees." *The Annals of Applied Statistics* 4 (1): 266-298.

Chu, Yun-han, and Yu-tzung Chang. 2004. "Democratization and the Development of Public Opinion Survey in Taiwan." In *Public Opinion and Polling around the World: A Historical Encyclopedia*, ed. John Geer. Santa Barbara, CA: ABC-CLIO, pp. 741-749.

Dorie, Vincent, Jennifer Hill, Marc Scott, and Dan Cervone. 2019. "Automated versus Do-it-yourself Methods for Causal Inference: Lessons Learned from a Data Analysis Competition." *Statistical Science* 34 (1): 43-68.

Egami, Naoki, and Kosuke Imai. 2019. "Causal Interaction in Factorial Experiments: Application to Conjoint Analysis." *Journal of the American Statistical Association* 114 (526): 529-530.

Elman, Colin. 2005. "Explanatory Typologies in Qualitative Studies of International Politics." *International Organization* 59 (2): 293-326.

Findor, Andrej, Matej Kruska, Petra Jankovska, and Michaela Pobudova. 2022. "Who Should Be Given an Opportunity to Live in Slovakia? A Conjoint Experiment on Immigration Preferences." *Journal of Immigrant & Refugee Studies* 20 (1): 79-93.

Green, Paul E., and V. Srinivasan. 1978. "Conjoint Analysis in Consumer Research: Issues and Outlook." *Journal of Consumer Research* 5 (2): 103-123.

Grimmer, Justin, Solomon Messing, and Sean J. Westwood. 2012. "How Words and Money Cultivate a Personal Vote: The Effect of Legislator Credit Claiming on Constituent Credit Allocation." *American Political Science Review* 106 (4): 703-719.

Hainmueller, Jens, Daniel Hopkins, and Teppei Yamamoto. 2014. "Causal Inference in Conjoint Analysis: Understanding Multidimensional Choices via Stated Preference Experiments." *Political Analysis* 22 (1): 1-30.

Hainmueller, Jens, and Daniel J. Hopkins. 2015. "The Hidden American Immigration Consensus: A Conjoint Analysis of Attitudes toward Immigrants." *American Journal of Political Science* 59 (3): 529-548.

Hanneke, Houtkoop-Steenstra. 2000. *Interaction and the Standardized Survey Interview: The Living Questionnaire*. New York, NY: Cambridge University Press.

Hetherington, Marc, and Jonathan Weiler. 2018. *Prius or Pickup? How the Answers to Four Simple Questions Explain America's Great Divide*. Boston, MA: Mariner Books.

Horiuchi, Yusaku, Zachary Markovich, and Teppei Yamamoto. 2021. "Does Conjoint Analysis Mitigate Social Desirability Bias?" *Political Analysis* 30 (4): 535-549.

Huber, Gregory A., Seth J. Hill, and Gabriel S. Lenz. 2012. "Sources of Bias in Retrospective Decision Making: Experimental Evidence on Voters' Limitations in Controlling Incumbents." *American Political Science Review* 106 (4): 720-741.

Huff, Connor, and Dustin Tingley. 2015. "'Who are These People?' Evaluating the Demographic Characteristics and Political Preferences of MTurk Survey Respondents." *Research and Politics* 2 (3): https://doi.org/10.1177/2053168015604648.

Ipsos Insights. 2018. *Mixed Mode Surveys: Enhancing Quality Using Online and Face-to-Face*: https://www.ipsos.com/sites/default/files/ct/publication/documents/2019-02/digital%20future%20white%20paper%20FINAL.PDF.

Johnson, Timothy P., Beth-Ellen Pennell, Ineke A. L. Stoop, and Brita Dorer, eds. 2018. *Advances in Comparative Survey Methods: Multinational, Multiregional, and Multicultural Contexts (3MC)*. Hoboken, NJ: Wiley.

Kaczmirek, L., B. Phillips, D. W. Pennay, P. J. Lavrakas, and D. Neiger. 2019. "Building a Probability-based Online Panel: Life in Australia™." *CSRM & SRC Methods Paper* No. 2/2019. Canberra, Australia.

Kocar, S., N. Biddle, and B. Phillips. 2021. "The Effects of Mode on Answers in Probability-Based Mixed-Mode Online Panel Research: Evidence and Matching Methods for Controlling Self-Selection Effect in a Quasi-Experimental Design." *CSRM & SRC Methods Paper* No. 1/2021. Canberra, Australia.

Krupnikov, Yanna, and Adam S. Levine. 2014. "Cross-sample Comparisons and External Validity." *Journal of Experimental Political Science* 1 (1): 59-80.

Paolacci, Gabriele, and Jesse Chandler. 2014. "Inside the Turk: Understanding Mechanical Turk as a Participant Pool." *Current Directions in Psychological Science* 23 (3): 184-188.

Pennay, D. W., D. Neiger, P. J. Lavrakas, and K. Borg. 2018. "The Online Panels Benchmarking Study: A Total Survey Error Comparison of Fndings from Probability-based Surveys and Nonprobability Online Panel Surveys in Australia." *CSRM & SRC Methods Paper* No. 2/2018. Canberra, Australia.

Qualtrics. "Conjoint Analysis White Paper." https://www.qualtrics.com/support/conjoint-project/getting-started-conjoints/ getting-started-choice-based/conjoint-analysis-white-paper.

Rakuten Insight. 2021. *Rakuten Insight Panel Book 2021*: https://insight.rakuten.com/rakuten-insight-panel-book-2021/.

Robert M. Groves, Floyd J. Fowler Jr., Mick P. Couper, James M. Lepkowski, Eleanor Singer, and Roger Tourangeau. 2009. *Survey Methodology*, 2nd ed. Hoboken, NJ: Wiley.

Robinson, Thomas S., and Raymond M. Duch. 2022. "How to Detect Heterogeneity in Conjoint." Working Paper: https://ts-robinson.com/static/pub pdfs/robinson-conjoint-2022.pdf

Sawtooth Technical Papers. 2019. "Sample Size Issues for Conjoint Analysis Studies." https://sawtoothsoftware.com/resources/technical-papers/sample-size-issues-for-conjoint-analysis-studies.

YouGov. 2022. *YouGov Panel Book 2022*.

Zhirkov, Kirill. 2022. "Estimating and Using Individual Marginal Component Effects from Conjoint Experiments." *Political Analysis* 30 (2): 236-249.

第五章

跨媒介跨方法的互動：政治傳播新研究發展

張卿卿

壹、緒論

政治傳播簡單地說是指「政治過程中傳播扮演的角色」（"role of communication in the political process"）（Chaffee, 1975）。也有學者進一步指出政治傳播包括訊息的產製、散播、接收與處理，而這些歷程對於政治運作產生直接或間接的影響（Graber and Smith, 2005）。雖然這些歷程可以概括地描述政治傳播的概念，但隨著媒介環境的變化，政治傳播的歷程與內涵也因而產生了質變。

有美國學者將美國的政治傳播分成四個時期（Blumler and Kavanagh, 1999; Magin et al., 2017），第一個時期為政黨時代，在此階段（約在 1850 年至 1960 年間），政治傳播以政黨為訊息傳散中心，而政黨與政治人物主要透過平面媒體與人際傳播針對黨員傳散其理念。第二個時期為大眾傳播時代（約在 1960 年至 1990 年間），進入此時期後，主流媒體（如電視新聞）被認為有較高的公信力，因此成為政治傳播的主要管道，來自政黨或政府組織的政治傳播訊息主要透過電視新聞接觸到民眾，同時電視的頻道數有限，相同訊息得以觸及到廣大民眾，因此政治傳播展現了大眾傳播的特質。第三個時期為分眾時代（約在 1990 年至 2008 年間），網路興起逢此時期，同時電視頻道擴增，政治傳播自然進入了分眾。晚近階段（2008 年至今），網路平臺更為多元，加上新興媒體導入，閱聽眾媒體使用行為複雜，個人化為自然趨勢，政治傳播因此進入了個人化時代；也有學者稱此時期為失序的公共領域時期（disrupted public sphere）（Bennett and Pfetsch, 2018）。雖然沒有臺灣學者將臺灣政治傳播時期劃分，但或許可以將解嚴前與解嚴後為分水嶺，解嚴初期為大眾傳播時代，隨著有線頻道的大量設置，到了 1990 年代中期進入分眾時期，近年的進展則與美國類似，由於媒體的推進，進入了新的個人化時期。

在此個人化時期，政黨／政治團體、媒體與公眾的關係不再如以往單一，政治傳播歷程產生重要質變，不僅鼓勵新的理論發展，也刺激學者重新修正既有的理論，來因應此質變。本文因此將闡述在個人化的政治傳播時期，政治傳播在歷程與內容上的主要轉變，以及有哪些經典的政治傳播理論在此時期再度華麗轉身重新成為鎂光燈焦點，而從方法演進上來觀察：這些經典理論華麗轉身的背後是否得助於新的研究方法或運算科學的導入。

貳、政治傳播的質變

一、歷程的質變

　　過去研究關注政治傳播的歷程，值得注意的是早期的傳播途徑較為單純，資訊主要透過新聞媒體傳送，民眾扮演被動接收的角色，同時人際政治傳播以面對面討論為主，資訊蒐集通常是民眾有意圖的接收。但到了個人化時期，取而代之的是媒體接收管道的多元化，同時民眾扮演多元角色，一方面可以是被動的訊息接收者，也可以是積極的資訊傳播與散播（簡稱傳散）者，而透過媒介中介的人際訊息交流儼然成為訊息接收的主要管道之一，不經意情境下接收政治資訊也成為常態。本文將針對這四大轉變一一說明如下：

（一）多元媒介與多元傳散者

　　過去新聞報導為主的政治訊息接收生態不斷蛻變中，以美國為例，政治訊息接收的主要管道迅速更迭中，在第三個時期歷經政治部落格興起（Kim and Johnson, 2012），到了第四個時期社群媒體取而代之。社群媒體原是為了人際交流而非傳散政治訊息而存在，但根據皮爾研究中心（Pew Research Center）2021 年的調查，有三分之一的臉書使用者將臉書作為其獲得新聞的主要管道（Walker and Matsa, 2021），更有高達七成的推特使用者將推特作為獲得新聞的主要管道（Mitchell, Shearer, and Stocking, 2021）。而根據中研院調查研究專題中心（簡稱「調研中心」）在 2021 年底針對臺灣民眾的年度民意態度調查，有七成（70.59%）的民眾有時或經常會透過臉書獲得新聞資訊，而有二成五（25.84%）表示有時或經常會透過 IG 與將近兩成（18.78%）會透過 Dcard 獲得新聞資訊。而臺灣人情有獨鍾的 Line 也是人們獲得新聞資訊的來源，有將近四分之三的民眾（74.46%）表示有時或經常透過此即時通訊平臺獲得新聞資訊，與電視新聞相當（74.49%）。

　　而手機日臻普及，以手機作為載體的多元平臺也不斷興起，根據皮爾研究中心 2022 年的調查，目前已有四分之一的美國民眾以播客（podcast）作為接收新聞的管道

（Walker, 2022），臺灣在 2021 年時則有三成比例的民眾（34.49%）會透過播客接收資訊（黃紀、張卿卿，2022）。

在媒介行為選擇多，人們自主性高的時代，娛樂與政治訊息的結合成為必然的趨勢，又稱為信息娛樂（infotainment）（Moy, Xenos, and Hess, 2005）或政治娛樂（politainment）（Nieland, 2008），娛樂化趨勢使得新聞接收與產製的圖像更為複雜。皮爾研究中心在 2020 年的調查也顯示有三成四的民眾會透過直播來獲得新聞資訊（Barthel et al., 2020），而在臺灣部分，則有三成左右的民眾會觀看網路直播，而有看的人每週平均花費超過兩個小時的時間在觀看直播（黃紀、張卿卿，2021）。網紅為直播主要來源，且吸引眾多粉絲，除了特定主題外，也兼論時事動態，因此訊息的傳散不再以主流媒體或政治人物為核心。

除了娛樂化外，另一個重要的趨勢是偵測網路政治意見。論壇自然成為人們快掃網路意見趨勢的來源，論壇上的發言者以一般民眾為主。以美國為例，雖然僅有小部分的美國民眾（4%）會透過論壇（如 Reddit）接收政治資訊，但卻有相當高的論壇使用者（70%）倚賴論壇作為新聞資訊來源，而在選舉期間，更有將近半數論壇使用者（45%）以此獲得選舉資訊（Barthel, 2016）。調研中心 2021 年的網路調查發現有將近三成（29.03%）受訪者表示有時或經常透過 PTT 獲得新聞資訊。

不僅媒介多元，從上面討論還可一窺訊息來源的轉變，傳統新聞資訊的來源為有公信力的新聞機構，但當下訊息來源除了主流媒體或政論性節目的政治名人外，還包括小眾名人（例如直播主）、社群媒體上的熟識朋友（強連結）或甚至不熟識朋友（弱連結），還可能包括素人（論壇上的網友）。

整體而言，瞭解人們媒體組合清單（media repertoire）於其可能造成影響，並成為重要研究方向；媒體組合清單不同，其政治參與程度也有異（Liu et al., 2021）。臺灣民眾的政治訊息獲得的媒介也日趨多元，例如臺灣政經傳播資料庫 2021 年的調查詢問人們透過八個不同管道（電視新聞、政論性節目、報紙、廣播、新聞網站、社群媒體、即時通訊軟體與網路直播）接收政治訊息的情形，結果發現人們平均透過四種（4.32）管道來接收政治資訊，而 10% 的受訪者同時用七種以上媒體。除了不同媒體的組合類型外，也有學者關注新聞媒體探討細部的清單組合（例如一般主流與特殊區隔的新聞媒體）；例如，選擇性暴露學者認為清單中的媒體選項性質不同，其引發的選擇性媒體暴露效應也不同，進行清單中的比較有其重要性（Dubois and Blank, 2018）。Chang、Hung 與 Hsieh（2022）探討臺灣民眾的網路新聞媒體組合與其投票偏好關係。

（二）大眾傳播與人際傳播的界線重疊

隨著新興媒體的導入，人際傳播與大眾傳播不再是二元對立的概念，因此有學者推出所謂的大眾人際（mass personal）的概念（O'Sullivan and Carr, 2018），根據這兩位學者的論點，媒介可以從個人化（personalization）與感知訊息可得性（perceived message accessibility）來分類，傳統的大眾媒介個人化低但可得性高，而傳統的人際傳播則是個人化高但可得性低。然而隨著社群媒體的興起與人際網絡的串連，人們在網路上針對朋友貼文的回應分享，已不僅是兩者彼此的知曉，也揭示於兩人的社群網絡，還有可能被轉傳或轉推，轉向人際中有大眾的概念，亦即大眾人際傳播。

部分新興社群人際網絡研究，也是在此脈絡下開展。近年不少政治傳播研究專注於社群人際網絡討論，基於社群媒體所展現的人際大眾化概念（意指人際傳播藉由社群媒體可以產生大眾媒介的大規模傳散特性）（O'Sullivan and Carr, 2018），不少有趣的議題因而開展。例如，是否使用社群媒體的動機不同，則在此大眾人際平臺上發表政治言論的行為也不同（Pennington and Winfre, 2020）。此外，基於社群媒體較高的可得性，Zhu 與 Skoric（2022）認為使用者會採取政治性的取消好友（political unfriending），亦即取消在社群媒體上政治立場與其不同的好友，此舉主要目的為透過封鎖阻擋其可得性，人們可以更無忌諱地暢所欲言，也可以降低社交焦慮（social anxiety），同時也是自我展現的一環；而他們的研究也證實了愈愛在網路上發表言論的人，愈有動機採取政治性的朋友取消行為。Barnidge 等人（Forthcoming）也針對人們在社群媒體上的社會網絡特質進行探討，瞭解其網絡特質與社群媒體上朋友迴避行為（隱藏、封鎖、取消）的關係；其研究發現美國大選前，人們在社群媒體上討論政治議題的人際網絡的規模愈大、弱連結愈多與異質性愈高，則其採取的迴避行為更為頻繁。

（三）意圖的與不經意的接觸

在網路未普及前，人們的政治資訊接觸通常是有意識且有意圖性的（intentional）。然而人們透過網路獲得娛樂消遣之際，有可能不經意地接觸到政治相關資訊，不經意接觸（incidental exposure）因此吸引了學術的關注。同時網路上不經意的政治訊息接觸有其政治意涵，例如 Kim、Chen 與 Gil de Zuniga（2013）的研究發現，網路上不經意的政治訊息接觸愈頻繁，其線上與線下政治參與程度也愈高。

而隨著社群媒體的普及，社群媒體使用者的不經意政治資訊接觸也因而更加頻繁，亦即人們在關切好友近況時，也有可能因為不同因素（例如好友轉傳新聞連結，個人追蹤的新聞專頁的推送或臉書運算的推送等）而接觸到原無意圖接收的政治相關訊息。

例如過去研究發現使用社群媒體時間愈久，社群媒體上人際網絡的異質性或弱連結比例愈高，則其不經意的新聞資訊接觸程度愈高（Lee and Kim, 2017; Ahmadi and Wohn, 2018）。然而這系列研究最受到關注的議題則是對於政治較沒有興趣的民眾，是否可以藉由社群媒體上的不經意新聞接觸而提高其政治參與？針對這個命題，Valeriani 與 Vaccair（2015）的跨國研究確實發現對於政治興趣較低的選民，不經意新聞接觸與線上政治參與的關係則愈強。而 Fletcher 與 Nielsen（2017）則進一步發現不經意新聞接觸與線上政治參與的關係對於年輕人而言，強度高於老年人，同時這樣的關係也會因為社群媒體而有差異，與臉書相較，這樣的關係在 YouTube 與 Twitter 上的較高。

二、內容的質變

除了歷程的改變，媒體眾多，來源紛雜，也讓民眾接觸到的政治資訊良莠不齊。以下針對極化、虛假訊息與不文明特質分別闡述。

（一）新聞媒體極化現象嚴重

以美國為例，在第二個甚至第三個時期的初期，主流新聞媒體在政治傳播中扮演重要角色，且獲得一般民眾的信賴（Pew Research Center, 2012）。然此主流新聞媒體的榮景不再，即使主流媒體的新聞報導，也開始呈現極化現象，儼然成為政治傳播的重要課題（Van Aelst et al., 2017）。一方面內容分析呈現新聞媒體的兩極化偏頗，另一方面調查研究也發現人們能清楚感知主流媒體的偏頗。例如，美國選民大致認為有線電視新聞網（Cable News Network）、全國公共廣播電臺（National Public Radio）、微軟全國廣播公司（MSNBC）與紐約時報（The New York Times）等媒體有自由傾向（liberal），而福斯新聞（Fox News），華爾街日報（The Wall Street Journal）等媒體則偏向保守（conservative），同時美國民眾也可以清楚感知一些知名談話性節目的政黨偏頗（Stroud, Muddiman, and Lee, 2014）。

在臺灣，新聞媒體「不管是非只論藍綠的現象」早就是一個長期的問題，一般民眾也視之為新聞媒體必須解決的問題。臺灣傳播調查資料庫的調查資料顯示，大約有六成民眾認為新聞不中立或報導偏頗是一個需要解決的問題，同時贊同此論述的民眾從 2016 年（60.68%）到 2020 年（61.30%）大約都維持在六成左右的比例。另一方面內容分析研究也顯示臺灣報紙與無線電視臺都有政黨偏頗的問題，例如羅文輝、王慧馨與侯志欽（2007）分析 2004 年總統大選的四大報的選舉相關報導，發現自由時報偏向支持民進黨的候選人。同時蕭怡靖（2006）的調查研究也發現臺灣民眾感知到主流報紙的政治偏差，多數認為《自由時報》偏向「泛綠」政黨，而《聯合報》及《中國時報》則偏向「泛藍」政黨。而臺灣傳播資料庫的長期調查也發現在 2014 年僅有兩成（20.20%）的民眾覺得新聞媒體報導不夠中立，但是近兩年則至少有六成五的民眾認為媒體報導不中立（2019 年：69.30%；2020 年：65.30%）。

（二）假訊息的充斥

在第二與第三個時期，美國研究學者關注的議題主要是消息來源或訊息守門人如何框架議題消息，而訊息框架會如何產生偏誤，進而誤導民眾（Shoemaker et al., 2001）。但有學者指出當代政治傳播最需要正視的議題之一為政治訊息的品質不佳（Van Aelst et al., 2017），而在網路訊息充斥的當下，除了品質外還必須關注訊息本身的真偽。首先有真偽問題的訊息可以是錯誤訊息（misinformation）或是虛假訊息（disinformation），前者為有錯誤的訊息，後者則為意圖錯誤的訊息（Lewandowsky et al., 2013）。選舉中基於競爭的壓力，為了增加勝算，有利益考量的團體自然會想利用網路傳散虛假訊息來增加支持方的贏面，2016 年美國總統大選就被認為是虛假訊息大量充斥的選舉（Grinberg et al., 2019）。有 15% 的美國民眾能夠憶起他們認為可能是虛假訊息的訊息（Allcott and Getzkow, 2017）。在國內部分，臺灣傳播調查資料庫也在 2019 年與 2021 年蒐集了假新聞感知的情形，2019 年時臺灣民眾有七成五（75.61%）民眾認為自己過去有接觸過假新聞的經驗，而 2021 年則有三分之二的民眾（66.43%）認為有接觸到虛假訊息的經驗。

而社群媒體的興起被認為是引發虛假新聞氾濫的原因，因為社群媒體是引導人們到虛假訊息平臺的主要前導平臺，大多數民眾是因為在社群媒體上看到相關訊息連結才會因點入而被導入虛假新聞的平臺（Allcott and Getzkow, 2017）。同時極化的社會與媒體的多元化也被認為是促發虛假訊息大量入侵的原因（Lewandowsky, Ecker, and Cook, 2017）。

有兩脈研究快速開展中，第一脈研究探討假新聞的傳散。例如，Grinberg 等人（2019）分析 2016 年大選期間虛假訊息在推特上被接觸與轉傳的情形，結果發現 1% 的民眾接觸了 80% 的虛假訊息，同時 0.1% 的民眾分享了 80% 的虛假訊息，而這些分享者的特質包括：年紀較長、偏向共和黨以及對於政治新聞有高度的投入。Guess、Nagler 與 Tucker（2019）的調查研究也發現，保守黨支持者與川普支持者分享假新聞的行為相對頻繁。而 Vosoughi、Roy 與 Aral（2018）也發現一個令人擔憂的現象，那就是虛假訊息的分享與擴散情形較真實訊息來得快速且頻繁。

　　第二脈研究關注人們對於假新聞的偵測與更正策略。例如 Tandoc 等人（2018）提出兩個面向的偵測策略（acts of authentication），包括不經意（無意間看到別人討論）與目的性（谷歌搜尋），以及藉由組織（假新聞揭露平臺）與人際（詢問朋友）。而 Tandoc、Lim 與 Ling（2020）也探討人們對假新聞採取的更正行為（acts of corrections），包括留言告知大家此為虛假訊息、請人移除、封鎖貼文者或無所作為等。值得注意的是，Walter 等人（2020）的統合分析（meta-analysis）也發現事實查核（fact checking）能有效地修正人們接收到的虛假訊息。而 Chang（2021）以臺灣資料庫 2019 的調查資料進行分析，除了瞭解影響民眾假新聞威脅感知的前置因素、也進一步探討民眾對假新聞的偵測與處遇的統合策略，透過潛在類別模型（Latent Class Analysis），找出四類採取不同偵測與處遇的統合策略的閱聽眾（包括正義使者、族裔護衛者、視而不見者與無為者），她也進一步釐清哪些因素（例如人際媒介關係與網路社群感）會促發閱聽眾採取不同統合策略類型。

（三）不文明留言

　　網路上訊息的產製者多元，素民網友也是訊息的產製者，無論是在論壇、新聞網站或社群媒體，網友留言都是閱聽眾重要的訊息來源。而網友政治性的留言經常展現不文明特質（incivility），而究竟什麼是不文明留言？有學者採取比較寬廣的定義，認為只要是討論中有沒必要的不尊敬語調，就算是不文明留言（features of discussion that convey an unnecessarily disrespectful tone）（Coe, Kenski, and Rains, 2014: 660）。而 Stryker、Conway 與 Danielson（2016）採取比較嚴格的定義，提出並非不禮貌的言論就一定是政治不文明（political incivility），而政治不文明更明確地說是那些得以「威脅民主否決人們的個人自由或刻板化特定族群」（threaten[ed] democracy, den[ied] people their personal freedom' or "streotyp[ed] social groups）（Papacharissi, 2004: 267）的言論。有學者試圖將網路不文明言論進行分類，例如 Stryker、Conway 與 Danielson（2016）找出 23 種政治不文明，在請受測者針對不文明程度給分後，藉由因素分析，找出三種類型的網路政治不文明，包括：離題（discursive）（包括打斷、阻擋別人討論）、欺瞞（deception）（包括誇張與誤導）與發飆（utterance）（包括攻擊、侮辱）。

　　也有研究探討有哪些特質的網友比較容易在社群媒體上發表不文明的留言，結果發現衝動性格、容易感到無聊的人以及重度社群媒體使用者，比較有可能在社群媒體進行不文明留言（Koban et al., 2018）。而回到政黨競爭的情境與網路不文明的關係，研究發現當黨員意識到所屬政黨在某些公共議題上可能沒有太多支持時，他們比較會支持具攻擊性的不文明言論（McLaughlin, 2020）。而在接觸不文明留言部分，Goyanes、

Borah 與 de Zúñiga（2021）的研究也發現愈常使用社群媒體的網友，接觸到不文明的政治議題討論的情形愈為普遍。

不文明留言究竟對民主是否有傷害？Van't Riet 與 Van Stekelenburg（2021）統合分析（meta-analysis）探索不文明政治留言的影響，結果發現不文明留言會降低政治信任，但不會影響到政治參與。這樣的結果可能是因為不文明言論對某些選民來說有疏離效果，但對其他選民而言，則有動員效果。

參、政治傳播理論的延伸與新解：經典理論華麗轉身

雖然有學者從不同面向回顧了不少當代新興的政治傳播理論（Blumler, 2015），例如擴溢效果理論（theory of spill-over effects）等，但這些理論並沒有引起太多學者的後續關注，因此這個章節主要關注比較熱門的政治傳播理論，其中大多是經典理論再度受到注目。

一、迴聲室效應

迴聲室（echo chamber）的概念最早是由 Key 在其 1966 年的 *The Responsible Electorate* 一書中提出，原指選民的想法反映出所認同政黨提出的政策方向。在政治傳播領域，迴聲室效應（echo chamber effects）泛指選民經由與一群相似選民的訊息交換或交流，而使其信念更為趨同。而此概念到了社群媒體興起後，引發眾多學者關注，在社群媒體的時代，該效應指的是當一個信念或意見在同質性高的社群傳散後、會因為重複接觸、討論與確認偏誤（confirmation bias），而讓社群裡的成員更不易接觸到與其信念或意見相反的訊息，以致於對此信念或意見會更為認定（Adamic and Glance, 2005; Iyengar and Hahn, 2009）。尤其社群媒體上的訊息推送，主要倚賴人們在社群媒體上的行為，當民眾點選特定主張的新聞或訊息後，經由演算法（algorithm）的輔助，後續會持續推送性質類似或主張相同的訊息，以致於更強化原來認定的意見或想法；同時當民眾的社群媒體上的社會網絡呈現某些特質時（同質性高），則此迴聲室效應會更加擴大。

無論是演算法或網絡特質都會形成訊息的過濾泡泡（filter bubbles），讓人們愈加無法接觸到異質的意見或訊息。Bakshy、Messing 與 Adamic（2015）藉由 1,000 萬名的推特帳號，分析使用者與其推特上友誼網絡的政黨同質性高低，他們發現民眾的社群網絡中意識形態同質性高，會增加其接觸同質性訊息的機會，同時人們經由個人意識形態為依據的自主訊息選擇，經由演算也會增加其接觸到類似訊息的可能性。

迴聲室效應意涵著訊息的重複接觸，而同質性的分享有可能造成重複接觸類似訊息，因此 Barberá 等人（2015）探討資訊分享是否也反映出迴聲室效應，亦即意識形態相同的選民較會分享意識形態相似的訊息。他們根據推特上選民的轉推（retweet）行為進行分析，結果發現針對政治議題，選民比較會轉推與其意識形態相同的訊息。此外，迴聲室的環境是迴聲室效應產生的基礎，因此也有不少學者關注選民在社群媒體上的迴聲室環境。例如瞭解不同意識形態的媒體，其粉絲在其臉書專頁上發言時所提供連結的媒體是否呈現類似的意識形態（Jacobson, Myung, and Johnson, 2016）。

同時也有一些相關的概念在此研究脈絡下被引入，例如同質政治討論（liked-minded discussion），意指人們偏好與意見相同的人討論政治議題，而此主題近年在迴聲室效應的推波助瀾下，也再度引發相當的學術研究。例如 Boulianne 與 Koc-Michalska（2022）針對英美法三國選民進行的調查研究發現：年紀大、內向、教育程度低者較容易進行同質政治討論，而開放態度與外向的選民比較會進行異質政治討論。也有臺灣學者關注同質政治討論與政治參與的關係，結果發現同質政治討論會降低議題雙歧感知，進而增加線上政治參與（Chen and Lin, 2021）。

然值得注意的是，雖然迴聲室效應是在第四個時期受到關注，但這個理論與政治傳播的其他既有理論有其異曲同工之處，例如政黨選擇性暴露（partisan selective exposure）（Stroud, 2008），或異質訊息接觸（cross-cutting exposure）（Mutz, 2002）等，這些重要的理論或研究概念也因為媒體環境的改變與新的研究方法導入，有了新的研究開展。

二、議題設定

議題設定（agenda setting）理論指的是人們對於議題重要性的感知取決於媒體報導的多寡，那些受到媒體青睞的議題，民眾也會認為比較重要（McCombs and Shaw, 1972）；而此現象之所以產生是因為媒體報導的頻繁程度決定了這些議題在民眾腦海中的可得性（accessibility），當評估其重要性時，可得性愈高的議題，自然容易出現在腦海中，因此被認為較重要（意即若這個議題這麼容易想到，那應該很重要吧）。隨著研究的累積，議題設定理論也有了一些延伸，例如第二層次的議題設定，指的是媒體不僅是決定人們對於議題重要性的認知，同時其訊息呈現的面向或框架也影響人們對於特定議題下相關屬性或特質（properties, qualities and characteristics）重要性的認知（例如經濟議題下究竟是通貨膨脹還是貧富差距比較重要）。而議題設定也被應用來描述媒體間的互相影響，又稱為媒體間的議題設定（intermedia agenda setting）（McCombs and Bell, 1996）。

　　近十年來議題設定又有了新的延伸，包括進展至第三層次的議題設定，亦即媒體會影響到人們對於議題屬性關係網絡的感知，也有學者稱之為網絡議題設定（network agenda setting）（Guo, Vu, and McCombs, 2012）。他們認為關於一個議題中的屬性並非是線性關係，而是網絡關係，例如經濟議題下的通貨膨脹與升息可能有相當的連結，而與其他經濟議題下的特性連結可能相對較弱，媒體報導會決定民眾對於這些關聯的感知。Chen、Guo 與 Su（2020）以香港為背景，就發現選擇性暴露較高的選民，他們腦海中的中港議題下的次議題網絡與支持其政黨媒體上，對中港關係報導所呈現的次議題網絡有顯著的關聯。

　　議題設定與多媒體時代最相關的理論延伸應屬議題融合（agenda melding），議題融合是晚近興起的概念，適合描述社群媒體普及的時代下，人們腦海中的議題感知。此理論認為人們關注人際關係與認知和諧，因此其腦海中的議題圖像反映出這些內在心理需求，該理論指出所屬的社群或團體針對特定議題會展現某種型態的議題網絡認知圖像，而人們腦海中的議題網絡認知圖像也與其認同的社群或團體趨近（Ragas and Roberts, 2009; Shaw et al., 2019）。Vargo（2022）進一步驗證了此理論，其研究發現不同政黨傾向的選民，其議題重要性感知不同，最重要的是人們議題重要性感知反映出社群導向媒體（又稱水平媒體）上的議題報導，而非大眾導向的媒體（又稱垂直媒體）上之議題報導或討論。

三、沉默螺旋

　　沉默螺旋（spiral of silence）是政治傳播與民意研究中的經典理論，此理論指人們害怕社會孤立，因此他們會隨時監測意見環境，當他們感知到大多數人的意見與自己相左時，較不會公然表達自己的意見（Noelle-Neumann, 1973, 1974）。有學者認為社群媒體的興起，與沉默螺旋告別的時間也到了，人們可以藉由選擇性的接觸或社群經營，而不再覺得處在意見孤立的情境（Katz and Fialkoff, 2017）。雖說社群媒體的興起，提供了選民個人的公共論域平臺（personal public sphere），然不同平臺或社群性質不同，人們如何在不同平臺進行自我管理或保持緘默，讓沉默螺旋有了新的探索場域與研究主題。Matthes、Knoll 與 von Sikorski（2018）的統合分析發現，沉默螺旋的效果量不會因為是網路或實體而有差異，但卻會因為表達的對象而有不同，當表達意見的目標對象為家人朋友時，則沉默螺旋效果更強。這也意味著社群網絡上人際網絡的特質（例如強弱連結的比例）有可能影響到沉默螺旋的效應。平臺的公開性也會影響到人們的自我審查，例如 Chen（2018）針對社群媒體上的沉默螺旋進行探討，她發現害怕社會孤立的網友，會進行自我審查（self-censoring），以致於不會公開批評反對政黨的意見；這樣的關係會因為意識到個人留言的公開性（publicness）愈高，而被強化。

肆、研究方法的多元、整合與創新

Garrett 等人（2012）回顧新傳播與數位科技的發展對於政治傳播的影響，認為這些發展不僅帶動了新的理論開展，也帶入了新的研究取徑與資料分析方法。然而這些新興方法部分未臻成熟，或與傳統研究方法各有優勢與缺點，因此整合運用也成為一個重要趨勢。

一、新興研究方法

（一）文本或影像探勘

隨著媒體的多元性增加，若倚賴傳統的內容分析來瞭解媒體內容，因而變得困難，電腦輔助的文本探勘可以令此工作變得可能。這方面的應用多元，首先需要倚賴大量文本分析，包括候選人的競選溝通內容，或政治人物、政黨或特定組織（社會運動組織）的社群媒體內容策略。例如，Theocharis 等人（2016）分析四國候選人社群媒體上的貼文策略，結果發現社群媒體的貼文大致扮演公告的角色，而非互動（engage）的角色，然而鼓勵互動的貼文卻比較容易引發不禮貌回應。同時影像在社群媒體上扮演重要角色，因此分析的範疇也從文字演進到影像，例如 Peng（2021）分析 IG 上政治人物的影像，並進一步瞭解怎樣的視覺特徵可以鼓勵粉絲按讚與評論，結果顯示私下情境（而非政治場景）、露臉的與情緒豐富的照片會引發較多的互動參與。

其次，也有特定理論本身需要藉由分析大量文本後來探討，因此倚賴自動化文本分析（automatic text analysis），例如議題設定研究的議題分析就屬此類。進行該理論的探索經常需要倚賴機器輔佐的文本探勘。例如 Stier 等人（2018）透過機器學習方式找出候選人臉書關心的議題，藉此瞭解候選人臉書關注議題與粉絲留言關注的議題，是否與大眾認為重要的議題間有關聯；結果發現候選人臉書關注議題與粉絲留言關注的議題高度相關，但與大眾認為重要的議題間關聯較低。

除了上述兩大類型外，我們可以說網路上的文本大都具備巨量的特質，經常訴諸於自動化文本探勘，因此相關研究主題十分多元。例如在 2016 年的美國總統大選，俄國網軍大力介入該選舉，Vargo 與 Hopp（2020）以源自蘇俄的臉書或 IG 廣告為對象，藉由惡意留言判斷工具來偵測其是否有下列特徵：煽動語言（inflammatory language）、猥褻語言（obscene language）與威脅語言（threatening language），並分析這些特徵與每則廣告被點選的關係；結果發現這些特徵都會提高廣告的被點閱數。而社群媒體上網友的貼文也是巨量資料，Jaidka、Zhou 與 Lelkes（2019）針對推特從 140 字改成 280 字的發文限制後，分析其不文明程度與文本呈現的思考深度是否有提升，結果發現字數增加後，貼文無論在文明程度、禮貌程度與建設性都有了提升。

最後，大量數據並非限於網路文本。一些跨時跨國的資料，也可以倚賴自動化文本分析。因此若分析的文本涉及大量資料，藉由自動化文本分析輔以機器學習也讓一些研究變得可能。例如，Dai 與 Kustov（2022）分析 1952 年到 2016 年美國大選中，主要候選人在競選期間的 4,000 多次競選發言文本，想要瞭解民調較低較無贏面的候選人，會不會在其論述中融入較多的民粹主義內容，其自動化文本分析證實了此命題。而 Chang、Lin 與 Chen（2021）也藉由機器訓練的分類模式，將臺灣主要新聞媒體上的每則新聞歸類為偏藍或偏綠，並據此計算出每個媒體的藍綠分數。

（二）網絡分析

網絡分析重要性也在此媒體環境下受到關注。網絡分析可以探討的主體多元，首先網絡可以是單一媒體或平臺上訊息網絡，訊息分享網絡反映重要的政治行為內在洞察，因此也成為瞭解選民的重要方式。例如，Zheng 與 Shahin（2020）分析美國總統大選期間總統辯論在推特上引發的討論；首先他們分析直播當下的回文（replies）網絡，發現網絡中分享的訊息流露出相同意識形態，呈現迴聲室效應；此外，他們也利用辯論的主題標籤，結果發現留言網絡的意見領袖已經不再被傳統的政治菁英所獨占，而是由草根的積極分子（grassroots activists）與網路名人（internet celebrity）共同主導。訊息主題網絡呈現哪些主要形式（patterns），也吸引了學者關注，Himelboim 等人（2017）鎖定推特上特定主題相關的關鍵字，利用網絡的特質盤點出六大主題網絡形式。

除了訊息網絡外，媒體或平臺網絡也是重要研究方向，例如 Meraz（2015）關注2012 年美國總統大選期間 20 個主要政黨相關的政治部落格，藉由分析其中的超連結與標題，瞭解這些部落格間的網絡強度，結果發現積進取向（progressive）的部落格間的連結較強，而保守取向（conservative）的部落格間的連結較鬆散；該研究同時結合文本分析，發現積進取向與保守取向的部落格，其訊息內容（例如探討的議題）呈現很大差異。也有學者藉由媒體網絡來瞭解假新聞網站與非假新聞網站間的第一層次議題設定關係（Vargo, Guo, and Amazeen, 2018）與第二層次的議題設定關係（Guo and Vargo, 2020）。

　　網絡也可以是政治傳播背後的人際或組織網絡。例如疫情期間陰謀論在社群網站上撲天蓋地而來，有學者藉由推特上的網絡分析，藉由分享與轉推特定陰謀論的主題標籤（hashtag）瞭解所串連起網絡間的連結強度，以及此網絡連結到國外使用者的情形（Gruzd and Mai, 2020）。也有研究結合社群網絡與文本探勘，例如 Himelboim 等人（2014）利用社會網絡分析（social network analysis）將推特使用者分群後，探討每個網絡上民眾意見表達的同質性，結果發現在相同社群網絡上，無論是發言的正負傾向與政黨意識都展現高度同質性。

　　網絡分析除了涵蓋訊息網絡，也涵蓋背後的訊息來源網絡。例如 Himelboim、McCreery 與 Smith（2013）先用關鍵字找到推特上十大議題的討論，並鎖定使用這些關鍵字留言的 500 名使用者，分別針對不同議題找出使用者的集群（cluster），接著分析訊息連結的來源（傳統媒體或草根團體），結果顯示這些訊息通常連結至較多的草根團體而非主流媒體網站，同時他們的研究結合文本分析，探討主要集群中訊息的政黨偏頗，結果發現集群中的訊息具備同質性，亦即有迴聲室的疑慮。

（三）網路足跡

　　人們網路瀏覽的足跡提供了重要的訊息。尤其在媒體使用行為複雜，使用者難以一一憶起其媒體使用情形的情況下，網路足跡更能直接瞭解實際媒體接觸情形。例如 Flaxman、Goel 與 Rao（2016）分析網友接收的政治資訊四個管道，從使用者的網路連結（URLS）來瞭解民眾接觸新聞的管道，包括直接接觸（direct）（目的性的造訪，例如每日固定造訪聯合新聞網）或藉由集合性網站（aggregator）（透過新聞整合平臺，例如 Google 新聞）、社會網絡（例如透過社群媒體）或搜尋功能接觸；結果發現人們最倚賴直接接觸，其次為藉由搜尋功能接觸；同時他們研究結果顯示藉由後兩種方式接觸到的內容，更能呈現政治意識形態差異，也愈能反映出選民的不同。

　　除了難以回顧外，人們的記憶也容易扭曲，因此直接藉由其造訪行為可以更為清楚地捕捉，因此政黨選擇性媒體暴露研究開始運用此方式來探索該主題。例如，Nelson 與 Webster（2017）分析民眾自願提供的 URL 資料，結合網絡分析，找出前 50 大民眾接觸網路媒體之間的網絡；結果發現人們的媒體接觸行為集中在特定與少數知名新聞網站，同時從此網絡也發現不同意識形態的媒體間，共享相當數量的閱聽眾。Cardenal 等人（2019）也分析願意提供網路足跡 URL 資料的調查會員，瞭解他們造訪的新聞網站，發現雖然人們造訪較多與意識形態相符的新聞網站，但也會接觸意識形態不同的新聞網站。

除了 URLs 資料外，也有學者藉由調查公司的會員，以問卷方式獲得擷取其社群媒體足跡資料的授權，藉以瞭解其社群媒體的政治傳播行為，例如結合自動化文本分析可以瞭解他們實際在社群網站上發表政治性評論的情形（Guess et al., 2018）或結合語言分析的應用介面程式（Application Program Interface）來瞭解人們網路不文明留言的實際情形（Hopp et al., 2020）。也有學者以類似方法蒐集會員的社群媒體足跡資料來瞭解人們在社群媒體上傳散錯誤偏頗訊息的情形（Hopp, Ferrucci, and Vargo, 2020）。

（四）網路行為分析

無論是社群媒體上的接觸、分享與轉推或轉傳，這些行為背後都有很重要的意涵，因此成為重要的分析數據來源。例如前述的 Bakshy、Messing 與 Adamic（2015）研究分析了 1,000 萬名的推特帳號，藉由訊息的 URLs 來分析不同政黨使用者接觸到相同議題型態訊息的可能性。Shin 與 Thorson（2017）分析了推特上事實查核網站上的假新聞事實查核公告推文與其被轉推的情形，結果發現民眾偏向轉貼對支持政黨有利的澄清文，而當民眾看到與自己立場相反的假新聞澄清文時，更會有媒體敵意的感知（hostile media perceptions）。

網路上網友分享的超連結，也是值得分析的資料。前述 Meraz（2015）研究也是利用超連結瞭解選舉期間政治部落格間的網絡。而除了超連結串起的網絡外，超連結的源頭也展現相當的資訊性（媒體或內容），值得探索。例如 Jacobson、Myung 與 Johnson（2016）分析兩個政黨傾向明確的節目粉專（自由傾向的 The Rachel Maddow Show 與保守傾向 The O'Rielly Factor），粉絲們分享的超連結，瞭解這些超連結來源其特性為何（類型與政黨傾向），在什麼情境下粉絲會分享超連結；他們的研究發現粉絲偏好分享主流媒體與部落格上的文章，雖然兩個節目的粉絲都較會分享與其政黨意識相同的媒體的超連結，但他們卻也有很高程度的相似性，亦即他們分享的超連結連結的多數是主流媒體。

（五）生理途徑

生理途徑的研究方法在政治傳播的探索上也變得更為普遍。媒體環境的改變，影音平臺的興起，讓人們更加倚賴視覺影像的處理，因此影像在政治傳播扮演的角色日益重要。經營社群媒體時，選擇適當圖片露出為重要策略，政治人物花費不少經費在社群媒體的經營，怎樣的圖或文較能在網友滑動螢幕時讓網友注目，自然成為焦點，眼球移動軌跡與停留時間是注意力重要的指標。例如 Lindholm、Carlson 與 Högväg（2021）利用眼動儀來瞭解政治人物在 IG 上的圖片若是以個人生活或公眾場合為背景，何者可以吸引較高的眼球關注，結果發現後者吸睛效果高於前者。社會運動的動員通常也倚賴社群媒體，因此究竟應該是利用哪種類型的圖片比較能夠吸引注意，進而產生動員力，也是值得探索的議題。Geise、Panke 與 Heck（2021）利用眼動儀監測人們的注意力，就發現人們若關注社群媒體上的負面圖片時間愈長，可能產生較高的參與意圖，但關注於正面圖片的長短則無預測效果。同時人們倚賴手機獲得政治資訊，而手機螢幕有限，是否因而較電腦螢幕較難讓人維持注意力，進而降低政治知識的累積，成為政治傳播學者關注的焦點，但 Ohme、Maslowska 與 Mothes（2022）的眼動研究卻發現新聞瀏覽者的注意力並不會受到載具的影響。

　　生理訊號也被巧妙融入政治傳播研究。不少研究利用生理訊號來理解政黨認同的影響，亦即他們研究大抵認為政黨反應並非僅是認知性的，還包括生理性的。最常見的是應用腦神經科學來探索，例如從政黨支持者的腦區活動來推測認知與情感運作的過程。例如，Western 等人（2006）就發現選民在處理政治廣告時，會因其所認同的政黨而有不同反應，當所支持政黨的候選人受到攻擊時，其特定的腦區活動較為旺盛，而這些腦區活動與內隱情感調節（implicit affect regulation）有關，顯示人們採取動機導向的資訊處理模式（motivated reasoning）。而 Kaplan、Gimbel 與 Harris（2016）發現當政黨支持者看到自己支持的信念受到挑戰時，其自我展現（self-representation）相關的腦區活動旺盛。也有學者從其他生理訊號切入，例如 Blanton、Strauts 與 Perez（2012）的研究發現共和黨的選民在閱讀歐巴馬勝選的新聞後，不僅出現較負面的情感反應，同時唾液中的皮質醇（又稱壓力荷爾蒙）也增加。

二、方法的整合應用

　　基於媒體環境變化與傳統量化研究方法的侷限，利用傳統量化研究方法，來結合新興研究方法已經成為重要的方法趨勢。以下分別就三種結合趨勢來討論：

（一）調查與運算科學的結合

　　相關的運用十分多元，且有很大的擴展空間。初步觀察有幾種類型的運用，第一，將網路行為作為傳統概念的指標。Carlsen、Toubøl 與 Ralund（2021）嘗試用社群媒體上的資料作為社會互動的指標，他們找出特定社會運動中社群媒體上的積極分子（activists）團體的大量粉絲專業，一方面以文本探勘佐以機器學習來瞭解這些不同專頁上關於該社會運動討論的衝突特性（contentious），同時調查這個社會運動專頁上的粉絲，來瞭解他們在上面的互動情形與實際參與行為的關係（包括參加抗議活動或請願的次數），藉由社群媒體提供的內容資料與個人層次的自我報告資料，他們得以建立其間的正面關聯。

第二，針對敏感性較高難以調查的議題，結合文本探勘來處理。調查方法有時很難探究敏感性高的議題（例如詢問平日接收的媒體是泛藍或泛綠），因此可以巧妙由其自我報告行為輔以文本分析與機器學習來推知。在此脈絡下 Chang、Hung 與 Hsieh（2022）從調查資料獲得人們平日接收政治資訊的主要新聞網站與網紅後，利用機器學習來將這些網路管道的藍綠傾向進行分類，給予一個藍綠偏頗分數，進而計算出每位民眾在選前（2019 年）的媒體消費（media diet）的藍綠指標，研究發現此指標可以顯著預測中性選民的 2020 年投票行為。

第三，由於媒體內容的數據量過大，已經超出人力可以處理範圍，因此對於需要探究媒體內容的理論，自然在測試時會倚賴運算科學。例如議題設定研究在民眾議題感知可以透過調查獲得，但不同媒體到底關注什麼議題則資料龐大，尤其牽涉到多國的比較，因此有研究巧妙利用跨國的調查資料，輔以機器輔佐的文本分析，釐清各國媒體的議題關注，並分析其間的關聯與各國的差異（Vu et al., 2019）。

值得注意的是傳統的調查法所蒐集到的資訊，也可以運用機器運算。例如 Weeks、Ksiazek 與 Holbert（2016）利用 2008 年的總統大選期間蒐集到的調查資料（樣本數為57,967），試圖瞭解人們是否僅接觸同質新聞（likeminded news），呈現政黨選擇性暴露行為。調查中首先詢問民眾是否有使用四類媒體（電視、報紙、網路與廣播），若有的話就詢問哪些臺或家（以下統稱為新聞品牌）。然後研究者將這些媒體歸類成自由導向或保守導向，並針對調查資料將受訪者分為意識形態保守者或自由者，分別瞭解這兩者所接觸的媒體網絡，結果發現不同意識形態的使用者，其媒體使用網絡有相當程度的雷同，亦即主流媒體品牌為主，而政黨性較高的新聞品牌，則占據邊陲的位置。

（二）調查資料結合數位足跡資料

不少大型調查公司其調查會員不僅加入調查也提供網路足跡資料，針對方法的優勢巧妙結合，可以釐清一些重要的政治傳播議題。首先，可能基於記憶偏誤，透過調查難以正確捕捉網路行為，而意識形態、心理特質與價值傾向則需以調查方法獲得，巧妙結合網路足跡與調查資料可以更為有效地探索相關的研究議題。例如前述 Nelson 與 Webster（2017）分析調查會員自願提供的 URL 資料對應其自我報告的政黨資料，釐清使用者媒體接觸網絡與受訪者本身的意識形態是否有差異。類似地，Cardenal 等人（2019）也分析願意提供網路足跡的調查會員，藉由結合自我報告的政黨傾向資料，得以瞭解政黨支持者實際的網路行為，他們發現雖然人們接觸較多與個人意識形態相同的媒體，但大部分民眾的媒體接觸行為並非集中在左傾或右傾的媒體，而是集中在主流媒體，且這些媒體混雜著不同政治傾向。

其次，某些行為容易受到社會譴責，因此調查時難以獲得正確回應。因此學者結合兩種方法來瞭解具備怎樣特質的選民較會傳散錯誤偏頗的政黨相關訊息，結果發現政黨認同強度與對於主流媒體信任度低者較容易有這類傳散的行為（Hopp, Ferrucci, and Vargo, 2020）。同樣地，人們可能也較不願意坦承其網路不文明行為，因此可以結合網路足跡資料來瞭解。

最後，也有學者探討調查方法與數位足跡資料的差異。例如 Ferrucci、Hopp 與 Vargo（2020）比較調查方式詢問到的線上參與情形與網路足跡捕捉到的線上政治參與，發現其間有正向關聯。雖然 Guess 等人（2019）從調查資料與網路足跡資料來瞭解社群媒體政治訊息討論情形，發現其間有正向相關，但也發現兩種方法獲知的行為彼此有相當差距，不僅有高估還有低估的現象發生。

伍、結論

新興媒體導入改變了政治傳播歷程，從學術角度來看，這些新興媒體翻轉傳播型態，帶來政治傳播研究的視野，也鼓勵新的理論開創，同時經典理論因應此變化得以華麗轉身，透過理論延伸與現代傳播情境更密切接軌。然而值得注意的是，媒體帶來的改變不僅翻轉了政治傳播研究的焦點與工具，似乎也改變了民主運作的歷程。根據中研院調研中心 2021 年底的一項調查顯示，有半數的民眾認為網路帶風向（51.91%）是臺灣當下的關鍵問題，同時隨著娛樂政治的方興未艾，也有將近七成的民眾認為名嘴網紅治國（70.97%）是當下民主運作的嚴重挑戰。傳播環境改變對政治或民主運作帶來的影響不可等閒視之。

基於政治學術研究的傳統，現有研究多半聚焦於傳播歷程的改變如何扭轉選民接收政治資訊、表達政治意見、解讀政治訊息以及影響民眾的政治參與，但另一個值得探討更為上層的問題是：媒體環境轉變帶來失序的公共領域、無法信賴的政治虛假資訊、不文明的政治討論等，對於民主的運作會帶來怎樣實際的影響。以美國為例，如前所述，美國從主流媒體主導且受到尊重的第二個時期，到媒體分歧內容極化且虛實難以信任的第四個時期，變化的不是只有傳播歷程、研究理論與研究方法，顛覆的還有民主運作的邏輯，甚至導致意識不同者彼此扞格難以對話，也連帶帶領民粹主義（populism）的興起（Bennett and Pfetsch, 2018），這些議題都是未來值得政治傳播學者深入探討的研究方向。

　　同時新興的研究方法，雖然帶來不同可能，也讓我們可以更為精確地觀察人們的實際的政治傳播或媒體使用行為，可惜部分應用數據運算方法的研究流於描述性，在觀察行為之餘，如何藉由新興的研究方法來建置理論，還需要學者共同努力。雖然新興的研究方法確實擴展了政治傳播研究的範疇，仍有不少新興的政治傳播現象與其影響，雖然值得研究（例如網軍是否真有治國？英國脫歐真的導因於社群媒體帶動的民粹主義？）但礙於現有方法的侷限，究竟要如何精確地探索仍屬未知，還待未來學者來實踐。

參考書目

黃紀、張卿卿，2021，《「台灣政經傳播研究」多年期研究計畫：2018 年至 2023 年研究計畫成果》，高等教育深耕計畫報告，臺北：國立政治大學。

黃紀、張卿卿，2022，《「台灣政經傳播研究」多年期研究計畫：2018 年至 2023 年研究計畫成果》，高等教育深耕計畫報告，臺北：國立政治大學。

蕭怡靖，2006，〈臺灣閱報民眾的人口結構及政治態度之變遷 —— 1992 至 2004 年〉，《臺灣民主季刊》3（4）：37-70。

羅文輝、王慧馨、侯志欽，2007，〈2004 年台灣報紙總統選舉新聞之政治偏差〉，《選舉研究》14（2）：95-120。

Adamic, Lada A., and Natalie Glance. 2005. "The Political Blogosphere and the 2004 U.S. Election: Divided They Blog." In *Proceedings of the 3rd International Workshop on Link Discovery*, eds. Jafar Adibi, Marko Grobelnik, Dunja Mladenic, and Patrick Pantel. New York, NY: Association for Computing Machinery, pp. 36-43.

Ahmadi, Mousa, and Donghee Y. Wohn. 2018. "The Antecedents of Incidental News Exposure on Social Media." *Social Media + Society* 4 (2): 2056305118772827.

Allcott, Hunt, and Matthew Gentzkow. 2017. "Social Media and Fake News in the 2016 Election." *Journal of Economic Perspectives* 31 (2): 211-236.

Bakshy, Eytan, Solomon Messing, and Lada A. Adamic. 2015. "Exposure to Ideologically Diverse News and Opinion on Facebook." *Science* 348 (6239): 1130-1132.

Barberá, Pablo, John T. Jost, Jonathan Nagler, Joshua A. Tucker, and Richard Bonneau. 2015. "Tweeting From Left to Right: Is Online Political Communication More Than an Echo Chamber?" *Psychological Science* 26 (10): 1531-1542.

Barnidge, Matthew, Cynthia Peacock, Bumsoo Kim, Yonghwan Kim, and Michael A. Xenos. Forthcoming. "Networks and Selective Avoidance: How Social Media Networks Influence Unfriending and Other Avoidance Behaviors." *Social Science Computer Review*: https://doi.org/10.1177/08944393211069628.

Barthel, Michael. 2016. "How the 2016 Presidential Campaign is Being Discussed on Reddit." *Pew Research Center*: https://policycommons.net/artifacts/618468/how-the-2016-presidential-campaign-is-being-discussed-on-reddit/ (accessed May 11, 2022).

Barthel, Michael, Amy Mitchell, Dorene Asare-Marfo, Courtney Kennedy, and Kirsten Worden. 2020, September 8. "Measuring News Consumption in a Digital Era." *Pew Research Center*: https://policycommons.net/artifacts/1426278/measuring-news-consumption-in-a-digital-era/ (accessed May 11, 2022).

Bennett, W Lance, and Barbara Pfetsch. 2018. "Rethinking Political Communication in a Time of Disrupted Public Spheres." *Journal of Communication* 68 (2): 243-253.

Blanton, Hart, Erin Strauts, and Marisol Perez. 2012. "Partisan Identification as a Predictor of Cortisol Response to Election News." *Political Communication* 29 (4): 447-460.

Blumler, Jay G. 2015. "Core Theories of Political Communication: Foundational and Freshly Minted." *Communication Theory* 25 (4): 426-438.

Blumler, Jay G., and Dennis Kavanagh. 1999. "The Third Age of Political Communication: Influences and Features." *Political Communication* 16 (3): 209-230.

Boulianne, Shelley, and Karolina Koc-Michalska. 2022. "The Role of Personality in Political Talk and Like-Minded Discussion." *The International Journal of Press/Politics* 27 (1): 285-310.

Cardenal, Ana S, Carlos Aguilar-Paredes, Camilo Cristancho, and Sílvia Majó-Vázquez. 2019. "Echo-Chambers in Online News Consumption: Evidence From Survey and Navigation Data in Spain." *European Journal of Communication* 34 (4): 360-376.

Carlsen, Hjalmar B., Jonas Toubøl, and Snorre Ralund. 2021. "Bringing Social Context Back in: Enriching Political Participation Surveys With Measures of Social Interaction from Social Media Content Data." *Public Opinion Quarterly* 85 (S1): 264-288.

Chaffee, Steven H. 1975. *Political Communication: Issues and Strategies for Research*. London, UK: Sage Publications.

Chang, Chingching. 2021. "Fake News: Audience Perceptions and Concerted Coping Strategies." *Digital Journalism* 9 (5): 636-659.

Chang, Chingching, J. Lin, and H. Chen. 2021. *"Identifying Partisan Bias in the News Media Using Deep Learning."* Paper presented at the *Virtual 71st Annual International Communication Association Conference*, May 27-31.

Chang, Chingching, Yu-Chuan Hung, and Morris Hsieh. 2022. *"We are What We Consume: Predicting Independent Voters' Preferences From Their Media Diet Color."* [Manuscript submitted for publication].

Chen, Hsuan-Ting. 2018. "Spiral of Silence on Social Media and the Moderating Role of Disagreement and Publicness in the Network: Analyzing Expressive and Withdrawal Behaviors." *New Media & Society* 20 (10): 3917-3936.

Chen, Hsuan-Ting, Lei Guo, and Chris C. Su. 2020. "Network Agenda Setting, Partisan Selective Exposure, and Opinion Repertoire: The Effects of Pro- and Counter-Attitudinal Media in Hong Kong." *Journal of Communication* 70 (1): 35-59.

Chen, Hsuan-Ting, and Jhih-Syuan Lin. 2021. "Cross-Cutting and Like-Minded Discussion on Social Media: The Moderating Role of Issue Importance in the (De)Mobilizing Effect of Political Discussion on Political Participation." *Journal of Broadcasting & Eelectronic Media* 65 (1): 135-156.

Coe, Kevin, Kate Kenski, and Stephen A. Rains. 2014. "Online and Uncivil? Patterns and Determinants of Incivility in Newspaper Website Comments." *Journal of Communication* 64 (4): 658-679.

Dai, Yaoyao, and Alexander Kustov. 2022. "When Do Politicians Use Populist Rhetoric? Populism as a Campaign Gamble." *Political Communication* 39 (3): 383-404.

Ferrucci, Patrick, Toby Hopp, and Chris J. Vargo. 2020. "Civic Engagement, Social Capital, and Ideological Extremity: Exploring Online Political Engagement and Political Expression on Facebook." *New Media & Society* 22 (6): 1095-1115.

Flaxman, Seth, Sharad Goel, and Justin M. Rao. 2016. "Filter Bubbles, Echo Chambers, and Online News Consumption." *Public Opinion Quarterly* 80 (S1): 298-320.

Fletcher, Richard, and Rasmus K. Nielsen. 2017. "Are News Audiences Increasingly Fragmented? A Cross-National Comparative Analysis of Cross-Platform News Audience Fragmentation and Duplication." *Journal of Communication* 67 (4): 476-498.

Garrett, R., B. Bimber, H. Zuniga, F. Heinderyckx, J. Kelly, and M. Smith. 2012. "New ICTs and the Study of Political Communication." *International Journal of Communication* 6 (18): 214-231.

Geise, Stephanie, Axel Heck, and Diana Panke. 2021. "The Effects of Digital Media Images on Political Participation Online: Results of an Eye-Tracking Experiment Integrating Individual Perceptions of 'Photo News Factors'." *Policy & Internet* 13 (1): 54-85.

Goyanes, Manuel, Porismita Borah, and Homero Gil de Zúñiga. 2021. "Social Media Filtering and Democracy: Effects of Social Media News Use and Uncivil Political Discussions on Social Media Unfriending." *Computers in Human Behavior* 120: 106759.

Graber, Doris A, and James M. Smith. 2005. "Political Communication Faces the 21st Century." *Journal of Communication* 55 (3): 479-507.

Grinberg, Nir, Kenneth Joseph, Lisa Friedland, Briony Swire-Thompson, and David Lazer. 2019. "Fake News on Twitter During the 2016 U.S. Presidential election." *Science* 363 (6425): 374-378.

Gruzd, Anatoliy, and Philip Mai. 2020. "Going Viral: How a Single Tweet Spawned a COVID-19 Conspiracy Theory on Twitter." *Big Data & Society* 7 (2): 2053951720938405.

Guess, Andrew, Jonathan Nagler, and Joshua Tucker. 2019. "Less Than You Think: Prevalence and Predictors of Fake News Dissemination on Facebook." *Science Advances* 5 (1): eaau4586.

Guess, Andrew, Kevin Munger, Jonathan Nagler, and Joshua Tucker. 2019. "How Accurate are Survey Responses on Social Media and Politics?" *Political Communication* 36 (2): 241-258.

Guo, Lei, Hong Tien Vu, and Maxwell McCombs. 2012. "An Expanded Perspective on Agenda-Setting Effects. Exploring the Third Level of Agenda Setting." *Revista de Comunicacion-Universidad de Piura* 11: 51-68.

Guo, Lei, and Chris Vargo. 2020. "'Fake News' and Emerging Online Media Ecosystem: An Integrated Intermedia Agenda-Setting Analysis of the 2016 U.S. Presidential Election." *Communication Research* 47 (2): 178-200.

Himelboim, Itai, Stephen McCreery, and Marc Smith. 2013. "Birds of a Feather Tweet Together: Integrating Network and Content Analyses to Examine Cross-Ideology Exposure on Twitter." *Journal of Computer-Mediated Communication* 18 (2): 154-174.

Himelboim, Itai, Guy J. Golan, Bitt Beach Moon, and Ryan J. Suto. 2014. "A Social Networks Approach to Public Relations on Twitter: Social Mediators and Mediated Public Relations." *Journal of Public Relations Research* 26 (4): 359-379.

Himelboim, Itai, Kaye D. Sweetser, Spencer F. Tinkham, Kristen Cameron, Matthew Danelo, and Kate West. 2016. "Valence-based Homophily on Twitter: Network Analysis of Emotions and Political Talk in the 2012 Presidential Election." *New Media & Society* 18 (7): 1382-1400.

Himelboim, Itai, Marc A. Smith, Lee Rainie, Ben Shneiderman, and Camila Espina. 2017. "Classifying Twitter Topic-Networks Using Social Network Analysis." *Social Media + Society* 3 (1): 2056305117691545.

Hopp, Toby, Chris J. Vargo, Lucas Dixon, and Nithum Thain. 2020. "Correlating Self-Report and Trace Data Measures of Incivility: A Proof of Concept." *Social Science Computer Review* 38 (5): 584-599.

Hopp, Toby, Patrick Ferrucci, and Chris J. Vargo. 2020. "Why Do People Share Ideologically Extreme, False, and Misleading Content on Social Media? A Self-Report and Trace Data-Based Analysis of Countermedia Content Dissemination on Facebook and Twitter." *Human Communication Research* 46 (4): 357-384.

Iyengar, Shanto, and Kyu S. Hahn. 2009. "Red Media, Blue Media: Evidence of Ideological Selectivity in Media Use." *Journal of Communication* 59 (1): 19-39.

Jacobson, Susan, Eunyoung Myung, and Steven L. Johnson. 2016. "Open Media or Echo Chamber: The Use of Links in Audience Discussions on the Facebook Pages of Partisan News Organizations." *Information, Communication & Society* 19 (7): 875-891.

Jaidka, Kokil, Alvin Zhou, and Yphtach Lelkes. 2019. "Brevity is the Soul of Twitter: The Constraint Affordance and Political Discussion." *Journal of Communication* 69 (4): 345-372.

Kaplan, Jonas T., Sarah I. Gimbel, and Sam Harris. 2016. "Neural Correlates of Maintaining One's Political Beliefs in the Face of Counterevidence." *Scientific Reports* 6 (1): 39589.

Katz, Elihu, and Yonatan Fialkoff. 2017. "Six Concepts in Search of Retirement." *Annals of the International Communication Association* 41 (1): 86-91.

Kim, Daekyung, and Thomas J. Johnson. 2012. "Political Blog Readers: Predictors of Motivations for Accessing Political Blogs." *Telematics and Informatics* 29 (1): 99-109.

Kim, Yonghwan, Hsuan-Ting Chen, and Homero Gil de Zúñiga. 2013. "Stumbling Upon News on the Internet: Effects of Incidental News Exposure and Relative Entertainment Use on Political Engagement." *Computers in Human Behavior* 29 (6): 2607-2614.

Koban, Kevin, Jan-Philipp Stein, Valentin Eckhardt, and Peter Ohler. 2018. "Quid Pro Quo in Web 2.0. Connecting Personality Traits and Facebook Usage Intensity to Uncivil Commenting Intentions in Public Online Discussions." *Computers in Human Behavior* 79: 9-18.

Lee, Jae Kook, and Eunyi Kim. 2017. "Incidental Exposure to News: Predictors in the Social Media Setting and Effects on Information Gain Online." *Computers in Human Behavior* 75: 1008-1015.

Lewandowsky, Stephan, Werner G. K. Stritzke, Alexandra M. Freund, Klaus Oberauer, and Joachim I. Krueger. 2013. "Misinformation, Disinformation, and Violent Conflict: From Iraq and the "War on Terror" to Future Threats to Peace." *American Psychologist* 68 (7): 487-501.

Lewandowsky, Stephan, Ullrich K. H. Ecker, and John Cook. 2017. "Beyond Misinformation: Understanding and Coping With the 'Post-Truth' Era." *Journal of Applied Research in Memory and Cognition* 6 (4): 353-369.

Lindholm, Jenny, Tom Carlson, and Joachim Högväg. 2021. "See Me, Like Me! Exploring Viewers' Visual Attention to and Trait Perceptions of Party Leaders on Instagram." *The International Journal of Press/Politics* 26 (1): 167-187.

Liu, James H., Robert Jiqu Zhang, Roosevelt Vilar, Petar Milojev, Moh. Abdual Hakim, Homero Gil de Zuniga, Sandy Schumann, and Dario Paez. 2021. "A Typology of Masspersonal Information Seeking Repertoires (MISR): Global Implications for Political Participation and Subjective Well-being." *New Media & Society* 23 (1): 2729-2753.

Magin, Melanie, Nicole Podschuweit, Jörg Haßler, and Uta Russmann. 2017. "Campaigning in the Fourth Age of Political Communication. A Multi-Method Study on the Use of Facebook by German and Austrian Parties in the 2013 National Election Campaigns." *Information, Communication & Society* 20 (11): 1698-1719.

Matthes, Jörg, Johannes Knoll, and Christian von Sikorski. 2018. "The 'Spiral of Silence' Revisited: A Meta-Analysis on the Relationship Between Perceptions of Opinion Support and Political Opinion Expression." *Communication Research* 45 (1): 3-33.

McCombs, Maxwell E., and Donald L. Shaw. 1972. "The Agenda-Setting Function of Mass Media." *Public Opinion Quarterly* 36 (2): 176-187.

McCombs, M, and T. Bell. 1996. "The Agenda-Setting Role of Mass Communication." In *An Integrated Approach to Communication Theory and Research*, eds. Don W. Stacks, Michael B. Salwen, and Kristen C. Eichhorn. New York, NY: Lawrence Erlbaum Associates, pp. 93-110.

McLaughlin, Bryan. 2020. "Tales of Conflict: Narrative Immersion and Political Aggression in the United States." *Media Psychology* 23 (4): 579-602.

Meraz, Sharon. 2015. "Quantifying Partisan Selective Exposure Through Network Text Analysis of Elite Political Blog Networks During the U.S. 2012 Presidential Election." *Journal of Information Technology & Politics* 12 (1): 37-53.

Mitchell, Amy, Elisa Shearer, and Galen Stocking. 2021. "News on Twitter: Consumed by Most Users and Trusted by Many." *Pew Research Center*: https://policycommons.net/artifacts/1894716/news-on-twitter/ (accessed May 11, 2022).

Moy, Patricia, Michael A. Xenos, and Verena K. Hess. 2005. "Communication and Citizenship: Mapping the Political Effects of Infotainment." *Mass Communication and Society* 8 (2): 111-131.

Mutz, Diana C. 2002. "Cross-Cutting Social Networks: Testing Democratic Theory in Practice." *American Political Science Review* 96 (1): 111-126.

Nelson, Jacob L., and James G. Webster. 2017. "The Myth of Partisan Selective Exposure: A Portrait of the Online Political News Audience." *Social Media + Society* 3 (3): 2056305117729314.

Nieland, Jörg-Uwe. 2008. "Politainment." In *The International Encyclopedia of Communication*, ed. Wolfgang Donsbach. Malden, MA: Wiley, pp. 3659-3661.

Noelle-Neumann, Elisabeth. 1973. "Return to the Concept of Powerful Mass Media." *Studies in Broadcasting* 9: 67-112.

Noelle-Neumann, Elisabeth. 1974. "The Spiral of Silence: A Theory of Public Opinion." *Journal of Communication* 24 (2): 43-51.

O'Sullivan, Patrick B., and Caleb T. Carr. 2018. "Masspersonal Communication: A Model Bridging the Mass-Interpersonal Divide." *New Media & Society* 20 (3): 1161-1180.

Ohme, Jakob, Ewa Maslowska, and Cornelia Mothes. 2022. "Mobile News Learning: Investigating Political Knowledge Gains in a Social Media Newsfeed With Mobile Eye Tracking." *Political Communication* 39 (3): 339-357.

Papacharissi, Zizi. 2004. "Democracy Online: Civility, Politeness, and the Democratic Potential of Online Political Discussion Groups." *New Media & Society* 6 (2): 259-283.

Peng, Yilang. 2021. "What Makes Politicians' Instagram Posts Popular? Analyzing Social Media Strategies of Candidates and Office Holders With Computer Vision." *The International Journal of Press/Politics* 26 (1): 143-166.

Pew Research Center. 2012. "Further Decline in Credibility Ratings for Most News Organizations." *Pew Research Center*: https://www.pewresearch.org/politics/2012/08/16/further-decline-in-credibility-ratings-for-most-news-organizations/ (accessed May 11, 2022).

Ragas, Matthew W., and Marilyn S. Roberts. 2009. "Agenda Setting and Agenda Melding in an Age of Horizontal and Vertical Media: A New Theoretical Lens for Virtual Brand Communities." *Journalism & Mass Communication Quarterly* 86 (1): 45-64.

Shaw, Donald, Milad Minooie, Deb Aikat, and Chris Vargo. 2019. *Agendamelding: News, Social Media, Audiences, and Civic Community*. New York, NY: Peter Lang.

Shin, Jieun, and Kjerstin Thorson. 2017. "Partisan Selective Sharing: The Biased Diffusion of Fact-Checking Messages on Social Media." *Journal of Communication* 67 (2): 233-255.

Shoemaker, Pamela J., Martin Eichholz, Eunyi Kim, and Brenda Wrigley. 2001. "Individual and Routine Forces in Gatekeeping." *Journalism & Mass Communication Quarterly* 78 (2): 233-246.

Stier, Sebastian, Arnim Bleier, Haiko Lietz, and Markus Strohmaier. 2018. "Election Campaigning on Social Media: Politicians, Audiences, and the Mediation of Political Communication on Facebook and Twitter." *Political Communication* 35 (1): 50-74.

Stroud, Natalie J. 2008. "Media Use and Political Predispositions: Revisiting the Concept of Selective Exposure." *Political Behavior* 30 (3): 341-366.

Stroud, Natalie J., Ashley Muddiman, and Jae Kook Lee. 2014. "Seeing Media as Group Members: An Evaluation of Partisan Bias Perceptions." *Journal of Communication* 64 (5): 874-894.

Stryker, Robin, Bethany Anne Conway, and J. Taylor Danielson. 2016. "What is Political Incivility?" *Communication Monographs* 83 (4): 535-556.

Tandoc, Edson C., Richard Ling, Oscar Westlund, Andrew Duffy, Debbie Goh, and Lim Zheng Wei. 2018. "Audiences' Acts of Authentication in the Age of Fake News: A Conceptual Framework." *New Media & Society* 20 (8): 2745-2763.

Tandoc, Edson C., Darren Lim, and Rich Ling. 2020. "Diffusion of Disinformation: How Social Media Users Respond to Fake News and Why." *Journalism* 21 (3): 381-398.

Theocharis, Yannis, Pablo Barberá, Zoltán Fazekas, Sebastian A. Popa, and Olivier Parnet. 2016. "A Bad Workman Blames His Tweets: The Consequences of Citizens' Uncivil Twitter Use When Interacting With Party Candidates." *Journal of Communication* 66 (6): 1007-1031.

Valeriani, Augusto, and Cristian Vaccari. 2016. "Accidental Exposure to Politics on Social Media as Online Participation Equalizer in Germany, Italy, and the United Kingdom." *New Media & Society* 18 (9): 1857-1874.

Van Aelst, Peter, Jesper Strömbäck, Toril Aalberg, Frank Esser, Claes de Vreese, Jörg Matthes, David Hopmann, Susana Salgado, Nicolas Hubé, Agnieszka Stępińska, Stylianos Papathanassopoulos, Rosa Berganza, Guido Legnante, Carsten Reinemann, Tamir Sheafer, and James Stanyer. 2017. "Political Communication in a High-Choice Media Environment: A Challenge for Democracy?" *Annals of the International Communication Association* 41 (1): 3-27.

Van't Riet, Jonathan, and Aart Van Stekelenburg. 2021. "The Effects of Political Incivility on Political Trust and Political Participation: A Meta-Analysis of Experimental Research." *Human Communication Research* 48 (2): 203-229.

Vargo, Chris J., Lei Guo, and Michelle A. Amazeen. 2018. "The Agenda-Setting Power of Fake News: A Big Data Analysis of the Online Media Landscape From 2014 to 2016." *New Media & Society* 20 (5): 2028-2049.

Vargo, Chris J., and Toby Hopp. 2020. "Fear, Anger, and Political Advertisement Engagement: A Computational Case Study of Russian-Linked Facebook and Instagram Content." *Journalism & Mass Communication Quarterly* 97 (3): 743-761.

Vargo, Chris J. 2022. "Public 'Agendamelding' in the United States: Assessing the Relative Influence of Different Types of Online News on Partisan Agendas From 2015 to 2020." *Journal of Information Technology & Politics* 19 (3): 284-301.

Vosoughi, Soroush, Deb Roy, and Sinan Aral. 2018. "The Spread of True and False News Online." *Science* 359 (6380): 1146-1151.

Vu, Hong T., Liefu Jiang, Lourdes M. Cueva Chacón, Martin J. Riedl, Duc V. Tran, and Piotr S. Bobkowski. 2019. "What Influences Media Effects on Public Perception? A Cross-National Study of Comparative Agenda Setting." *International Communication Gazette* 81 (6-8): 580-601.

Walker, Mason. 2022. "Nearly a Quarter of Americans get News from Podcasts." *Pew Research Center*: https://www.pewresearch.org/fact-tank/2022/02/15/nearly-a-quarter-of-americans-get-news-from-podcasts/ (accessed May 11, 2022).

Walker, Mason, and Katerina Eva Matsa. 2021. "News Consumption Across Social Media in 2021." *Pew Research Center*: https://policycommons.net/artifacts/1817184/news-consumption-across-social-media-in-2021/ (accessed May 11, 2022).

Walter, Nathan, Jonathan Cohen, R. Lance Holbert, and Yasmin Morag. 2020. "Fact-Checking: A Meta-Analysis of What Works and for Whom." *Political Communication* 37 (3): 350-375.

Weeks, Brian E., Thomas B. Ksiazek, and R. Lance Holbert. 2016. "Partisan Enclaves or Shared Media Experiences? A Network Approach to Understanding Citizens' Political News Environments." *Journal of Broadcasting & Electronic Media* 60 (2): 248-268.

Westen, Drew, Pavel S. Blagov, Keith Harenski, Clint Kilts, and Stephan Hamann. 2006. "Neural Bases of Motivated Reasoning: An fMRI Study of Emotional Constraints on Partisan Political Judgment in the 2004 U.S. Presidential Election." *Journal of Cognitive Neuroscience* 18 (11): 1947-1958.

Zheng, Pei, and Saif Shahin. 2020. "Live Tweeting Live Debates: How Twitter Reflects and Refracts the US Political Climate in a Campaign Season." *Information, Communication & Society* 23 (3): 337-357.

Zhu, Qinfeng, and Marko M. Skoric. 2022. "Political Implications of Disconnection on Social Media: A Study of Politically Motivated Unfriending." *New Media & Society* 24 (12): 2659-2679.

第二篇

比較政治

第六章

回顧民主化研究前沿議題的演進：
全球民主發展進入衰退期？*

張佑宗、朱雲漢

壹、導論

全球民主發展是否進入衰退期？2007 年自由之家（Freedom House）的年度調查報告中，就指出自由國家近十年來一直沒增加，這個趨勢可能導致「自由的停滯」（freedom stagnation）。自由之家的報告同時指出，一個令人不安的發展是，許多國家對監督人權或倡導擴大民主的組織、政治運動和社群媒體這種「反擊民主」（pushback against democracy）的情況愈來愈嚴重。威權國家有系統削弱或消除民主力量的嘗試，前蘇聯的專制政權中最為普遍，亞洲、非洲、中東和拉丁美洲某些政府，也開始採取削弱公民集會自由、扼殺公民社會及壓制反對者的行為。[1]

最近，2022 年自由之家出版的年度報告，其標題就定為「全球威權統治的擴展」（The Global Expansion of Authoritarian Rule），文中指出從 2005 年開始，已連續 17 年出現民主進步的國家少於民主倒退的國家，而且威權主義正在世界各地擴散開來（Repucci and Slipowitz, 2022）。[2] 另一個同樣透過專家評鑑，針對全球民主發展程度進行評估的國際智庫，也就是瑞典的「民主多樣性研究所」（Variety of Democracy Institute），在 2022 年的年度報告「專制化過程改變了世界？」（Autocratization Changing Nature?）

---

* 本文初稿發表於 2022 年 8 月 4 日至 5 日中央研究院政治學研究所廿週年所慶暨「政治學的現況與展望」學術研討會（會議地點：中央研究院人文社會科學館第二會議室）。

1 請參考網站：https://freedomhouse.org/sites/default/files/2020-02/Freedom_in_the_World_2007_complete_book.pdf。

2 請參考網站：https://freedomhouse.org/sites/default/files/2022-02/FIW_2022_PDF_Booklet_Digital_Final_Web.pdf。

中，他們指出在全球專制化的發展下，2021 年全球民主發展程度，已退回到 1989 年的水平，過去 30 年來全球民主的發展正面臨連根拔除。[3] 兩個在國際上研究民主化最知名的 NGO，他們對最新全球民主發展趨勢的判斷相當一致。

　　目前第三波民主化研究者普遍認定全球已進入民主發展衰退期，緊接而來的就是「民主倒退研究典範」（backsliding paradigm）的崛起。我們可以把「民主倒退研究典範」這個社群，分為四個不同的前瞻議題。第一個是分析民主倒退的過程及類型，如同 1980 年代中興起的民主轉型研究。第二個則是討論造成民主倒退或危機的原因，尤其是情感極化所造成的民主危機（crisis of democracy），針對美國的研究特別受到重視。第三個是討論當民主制度失去公民的支持時，是否進入民主去鞏固化（deconsolidation）的現象。最後一個前瞻議題是研究民粹領袖當選後，是否透過行政權接管（executive takeovers），削弱甚至改變該國的民主制度朝向專制化的發展（請參閱圖 6-1）。

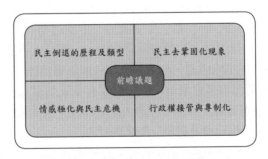

圖 6-1　民主倒退研究典範的前瞻議題

　　過去五年多來，民主倒退的研究議題，大量攻占 *Journal of Democracy* 這本民主化研究最重要的國際學術期刊。此外，其他政治學主要國際期刊如 *American Political Science Review*、*American Journal of Political Science*、*The Journal of Politics*、*Comparative Political Studies* 等也都受到影響。本文將對這四大前瞻議題作深入的分析。但是，對「民主倒退研究典範」這個主流的研究主題與其研究發現，仍有很多學者抱持保留的看法。他們之間爭論的焦點有三個。第一，全球民主發展真的在倒退嗎？有什麼可靠的觀察指標？第二，哪些因素導致全球民主倒退？是分配不均（inequality）、文化反撲（cultural backlash）、情感極化或是還有其他因素？第三，民主倒退會導致民主危機甚至民主崩潰嗎？還是民主能夠化解反社會民主力量的衝擊，展現其民主的韌性？本文將逐一觸及到這些問題的討論，但需要先分析「民主倒退研究典範」興起的歷史背景。

3　請參考網站：https://v-dem.net/media/publications/dr_2022.pdf。

貳、歷史背景

2015 年美國《民主化研究期刊》（*Journal of Democracy*），在創刊 25 週年的特刊中，集結多位民主化研究頂尖學者，出版分析民主國家民主倒退的問題，但他們的焦點都放在新興民主國家，而且是從「民主治理品質」的角度切入。例如 Diamond（2015）認為新興民主衰退主因是「壞的治理」（bad governance），例如欠缺完善的民主制度，造成弱化的國家結構，無法確保社會秩序，連保障人民基本權利與符合社會基本需求都做不到，國家領導者就很容易摧毀民主的遊戲規則。Fukuyama（2015）認為新興民主國家的表現令人失望，原因是「制度化失靈」（failure of institutionalization），現代國家能力的建制（state-building）與法治原則（rule of law）遠落後於民主原則，公民希望享受高品質政府服務的期待落空，導致民主正當性的危機。當時，沒有人會想到歐美國家的民主也會面臨反民主的浪潮。而且，根據 Claassen 與 Magalhaes（2022）利用大量調查數據的研究，政府效能（effective government）只會影響公民對政府的滿意度，並不會影響公民對民主廣泛的支持（diffuse support for democracy）。

2016 年川普當選美國總統，對研究民主化的學者而言，是一個重大轉變的契機。川普對美國民主體制與規範的踐踏，製造美國社會兩極化對立，鼓吹「美國再次偉大」（Make America Great Again）的保護主義及威權統治方式。原本應該捍衛及保護全球民主發展的美國，居然也出現反民主的威權領袖。根據自由之家每年評鑑的結果，在川普當政期間，美國自由民主分數大幅滑落將近 10 分（總分為 100 分）。而且，這股反民主浪潮，並沒有隨著 2020 年川普的落選而熄滅。2022 年 7 月根據 *New York Times* 與 Siena College 的一項民調顯示，針對 2021 年 1 月 6 日國會山莊的暴動，有 39% 的人認為這是「川普行使對選舉結果抗議的權利」，尤其是共和黨人與教育程度較低的美國人更支持這種看法。還有 55% 的人認為這項暴動已經危害美國的民主，尤其是民主黨與教育程度高的人。[4] 川普目前仍然是共和黨最有影響力的人，現在很多美國人擔心，川普在 2024 年會不會再度出馬競選？

有鑑於此，2016 年 Roberto S. Foa 與 Yascha Mounk 在 *Journal of Democracy* 這本期刊中，發表 The Danger of Democratic Deconsolidation: The Democratic Disconnect，以及 2017 年發表 The Signs of Deconsolidation 這兩篇文章，他們以 World Value Survey 的資料，大膽提出西方民主國家的公民逐漸對民主制度失去信任，轉而支持威權統治方式，特別是年輕世代的公民，歐美國家有可能出現「民主去鞏固化」（democratic deconsolidation）

4　請參閱網站：https://www.nytimes.com/2022/07/13/us/politics/government-trust-voting-poll.html。

的問題（Foa and Mounk, 2016, 2017）。[5] 他們的研究後來得到證明，除美國川普外，歐洲許多國家極右派民粹主義政黨崛起（英國、法國、德國、奧地利等），威脅傳統的左派及右派政黨。波蘭、匈牙利、巴西、菲律賓、土耳其等民粹領袖的當選，逐步摧毀過去累積的民主。

　　除了歐美國家民主政治面臨問題外，部分威權主義國家的崛起（例如中國、俄羅斯）威脅到美國的霸權地位，也是促進「民主倒退研究典範」興起的因素之一。Larry Diamond 重視來自威權主義國家（俄羅斯、中國等）的「壞風」（ill wind），對全球民主的影響。Diamond（2019: 37）提到：「壞風影響任何體制，自由民主國家變成愈不自由，選舉民主國家退化為競爭式威權國家，競爭式威權國家如柬埔寨、烏干達喪失他們多元社會的特徵，至於明目張膽的威權主義國家如中國、俄羅斯與沙烏地阿拉伯及埃及，藉助電子監控系統變得更高壓統治。」Marc. F. Plattner（2015, 2020）提出三種趨勢不利於未來的民主發展，其中兩個就與威權主義國家的崛起有關。首先是西方民主國家的經濟與政治表現普遍不理想；其次是部分威權主義國家的崛起，非民主國家再度展現自信並發揮國際影響力；最後一個因素是民主與非民主國家在地緣政治的權力平衡有所改變。

　　民主化主流的學者普遍認為，全球已進入民主退卻時期。不但從專家評鑑分數，或是從公民問卷調查的結果都顯示，全球民主整體的水準正在下降，被列為民主政體或取得民主進展的數量也逐年下降。對新興民主國家出現民主衰敗（decay）的擔憂，現在也擴及到包括美國在內的世界最成熟的民主政體。因此，「民主倒退研究典範」研究社群的興起，完全是反映全球民主歷史發展的階段及其困境。

參、歷程及類型

　　1980 年代中期興起的第三波民主化研究，學者稱他們為民主轉型研究典範（Carothers, 2002）。他們強調民主轉型過程的重要性，分析哪一種類型的轉型過程日後最能成功，哪一種類型的民主轉型過程日後最容易導致崩潰。[6] 同樣地，21 世紀民主倒退研究典範，目前也有許多學者研究民主倒退的類型及過程。

---

[5]　從 2016 年至今，第一篇文章在 google scholar 中，目前被引用超過 979 次，第二篇文章目前被引用超過 715 次，顯示他們提出的研究議題高度受到政治學界高度的重視。

[6]　有關民主轉型的類型與民主化的關係，可參閱 Geddes（1999）；Karl（1990）；Karl 與 Schmitter（1991）；Hagopian（1990）；Munck 與 Leff（1997）；Share 與 Mainwaring（1986）。

Nancy Bermeo（2016）觀察歷史上幾次民主崩潰的案例，歸納出當代民主倒退常見的幾種類型（varieties），其中與當前民主危機較相關的類型，是民選領袖以「緩慢」的步調逐漸削弱制約的「行政權強化」（executive aggrandizement），以及讓環境倒向對現任者有利的「操縱性選舉的策略」（manipulating elections strategically）。著名案例如土耳其總統 Recep Tayyip Erdoğan、俄羅斯的總統 Vladimir Putin 及委內瑞拉的總統 Hugo Chávez。這類民主倒退形式的特徵，在憲法與選舉機制未受到破壞時，威權領袖是透過民眾一票一票選出來的。這顯示民主的崩潰並不只涉及菁英的行為，也取決於公民層級的態度。

Stephan Haggard 與 Robert Kaufman（2021）則詳細剖析民主倒退三個過程。首先，社會和政治兩極分化，導致政府功能失調，以及公民對制度缺乏信任，增加執政黨走向極端的風險，或是新的反體制政黨獲得支持的程度增加。其次，兩極分化對民主倒退的影響，取決於潛在的獨裁者，能否掌握行政權力，然後獨裁者設法獲得立法機構對其權力集中的支持或默許，弱國會就會有弱民主。最後，民主倒退的過程是漸進的，這為現有權力擁有者提供戰術的優勢。對民主制度逐步的顛覆，使現任者能夠慢慢積累權力，這一過程難以被人發現和反擊，直到為時已晚的時刻。

對於民主倒退的過程及類型，有些學者不同的看法。Licia Cianetti 與 Seán Hanley（2021）認為與 1990 年的「轉型典範」（transition paradigm），同樣犯了目的論的謬誤。這兩個典範傾向於將我們對政體移動和軌跡的看法，簡化為只三種可能的路徑：民主國家往前進，往後退或停滯在中間位置。這種分析過於直觀，「民主倒退典範」者忽略各種自由民主價值之間會有衝突，相互衝突的價值必需被權衡（trade-off）。例如「少數者權益」與「多數決」之間的緊張關係如何解決，東歐國家如何處理少數族群或外來移民的問題就是典型範例。此外，政體的演變應該是一種複雜的、非線性及動態的「上上下下」擺動過程。某次的選舉結果，例如川普或極右派民粹政黨的勝選，僅代表民主往威權方向稍微傾斜（democratic careening）罷了，不久之後就能回正。我們並不可能就憑一次的選舉結果，就斷定這個國家會顛覆長期存在的民主體制。

如果政體演變不是單線的發展過程，哪些力量可以阻止民主的腐蝕（eroding）或退化？「選舉輸家」是其中一個非常關鍵的因素。Riker（1983）是少數長期觀察選舉失利者的學者，他特別提到一個國家政治互動的走向，其實是由選舉失利者所設定與主導，選舉勝利者是被選舉失利者牽著鼻子走的。因此，民主得以運作與存續的主要原因，並不在贏家的勝利，而是在輸家的自我克制及監督；輸家必須同時接受令其反感的選舉結果，以及造成如此結果的程序，民主才得以穩定或存續下來。

過去的研究顯示選舉輸家與贏家對民主支持的態度會有不同。如果一再發生相同的輸家，他們肯定會開始質疑民主體制的正當性。選舉輸家除了對選舉結果感到失望與不滿外,並且可能會使出全力阻止選舉贏家推動其政策主張,以避免將來自己遭受莫大的損失。在某些情況下,選輸的選民最終會選擇不去投票,甚至杯葛選舉。更極端的例子,他們會發動各種政治與社會運動,試圖以暴力推翻他們認為「不公」與「不義」的政府(Anderson et al., 2005)。

然而,最近幾年的研究結果卻與過去的看法略微不同,選舉輸家因擔心受到權力濫用的影響,所以最有可能對違反民主原則(尤其是水平制衡)的行為保持警戒。其次,政府的經濟表現,也影響選舉輸家與贏家對民主支持的態度(Svolik, 2020)。Honorata Mazepus 與 Dimiter Toshkov(2022)最近使用來自 26 個歐洲國家的調查數據顯示,選舉輸家會比其他公民更支持民主制衡原則。他們還發現,對經濟滿意度的提高,反而降低公民對制衡原則的支持。Wouter van der Brug 等人(2021)使用 28 個歐洲國家的調查資料,比較民粹政黨和非民粹政黨的支持者,他們研究發現並不是民粹主義,反而是執政黨的支持者,缺乏對自由民主規範的支持,尤其是激進右翼政黨的支持者更是如此。他們在反對黨時支持自由民主規範,但在執政時反而背離自由民主規範。

另一個防止民主腐化或倒退(民主鞏固的面向之一)的重要因素,那就是人民的「民主支持」(support for democracy)態度。Welzel 與 Inglehart(2008)認為唯有喚醒並「賦予人民權利」(empower the people),民主政治才有不斷往前發展與深化的原動力。但是,最近幾年的研究顯示,公民對民主支持的態度,正面臨嚴重的衰退。

肆、民主去鞏固化爭議

過去學者認為民主國家一經鞏固,就不太會發生崩潰,這種看法最近被 Foa 與 Mounk 提出挑戰。與 Norris(2011)所說的民主赤字(democratic deficit)不一樣,民主赤字是民眾對民主體制表現的不滿,但對民主體制仍充滿信任。民主去鞏固化則不但不滿民主,對民主基本原則產生動搖,甚至願意支持威權統治的選項。

Foa 與 Mounk(2016)使用 World Value Survey 的資料,發現歐美國家的公民(尤其是年輕世代)對民主表現不滿,對民主制度及信念缺乏堅定的支持,而對非民主體制的支持度反而上升。在政黨認同或參與政黨的意願逐年下降,年輕人轉向支持單一議題的運動,投給民粹候選人或是支持反體制的政黨。各種跡象顯示,即便在最富裕和政治最穩定的國家,民主似乎發生動搖,不能再用「批判性公民」(critical citizens)的角度解釋。他們提出全新的「民主去鞏固化」論點,依據 Linz 與 Stepan(1996)對民主鞏固的界定:民主是唯一的遊戲規則(the only game in town),Foa 與 Mounk(2017)認為民主去鞏固化就有三項重要觀察指標：「國家維持民主制度的重要程度」、「接受軍政府統治等非民主政體的程度」、「支持反體制的政黨和運動的程度」。如果一個國家的公民對民主的支持度下降，但後面兩項指標卻上升，這就是「民主去鞏固化」。民主去鞏固並不代表民主國家會一夕崩潰，但對老牌民主國家的民主制度可高枕無憂的想法是錯誤的，我們應該正視出現的警訊。

Doh C. Shin（2021）支持 Foa 與 Mounk，他使用「亞洲民主動態調查」（Asian Barometer Survey）資料，分析可能導致臺灣、南韓與日本民主去鞏固化的原因（心理過程）。他從是否有自由民主的生活經驗，以及對政治體制的偏好這兩個面向來界定民主去鞏固化。如果公民有經歷過自由民主體制的經驗，但仍偏好威權體制，那就是一種去鞏固化的心裡傾向。從「亞洲民主動態調查」的資料中發現，臺灣、南韓與日本分別有高達 37%、43% 與 34% 的公民具有去民主鞏固化的傾向。探究背後的原因，不是受到性別、年齡、教育程度或收入的差異所影響，而是與儒家價值的高低，以及非自由民主的認知有關。

然而，World Value Survey 的創始人 Ronald F. Inglehart（2016），並不同意 Foa 與 Mounk 兩人的看法。從長遠來看，美國民主並沒有在衰退。美國與歐洲國家不太相同，美國聯邦政府出現的政治僵局、收入的不平等，以及富人強大的政治影響力，讓美國比其他民主國家表現很糟糕，但這都是某段時期受到某些特定因素的影響有關。而其他國家調查資料顯示，支持民主的群眾基礎正在擴大。而且，明白表示對少數群體（minorities）的包容，比公然宣稱支持民主更為重要。

World Value Survey 前任主席 Christian Welzel（2021），也不同意 Foa 與 Mounk 兩人以「公民是否信任或支持民主」這個角度，預測全球民主前進或倒退，建議應從民眾對自由或解放價值（emancipatory values）入手。他在 Why the Future is Democratic 一文中指出，政體更迭的方向和程度，都是日積月累的文化變遷所導致，特別是受到年輕世代的「解放價值」，也就是墮胎、離婚、婦女權利等問題上的價值觀。因此，民主政體向威權主義的倒退，僅限於解放價值觀仍然不發達的社會。與被廣泛引用的去鞏固化理論相反，年輕世代解放價值觀的上升，意味著對民主暫時的挑戰，全球第四波民主化浪潮可能即將出現。

Christian Welzel（2021）接著以匈牙利、波蘭和羅馬尼亞作為案例，根據 1990 年代初加入歐盟的要求，這些國家迅速將政體民主化，但在人民的解放價值還沒成為主導觀念時，產生文化和制度的落差。此時，民粹領袖認識到，由此產生的政權與文化不一致，學會如何利用這些落差來贏得選舉。他們一旦掌權，就開始削弱自由民主的品質。匈牙利總理 Viktor Orbán 提倡他自豪的「非自由民主」就是一個典型。從某種意義上說，第三波浪潮的高峰期使某些國家變得「太過度民主」（overdemocratic）。我們最近幾年來目睹的，是一種「回歸平均值」（regression to the mean），而不是民主倒退現象。

隨後，Foa 與 Mounk（2022）對 Welzel 的觀點也提出反擊，他們認為解放價值指數出現增長的國家，大多都是已經民主的國家，如果僅僅關注威權政體，則並不存在顯著的增長趨勢。其次，威權政權中的支持者，與其反對黨的支持者相比之下，未必是擁有更加保守的價值觀念。反對運動者只是站在威權政體的對立面，在前蘇聯共產主義政權，或是中東威權體制中，威權政黨的支持者甚至擁有更進步的價值觀念。第三，解放價值指標的建構過程，存在對於測量題目偏差的選擇，Welzel 所選擇的題目會造成解放價值指標與民主水平間存有偏高的相關性，解放價值與民主之間的關係，其實來自學者們的建構，而不是客觀的事實。

上述的爭論中，大都是以 World Value Survey 的資料為主，在統計分析模型的運用上也比較簡單。比較有突破性進展的，應該是 Christopher Claassen 的研究成果。Claassen（2020a）在 Does Public Support Help Democracy Survive? 一文中，把民主的支持分為「一般性支持」（general support）和「特殊性支持」（specific support），前者是出於民主信念的支持，「特殊性支持」是出於「工具性」的支持，也就是對民主制度表現「滿意」（satisfactions）的程度。他建構為期 29 年，135 個國家大型調查資料庫，運用 Bayesian Latent Variable Model 高階統計模型，並控制國家前一個民主水平變數，以及無法觀察到的脈絡因素後，仍然發現民主支持（包含一般性與特殊性支持）對隨後的民主發展的確呈現正向的作用。而且，與剛出現民主的國家相比，民主存在很久的國家，其民主支持的程度會愈高，使民主持續更為穩固（這點符合 Inglehart、Welzel 等人的看法）。然而，Claassen 也發現，有些民主存在很久的國家，例如美國、加拿大，民主支持的確有軟化（softened）的跡象，這就又符合 Foa 與 Mounk 兩人的觀察，某些民主鞏固的國家有去鞏固化的跡象。最後，Claassen 發現在亞洲、非洲等威權主義國家，雖然他們近幾年的民主支持不斷升高，可惜與他們民主進展沒有關係。

Claassen（2020b）在另外一篇文章 In the Mood for Democracy? Democratic Support as Thermostatic Opinion 提出更具有創新的理論觀點。民主存在時間愈久，是否會擁有更高的支持？社會化理論（socialization theory）和政體績效（regime performance）觀點都同意這個看法，但 Claassen 提出「恆溫意見」（thermostatic opinion）觀點，反駁這種正向關係的存在。傳統觀點無法解釋真實的現狀，例如如何解釋某些民主國家出現民主倒退或民主支持下降？或是在某些國家民主支持度出現起伏不定的現象？恆溫意見理論原本用在解釋宏觀意見和政策結果之間的關係，Claassen 將理論應用民主與公共意見之間的關係，他假設隨著民主供應的減少，公民對民主的支持將會增加。反之，隨著民主供應的增加，公民對民主的支持將會減少。Claassen 研究發現有兩個重大的貢獻。第一，民主改革進展會對明確的民主支持（explicit mood）具有負面的影響，例如從專制到民主轉型，可能會讓一些人感到焦慮和不安，所以有些人渴望回歸威權統治。[7]第二，推動少數決的民主（如保護少數，移民、弱勢族群），會對明確的民主支持具有負面的影響。也就是說當民主走極端的時候，社會將出現一股力量把它拉回來的聲音。當改革太接近少數決民主模型（minoritarian democracy）時，多數決民主模型（majoritarian democracy）就會出來抵制。

伍、情感極化與民主危機

1970 年代，Crozier 等人（1975）警告西方國家來自「民主超載」（excess of democracy）所發生的民主危機（crisis of democracy），並建議要「小而美的政府」，不久之後歐美國家「新保守主義」就崛起，推動一連串縮小政府角色的改革（柴契爾主義、雷根主義等）。最近一波的民主危機，完全與之前的不同，民主危機來自兩極化政治，特別是情感極化所造成的結果。

瑞典「民主多樣性」計畫（V-Dem）在 2019 年的年度報告中，提出「有毒的極化」（toxic polarization）是當前民主最大的挑戰[8]；美國民主基金會支持的「自由之家」，2019 年的年度報告也警告「加劇的政治極化」（intensifying political polarization）正在攻擊美國的自由民主。Somer 與 McCoy（2018a）主持一項跨國政治極化的研究，發現惡性政治極化（pernicious polarization）正在危害全球的民主，當前許多民主政體正飽受政治兩極化的威脅，美國是其中最明顯的例子。Levitsky 與 Ziblatt（2018）表示，25 年來民主黨與共和黨轉變成不只是兩個競爭政黨，他們的選民現在以種族、宗教信仰、地緣，甚至「生活方式」嚴重分裂美國社會。這種高度的對立，可能導致政黨間失去包容和自制，摧毀民主的護欄。

過去對政治極化的研究，依其主體分為「菁英極化」（elite polarization）與「大眾極化」（mass polarization），前者關注政治菁英或政黨間極端分化的程度；後者則是探討一般大眾的分裂對立現象，兩者間的互動關係至今未有定論（Iyengar et al., 2019）。Somer 與 McCoy（2018b）認為傳統的極化，就是衡量政黨與選民在政策議題或意識形態立場上的距離。以美國為例，在意識形態上便是圍繞「保守 vs. 進步」之爭；在政策

---

[7]　關於公民對威權統治的緬懷這方面的研究，請參閱 Chang 等人（2007）。

[8]　請參閱網站：https://www.v-dem.net/static/website/files/dr/dr_2019.pdf。

議題上，除傳統的經濟議題外，以「公民與種族權利」、「文化與道德價值」、「宗教觀」這三者為兩極化的代表。

傳統對政治極化的討論，近年來開始被「情感極化」（affective polarization）問題取代。Iyengar 等人（2019: 130）提到「不管當前美國民眾是否在政策議題上出現極化現象，近幾年在美國社會間已經有一個新形態的分歧出現，就是美國民眾愈來愈討厭、而且不信任那些和他們所屬不同政黨的成員。民主黨人和共和黨人兩方都說對方虛偽、自私、思想封閉。而且，他們都不願意進行跨黨派交流，甚至連與對方共同參與活動都不願意。這種政黨間的仇視現象被稱作是情感極化」。Hetherington 與 Weiler（2019: 35）就稱當前美國政治的極化現象，有如是「共和黨來自火星，民主黨來自金星」（republicans are from Mars, democrats are from Venus），這種政黨間彼此視為仇敵的情感極化，使得「政治氣氛已經惡劣到讓他們（共和黨人）覺得票投民主黨就像是在叛國一樣」。

Iyengar 與 Krupenkin（2018）透過美國國家選舉研究調查（ANES）的長期資料，發現美國不同黨派的人士不僅對於彼此抱持負面態度，而且這種負面情緒更持續增加，形成了一個高度分裂的社會。隔年，Iyengar 等人（2019: 131-132）在 *Annual Review of Political Science* 發表 The Origins and Consequences of Affective Polarization in the United States 一文，系統整理了美國的情感極化的變化趨勢。根據「情感溫度計」（feeling thermometer）的測量，美國兩黨間對於自己所屬政黨和對方政黨之間的評價差距逐漸拉大，由 1980 年代的 22.64 分上升到 2016 年的 40.87 分。同時，也發現兩黨民眾在日常生活中「愈來愈不願與對方政黨為伍」。這種兩黨民眾間情感認知的擴大，也反映在對於政治人物的評價上，例如 Pew Research Center（2017）的報告中，當被問到對於總統川普上任以來的表現時，有 84% 的共和黨民眾表達他們對於川普的支持；然而，只有 8% 的民主黨民眾滿意川普的表現。此外，這種對立與隔閡也不單單存在於政治立場，根據調查有 73% 的兩黨民眾認為自己與另一政黨的支持者在「基本事實」（basic facts）上無法達成共識。針對這種現象，Matthew S. Levendusky（2018）認為，即使美國近年來在意識形態上的極化看似趨緩，但情感的極化正在加劇。由於政黨認同是民眾最基本的政治身分，因此要消除情感極化是十分困難的，而美國當前的政治菁英們在政策議題上似乎更加的分裂，這也導致要減緩政治極化的現象更為悲觀。Louisville 大學政治學系 Adam M. Enders 助理教授，2021 年在 *The Journal of Politics* 發表一篇研究報告。他比較美國政治菁英和群眾的情感極化（affective polarization）程度。他的發現很重要，美國政治菁英比一般民眾更具有情感極化的特質，而且情感極化高於議題（意識形態）極化的程度。在這種惡劣的政治環境下，美國民眾的情感極化愈來愈顯著（Enders, 2021）。

情感極化現象也不僅僅出現在美國，Gidron 等人（2019）等學者運用 Comparative Study of Electoral Systems（CSES）的資料進行跨國性比較，發現不只美國，西班牙、法國、英國、澳洲等國也出現了相當程度的情感極化現象，國家的不同黨派之間也愈來愈充滿敵意與不信任。總結而言，情感極化已經成為當今政治學研究的新課題。另外，既有文獻大都奠基於美國兩黨政治的研究，但負面黨性不僅發生於兩黨制國家，在多黨制國家中負面黨性同樣也能影響選民的投票選擇。一旦選民討厭某個政黨，更容易於選舉時投票給其他政黨（Caruana et al., 2015; Mayer, 2017）。根據 Harteveld（2021）在荷蘭的研究，他發現公民對某一個政黨的支持，並不會排斥對其他政黨的支持，只有當某政黨的意識形態與他的距離擴大，這種排斥感才會產生。根據 Kekkonen 與 Ylä-Anttila（2021）兩人針對芬蘭的研究，在多黨制國家中選民可被劃分為若干集團（bloc），某些集團對某些政黨抱持積極的態度，但對其他政黨抱持消極的態度。這代表在多黨制的民主國家中，這種動態與複雜的負面黨性，不僅涉及個別政黨之間的關係，還涉及到所謂的超跨越黨派界限的情感集團（affective blocs）的關係。

另一個重要的發現是，民眾對自己偏好政黨的認同維持穩定（Groenendyk 等人不同意此觀點，上面有論及此點），情感極化的擴大主要是源自於對敵對政黨反感程度急遽上升（Abramowitz and Webster, 2016; Abramowitz and Webster, 2018; Iyengar and Krupenkin, 2018; Iyengar et al., 2019）。根據美國國家選舉研究調查（ANES）自 1980 年來的資料顯示，對於自己所屬政黨（own party）的情感溫度（feeling-thermometer）長期以來大都在 70 度（溫度計量表為 0-100 度，0 表示對該政黨最不喜歡；100 表示最喜歡）左右，直到 2016 年總統大選才下降到 60 度左右。然而，對於敵對政黨（opposing party）的看法卻出乎意料，從 1980、1990 年代的 40-50 度之間，近年來急遽下降，跌落到 30 度以下，在 2016 年的選舉中，美國選民對於對方政黨的評價已僅剩 20 分左右。而對於敵對政黨負面觀感的急遽上升，導致美國近年來的情感極化差距（affective polarization gap）達到新高（Abramowitz and Webster, 2018）。

對敵對政黨評價大幅跌落，美國選民也愈來愈討厭對方政黨推出的候選人。許多調查都發現，一般選民對不同政黨推出的總統候選人，不會給予極端的分數。1992 年總統大選之前，美國人對對方總統候選人的情感溫度仍高於 40 度以上，在 1968 年時更是接近 60 度，與於自己政黨推出的總統候選人的評價相差無幾。然而，2016 年川普（Donald Trump）對決柯林頓（Hilary Clinton）的總統大選中，共和黨人（Republican）和民主黨人（Democrat）平均只給予對方總統候選人 11 分（Abramowitz and Webster, 2016; Abramowitz and Webster, 2018）。美國著名調查機構 Pew Research Center 在 2016 年出版了一份名為 Partisanship and Political Animosity in 2016 – Highly Negative Views of the Opposing Party and Its Members 的調查報告，發現高達 91% 的共和黨人和 86% 民主黨人討厭對方政黨，回答「非常討厭」的比例也從 1984 年的 21%（共和黨人）和 17%（民主黨人），上升到如今的 58%（共和黨人）和 55%（共和黨人）。也就是說，隨機在路上詢問兩個具有政黨認同的民眾，就有一個民眾表示「非常討厭」另一個政黨（Pew Research, 2016b）。

Levitsky 與 Ziblatt（2018）兩人在 *How Democracies Die: What History Reveals About Our Future* 一書中，花了相當多篇幅描述美國社會兩極化現象的發展。這種以黨派傾向為依歸，並結合既有的意識形態和價值觀所形成的激烈對立，導致了兩大黨不僅在傳統的政策議題上缺乏共識，甚至對於彼此產生強大的厭惡感，彷彿是兩個隔絕世界間的敵對，且壁壘分明。Levitsky 與 Ziblatt 表示，25 年來民主黨與共和黨轉變成不只是兩個競爭政黨，他們的選民現在以種族、宗教信仰、地緣，甚至「生活方式」嚴重分裂美國社會。這種高度的對立，可能導致政黨間失去包容和自制，摧毀民主的護欄。

Adam Przeworski（2019）在 *Crises of Democracy* 一書中，以德國威瑪共和、法國第四共和、智利及水門事件時期的美國等過去四個個案的研究，認為在高度經濟和社會不平等的情況下，政治競爭的得失損益會特別的高，慢慢變成激烈的兩極化政治，出現大規模街頭暴力和社會動盪。當代全球傳統政黨（established political parties）的效能嚴重下降，民主政體中出現難以跨越（妥協）的黨派分歧，使我們對民主衰落的擔憂具有充分的理由。

美國學者通常關注民主化過程取得重大進展的時刻，例如革命、內戰和民權運動吸引大量的學術研究，它們代表美國作為一個國家，在危機時刻取得重大的進步。Mettler 與 Lieberman（2020）與此不同，他們在 *Four Threats: The Recurring Crises of American Democracy* 一書中，審視美國歷史上阻礙美國民主進展的危機時刻。他們提出對美國民主四大威脅，分別是政治兩極化、誰是政治共同體的成員、日益嚴重的經濟不平等與行政權力的擴張。

民主國家中情感極化的問題，有可能被化解嗎？ Bassan-Nygate 等人（2022）的研究提出一個可行的途徑。他們透過選舉競爭和政黨合作分析情感極化如何補救的措施。具體而言，他們針對以色列籌組「聯合內閣」的制度安排，觀察減少情感極化的可能性。這種權力分享的制度方法非常重要，政黨加入更廣泛的聯盟，將會影響選民對某些政黨的評估，敵對政黨間的合作，將有效化解選民間的情感極化現象。

陸、行政權接管與專制化

自從 2005 年第三波民主發展出現停滯現象開始，針對威權主義國家的韌性及其社會基礎的研究開始興盛（Chang et al. 2007）。最近，Valeriya Mechkova 等人（2017）利用瑞典的 V-Dem 資料，發現世界民主平均的水平，退回到 2000 年之前的水準。然而，這種下降是中度的，而且大多數的變化都發生在各自政權類別之中，也就是民主國家變得比較不自由民主（如巴西、南韓等），而專制國家則選舉競爭程度下降，更具壓制性。但到目前為止，僅有二戰時期的德國，是從民主國家一路倒退到全面的專制。因此，比較有意義的研究，應該放在那些新興民主國家（選舉式民主），轉變為威權主義統治的國家。催化新興民主國家重回威權體制的關鍵因素，就是民粹主義的崛起。

民粹主義不論是西方民主的國家，或是東歐前共產國家，甚至拉丁美洲國家。Canovan（1981）認為民粹主義是從 popular 這個字發展而來，意指被人民廣泛喜愛與支持的一種政治行為。其核心價值是跳過代議政治的界線，由領導者直接訴諸民意的一種方式。Mudde 與 Kaltwasser（2018）認為民粹主義是一種很薄的（thin）意識形態，區分民粹主義的關鍵在於誰和誰用與什麼方式對立，民粹主義裡是好的與純潔的人民（pure people）和壞的與腐朽的菁英之間的對立，劃分的依據是道德標準（moral criteria）。所謂的集團，基本上都是想像的共同體，因地制宜，所以有的時候人民等於勞工，有的時候人民等於主流群體（庶民）。

大部分的人從兩個理論角度切入民粹主義：經濟憂慮（economic snxiety）（如脫歐公投）或文化因素（跟「losers of globalization」論述有密切的關係）（Noury and Roland, 2020; Norris and Inglehart, 2019）。Berman（2021）則提出更有意義的三種研究方向：分析從民眾的需求面（demand-side）、制度的供給面（supply-side）和政治菁英或政黨的策略選擇。需求面就來自人民的經濟憂慮與文化悲情（grievances），供給面強調現存制度無法滿足或反映人民日益增高的需求，策略互動強調主流（在位）菁英如何回應民粹政黨的崛起，包括忽略、辯論與調適。

McCoy 與 Somer（2019）仔細描繪民粹主義（領袖）的動員過程。首先，提出一種「摩尼教式言論」（Manichaean outlook），將民眾分為「好人」（good）與「邪惡的人」（evil）。身分愈顯著，對群體內成員的忠誠度愈強，對群體外成員的偏見和反感也愈強。在極端環境中，持有溫和觀點並保持跨越分界線（cross-cutting）的利益和身分的人愈來愈受到排斥，從而減少了對立團體之間對話的機會。在極化政體中聲稱中立或中間立場幾乎是不可能的，因為個人、團體或媒體都會被標記。群體間缺乏溝通及互動，造成刻板印象和成見。極化陣營試圖標記社會中所有個人和群體歸屬。包括媒體在內的各機構，逐漸被兩個陣營主導話語權或所有權，削弱了公共、政治論述的中間立場。

　　民粹主義對民主造成多大的危害？ Milan W. Svolikz（2019）認為「民主倒退」主要透過兩種形式，一個是行政權接管或軍事政變。在他的資料庫中共有 197 個案，多數是以民選政府顛覆民主的行政接管最多（88 起），軍事政變反而比較少（46 起），與過去的非常不一樣。行政接管的比率隨冷戰結束而大幅提高，邁入 21 世紀後，每五個民主崩潰中就有四個是屬於行政權接管。與缺乏民意基礎的軍事政變不同，行政權接管是由民主手段上臺的現任者顛覆民主，而且在這個顛覆民主過程中依然獲得廣泛民眾的支持，例如俄羅斯的普丁，委內瑞拉的查維茲和馬杜洛。「為何選民會支持破壞民主的政治人物？」，Svolikz 提出一個令人信服的理由。在選舉競爭下，選民必須在「民主原則」和「黨派利益」兩者之間選擇一個。具有威權野心的政治人物，將國家潛在的社會分歧，激化為尖銳的政治衝突，以此呼籲支持者犧牲民主原則來交換黨派利益。當一個社會的政治分歧愈深，政治人物就愈容易利用分歧為個人謀取政治權力。換言之，政治兩極化削弱公民制威權傾向政客的意願，因為要懲罰具威權傾向的領導人，而投給原本不支持的政黨代價太高了。

　　Michael Albertus 與 Guy Grossman（2021）針對拉丁美洲國家行政權接管的問題，提出相同看法。針對阿根廷、巴西、墨西哥及美國，透過調查實驗設計，他們發現黨性（partisanship）是一個關鍵的因素，拉美國家愈來愈多的人（約 10% 至 35% 之間）是「有條件的民主支持者」（conditional democrats），如果他們投票給現任者，也會支持現任者推動反民主改革。另一個關鍵因素是，多數人對懲罰違反民主的當權者會選擇沉默。為什麼？因為多數人認為民主不會因少數公民支持一個破壞民主的現任者而崩潰。多數人也認為制裁當權者最好的方式是在下次選舉中換人執政，而不是啟動彈劾讓他提前下臺。而且，多數人認為很難集結其他公民採取一致行動，這樣做法是無效的，這是捍衛民主的行動出現協調的問題。

　　Erica Frantz 等人（2021）研究一個有趣的問題：民主國家的政治是否變得愈來愈個人主義（personalism）？他們的數據表明，情況確實如此。雖然這種個人主義程度的趨勢可能是暫時的，但個人主義會透過多種方式增加一個國家民主倒退的風險。首先，個人主義領導人加劇社會的兩極分化，這增加民主衰落的風險。其次，創建自己政黨的個人主義領導人，通常對該黨的候選人和主要官員的選任，擁有實質性的控制權。值得信賴的家庭成員和其忠誠者，要比職業政治家更受到重用。這些人不太可能反對現任權力者權力的擴張，他們的政治命運與領導人緊密相連。最後，組成個人主義政黨的領導人，他們對民主制度的承諾，不如非個人主義政黨的領導人。個人主義政黨的領導人及官員，剛剛接觸民主遊戲規則，他們原本是政治局外人，缺乏對民主的經驗和承諾。

Roberto S. Foa（2021）指出對西方非自由主義政治運動興起（即民粹主義）的解釋，集中在經濟不滿（economic grievance）和文化反撲（cultural backlash）的因素。然而，西方之外許多威權民粹主義的領導人，例如菲律賓的杜特蒂，到俄羅斯的普丁，再到印度的莫迪，其合法性不只來自於經濟的承諾，或是社會的保守主義，更重要的是承諾恢復公共秩序和國家權威。在穩固的民主國家，民粹主義政黨如果能進入聯合政府，例如奧地利和丹麥，它們只能透過與既有的保守派結成聯盟，就限制它們破壞自由和民主制度的程度。相較之下，在脆弱的民主國家，威權民粹主義者能夠透過將狹隘的政治認同基礎，結合城市的中產階級，得到更廣泛的支援聯盟奪取政權，這些支持者的渴望是恢復公共秩序、問責機制，以及結束侍從主義和貪污程度。

柒、臺灣研究現況

目前臺灣學術界對臺灣民主發展是否進入衰退期，或是行政權接管的討論幾乎沒有，大家普遍認為臺灣的民主倒退或危機尚未出現。以臺灣民主基金會出版的《臺灣民主季刊》（中文版）為例，最近三年內出版的文章找不到類似的研究。在英文版的部分，臺灣民主基金會出版的 *Taiwan Journal of Democracy* 在 2022 年 7 月時，有針對民主與兩極化（Democracy and Polarization）出版專刊，包括分析政治兩極化的概念、經濟不平等與政治兩極化，以及全球各地的個案分析。

李弘繹與張佑宗（2022）以「負面黨性」作為觀察臺灣社會「情感極化」的指標，佐以 2004 年至 2020 年總統選舉，檢證負面黨性對臺灣總統選舉結果的作用。在控制政黨認同及統獨立場因素下，投票給某一政黨總統候選人的決定，不僅取決於對該政黨的認同，或對其政策的支持，選民對敵對政黨是否具有負面的評價也成為一項關鍵指標。蕭怡靖（2014）發現臺灣民眾對兩黨或總統候選人的情感偏好呈現對立態勢，愈喜歡某一政黨（或候選人）的同時，對於另一政黨（或其候選人）的分數愈低，在統計的相關係數上呈現負相關。蕭怡靖（2019）也利用社會認同理論的「社交距離量表」（social distance scale），檢視民眾心中對於敵對政黨心理抗拒程度。他發現多數的國民黨和民進黨人，會對其家人「支持」或「加入」敵對政黨感到不滿與失望，證明存在情感上的黨性極化。但是，討厭某一個政黨，就一定會喜歡另一個政黨嗎？兩者未必具有高度相關，特別是有第三黨存在的時候。

在民粹主義部分，郭中軍（2014）以選舉民粹主義（electoral populism）的概念分析自 2000 年陳水扁上臺以來，政治菁英使用民粹主義作為選舉動員機制，將民眾動員與民粹主義的言論相結合，目的在影響政策制定甚至選舉結果。從理論上講，臺灣的民粹主義大多被解釋為政治企業家贏得和運用政治權力的策略，無論是透過增加行政權力和攻擊平級負責制度，還是在代價民主框架下用民粹主義言論集員群眾。蔡明璋與潘欣欣（2021）將臺灣的民粹主義的概念定義為反菁英情緒，其中包括人民主權、平等主義、真誠和強有力的領導。他們對民粹主義者的社會經濟和人口背景的進一步分析，發現強烈的民粹主義與經濟不安全感，和國民黨政黨的支持呈現正相關。臺灣的民粹主義者不僅詆毀菁英，而且在價值立場上也很保守。

捌、其他重要前沿議題

當然，目前民主化研究並不全然圍繞仕全球民主發展是否進入衰退期這個議題，還有少數人在研究其他重要的面向。例如面對巨型自然災害（極端氣候、傳染病、水資源稀缺等）民主國家的回應能力。目前正在全球蔓延的新冠肺炎，無疑是自第二次世界大戰以來全球最嚴重的社會危機，嚴重限制全球數十億人的日常生活。政府的特殊行動增強人們對混亂的感覺，為緩衝預期的經濟衰退，各國政府制定巨大的援助計畫，自馬歇爾計畫以來，援助計畫的規模是前所未有的。新冠肺炎對民主體制有何衝擊？目前仍未有深入的研究。

其次，地緣政治衝突激化帶來的戰爭風險，國際自由秩序解體，民主政治的國際環境全面惡化。最新一期（2022 年 7 月）的 *Journal of Democracy*，探討俄羅斯對烏克蘭的入侵，對世界和平構成真實的威脅，以及歐洲過去秩序的解構。

第三，數位科技（網路、人工智能）對個人自由的嚴重威脅，少數壟斷性科技巨獸擁有對社會的空前操縱與宰制能力，國家機構對社會的全面監控能力。人工智慧以演算法（algorithm）應用為主所衍生而出的「演算法偏差」（algorithm bias），更可能損害本就缺乏數位資源的弱勢群體，並為社會帶來更多未能預見的外部性成本。也因此，隨著人工智慧技術的熱潮，各國也開始研擬相對應的發展引導與管制策略，並制定相關的行動綱領。

雖然全球民主倒退的趨勢明顯，但我們也不需要太悲觀。大多數的民主國家在經歷過這波反民主（威權主義擴散）浪潮衝擊下，仍然屹立不搖，展現其民主韌性（democratic resilience）的一面。2017 年瑞典國際 NGO 組織 International IDEA，在「全球民主狀態：探索民主韌性」（The Global State of Democracy: Exploring Democracy's Resilience）報告中，探索什麼條件讓民主更具韌性。例如公民如何抵抗不自由或專制的政權？機構間的制衡如何防止被推翻和倒退？如何減少對民主的結構性風險？民主能否設計得更有韌性？當民主受到威脅時，國際因素在保護民主免受危險方面發揮什麼樣的作用？[9]

　　Vanessa A. Boese 等人（2021）依據 Episodes of Regime Transformation（ERT）資料庫，強調目前理解民主韌性的重要性。他們將民主韌性分為兩個階段，第一個階段稱為「發病韌性」（onset resilience），一些民主國家通過完全防止專制化的過程，意味著這些國家並沒有經歷民主品質的實質性或持續下降（如瑞士和加拿大）。然而，如果「發病韌性」失效，一些民主國家就會開始經歷一場專制的戲曲，進入第二個階段。一些民主國家可以避免民主崩潰，這是一種「崩潰韌性」（breakdown resilience）的表現，例如 2008 年至 2016 年的南韓和 2007 年至 2012 年的貝南。Vanessa A. Boese 等人發現民主國家在倒退後的復原能力非常高。從 1900 年至 2019 年，在 64 個民主國家中只有經歷96 次專制化的挑戰。同時，他們也發現當今民主國家愈來愈容易受到專制化的影響，冷戰結束後是有史以來最高的紀錄。第三，民主一旦進入專制化階段，民主崩潰的比率就很高。自 1900 年以來，只有 19 個國家（23%）可以避免在專制化時期避免民主的崩潰。

　　Robert C. Lieberman（2021）召集多位政治學者，出版一本專書討論日益兩極化的美國社會，他們從制度面與行為面來探討美國民主韌性的問題。在制度上，民主國家能否維持 Guillermo O'Donnell 所說的「水平課責」（horizontal accountability），也就是在這種制度下，不同的政府機構能夠相互挑戰和限制權力，防止權力的過度集中和濫用。美國的權力分立制度，會誘使政府部門抵制其他部門。在行為方面，選民間的兩極化影響選舉問責的可能性。在某種程度上，不強調跨越種族、民族、性別和宗教信仰等社會分歧，卻強化選民之間黨派立場會的「團隊精神」（teamsmanship），將會阻礙制度的課責。當這種團隊精神讓選民容忍，甚至獎勵他們自己政黨政治人物違反民主規範時，這種團隊精神特別危險，他們將非常討厭另一個「團隊」。為了使民主具有韌性，選民必須願意並懲罰違反民主的行為，政客可以因違反民主規範受到懲罰。

玖、結論

　　全球民主政體是否有能力遏止逆流，扭轉甚至修復可能已經對民主產生的損害？至今主流的看法仍是悲觀的。例如，最近 Svolik 等人（2023）針對歐洲七個民主國家有關其民主韌性問題的研究，包括愛沙尼亞、德國、波蘭、塞爾維亞、西班牙、瑞典和

---

[9]　請參考網站：https://www.idea.int/gsod-2017/files/IDEA-GSOD-2017-PREFACE-EN.pdf。

烏克蘭等，發現這些國家的公民正面臨一個困境，非自由右翼支持者能容忍威權主義，根本原因不在於它有多關心國家重大政策議題，例如移民或傳統價值觀，而是它們對民主的關心程度。歐洲的威權主義的社會基礎，無論是公開或隱藏的，都在極右翼的選民（Svolik et al., 2023）。

Mainwaring 和 Pérez-Liñán（2023）分析過去 20 年來拉丁美洲民主發展趨勢。他們認為不是民主倒退，而是民主停滯（democracy stagnation）。民主停滯是一種民主體制存在嚴重且持續的民主赤字（democratic deficits）現象，也就是民主政體的表現遠遠落後人民的期望。他們認為有三個因素導致拉丁美洲國家普遍存在民主停滯不前問題：第一個是政治強人阻礙民主的深化，第二個是不好的民主治理助長人民的不滿，為威權民粹主義鋪路，第三個是被強大利益集團擄獲的國家，侵犯公民權利，無法提供安全和優質公共服務。

未來是否能去除民主歪風，再度引發全球民主反彈？透過選舉去除威脅民主的政治人物是一個辦法，如拜登打敗川普，讓美國度過民主危機。另一個是利用社群媒體，授予人民更多政治參與管道、增加政府治理的透明度，以及讓政府直接面對群眾壓力，肩負更多課責感。最後，廣泛採用公民複決和創制權，甚至引入參與審議或諮詢性的民主程序，透過網路讓更多人願意交換與表達意見。以上這些做法，都可以有效增強民主的韌性。

參考書目

李弘繹、張佑宗，2022，〈負面黨性與投票抉擇：2004-2020 年臺灣總統選舉的分析〉，《選舉研究》29（2）：35-72。

郭中軍，2014，《臺灣地區民主轉型中的民粹主義：1987-2008》，上海：學林出版社。

蔡明璋、潘欣欣，2021，〈臺灣民粹主義者與反菁英情緒：世界價值觀調查臺灣資料的分析〉，《臺灣社會學刊》（69）：101-140。

蕭怡靖，2014，〈從政黨情感溫度計解析臺灣民眾的政治極化〉，《選舉研究》21（2）：1-42。

蕭怡靖，2019，〈臺灣民眾的黨性極化及其對民主態度的影響〉，《台灣政治學刊》23（2）：41-85。

Abramowitz, Alan, and Steven W. Webster. 2016. "The Rise of Negative Partisanship and the Nationalization of U.S. Elections in the 21st Century." *Electoral Studies* 41: 12-22.

Abramowitz, Alan, and Jennifer McCoy. 2018. "United States: Racial Resentment, Negative Partisanship, and Polarization in Trump's America." *The ANNALS of the American Academy of Political and Social Science* 681 (1): 137-156.

Abramowitz, Alan, and Steven W. Webster. 2018. "Negative Partisanship: Why Americans Dislike Parties But Behave Like Rabid Partisans." *Political Psychology* 39: 119-135.

Abramowitz, Alan. 2018. *The Great Alignment Race, Party Transformation, and the Rise of Donald Trump*. New Haven, CT: Yale University Press.

Albertus, Michael, and Guy Grossman. 2021. "The Americas:When Do Voters Support Power Grabs?" *Journal of Democracy* 32 (2): 116-131.

Anderson, Christopher J., Andre Blais, Shaun Bowler, Todd Donovan, and Ola Listhaug. 2005. *Losers' Consent: Elections and Democratic Legitimacy*. New York, NY: Oxford University Press.

Bankert, Alexa. 2020. "Negative and Positive Partisanship in the 2016 U.S. Presidential Elections." *Political Behavior* 43: 1467-1485.

Bassan-Nygate, Lotem, and Chagai M. WeissParty. 2022. "Competition and Cooperation Shape Affective Polarization: Evidence from Natural and Survey Experiments in Israel." *Comparative Political Studies* 55 (2): 287-318.

Berman, Sheri. 2021. "The Cause op Populism in the West." *Annual Review of Political Science* 24: 1-18.

Bermeo, Nancy. 2016. "On Democratic Backsliding." *Journal of Democracy* 27 (1): 5-19.

Bermeo, Nancy. 2018. "Reflections: Can American Democracy Still Be Saved?" *The ANNALS of the American Academy of Political and Social Science* 681 (1): 228-233.

Boese, Vanessa A., Amanda B. Edgell, Sebastian Hellmeier, Seraphine F. Maerz, and Staffan I. Lindberg. 2021. "How Democracies Prevail: Democratic Resilience as a Two-stage Process." *Democratization* 28 (5): 885-907.

Carothers, Thomas. 2002. "The End of the Transition Paradigm." *Journal of Democracy* 13 (1): 5-21.

Caruana, Nicholas J., R. Michael McGregor, and Laura B. Stephenson. 2015. "The Power of the Dark Side: Negative Partisanship and Political Behaviour in Canada." *Canadian Journal of Political Science* 48 (4): 771-789.

Chang, Yu-tzung, Yun-han Chu, and Chong-Min Park. 2007. "Authoritarian Nostalgia in Asia." *Journal of Democracy* 18 (3): 66-80.

Cianetti, Licia, and Seán Hanley. 2021. "The End of the Backsliding Paradigm." *Journal of Democracy* 32 (1): 66-80.

Claassen, Christopher. 2020a. "Does Public Support Help Democracy Survive?" *American Journal of Political Science* 64 (1): 118-134.

Claassen, Christopher. 2020b. "In the Mood for Democracy? Democratic Support as Thermostatic Opinion." *American Political Science Review* 114 (1): 36-53.

Claassen, Christopher, and Pedro C. Magalhães. 2022. "Effective Government and Evaluations of Democracy." *Comparative Political Studies* 55 (5): 869-894.

Crozier, Michel, Samuel P. Huntington, and Joji Watanuki. 1975. *The Crisis of Democracy: On the Governability of Democracies*. New York, NY: New York University Press.

Diamond, Larry. 2015. "Facing up to the Democratic Recession." *Journal of Democracy* 26 (1): 141-155.

Diamond, Larry. 2019. *Ill Winds: Saving Democracy from Russian Rage, Chinese Ambition, and American Complacency*. New York, NY: Penguin Books.

Enders, Adam M. 2021. "Issues versus Affect: How Do Elite and Mass Polarization Compare?" *The Journal of Politics* 83 (4): 1872-1877.

Foa, Roberto Stefan. 2021. "Why Strongmen Win in Weak States." *Journal of Democracy* 32 (1): 52-65.

Foa, Roberto Stefan, and Y. Mounk. 2016. "The Danger of Deconsolidation: The Democratic Disconnect." *Journal of Democracy* 27 (3): 5-17.

Foa, Roberto Stefan, and Y. Mounk. 2017. "The Signs of Deconsolidation." *Journal of Democracy* 28 (1): 5-16.

Foa, Roberto Stefan, A. Klassen, M. Slade, A. Rand, and R. Williams. 2020. *Global Satisfaction with Democracy 2020*. Cambridge, UK: Centre for the Future of Democracy, the University of Cambridge.

Foa, Roberto Stefan, Yascha Mounk, and Andrew Klassen. 2022. "Why the Future Cannot be Predicted." *Journal of Democracy* 33 (1): 147-155.

Frantz, Erica, Andrea Kendall-Taylor, Carisa Nietsche, and Joseph Wright. 2021. "How Personalist Politics Is Changing Democracies." *Journal of Democracy* 33 (3): 94-108.

Fukuyama, Francis. 2015. "Why is Democracy Performing So Poorly?" *Journal of Democracy* 26 (1): 11-20.

Geddes, Barbara. 1999. "What Do We Know about Democratization after Twenty Years." *Annual Review of Political Science* 2: 115-144.

Gidron, Noam, James Adams, and Will Horne. 2019. "Toward a Comparative Research Agenda on Affective Polarization in Mass Publics." *APSA Comparative Politics Newsletter* 29 (1): 30-36.

Gidron, Noam, and Peter A. Hall. 2020. "Populism as a Problem of Social Integration." *Comparative Political Studies* 51 (7): 1027-1059.

Groenendyk, Eric, Michael W. Sances, and Kirill Zhirkov. 2020. "Intraparty Polarization in American Politics." *Journal of Politics* 82 (4): 1616-1620.

Haggard, Stephan, and Robert Kaufman. 2021. "The Anatomy of Democratic Backsliding." *Journal of Democracy* 32 (4): 27-41.

Hagopian, Frances. 1990. "Democracy by Undemocratic Means: Elites, Political Pacts, and Regime Transition in Brazil." *Comparative Political Studies* 23 (2): 147-171.

Harteveld, Eelco. 2021. "Fragmeted Foes: Affective Polarization in the Multiparty Context of the Netherland." *Electoral Studies* 71: 1-16.

Hetherington, Marc, and Nonathan Weiler. 2019. *Prius or Pickup: How the Answers to Four Simple Questions Explain America's Great Divide*. Boston, MA: Mariner Books.

Inglehart, Ronald F. 2016. "How much Should We Worry?" *Journal of Democracy* 27 (3): 16-23.

Iyengar, Shanto, and Sean J. Westwood. 2015. "Fear and Loathing across Party Lines: New Evidence on Group Polarization." *American Journal of Political Science* 59 (3): 690-707.

Iyengar, Shanto, and M. Krupenkin. 2018. "The Strengthening of Partisan Affect." *Political Psychology* 39: 201-218.

Iyengar, Shanto, Yphtach Lelkes, Matthew Levendusky, Neil Malhotra, and Sean J. Westwood. 2019. "The Origins and Consequences of Affective Polarization in the United States." *Annual Review of Political Science* 22 (1): 129-146.

Karl, Terry L. 1990. "Dilemmas of Democratization in Latin America." *Comparative Politics* 23 (1): 1-21.

Karl, Terry L., and Philippe C. Schmitter. 1991. "Modes of Transition in Latin America, Southern and Eastern Europe." *International Social Science Journal* 128 (2): 269-284.

Kekkonen, Arto, and Tuomas Ylä-Anttila. 2021. "Affective blocs: Understanding Affective Polarization in Multiparty Systems." *Electoral Studies* 72: 1-12.

Levendusky, Matthew S. 2018. "Americans, Not Partisans: Can Priming American National Identity Reduce Affective Polarization?" *The Journal of Politics* 80 (1): 59-70.

Levitsky, Steven, and Daniel Ziblatt. 2018. *How Democracies Die: What History Reveals about Our Future*. New York, NY: Crown.

Lieberman, Robert C., Suzanne Mettler, and Kenneth M. Robert, eds. 2021. *Democratic Resilience: Can the United States Withstand Rising Polarization?* New York, NY: Cambridge University Press.

Linz, Juan J., and Alfred Stepan. 1996. "Toward Consolidation Democracies." *Journal of Democracy* 7 (2): 14-33.

Mainwaring, Scott, and Aníbal Pérez-Liñán. 2023. "Why Latin America's Democracies Are Stuck." *Journal of Democracy* 34 (1): 156-170.

Mason, Lilliana, and Jilie Wronski. 2018. "One Tribe to Bind Them All: How Our Social Group Attachments Strengthen Partisanship." *Political Psychology* 39: 257-277.

Mayer, Sabrina Jasmin. 2017. "How Negative Partisanship Affects Voting Behavior in Europe: Evidence from an Analysis of 17 European Multi-party Systems with Proportional Voting." *Research & Politics* 4 (1): 1-7.

Mazepus, Honorata, and Dimiter Toshkov. 2022. "Standing Up for Democracy? Explaining Citizens' Support for Democratic Checks and Balances." *Comparative Political Studies* 55 (8): 1271-1297.

McCoy, Jennifer, and Murat Somer. 2019. "Toward a Theory of Pernicious Polarization and How It Harms Democracy: Comparative Evidence and Possible Remedies." *The ANNALS of the American Academic of Political and Social Science* 681: 234-271.

Mechkova, Valeriya, Anna Lührmann, and Staffan I. Lindberg. 2018. "How Much Democratic Backsliding?" *Journal of Democracy* 28 (4): 162-169.

Mettler, Suzanne, and Robert C. Lieberman. 2020. *Four Threats: The Recurring Crises of American Democracy*. New York, NY: St. Martin's Press.

Mudde, Cas, and Cristóbal Rovira Kaltwasser. 2017. *Populism: A Very Short Introduction*. Oxford, UK: Oxford University Press.

Munck, Gerardo L., and Carol Skalnik Leff. 1997. "Modes of Transition and Democratization: South America and Eastern Europe in Comparative Perspective." *Comparative Politics* 29 (3): 343-362.

Norris, Pippa. 2011. *Democratic Deficit: Critical Citizens Revisited*. Cambridge, UK: Cambridge University Press.

Norris, Pippa, and Ronald Inglehart. 2019. *Cultural Backlash: Trump, Brexit, and Authoritarian Populism*. New York, NY: Cambridge University Press.

Noury, Abdul, and Gerard Roland. 2020. "Identity Politics and Populism in Europe." *Annual Review of Political Science* 23: 421-439.

Plattner, Marc. F. 2015. "Is Democracy in Decline?" *Journal of Democracy* 26 (1): 5-10.

Plattner, Marc. F. 2020. "Democracy Embattled." *Journal of Democracy* 31 (1): 5-10.

Przeworski, Adam. 2019. *Crises of Democracy*. New York, NY: Cambridge University Press.

Repucci, Sarah, and Amy Slipowitz. 2022. "The Global Expansion of Authoritarian Rule." *Freedom House's 2022 Report on Political Rights and Civil Liberties*: https://freedomhouse.org/sites/default/files/2022-02/FIW_2022_PDF_Booklet_ Digital_ Final_Web.pdf.

Riker, William H. 1983. "Political Theory and the Art of Heresthetics." In *Political Science: The State of the Discipline*, ed. Ada W. Finifter. Washington, DC: American Political Science Association, pp. 47-68.

Robison, Johua, and Rachel L. Moskowitz. 2019. "The Group Basis of Partisan Affective Polarization." *The Journal of Politics* 81 (3): 1075-1079.

Share, Donald, and Scott Maiwaring. 1986. "Transitions through Transaction: Democratization in Brazil and Spain." In *Political Liberalization in Brazil: Dynamics, Dilemma, and Future Prospects*, ed. Wayne A. Selcher. Boulder, CO: Westview.

Shin. Doh. C. 2021. "Democratic Deconsolidation in East Asia: Exploring System Realignments in Japan, Korea, and Taiwan." *Democratization* 28 (1): 142-160.

Simas, Elizabeth N., Scott Clifford, and Justin H. Kirkland. 2019. "How Empathic Concern Fuels Political Polarization." *American Political Science Review* 114 (1): 258-269.

Somer, Murat, and McCoy Jennifer. 2018a. "Déjà vu? Polarization and Endangered Democracies in the 21st Century." *American Behavioral Scientist* 62 (1): 3-15.

Somer, Murat, and McCoy Jennifer. 2018b. "Transformations through Polarizations and Global Threats to Democracy." *The ANNALS of the American Academy of Political and Social Science* 681 (1): 8-22.

Svolik, Milan. W. 2019. "Polarization versus Democracy." *Journal of Democracy* 30 (3): 20-32.

Svolik, Milan W., Elena Avramovska, Johanna Lutz, and Filip Milačić. 2023. "In Europe, Democracy Erodes from the Right." *Journal of Democracy* 34 (1): 5-20.

Times, T. N. Y. 2020. "Presidential Election Results: Biden Wins." *The New York Times*: https://www. nytimes.com/interactive/2020/11/03/us/elections /results-president.html.

van der Brug, Wouter, Sebastian Popa, Sara B. Hobolt, and Hermann Schmitt. 2021. "Democratic Support, Populism, and the Incumbency Effect." *Journal of Democracy* 32 (4): 131-145.

Webster, Steven W. 2018. "It's Personal: The Big Five Personality Traits and Negative Partisan Affect in Polarized U.S. Politics." *American Behavioral Scientist* 62 (1): 127-145.

Welzel, Christian. 2021. "Why the Future is Democratic." *Journal of Democracy* 32 (2): 132-144.

Welzel, Christian, Stefan Kruse, and Lennart Brunkert. 2022. "Why the Future Is (Still) Democracy." *Journal of Democracy* 33 (1): 156-162.

Wuttke, Alexander, Konstantin Gavras, and Harold Schoen. 2022. "Have Europeans Grown Tired of Democracy? New Evidence from 18 Consolidated Democracies." *British Journal of Political Science* 52 (1): 416-428.

第七章

比較威權主義研究在臺灣的發展與前瞻*

吳文欽、童涵浦

壹、前言

「比較威權主義」（comparative authoritarianism）是 21 世紀初，由比較政治領域中的「比較民主化」（comparative democratization）文獻所開展而來。在上個世紀冷戰結束之時，自由民主政體一度被 Francis Fukuyama（1992）樂觀地以為是人類政治的終極形式。但是當時序進入 21 世紀，學者卻觀察到仍有許多威權國家並未有民主化之跡象，其威權統治日益鞏固，甚至有些國家也有民主倒退（democratic backsliding）之跡象（張佑宗、朱雲漢，2013），因而有黎安友（Andrew Nathan）所提出「威權韌性」（authoritarian resilience）的理論觀點，學界也將研究焦點從「哪些因素會導致民主化」，轉為探討「為何有些國家不會民主化」，並開始針對威權國家內部統治邏輯以及政權穩定的因素進行探究，也就開啟了「比較威權主義」的文獻領域。

基於這樣的學術脈絡，本章探討比較威權主義文獻在過去 20 年來發展，以及臺灣政治學界在這個的領域的貢獻。本文後續章節安排如下，下一節討論比較威權主義文獻的發展，包括威權政體的分類以及相關理論觀點的演進，第參節則討論臺灣學者在這個研究領域的貢獻，第肆節為結論。

* 本文初稿發表於 2022 年 8 月 4 日至 5 日中央研究院政治學研究所廿週年所慶暨「政治學的現況與展望」學術研討會，並於會中承蒙王奕婷教授提出諸多建議與指正，特此致謝。

貳、比較威權主義的文獻發展

一、類型學

在比較威權主義的文獻發軔之前，已經有文獻針對不同威權政體進行研究和分析，例如 Hannah Arendt（1951）的 *The Origins of Totalitarianism*，探討國家如何透過極權主義（totalitarianism）全面滲透社會與人民的生活，爾後 Juan Linz（2000）則進一步區分了極權（totalitarian）政體與威權（authoritarian）政體的差異；Wintrobe（1990）則根據獨裁者的統治行為，區分為以意識形態和烏托邦為尚的極權獨裁者，以及以尋求統治者自身利益最大化的「惡毒」（tinpot）獨裁者。由於獨裁者的利益誘因不同，Olson（1993）則進一步區分為以四處搜刮資源為主的「流寇」（roving bandit），以及畫地為王的「坐寇」（stationary bandit），兩者的差異在於獨裁者對於其在位的時間預期（time horizon）。[1]「坐寇型」獨裁者因為因為有固定的地盤，比「流寇型」獨裁者更有誘因提供公共財，促進經濟成長以獲取更多的利益，此一分析概念對於晚近威權主義的政治經濟學研究有相當大的影響（Hankla and Kuthy, 2013; Wright, 2008）。

前述研究多以單一或是少數性質相近的獨裁政體為分析對象，並以此發展相關的理論。但是總體來說，早期學界對於威權政體的研究，仍是將其視為民主政體的對立面，並分析兩種政體在性質以及政策表現上的差異，並未細究這些威權政體內部的多樣性。例如早期學界最常用的「政體四」（Polity IV）資料庫（Marshall and Jaggers, 2002），延續其先前的資料庫版本，分析不同政權的制度特徵，提出一個從 0 至 10 之間的指數，數字愈大代表該政體愈民主，反之則愈獨裁，學界通常以 0、5、6 作為劃分民主與威權國家的門檻。此外，Przeworski、Limongi（1993）在分析全球不同政體的經濟成長時，也是以「民主 vs. 威權」的為比較分析架構。

Barbara Geddes 在 1999 年出版的一篇文章中，針對不同形式的威權政體，提出了一個分類。她把威權政體區分成「政黨型」、「皇室型」、「軍隊型」，以及「個人型」等四種，並認為這些類型的威權政體，因為其統治菁英正當性的來源不同，其政體的穩定性也有差異，其中「政黨型」威權政體因為制度化程度較高，故最為穩定，而軍隊型政體則因為軍人不擅長執政，故在掌權之後，會以維護軍隊利益為優先，再退居幕後，因而有較短的政體存續。Geddes 之後與 Joseph Wright 和 Erica Frantz，針對 1945 年至

---

[1] 用較為技術性的術語來說，即是獨裁者對未來收益的折算率（discount rate）有所不同，而採取不同的政策（Clague et al., 1996）。

2010 年間的威權政體，分年對其歸類（Geddes, Wright, and Frantz, 2014，簡稱 GWF），[2] 為比較威權主義文獻的後續發展奠基，這個資料庫也在 2015 年獲得美國政治學會比較政治小組所頒發的「Lijphart/Przeworski/Verba Dataset Award」，以表揚其對於比較政治領域公開資料的貢獻。

民主政體與威權政體的關鍵差異，在於其最高政治權力的擁有者，是否透過「自由且公平」的選舉而產生（Przeworski, 1999）。不過，當學者開始基於這個標準而劃分並研究威權政體時，卻發現雖然威權政體並不允許透過自由而公平的選舉決定最高領導人，但是其中有些卻仍允許地方選舉或是中央民意代表（例如威權時期的臺灣或墨西哥）。這種現象也促使比較威權主義另一支文獻的開展，也就是「選舉式威權主義」（electoral authoritarianism）（Schedler, 2006）、「競爭型威權主義」（comparative authoritarianism）（Levitsky and Way, 2010）。根據這些文獻，獨裁者之所以願意透過選舉部分開放政治競爭，是因為想籠絡與分化反對勢力、或是透過選舉結果確認自己和反對勢力之間的實力消長、或是保有最低程度民主的表象以獲得國際援助等（Gandhi and Lust-Okar, 2009）。這些研究也再次顯示威權政體並非總是採用高壓統治，其菁英間的政治競爭也並非完全封閉，而是會隨著獨裁者的需求，而呈現豐富的樣態，甚至也會有仿照民主政體，設立相對應的民主制度（Brancati, 2014）。

不同的研究團隊針對威權政體提出各種分類，對於理解威權政體的內部政治動態有所幫助，但是這種分類方式的侷限在於，很多威權政體因為其制度規範不明確，或者制度規範形同具文，所以那些處於不同分類之間灰色地帶的威權政體，究竟該怎麼分類，就成了見仁見智的問題，採用不同的分類有時也可能導致不同的分析結果（Wilson, 2014）。以中國為例，在 GWF 的分類裡面，從 1949 年至 2010 年之間，始終被歸類為「政黨型」威權政體，而在 CGV 的資料庫則被歸為「文人型」威權政體，但是無論是哪一種分類，都未能捕捉到中國政權內部在不同時期的狀況，特別是毛澤東在文化大革命時期集大權於一身的，以及鄧小平之後所建立「集體領導」。另一方面，很多政治制度的特徵並不會隨著時間而改變（time-invarying），此時研究者很難估計制度造成的跨時影響為何，而受限於分析跨區的差異。

---

[2]　Cheibub、Gandhi、Veerland（2010）也針對威權政體的提出了一個三分類（簡稱 CGV）：「文人型」（civilian）、「軍隊型」（military），以及「皇室型」（monarchy），CGV 的分類避免了將 GWF 硬性分為個人型與政黨型的做法，但也讓「文人型」這個類別所涵蓋的威權政體太過多元，而不容易開展相關的理論。另一方面，Hadenius、Teorell（2007）也提出一個七分類的威權政體分類方式。限於篇幅限制，本文未能針對這些資料庫進行更多討論。

　　針對這些不足，學界認為應該找出一條貫穿威權政體運作邏輯的軸線，並藉此測量各個威權政體在這條軸線上的位置，一方面避免張冠李戴，一方面也可以捕捉同一威權政體在不同時期的內部動態變化。對此，目前學界有兩個指標，一個是「權力個人化」（personalization of power，又稱 personalism）程度（Frantz et al., 2020; Geddes, Wright, and Frantz, 2018; Wright, 2021），一個是「權力鞏固」（power consolidation）（Gandhi and Sumner, 2020），這兩個指標是根據威權政體細部的特徵，例如領導人的產生方式、面臨的制度限制，以及掌握國家暴力機器的程度等，透過貝式（Bayesian）統計模型所估計而來。概略地說，這兩個指標從各種面向測量了統治者與其他菁英之間的相對權力分布，擺脫了先前採用不同方式進行分類時的限制，因此逐漸受到重視。此外，近來全球政治學界相當重視的「多元民主計畫」（Varieties of Democracy, V-Dem Project）（Lindberg et al., 2014），基於其大規模的專家調查，針對全球的政體，提出了「多元政體指數」（polyarchy index），並在依照這個指數以及 V-Dem 的其他指標，將全球政體分為四類，前兩類屬於民主政體，包含自由民主（liberal democracy）與選舉民主（electoral democracy），後兩類則屬於威權政體，包括選舉威權（electoral autocracy）與封閉威權（closed autocracy）（Lührmann, Tannenberg, and Lindberg, 2018），V-Dem 的這種分類，同時捕捉了民主－獨裁政體之間的差異，也顧及其內部的分群，是相對折衷的方式。

二、理論發展

（一）威權制度的影響

　　比較威權主義的理論也隨著前述分類的提出，而有了各種進展。既然比較威權主義的出發點是探問某些威權國家為何不會民主轉型，那麼與之相關的問題便是不同制度類型對於威權的政策表現以及政體存續的影響。這塊以制度為核心的文獻，承襲了理性選擇制度主義（rational choice institutionalism）對制度的看法（Shepsle, 2006），側重獨裁者與被統治者間在制度中的策略性互動，一方面將威權國家中的政黨、選舉、立法機構等在民主國家常見的政治制度，視為是獨裁者與被統治者之間策略性互動的結果（例如是前者用來籠絡後者的工具）；另一方面，這些制度亦被視為是外生（exogenous）的限制或賽局形式，用以解釋不同的威權政體的政策表現差異，包括政體存續時間長短（Gandhi and Przeworski, 2007）、經濟成長率高低（Wright, 2008），甚至是匯率制度的選擇（Broz, 2002）。以下概述這塊文獻的集體成果。

　　隨著 Geddes（1999）提出「政黨型」威權政體具有較長的存活期之後，學者也發現「選舉式威權」、「競爭型威權」，以及設有立法機構以制約行政權的威權政體，也存活較久，同時也會有比較好的經濟表現（Gandhi, 2008; Gandhi and Lust-Okar, 2009; Gandhi and Przeworski, 2007; Wright, 2008），最主要原因是因為透過這類威權政體較為「制度化」（institutionalized），使得菁英可以依循制度規則進行權力競爭，制度化的政治安排也讓菁英彼此對於體制以及未來有比較清楚的預測和期待，進而促成政權的穩定（Gandhi, 2008; Smith, 2005）。這些文獻也促使學者進一步探索不同威權制度所造成的政策後果。

GWF 因為對於威權政體提出了四種分類，最常被用來解釋不同威權政體的制度安排，如何影響其政策表現，包括外援的使用（Wright, 2010）、貿易政策（Hankla and Kuthy, 2013; Milner and Kubota, 2005; Wu, 2020），以及貪腐程度（Chang and Golden, 2010）。這一派文獻的理論觀點通常聚焦於不同威權政體內部的執政聯盟 —— 抑或稱為勝利聯盟（winning coalition）—— 的大小（Bueno de Mesquita et al., 2003），以及統治者對於其未來執政預期（time horizon），因而有不同的統治策略。例如，當獨裁者及其盟友預期未來仍會執政時，會傾向制訂可以嘉惠大眾且具有長期收益的政策，反之，若是獨裁者不需要維持太大的執政聯盟、或者他對於自己的掌權的時間有較短的預期，則更可能採用掠奪式的統治方式，這也是延伸自本文先前所提及 Olson（1993）關於「流寇」與「坐寇」的觀點。

不過，這些採用威權政體分類作為自變數，分析威權政體的穩定或政策表現的研究，其實是將這些制度特徵視為一個外生（exogenous）變數，但誠如 Pepinsky（2014）所指出，這些制度一開始之所以會成型，乃至於之後的變遷，是受到威權政體的初始條件（例如開國元老彼此的權力分配）所影響，而這些初始條件也可能會透過其他管道，影響到日後的政權穩定與政策表現。[3] 套用研究方法的術語來說，這類探討威權制度政治後果的研究，面臨了「內生性」（endogeneity）的問題，後續研究者必須思考如何解決這個方法上的挑戰。

---

[3] 這項反對將制度視為外生變數的觀點，源自於 William Riker（1980），也被學界稱為「Riker 異議」（Riker Objection）（Shepsle, 2008）。這種觀點認為制度變動不拘，內生於政治賽局的策略互動之間，因此無法將制度視為是某些政治經濟現象的「成因」（cause）。不過，對於制度採取外生性的理解，除了在比較威權主義的文獻中受到重視外，也在早期對某些威權國家的區域研究中獲得重視，例如研究非洲的 Bates（1981）、蘇聯的 Roeder（1993），以及中國的 Shirk（1993）。

（二）承諾學派

除了前述的「制度學派」的觀點之外，Daron Acemoglu 與 James A. Robinson 則開展出「承諾學派」，專注於威權政體的「承諾問題」（commitment problem）。他們認為威權政體下的獨裁者，無法對人民（被統治者）提出任何可信的承諾，不管是稅率的制定，或是財產權的保障等，都可能因為缺乏制度性制衡（checks and balances）與定期競爭性選舉的情況下，獨裁者可以任意的打破先前的政策承諾。基於這種承諾難題，他們分析了獨裁政權在許多政策議題上的難題，並依此指出威權政體可能民主化的條件（Acemoglu, 2003; Acemoglu and Robinson, 2005, 2006）。例如，在對財產權保障缺乏信心之下，國內與國際的私人投資者必將卻步，而勞動者也不可能全力以赴，其結果便是經濟表現不如其他具備權力制衡制度的經濟體。他們在 2012 年出版的書 *Why Nations Fail: The Origins of Power, Prosperity and Poverty*，便主張中國大陸在 1980 年代後的高速經濟成長，與過去蘇聯式的成長並無二致，依賴的是對勞工的壓制與資源的動員，而非來自對人們內在經濟動機的驅動（Acemoglu and Robinson, 2013: 94）。猶有甚者，他們更認為若中國政府不開始進行政治改革，中國大陸目前的榮景將無法持續。[4]

總而言之，在承諾學派的觀點中，威權政體下的制度所扮演的角色相對比較不重要，[5] 因為制度對於獨裁者的制約相對來說比較小、甚至是沒有約束力，反而是富人與窮人——同時也是統治者與被統治者——彼此之間在分配議題上利益衝突，才是威權政體存續與崩潰的關鍵因素，制度只是用來安排利益以化解衝突的工具（Acemoglu and Robinson, 2005）。

（三）威權政體的雙元風險

除了估計威權制度對於政權穩定與政策表現之外，有一些學者則更重視將威權政體的運作邏輯進一步「理論化」（theorize）。亦即針對不同威權制度及其影響的因果機制，提出更細緻的論點與證據。無論在民主或是威權政體，政治人物的首要目標都是尋求政治生存（political survival），亦即勝選或持續在位（Bueno de Mesquita et al., 2003）。Svolik 在一系列的研究中（Boix and Svolik, 2013; Svolik, 2009, 2012），認為威權政體的運作，因為缺乏選舉機制決定領導者的去留，因此高高在上的獨裁者必須平衡兩種執政風險，一個是他與其他政治菁英之間的關係，如果獨裁者未能處理好和其他政治菁英之

---

[4]　Acemoglu 在廣播節目《經濟漫談》（Econtalk），曾明確表達此一觀點，訪談錄參閱以下網址：http://www.econtalk.org/archives/2012/03/acemoglu_on_why.html。

[5]　很明顯地，承諾學派對制度的態度與上述的 Riker 異議是一致的。

間的關係，則面臨了政變的風險，其次則是執政聯盟和社會大眾之間的關係，如果執政聯盟和社會之間的斷裂與對立太過嚴重，則升高了群眾革命推翻政權的風險。儘管存在著雙元風險，Svolik（2012）認為獨裁者首要還是要先處理和其他菁英之間的關係，因為第二次世界大戰結束之後，多數的威權政體之所以垮臺，都是來自於執政內部的菁英衝突，尤其是政變，所以獨裁者和其他菁英之間關係，決定了威權政體的制度安排，包括彼此「權力分享」（power-sharing）的程度，以及後續的政權穩定。

　　當 Svolik 聚焦於獨裁者和菁英之間的權力分享時，其他學者則關注獨裁者與其盟友如何處理和社會大眾之間的關係，以達成政權穩定。這裡延伸出了關於威權政體究竟要重視「鎮壓」（suppression）或「收編」（cooptation）的文獻。就政權性質而言，獨裁者可以仰賴國家暴力機器（如軍隊或警察），鎮壓社會上的異議分子以延續政權，然而維持高壓統治的成本很高，不是每個威權政體都能負擔。其次，當獨裁者維持高壓統治時，會面臨到一個「護衛難題」（guardianship dilemma），亦即當獨裁者扶植一批掌握國家暴力機器的菁英來維持自己的統治地位時（例如高階將軍或是特務領袖），這些政權的護衛者也對獨裁者造成了威脅。為了避免養虎為患，獨裁者可以採取兩種手段來確保自己的統治地位，一個是避免這些有能力反噬自己的菁英聯合起來，因此讓軍隊或特務機構彼此競爭和制衡；另一種統治方式，則是透過不同的制度與政策來收編社會大眾（Frantz and Kendall-Taylor, 2014; Gandhi and Przeworski, 2006; Kim and Gandhi, 2010）。收編社會大眾除了可以消弭社會上對於獨裁統治的不滿之外，另一個效果則是可以增加獨裁者的支持度，藉此嚇阻其他菁英挑其獨裁統治之地位。

　　在此要指出的是，「政變風險」與「革命風險」並非獨立或是互斥事件，彼此之間其實息息相關。由於推翻獨裁者需要反對者彼此能夠成功地集體行動（collective action），否則當太多的人搭便車或是告密，則會功敗垂成。但是因為獨裁政權的訊息環境（information environment）通常不透明，因此反對者─無論是來自於菁英內部或是群眾─不會知道獨裁政權鎮壓的能力的高低以及獨裁者鎮壓的決心。基於這種不確定性，Casper 與 Tyson（2014）認為獨裁者回應社會抗爭的行為，提供了菁英判別政體鎮壓能力的有用訊息，特別是當媒體環境更為自由時，則更容易使菁英透過媒體報導的社會抗爭來判斷獨裁者的鎮壓能力，因而更能夠判斷是否進行政變。

　　Jack Paine 最近為威權政體中探討雙元風險、權力分享，以及政變彼此關係的文獻，注入了更為細緻的觀點。首先，傳統的觀點認為獨裁者是在菁英與群眾對於政權所造成的風險中做權衡，而決定與菁英或群眾結盟（即權力分享或政策籠絡），Paine（2021）則認為需要考慮其他菁英與群眾之間的利益親近度（affinity）。傳統觀點認為兩者之間是涇渭分明的群體，其利益更是彼此不相容，但是 Paine 指出，隨著菁英群體的不同（商人或軍人），其能夠在政體轉型後所得到的利益也不一樣，因此當獨裁者面對群眾威脅時，這些菁英團體對於獨裁政權的擁護程度，會取決於他們在獨裁政體或民主政體下可以享有的利益（Paine, 2022a）：當群眾革命會損及這些菁英的利益時，菁英並不會支持群眾，而是捍衛政權；但若是菁英利益可以在政權轉移（通常是民主轉型）後獲得確保或提升，則這些菁英會加入反對陣營；而菁英與群眾之間的利益相容與否，也會決定獨裁者是否和菁英共享權力（以及資源）：當兩者不相容時，獨裁者即使不分享權力，也能得到菁英的支持。而當獨裁者與菁英分享權力時，菁英對於獨裁者的威脅隨之提升，此時獨裁者亦需要考慮在進行權力分享時，能夠確保自己的統治地位與長期收益，否則不會輕易分享權力，甚至會策略性地排除那些對於自己權力無法造成威脅的菁英（Paine, 2022b）。

（四）資訊獨裁者

　　無論是獨裁者要牢牢掌控國家機器以維繫其威權統治、菁英要決定是否與獨裁者或群眾合作，以及群眾是否起身反抗獨裁政權，都與其身處的訊息環境有關。為了阻斷反對者（無論是菁英還是群眾），獨裁者會儘量封鎖訊息環境，並透過宣傳與散播假訊息來製造對自己有利的統治環境。但是，一旦獨裁者封鎖訊息環境，禁止人民自由發表言論，人們會因為懼怕說實話後被清算而「自我審查」（self-censorship），或是假裝順服於獨裁者的統治（Kuran, 1991），此時獨裁者反而陷入無法有效獲得訊息與確認自己統治地位的困境，這也就是 Schedler（2013）所提的「政治的不確定性」（politics of uncertainty）—— 獨裁者知道他們的權力可能會隨時受到挑戰，但是他們卻可能不知道自己承受挑戰的能力為何。

　　由於獨裁者面臨了上述「訊息困境」（informational dilemma），比較威權主義的研究也開展出一支「資訊獨裁者」（informational autocrats）的文獻，探討獨裁政權如何控管媒體與資訊（Guriev and Treisman, 2019），例如媒體審查與政策宣傳，並藉此鞏固其威權統治。

　　一般來說，威權政體進行媒體審查有兩個目的，一個是掩蓋領導人或是政策的錯誤，另一個則是避免群眾集結而顛覆政府。King、Pan、Roberts 在一系列的文章中（King, Pan, and Roberts, 2013, 2014, 2017），指出像中國這個具有嚴密網路審查機制的威權政體，其網路審查的關鍵在於避免民眾進行集體行動而顛覆政權，而非是民眾對於政府施政的個別批評，中國政府同時也會透過「網軍」（俗稱的「五毛黨」），留言稀釋網民對於某些尖銳議題的討論方向。此外，黃海峰也指出（Huang, 2015, 2018），中國政府某些宣傳手段，其目的並非在於說服，而是在於展示國家機器的穩固，從而嚇阻政權的挑戰者。換句話說，威權政府的訊息管制和宣傳之所以奏效，仰賴於強力的國家機器。然而，許多威權國家其實並不具備這樣的條件，並開始尋求中國或俄羅斯這類國家的協助。這些討論中國和俄羅斯如何將威權統治技術輸出至其他威權國家，或是透過各種方式影響鄰近國家民主運作的研究，也開展成「威權擴散」（authoritarian diffusion）的文獻（Ambrosio, 2010），並以中國和其他國家之間的關係為主要研究對象。

此外，亦有研究探討獨裁者如何獲得訊息以提升其統治成效，Egorov、Guriev、Sonin（2009）基於「委託—代理人模型」（principal-agent model），認為獨裁者為了確保地方官僚不會魚肉鄉民而造成民眾對於體制的不滿，會開放部分的媒體自由，以利用媒體對於地方官員進行監督。Repnikova（2017）也採用這個觀點來解釋中國的媒體政治，認為中國政府之所以允許非官方媒體的存在，是希望可以透過這些非官方的媒體，針對地方事務進行報導，以增加中央政府對於地方的監督和管控。沈智新、童涵浦、吳文欽（Sheen, Tung, and Wu, 2022）則對這個垂直的「中央—媒體—地方」觀點，提出了新的補充。他們認為媒體自由有助於威權政體的水平權力分享：當整個威權政體的權力分享程度愈高時，獨裁者與其他菁英更需要媒體自由，彼此獲得正確的訊息，以確保權力分享的制度不會被封閉的訊息環境所破壞。

參、比較威權主義研究在臺灣

上一節概述了過去 20 年來，比較威權主義在理論以及實證方面的進展。本節則介紹這塊文獻發展在過去十年的過程當中，臺灣學界的相關成果。總體來說，臺灣學界在這一波比較威權主義的文獻發展中，雖然並未缺席，而且不少研究成果皆具有國際能見度，但是這些成果不成比例地偏重中國研究，缺乏「比較」的視角。這樣的發展有其脈絡可尋，因為中國為當前全球最重要的威權國家，其政治發展也攸關我國的國家安全，我國政治學界長期以來累積了中國研究的充沛能量，加上過去臺灣曾經歷長達五十年的威權統治，故臺灣學者在處理與威權政體相關的研究議題時，若以中國或臺灣為主要個案，則有相對優勢。

既然當代中國是比較威權主義的重要案例（Takeuchi and Desai, 2021; Tung and Wu, 2021），臺灣學者亦有致力於應用與發展比較威權主義理論，以解釋中國政治。[6] 高頡（2012）在檢視了 150 篇討論中國共產黨統治下的中國政權性質之後，認為當代中國

---

6 可參閱徐斯儉（2014）先前的回顧文章。

揉合了多種威權主義的特色，包括在政治與社會領域呈現了「後極權主義」的色彩，即官方仍然強調意識形態的角色，但整體來說意識形態對於社會的重要性與影響力則大幅降低；在經濟領域則是呈現「國家與市場」、「官民共存」的雙元結構。周嘉辰、謝銘元（2018）則透過「亞洲民主動態調查」在中國所蒐集的民調資料，發現即使是僅參與村委會或居委會這種基層選舉，民眾對於中央政府的信任也會比對地方政府來得高。

針對「資訊獨裁」，張鈞智與林宗弘（Chang and Lin, 2020）分析了網際網路對於市民社會（civil society）的影響。儘管網際網路的興起，縮減了人們的溝通成本，也讓人對於威權國家的民主化前景有更樂觀的期待，但是林宗弘在分析了 1995 年至 2018 年間的 153 個國家後發現，獨裁者可以透過網路審查來抑制市民社會的發展，使得民主化前景黯淡。

此外，周嘉辰與黃佳雯（2021）研究中國政府鼓勵民眾針對網路內容進行舉報的「網路舉報制度」。他們發現個人的道德責任感以及政府的獎勵措施是民眾參與舉報的原因，這種制度一方面惡化了原本在中國言論市場所存在的問題：「自我審查」（self-censorship）（Shen and Truex, 2021），另一方面也弱化了民眾對於既有體制的不滿。

蔡文軒及其合作者也針對中國的宣傳以及訊息控制進行了研究。他們分析中國政府如何透過「新聞聯播」對黨國幹部釋放政治訊息（Tsai and Liao, 2021），以及地方政府如何透過蒐集民眾的大數據資料，進行「雲治理」（cloud governance），已達成防疫與維穩的目標（Lin, Wang, and Tsai, 2022）。

平思寧、王奕婷、張文揚（Ping, Wang, and Chang, 2022）則發現當一國收受愈多中國的援助時，其政治制度中的水平課責（horizontal accountability）則會愈低，因為收受援助的地方政府，不希望受到其他機關的監督。這項研究也對於中國在「威權擴散」文獻中的角色，提出了有力的註解。

童涵浦（Tung, 2019）則是討論中國在 1980 年代改革開放之後，其政治制度變遷的動力，並解釋為何習近平上臺之後，會對於過去 30 年來所逐漸累積的制度化進行改變。他認為中國高速的經濟成長，雖然對威權統治提供正當性，但也改變了獨裁者和菁英之間的權力平衡，為黨國體制埋下了不穩定的因子，使得威權統治者（即習近平）有極強的誘因重新集權，這也解釋了為何習近平在上臺之後開始集中權力，並在 2022 年的中共二十大後二度連任總書記，展開第三任期。

除了以中國為主要案例之外，亦有臺灣學者以前一節提到的威權政體資料庫為出發點，進行較大範圍的比較分析。吳文欽與其合著者在一系列的論文中（Chang and Wu, 2016; Wu, 2015, 2020; Wu and Ye, 2020）探討威權國家貿易政治。他們認為威權國家 —— 尤其是具有充沛勞動資源的威權國家 —— 可以透過自由貿易來促成經濟成長與改善經濟不平等，進而鞏固政權。另一方面，吳文欽也發現「單一政黨型」（single-party）威權政體儘管比起其他政體更會制訂貿易自由化政策，但它們的關稅表也變得更為複雜，表示其核心產業利益仍然受到貿易保護（Wu, 2020）。其次，張嘉哲與吳文欽（Chang and Wu, 2022）則指出，威權政體有誘因投資教育以促進世代流動，以減少社會大眾要求財富重分配所帶來的民主化壓力。賴定俙、呂建德、吳文欽則比較社會流動對於威權與民主國家民眾重分配偏好的影響差異（Lai, Lue, and Wu, 2021），以及威權國家的權力分享程度，如何影響社會福利政策（Lai, Lue, and Wu, 2022）

三、臺灣威權時期之個案

臺灣曾經歷 50 年的威權統治，早在比較威權主義文獻開始蓬勃發展之前，學者就針對國民黨的威權統治手法提出分析（Cheng, 1989; Chu and Lin, 2001）。不過，隨著臺灣在 1990 年代開啟民主化進程並於 2000 年經歷首次的政黨輪替，與臺灣威權統治時期的相關研究議題，便慢慢失去熱度，學界的研究焦點轉向研究選舉競爭以及民眾政治態度的變化（游清鑫，2013；Achen and Wang, 2017）。

不過，隨著相關資料的建立與解密，以及「轉型正義」（transitional justice）相關議題的提出，不少臺灣學者近來亦針對臺灣的威權統治時期的相關議題進行研究。例如蘇慶軒（2015）爬梳了相關史料，勾勒出國民黨透過臺灣警備總司令部整合國家暴力機器，打造出得以有效壓制反對勢力的威權體制。另一方面，他也指出國民黨政權的「懷柔」面：即使是高壓獨裁統治，蔣介石仍重視其在憲法上的統治正當性，因而動員政治菁英修改《動員戡亂時期臨時條款》，讓他得以三連任總統，並藉此將國民黨的威權政體進一步制度化（蘇慶軒，2020）。此外，林建志等人（2021）則進一步探討針對國民黨如何透過憲法 —— 特別是當時的大法官會議解釋 —— 強化威權政府的司法體制，一方面維持表面上的正當性，另一方面也藉此打擊異己與威嚇潛在的反對勢力。值得注意的是，這些人的研究也呈現了身處不同年代的大法官，在進行憲法解釋時的各種立論基礎，從中也可以看到大法官作為憲政守護者，從威權時期到民主化過程中角色內涵的轉變。

鄭兆佑與林奕孜（Cheng and Lin, Forthcoming）透過分析兩筆臺灣早期的民調資料（1983 年與 1992 年），解答為何在當時國民黨的一黨獨大的威權統治下，民眾會在立法委員選舉中投票給非國民黨的候選人，而當國民黨的威權統治開始瓦解後，民眾又是如何投票？他們延續先前競爭性威權以及族群投票的文獻，認為在威權統治下，選民對於既有威權政黨的支持，除了受其既有的族群認同影響之外，亦受到其所屬族群規模的大小左右。在威權時期，具有臺灣人認同的選民，更可能會支持反對黨候選人，但是隨著其選區內臺灣人族群的增加，族群認同的動員效果反而會降低。不過，他們也透過1992年的民調資料另外補充了一個觀點：族群規模對於投票選擇的影響，在臺灣民主化之後則因為反對黨的成立而消失。

此外，邱訪義與洪知延針對1947年的二二八事件，建立了一個以鄉鎮為層級的死亡人數資料庫，並結合「臺灣社會變遷」與「臺灣選舉與民主化調查」的民調資料進行分析（Chiou and Hong, 2021），他們發現當受訪者所在的鄉鎮市區在二二八事件中的死亡人數愈多，愈不支持國民黨的政策及其提名的總統候選人，同時也更傾向認同自己是臺灣人。

臺灣在民進黨政府於2016年贏得總統大選之後，設立「促進轉型正義委員會」（簡稱「促轉會」），專門處理轉型正義相關議題，學界也針對民主轉型後的轉型正義議題進行研究。周婉窈（2019）針對轉型正義所涉及歷史爭議、政策議題，以及落實概況，做了清楚的介紹，她也將臺灣在白色恐怖時期的威權統治，連結至目前臺灣面臨的「中國威脅」（「白恐」與「紅恐」），呈現了臺灣實踐轉型正義的複雜性。事實上，早在2006年，吳乃德便認為臺灣在民主化過程中，並未妥善處理轉型正義，讓臺灣的轉型正義工程是「有一萬多個受害者，卻沒有任何加害者」（吳乃德，2006：15），也是「缺乏歷史正義的轉型」，成為推動轉型正義國家中的特殊案例。2020年，他以1980年的「美麗島大審」為出發點，梳理了臺灣威權時期反對陣營如何對抗國民黨威權統治的歷史，並論述美麗島大審、林宅血案、陳文成命案等事件，如何在1980年代的臺灣民間匯聚成為風起雲湧的民主運動，並讓臺灣步入第三波民主轉型國家之列（吳乃德，2020）。

促轉會也著手建立「臺灣轉型正義資料庫」，針對威權時期的政治案件，整理了將近1萬5,000筆的判決資料，並公開釋出。這筆資料近來也受到年輕一代的臺灣學者所重視。蘇彥斌（2021）針對死刑與無罪判決進行分析，發現蔣介石核覆過的案件，有較高的機率被法官判為死刑。蘇慶軒、王奕婷、劉昊（2021）則指出當時司法官與參謀總長在經手政治案件時，會「揣摩」蔣介石的心意，包括針對蔣介石否決或是批示再審的案子，通常會加重刑度。劉昊（2022）則從受刑人的關係網絡，勾勒出當時威權政府打擊異議分子的策略，包括針對異議分子及其親近人士進行打壓，對於告密者施予恩惠以繼續維持國家對於反對勢力的監控。這些研究不但有助於學界更進一步理解臺灣當年的威權統治，也對於比較威權主義中較為缺乏的司法政治研究，增添了新的研究資料與視角[7]。

---

[7] 關於臺灣學界在司法政治的研究，亦可參閱本書中由吳重禮所撰寫的回顧文章。

肆、代結語：未來研究議題

本文回顧了比較威權主義在過去近 20 年來的發展，以及臺灣學者在這個領域的貢獻。整體來說，比較威權主義文獻對於威權政體的內部運作以及不同威權政體的政策後果，較早期比較民主化文獻提出更多細緻的理論觀點與經驗證據，也解釋了為何有些國家可以具有「威權韌性」以避免民主化，甚至透過威權統治技術的輸出，延緩（甚至是拉回）其他國家的民主進程。而臺灣學術社群在這個領域的貢獻，一方面是延續過去在中國研究領域的優勢，解釋中國這個當前全球最關鍵的威權政體的內部運作，如何強化其威權統治，另一方面也透過分析全球的威權政體，延伸或補充比較威權主義的文獻。以下謹提出三個臺灣學界未來能夠繼續對此領域作出貢獻的研究方向。

首先是數位威權主義的研究。中國當前「資訊獨裁者」的典範，透過各種數位監控技術，對其國內言論進行各種審查與壓制，這種統治手段也被認為是「數位威權主義」（digital authoritarianism），也有為數不少的報告指出，中國正在對於其他國家輸出數位威權主義，包括協助它們發展數位監控技術、或是透過其政商經濟網絡影響他國的言論自由，進而威脅全球的民主發展。黃兆年（2022）就指出，由於許多臺灣的媒體老闆在中國有事業投資（例如擁有《中國時報》的旺旺集團），或者是有進軍中國市場的企圖，因而會迫使旗下媒體進行「自我審查」，不報導對於中國不利的言論。對於像是中國如何繼續數位威權主義以鞏固其獨裁統治，並影響他國內政，預計也會持續為比較威權主義文獻所關注。

其次是威權的擴散。「民主倒退」、「威權化」（autocratization）等議題在本世紀初期即開始受到注意（Diamond, 2002, 2015；張佑宗、朱雲漢，2013），並在過去十年因為中國、俄羅斯等威權國家在全球事務發揮的影響力而更為受到重視，發展出威權擴散這項研究議題。臺灣曾經長時間經歷國民黨的威權統治，其目前的民主制度與國家安全則時時刻刻受到中國的威脅（Chen, 2022），因此相當需要投入資源與人力研究威權擴散的相關議題，以確保民主制度順利運作。

最後，隨著臺灣政府的開放檔案，許多過去威權時期的行政資料得以公開或數位化，除了前面提到的轉型正義資料庫之外，亦有立法院以及臺灣省議會的質詢內容，可以結合中央選舉委員會所公布的選舉資料，將當時執政黨以及黨外人士的問政，與其選舉成敗進行分析，更全面地勾勒出臺灣在威權時期的政治地景。

參考書目

吳乃德，2020，《臺灣最好的時刻，1977-1987：民族記憶美麗島》，臺北：唐山。

周婉窈，2019，《轉型正義之路：島嶼的過去與未來》，臺北：國家人權博物館。

周嘉辰、謝銘元，2018，〈威權體制內部的民主制度：中國大陸民眾體制內政治參與對其政治態度的影響〉，《政治學報》（66）：1-28。

周嘉辰、黃佳雯，2021，〈大眾化的網路監管與威權體制：中國大陸的網路「舉報」制度〉，《政治學報》（71）：99-129。

林建志、林春元、徐偉群、陳慧雯、楊雅雯、劉恆妏、蘇彥圖、蘇慧婕，2021，《奉命釋法：大法官與轉型正義》，臺北：促進轉型正義委員會。

徐斯儉，2014，〈辯證中的變與不變：中共黨國體制的台灣研究〉，吳玉山、林繼文、冷則剛（編），《政治學的回顧與前瞻》，臺北：五南，頁 397-417。

高頡，2012，〈多種類型的威權主義：中國政權性質的探討〉，《中國大陸研究》57（3）：1-38。

張佑宗、朱雲漢，2013，〈威權韌性與民主赤字：21 世紀初葉民主化研究的趨勢與前瞻〉，吳玉山、林繼文、冷則剛（編），《政治學的回顧與前瞻》，臺北：五南，頁 121-150。

游清鑫，2013，〈台灣選舉研究的回顧與前瞻 —— 以 TEDS 十年來的資料使用為例〉，吳玉山、林繼文、冷則剛（編），《政治學的回顧與前瞻》，臺北：五南，頁 359-376。

黃兆年，2022，〈威權的跨境流動與消長：中國因素、雙重政商關係與臺灣媒體自我審查〉，《問題與研究》61（3）：1-50。

蘇彥斌，2021，〈臺灣白色恐怖時期政治案件終審結果之解析：以死刑判決與無罪判決為例〉，《東吳政治學報》39（1）：1-56。

蘇慶軒，2015，〈國民黨政府的戰爭規劃與威權統治：臺灣警備總司令部的戰時職能及其威權控制的作用〉，《政治科學論叢》（64）：137-167。

蘇慶軒，2020，〈威權憲制 —— 解釋蔣介石三連任總統的決策過程與國民黨威權政體的制度化〉，《臺灣民主季刊》17（3）：51-100。

蘇慶軒、王奕婷、劉昊，2021，〈司法鎮壓：「揣摩上意」在台灣威權時期軍事審判中的影響〉，《東吳政治學報》39（2）：55-93。

Acemoglu, Daron. 2003. "Why Not a Political Coase Theorem? Social Conflict, Commitment, and Politics." *Journal of Comparative Economics* 31 (4): 620-652.

Acemoglu, Daron, and James A. Robinson. 2005. *Economic Origins of Dictatorship and Democracy*. New York, NY: Cambridge University Press.

Acemoglu, Daron, and James A. Robinson. 2006. "Economic Backwardness in Political Perspective." *American Political Science Review* 100 (1): 115-131.

Acemoglu, Daron, and James Robinson. 2013. *Why Nations Fail: The Origins of Power, Prosperity, and Poverty*. New York, NY: Crown Business.

Achen, Christopher Henry, and T. Y. Wang, eds. 2017. *The Taiwan Voter*. Ann Arbor, MI: University of Michigan Press.

Ambrosio, Thomas. 2010. "Constructing a Framework of Authoritarian Diffusion: Concepts, Dynamics, and Future Research." *International Studies Perspectives* 11 (4): 375-392.

Arendt, Hannah. 1951. *The Origins of Totalitarianism*. New York, NY: Harcourt, Brace and Co.

Bates, Robert H. 1981. *Markets and States in Tropical Africa: The Political Basis of Agriculatural Policies*. Berkeley, CA: University of California Press.

Boix, Carles, and Milan W. Svolik. 2013. "The Foundations of Limited Authoritarian Government: Institutions, Commitment, and Power-Sharing in Dictatorships." *Journal of Politics* 75 (2): 300-316.

Brancati, Dawn. 2014. "Democratic Authoritarianism: Origins and Effects." *Annual Review of Political Science* 17 (1): 313-326.

Broz, J. Lawrence. 2002. "Political System Transparency and Monetary Commitment Regimes." *International Organization* 56 (4): 861-887.

Bueno de Mesquita, Bruce, Alastair Smith, Randolph M. Siverson, and James D. Morrow. 2003. *The Logic of Political Survival*. Cambridge, MA: MIT Press.

Casper, Brett Allen, and Scott A. Tyson. 2014. "Popular Protest and Elite Coordination in a Coup d'état." *Journal of Politics* 76 (2): 548-564.

Chang, Eric, and Miriam A. Golden. 2010. "Sources of Corruption in Authoritarian Regimes." *Social Science Quarterly* 91 (1): 1-20.

Chang, Eric C. C., and Wen-Chin Wu. 2016. "Preferential Trade Agreements, Income Inequality, and Authoritarian Survival." *Political Research Quarterly* 69 (2): 281-294.

Chang, Eric C. C., and Wen-Chin Wu. 2022. "Autocracy and Human Capital." *World Development* 157: 105929.

Chang, Chun-Chih, and Thung-Hong Lin. 2020. "Autocracy Login: Internet Censorship and Civil Society in the Digital Age." *Democratization* 27 (5): 874-895.

Cheibub, José Antonio, Jennifer Gandhi, and James Raymond Vreeland. 2010. "Democracy and Dictatorship Revisited." *Public Choice* 143 (1-2): 67-101.

Chen, Ketty W. 2022. "Combating Beijing's Sharp Power: Taiwan's Democracy under Fire." *Journal of Democracy* 33 (3): 144-157.

Cheng, Chao-Yo, and Yi-Tzu Lin. Forthcoming. "Ethnic Ties, Organized Opposition and Voter Defection in Authoritarian Elections." *Government and Opposition*: https://doi.org/10.1017/gov.2021.48.

Cheng, Tun-jen. 1989. "Democratizing the Quasi-Leninist Regime in Taiwan." *World Politics* 41 (4): 471-499.

Chiou, Fang-Yi, and Ji Yeon Hong. 2021. "The Long-Term Political Effects of State Repression on Political Behavior and Attitudes: Evidence from Taiwan." *Journal of East Asian Studies* 21 (3): 427-448.

Chu, Yun-han, and Jih-wen Lin. 2001. "Political Development in 20th-Century Taiwan: State-Building, Regime Transformation and the Construction of National Identity." *The China Quarterly* 165: 102-129.

Clague, Christopher, Philip Keefer, Stephen Knack, and Mancur Olson. 1996. "Property and Contract Rights in Autocracies and Democracies." *Journal of Economic Growth* 1 (2): 243-276.

Diamond, Larry. 2002. "Thinking About Hybrid Regimes." *Journal of Democracy* 13 (2): 21-35.

Diamond, Larry. 2015. "Facing Up to the Democratic Recession." *Journal of Democracy* 26 (1): 141-155.

Egorov, Georgy, Sergei Guriev, and Konstantin Sonin. 2009. "Why Resource-Poor Dictators Allow Freer Media: A Theory and Evidence from Panel Data." *American Political Science Review* 103 (4): 645-668.

Frantz, Erica, and Andrea Kendall-Taylor. 2014. "A Dictator's Toolkit Understanding How Co-Optation Affects Repression in Autocracies." *Journal of Peace Research* 51 (3): 332-346.

Frantz, Erica, Andrea Kendall-Taylor, Joseph Wright, and Xu Xu. 2020. "Personalization of Power and Repression in Dictatorships." *Journal of Politics* 82 (1): 372-377.

Fukuyama, Francis. 1992. *The End of History and the Last Man*. New York, NY: The Free Press.

Gandhi, Jennifer. 2008. *Political Institutions Under Dictatorship*. New York, NY: Cambridge University Press.

Gandhi, Jennifer, and Adam Przeworski. 2006. "Cooperation, Cooptation, and Rebellion under Dictatorships." *Economics and Politics* 18 (1): 1-26.

Gandhi, Jennifer, and Adam Przeworski. 2007. "Authoritarian Institutions and the Survival of Autocrats." *Comparative Political Studies* 40 (11): 1279-1301.

Gandhi, Jennifer, and Ellen Lust-Okar. 2009. "Elections under Authoritarianism." *Annual Review of Political Science* 12: 403-422.

Gandhi, Jennifer, and Jane Lawrence Sumner. 2020. "Measuring the Consolidation of Power in Nondemocracies." *Journal of Politics* 82 (4): 1545-1558.

Geddes, Barbara. 1999. "What Do We Know About Democratization After Twenty Years?" *Annual Review of Political Science* 2: 115-144.

Geddes, Barbara, Joseph Wright, and Erica Frantz. 2014. "Autocratic Breakdown and Regime Transitions: A New Data Set." *Perspectives on Politics* 12 (2): 313-331.

Geddes, Barbara, Joseph Wright, and Erica Frantz. 2018. *How Dictatorships Work*. New York, NY: Cambridge University Press.

Guriev, Sergei, and Daniel Treisman. 2019. "Informational Autocrats." *Journal of Economic Perspectives* 33 (4): 100-127.

Hadenius, Axel, and Jan Teorell. 2007. "Pathways from Authoritarianism." *Journal of Democracy* 18 (1): 143-157.

Hankla, Charles, and Daniel Kuthy. 2013. "Economic Liberalism in Illiberal Regimes: Authoritarian Variation and the Political Economy of Trade." *International Studies Quarterly* 57 (3): 492-504.

Huang, Haifeng. 2015. "Propaganda as Signaling." *Comparative Politics* 47 (4): 419-437.

Huang, Haifeng. 2018. "The Pathology of Hard Propaganda." *Journal of Politics* 80 (3): 1034-1038.

Kim, Wonik, and Jennifer Gandhi. 2010. "Coopting Workers under Dictatorship." *Journal of Politics* 72 (3): 646-658.

King, Gary, Jennifer Pan, and Margaret E. Roberts. 2013. "How Censorship in China Allows Government Criticism but Silences Collective Expression." *American Political Science Review* 107 (2): 326-343.

King, Gary, Jennifer Pan, and Margaret E. Roberts. 2014. "Reverse-Engineering Censorship in China: Randomized Experimentation and Participant Observation." *Science* 345 (6199): https://science.sciencemag.org/content/345/6199/1251722 (accessed August 25, 2021).

King, Gary, Jennifer Pan, and Margaret E. Roberts. 2017. "How the Chinese Government Fabricates Social Media Posts for Strategic Distraction, Not Engaged Argument." *American Political Science Review* 111 (3): 484-501.

Kuran, Timur. 1991. "Now Out of Never: The Element of Surprise in the East European Revolution of 1989." *World Politics* 44 (1): 7-48.

Lai, Ding-Yi, Jen-Der Lue, and Wen-Chin Wu. 2021. "Intergenerational Mobility and Preference for Redistribution: Evidence from East Asia." *Journal of Asian Public Policy* 14 (1): 45-62.

Lai, Ding-Yi, Jen-Der Lue, and Wen-Chin Wu. 2022. "Personalization of Power and Social Welfare Spending under Dictatorships: A Cross-Country Analysis." *International Journal of Social Work and Social Welfare* 1 (1): 1-31.

Levitsky, Steven, and Lucan A. Way. 2010. *Competitive Authoritarianism: Hybrid Regimes after the Cold War*. New York, NY: Cambridge University Press.

Lin, Ruihua, Hsin-Hsien Wang, and Wen-Hsuan Tsai. 2022. "China's Cloud Governance: The Big Data Bureau and COVID-19 Crisis Management." *China Review* 22 (1): 135-158.

Lindberg, Staffan I., Michael Coppedge, John Gerring, and Jan Teorell. 2014. "V-Dem: A New Way to Measure Democracy." *Journal of Democracy* 25 (3): 159-169.

Linz, Juan J. 2000. *Totalitarian and Authoritarian Regimes*. Boulder, CO: Lynne Rienner Publishers.

Liu, Howard. 2022. "Dissent Networks, State Repression, and Strategic Clemency for Defection." *Journal of Conflict Resolution* 66 (7-8): 1292-1319.

Lührmann, Anna, Marcus Tannenberg, and Staffan I. Lindberg. 2018. "Regimes of the World (RoW): Opening New Avenues for the Comparative Study of Political Regimes." *Politics and Governance* 6 (1): 60-77.

Marshall, Monty, and Keith Jaggers. 2002. "Polity IV Project: Political Regime Characteristics and Transitions, 1800-2002." http://www.cidcm.umd.edu/inscr/polity/index.htm (accessed September 1, 2011).

Milner, Helen V., and Keiko Kubota. 2005. "Why the Move to Free Trade? Democracy and Trade Policy in the Developing Countries." *International Organization* 59 (1): 107-143.

Nathan, Andrew J. 2003. "Authoritarian Resilience." *Journal of Democracy* 14 (1): 6-17.

Olson, Mancur. 1993. "Dictatorship, Democracy, and Development." *American Political Science Review* 87 (3): 567-576.

Paine, Jack. 2021. "The Dictator's Power-Sharing Dilemma: Countering Dual Outsider Threats." *American Journal of Political Science* 65 (2): 510-527.

Paine, Jack. 2022a. "Reframing the Guardianship Dilemma: How the Military's Dual Disloyalty Options Imperil Dictators." *American Political Science Review*: https://www.cambridge.org/core/journals/american-political-science-review/article/reframing-the-guardianship-dilemma-how-the-militarys-dual-disloyalty-options-imperil-dictators/FAB035DCE1D5EA6CE383D3A7DFB48062 (accessed July 26, 2022).

Paine, Jack. 2022b. "Strategic Power Sharing: Commitment, Capability, and Authoritarian Survival." *Journal of Politics* 84 (2): 1226-1232.

Pepinsky, Thomas. 2014. "The Institutional Turn in Comparative Authoritarianism." *British Journal of Political Science* 44 (3): 631-653.

Ping, Szu-Ning, Yi-Ting Wang, and Wen-Yang Chang. 2022. "The Effects of China's Development Projects on Political Accountability." *British Journal of Political Science* 52 (1): 65-84.

Przeworski, Adam, and Fernando Limongi. 1993. "Political Regimes and Economic Growth." *Journal of Economic Perspectives* 7 (3): 51-69.

Przeworski, Adam. 1999. "Minimalist Conception of Democracy: A Defense." In *Democracy's Value*, eds. Ian Shapiro and Casiano Hacker-Cordon. Cambridge, UK: Cambridge University Press, pp. 23-55.

Repnikova, Maria. 2017. *Media Politics in China: Improvising Power Under Authoritarianism.* Cambridge, UK; New York, NY: University Printing House.

Riker, William H. 1980. "Implications from the Disequilibrium of Majority Rule for the Study of Institutions." *American Political Science Review* 74 (2): 432-446.

Roeder, Philip G. 1993. *Red Sunset: The Failure of Soviet Politics*. Princeton, NJ: Princeton University Press.

Schedler, Andreas, ed. 2006. *Electoral Authoritarianism: The Dynamics of Unfree Competition*. Boulder, CO: L. Rienner Publishers.

Schedler, Andreas. 2013. *The Politics of Uncertainty: Sustaining and Subverting Electoral Authoritarianism.* New York, NY: Oxford University Press.

Sheen, Greg Chih-Hsin, Hans H. Tung, and Wen-Chin Wu. 2022. "Power Sharing and Media Freedom in Dictatorships." *Political Communication* 39 (2): 202-221.

Shen, Xiaoxiao, and Rory Truex. 2021. "In Search of Self-Censorship." *British Journal of Political Science* 51 (4): 1672-1684.

Shepsle, Kenneth A. 2006. "Rational Choice Institutionalism." In *The Oxford Handbook of Political Institutions*, eds. Sarah A. Binder, R. A. W. Rhodes, and Bert A. Rockman. New York, NY: Oxford Unicersity Press, pp. 24-26.

Shepsle, Kenneth A. 2008. "Old Questions and New Answers about Institutions: The Riker Objection Revisited." In *The Oxford Handbook of Political Economy*, eds. Donald A. Wittman and Barry R. Weingast. New York, NY: Oxford University Press, pp. 1031-1049.

Shirk, Susan L. 1993. *The Political Logic of Economic Reform in China*. New York, NY: University of California Press.

Smith, Benjamin. 2005. "Life of the Party: The Origins of Regime Breakdown and Persistence under Single-Party Rule." *World Politics* 57 (3): 421.

Svolik, Milan. 2009. "Power Sharing and Leadership Dynamics in Authoritarian Regimes." *American Journal of Political Science* 53 (2): 477-494.

Svolik, Milan. 2012. *The Politics of Authoritarian Rule*. New York, NY: Cambridge University Press.

Takeuchi, Hiroki, and Saavni Desai. 2021. "Chinese Politics and Comparative Authoritarianism: Institutionalization and Adaptation for Regime Resilience." *Japanese Journal of Political Science* 22 (4): 381-392.

Tsai, Wen-Hsuan, and Xingmiu Liao. 2021. "A Mechanism of Coded Communication: Xinwen Lianbo and CCP Politics." *Modern China* 47 (5): 569-597.

Tung, Hans H. 2019. *Economic Growth and Endogenous Authoritarian Institutions in Post-Reform China*. Cham, Switzerland: Springer.

Tung, Hans H., and Wen-Chin Wu. 2021. "What Can Comparative Authoritarianism Tell Us About China Under Xi Jinping (and Vice Versa)?" *Issues & Studies* 57 (4): 2150013.

Wilson, Matthew C. 2014. "A Discreet Critique of Discrete Regime Type Data." *Comparative Political Studies* 47 (5): 689-714.

Wintrobe, Ronald. 1990. "The Tinpot and the Totalitarian: An Economic Theory of Dictatorship." *American Political Science Review* 84 (3): 849-872.

Wright, Joseph. 2008. "Do Authoritarian Institutions Constrain? How Legislatures Affect Economic Growth and Investment." *American Journal of Political Science* 52 (2): 322-343.

Wright, Joseph. 2010. "Aid Effectiveness and the Politics of Personalism." *Comparative Political Studies* 43 (6): 735-762.

Wright, Joseph. 2021. "The Latent Characteristics That Structure Autocratic Rule." *Political Science Research and Methods* 9 (1): 1-19.

Wu, Wen-Chin. 2015. "When Do Dictators Decide to Liberalize Trade Regimes? Inequality and Trade Openness in Authoritarian Countries." *International Studies Quarterly* 59 (4): 790-801.

Wu, Wen-Chin. 2020. "Rethinking Coalition Size and Trade Policies in Authoritarian Regimes: Are Single-Party Dictatorships Less Protectionist?" *Party Politics* 26 (2): 143-153.

Wu, Wen-Chin, and Fangjin Ye. 2020. "Preferential Trade Agreements, Democracy, and the Risk of Coups d'état." *Social Science Quarterly* 101 (5): 1834-1849.

第八章

政治制度與議會內閣制下的聯合政府治理[*]

林政楠

壹、前言

在採取議會內閣制的國家中，基於行政與立法權融合（fusion of powers）的運作原則，政府需要向議會多數負責（Lijphart, 1984; Stepan and Skach, 1993; Strøm, Müller, and Bergman, 2003），也因此執政權力往往落在取得議會過半數席次的政黨手中，並由該政黨組成「單一政黨政府」（single party government），制定並推行國家政策。然而，在沒有任何政黨能夠獲得議會過半數席次的情況下，「聯合政府」（coalition government）便成為一種可能的解決方式。聯合政府是由兩個以上的政黨結盟組成，儘管需要共享執政權力，但同時也能掌握議會半數以上席次，藉此確保政府政策能夠得到議會支持，也因此又稱作「多黨政府」（multiparty government）。實際上，聯合政府在全球民主國家中已經是十分常見的治理模式，特別是選舉制度採用比例代表制的國家，更經常能觀察到聯合政府出現（Strøm, Müller, and Smith, 2010）。以西歐的議會內閣制國家為例，在 1945 年至 2020 年之間，有將近七成的內閣政府是由兩個以上的政黨組成（Bergman, Bäck, and Hellström, 2021: 17）。即使是英國、西班牙等過去從未有過聯合政府的國家，也分別在 2010 年與 2020 年出現了多黨聯合執政的紀錄。

由於聯合政府的治理（coalition governance）需要政黨之間分享執政權力，這樣的治理模式也讓這些加入政府的政黨面臨了一個具有複雜行為動機的困境（dilemma）。一方面，由於政府的最終目標是透過制定一系列的相關政策，穩定且有效率地帶領國家前進，這意味著加入聯合政府的政黨彼此之間需要相互合作，找出彼此都能同意的一套治國方略。而為了達成這樣的目標，政黨之間勢必要做出一定程度的政策妥協（policy compromise）。另一方面，這些政黨又必須相互競爭，在選舉時獨自面對選民，透過提出能夠解決國家問題的相關政策來獲得選票。此外，政黨在聯合執政時所作的政策

* 本文內容曾刊登於林政楠，〈政治制度與議會內閣制下的聯合政府治理〉（一般論文），《問題與研究》，第 62 卷第 2 期（2023 年 6 月），頁 91-116。感謝國立政治大學國際關係研究中心《問題與研究》同意轉載。

妥協，也很可能因為與過去的選舉承諾不一致，而造成選民的不滿以及選票的流失
（Fortunato, 2019a）。因此，這種同時需要政黨之間進行合作與競爭的緊張關係，成為
了聯合政府的主要特點之一（Martin and Vanberg, 2011），也衍生了許多相關且多樣化
的研究課題，長期以來吸引了許多比較政治學者的目光。

儘管關於聯合政府的研究文獻已累積了相當豐碩的成果，但早期的研究目光大多圍
繞在與聯合政府組成（coalition formation）或者是政府終結（coalition termination）等議
題相關的研究課題上，包括哪些政黨能夠加入聯合政府、聯合政府的型態、組成一個新
政府所需的時間長短、聯合政府的穩定性，以及政黨在組成政府時的利益分配等問題。[1]
而對於聯合政府在成立與結束之間的這個過程中的諸多議題，例如執政政黨之間在治理
過程中的互動關係，特別是這些政黨在合作與競爭上的策略考量，一直到過去十多年間
才開始受到學界較多的關注。許多研究者針對政黨在聯合治理時採取的各類策略性行
為，以及政治制度在治理過程中扮演的角色以及影響，展開了廣泛的研究調查，也提出
了相當亮眼的研究發現，大大的提升了學界對於聯合治理的理解。

有鑒於聯合政府此一治理模式的常見程度，以及與其運作對於像是民主治理、代議
政治、政黨競爭、以及立法行為等相關課題所提供的廣泛意涵，本文旨在針對前述的研
究文獻進行簡略回顧。首先，我們將分析討論政黨在聯合政府下所面臨的治理困境，同
時解釋為何制度的建立有助於聯合政府內的政黨克服這個難題；再來會針對現有文獻中
談到，有助於克服聯合治理困境的相關制度進行回顧；最後，文末將探討這個文獻未來
可能的研究方向。

貳、代理問題與聯合執政的困境

議會內閣制的主要特徵之一，即是一個由多層不同的委託人與代理人關係
（principal-agent relationship）構成的一連串委任過程（delegation process）。在這個過程
中，選民首先透過選舉將政治決策的權力委任給國會議員；而在選舉過後，議會整體再
將行政權力委任給由總理（prime-minister）所帶領的內閣政府（cabinet government）；
最後，再由總理將決策權力交由內閣政府內負責不同政策領域的部會首長（head of

---

[1] 針對聯合政府組成與終結的相關研究可說是車載斗量，且涉及的研究課題十分廣泛，僅用少數
  章節難以做全面性地爬梳。此外，也有許多學者已針對各別議題做過十分完整的回顧，有興趣
  的讀者可以參閱像是 Laver 與 Schofield（1998）、Martin 與 Stevenson（2001）、Laver（2003）、
  Warwick 與 Druckman（2001）等人對於相關文獻的介紹。

ministerial departments），並更進一步的由部會首長委任給其附屬的行政官僚（Strøm, 2000），落實政府政策的起草與制定。

值得注意的是，凡是權力的委任都有相對的風險存在（Strøm, Müller, and Smith, 2010），因為委任本身同時給予了代理人（agents）許多機會，去做出追求自身利益，但同時違反委託人（principals）相關權益的行為，也因此產生所謂的「代理問題」（agency problem）。代理問題的出現，往往是因為委託人與代理人之間存在利益衝突（conflicting interests）以及資訊落差（information asymmetry）所導致（Lupia and McCubbins, 2000; Strøm, 2000）。由於委託人與代理人之間的利益或偏好不一致，給予代理人充分的動機，優先以自身的偏好行事；而兩者之間的資訊不對稱則是讓代理人有足夠的能力，透過隱匿相關資訊或者是行為，在不讓委託人察覺的情況下，追逐自身利益並讓委託人的權益受損（Kiewiet and McCubbins, 1991）。面對這樣的「代理損失」（agency loss），委託人因為資訊不對稱，也難以對代理人究責，進而使得此一代理關係失靈（delegation fail）（Lupia and McCubbins, 1998）。

在單一政黨掌握內閣政府的情況下，無論是作為委託人的總理（或是內閣政府），或者是作為代理人的各部會首長大多來自同一政黨，在政策偏好上的歧異程度通常較小，因此在內閣政府內部的委託與代理關係上，也相對單純。此外，政府執政所涉及的政治責任，通常也是由該政黨一肩扛起，所以產生代理問題的機會相對不高；即便是產生了代理問題，也能夠以政黨內部的機制來處理（Thies, 2001）。然而，在多個政黨聯合執政時，卻是完全不同的情況。因為內閣政府在不同議題領域下的政策制訂主要是由各個部會首長負責，在內閣部會分別由不同政黨掌握的情況下，總理需將決策權力交到分屬不同政黨的各個部會首長手中，而這種跨越黨派的權力委任，使得原本相對單純地的委任過程變得複雜（Andeweg, 2000; Müller, 2000; Strøm, 2000）。由於每位內閣部長在其負責的政策領域中有其決策裁量權（discretionary power）以及議題設定權（agenda-setting power），同時他們也具備了其他部會首長不具有的獨特政策資訊（Laver and Shepsle, 1996），因此，若是執政政黨之間存在顯著的偏好分歧，加上這些政黨需要對各自的支持者負責，回應選民的政策偏好，並且實現他們在前次選舉中的競選承諾（Naurin, Royed, and Thomson, 2019; Thomson et al., 2017），會使得每個政黨具備相當充分的動機，去利用其所控制的內閣部長來追求自身政策利益，而不是專注於落實由執政政黨所聯合擬定的執政方針。在這樣的情況下，前述的代理問題便隨之產生。

更仔細的說，在聯合政府成立之初，組織政府的政黨之間通常會有一個彼此都同意的未來執政藍圖，包含未來大致的政策走向。但因這些政黨在不同的政策議題上通常都有不同的偏好（Strøm and Müller, 1999），故掌握部會首長的政黨，隨時能夠利用自身的政策權力，以及與其他內閣執政夥伴（ruling partners）之間的資訊不對稱，在其負責的政策議題上，追求或者是擬定有利於自身政黨政策利益的法案。這種由聯合內閣內的政黨，透過其所屬部會首長所採取的投機行為，也稱為「部長政策偏移」（ministerial policy drift）。由於分屬不同政黨的部會首長之間沒有動機分享政策資訊，在資訊不對稱的情況下，部長與其所屬政黨單方面的政策偏移，會造成其他執政夥伴無法有效地評估該政策法案未來可能帶來的結果與影響，使得最終通過的法案，可能完全不同於聯合政府成立時的預期。這除了破壞聯合政府成立時由各個政黨所同意的執政協定外，也會傷害到其他執政政黨的利益（Martin and Vanberg, 2004）。甚至，這類源於執政政黨之間偏好差異的政策偏移行為，會加深政黨之間原有的分歧，連帶影響聯合政府的穩定性與其存續，且進一步降低這些政黨在未來再次結盟的可能性（Döring and Hellström, 2013; Imre et al., 2023; Tavits, 2008）。

因此，為了確保政黨之間在聯合政府內的合作能夠順利進行，同時避免執政夥伴透過其掌握的部會首長職位，做出片面破壞聯合執政的偏移行為，聯合政府在執政過程中如何消弭可能存在的代理問題，便成為了學界關注的重點。對此，許多學者們大多都同意，政治制度（political institutions）的存在是解決聯合政府下代理問題的重要關鍵。誠如 North（1990）所言，行為者之間必須透過制度建立消除彼此間的資訊差異，如此才能夠有效的監督合作夥伴可能出現的違約行為，並確保合作關係的持續。的確，在過去的 20 年中，許多研究者將重心放在聯合政府內的政黨在執政的過程中，如何利用各種不同的控制機制（control mechanisms），來預防、監督，甚至是修正其執政夥伴所可能採取策略性偏移行為，降低其可能面臨的代理損失。在接下來的章節中，我們會針對現有文獻中所列出的各類機制進行討論。

參、政治制度與聯合治理

Strøm（2000）以代理關係確認的時間作為分水嶺，將能夠緩解代理問題的相關預防機制分為代理前（*ex ante*）以及代理後（*ex post*）的兩大類別。代理前的預防機制主要採取的是類似契約（contract）設計的概念，[2] 在代理關係成立之前，透過相互同意的契約來明定代理關係的內容，甚至針對代理人的行為進行限制與規範，避免代理人在關

---

[2]　另一種代理前的預防機制，則是委託人事先針對代理人的審查與選擇（screening and selection）。也就是說，透過事先選擇值得信賴的代理人，來避免可能的代理損失（Kiewiet and McCubbins, 1991; Strøm, 2000）。此類機制的運作方式，多半是聯合政府事前針對可能的部會首長候選人進行篩選，排除掉極為偏激或者是不適任的人選（Müller and Meyer, 2010）。不過，在實際運作上，由於聯合政府內的政黨鮮少實際介入其他政黨在部會首長選上的挑選過程（Strøm, Müller, and Smith, 2010），因此本文不針對此機制進行討論。

係成立之後有脫序行為產生；而代理後的預防機制，則是以監督為主要的考量，如同員警巡邏（police patrols）的目的一般（McCubbins and Schwartz, 1984），透過相關的機制主動找出代理人可能隱匿的資訊或者是行為，藉以保護委託人的利益。

一、代理前的預防機制

在聯合政府正式成立之前，即內閣政府與不同的部會首長確認彼此的代理關係前，參與聯合政府的政黨用以避免代理問題的制度，最常見的一種就是聯合執政協議（coalition agreement）。在一方面，聯合執政協議的簽訂，某種程度上代表著政黨之間願意共同成立政府，並分享執政權力的決心（Müller and Strøm, 2008）。而在另一方面，這些政黨也能透過執政協議，訂立所有政黨都同意的某些規則或者是行為規範，來明確限制彼此在執政時的相關作為以及不同政策可能的走向，也能藉此避免部長政策偏移或是其他的政黨投機行為，降低代理問題可能帶來的損失（例如 Moury, 2013; Strøm and Müller, 1999; Timmermans, 2006; Falcó-Gimeno, 2014）。除此之外，這些政黨也會在聯合協議中明定相關機制，用以解決未來在執政政黨之間可能發生的政策爭議（例如 Bowler et al., 2016）。

在近年針對聯合執政協議的實證研究中，確實已有不少學者發現，由於聯合政府內的政黨期望利用執政協議來避免未來可能的政策衝突，同時帶動未來執政時在制訂政策上的效率，因此在擬訂聯合執政協議時，政黨之間往往會針對可能有利益衝突的部分，進行較為清楚詳細的描述（Müller and Strøm, 2008; Timmermans, 2006; Indridason and Kristinsson, 2013），特別是將那些彼此都高度在意（salient）的政策議題，納入執政協議的規範當中（Eichorst, 2014）。此外，若內閣部會首長的分派與各政黨的政策偏好不一致時，這也會使加入聯合政府的政黨有較充分的動機，訂立較仔細的執政協議來規範其執政夥伴的行為（Krauss and Klüver, Forthcoming）。在 Moury（2011）針對比利時、義大利與荷蘭等國聯合政府的執政協議研究中便發現，在這些執政協議中，有將近70% 的協議內容最終反映在內閣政府的決策中。此外，這些政府決策有高達三分之一，是完全依照協議的規範內容來制訂的。簡單的說，具有不同政策偏好的政黨，在簽訂聯合執政協議之後，便有相當的動機按照協議內容行事，而這些政府在協議內所做的政策宣示，也有比較高的機會被實際執行（Schermann and Ennser-Jedenastik, 2014a）。不過，由於聯合執政協議並沒有法律上的強制力（Timmermans, 2006），[3] 因此儘管聯合協議

---

[3]　理論上而言，聯合政府內的政黨是否願意忠於執政協議內的規範，會受到許多因素的影響。一般來說，可能的因素包含像是這些政黨之間政策偏好差異程度、是否有相應的制度幫助落實執政協議，以及取決於政黨在規劃以及執行執政協議時的相關策略（Timmermans, 2006; Schermann and Ennser-Jedenastik, 2014b）。

確實能夠緩解代理問題，聯合政府內的政黨也會同時尋求其他的監督或管理機制來確保
聯合政府的順利運作。

二、代理後的預防機制

　　像是聯合執政協議這樣的代理前預防機制，由於具備契約的性質，通常著重於政
黨在聯合執政時的行為規範以及政策藍圖的規劃，仰賴的是執政政黨之間被動的信賴關
係，也就是相信執政夥伴會自發的遵守執政協議所訂立的內容；相反地，在代理關係成
立後的多數預防機制則是給予了聯合政府內部的政黨主動監督的能力，讓這些政黨能夠
透過相關機制來相互箝制，找出執政夥伴可能隱匿的政策資訊或是偏移行為，如此便能
夠有效地強化政黨之間的合作關係，以及落實聯合政府成立之初所規劃的執政方針。我
們在接下來的篇幅中，會詳細討論這些代理後的控制機制以及其運作的方式。

　　首先，在聯合政府成立時，參與政府的政黨之間勢必要進行內閣部長職位的分配
（portfolio allocation），也就是決定哪些部會首長的職位會交由那些政黨負責。在這個
分配的過程中，參與的政黨可以選擇百分之百的相信自己的執政夥伴，將某個政策領域
的政策制訂權力全權委託給對方來處理，但如此一來，便存有發生代理問題的風險。相
反地，參與內閣的政黨也可以選擇在分配內閣部長職位時，透過任命一位（或多位）與
部長分屬不同政黨的副部長（junior ministers），用以密切監視部長在制訂政策時的相
關行為（Thies, 2001）。[4] 這樣的做法，最主要的目的是利用副部長的存在，將政策資訊
傳回其所屬政黨，進一步消弭內閣政黨之間在特定政策領域上的資訊不對稱，同時降低
部長濫用自身行政裁量權的可能性，確保該部會所制訂的政策不會偏離原本所有內閣政
黨所同意的方向。同時，在某些特定政策上有跨黨派衝突時，副部長也能夠作為其他內
閣政黨的代表，與部長找出可能解決的方案。過去的實證研究已經發現，至少在西歐議
會內閣制的國家中，許多國家在聯合政府內會採用副部長來監督部長的政策制訂行為，
緩解或是避免代理問題的出現（Thies, 2001; Verzichelli, 2008）。一般而言，聯合政府的
政黨，會在部長職位並不由自身政黨所掌握的相關部會，但政策偏好明顯分歧的議題領
域，以指派副部長的方式來達到監督執政夥伴的目的（Falcó-Gimeno, 2014; Greene and

---

[4]　除了副部長之外，由於內閣部會之間有時會有部分議題領域的重疊（Saalfeld, 2000），因此
　　聯合政府內的政黨也能透過控制這些議題相近的部會首長（neighboring ministries），藉由
　　跨部會的合作，像是共同草擬法案等機會，來監督執政夥伴，降低彼此之間的資訊不對稱
　　（Fernandesm, Meinfelder, and Moury, 2016）。不過，這類預防機制仰賴內閣政府在不同議題上
　　的實際分工，整體而言仍相對少見，也缺乏系統性的研究，因此僅在此作簡短說明。

Jensen, 2016; Lipsmeyer and Pierce, 2011）。不過，並不是每個聯合政府內的政黨都有足夠的資源來利用副部長職位監督其執政夥伴，通常在議會內部擁有較少席次的政黨因為資源的限制，在指派副部長時更需要相對謹慎（Martin and Vanberg, 2011）。

儘管聯合政府內的政黨能夠利用副部長的職位來監督部長的政策制訂行為，但由於副部長在多數情況下沒有針對部長所提之草案的否決權（veto power），其角色往往侷限於透過提供法案資訊給所屬政黨，降低聯合政府政黨之間的資訊差異，而無法實質的修改由部長草擬的法案。另外，部長也經常試圖在正式將草案送到議會之前，避開副部長的監督，將法案以部長所屬政黨期望的方式草擬。因此，為了更有效的緩和代理問題並降低代理成本，存在於議會內部立法過程（parliamentary decision-making process）中的相關機制就變得至關重要，因為這些機制能夠進一步提供聯合政府內的政黨，進一步檢視（scrutinize）以及修正（amend）那些由其執政夥伴所提出法案的機會（Martin and Vanberg, 2011）。

更明確地說，在議會內的立法過程中，包含像是立法委員會（legislative committees）的審查，或者是議會內部的質詢（parliamentary questioning）等等，皆提供國會議員以及其所屬政黨大量汲取法案與政策資訊的機會。其中，議會內部常設委員會體系（standing committee systems）的存在，可以說是聯合政府內的政黨用以監督彼此最有效的工具之一。在各部會首長將法案草擬完送交議會之後，由於並不是所有議會成員皆有相應的政策知識以及足夠的資源能夠審查法案，這些政策草案通常會交由專責的立法委員會進行詳細的審查。而常設立法委員會的設置，能讓國會議員長期在某些政策領域耕耘，並藉由委員會所具備的制度性權力，像是主動召開公聽會、諮詢專家學者與利益團體等，發展相關的專業政策知識（policy expertise）。聯合政府內的政黨因此也能夠透過其所屬的黨籍委員會成員，蒐集關於特定法案的資訊，甚至是分析這些法案可能帶來的影響。

也就是說，立法委員會的存在能夠有效降低聯合政府內的政黨之間在相關政策議題上的資訊不對稱，也間接增加了那些未掌握特定部會首長的政黨，在政策制訂過程中的影響力（Strøm, 1990; Powell, 2000; Mattson and Strøm, 1995）。除此之外，立法委員會更具有主動修正政府提案的權力，讓聯合政府內的政黨能修正其執政夥伴所提出的草案內容，成為這些政黨反制其執政夥伴偏移行為的重要工具。在 Martin 與 Vanberg（2004, 2005, 2011, 2014）一系列針對聯合政府政策制定過程的研究中，透過觀察分析丹麥、德國、荷蘭等三個經常出現聯合政府的議會內閣制國家的法案資料，發現在那些聯合政府內的執政政黨存在偏好分歧的政策領域，法案通常會在立法過程中停留較長的時間，且最終通過的法案與一開始由部會首長所提出的版本相比，也有較多內容上的顯著修正。

特別是當負責撰寫草案的部長，其所屬政黨的政策偏好與其他政黨在特定議題上的差距過大時，其所提出的法案受到的修正幅度更是會明顯增加。這樣的實證證據間接的證明，聯合政府內的成員確實會利用立法過程中的各項制度，蒐集不同的政策資訊來分析相關法案可能的影響，並針對這些資訊進一步決定是否要修改法案的內容，讓法案能夠明確反映聯合政府政體的利益，而不是政府內單一政黨的政策偏好。

　　除此之外，基於立法委員會在法案審查過程中的重要角色，再加上常設委員會的設置，經常會與內閣部會所負責的政策議題相對應（Mattson and Strøm, 1995），有些學者因此認為，聯合政府內的政黨可以利用控制立法委員會主席（committee chairs）的方式，來更有效的箝制其執政夥伴的行為（Kim and Loewenberg, 2005）。從這個角度來說，委員會主席的角色其實類似於先前提過的副部長職位（Strøm, Müller, and Smith, 2010），可以讓聯合政府內的政黨用以蒐集政策資訊，拉近彼此之間的政策資訊差異。不過，委員會主席在制度設計上，相對於副部長而言更具優勢。因為這些委員會主席具備許多特殊的制度權力，包括能夠決定委員會議程、引導委員會政策討論的方向等，一定程度的影響了委員會的決策走向（例如 Beyme, 1997; Ismayr, 2012; Fortunato, Martin, and Vanberg, 2019），加上委員會本身所具備修正法案的能力，掌握委員會主席的位置無疑是為預防代理問題加上了一層保險。近年的實證研究的確發現，聯合政府內部的政黨在可能存在政策衝突的議題上，沒有掌握特定部會首長的政黨，會嘗試去控制與該部會相對應的立法委員會主席的位置，來達到監督執政夥伴的目的（Carroll and Cox, 2012; Chiru and De Winter, 2023）。

　　儘管立法委員會在政策制訂過程中有重要的角色，而聯合政府內的政黨也確實嘗試控制委員會主席來避免代理問題，但在制度設計上，每個國家內的立法委員會以及委員會主席在其掌握的制度性權力上仍有非常大的差異（Powell, 2000; Martin and Vanberg, 2011; Sieberer and Höhmann, 2017）。以英國為例，其委員會體系在權力設計上經常被視為是歐洲國家中相對弱勢的（Martin and Vanberg, 2001; André, Depauw, and Martin, 2016），也因此降低了委員會在法案審查上的重要性。然而，這並不代表內閣部會在法案制定上就能夠予取予求。Martin 與 Whitaker（2019）認為，議會內部提供給議員質詢政府的機會，也能夠幫助降低政黨之間的資訊差異。更仔細地說，透過質詢，國會議員能夠迫使內閣官員主動揭露政策資訊以及法案可能的影響，在過去，議會質詢一直以來就是反對黨用來監督政府的重要工具（Russo and Wiberg, 2010），因此自然也能夠讓聯合政府內的政黨用來監督其執政夥伴的立法行為。Martin 與 Whitaker 針對英國 2010 年大選後出現的首次聯合內閣政府進行研究，發現執政政黨之間的意識形態分歧會讓聯合政府的政黨用更多的問題來質詢其質詢夥伴。Höhmann 與 Sieberer（2020）則是分析德國聯邦議院（Bundestag）在 1980 年至 2017 年間的質詢資料，也發現了一樣的結果。他們的研究結果指出，聯合政府的政黨確實會利用質詢來監督執政夥伴，此外，質詢的問題數量也會隨著議題對聯合政府的重要性而增加。[5]

另外，在這些機制的運用上，聯合政府的政黨也可以利用不同機制之間的相互搭配，降低政黨在資源與人力的浪費，同時增加執政團隊整體政策被落實的可能性（Müller and Meyer, 2010）。像是在 Kim 與 Loewenberg（2005）的研究中，他們發現在聯合政府已經制定了執政協議的情況下，會增加執政聯盟使用立法委員會主席來監督執政夥伴的機率。此外，Höhmann 與 Krauss（2022）更進一步發現，若是聯合政府簽訂相對詳細的執政協議，聯合政府內的政黨在後續的質詢過程中質詢其執政夥伴的機會也會隨之增加。Indridason 與 Kristinsson（2013）的研究結果也指出，在聯合政府成立前的談判過程中，若是聯盟成員決定在政府成立之後要使用副部長的職位來相互監督，那麼相對來說這些聯盟成員會制定較為詳細的執政協議，用以規範彼此的行為。Lipsmeyer 與 Pierce（2011）在其針對副部長的研究中也指出，在立法委員會的制度權力相對較強勢的國家中，執政聯盟的成員依賴副部長來監督彼此的情況會減少；相反地，Martin 與 Vanberg（2011）的分析則是指出，在聯合政府政黨已經利用副部長進行監督的情況下，法案在議會審查的時間則是會縮短，受到的修正也比較少，這意味著執政夥伴在已使用特定監督機制的情況下，會減少使用立法委員會來額外進行彼此間的監督。

三、預防機制的效能

在前述的文獻中，大多數的研究是展現了在何種情況下，聯合政府內的政黨會利用相關的預防機制來預防代理問題。不過，這些研究成果並無法展現這些預防機制在減緩代理問題以及落實聯合政府政策上的實際效果。換句話說，我們仍然不清楚，採取相關的預防機制，是不是真的能夠維持聯合政府內政黨之間的合作關係，並確切執行聯合政府成立之初的執政藍圖。針對上述的問題，不少的研究也已經給出了肯定的答案。

首先，像是在聯合執政協議的使用上，由於聯合執政協議的存在規範了政黨之間的行為，緩解了代理問題，也因此，不少學者認為聯合執政協議相當程度的提升了聯合政府的存續性（cabinet durability），避免政黨之間因為政策衝突而使得內閣政府面臨提前解散的風險（Timmermans and Moury, 2006; Saalfeld, 2008）。為了系統性的從實證層面

---

[5] 除了這些機制之外，聯合政府的成員也能夠利用所謂的裡內閣（inner cabinets）（Müller and Strøm, 1999）或者是聯席會議（coalition committees）（Andeweg and Timmermans, 2008）的方式來處理聯合政府內的爭議。但礙於篇幅限制以及相關的研究較少，僅在此做簡短描述。

檢驗這項論點，Krauss（2018）針對 23 個歐洲議會內閣制國家的資料進行分析，發現政黨在聯合政府成立前事先簽訂聯合執政協議，確實能夠提升後續共同治理的穩定性。此外，他也發現，愈是詳細的執政協議，在提升聯合政府穩定性上的效果愈顯著。

而在委員會主席的使用上，在 König、Lin 與 Silva（2023）最近的研究中，他們針對丹麥、德國與荷蘭等三國一共將近 7,400 筆的政府法案資料進行實證分析，其研究結果指出，掌握了委員會主席此一位置的執政政黨，確實能夠利用委員會主席具備的制度權力，讓其執政夥伴所提出的法案受到挑戰，並在委員會審查的過程中有較高的可能收到委員會提出的修正建議。此外，Krauss、Praprotnik 與 Thürk（2021）雖然是分析德國地方議會的法案資料，但也提出了相似的結論。他們的分析結果指出，在聯合政府政黨掌握立法委員會主席的情況下，其執政夥伴的提案內容確實有較高的機率被修改。[6]

最後，如同前文所提及，由於立法委員會體系在政策制定過程中的影響力，取決於委員會所具有的制度性權力而定（Powell, 2000; Strøm, 1990），因此，聯合政府內的執政政黨也會有相當的動機去強化委員會的制度性權力，藉以確保這些政黨在聯合治理的過程中能夠有效的相互監督。舉例來說，Zubek（2015）針對八個歐洲國家在 20 年間的改革紀錄進行分析就發現，當聯合政府內的政黨之間存在高度的意識形態分歧，針對委員會制度權力的改革就愈可能出現，而這些改革往往是嘗試提升委員會權力的。此外，André、Depauw 與 Martin（2016）也提出了相似的研究發現。他們透過分析 31 個議會內閣制國家的資料，發現一國內的聯合政府比例與委員會的制度權力是呈現正相關的，也就是說聯合治理愈常發生的國家，其委員會體系的制度權力會愈強。確實，已有近年的相關實證研究指出，在聯合治理的過程中，聯合政府的集體偏好以及執政藍圖是否能夠有效落實，相當程度是取決於該國在政治制度設計上的強度而定的。當一國的政治制度提供了強而有力的監督機制時，最終的政府政策經常是與聯合政府的集體利益一致；相反地，當該國的監督機制或者是相關制度性權力偏弱時，則最終的政府政策往往只是單純反映那些掌握內閣部長的政黨偏好而已（Bäck et al., 2022; Martin and Vanberg, 2020）。透過這些實證證據可以明確看出，聯合政府在面對代理問題時的應對能力，相當程度取決於政治制度設計是否能提供有效且強力的監督機制而定。事實上，若是執政

---

[6]　Fortunato、Martin 與 Vanberg（2019）以丹麥、德國與荷蘭的法案資料進行分析，發現委員會主席對於法案內容修正數量的影響，在反對黨掌握委員會主席的時候較為明顯。不過，他們也提出解釋，這樣的發現，可能是由於聯合政府內的政黨能夠利用的資源較反對黨為多，而他們由於掌握議會多數，因此相對掌握的委員會成員比例也較高，所以不需要特別透過掌握委員會主席的位置來影響法案審理的過程。

夥伴之間能有效地進行相互監督，除了能夠落實聯合政府的政策目標之外，也能夠幫助維持聯合治理的穩定性，延長聯合政府的執政時間（Silva and Medina, 2023）。

肆、未來研究建議

在議會內閣制下，聯合政府的存在同時給予了參與的政黨相互競爭卻又要合作的不同動機，使得聯合政府內的政黨在共享執政權力時，也要避免因為執政夥伴的策略性違約行為所可能帶來的代理損失。如同本文在早前回顧的文獻內容，許多比較政治學者針對聯合執政的政策制訂過程進行觀察，找出聯合政府內的政黨如何透過政治制度的設計來約束以及監督彼此的行為，藉此降低代理問題發生的可能性。無庸置疑地，這些研究已經顯著的提升了學界對於聯合政府運作，特別是政府內政黨互動關係的理解。然而，關於聯合治理的運作，仍有幾個研究課題值得進一步的檢視，本文簡單討論兩個可能發展的方向。

第一，由於聯合治理的過程也可能影響選民認知或是造成選民誤解，像是讓民眾認為他們支持的政黨在聯合政府中做出了政策妥協，最後導致這些政黨的選票流失（Fortunato and Stevenson, 2013; Fortunato, 2019; Klüver and Spoon, 2020），這使得聯合政府內的政黨有充分的動機與選民溝通，透過不同的方式讓選民知道，這些政黨的行為仍是忠於選民的偏好以及原有的選舉承諾，以及與其他執政夥伴之間的差異（Martin and Vanberg, 2008, 2011）。對此，Martin 與 Vanberg（2008）分析德國與荷蘭下議院內政黨的辯論內容發現，聯合政府內的政黨在彼此偏好分歧較高的議題上，會主動參與辯論，並給予較多的政策說明。Sagarzazu 與 Klüver（2017）則是分析德國聯合政府內的政黨在 2000 年至 2010 年這段時期所發布的媒體新聞稿（press release）內容，發現在聯合政府成立初期以及下一次大選接近時，這些政黨在新聞稿內討論的政策議題會有明顯的不同，也就是說這些政黨會利用媒體新聞稿來作為說明彼此政策立場差異的媒介。Fortunato（2019b）也認為，這種政黨之間進行政策區別（policy differentiation）的行為，也可以透過在議會內部修改執政夥伴的法案來達成。整體而言，相對於聯合政府內的政黨如何利用政治制度相互箝制的研究來說，這些政黨該如何與選民溝通，以及前述溝通方式對於選民認知的實際影響等課題，還未有太多的學者關注，也因此仍有相當大的耕耘空間。

第二，聯合治理困境這個文獻的很大一個假定（assumption），是聯合政府內的政黨，無論是因為政策利益或者是選舉動機，會策略性的違背聯合政府整體的執政計畫，並採取有利於政黨本身的行為。也因此，在治理過程中的監督行為才有其必要性。

然而，政治制度的設計並不是十全十美的，因此也很難達到全面性的監督（Goodhart, 2013; Martin and Vanberg, 2020）。在政黨會主動追求自身利益的前提下，現有研究的假設，似乎是認為這些聯合政府內的政黨，在面對監督機制時會乖乖地束手就擒，雙手奉上其執政夥伴想要得到的資訊，甚至是主動避免違約行為。而對於這些政黨在監督機制存在下的可能反制行為，卻鮮少有著墨。在極為少數的現有研究中，Martin（2004）認為聯合政府一般會將爭議性較低或是屬於重要議題的法案在執政初期就先行提出，藉以避免這些法案面臨冗長審查過程的窘況。König 等人（2022）則是提出理論與實證證據，認為掌握內閣部長的政黨會視其法案在議會內部受到審查的狀況，來調整後續法案提出的時機。若是其先行提出之法案在議會內受到審查的時間過長，該政黨會選擇延後提出其他法案，避免後續法案同樣陷入冗長的審查過程中。另外，Lin 與 Yordanova（2022）則是進一步以芬蘭國會的法案分配過程作為分析資料，嘗試找出聯合政府內的政黨躲避執政夥伴監督（circumventing coalition oversight）的證據。他們的研究結果指出，在立法委員會與內閣部會負責的議題並不是完美對應（perfect correspondence）時，負責法案的部會首長可能會透過策略性調整法案的議題與內容，讓其法案有較高機會被分配到相對友善的立法委員會進行審查，如此除了避免被修改內容之外，也能增加通過的可能性。無疑地，這些研究更清楚地刻劃出聯合政府內政黨之間的策略性互動關係，不過，這些政黨該如何避開夥伴監督，其中又有哪些策略能夠採用，明顯是一個需要比較政治學者更廣泛關注的課題。

參考書目

Andeweg, Rudy B. 2000. "Ministers as Double Agents? The Delegation Process between Cabinet and Ministers." *European Journal of Political Research* 37 (3): 377-395.

Andeweg, Rudy B., and Arco Timmermans. 2008. "Conflict Management in Coalition Government." In *Cabinets and Coalition Bargaining: the Democratic Life Cycle in Western Europe*, eds. Kaare Strøm, Wolfgang C. Müller, and Torbjörn Bergman. New York, NY: Oxford University Press, pp. 269-300.

André, Audrey, Sam Depauw, and Shane Martin. 2016. "Trust is Good, Control is Better: Multiparty Government and Legislative Organization." *Political Research Quarterly* 69 (1): 108-120.

Bäck, Hanna, Marc Debus, and Patrick Dumont. 2011. "Who Gets What in Coalition Governments? Predictors of Portfolio Allocation in Parliamentary Democracies." *European Journal of Political Research* 50 (4): 441-478.

Bäck, Hanna, Wolfgang Claudius Müller, Mariyana Angelova, and Daniel Strobl. 2022. "Ministerial Autonomy, Parliamentary Scrutiny and Government Reform Output in Parliamentary Democracies." *Comparative Political Studies* 55 (2): 254-286.

Bergman, Torbjörn, Hanna Bäck, and Johan Hellström, eds. 2021. *Coalition Governance in Western Europe*. New York, NY: Oxford University Press.

Beyme, Klaus. 1997. *Der Gesetzgeber: Der Bundestag als Entscheidungszentrum*. Opladen, Germany: Westdeutscher Verlag.

Bowler, Shaun, Indridi H. Indridason, Thomas Bräuninger, and Marc Debus. 2016. "Let's Just Agree to Disagree: Dispute Resolution Mechanisms in Coalition Agreements." *The Journal of Politics* 78 (4): 1264-1278.

Budge, Ian Budge, Hans-Dieter Klingemann, Andrea Volkens, Judith Bara, and Eric Tanenbaum. 2001. *Mapping Policy Preferences: Estimates for Parties, Electors, and Governments 1945-1998*. New York, NY: Oxford University Press.

Carroll, Royce, and Gary W. Cox. 2012. "Shadowing Ministers: Monitoring Partners in Coalition Governments." *Comparative Political Studies* 45 (2): 220-236.

Chiru, Mihail, and Lieven De Winter. 2023. "The Allocation of Committee Chairs and the Oversight of Coalition Cabinets in Belgium." *Government and Opposition* 58 (1): 129-144.

Dach, R. P. 1989. "Das Ausschussverfahren nach der Geschäftsordnung und in der Praxis (Committee Procedure According to the Rules of Order and in Practice)." In *Parlamentsrecht und Parlamentspraxis in der Bundesrepublik Deutschland*, eds. H. P. Schneider and W. Zeh. Berlin, Germany: Walter de Gruyter, pp. 1103-1130.

Döring, Holger, and Johan Hellström. 2013. "Who Gets into Government? Coalition Formation in European Democracies." *West European Politics* 36 (4): 683-703.

Eichorst, Jason. 2014. "Explaining Variation in Coalition Agreements: The Electoral and Policy Motivations for Drafting Agreements." *European Journal of Political Research* 53 (1): 98-115.

Eichorst, Jason, and Nick C. N. Lin. 2019. "Resist to Commit: Concrete Campaign Statements and the Need to Clarify a Partisan Reputation." *The Journal of Politics* 81 (1): 15-32.

Falcó-Gimeno, Albert. 2014. "The Use of Control Mechanisms in Coalition Governments: The Role of Preference Tangentiality and Repeated Interactions." *Party Politics* 20 (3): 341-356.

Fernandes, Jorge M., Florian Meinfelder, and Catherine Moury. 2016. "Wary Partners: Strategic Portfolio Allocation and Coalition Governance in Parliamentary Democracies." *Comparative Political Studies* 49 (9): 1270-1300.

Fortunato, David. 2019a. "The Electoral Implications of Coalition Policy Making." *British Journal of Political Science* 49 (1): 59-80.

Fortunato, David. 2019b. "Legislative Review and Party Differentiation in Coalition Governments." *American Political Science Review* 113 (1): 242-247.

Fortunato, David, and Randolph T. Stevenson. 2013. "Perceptions of Partisan Ideologies: The Effect of Coalition Participation." *American Journal of Political Science* 57 (2): 459-477.

Fortunato, David, Lanny W. Martin, and Georg Vanberg. 2019. "Committee Chairs and Legislative Review in Parliamentary Democracies." *British Journal of Political Science* 49 (2): 785-797.

Goodhart, Lucy. 2013. "Who Decides? Coalition Governance and Ministerial Discretion." *Quarterly Journal of Political Science* 8 (3): 205-237.

Greene, Zachary, and Christian B. Jensen. 2016. "Manifestos, Salience and Junior Ministerial Appointments." *Party Politics* 22 (3): 382-392.

Hallerberg, Mark. 2000. "The Role of Parliamentary Committees in the Budgetary Process within Europe." In *Institutions, Politics and Fiscal Policy*, eds. Rolf R. Strauch and Jürgen von Hagen. New York, NY: Springer, pp. 87-106.

Höhmann, Daniel, and Ulrich Sieberer. 2020. "Parliamentary Questions as a Control Mechanism in Coalition Governments." *West European Politics* 43 (1): 225-249.

Höhmann, Daniel, and Svenja Krauss. 2022. "Complements or Substitutes? The Interdependence between Coalition Agreements and Parliamentary Questions as Monitoring Mechanisms in Coalition Governments." *Parliamentary Affairs* 75 (2): 420-448.

Imre, Michael, Alejandro Ecker, Thomas M. Meyer, and Wolfgang C. Müller. 2023. "Coalition Mood in European Parliamentary Democracies." *British Journal of Political Science* 53 (1): 104-121.

Indridason, Indridi H., and Gunnar Helgi Kristinsson. 2013. "Making Words Count: Coalition Agreements and Cabinet Management." *European Journal of Political Research* 52 (6): 822-846.

Ismayr, Wolfgang. 2012. *Der Deutsche Bundestag*. Wiesbaden, Germany: Springer.

Kiewiet, D. Roderick, and Mathew Daniel McCubbins. 1991. *The Logic of Delegation*. Chicago, IL: University of Chicago Press.

Kim, Dong-Hun, and Gerhard Loewenberg. 2005. "The Role of Parliamentary Committees in Coalition Governments: Keeping Tabs on Coalition Partners in the German Bundestag." *Comparative Political Studies* 38 (9): 1104-1129.

King, Gary, Michael Tomz, and Jason Wittenberg. 2000. "Making the Most of Statistical Analyses: Improving Interpretation and Presentation." *American Journal of Political Science* 44 (2): 347-361.

Klüver, Heike, and Jae-Jae Spoon. 2020. "Helping or Hurting? How Governing as a Junior Coalition Partner Influences Electoral Outcomes." *The Journal of Politics* 82 (4): 1231-1242.

König, Thomas, Nick Lin, Xiao Lu, Thiago N. Silva, Nikoleta Yordanova, and Galina Zudenkova. 2022. "Agenda Control and Timing of Bill Initiation: A Temporal Perspective on Coalition Governance in Parliamentary Democracies." *American Political Science Review* 116 (1): 231-248.

König, Thomas, Nick Lin, and Thiago N. Silva. 2023. "Government Dominance and the Role of Opposition in Parliamentary Democracies." *European Journal of Political Research* 62 (2): 594-611.

Krauss, Svenja. 2018. "Stability Through Control? The Influence of Coalition Agreements on the Stability of Coalition Cabinets." *West European Politics* 41 (6): 1282-1304.

Krauss, Svenja, and Heike Klüver. Forthcoming. "Cabinet Formation and Coalition Governance: The Effect of Portfolio Allocation on Coalition Agreements." *Government and Opposition*: https://doi.org/10.1017/gov.2021.68.

Krauss, Svenja, Katrin Praprotnik, and Maria Thürk. 2021. "Extra-coalitional Policy Bargaining: Investigating the Power of Committee Chairs." *The Journal of Legislative Studies* 27 (1): 93-111.

Laver, Michael. 2003. "Government Termination." *Annual Review of Political Science* 6 (1): 23-40.

Laver, Michael, and Kenneth A. Shepsle. 1996. *Making and Breaking Governments: Cabinets and Legislatures in Parliamentary Democracies*. Cambridge, UK: Cambridge University Press.

Laver, Michael, and Norman Schofield. 1998. *Multiparty Government: The Politics of Coalition in Europe*. Ann Arbor, MI: University of Michigan Press.

Lijphart, Arend. 1984. *Democracies: Patterns of Majoritarian and Consensus Government in Twenty-One Countries*. New Haven, CT: Yale University Press.

Lin, Nick, and Nikoleta Yordanova. 2022. "Circumventing Coalition Oversight in Multiparty Governments: Bill Referral to Parliamentary Committees in the Finnish Eduskunta." *Party Politics* 28 (6): 1109-1122.

Lipsmeyer, Christine S., and Heather Nicole Pierce. 2011. "The Eyes that Bind: Junior Ministers as Oversight Mechanisms in Coalition Governments." *The Journal of Politics* 73 (4): 1152-1164.

Lowe, Will, Kenneth Benoit, Slava Mikhaylov, and Michael Laver. 2011. "Scaling Policy Preferences from Coded Political Texts." *Legislative Studies Quarterly* 36 (1): 123-155.

Lupia, Arthur, and Mathew Daniel McCubbins. 1998. *The Democratic Dilemma: Can Citizens Learn What They Need to Know?* Cambridge, UK: Cambridge University Press.

Lupia, Arthur, and Mathew D. McCubbins. 2000. "Representation or Abdication? How Citizens Use Institutions to Help Delegation Succeed." *European Journal of Political Research* 37 (3): 291-307.

Maricut-Akbik, Adina. 2021. "Q&A in Legislative Oversight: A Framework for Analysis." *European Journal of Political Research* 60 (3): 539-559.

Martin, Lanny W., and Georg Vanberg. 2005. "Coalition Policymaking and Legislative Review." *American Political Science Review* 99 (1): 93-106.

Martin, Lanny W., and Georg Vanberg. 2008. "Coalition Government and Political Communication." *Political Research Quarterly* 61 (3): 502-516.

Martin, Lanny W., and Georg Vanberg. 2011. *Parliaments and Coalitions: The Role of Legislative Institutions in Multiparty Governance.* New York, NY: Oxford University Press.

Martin, Lanny W., and Georg Vanberg. 2014. "Parties and Policymaking in Multiparty Governments: the Legislative Median, Ministerial Autonomy, and the Coalition Compromise." *American Journal of Political Science* 58 (4): 979-996.

Martin, Lanny W., and Georg Vanberg. 2020. "Coalition Government, Legislative Institutions, and Public Policy in Parliamentary Democracies." *American Journal of Political Science* 64 (2): 325-340.

Martin, Lanny, and Georg Vanberg. 2004. "Policing the Bargain: Coalition Government and Parliamentary Scrutiny." *American Journal of Political Science* 48 (1): 13-27.

Martin, Shane, and Richard Whitaker. 2019. "Beyond Committees: Parliamentary Oversight of Coalition Government in Britain." *West European Politics* 42 (7): 1464-1486.

Mattson, I., and Kaare Strøm. 1995. "Parliamentary Committees." In *Parliaments and Majority Rule in Western Europe*, ed. Doering H. New York, NY: St. Martin's Press, pp. 249-307.

McCubbins, Mathew Daniel, and Thomas Schwartz. 1984. "Congressional Oversight Overlooked: Police Patrols versus Fire Alarms." *American Journal of Political Science* 28 (1): 165-179.

McFadden, Daniel. 1973. "Conditional Logit Analysis of Qualitative Choice Behavior." In *Frontiers in Econometrics*, ed. P. Zarembka. New York, NY: Academic Press, pp. 105-142.

Moury, Catherine. 2011. "Coalition Agreement and Party Mandate: How Coalition Agreements Constrain the Ministers." *Party Politics* 17 (3): 385-404.

Moury, Catherine. 2013. *Coalition Government and Party Mandate: How Coalition Agreements Constrain Ministerial Action.* New York, NY: Routledge.

Müller, Wolfgang C. 2000. "Political Parties in Parliamentary Democracies: Making Delegation and Accountability Work." *European Journal of Political Research* 37 (3): 309-333.

Müller, Wolfgang C., and Kaare Strøm. 1999. *Policy, Office, or Votes?: How Political Parties in Western Europe Make Hard Decisions.* Cambridge, UK: Cambridge University Press.

Müller, Wolfgang C., and Kaare Strøm. 2008. "Coalition Agreements and Cabinet Governance." In *Coalition Bargaining: The Democratic Life Cycle in Western Europe*, eds. Kaare Strøm, Wolfgang C. Müller, and Torbjörn Bergman. Oxford, UK: Oxford University Press, pp. 159-201.

Müller, Wolfgang C., and Thomas M. Meyer. 2010. "Meeting the Challenges of Representation and Accountability in Multi-Party Governments." *West European Politics* 33 (5): 1065-1092.

Müller, Wolfgang C., and Thomas M. Meyer. 2011. "Mutual Veto? How Coalitions Work." In *Reform Processes and Policy Change: Veto Players and Decision-Making in Modern Democracies*, eds. Thomas König, Marc Debus, and George Tsebelis. New York, NY: Springer.

Naurin, Elin, Terry J. Royed, and Robert Thomson. 2019. *Party Mandates and Democracy: Making, Breaking, and Keeping Election Pledges in Twelve Countries*. Ann Arbor, MI: University of Michigan Press.

North, Douglass C. 1990. *Institutions, Institutional Change and Economic Performance*. Cambridge, UK: Cambridge University Press.

Oppermann, Kai, and Klaus Brummer. 2014. "Patterns of Junior Partner Influence on the Foreign Policy of Coalition Governments." *The British Journal of Politics and International Relations* 16 (4): 555-571.

Otjes, Simon, and Tom Louwerse. 2018. "Parliamentary Questions as Strategic Party Tools." *West European Politics* 41 (2): 496-516.

Powell, G. Bingham. 2000. *Elections as Instruments of Democracy: Majoritarian and Proportional Visions*. New Haven, CT: Yale University Press.

Raunio, Tapio. 2021. "Committees in the Finnish Eduskunta: Cross-party Cooperation and Legislative Scrutiny behind Closed Doors." In *Parliamentary Committees in the Policy Process*, eds. Sven T. Siefken and Hilmar Rommetvedt. [S. l.]: Routledge, pp. 79-97.

Russo, Federico, and Matti Wiberg. 2010. "Parliamentary Questioning in 17 European Parliaments: Some Steps Towards Comparison." *The Journal of Legislative Studies* 16 (2): 215-232.

Saalfeld, Thomas. 2000. "Germany: Stable Parties, Chancellor Democracy, and the Art of Informal Settlement." In *Coalition governments in Western Europe*, eds. Wolfgang C. Müller and Kaare Strøm. Oxford, UK: Oxford University Press, pp. 32-85.

Sagarzazu, Iñaki, and Heike Klüver. 2017. "Coalition Governments and Party Competition: Political Communication Strategies of Coalition Parties." *Political Science Research and Methods* 5 (2): 333-349.

Schermann, Katrin, and Laurenz Ennser-Jedenastik. 2014a. "Coalition Policy-making Under Constraints: Examining the Role of Preferences and Institutions." *West European Politics* 37 (3): 564-583.

Schermann, Katrin, and Laurenz Ennser-Jedenastik. 2014b. "Explaining Coalition Bargaining Outcomes: Evidence from Austria 2002-2008." *Party Politics* 20 (5): 791-801.

Sieberer, Ulrich, and Daniel Höhmann. 2017. "Shadow Chairs as Monitoring Device? A Comparative Analysis of Committee Chair Powers in Western European Parliaments." *The Journal of Legislative Studies* 23 (3): 301-325.

Silva, Thiago N., and Alejandro Medina. 2023. "Policy Monitoring and Ministerial Survival: Evidence from a Multiparty Presidentialism." *Legislative Studies Quarterly* 48 (1): 71-103.

Stepan, Alfred, and Cindy Skach. 1993. "Constitutional Frameworks and Democratic Consolidation: Parliamentarism versus Presidentialism." *World Politics* 46: 1-22.

Strøm, Kaare. 1990. *Minority Government and Majority Rule*. Cambridge, UK: Cambridge University Press.

Strøm, Kaare. 1998. "Parliamentary Committees in European Democracies." *The Journal of Legislative Studies* 4 (1): 21-59.

Strøm, Kaare. 2000. "Delegation and Accountability in Parliamentary Democracies." *European Journal of Political Research* 37 (3): 261-290.

Strøm, Kaare, and Wolfgang C. Müller. 1999. "The Keys to Togetherness: Coalition Agreements in Parliamentary Democracies." *The Journal of Legislative Studies* 5 (3-4): 255-282.

Strøm, Kaare, Wolfgang C. Müller, and Torbjörn Bergman. 2003. "Parliamentary Democracy: Promise and Problems." In *Delegation and Accountability in Parliamentary Democracies*, eds. Kaare Strøm, Wolfgang C. Müller, and Torbjörn Bergman. Oxford, UK: Oxford University Press, pp. 55-108.

Strøm, Kaare, Wolfgang C. Müller, and Daniel Markham Smith. 2010. "Parliamentary Control of Coalition Governments." *Annual Review of Political Science* 13 (1): 517-535.

Tavits, Margit. 2008. "The Role of Parties' Past Behavior in Coalition Formation." *American Political Science Review* 102 (4): 495-507.

Thies, Michael F. 2001. "Keeping Tabs on Partners: The Logic of Delegation in Coalition Governments." *American Journal of Political Science* 45 (3): 580-598.

Thomson, R., T. Royed, E. Naurin, J. Artés, R. Costello, L. Ennser-Jedenastik, M. Ferguson, P. Kostadinova, C. Moury, F. Pétry, and K. Praprotnik. 2017. "The Fulfillment of Parties' Election Pledges: A Comparative Study on the Impact of Power Sharing." *American Journal of Political Science* 61 (3): 527-542.

Timmermans, Arco. 2006. "Standing Apart and Sitting Together: Enforcing Coalition Agreements in Multiparty Systems." *European Journal of Political Research* 45 (2): 263-283.

Timmermans, Arco, and Catherine Moury. 2006. "Coalition Governance in Belgium and The Netherlands: Rising Government Stability Against all Electoral Odds." *Acta Politica* 41 (4): 389-407.

Verzichelli, Luca. 2008. "Portfolio Allocation." In *Cabinets and Coalition Bargaining: The Democratic Life Cycle in Western Europe*, eds. Kaare Strøm, Wolfgang C. Müller, and Torbjörn Bergman. Oxford, UK: Oxford University Press, pp. 237-267.

Warwick, Paul V., and James N. Druckman. 2001. "Portfolio Salience and the Proportionality of Payoffs in Coalition Governments." *British Journal of Political Science* 31 (4): 627-649.

Zubek, Radoslaw. 2015. "Coalition Government and Committee Power." *West European Politics* 38 (5): 1020-1041.

第九章

臺灣的半總統制與民主深化的挑戰

沈有忠

壹、前言

在比較憲政的相關研究中，「半總統制」（semi-presidentialism）因為理論與運作上的多樣性，加上個案數在第三波民主化後大量增加，成為相關研究領域中迅速崛起的議題。在定義上，所謂的半總統制，大致上以法國學者 M. Duverger 的定義最具代表性。依其定義，半總統制是一個具有普選（universal suffrage）基礎，並有一定程度的實權（considerable powers）的總統；此外，還有總理及各部部長行使行政權，並且只有在國會不表示反對下得以持續行使其職權（Duverger, 1980: 166）。[1] 就制度特徵上來說，半總統制就是一種兼具「憲政兩軌制」的新制度（吳玉山，2011：1），也可以說是一種具有「雙元行政」（dual executive system）的憲政體制。

在這樣的定義之下，半總統制因為憲政兩軌、雙元行政的特性，實務的運作上充滿多種樣態，引起學界對半總統制再進行次分類的討論。各種分類的研究中，Shugart 與 Carey（1992）兩人將半總統制分成「總統國會制」（president-parliamentary）和「總理總統制」（premier-presidentialism），是後續研究中最常引用的分類方式。兩者最大的差別，在於總統國會制之下，總理與內閣需要對總統和國會雙向負責，而總理總統制之下，總理與內閣僅需要對國會負責。另外，吳玉山（2011）則是依據總統或國會決定內閣，以及總統和國會多數的一致性與否這兩個變數，將半總統制分成準內閣制、換軌共治、分權妥協、總統優越等四個類型。簡而言之，Shugart 與 Carey 或是吳玉山院士的分類，都是基於憲政兩軌、或是雙元行政之間的關係。半總統制的二元行政之間，除了這種水平式的分類以外，沈有忠（2009）也嘗試以垂直式的分時換軌進行比較，也就是說

---

[1] 在 Duverger 對半總統制下了操作定義之後，Sartori（1997）、Skach（2005）、Elgie（2007）也都對半總統制進行操作上略微寬鬆或是更嚴謹的定義。但基本上來說，直選總統以及向國會負責的內閣，形成一種雙元行政的特徵，是學界對半總統制定義上普遍的共識。

半總統制在運作上，可能依據不同情境和時間在憲政兩軌中跳躍轉換，而不是單只在光譜上偏向哪一種次類型。

　　回到臺灣來看，我國自 1994 年第三次修憲將總統改為直選產生，並於 1996 年首度實施總統選舉；再於隔年 1997 年第四次修憲，將組閣、倒閣、解散國會等相關制度配套設計後，本質上改變了總統、內閣、國會的三角關係，制度特徵自此也符合了半總統制的定義，臺灣的學界與政界對於半總統制的研究和討論，也迅速且多樣的成長起來。若從次類型來看，因為總統得依其意志任命行政院院長，行政院依憲法對立法院負責，實務上同時也對總統負責。在 2008 年立法院選制改革、選舉時程調整以後，府院會也常態性的維持一黨執政，因此按前述學者的分類，可以把臺灣歸類為總統國會制，或是總統優越的次類型。在這樣的背景下，臺灣的半總統制憲政運作從 1997 年迄今（2022年）已經經歷了兩個政黨交替執政、四位總統（李登輝、陳水扁、馬英九、蔡英文），將近七個任期，共 25 年的實務經驗。基於這 25 年半總統制運作的經驗，衍生了相當多備受關注的議題，主要的包括總統與國會關係的一致與分立、總統兼任黨主席與否、行政院長的任命過程等，這些議題屢屢成為政界與學界研討的主題。而沒有實際發生的問題，例如國會成功倒閣後是否必然解散國會（行政院與國會）？若行政院長不請辭，總統能否任命的行政院長（總統與行政院）？或是共治一旦出現，總統與行政院長該如何分工（總統與行政院）？這些更容易引發憲政僵局的議題，憲法本文與增修條文並未明確規範，假若未來發生時，實際的憲政運作將如何發展也十分值得注意。

　　基於此，本文試圖從制度規範與實務運作兩個層面，探討我國半總統制運作的特性及展望。以下將分成四個部分進行，首先是回到文獻檢閱，主要探究我國過去針對半總統制的憲政研究中，所關注的議題及發現。其次進入制度層面的分析，探討現行憲法與增修條文，對半總統制所規範出的應然面。第三進入實務分析，討論黨政的實務運作所建構出的實然面，也就是憲政慣例的形成。最後提出結論以及展望，討論現行憲政框架對臺灣民主深化帶來的不確定性。

貳、臺灣半總統制研究的發展

　　回顧臺灣學界對我國半總統制的研究關懷，大致上來說仍舊是基於實務運作的經驗研究為主。我們可以按 Wu（2000: 4）制度流域的框架，將既有對臺灣半總統制研究的文獻分成上游：制度起源、中游：制度運作，以及下游：制度影響等三個方面進行回顧與比較。首先在制度選擇的部分，吳玉山（2006：15-17）提出了「漸進修憲」的概念，也就是歷次修憲都是在 1947 年中華民國憲法框架下進行，以外加（增修條文）的方式不變憲法本文。之所以採取漸進修憲，而非制憲或激進修憲，主要的原因在於我國在民主化後，威權時代的執政黨中國國民黨仍舊掌握優勢所致。廖達琪（2006：76）從政治菁英的角度，說明前總統李登輝主政時期內推動的六次修憲，多以「政府體制」為核心，尤其是對總統地位之設計、產生方式與其他單位的關聯互動，一直是較聚焦的議題。在這樣的背景下，憲法本文所規範的憲政秩序大致保留，而是透過外加的增修條文予以更動，成為我國修憲後進入半總統制的主要原因。亦即，1947 年憲法所規範的議會內閣制色彩是修憲起點，後續加入了總統直選（第三次修憲）、並賦予人事權（第四次修憲），導致了當前半總統制的結果。

　　事實上，在 1992 年第二次修憲前夕，學界也有部分學者，持不同於後續修憲發展的觀點。蕭高彥（2005：34）引述文崇一等學者的觀點，指出修憲應避免引起國家認同、憲政體制、政治權力爭執的危機。其中政府體制應該維持憲法所規定的內閣制，總統避免黨派政爭，也不應直選產生。且其認為，1990 年代的臺灣，民主化與本土化是主要的潮流，為了滿足此一潮流，又避免制憲產生臺獨疑慮，直選總統成為了路徑依循的結果。由今觀之，此一結果是讓臺灣進入了「以內閣制為基礎的半總統制」一個重要關鍵。這樣的轉折，埋下了日後總統和立法院爭奪行政院對其負責的導火線。回到吳玉山對制度選擇原因的歸納，臺灣進入半總統制的框架，可以說是歷史遺緒，加上修憲時政治力量的妥協。

　　在中游制度運作的特性上，把臺灣歸類為總統國會制，或是總統優勢的類型，幾乎是學界的共識。蘇子喬（2010：210-211）指出，我國憲政體制自從第一次至第三次修憲確定了半總統制的發展路徑，後續透過大法官釋憲先是確立了「總理總統制」，後又變遷至「總統國會制」，尤其是 2000 年經由總統任命行政院長的過程，確立了行政院向國會負責（憲法規範），也同時向總統負責（憲政慣例）的憲政秩序。沈有忠（2012：24-26）則是指出，我國在制度性權力方面，總統掌握了不受制衡的行政院院長任命權，擁有對行政院較強的影響力。在非制度性權力方面，實際的憲政運作經驗中，總統身兼黨主席是常態現象，再加上 2008 年之後府院會更是常態性維持多數一致，因此總統化的趨勢也日益顯著。蔡榮祥（2017：42）亦指出，九七修憲使得總統在組閣權或是行政權力的運作方面具有排他性的權威，但同時規定內閣需向國會負責，以及總統可以藉由解散國會來訴諸新的民意。行政院院長和內閣必須同時向總統和國會負責。這個修憲規定改變憲政體制的類型，從原本的總理總統制，變成總統國會制。張峻豪（2016）亦指出，透過第四次修憲賦予總統的人事權，再經由路徑依賴（path dependence）的發展經驗，行政院長幾乎成為總統的「執行長」。因此，儘管憲法賦予總統具體的決策權有限，但總統作為實質的行政首長已經是學界、政界普遍具有共識的憲政秩序。在這種情況下，行政院院長承總統之意，並必須向國會負責，顯示出總統制與內閣制的制度設計在雙首長制的體制當中並存之內涵；然而，在少數政權下，我國卻從未運作出偏向內閣制的雙首長制，使得行政院院長猶如長期困在總統與國會的對抗中，屢屢成為憲政風暴的中心（張峻豪、徐正戎，2007：53）。

　　造成總統優勢的原因，除了制度因素之外，也有學者從領導者個人因素、選舉因素加以分析。Kucera（2006: 9）指出，臺灣的半總統制從 2000 年陳水扁擔任總統後，確立了總統優勢的地位。這不是因為修憲使然，而是因為政治人物的行為決斷，導致憲政秩序的轉變。Kucera 對臺灣半總統制的敘述提出了一個重點，就是相同的一套制度，在不同行為者的行為模式下，仍舊可以產生體制換軌的可能性。從臺灣的經驗來說，總統掌握的是行政院長的人事權，加上兼任黨魁也需要其主觀意願，充分反映出總統掌握了領導政府與政黨的主動權。Wu（2000: 13）對於我國半總統制運作，從總統與國會關係、總統的權力，以及政黨體系三個變數進行分析。按其分類，總統權力和政黨體系不變的情況下，依據選舉結果決定總統和國會的一致性，將影響半總統制的運作結果。在實際運作上，Wu 也認為 1997 年後的臺灣，府會關係一致、總統權力強、再搭配兩黨制，因此是一種總統主導的半總統制。相同的模式也一併適用於 2008 年以後的臺灣。Wu 的分析也指出了我國半總統制運作上的易變性，不同於 Kucera 將造成體制易變性的主要變數指向政治人物，Wu 則是認為選舉結果造成的府會一致性，是影響半總統制運作的關鍵。

　　最後是下游的制度影響。關於我國半總統制憲政運作的具體影響，最常見的分析在於對政府穩定以及立法效能的比較。關於政府穩定的部分，2000 年至 2008 年的少數分立政府，是許多研究關注的時期。李鳳玉、藍夢荷（2011）、沈有忠（2004）等人，從政黨體系、選舉制度、總統兼任黨魁與否等因素，討論了我國半總統制的穩定程度，也回答了總統無法掌握國會多數時，少數分立政府出現的原因。林繼文（2009）則是從民意的訊息以及憲法賦予總統的權力這個兩個角度，回答了臺灣為何在總統與國會多數不一致時，進入了少數分立政府而非共治的原因。林繼文比較臺灣與法國後認為，我國的總統制度性的權力有限，決策權大多需要行政院配合。加上複數選區單計不可讓渡投票制（簡稱 SNTV）下的國會選舉，政黨席次變動率低，新民意不容易對總統造成壓力，因此總統選擇共治的誘因偏低。關於席次變動的部分，在 2008 年選制改革之後，國會中的席次變動比率大幅增加，但也因為同時選舉的關係，在衣尾效應（coattail effect）影響下，分立政府導致共治的條件也不復見。

　　在立法效能的部分，主要探討的自變項包括總統兼任黨主席與否、總統任期、府會一致性，甚至是行政院長的類型等。關於總統兼任黨主席對立法效能的影響，李鳳玉與黃建實（2015：85-136）以陳水扁總統為例，指出陳水扁總統在兼任執政黨黨主席之後，政黨內部的機制才成為他傳達法案態度的可能管道，這使黨籍立委能夠更直接而精確地瞭解總統對於政策的態度與立場，從而更能夠在立法院配合。依據該文的分析，其他條件相同的情況下，總統兼任黨主席時，法案通過的勝算值是總統未兼任黨主席時的4.79 倍。這個結果也能夠解釋，在臺灣為何不分黨派，總統多半總是堅持兼任黨主席，即便屢遭批評也不改其志。陳宏銘（2016：1-42）也從黨主席兼任與否的角度，分析對象改成馬英九總統。文中指出，馬英九總統時期面臨「黨政分離」（指由於總統並未兼任黨主席以及黨與政之間無法有效連繫和整合，以致黨未能成為政府施政的有力支持）問題時，即使當時總統府定期召開府院黨高層會議，總統和黨主席於此可見面商討，但總統仍無法實際參與黨內的決策機制並發號施令。而在其身兼黨主席階段，可以透過黨的機制直接領導國民黨，譬如可以直接主持中山會報、中常會，並以黨主席身分直接對黨籍從政黨員下達黨的命令，這些都是未兼任時無法採取的作為。

　　在行政院長的部分，沈有忠（2021：100）先指出，臺灣的憲政運作雖然分類為總統主導的「總統議會制」，但從制度規範與運作經驗來看，只能論證總統有權力影響，甚至是領導行政。若從決策權的角度來看，總統卻不一定有完整的決策權力。以立法權的角度為例，儘管我國實際的憲政秩序由總統主導，但依據憲法規定，六個憲政機關中，僅總統沒有被賦予立法提案權。總統的執政意志，要轉換為具體的法律，必須透過黨籍立委或是行政院進行提案。而不同類型的行政院長，對於立法效能可能也導致不同的結果。沈有忠（2016：98）從行政院長的類型比較立法效能，指出具有黨政背景的行政院長，有助於應用黨團協商來提升立法效能。不僅如此，行政院長的黨政背景對法案通過與否的影響，比過往最被關注的「府會一致性」更顯著。

　　藉由以上簡要的文獻回顧可以發現，當前對於臺灣半總統制的流域研究來說，上游的部分普遍從路徑依循加上政治菁英理性計算的角度，回答憲改路徑以及進入半總統制的過程。在中游制度特性的部分，學界則是有了極高的共識，普遍認為臺灣的半總統制屬於總統國會制，也就是總統優越的次類型。而下游制度影響的部分，相關的討論則是日益豐富，內閣穩定、立法效能、二元行政的分工等，是較多制度影響的討論，切入的角度大多從制度特性加上政黨因素（政黨體系、黨政關係）加以分析。就這三個流域來看，上游研究涉及修憲議題，在 1997 年之後，仍有多次的修憲經驗與討論，或許值得進行比較研究。中游研究則是制度特性，學界的研究除了總統優越的共識之外，再更細緻的討論總統兼任黨魁與否，或是第一任期與第二任期的差異，甚至是面對類似 2014 年或是 2022 年，總統政黨輸掉地方選舉後的政治角力，是否仍對總統國會制、總統優越的運作產生影響？最後，在下游研究的部分，面對當前政治環境持續變化，半總統制的制度韌性成為值得發掘的研究子題。例如面對俄烏戰爭以及多變的國際局勢、面對挑戰愈來愈嚴峻的兩岸關係、亦或者面對像是新冠疫情這種公衛議題的緊急狀況，半總統制如何因應，發揮制度特性轉化為民主韌性的研究，是值得突破與創新的議題。

　　由於本文的主題在於「民主深化」，因此擬以回顧的視角，從制度規範以及政黨行為兩個面向，指出臺灣半總統制運作迄今突顯出的幾個模糊性，以及對民主深化的影響。就制度規範而言，模糊之處有二：第一，我國憲法本文乃基於議會內閣制為原則，但修憲後卻賦予總統絕對的組閣權，導致內閣負責對象不明。第二，修憲後的實務運作上，總統成為政府的實質領導人，但決策權卻相對有限，因此出現權責不明的問題。就政黨行為的層次而言，也有兩個存在已久的爭議，第一，總統領導內閣、撤換內閣的權力基礎是基於政黨運作的原則，使得政黨政治的實務改變了憲法規範的精神。第二，總統有時兼任、有時不兼任黨主席，也導致黨政關係的不確定性。這兩個層次的模糊可以如下圖 9-1 所示。以下分別從規範性的制度層面，以及實務的黨政運作經驗，探討我國的半總統制運作迄今隱含的問題。

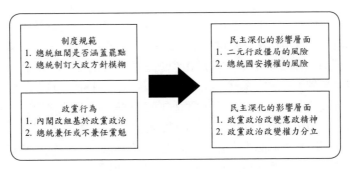

圖 9-1　我國半總統制的模糊性
資料來源：作者自繪。

參、制度規範的不確定性

　　探討民主深化、民主鞏固的議題時，憲政體制的重要性向來是不可或缺的因素。[2] 早從 Linz 與 Stapan（1996）就指出，民主鞏固的成敗，在於行為、態度以及憲政三個層次的表現。憲政層次就是涉及不同憲政類型下，行政、立法關係是否能具有相互制衡的能力。吳玉山（2021：164）也指出，進行憲政體制的辯論時，憲政價值之一在於使政府有能，其中一項指標就是藉由制度解決僵局的能力。憲法作為權力規範的制度性因素，解決僵局的能力必然直接影響民主深化的成敗。在這個概念下，不少研究指出，

---

[2]　例如 D. Horowitz（2008）從制度設計回答對解決族群衝突的影響。

半總統制並不是一個容易運作，或是有利於民主深化的憲政體制。例如 Skach（2007: 98-99）認為，如果賦予直選總統過大的權力，例如不需副署的緊急命令權、主動的解散國會權、發動公民投票的權力等，半總統制將有陷入「憲政獨裁」（constitutional dictatorships）的風險。沈有忠（2005：50）則是指出，半總統制因為具有總統制與議會內閣制的特性，加上其獨有的雙元行政，因此總統制下的分立政府、議會內閣制下的少數政府，或是二元行政產生的共治，都有可能在半總統制下發生。就制度層面來看，總統權力成為半總統制下，直接影響行政與立法關係，甚至影響二元行政運作樣態的最關鍵變數。

回到臺灣的脈絡來看，如同前文所述，我國的半總統制是以 1947 年中華民國憲法為基底，先是經由第三次修憲加入直選總統的元素，再經過第四次修憲改變府院會權責關係，制度上具有了半總統制的特性。這種憲改導致憲政秩序變遷的過程，有可能使憲法本文和增修條文出現潛在矛盾的可能性。目前我國半總統制的制度特性，就具有兩個模糊的問題，帶給民主深化不確定性的影響。第一項模糊是行政院負責對象的模糊；第二項模糊則是總統權責不明的模糊。這兩者都與總統權力有關，前者影響府院會的制衡與權責關係，後者影響總統權力的規範與節制，在憲法本文的框架為基礎，再加上增修條文之後，制度規範反而更加模糊不清，對民主深化都具有不確定性的影響。

首先是行政院負責對象的模糊。從前述文獻檢閱可以得知，修憲後的憲政運作，行政院實質上是對總統負責，但基於憲法本文也必須對立法院負責，因此一旦府會分立，將使行政院的課責問題成為僵局來源。Wu（2007: 202）認為半總統制是一個「選擇容易、運作困難」的憲政架構，因為臺灣的社會由於國家認同而有深層的分歧，這種前物質主義的零和競爭，一旦總統和國會分屬不同政黨，僵局將很難化解。從 Wu 的概念可以得知，半總統制具有雙元民意的意涵，在分歧社會下，如果政黨競爭偏向零和的前物質主義，例如宗教信仰、國族認同，那麼行政與立法分屬不同政黨掌握時，爭奪內閣的主導權將成為體制運作陷入僵局的最大問題。

在行政院院長任命的部分，依照中華民國憲法第 55 條規定，行政院院長由總統提名經立法院同意後任命。在 1997 年第四次修憲後，增修條文第 3 條規定，行政院院長由總統任命之，憲法第 55 條停止適用，自此，行政院院長的任命成為總統專屬權力，立法院失去了在院長任命階段的影響力。然而，憲法本文與增修條文仍舊維持行政院對立法院負責的權責架構，這使得行政院出現對總統與對國會雙向負責的情況。前文文獻檢閱處有多篇研究指出，此一憲法增修條款，扭轉了我國半總統制從總理總統制變成總統議會制，也是建立總統優勢的關鍵。不僅如此，增修條文第 3 條另外規定，立法院得對行政院院長提出不信任案，若通過則行政必須總辭，亦得同時呈請總統解散國會。

從府院會三角關係來說，總統與行政院因為總統專斷的任命權建立了從屬關係；總統與國會、行政院與國會這兩組關係，只有透過不信任投票與解散國會建立了被動且消極的連結（沈有忠，2018：165）。

再進一步來看，按增修條文的規定，總統是「任命」，而非「任免」行政院長。因此，總統是否具有罷黜行政院長的權力仍有待釐清。但在實際運作上，修憲後的憲政運作中，總統的任命顯然涵蓋了罷黜，據此將二元行政導引為總統領導的架構。然而，將總統擁有解職權的解釋，單純的來自任命權的衍生與慣例，條文未予以明確界定，留下了模糊的解釋地帶（吳玉山，2011：24）。換句話說，任命涵蓋免職，不是制度明確規範的結果，而是透過政黨政治與菁英製造出來的憲政慣例使然。單就制度面來看，總統能否罷黜行政院長，仍有模糊空間。

再從實然面來看，依據過往的憲政慣例，總統任命與免職行政院長，多為同一政黨的行政院長，或是無黨籍的技術官僚、學者背景的行政院長。基於政黨政治的倫理，總統任命並撤換有其正當性。但如果總統意欲撤換的是不同權力基礎的行政院長呢？我們進行反事實推論，若臺灣進入兩黨共治的二元行政，行政院長的權力基礎不是來自於總統，也不是與總統在同一個政黨內。此時，在行政院長有其獨立的權力基礎，並不願辭職的情況下，總統究竟能否認命新的行政院長？此一潛藏的僵局可能性，依目前的條文規範仍存有灰色空間。[3]

第二項制度上的模糊指的是總統憲法權力規範不明的模糊。Shugart 與 Carey 將總統的制度性權力分為立法權與非立法權，立法權可以看成直接影響決策的權力，包括法律提案、發布命令、否決、公民投票等。非立法權則是廣義的人事權，包括組閣與罷黜、解散國會等。先就總統的決策權來說，我國按憲法本文，本來就是議會內閣制的基礎，總統自然沒有決策權力。但增修條文第 2 條，又賦予總統決定國家安全有關大政方針的權力。然而，何謂大政方針？如何領導政府或透過立法將大政方針轉化為具體政策或法律？卻沒有更進一步的規範。

以提案權為例，陳宏銘（2019：38）研究的 21 個民主半總統制國家中，8 個國家憲法上有明文規定總統被賦予的政策權限與領域，13 個國家則未明文規定。在明文規定總統政策權限中，多數屬於國防、國家安全以及外交事務等領域，這與一般對半總統制國家總統的政策權限領域之印象大致相符。理論上，具有政策權限者，同時具法案提案權

---

[3] 依據其他國家的經驗，確實可能出現任命與撤換規範不明而產生的憲政僵局。在羅馬尼亞，1999 年總統 E. Constantinescu 意欲撤換總理 R. Vasile，引發總統能否撤換總理的爭議。後於 2003 年修憲增修第 106 條，規定總統不得撤換總理，在制度的規範面解決了灰色地帶的爭議。請參見沈有忠（2018：120）。

也是合理的。然而在前述總統於憲法上被賦予政策權限的 8 個國家中，僅有波蘭總統同時擁有法案提案權。由此可知，在半總統制國家，總統多無權提出法案，總理所領導的行政部門以及國會議員才是提出法案的主體，我國的情況亦是如此。雖然大部分國家在憲法上並未明文賦予總統在政策上的權限，但也不排除在政治實務上總統可能具一定的影響力。並且無論憲法有無規定總統的政策權限，總統與總理的政策權限不易截然清楚劃分（陳宏銘，2019：37），上述種種因素都使得總統的決策權隱含更多的詮釋空間。

　　若要在憲法本文或增修條文中探尋總統決策權的法源依據，最相關的應該是國安局以及國安會的部分。沈有忠（2018：206-207）針對我國國安會的理論與實務運作指出，國安會理論上是總統的諮詢機關，議題範圍更是限於國防、外交、兩岸以及國家重大變故。[4] 但實際運作上，行政院院長亦參與國安會運作，加上歷任總統在國安會議決的議題範圍日益多元，也具有具體指導立法的功能，使得國安會成為總統領導決策的平臺。陳淳文（2013：76）也指出，在臺灣現行的半總統制憲法下，「設若總統欲擴權，就一定需要有組織工具。而目前的國安局，可以說是總統府外總統唯一可以延伸於外的手足」。王泰升（2015：139）亦指出，李登輝總統於 1990 年代主導的修憲工程，一開始就維持如 1966 年的臨時條款用以擴張總統權力條文，規定：「總統為決定國家安全有關大政方針，得設國家安全會議及所屬國家安全局，其組織以法律定之。」依此項文義，凡屬國家安全有關的行政權事項，即由總統決策，成為最高行政權威。而該條文本身的空泛與模糊性，無法替總統的政治權威提供制度性保障，但在總統權力「可大可小」的條文下，總統也可能在憲政體制上享有「無限大」的權力。

　　藉由以上的討論可以發現，我國的憲政體制，經由幾次的修憲逐步改變了憲政秩序。由於憲法本文是議會內閣制的精神，總統直選以及總統憲政權力是用修憲的方式增修加入體制，因此容易出現相互矛盾的模糊空間。關於行政院的產生、改組過程，影響的是內閣的負責對象以及府院會的三角關係；關於總統職權的範圍以及領導決策的部分，影響的是總統的憲政定位，甚至是擴權的風險。這些制度上的模糊地帶，都可能成為影響民主深化的制度性因素。

---

[4] 多位歷任國安會首長、幕僚的學者均有共識，認為國安會是諮詢機關，而非決策機關。例如林正義、王燕軍、郭吉助、蘇進強、林文程、陳文政等。這些研究論述可以綜合參見沈有忠（2018：192-197）。

肆、黨政與菁英行為的不確定性

除了制度上的模糊空間，成為影響民主深化的不確定因素之外，政黨政治與菁英的行為層面也具有許多模糊不清的地方，從黨政關係影響我國半總統制運作的穩定，也存在對民主深化的不確定影響。首先，民主化迄今，政黨發展高度「總統化」（presidentialized party）的趨勢日益顯著，不只是威權時期強人政治的遺緒，也是修憲後總統直選、加上總統兼任黨主席成為兩大黨的慣例使然。Samuels 與 Shugart（2010: 15）兩位學者先是指出，直選總統有助於總統分配政治職位與影響決策，提高了政黨發展成總統化政黨的機率。從憲政體制來看，總統制、半總統制都符合此一要素。再從次類型來看，總統議會制也比總理總統制更容易出現政黨總統化的發展趨勢。不僅如此，若總統成為政黨領袖，半總統制中要求總理領導內閣對國會負責的憲政秩序，也將因此受到挑戰（Samuels and Shugart, 2010: 43）。

再從內閣改組的時間點來判斷，Samuels 與 Shugart（2010: 100）指出，政黨總統化的結果，使得總統議會制之下的總理與內閣，在總統選後也必然出現改組。相較於此，在總理總統制之下，總理與內閣則是在國會改選後出現改組。在我國的實際經驗來看，大法官曾於 1996 年 12 月釋字第 419 號曾經針對內閣改組時機提出解釋：「行政院院長於新任總統就職時提出總辭，係基於尊重國家元首所為之禮貌性辭職，並非其憲法上之義務。」同一釋憲文另外指出：「總統代表國家，統而不治，行政院院長領導政府，治而不統，我國憲法即依此項理論設計，並屬於內閣制之一種。」[5] 黃德福、蘇子喬（2007）亦依據第 419 號解釋文指出，閣揆在立法院改選和總統改選後所提出的辭職性質不同 —— 隨立法院改選而辭職屬「義務性辭職」，隨總統改選而辭職則屬「禮貌性辭職」。由此解釋文來看，儘管 1996 年實施總統直選，仍然確立我國憲政秩序維持內閣對國會負責的精神。然而，先是 1997 年第四次修憲，賦予總統絕對的行政院長任命權，再加上實務上於 2000 年開始的分立政府之經驗，總統選後成為內閣實質總辭與改組的時機也成為慣例。

不僅如此，2001 年大法官做出第 520 號憲法解釋，指出「行政院院長遵循總統的政策為政黨政治的常態」，並以總統選舉視為政黨輪替與否，以及內閣改組與否之依據。此次新的釋憲內容，扭轉了釋字第 419 號的解釋，其中重要的關鍵，即在於確立了內閣

---

[5] 釋字第 419 號解釋文係針對副總統是否得兼任行政院長所提出之解釋。比較值得一提的是，此一解釋是 1996 年直選總統後，1997 年第四次修憲前針對憲法架構提出的解釋。全文請參見：https://cons.judicial.gov.tw/docdata.aspx?fid=100&id=310600。檢索日期：2022 年 6 月 21 日。

基於政黨政治，於總統選後進行改組的正當性。[6] 由兩次大法官釋憲文來看，憲法對於內閣負責對象的規定確實存在模糊，這樣的模糊之所以沒有引發現實的憲政爭議，是因為實際運作上，總統身兼黨主席，透過政黨機制便可迫使閣揆辭職，而無關乎憲法中是否賦予總統此一權力。因此，此一攸關憲政體制類型的關鍵性問題在當時始終是學理上的爭議，並未正式突顯為實際發生的憲政爭議（黃德福、蘇子喬，2007：25）。

除了內閣改組的時機之外，政黨總統化的另一項指標，就是兩大黨均確立了總統身兼黨主席的慣例。總統是否身兼黨主席之所以關鍵，是因為即使憲法規範沒有賦予總統過多的權力，但總統仍可以透過領導政黨貫徹其政治意志。沈有忠（2012：12）認為，總統是否掌握黨權，是判斷總統化與否最關鍵的指標。原因在於藉由掌握黨權與否，可以判斷總統是否能夠駕馭黨機器作為其統治的工具。由於總統本身已經具有直選的民意基礎，如果再控制政黨，則可以藉由政黨進一步影響國會以及政府，即使沒有制度性權力介入國會運作或組閣過程，也能透過黨權的掌握來發揮影響力。蘇子喬（2019：14）也認為，以半總統制為例，即使制度上是總理總統制，但若總統兼任黨主席，憲政秩序仍可能實質上轉變為總統議會制。也就是說，制度規範本身必然會因為政黨政治的變數而改變具體內涵，我國的半總統制在制度設計上仍是以議會內閣制為主體，透過修憲增添若干總統制的元素。但在總統身兼黨主席的狀況下，憲法主體所規範的議會內閣制反而淡化，總統制的色彩反而強化不少，體制之間的模糊與矛盾變得更加複雜。在與他國經驗比較之後，蘇子喬進一步指出，世界上採行總統議會制且總統兼任黨魁的國家，民主表現通常較差。而我國總統兼任黨魁在制度設計與實際運作上則是存在矛盾：一方面，總統兼任黨魁可以提升施政效能，卻有違反權力分立原則之虞；另一方面，總統不兼任黨魁是謹守權力分立原則的表現，卻可能要承擔施政效能低落的代價（蘇子喬，2019：33）。

總統是否兼任黨主席，直接的影響包括立法效能以及雙元民意正當性的關係。陳宏銘（2016）、李鳳玉與黃建實（2015）從立法效能的角度來看，都指出總統身兼黨主席與否是影響立法效能的關鍵變數。雙元民意的部分，總統與國會都有直選正當性，總統身兼黨主席與否，是直接影響雙元民意的運作結果。沈有忠（2018：170）以發生在2013年的「馬王政爭」與2014年的「太陽花學運」為例，說明了總統即使掌握行政權，但如果沒有掌握政黨，仍舊可能導致政治僵局，甚至引發社會運動。可見加入了政黨這個變數後，對體制運作確實產生重大的影響。總統是否扮演黨政樞紐，不只影響憲政體

---

[6] 釋字第419號和釋字第520號對我國憲政秩序的比較，黃德福和蘇子喬引用了多位法學者、政治學者的觀點。他們認為，學理上尚無共識，但實際運作上內閣幾乎確定也需要對總統負責，乃是基於政黨政治的常態。詳細的內容請參見黃德福、蘇子喬（2007）。

制朝向總統優勢，也是影響府會之間二元民意運作的變數。就其他的半總統制民主國家來看，不乏透過憲法規範，要求總統必須退出政黨運作，不得兼任黨職，例如蒙古、羅馬尼亞等。我國對總統兼任黨主席的部分未在憲法層次上予以規範，而總統在欠缺憲法賦予的決策權之下，兼任黨主席逐漸成為運作上的必然性，但也可能隨著其他政治事件辭去黨魁。時而兼任黨魁、時而退出政黨活動，等於是增加了憲政運作的不確定性。

伍、結論：民主深化的挑戰

學界對於半總統制的研究，許多文獻指出，總統權力過大的總統國會制，不穩定性往往高於偏向議會內閣制的總理總統制，甚至造成民主崩潰的結果（Elgie and Schleiter, 2011; Moestrup, 2007）。事實上，這和憲政研究早期辯論總統制與議會內閣制優劣比較的路徑類似，真正影響憲政體制穩定與否的變數，可能無法單獨取決於體制本身。總統制或是半總統制下的總統國會制，雖然因為權力集中因此有較高的不確定性，但也正因為如此，應對非常狀態或緊急危難時，可能也反映出較佳的適應力和彈性。例如德國威瑪共和，雖然最後是民主崩潰，但若干研究指出，在 1923 年的魯爾危機發生時，如果不是 Elbert 總統透過組閣權任命無黨籍總理，並動用緊急命令權，民主體制可能在1923 年就已經崩潰。因此總統國會制的不確定性是雙面刃，可能有總統擴權危及民主的風險，也可能在危急時刻帶領體制度過危機。Elgie 與 Schleiter 或是 Moestrup 等人的研究，總統國會制最終崩潰的案例，多為新興民主國家，民主體制的脆弱性不完全來自於制度本身，更多因素在於外部環境，例如經濟條件、社會分歧、族群對立等。據此來看，當民主運作已經進入鞏固階段，總統國會制也可能造就穩定甚至具有韌性的民主成就。

回到臺灣的經驗來看，我國的半總統制是以議會內閣制為主體，再透過第三次修憲增加總統直選、第四次修憲增加總統人事權並調整院會關係，呈現了目前的憲政架構。由於憲法的規範歷經多次修憲，且調整的方向是往總統制移動，與憲法本文的議會內閣相反，歷次的修憲不但沒有把憲政體制的問題解決，反而因此製造了體制的模糊性。本文從制度規範與政黨行為兩個層次，分析當前我國的半總統制存在的模糊處，並指出對民主深化的影響，這些影響雖然造成較高的不確定性，仍可能透過政治文化的成熟，或是憲政慣例對政治人物的規範，降低對民主崩潰的影響，使體制發揮應有的韌性。

就體制的不確定性來看，第一個層次是制度規範的部分，中華民國的憲法本文是依據議會內閣制的精神為基礎，不只規定了行政院向立法院負責，總統的決策權、人事權也都相對有限。然而，修憲之後賦予了總統直選的正當性，並調整了總統的人事權，創造了兩個模糊處。第一，總統任命行政院長無須經過立法院同意，而任命是否涵蓋罷黜則沒有明確規範。這樣的修憲內容一方面挑戰了行政院對立法院負責的精神，同時也埋下二元行政潛在衝突的危機。修憲迄今，總統依其意志任命，也在政黨政治的原則下更換行政院長。未來若出現類似共治的狀況，總統究竟能否罷黜行政院長，一旦出現爭議就可能成為二元行政產生僵局的來源。第二，依增修條文賦予總統制訂大政方針的權力，並設國安會為幕僚與諮詢機關。但常態性的決策權例如提案立法、施政報告、主持內閣會議等，仍維持由行政院執行。總統若由國安會延伸為決策權，將出現總統擴權的疑慮。修憲迄今，總統召開國安會的次數增加，應對議題日趨多元，都反映了總統擴權、或是權責不明的問題。

　　第二個層次是政黨行為的部分。政黨作為憲政運作的重要變數，尤其直接影響行政與立法關係。一旦出現政黨總統化的趨勢，是否意味著總統可以透過政黨，進而影響憲法規範下的府院與府會關係，是值得吾人關注的議題。在政黨行為的層次，本文一樣指出兩個模糊處，間接影響了總統與行政院，總統與立法院之間的權責關係。第一，政黨總統化的趨勢，加上前述制度性的模糊，使得總統透過領導政黨，實質上也強化了領導行政院的權力。這與形式上憲法規範的行政院向立法院負責相互衝突。就當前憲政的實際運作來說，總統領導行政院，或是行政院對總統負責已經成為常態，這是基於政黨政治的原理，而非憲法的制度精神，兩者之間甚至相互衝突。第二，政黨總統化的趨勢，因為總統兼任政黨主席的慣例而更加顯著。總統兼任黨主席的情況下，可以影響同黨立委，也可以延伸其意志進入立法院。總統與立法院具有雙元民意的正當性，將因為總統兼任黨魁而改變了權力分立的內涵。

　　本文藉由制度規範與政黨行為兩個層次，指出我國半總統制的憲政運作出現的四個模糊之處，並且分別導致了總統對行政院、總統對立法院強化其影響的可能性，總結請參見下表 9-1。

表 9-1　體制的模糊對民主深化的影響

層次	內容	模糊處	影響
制度規範	增修第 3 條：總統任命行政院長（人事權）	任命權是否涵蓋、解釋為免職權	二元行政潛在僵局的風險
	增修第 3 條：總統制定大政方針，得設國安會（決策權）	總統是否具有決策權、立法權	總統潛在的擴權風險
政黨行為	政黨政治影響內閣改組時機	內閣是否需因總統改選而總辭	黨內政治改變憲法規範
	總統是否得兼任黨主席	憲法未規範，由政治菁英與政黨決定	黨政關係影響權力分立

資料來源：作者自行整理。

　　我國從 1997 年以來半總統制的實務運作，是受到府、院、會、黨四個行為者互動所影響。在制度規範不明、黨政關係不確定性、易變性高的情況下，憲政運作出現高度總統化的特性。也因為憲政運作的總統化，政府施政的正當性可說是取決於總統的社會支持度。總統同時是國家元首、政府首長、政黨領袖，也容易造成行政、立法二權之間權力分立與制衡的混淆。雖然如此，權力高度集中，也可以視為最具有應付困境、改變現狀的韌性。林繼文（2006）從政府體制、選舉制度與政黨體系來分析，當總統掌握權力，所屬政黨同時也是國會多數時，是有改變現狀能力的組合。這說明了高度總統化的半總統制，可能運作出非常兩極的結果。

　　回到歷史脈絡來看，總統化的半總統制並非沒有出現共治與換軌的契機。第一次是在 2001 年的立法院改選，民進黨未能過半，但首次取得國會第一大黨的地位，可以視為選舉的贏家，也因此當時的陳水扁總統並未選擇與泛藍共治。第二次是 2016 年的立法院選後，民進黨首度在立法院單獨贏得過半席次，時任的國民黨籍總統馬英九在 2 月新的立法院開議時讓出組閣權，但民進黨選擇在三個月後的 5 月 20 日由蔡英文總統組閣，象徵「完全執政」，因此沒有出現提早執政與共治的情況。這兩次出現共治的條件，沒有共治的結果，也成為建立憲政慣例、持續往總統化發展的關鍵時刻。

　　從國會與總統選後的府會關係來看，要出現共治需要顯著的民意壓力，也就是總統黨在國會選舉慘敗的情境，法國三次共治的經驗即是如此。然而，我國的選舉時程是同時選舉，在總統選舉的衣尾效應下，總統黨同時贏得國會多數的機率偏高，即便未能過半，也很有可能維持第一大黨的地位。總統所屬政黨要贏得總統但國會慘敗，也就是「朝小野大」的情況很難發生，共治的政黨結構並不容易出現，但多黨不過半的條件下組織「聯合內閣」並非沒有機會。在當前政黨政治日益分化、獨立選民增加以及第三勢力儼然成形的情況下，國會的政黨結構一旦出現多黨不過半，聯合內閣或是少數分立政府仍有可能影響當前半總統制運作的憲政秩序。基於此，提早討論當前制度規範的模糊，降低體制運作的不確定性仍是重要的議題。未來若再次展開憲政工程，修憲時應考量整體憲法的憲政精神，並兼顧已有的憲政慣例與政治文化。總統的憲政與黨政角色如何清楚的界定，應該是最核心的議題，也是影響民主深化的關鍵所在。

參考書目

Horowitz, Donald L. 著，孟祥瑞譯，2008，〈後衝突國家的調和機制與制憲程序〉，《政治科學論叢》（36）：1-32。

王泰升，2015，《臺灣法律現代化歷程》，臺北：中央研究院近代史研究所。

吳玉山，2006，〈政權合法性與憲改模式：比較臺灣與歐洲後共新興民主國家〉，《問題與研究》45（1）：1-28。

吳玉山，2011，〈半總統制：全球發展與研究議程〉，《政治科學論叢》（47）：1-32。

吳玉山，2021，〈再訪憲改框架：議會制、總統制、半總統制〉，《行政暨政策學報》（73）：163-211。

李鳳玉、藍夢荷，2011，〈一致政府下的內閣穩定：比較2008年總統大選之後的俄羅斯與臺灣〉，《政治科學論叢》（47）：107-142。

李鳳玉、黃建實，2015，〈總統兼任黨主席對政府法案通過的影響：陳水扁政府時期的分析〉，《政治科學論叢》（64）：85-136。

沈有忠，2004，〈半總統制下的權力集散與政府穩定：臺灣與威瑪共和的比較〉，《臺灣民主季刊》1（3）：99-129。

沈有忠，2005，〈制度制約下的行政與立法關係：以我國九七憲改後的憲政運作為例〉，《政治科學論叢》（23）：27-60。

沈有忠，2009，《威瑪憲政變奏曲》，臺北：五南。

沈有忠，2012，〈半總統制「權力總統化」之比較研究〉，《臺灣民主季刊》9（4）：1-36。

沈有忠，2016，〈政黨菁英或官僚菁英？臺灣半總統制下的行政院院長類型與立法影響〉，《政治科學論叢》（69）：75-102。

沈有忠，2018，《臺灣與後共國家半總統制的憲政運作》，臺北：翰蘆。

沈有忠，2021，〈半總統制下的無黨籍閣員：任命與立法行為〉，《行政暨政策學報》（73）：89-118。

林繼文，2009，〈共治可能成為半總統制的憲政慣例嗎？臺灣與法國的比較〉，《東吳政治學報》27（1）：1-51。

張峻豪，2016，〈從閣揆角色談臺灣半總統制的行政權運作（1997-2016）〉，《國家發展研究》16（1）：1-42。

張峻豪、徐正戎，2007，〈閣揆角色的受限或突破──政黨輪替後我國行政院院長與總統互動之研究〉，《臺灣民主季刊》4（1）：51-108。

陳宏銘，2016，〈半總統制下總統是否兼任黨主席與其黨政關係型態──比較視野下的馬英九總統任期經驗〉，《臺灣民主季刊》13（4）：1-42。

陳宏銘，2019，《半總統制在臺灣：總統權力新視角》，臺北：五南。

陳淳文，2013，〈再論中央政府體制之改革展望〉，《政大法學評論》（131）：1-88。

黃德福、蘇子喬，2007，〈大法官釋憲對我國憲政體制的形塑〉，《臺灣民主季刊》4（1）：1-49。

廖達琪，2006，〈「人治」傳承的威權掌握：臺灣憲政發展過程中領導菁英角色的初探〉，吳重禮、
　　吳玉山（編），《憲政改革：背景、運作與影響》，臺北：五南，頁 63-93。

蔡榮祥，2017，〈半總統制下總統、總理和國會的三角關係：臺灣和波蘭的運作經驗分析〉，《東
　　吳政治學報》35（2）：1-71。

蕭高彥，2005，〈台灣的憲法政治：過去、現在與未來〉，《二十一世紀》（92）：28-43。

蘇子喬，2010，〈臺灣憲政體制的變遷軌跡（1991-2010）：歷史制度論的分析〉，《東吳政治學
　　報》28（4）：147-223。

蘇子喬，2019，〈制度設計與實際運作 —— 總統兼任黨魁之探討〉，《臺灣民主季刊》16（3）：
　　1-57。

Duverger, Maurice. 1980. "A New Political System Model: Semi-Presidentialist Government." *European Journal of Political Research* 8 (2): 165-187.

Elgie, Robert. 2007. "Varieties of Semi-Presidentialism and Their Impact on Nascent Democracies." *Taiwan Journal of Democracy* 3 (2): 53-71.

Elgie, Robert, and Petra Schleiter. 2011. "Durability of Semi-Presidential Democracies." In *Semi-Presidentialism and Democracy*, eds. Robert Elgie, Sophia Moestrup, and Yu-Shan Wu. New York, NY: Palgrave Macmillan, pp. 42-60.

Elgie, Robert, and Sophia Moestrup, eds. *Semi-Presidentialism Outside Europe*. New York, NY: Routledge Press, pp. 1-13.

Kucera, Ondrej. 2006. "Is Taiwan a Presidential System?" *China Perspectives* 66: 1-15.

Linz, Juan J., and Alfred Stepan. 1996. *Problems of Democratic Transition and Consolidation*. Baltimore, MD: Johns Hopkins University Press.

Moestrup, Sophia. 2007. "Semi-Presidentialism in Young Democracies: Help or Hindrance?" In *Semi-presidentialism Outside Europe: A Comparative Study*, eds. Robert Elgie and Sophia Moestrup. Oxon, UK: Routledge, pp. 30-55.

Samuels, David J., and Matthew S. Shugart. 2010. *Presidents, Parties, and Prime Ministers*. Cambridge, UK: Cambridge University Press.

Sartori, Giovanni. 1997. *Comparative Constitutional Engineering*, 2nd ed. New York, NY: New York University Press.

Shugart, Matthew Søberg, and John M. Carey. 1992. *Presidents and Assemblies*. Cambridge, UK: Cambridge University Press.

Skach, Cindy. 2005. *Borrowing Constitutional Designs*. Princeton, NJ: Princeton University Press.

Skach, Cindy. 2007. "The 'Newest' Separation of Powers: Semipresidentialism." *International Journal of Constitutional Law* 5 (1): 93-121.

Wu, Yu-Shan. 2000. "The ROC's Semi-Presidentialism at Work: Unstable Compromise, Not Cohabitation." *Issues & Studies* 36 (5): 1-40.

Wu, Yu-Shan. 2007. "Semi-Presidentialism–Easy to Choose, Difficult to Operate." In *Semi-Presidentialism Outside Europe*, eds. Robert Elgie and Sophia Moestrup. New York, NY: Routledge Press, pp. 201-218.

第三篇

國際關係與兩岸關係

第十章

霸權與挑戰：國際關係理論的詮釋[*]

吳玉山、傅澤民

壹、理論與現實

國際關係理論是與現實的國際政治高度連結的。由於歐美主導國際政治多個世紀，傳統的國關理論乃多基於西方的歷史經驗，反映出歐美學者對於國際關係的爬梳整理與理論構思。到了晚近由於西方的霸權受到挑戰，這一個脈絡的思路在學術界也引起了一波波的反省，然而不變的是國際關係的演進驅動了國關理論的發展。時至今日，美中爭霸已經成為 21 世紀國際關係的主旋律，無論是傳統與非傳統的安全議題、經濟與全球化，或是意識形態的爭議，都緊緊地扣合著美中兩大國在國際舞臺上的競爭。因應著國際關係的這個結構性變遷，國關理論也經歷著劇烈的興衰變動。

有關於國際關係的思想淵源甚早，古印度的 Kautiliya 便是一位著名的國關思想家（Modelski, 1964），他發展出了國家距離遠近與彼此關係是相互連結的看法；而馬基維利對於人性本惡、理性計算，與政治道德分離等看法也對後世國關理論的發展產生了深遠的影響（Machiavelli, 1981）。現代意義的國關理論始於第一次世界大戰之後，而與理想主義與現實主義之辯息息相關。當時 E. H. Carr 的《二十年危機：1919-1939》被認為是「現實主義革命」的開山之作，清楚地闡釋了「權力」在國際關係中的核心意義（Carr, 1940）。在這些早期的國關思想與國關理論當中，所汲取的多半是列國競爭的國關歷史，諸如歐洲在 1648 年以後所建立的西伐利亞秩序。以現實主義而言，最居於優勢地位的便是權力平衡理論（Balance of Power Theory），這是以追求均勢作為各國行為的自

[*] 本文初稿發表於 2022 年 8 月 4 日至 5 日中央研究院政治學研究所廿週年所慶暨「政治學的現況與展望」學術研討會，特此感謝陳欣之教授提出之評論與建議。

本文內容曾刊登於吳玉山、傅澤民，〈霸權與挑戰：國際關係理論的詮釋〉（一般論文），《問題與研究》，第 62 卷第 1 期（2023 年 3 月），頁 1-45。感謝國立政治大學國際關係研究中心《問題與研究》同意轉載。

然歸趨，以權力平衡作為國際體系的經常狀態，並且在均勢與和平之間建立聯繫，提出特定的權力分配形式與體系的穩定性彼此因果相關。

二戰結束後出現了美蘇相互對峙的冷戰時期，國關理論家在傳統所熟悉的多元體系與兩元體系的現實之間來回探索，但是關注的重心還是權力平衡。Waltz（1979）的「結構現實主義」參酌個體經濟學的觀點，把原有的現實主義理論更加形式化。他用「內部均衡」的概念來處理在兩元體系下不容易運作的「外部均衡」（即藉著國家間的聯盟來達成均勢），但核心還是在權力平衡。另一方面，深受 19 世紀歐洲傳統影響的季辛吉則把多元的可能引入美蘇競爭，提出了戰略三角的概念，並且把他的學術觀點帶入美國實際的外交政策，而產生了深遠的影響（Kissinger, 1995）。無論如何，在現實主義陣營，權力平衡還是居於主流的思想，而核子武器所帶來的恐怖平衡也被納入其中。

長期的冷戰對峙與相互保證毀滅的恐怖平衡驅動了對於現實主義的反思，也帶來冷戰末期開始興起的新自由主義與建構主義思潮。這些思潮鬆動了現實主義的諸般前提，安全至上、理性思維、單一行為者等預設都被一一檢視修正。反現實主義的國關理論在蘇聯解體、冷戰結束後獲得最大的發展契機（Baldwin, 1993; Wendt, 1999）。美國獲得了獨霸的地位，而其所信仰與推廣的全球化資本主義與自由民主體制似乎沛然莫之能禦。現實主義者所習慣的兩元與多元體系、國家安全至高無上、冷酷的權力計算，與將國家視為單一行為者的種種假說，都顯得無法掌握住現實。在此種情況之下，美國的外交政策也反映了相當的自由主義與建構主義觀點，而不再以現實主義作為圭臬（Mearsheimer, 2021）。

如果西伐利亞秩序下的國際關係驅動了現實主義與權力平衡理論的發展，兩元體系下的冷戰提供了結構現實主義興起的環境，對恐怖平衡的拒斥與後冷戰時期美國自由主義霸權開啟了新自由主義與建構主義發展的契機，那麼中國大陸的快速崛起與對美國與西方霸權的挑戰，就必然地推動了新一波國關理論的浪潮。中國的崛起來得又急又快，在 1980 年代才開始的經濟改革一方面提供了經濟增長的動力，但也引來了劇烈的社會與政治動盪。不過在度過了 1989 年至 1991 年天安門事件與蘇東共黨政權崩潰的危機之後，中共抓住了兼顧經濟增長與維持黨國政治控制的訣竅，開始了改革派共黨統治下 30 年的快速發展，並在超越除美國之外所有的西方大國（包括日本）之後，獲得了與美國比肩競爭的地位。這一個新的國際關係格局，是前代的國關理論所無法切中解釋的。

美中的關係是現狀的支配性強權受到崛起強國的威脅，二者之間發生了愈來愈劇烈的摩擦，甚至有爆發戰爭的可能。這顯然不是傳統的西伐利亞體系下的多元體系，也非美蘇間穩固的兩元結構與恐怖平衡，或是新自由主義與建構主義所能擬想的超越現實主義格局，而是支配性強權與快速接近的挑戰者之間的戰略競爭。照理說依照權力平衡理論，美中之間的均衡態勢應該有利於和平與體系穩定，但是實際的情況顯然並非如此。在西方的國關理論當中一直有一個非主流派別，強調層級體系而非權力平衡才是穩定的前提。此一層級觀點主要提出了兩種論述，一是當霸權為體系提供必要的公共財時體系最為穩定；一是當霸權受到挑戰的時候體系可能會面臨戰爭。前者最有名的就是 Charles Kindleberger 根據 20 世紀兩次大戰之間經驗所發展出的「霸權穩定論」（Hegemonic Stability Theory）；而後者則是 A. F. K. Organski 在 1950 年代就提出的「權力轉移理論」（Power Transition Theory）（Kindleberger, 1973; Organski, 1958）。在這兩種理論當中，最為切中當前美中競爭的自然就是集中關注霸權與競爭的權力轉移理論。

　　權力轉移理論經常是以抽象的理論形式提出，另外晚近藉助歷史來深化其經驗內涵的「修昔底德陷阱」（The Thucydides Trap）之說也大行其道。此說出自 Graham Allison，其理論的根源是在古希臘時期，當各個城邦國家聯合起來擊敗了波斯帝國的大軍之後，代表海權的雅典便開始挑戰斯巴達的陸上霸權，釀成伯羅奔尼撒戰爭（Peloponnesian War），為史家修昔底德所記載，顯示爭霸必有戰爭，故而暗合權力轉移理論。在 Allison（2017）所著的 *Destined for War: Can America and China Escape Thucydides's Trap?* 一書中，探究了近五個世紀以來國際關係史上的 16 次重大權力轉移，發現其中有 12 次都出現戰爭，機率是 75%。因此 Allison 便問到，究竟現在正在進行的美中權力轉移會不會導致戰爭？固然 Allison 對於修昔底德歷史記述的理解是不是正確容有爭議（Lee, 2019）；而他近來也從北宋與遼在澶淵之盟之後的百年和平（相互對抗但無主要戰爭，或稱 rivalry partners）獲取了更多的歷史啟示，不像過去悲觀，然而 Allison 從歷史尋求分析的洞見則是始終一致的（Allison, 2019）。Allison 的研究把我們的視線導引到「歷史與國關」的文獻。此一文獻以國關史為材料，來發展出對於國際關係的識見，形成詮釋美中爭霸的獨特角度，特別在研析中國對外行為方面，提出了重要的看法。

　　在以下的討論當中，我們將從權力轉移理論的核心論點與適用的範圍條件切入，接著聚焦於此一理論的兩個關鍵變項：權力差距與挑戰者對現狀的滿意程度，並延伸到戰爭的爆發條件與對理論的挑戰，最後是討論崛起國與支配性強權的新興理論框架。在這一部分又分為三個部分：崛起國對支配性強權的策略選擇、支配型強權對於崛起國的策略選擇，和崛起國與支配性強權的策略組合。在處理完權力轉移的相關理論後，我們將進入「歷史與國關」的討論，特別是著重於對於中國對外行為的歷史理解。我們首先討論了從歷史的角度來看今日中國「再起」的必要性，而後提出用「是否跨時」與「是否跨域」的兩個向度來把文獻分類，接下來進入歷史與國關的論辯焦點：文化是否又如何扮演影響中國對外行為的重要角色。我們提出兩種答案：普適論（包括文化無關與權力含攝理念的觀點）與特殊論（包括權力與理念分配並列與階層滿足兩種型態）。最後，我們對於霸權與挑戰的國關理論詮釋做出總結，強調權力轉移理論可以捕捉美中爭霸的客觀因素，而歷史與國關可以深化對於爭霸的主觀理解，二者對於理解當代的霸權與挑戰都是不可或缺的。

貳、權力轉移理論的核心論點與適用的範圍條件

　　權力轉移理論起源於其鼻祖 J. F. K. Organski（1958, 1968）對當時的國際關係學術霸權 —— 權力平衡理論所發起的學術挑戰。[1] 信奉權力平衡理論的學者主張，無政府狀態（anarchy）是國際關係的特質，並強調權力平衡是國際體系最終總會達致的均衡（equilibrium），並能促進體系的穩定（Waltz, 1959; Morgenthau, 1978）。Organski 駁斥了這種看法，認為層級體制（hierarchy）才是對國際關係特質更準確的描述，國際體系中權力集中（concentration of power）是常態，且有助於和平的維繫，權力平衡反而容易導致戰爭的爆發。權力轉移理論強調國家是國際政治中最重要的行為者，國家領導人是理性的。權力轉移理論家將層級體制描述為一個權力金字塔，其中有一個支配性強權（dominant power）占據金字塔的頂端，其下則有數個一般強國（great powers），為數不少的中等國家（middle powers），以及數目繁多的小國（small powers）。支配性強權可利用權力來建構一個揉合政治、經濟及規範等面向的國際秩序來管理國際體系，一方面增進其國家利益，另方面則維繫國際體系的穩定，因此它是滿足（satisfied）的。對國際秩序滿意的其他國家追隨支配性強權的領導，並從中得到一定的好處。在支配性強權的權力無與倫比時，權力的集中確保了穩定的存續甚至和平（Tammen et al., 2000）。然而，這樣的權力分配（distribution of power）並不是變動不居的，支配性強權終究有可能從權力的神壇跌落。

　　按照權力轉移理論的論述，支配性強權之所以能登上權力金字塔之頂端，並制訂對己有利的國際秩序運作規則，關鍵在於其率先經歷了由工業化所驅動的高速經濟發展，從而能擁有其他國家無法企及的國力。當支配性強權的經濟成長動力減弱時，其他一般強權若能透過工業化達成比支配性強權更迅猛的經濟發展，便能改寫其與支配性強權間相對權力的對比。國家間經濟發展速度的不同就像不停歇的海浪，沖刷對支配性強權有利的權力格局，最終便可能重塑權力的分布，其結果便是支配性強權的衰退與崛起

---

[1]　權力轉移理論經常被認為隸屬於現實主義的理論家族，但值得注意的是，權力轉移理論同時也是服膺於理性主義（rationalism）典範下的理論。

國的粉墨登場（Organski and Kugler, 1980）。這樣看來，工業化帶來了由國家內部而外（inside-out）的變革動力，內部經濟發展速度的不同則是導致支配性強權權力優勢喪失的根本原因。

權力平衡理論（Waltz, 1979; Walt, 1987）一般認為同盟體系的轉換是導致國際權力分配變化之重要機制，但權力轉移理論則強調，在工業化的時代下，同盟的形成與瓦解並非權力重新分配的主要機制，這是因為國家間的聯盟在工業化時代更加僵固，換盟的可能性低（Organski, 1958: 313-316）。[2] 由於將權力轉移理論設置了嚴格的適用條件（scope conditions），Organski（1958: 307）表示，他所發展出來的理論僅能適用於有些國家已經工業化，有些國家還尚未工業化的階段，因為他堅信工業化程度的不同是導致國際體系權力產生重新分配之最重要因素。職是之故，這一個理論無法解釋前工業化時代，而當所有國家都已工業化時，新的理論必須應運而生。新一代的權力轉移理論家雖然都同意國際體系中的權力分配是一個動態發展的過程，但他們已經普遍不再把工業化的不均勻發展視為國際體系權力再分配的必要條件（necessary condition）。舉例來說，Kim（1992）研究 1648 年至 1815 年的歐洲歷史，清楚展示了同盟的形成完全可以在短期內大幅提升一國的權力，工業化並非是催生出新的權力分配之必要條件。Organski 與 Kugler（1980: 56）更承認了同盟體系對於支配性強權與挑戰者間戰爭之結果影響甚鉅。事實上，如 Levy（2008: 19）所揭示的，雖然決定一國經濟發展程度及國力的主要機制在不同的時代可能不盡相同，但這僅僅代表學者必須因時因地制宜，發展出合適的概念量測尺度，從而能指出國際體系權力分配的情況並洞見相對權力對比的可能變化，權力轉移理論的理論邏輯並不會因此受到影響。那麼權力轉移理論又是如何將國際體系的權力分配與再分配連結到國際體系的穩定與否呢？

參、兩個關鍵變項：權力差距與對現狀的滿意程度

當國際秩序被支配性強權所護衛，且其權力優勢明顯時，其他的國家或者對現狀滿意因而沒有意願改變現狀，縱使是有意願也缺乏能力來發起挑戰。可能挑戰支配性強權的國家充分瞭解，以現有的權力差距，自己在與支配性強權的衝突中毫無勝算。權

---

[2] Organski（1958）提出了三點來論證這個命題：第一，拜工業化所賜的經貿互賴讓國家之間的連結更加固化；第二，較之於過去，同盟之創建在當代涉及高額的成本，因此同盟一旦締結，便不會被輕易毀棄；第三，民主國家數量之提升加以領導人在與結盟有關的議題上往往訴諸群眾，此舉所催生出之聽眾成本（audience cost）讓民主國家極難換盟（realignment）。

力轉移理論宣稱,只要這樣權力結構得以維持,國際體系便能保持穩定。根據 Organski 與 Kugler(1980)的計算,這代表沒有任何一個新興強國的權力達到了支配性強權的 80%。當國家的權力分配產生變化,一個原居於第二層級的強國成功地拉近甚至扭轉了 它和支配性強權之間的權力差距,亦即一個新興強國的權力達到支配性強權的 80% 至 120% 這個區間時,新興強國和支配性強權就可能產生關係上的緊張,但要判斷國際體 系是否會發生戰爭必須進一步檢視崛起國對現狀秩序的滿意程度。[3] 依 Lemke 與 Kugler (1996)的詮釋,權力轉移下支配性強權與挑戰者間達成的均勢只是賦予了挑戰者機會 (opportunity),對現狀的不滿意才創造出挑戰者一戰的意願(willingness)。這也是為 什麼 Organski(1958: 325-333)會一再強調,只有在加上了對現狀秩序不滿的挑戰者的 這個條件時,權力轉移與戰爭的關聯性才會成立。

　　具體來說,崛起國若滿足於國際秩序,那麼即使支配性強權的權力優勢衰退,雙方 的權力對比進入均勢(parity),或崛起國的國力超越(overtaking)了支配性強權,兩 者也不會衝突。然而若崛起國對現狀不滿(dissatisfied),便可能會要求支配性強權大 幅修改現存的秩序,甚至可能完全顛覆現有國際秩序,另行打造對其有利的國際秩序。 由於支配性強權對現狀滿意因而有護持現狀的誘因,因此必然會抗拒挑戰者修改現狀的 要求,衝突於是變得極為可能(Tammen et al., 2000)。綜言之,國際體系的穩定性首先 取決於支配性強權是否具備權力優勢以威懾潛在挑戰者。當權力的分配集中於支配性強 權時,威懾效果極佳,國際關係是最穩定的。權力集中為國際體系帶來穩定,權力平衡 則否。[4] 當支配性強權與原為一般強國的崛起國權力拉近時,威懾的效力不再,但倘若 崛起國對國際秩序滿意,國際關係仍會是穩定的。[5] 對國際關係穩定最不利的狀況便是 出現了一個強大而又對國際秩序不滿的挑戰者。挑戰者崛起的速度愈快,支配性強權因 應權力分配變化的彈性愈低,都會進一步提高戰爭爆發的機率(Organski, 1958: 323-337; Tammen et al., 2000: 14)。綜上所述我們可以發現,權力轉移理論最重要的兩個解釋變 項便是相對權力的變化以及對現狀的滿意程度,兩者的交互作用將決定國際體系是和是 戰。以下,我們將依序討論權力轉移理論家如何概念化及測量這兩個關鍵的自變項。

---

[3] 當新興強國的權力超過支配性強權的 120% 時,表示新興強國已經取原來的支配性強權而代 之,成為其他國家不可匹敵的新支配性強權。此時由於權力的分配又定於一尊,國際體系的穩 定性還是可以確保。

[4] Lemke(2002)展示了,權力轉移理論的理論邏輯不僅在全球範圍適用,更可延伸至區域的次 級體系。

[5] Chan、Hu 與 He(2019)即是在此基礎上推斷,由於中國在本質上並非是修正主義式的國家, 也確實展示了願意融入現存國際秩序的意願,因此只要美國願意正視並容納中國的崛起,滿足 中國的地位(status)需求,美中間的衝突完全可以避免。

　　探討國家間的相對權力變化時，最關鍵的問題還是如何界定並測量權力。權力轉移理論家一般將權力定義為一國控制或改變他國政策以推進本國政策目標之能力（Organski and Kugler, 1980）。由於權力轉移理論認為強權興衰的根源主要來自於各國內部發展程度的不同，因此在測量權力時，權力轉移理論將可能影響內部發展程度的要素置於核心位置。這點與權力平衡理論在論及權力時，念茲在茲的是軍事實力有明顯差異。Organski（1958: 203-210）在權力轉移理論的開山之作中指出，國力的構成要素有六，按重要的程度排列依序為：人口（population）、政治結構的效能（efficacy of political structure）、經濟發展（economic development）、士氣（national morale）、資源（resource）與地理環境（geography）。經過概念的綜整後，權力轉移理論提出一國之權力或謂國力強弱是由三個要素所決定：人口、經濟生產力與政治能力。其中人口是指勞動人口與軍力人數，由於直接影響了經濟生產的規模以及戰爭時所能動員的人數多寡，因而是權力的基礎，其影響是長期的（Kugler and Swaminathan, 2006）；經濟生產力指的是將資源投入轉化為經濟產出的能力，改變較為迅速，對國力的影響是中期的；至於政治能力則是政府為了達成國家目標之資源汲取及配置的能力，可以在短期之內對國力產生較大影響（Tammen et al., 2000; Organski and Kugler, 1980）。

　　政治能力對於國力的影響固然重要，但對於如何具體測量這一個概念，研究權力轉移的學者一直到近期才取得基本的共識。Organski 與 Kugler（1980）率先提出並初步發展了政治能力的概念，Arbetman 與 Kugler（1997）將之細緻化，Kugler 與 Tammen（2012）集大成，一個多面向且相對成熟的政治能力指標於焉而生。[6] 殊為可惜的是，權力轉移的研究者在探討權力轉移與國際體系是否會出現戰爭的關係時，並沒有系統性地將政治能力納入權力測量的面向，而主要是仰賴兩個既有的指標來度量權力：國民生產毛額（Gross National Product, GNP）或國內生產毛額（Gross Domestic Product, GDP），[7] 以及國家實力綜合指數（Composite Index of National Capability, CINC）。[8] GDP 是由人口和國民的生產力決定的，國家實力綜合指數中人口亦占有相當的權重，因而對權力轉移理論來說，要成為世界大國就勢必要擁有大量的人口。這一點在各國間的生產力差距逐漸縮小後尤然。這解釋了為何權力轉移理論學者預期中國及印度將依序取

---

[6]　在這個框架下，權力被操作化為 GDP 與相對政治權力的乘積。

[7]　權力轉移理論的先聲是透過 GNP 來衡量一國的權力，當經濟學界開始轉向使用國內生產毛額來衡量一國的經濟能力與表現後，權力轉移理論家從善如流，轉為使用 GDP 來衡量權力。

[8]　國家實力綜合指數是由創立戰爭與關聯計畫（Correlates of War Project）的學者 David Singer 所開創，這一指數綜整並加權了六個指標：軍費支出、軍事人員的數量、能源消耗量、鋼鐵產量、都市人口以及總人口。

代美國成為國際體系的支配性強權（Tammen and Kugler, 2006），因為它們都具有巨大的人口優勢。

　　由於 GDP 與國力綜合指數在統計上呈現高度的相關性，因而研究權力轉移的學者一般將兩者交替使用，宣稱不影響分析之結果。這樣的論斷在近期受到了學者的挑戰。Rauch（2017）將 GDP 和國力綜合指數套入實際的案例分析，發現統計上的高度相關並不能確保這兩個指標在判斷挑戰者何時趕上或者超越現狀的支配性強權的一致性。舉例來說，GDP 和國力綜合指數對於 1820 年至 1910 年間，對於美國和英國國力變化確實呈現出類似的趨勢，然而在美國究竟何時達到英國國力的 80% 至 120% 之時間點（timing）的判斷上卻存在著鴻溝。此處的關鍵是，美國對現狀的滿意度在 19 世紀中期時至 19 世紀末期時有明顯的提升，因此一個較符合權力轉移理論的發現應是，美國在 19 世紀中末期在國力上逐漸追上英國，同時又對國際秩序滿意，雙方的互動因此成為了當代和平權力轉移的典範。這一個說法只有在我們使用的是國力綜合指數來計算國力時才能成立（Rauch, 2017: 649-650）。但是這也不代表國力綜合指數必然是更優越的指標。以 GDP 為標準，中國當前的國力大約是美國的 77%，但若我們以國力綜合指數來計算，中國的國力早在 1990 年代中期就已與美國旗鼓相當，並在之後實現了超越。這個判斷顯然與學術界長久以來的研究發現扞格不入，也違反一般的經驗法則（Beckley, 2011; Brooks and Wohlforth, 2016）。這顯示了，無論使用何種權力的測量指標都可能遇到測量的估計值與理論或現實理解不相符合的問題，研究權力轉移的學者未來勢必要直面此一挑戰。[9] 一些近年來新發展出的指標提供了幾個可能的改進方向。Beckley（2018）認為在探討國力時不能只看毛額，提倡應透過 GDP 與人均 GDP 的乘積來加以測量，前者代表了一國經濟與軍事產出的總量，後者則反映了經濟與軍事生產的效率。基於類似的理論考量，Anders、Fariss 與 Markowitz（2020）提出了國內生產剩餘（Surplus Domestic Product, SDP）的概念，認為 GDP 應被區分為維持一國人民生存所必須的生計維持收入（subsistence income）及剩餘收入（surplus income），而只有後者才是國家能夠真正投入在國際關係互動上的權力資源。Carroll 與 Kenkel（2019）則是用機器學習（machine learning）的方式建構了一個爭端結果預期分數（Dispute Outcome Expectations Scores），並展示了這個分數更能夠反映出國家間軍事實力之對比與變化。

---

[9]　權力轉移理論學者一般對 GDP 作為衡量一國權力大小的評價要稍高於國力綜合指數（Tammen, Kugler, and Lemke, 2017）。但也有許多學者開始質疑，國內生產毛額在當今的社會當中是否還適宜作為衡量權力的變數。跨國公司的實踐顯示，我們極難將生產及利潤歸於一個特定的國家（Starrs, 2013）。同時，國內生產毛額的計算方式明顯低估了創新以及以知識為基礎的產業對經濟發展之影響（Brooks and Wohlforth, 2016: 31-46）。

　　如前所述，權力轉移理論是透過相對權力的變化以及挑戰者對現狀滿意的程度兩個自變項來解釋國際體系中是否會有大戰的爆發。權力轉移理論雖然並未在理論邏輯上宣稱權力增長的新興強國必然會滋生對現狀的不滿，但早期絕大多數的權力轉移理論家（例如 Organski, 1958; Organski and Kugler, 1980）卻都沒有對現狀的滿意程度這個理論變數進行測量，甚至想當然爾地預設，支配性強權必然滿意現狀，挑戰者則必然不滿意（Lemke and Kugler, 1996）。此時他們的論點經常被化約為，權力的追求或均勢讓挑戰者產生在大戰中有取勝可能的心理預期，從而提高戰爭發生的機率。Vasquez（1996: 37）一針見血地指出，對現狀的滿意程度往往淪為權力轉移理論學者在理論無法適用時所訴諸的特設性解釋（ad hoc explanation）。其後果是，外界容易將權力轉移理論與結構決定論掛鉤，認為權力轉移理論隱含了新興強國權力增加到達一定的程度時必然伴隨著對現狀的不滿足的前提。這點在權力轉移理論家陸續發展出量測對現狀是否滿意之指標後才得到了修正。

　　對現狀的滿意與否涉及對於由支配性強權所領導之國際體系內的現有規則的評估。對現狀滿意代表一國對既存的國際秩序所能給予其之利益達到了一定的程度，因此沒有推翻和改變現狀的意願；對現狀不滿意則表示一國認定從既存的國際秩序所能得到的利益不足或者不願意接受從屬的地位，認為現狀不公平且被敵對的勢力所宰制，推翻現狀的意念油然而生。研究權力轉移的學者提出了不同的指標來判斷一國是對現狀是滿意或者不滿意。Kim（2002）提出可用聯盟組合的相似度（similarity of alliance portfolios）來區分一國對現狀是否滿意。他主張挑戰者和支配性強權若有相似的聯盟組合，表示雙方擁有相似的利益，因此挑戰者應是對現狀滿意的；反過來說，若兩者的聯盟組合大相逕庭，則可以推斷兩者的利益不太一致，挑戰者對現狀並不滿意。Kim 在這裡假設了國家會和利益契合的國家結為同盟，並避免和利益不一致的國家締結聯盟。權力轉移理論學者頗青睞此指標，在許多的研究中都可以看到其蹤跡（Hebron, James, and Rudy, 2007; Sobek and Wells, 2013）。這個指標雖然被廣泛使用，但亦有學者批評指出，由聯盟組合相似程度高推論到利益協調程度高固然合理，但挑戰者與支配性強權的聯盟組合相似程度低卻未必代表前者對後者或者現狀的秩序不滿，因為當挑戰者與其他國家利益重合程度夠高時，聯盟的形成即變得可有可無（Levy, 2008）。

　　Werner 與 Kugler（1996）認為判定一國對現狀的滿意或不滿意必須檢視其軍事力量的擴張速度（military buildups）。這裡的邏輯是，汲汲於整軍經武的國家較之於沒有這麼做的國家更可能對現狀不滿。特別是，當一個新興強國的軍事擴張速度比支配性強權還快時，其顛覆現狀的意圖更是顯露無遺。除了比對挑戰者與支配性強權的國防支出外，Lim（2015）強調挑戰者在推動軍事現代化時，是否刻意增強牽制支配性強權權力投射之能力也是一個值得關注的面向。Childs（2011）採用國際上主要的武器供應國的轉移情況來判斷一國是否為對現狀滿意的國家。他假設,武器的主要供應國不會將武器販售給他們認為對現狀不滿的國家,此無疑是養虎為患。

Lemke 與 Reed(1996)從國內政治的層次出發,強調挑戰者與支配性強權在國內政治制度性安排的一致性(特別是如果雙方皆為民主政體)在很大程度上會決定挑戰者對於現狀的滿意程度。在雙方的政體類型相同,甚至在經濟領域的制度安排都類似時,挑戰者通常能從現狀汲取到極大的好處。從這個角度出發,若一新興強權與支配性強權的政權類型不同,則可以推定其對現狀不滿。Tammen(2008)則強調關鍵是去評估國內的群眾是否滿意於經濟發展的利益分配。若國內的群眾對於經濟發展後的利益分配感到滿意,表示這個國家對於國際秩序的現狀也是滿意的。反過來說,若國內的群眾認為自己並非國內經濟發展的受益者或者被分配到的利益不足,他們對於國家的不滿也代表著該國對現狀的國際秩序的不滿。

Danilovic 與 Clare(2007)則是宣稱,強國間爆發衝突往往不是肇因於對國際體系中現狀秩序的不滿,而是在雙邊關係中是否有具體的利益衝突。他們爭奪的並非對體系的掌控,而是在他們認定為國家核心利益的議題上取得優勢。Danilovic 和 Clare 的論點指出了一種可能性,即一個新興強國有可能由於一個具體的雙邊議題而對支配性強權不滿,但卻對國際體系的現狀秩序是高度滿意的。這表示,關於現狀的滿意程度可以有不同層次。在評估挑戰者對現狀的滿意程度時,我們至少必須關注兩個層次:第一,挑戰者對體系層次,亦即由支配性強權主導的國際秩序之滿意與否;第二,挑戰者對與支配性強權之間雙邊關係層次的秩序之滿意與否(DiCicco and Levy, 1999)。從這個架構來看挑戰者對現狀的滿意與否可以被劃分為四種類型:對體系層次及雙邊關係層次皆不滿;只有對體系層次不滿;只有對雙邊關係層次不滿;以及對體系層次及雙邊關係層次皆滿意。

Sample(2018)關於對現狀滿意程度的討論就是建立在上面的雙層次架構。在體系層次,從權力轉移理論的理論硬核(hard core)出發,她認為新興強國最念茲在茲的是,這一個國際體系的秩序是否能確保其極大化其財富。若新興強國認為既存的國際秩序不允許其實現本身經濟發展之潛力,甚至可能打壓其發展,對現狀的不滿就會變得強烈;在雙邊關係層次,新興強國最看重的是其與支配性強權之間是否存有領土主權的爭端。許多學者發現,領土主權的爭端是讓雙邊關係升級到軍事化衝突的最重要原因(Senese and Vasquez, 2008; Vasquez, 2009; Vasquez and Henehan, 2010)。當新興強國與支配性強權之間有未解的領土主權爭端時,新興強國對此雙邊的秩序應當是不滿的。綜觀現存所有測量一國對於現狀滿意程度之指標,Sample 的作品頗有理論深度,也最具進一步發展之潛力。這是因為,她指標的建構完全根據理論的指引,並仔細討論了一國究竟想要從國際體系中的現狀或謂國際秩序中得到什麼，以及在雙邊層次的關係中想要確保什麼。很明顯，Sample 觸及了物質層面的核心，但如同 Greve 與 Levy（2018）所指出的，挑戰者對現狀的不滿未必只來自於物質層面，他們因而特別強調地位（status）的追求如何可能催生出挑戰者對現狀的不滿。Chan（2020）更進一步，揭露了權力轉移理論的理性偏見（rationality bias），並特別強調妒忌、憤怒，及憤恨等情感（emotions）的作祟如何可能使一國對現狀產生高度不滿。

　　總而言之，在處理對現狀滿意程度的問題時，必須特別小心避免犯下統計上所稱的型一或型二錯誤（Type-I or Type-II errors），即把一個對現狀未必不滿的國家誤認為其對現狀不滿，或者把一個對現狀不滿的國家錯認為對現狀滿意。後續的研究還應當思考的是，如果不同的指標捕捉到了對現狀不滿意的不同層面，我們又該如何在去蕪存菁後，將它們構造成一個整合性的指標。權力轉移理論發展至今，已經不再是以結構決定論為基底的理論，其中的關鍵就在於更加突出了對現狀的不滿意程度的重要性，強調相對權力的接近不必然帶來軍事衝突，而要看支配性強權如何與挑戰者互動，從而塑造其對現狀的滿意。[10] 正如 Tammen（2008: 320）所稱，支配性強權應嘗試形塑潛在挑戰者的政策偏好，如此一來即使其相對權力衰弱，與挑戰者之間呈現權力均勢的態勢時，軍事衝突爆發的可能性也得以大幅下降。權力轉移理論學者進一步提醒，挑戰者政策偏好的形塑不能靠威脅、禁運或制裁，這些政策只會適得其反；支配性強權必須要社會化（socializing）挑戰者，即將其置於由國際義務及多邊關係結構所構成的綿密網絡之中，進行產生約制效果及路徑依賴。這一個網絡的基礎便是支配性強權所能接受的原則與規範（Tammen et al., 2000; Tammen and Kugler, 2006）。欲判斷支配性強權社會化挑戰者的努力之成效，我們最終仍須回到評估挑戰者對現狀的偏好程度，因此持續發展測量現狀不滿意指標將是重中之重。

肆、戰爭爆發條件與對理論的挑戰

　　作為一個解釋戰爭爆發條件的理論，權力轉移理論的基本論斷是支配性強權對現狀滿意，因而不存在先發制人的動機，國際體系層級的戰爭只有在出現了一個對現狀高度不滿意的挑戰者，並對支配性強權發動挑戰後才會爆發。在這個論斷上，學者又開展了幾個軸線的討論，當中主要涉及的議題包括：

---

[10] 即使如此，還是有學者認為權力轉移理論過於強調結構，對於能動性（agency）及偶然性（contingency）的關注不足（Chan, 2020）。

1. 支配性強權必然對現狀滿意嗎？
2. 支配性強權不會發動預防性戰爭嗎？
3. 挑戰者發起挑戰的時機點究竟為何？是在超越前還是超越後？

針對第一個議題，Steve Chan 在一系列的著作中都嘗試論證，支配性強權未必只想確保現狀的存續，崛起國也未必總是胸懷顛覆現狀的大志（Chan, 2004, 2020; Chan et al., 2021）。Chan（2020）還進一步運用了心理學中的展望理論（Prospect Theory）來解釋為何支配性強權在權力衰退時可能採取風險程度高的政策，從而破壞現狀的秩序。他以美國的外交政策為例，指出美國作為支配性強權，卻多次採取了衝擊現有國際秩序的政策，印證了其所指出的，支配性強權也可能對現狀不滿意。至少，對現狀的不滿意不應被視為崛起國的原罪。

支配性強權究竟是否會先下手為強？Jack Levy 指出，當支配性強權意識到未來可能出現一個威脅時，便可能會在這個潛在的未來威脅還沒有比自己強大前先發制人（Levy, 1987; DiCicco and Levy, 1999）。權力轉移理論學者從經驗及理論挑戰了這個說法，堅持其支配性強權不會發動預防性戰爭的判斷。Lemke（2003）指出，支配性強權發動預防性戰爭的事例在歷史長河中屈指可數。Tammen 等人（2000）則提供了這個現象的理論性解釋，強調支配性強權不會發動預防性戰爭，因為此舉將大大損害其苦心建立的國際建制並可能讓其與滿意現狀的國家所組成的聯盟土崩瓦解。換言之，國際秩序是由支配性強權打造而成，而戰爭可能會造成現行國際秩序的毀滅，對現狀的滿意因此讓支配性強權喪失了發動戰爭的動機。其次，一國即使在戰爭中被擊敗，往往只需要 2、30 年的時間便可浴火重生，此即所謂的鳳凰效應（phoenix effect）。換言之，支配性強權即使對挑戰者發動了攻擊，其也可以很快重振旗鼓，因此支配性強權從根本上就失去了先下手為強的誘因。

關於挑戰者發動挑戰時機的問題上，雖然權力轉移理論家普遍認為挑戰者會是動手一方，但對於其究竟何時會付諸行動，是在權力對比產生黃金交叉前或後，仍莫衷一是（Tammen et al., 2000: 21-22, 28）。至少我們發現，權力轉移理論出現過論點上的跳躍。Organski（1958: 333）先是宣稱，其發現挑戰者似乎大多是在權力還未超越支配性強權時（亦即挑戰者的權力處於支配性強權的 80% 至 100% 的區間時）就發動戰爭。不過由於這個論述是從有限的經驗事例得出，因此在進行更大規模的經驗分析後，他與門徒 Kugler 改弦易轍，轉而主張挑戰者事實上是在權力已經超越原有的支配性強權後才會訴諸戰爭（Organski and Kugler, 1980: chap 1）。

伍、討論崛起國與支配性強權的新興理論框架

　　權力轉移理論的理論原型搭建在崛起國與支配性強權的互動框架上，但該理論的核心關切是兩者互動時最可能發生戰爭的情境條件為何。針對兩者的策略選擇，權力轉移理論的關注有限。[11] 在這個理論框架中，支配性強權的策略選擇在本質上即是被動因應來自崛起國發起的挑戰。其次，權力轉移理論固然有針對對現狀不滿意程度提出測量的指標，但對於崛起國基於什麼樣的考慮而選擇與支配性強權展開競爭或合作的討論仍是不足的。從 2017 年以來，有不少學者開始填補這塊文獻上的缺漏，對崛起國與支配性強權的策略選擇進行理論性的探討。雖然不以權力轉移理論為旗幟，但這些學者的作品和權力轉移理論一樣，完全緊扣著崛起國與支配性強權戰略互動的主旋律。這些作品可以被大略區分為三類：第一類解釋的是崛起國對支配性強權採取的策略；第二類分析的是支配性強權如何因應崛起國或自己的衰退；第三類作品則是把兩者戰略互動的策略集合作為分析單元（unit of analysis）。以下，我們將依序討論這三大類作品，並把重心置於這些作品所突顯的理論因素。

一、崛起國對支配性強權的策略選擇

　　我們首先解析崛起國面對支配性強權的策略選擇，並引介兩個理論。第一個理論是由現任白宮國家安全委員會中國事務主任 Rush Doshi 所提出，第二個則是 Joshua Shifrinson 搭建的「掠奪理論」（Predatory Theory）。Doshi（2021）嘗試解釋崛起國將如何因應支配性強權所建構的霸權秩序（hegemonic order），並抽繹出兩個關鍵的變項：第一，崛起國對與支配性強權間權力差距之認知；第二，崛起國對支配性強權的威脅認知。兩者的權力差距決定了支配性強權對崛起國利益構成損害的能力，威脅認知高低則代表崛起國認為支配性強權有多可能會對其造成傷害。當崛起國的國力與支配性強權仍存在相當大的差距時，若對支配性強權的威脅認知不高，崛起國將對支配性強權採取順應（accommodation）之策略，大體上支持支配性強權之領導，甚至願意容忍或支持支配性強權在區域的軍事性存在。若權力差距大，感知到的威脅也大時，崛起國會訴諸削弱（blunting）策略，嘗試弱化支配性強權在軍事、政治及經濟上的控制權。當崛起國的力量大幅逼近支配性強權，兩者的差距有限時，崛起國若有較高的威脅認知，會嘗試

---

[11]　在以下所討論的理論文獻中，諸位學者往往發展自己偏好的類型學（typology），並在此基礎上討論崛起國與支配性強權在進行戰略互動時所能採取的策略。

結合強制性及勸誘性的手段來厚植其對區域內國家的控制力，這即所謂強化（building）策略。若權力差距相差有限，崛起國又不認為支配性強權會特別對其構成威脅時，崛起國便會大張旗鼓地採取優勢（dominance）策略，即以強制性手段為主，勸誘性手段為輔的方式，宰制區域內的國家，建立一套排除支配性強權的區域秩序。綜合來看，相對權力差距的縮小和低度的威脅認知將對支配性強權的霸業造成最大程度的斲傷，權力差距的維持和較低程度的威脅認知則較能確保支配性強權霸業的維繫。[12]

　　將 Doshi 的理論與權力轉移理論進行對比可以發現，兩個理論都預期了當新興強國與支配性強權的權力差距縮小時，新興強國作為挑戰者就有可能對現狀發起衝擊，權力轉移理論認為此時的關鍵在挑戰者對現狀的滿意程度，Doshi 則主張挑戰者對支配性強權的威脅認知可能更為重要。無論如何，Doshi 的理論預設了，崛起國在支配性強權陷入衰退，兩者的相對實力拉近時，必然會選擇挑戰支配性強權已經建立起之秩序，威脅認知的高低只會影響挑戰之強度。從這個角度看來，Doshi 的理論結構決定論的色彩比權力轉移理論更加濃厚一些。

　　Shifrinson（2018）反對崛起國總是無所不用其極地打擊衰退國這個論斷。他強調若崛起國認為支配性強權具有戰略價值（strategic value），則崛起國不僅不會追求弱化支配性強權之政策，甚至會選擇支持支配性強權，減緩其衰退。在預設了崛起國是國力持續增長，支配性強權處於國力衰退的前提後，Shifrinson 提出了兩個理論變項來解釋崛起國會對支配性強權所採取之策略：第一，支配性強權的戰略價值；第二，支配性強權的軍事態勢（military posture）。前者將決定崛起國對支配性強權的策略方向，即基調是以弱化或強化為主，後者則影響了策略的強度。國際體系的極性（polarity）及支配性強權相對於其他大國所處的地理位置都可能會影響崛起國對支配性強權的戰略價值高低的判斷，更為重要的是，崛起國會檢視支配性強權是否會對其提供政治支持，協助其排除在崛起過程中可能面臨的阻礙。若支配性強權能夠在崛起國的崛起之路中起到正面的作用，崛起國將肯認支配性強權之戰略價值，採取偏向支持性（supportive）的策略方向。再來，崛起國會判斷支配性強權之軍事態勢，若支配性強權現有的軍事實力在質與量方向都不足以支持其遂行必須的軍事行動與目標，崛起國便會選擇強化（strengthening）策略，大力支持衰退中的支配性強權。若支配性強權的軍事態勢仍堅如磐石，崛起國則會採取支撐（bolstering）策略，有限地提升支配性強權之權力。反之，若支配性強權對崛起國之崛起構成阻礙，例如選擇與崛起國的對手聯盟，崛起國便不可能認可支配性強

---

[12] Doshi 此處所提及的削弱、強化以及優勢策略非常類似於 Timothy Crawford（2021）所稱之離間策略（wedge strategy），即是透過強制或者籠絡性的手段來阻止對己不利的同盟體系之形成。Chai（2020）便指出，中國試圖對澳洲採取離間策略以弱化美澳之間的聯盟關係。

權之戰略價值，因而會選擇掠奪型（predatory）的政策，削弱支配性強權。此時支配性強權的軍事態勢將決定崛起國掠奪其之強度。支配性強權的軍事態勢愈弱，崛起國愈可能對其展開高度強制性的壓制手段，以讓支配性強權以更快的速度跌落強國之林，此即所謂降級（relegation）策略。假如支配性強權的軍事姿態仍強，崛起國就只能祭出弱化（weakening）策略，以間接與逐步的方式來削減支配性強權的權力。這樣看來，當支配性強權的戰略價值低，且軍事態勢不強韌時，挑戰者會對支配性強權發起最劇烈的競爭性政策。當支配性強權的戰略價值高，且軍事態勢不強韌時，挑戰者則會戮力維繫支配性強權之國力於不墜。

　　Shifrinson 的理論分析揭示了，當支配性強權與崛起國的國力接近時，競爭激化和合作深化都是可能出現的均衡。要進一步解釋雙方具體互動情況，我們必須仰賴權力對比以外的因素。接著我們換個視角，轉入支配性強權面對崛起國的策略選擇。

二、支配性強權對崛起國的策略選擇

　　Copeland（2000）以及 Levy（1987）在著作中指出了由於崛起國與支配性強權之間的權力對比通常往對後者不利的方向變化，因此支配性強權普遍具有強烈的預防性動機，會在情況還對己有利時出手，且不會輕易放棄霸業。Stacie Goddard 以及 Paul MacDonald 與 Joseph Parent 的著作挑戰了這些論點。

　　Goddard（2018）強調支配性強權有時會接納崛起國的崛起，有時則會堅決遏制崛起國，結果如何，完全取決於崛起國的正當化策略（legitimation strategy）是否奏效。正當化策略的內涵具體來說是指崛起國合理化其行為，並向支配型強權解釋自己的目標及意圖之策略。總體來說，當正當化策略取得成功時，支配型強權會包容崛起國，當此策略失敗時，支配性強權會選擇打壓崛起國。Goddard 認為，兩個理論變項解釋了支配型強權在多大程度上會接受崛起國的正當化策略：第一，支配性強權的制度脆弱性（institutional vulnerability）程度；第二，崛起國的多聲性（multivocality）程度。前者指的是支配性強權所建構的國際建制（international rules and norms）是否有弱化或崩潰之虞，或者堅韌如往昔。後者則是看崛起國是否具備同時觸及國內與國際的眾多受眾，並能夠援引當時國際社會中的規範原則或普遍的實踐來加以說服。當支配性強權建構的國際建制處於危機，即制度脆弱性高時，支配性強權會迫切需要其他國家的聲援與支持，若此時崛起國的多聲性程度高，表示其能在國內及國際引伸國際社會中業已存在的規範與原則，將對搖搖欲墜的國際規範體系帶來莫大幫助，因此支配性強權會對崛起國的正當化策略產生相當大的共鳴（strong resonance），進而選擇順應崛起國的崛起。倘若國際建制不再堅韌，崛起國的多聲性又低，表示其沒有援引相關的原則來鞏固既有的規範體系，這時支配型強權會將崛起國視為具有強烈推翻現狀傾向的革命性國家（revolutionary power），拒斥崛起國的崛起，認定必須採取強制性的政策以及高度競爭性的大戰略以有效壓制崛起國。至此，我們勾勒了支配性強權最能以及最不能接受崛起國正當化策略的兩種情境，它們都涉及了既存的國際建制不穩的情況。由於現況下的國際建制不穩，Goddard 認為支配性強權容易因此輕信崛起國的正當化策略，或者忽視其正當化策略也有可許之處。接下來我們要討論的其他兩種情境則是在建立在支配性強權建構的國際建制穩如磐石的前提上。

當支配性強權主導的國際建制沒有遭逢巨大挑戰，支配性強權對崛起國正當化策略的接受程度不會是最高或最低，而是會居於其中。若崛起國多聲性程度高，由於支配性強權沒有迫切需要崛起國來協助其護衛現行國際建制的需求，因此只會對崛起國的正當化策略採取部分接受的態度，也就是 Goddard 所謂的弱共鳴（weak resonance）。此時，支配性強權會尋求更多的資訊來判斷崛起國之意圖，並最可能採取避險的策略。假設崛起國的多聲性程度低，支配性強權便不可能與崛起國的正當化策略產生多大的共鳴，但由於國際建制沒有弱化之虞，因此也不需要過度悲觀地解讀崛起國之意圖，利用國際建制及聯盟制衡之即可。Goddard 的理論點出了決定支配性強權與挑戰者之間關係的重點在於支配性強權對現狀秩序脆弱程度的評估，以及挑戰者採取了何種的言辭策略（rhetorical strategy）來詮釋自己的崛起。支配性強權對挑戰國發動預防性戰爭只是兩者互動時的一種可能性，支配性強權未必一直都存有採取預防性作為的強烈動機。這個動機只有在支配性強權產生了現狀的國際建制秩序正在瓦解中的危機感且崛起國又不擁有較高的多聲性時才會生根茁壯。在這個視角下，支配性強權與挑戰者之間的權力對比變化只是背景因素，不在根本上決定兩者互動的過程與結果。

MacDonald 與 Parent（2018）不直接從支配性強權對崛起國之策略入手，而是試圖對衰退中的強權如何因應權力衰退之挑戰做出解釋。現有的一些文獻指出支配性強權願意付出高額的代價來護衛自己建構的秩序，試圖直接扭轉相對權力變化的不利發展。面對衰退，支配性強權先天的傾向是加碼競爭（Gilpin, 1981）。MacDonald 與 Parent（2018: 22）主張，從歷史的經驗來看，衰退中的強權其實會選擇戰略縮減（retrenchment），即權宜地選擇削減防衛上的開支並限縮安全上的承諾，不強行在權力下降時與崛起國進行劇烈的安全競爭。衰退的程度與戰略縮減的強度成正比，即衰退的程度愈高，戰略縮減的強度也愈高。戰略縮減是衰退下的理性選擇，目的是在減少戰略資源的支出後，穩住國力，接著再透過必要的改革重振實力，並在需要時重新投入與崛起國的競爭。MacDonald 和 Parent 提出了四個可能影響的調節變數：第一，相對權力位置（relative rank）；第二，同盟可得性（ally availability）；第三，承諾的互賴程度（commitment interdependence）；第四，征服的計算（conquest calculus）。

首先，若強權所處的相對權力位置愈低，戰略縮減便是一個必然的選項，因為此類強權較可能面臨多重威脅的困境。反之，相對權力位置愈高，戰略縮減會變得較為困難，畢竟此類型國家享有一定的權力優勢，但戰略縮減仍不失為一個選項。其次，同盟的可得與否同樣會影響強權的戰略縮減決定。當有可靠且目標一致的盟友時，強權較可以放心地選擇戰略縮減。若同盟不可得，衰退中的強權就未必擁有採取戰略縮減的空間，恐怕得苦撐待變。再來，強權對其他國家甚至各個區域的安全承諾若是相互獨立的，較能夠採取戰略縮減，因為不需要顧慮其他國家可能產生多米諾骨牌效應（domino effect）之憂慮。但若強權做出的安全承諾皆是環環相扣，彼此相關，戰略縮減就變得困難。最後，當征服和控制新占領土十分困難時，強權會有比較高的安全感，較勇於採取戰略縮減之政策，但當征服和控制新占領土並不困難時，強權將極難克服戰略縮減可能導致安全程度下降之恐懼。按照 MacDonald 和 Parent 的理論，支配性強權可能選擇戰略縮減之政策，但其機率必然比其他不處於權力頂端的國家要低。若相對權力優勢的因素沒有讓支配性強權卻步，仍考慮戰略縮減，進一步要檢視便是支配性強權的聯盟組合以及國際體系中的攻守平衡。無論如何，MacDonald 和 Parent 點出了在什麼樣的條件下，支配性強權有可能選擇不與崛起國立即開啟劇烈的安全競爭。

三、崛起國與支配性強權的策略集合

與上述我們引介的作品不同，David Edelstein（2017）的理論嘗試同時解釋支配性強權與崛起國的策略選擇，並把兩者選擇的策略集合作為主要的分析單位。具體來說，Edelstein 主張支配性強權與崛起國的策略選擇都可以從它們在時間視野（time horizon）上的長與短來加以解析，並強調國際關係大多數的研究中都忽略了時間的作用。[13] 時間視野的長短取決於一國在多大程度上擔心自己當前的選擇是否會對未來產生影響。時間視野長代表行為者非常在意當下選擇的未來後果，時間視野短則表示較沒有這種顧慮。對支配性強權來說，較長的時間視野代表從現在開始就要與崛起國競爭，因為崛起國是一個不可忽視的長期威脅，任何當下的寬容都可能變成未來的遺憾。因此，一個擁有長時間視野的支配型強權會選擇遏制崛起國，與其展開激烈的安全競爭。若支配型強權的時間視野較短，表示一個長期威脅之形成並不在其考慮之內，這表示支配性強權可能會選擇與崛起國合作，以取得合作紅利，或者和崛起國協作來打擊共同威脅。對崛起國來說，長的時間視野代表至少在短期內避免採取可能觸怒支配性強權之行動，選擇與之合

---

[13] Copeland（2000）是一個明顯的例外，在他的理論中，對未來的預期扮演重要的角色。

作，畢竟時間站在崛起國這一邊。崛起國的時間視野若短，則可能會忽視擴張性政策的未來後果，在短期便急於將新增之實力轉換成影響力甚至追求領土的增加，這些政策可能都會激烈雙方之間的競爭。從上面的討論我們可以看出，在 Edelstein 的理論框架下，同樣的時間視野對支配型強權與崛起國產生的效果並不相同。較長的時間視野會催生出支配性強權較為競爭性的策略，但卻會讓崛起國傾向採取合作性的策略。較短的時間視野讓支配性強權選擇合作，然而卻可能促使崛起國選擇擁抱競爭性的政策。

把支配性強權與崛起國的兩種時間視野的可能性結合，Edelstein 指出，當支配性強權和崛起國都擁有較長的時間視野，或者支配性強權的時間視野長而崛起國短時，這兩種情況都可能帶來戰爭風險的提升。若支配性強權和崛起國的時間視野都較短，則雙方互動的情況是小規模衝突和務實合作皆有可能。當支配性強權擁有較短的時間視野，崛起國的則較長時，則創造出了非常有利於合作的條件。崛起國和支配性強權的相對權力接近時也不必然代表雙方的戰爭可能性的驟增，Edelstein 的理論清楚地展示了，這樣的權力結構只有在雙方時間視野組合符合特定的型態時才會導致大規模的衝突。

總體看來，支配性強權與崛起國的決策對衝突發生的可能性在不同學者的理論框架中具有不同的權重與判斷，這表示了權力轉移與衝突之間的連結可能存在多元的機制（mechanisms）。進一步來說，權力轉移理論以及此處所討論的新興理論清楚指出，僅僅關注相對權力變動，未必能對霸權競爭提供充分的解釋，因為這樣的視角往往伴隨著悲觀的結構必然導致衝突之宿命式的論斷。許多學者提出諸如現狀的滿意程度、正當化策略以及時間視野等理念性的運作機制，其重點便在於點出，這些因素有可能在初始的階段就決定了雙方關係的基礎會是以競爭還是合作為主。競爭與衝突固然可能，但我們也不應否定合作與穩定關係開展的機緣。

陸、歷史與國關：源起

當代的美中霸權競爭尖銳地刺激著國際關係學界，要求其提出能解釋此一現象的理論觀點。在上述對於霸權競爭文獻的討論當中，我們發現權力與理念（包括對現狀的滿意程度）形成了兩條主要的線索，對於逐霸行為提出了不同的理論解說。不過這個文獻的時間縱深是有限的，它通常不會太關注前現代的國際關係史，然而歷史卻是我們可以擴展視野、採擷案例，發展理論的重要場域。國際關係與國內政治不同，在國際關係中，無政府的環境自古至今沒有改變，因此國家所面對的國際環境具有跨越時間的一致性；然而在國內政治，體制的變動卻大大改變了整體的格局，使得古今的國內政治行為較不容易放到一個框架中來理解。因此在研究國際關係時，將歷史含括進來，作為發展理論的素材，就具有極大的意義。對於崛起中不停回顧長歷史的中國大陸而言，掌握其歷史行為更具有特殊的含意。這個理解把我們帶到「歷史與國關」的領域。

　　歷史是發展國際關係理論的素材，而國關理論則提供了深入理解歷史的途徑，這兩者本應該是相輔相成的。然而，在學術研究中，歷史和國際關係卻不是緊密相連的兩個學科。史學的方法論自然是源遠流長而自成系統，當代的國際關係研究則深受政治科學的影響；歷史研究是人文學的主幹之一，而國際關係則是社會科學的一支。雖然歷史和國際關係在現實上是如此緊密相連，但是在學術上卻是畛域分明，各屬一端。學門的鴻溝導致相互取經的困難，使得「具有歷史認知的國際關係研究」（history-informed international relations studies）難以成形。結果國際關係理論經常是「非歷史的」（ahistorical）和「去脈絡的」（decontextualized）。以這樣的國際關係理論來理解世局，只可能是窄淺和不足的（吳玉山，2018）。

　　國關理論經常有超越時空的宏圖，並以不受限於歷史情境來彰顯其科學性。這樣的心理態度容易讓國關理論的建構者遠離歷史。當然非歷史的心態並非舉世皆然，不少歐洲大學的國際關係研究是和歷史整合在一起的；另外，「英國學派」（English School）也相當強調歷史的重要性。然而美國的國際關係研究卻基本上比較不重視歷史，充其量只是把史事當作製造大數據的原材料，而不願意真正進入其中抽絲剝繭、探詢意義。

　　承襲著美國的傳統，在臺灣的國關學界一般與歷史學界劃清界限，甚少交流。這兩個學科彼此不甚瞭解對方的方法論和興趣，也很少認為有可向對方請益之處。過去歷史與國關很少透過合作來探索共同有興趣的主題，人文與社會科學的兩分與隔絕，在此顯現無疑。然而，一個重大議題的出現，突顯了國關與歷史分隔的困境，也促使雙方學者開始探索合作的可能。這個議題就是「中國的再起」（the resurgence of China）。

　　近2、30年來中國大陸的崛起對於國際體系產生了極大的影響，然而這並不是歷史上的第一次，中國曾經長期是世界上最為強大的帝國，其政治與文化的影響力無遠弗屆，對東亞地區更是如此。在歷史上中國曾經多次分裂衰微，而又振興再起。對於想要瞭解今日中國大陸對外行為的人們而言，從中國歷史中尋找線索是極為自然的。

　　面對中國大陸的崛起，以及美中之間日益嚴重的衝突，Graham Allison 以西方的歷史案例演繹支配性強權與崛起國之間的權力轉移理論，推出了修昔底德陷阱的概念，認為爭霸不免一戰，成為國關學界的顯學。Allison 並將其歷史識見一般化，探究了近五百年以來的重大權力轉移，發現有大概率的戰爭出現機會，並將此一結論直接適用到美中今日的爭霸。這讓我們不禁問到，如果西方的國際關係學者能從歷史取經，在臺灣的研究者豈不最能夠從歷史來深入地看今日的中國崛起，這顯然是一個重大的學術利基。

中國今日的興起其實並非單純的大國崛起，而是「再起」。根據著名史學家王賡武的看法，這是繼秦漢、隋唐、明清以來的第四次（Wang, 2004）。向前現代的歷史經驗探求中國對外關係的線索是極為自然的（Callahan, 2012）。[14] 臺灣的學術界對於中國歷史的理解是極為重要的學術資產。臺灣的國關學者自然應該要努力開發跨學門的合作機會，努力探究中國對外行為的模式，並增益國關理論。這就催生出臺灣的「歷史與國關」研究，希望能夠向歷史與史學取經，並與國際上研究歷史與國關的學術社群結合，共同加入美中間霸權與競爭的研究。

柒、文獻分類：跨時與跨域

在歷史與國關的文獻當中，可以用著作是否跨越時間（跨時或限時）與是否跨越區域（跨域或限域），而區分為四個向度（參見圖 10-1）（Wu, 2018）。非一般化的國關史研究是屬於限時限域的（左下），其研究目的是為了深入瞭解歷史的特定案例，並沒有跨越時間或跨越區域的理論企圖，這一塊主要是歷史學的研究範疇。[15] 如果保持限時的觀點，但是走入跨域的研究（左上），那麼就必須探究跨域的機制為何。科技在此占有一個重要的地位。在對於古代農業帝國的研究當中，一定的物質生產力與軍事能力（冷兵器）使得國家向外投射權力的型態與範圍受到一定的限制，也使得這些前現代國家的國際關係與當代的國際關係可能出現質的不同，這一塊主要是屬於歷史的比較研究。[16] 如果進入跨時的領域（即圖 10-1 中右側的兩個向度），則歷史與國關可以大別為

---

[14] 從中國的歷史來探求中國對外關係的線索是有前提的，即中國跨越古今持續性的存在，這使得歷史中國與當代中國具有可比性。今世許多國家未必具有此一特性，但是中國的古今可比性是相當高的。在客觀方面，中國的核心領域自始相當確定並逐漸擴張（中原）、歷代均致力於建立承襲過去的正統並極為重視歷史、文化的延續性高（相當程度透過其獨特的、與語音相對獨立的文字系統），而經典古籍與思想脈絡傳承性也強。在主觀方面則民眾普遍接受歷史與文化的延續性，即使因為政治的因素出現一時的逆反也無法改變一般與長期的趨勢。因此對於中國來說，其古今的可比性是較強的。不過此處還需要更紮實的論證，以確認歷史在當下的意義，這也是歷史與國關研究所面對的挑戰之一。

[15] 例如陶晉生對於宋遼關係以及南宋與金關係的討論，雖然也有省思整個傳統中國對外關係的想法，但實際上就是深入探討宋遼金的國際關係，是典型的國際關係史研究。參見陶晉生（2013）。

[16] 例如對於羅馬與漢這兩個在公元前後歐亞大陸上主要農業帝國對外關係的比較，就是典型的跨域而限時的研究，參見 Bang（2010）。當然科技對於國際關係最重大的影響可能是發生於核子武器出現之後，其主要的機制是經由「相互保證毀滅」與「延伸嚇阻」所帶來的恐怖平衡。參見 Waltz（1981）。

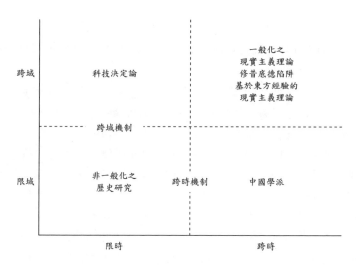

圖 10-1　歷史與國關文獻
資料來源：作者自繪

兩個範疇，一是主流的普適論（右上），強調國關理論可以跨時跨域，因此可以藉由古今不同區域的歷史案例來檢驗與修正既有的理論；一是特殊論（右下），這是認為一個區域或國家有其特殊性，而此特殊性可以跨時傳遞，因此古今國際關係可以相互貫通、印證發明，但是卻無法跨域產生作用。在文獻當中所點出最重要的跨時機制是意念與文化。普適論（右上）與特殊論（右下）是歷史與國關中最主要的兩個研究向度，而此二者的論辯也構成了文獻中最為活躍的主題。

　　站在普適論（圖 10-1 的右上）的立場，國關理論可以跨越時空，對不同國家的對外行為提供解釋，並冀圖以不受限於歷史與區域來彰顯其科學性。普適論中最占優勢的途徑就是現實主義。現實主義的門派有多種，攻勢與守勢的看法不同、結構現實主義與新古典現實主義對分析層次的著重與堅持也不同，但是論到兩強逐霸對於體系穩定所帶來的影響，現實主義中最重要的分野就是傳統的權力平衡典範與權力轉移典範，前者認為權力均衡是維繫體系穩定的前提，後者則視不受挑戰的霸權為國際和平的基礎。

　　Allison 的修昔底德陷阱是權力轉移典範的代表性理論，其基本假設為穩固的霸權是體系和平的基礎，而挑戰者與支配性強權的國力接近則容易導致兩強間的衝突。在 Allison 的推論過程當中，透過史例所建立的國關理論跨時跨域地直接適用到當今的美中關係，堪稱歷史與國關文獻中普適論的典型。究其實，修昔底德陷阱是以歷史案例研究的方式驗證 Organski 在 1950 年代就提出的權力轉移理論，不過日後該理論的發展多採取非歷史的視角，而著重於搭建出一個實證的量化模型，如前所述（Organski and

Kugler, 1980；吳玉山，2010）。Allison 用歷史的角度重新詮釋一個已經存在多時的國關理論，搭配現實政治中不斷加劇的美中爭霸，結果引起了學術界與政策圈的高度關注。

在國關理論當中，相對於強調物質權力的現實主義，一向有強調理念的理想主義及自由主義與之相抗，後來又有建構論的出現，從本體論與方法論等各種角度對現實主義進行批評。在歷史與國關的文獻當中，這些看法集結為特殊論，強調理念與文化的重要性。很明顯地，如果理念與文化可以扮演制衡、甚至壓倒物質利益的角色，而文化又具有延續性，則一個國家的對外行為就可以跨越時間來理解，將古今相互觀照。但是這樣的文化系統卻不能夠跨越地域，適用到異文化的國度。在圖 10-1 當中，文化義理是作為跨時的機制，使得歷史與當代發生連結，讓前現代的國家行為成為理解當今國際關係的鑰匙；但是文化義理卻無法跨域，事實上它是封閉異域的門鎖（圖 10-1 的右下）。

由於文化義理是特殊論的核心，因此究竟中國文化中影響對外行為的是什麼，就成為特殊論的起始點。在這一方面，最著名的例子是「朝貢體系」、「天下體系」、「儒家和平論」、「道義現實主義」，與「關係理論」等（陳欣之，2018）。朝貢體系是傳統東亞國際社會的特殊體制，被認為出於獨特的中國文化系絡，為層級的制度安排提供合法性，可以滿足國家的安全需求，並提供紛爭解決的機制（Fairbank and Teng, 1941；濱下武志，1999）。就天下體系而言，是強調一個在共同秩序下的世界體系，具有高度的含括性（all-inclusiveness），能容忍分歧、不再歧視，並廣被東亞，可為世界治理的哲學（趙汀陽，2011，2015）。儒家和平論認為儒家的層級體系能長時期保證東亞的和平與安全，其遏制戰爭、保障和平的效果超越西方的西伐利亞體系（Kang, 2003）。道義現實主義強調正義、層級、規範等傳統現實主義當中所欠缺的元素，突出領導能力和戰略信義對於大國崛起的重要性（閻學通、張旗，2018）。關係理論認為國家如同個人，在判斷情勢、採取行為時會意識到在國際社會關係網絡中的位置。對於關係的重視是基於歸屬的需求和群性，此乃根深蒂固。國家的決策會反映維繫關係的意圖，從而會實行自我克制，因此國家行為無法僅從現實利害來加以理解（Qin, 2018; Huang and Shih, 2014）。在特殊論的倡議者當中，秦亞青、閻學通與趙汀陽等中國大陸的學者主張建立「中國學派」，標舉其獨特的學術位置，並發展影響力，使其論述與中國當今的對外政策產生了關聯。總體而言，這些特殊論者由於強調文化義理的本身，因此在歷史案例的爬梳上普遍較為缺乏，Kang 的論述則是一個顯著的例外（Kang, Shaw, and Fu, 2016; Kang and Ma, 2018; Kang et al., 2019; Kang, 2020）。

捌、文化的角色：普適 vs 獨特

在歷史與國關的文獻當中，當討論到中國的對外行為模式時，最為關鍵的理論問題是：「究竟中國的對外行為有多少是受到其獨特文化的影響？」對許多國際關係學者而言，一般的傾向是認為存在著普遍適用的理論，可以跨時跨域地解釋中國的對外行為；但是也有許多理論家強調中國文化的特殊性，認為中國的對外行為不透過探究理念便無法加以理解。這就構成了普適論與特殊論的爭議。很明顯地，如果要瞭解中國對外行為的根源，我們不能只倚賴一種途徑，而是必須透過這兩種理論的對話。

在歷史與國關的文獻當中，多數的學者都認為中國有獨特的文化傳統，而此一傳統與儒家等在歷史中占有優勢地位的思想體系有關。在此種情況之下，透過歷史案例的檢證，來看當文化義理與現實利害衝突的時候，究竟何者居於更重要的地位，便成為特殊論與普適論交鋒最常見的形式。對普適論而言，其目的是透過史例來證明既有的國關理論（不論是權力平衡或是權力轉移典範）便可充分地解釋中國的對外行為，不需要引入文化的變項，或是證明文化理論對於中國行為的假設不成立，這可稱為「文化無關」論（Wang, 2011；萬曉，2020）。有一些學者承認文化義理的重要性，及其對於國家行為的影響力，但是認為文化義理其實是特定權力分配下的產物，於是文化成為中介變項，權力才是真正的自變項。例如朝貢體系就被視為東亞長期權力不對等的情況下所產生的制度安排，其根源是中國居於絕對優勢的權力地位（Wang, 2013）。此種論述不啻用現實主義吸納了義理制度，使得解釋的重心越過文化的迷障，歸於基礎的權力分配，也就是用權力含括理念，可稱為「現實含攝文化」論。

對特殊論而言，研究者經常試圖證明傳統的西方現實主義理論無法「完全地」解釋中國的特定對外行為或是行為模式，因而必須引入具有歷史與文化特色的思想體系作為「救援」或「補充」。這樣做的結果自然不是否認了西方國際關係理論的效力，而只是提出理解文化與思想的重要性。於是兩種理論的爭論變成了解釋程度大小的爭論，而非全有與全無的辯難。在不同理論均有其效力的情況之下，做相對解釋能力的判定自然會較為困難。此種策略可以視為將權力與理念「分配並列」。另外一種策略是「階層滿足」，認為國家追求不同層次的目標與價值，其中安全與生存是最基本的，而文化則定義其高層的價值，唯有當基層的目標獲得滿足的情況之下，國家才會追求高層的價值。現實主義或可決定了中國在追求基層目標時的行為模式，但是當中國的安全與生存確保的情況下，它會追求文化（例如儒教文化）所定義的高層價值，例如依據關係的親疏遠近來決定中國與他國的互動模式（蘇軍瑋，2018）。

　　歷史與國關的研究，雖然至今已有相當的發展，但是也面臨一些侷限與挑戰，而必須加以面對與解決。這些侷限與挑戰包括，第一，要瞭解普適論或是特殊論哪一種較有解釋力的前提，是必須確認理論本身。所謂西方的普適論經歷了多次重大的爭辯，現實主義、自由主義和建構主義的論戰迄今未決。在此種情況之下，究竟西方的普適國關理論為何，顯然並非不證自明。由於現實主義的理論發展較為源遠流長，基本規律較為清晰，因此在歷史與國關的研究中提及西方國際關係理論時，主要是採取了現實主義的一般性原則、或是其中的某一流派，例如權力轉移典範。但是畢竟權力轉移論不是現實主義的全部，而現實主義也不是西方普適國關理論的全部。在做理論對話時，既要抓住焦點，也不能不見全局，這是一個挑戰。歷史與國關和權力轉移論的對話，對於發展整體的國關理論，究竟帶有怎麼樣的意義，值得研究者思考。

　　第二，另一個相對應的侷限就是何為文化特殊論的解釋框架。例如研究者經常將「天下觀」和「朝貢體系」作為中國文化與制度特色的代表。然而這樣地理解中國是否合理？「天下觀」有各種不同的詮釋，而「朝貢體系」是否如論者所稱長期穩定的存在也是可辯論的議題，所以此一中國式的解釋框架並不是沒有爭議的。或者我們需要更多地歸納史例，來解析中國的對外行為模式，而不是單純訴諸於思想史的研究。畢竟，我們所在意的，是實際的行為模式，而不是外宣的思想框架。

　　第三，如何判明哪一種理論更有解釋力？這是一個研究設計上的問題。在上述普適論與特殊論的辯論當中，在普適論中有「文化無關」與「現實含攝文化」的兩種觀點，而特殊論則有「分配並列」與「階層滿足」之說。在目前的歷史與國關文獻當中，「分配並列」是一個具有優勢的方法論策略，此時特殊論者可以證明現實權力無法完整解釋國家行為，而必須加入文化義理的因素，但這並不能排除權力仍有產生作用。於是兩種理論的爭論變成了解釋程度大小的爭論，而非全有與全無的辯難。在不同理論均有其效力的情況之下，做相對解釋能力的判定自然會較為困難。

　　第四，在古代和當代的解釋之間，是否有其內在聯繫，還是有一鴻溝，也就是如何跨時？由於歷史就是過去的當下，而與現在一氣相承，因此武斷地分割二者自不足取。然而，如果要使歷史的研究和討論對於現在產生意義，最重要的就是要理解歷史對當代產生作用的機制：是歷史教育、是菁英學習、是心理偏好、是文字的可近性、是文化的自在傳承，甚至是有意識的思想工程？在這一方面必須打開一個全新的領域，以及需要更多其他學科的投入。如果能夠有效地建立歷史與現代的聯繫，認知歷史發揮當下影響力的機制，則對於中國對外關係史的理解，將會和今日中國的對外行為直接關聯起來。雖然我們認為中國的古今可比性較強，但是對於跨時機制的研究，以肯證歷史的當下意義，仍然是極端迫切的。

玖、結論

從歷史上來看，國關理論的發展是與現實密切互動的，此一現象在當今表現地極為明顯。美國與中國的戰略競爭召喚著具有解釋力的國關理論，並重新點燃了學術界對權力轉移論的興趣，也催生出了一系列針對支配性強權與挑戰者戰略互動的理論文獻。從這些理論出發，未來美中關係的走向將受到許多變數的影響與制約。對於權力轉移理論來說，美中之間相對權力差距的縮減已是必然，未來雙方的互動繫於中國對現狀的國際秩序是否滿意。中國若對現狀不滿，決定要挑戰美國，權力轉移理論的預測極其悲觀，即使是核子武器的存在也未必能阻卻雙方發生軍事衝突的可能。換言之，一個強大而又對現狀不滿的中國會是對國際體系最大的挑戰。但若中國認定現狀能確保其崛起的持續，不挑戰美國的領導，美中關係便能趨於穩定，國際體系也就沒有爆發霸權戰爭的可能。以此觀之，確保中國對現狀的滿意是一個降低國際體系霸權戰爭的釜底抽薪之計。為和平計，權力轉移理論會據此提出美國必須要有效控制中國對美的威脅認知的政策建議。但這點就與拜登政府國安團隊成員 Doshi 的看法有了分歧。根據 Doshi 的觀點，中國對美國的威脅認知愈低，愈可能採取宰制整個東亞的大戰略。若要能阻止中國完全重塑區域秩序，美國就必須給予中國一定程度的壓力，無可避免地中國的威脅認知也會隨之升高。

要能對美中關係的未來發展做出判讀，一方面我們必須預判美國會在亞太採取何種大戰略，會對中國採取什麼策略，另一方面還必須對中國的對美策略做出預測。根據 MacDonald 和 Parents 的理論，亞太同時存在著促進與阻礙美國採取戰略縮減的因素，前者指的是日本及澳洲這兩個相對可靠盟友的存在，後者則是指美國長期在該區域占據的權力優勢地位會使其不願意將此位置拱手讓人，因而美國充其量只可能減少對亞太的安全承諾，而不可能選擇全面性的戰略撤守。由此觀之，美中之間的戰略較量極難避免。Goddard 的理論則強調了若美國認為其所建構的以自由主義為依歸之國際秩序正在崩解中，且又認為中國在傷口上灑鹽，美國將義無反顧地遏制中國。但若中國能在對外關係的互動中訴諸美國認為能強化現有國際秩序的正當性原則，為美國雪中送炭，美國便可能竭誠歡迎中國的崛起。換言之，最終的結果還是取決於中國的政策選擇。Shifrinson 認為，中國將根據其認知的美國戰略價值高低來決定對美的政策。若美國能在中國的崛起過程中協助其剷平可能面對的阻礙，中國便會採取合作性的對美政策。反之，中國將利用其遽增的實力對美國施以嚴重的打擊。

權力轉移理論或者是其他的新興理論之基礎都是抽象的理論邏輯或者是西方的經驗事例，它們固然突顯了在分析支配性強權與挑戰者的戰略互動時關鍵的結構或者是雙邊因素，但我們在將這些理論框架套入美中關係的分析時還是需要格外小心，因為一些有時必須具體到個體層次的理念或者主觀性因素也可能在作用。以權力轉移理論關切的對現狀滿意程度為例，中國對於現狀是否滿足以及在未來這個評估是否可能出現變化，在很大程度上取決於它的認同：它來自何方，它的過去與現在為何，未來又該往走向何處。對中國歷史的研究很可能就是解開中國認同之謎的一把重要鑰匙。

　　為了從歷史中尋找中國對外行動的模式，並探索文化在其中所扮演的角色，從2015 年以來，中央研究院政治學研究所便與臺灣大學高等研究院與臺大政治系合作，聯合舉辦了五次以探究「中國再起」、「歷史與國關」為主題的學術研討會，開了在臺灣國際關係與歷史研究交流互動的新局，突破了歷史人文與國關社科之間的學術畛域。在這一系列突破性的跨學科互動當中，首次會議的主題是「中國再起 I：歷史與國關的對話」（2015），展開了第一次的跨時之旅，探討歷史中國的對外關係，焦點是在「中國獨特嗎？文化對現實主義的挑戰」。在隔年的第二次學術會議中，主題轉移到「中國再起 II：跨時、跨域、互動的觀點」，引進了除了跨時、跨學科之外的第三個跨越維度——跨越地理區域，而向更進一步的一般化推進。在 2019 年舉行的第三次會議當中，強調了中國與周邊的不對等權力關係（中國再起 III：與鄰邊互動的歷史與現實）。接下來的第四次會議（2020）則探究了從大國到小國與從小國到大國的兩種視角（以古鑑今 IV：大國逐霸，小國圖存），同時引入了不均衡的三角關係的分析模式，試圖瞭解逐霸與大小國互動之間的關係。最後在 2021 年的第五次會議（權力轉移的膠著 V：歷史的視角）當中，更與當今的國際現況進行了細緻的配對，探討權力轉移下的大國關係、對小國的影響，以及從東亞歷史探討權力轉移下競爭性和平的可能，其中澶淵之盟（1005）後的遼宋百年和平是探究的主題。

　　在上述的努力當中，核心關懷是在中國再起之際，召喚歷史，探索前現代東亞國際關係；在歷史與國關研究、人文與社會科學之間搭建橋梁，相互豐富發明；並以古為鑑，觀照當前，探索未來。研究焦點在於兩大國權力轉移間的國際關係；大國逐霸與小國圖存如何互動；與現實國力與文化理念所扮演的角色。整體研究的目的，是以歷史的厚度來深化對世局的體認。因此，歷史與國關的研究在臺灣自始具有學術理論與現實政策的雙重高度意涵，並與權力轉移理論相匹配，以詮釋古今霸權競爭。

　　透過多年來歷史與國關的理論探討，以及針對美中爭霸的聚焦討論，我們發現歷史的視角，經由理論的詮釋，可以對當今權力轉移的國際關係場景提供有用的觀點，並與權力轉移理論進行對話。歷史與國關聚焦於普遍論（跨時跨域）與特殊論（跨時限域）的爭辯，其論爭的主題集中於文化與義理因素相對於現實權力究竟具有多大的影響力。這裡展現出一般國際關係理論中建構主義與現實主義論辯的形式，但是更具有歷史的厚度。權力轉移理論是屬於現實主義的一支，專注於分析崛起強權與現狀霸權之間的互動，雖然多認為二者間衝突的機率很大，但也承認特殊狀況下和平相處的可能。然而，和平權力轉移的條件究係如何，是此理論典範的關注焦點之一。歷史與國關的學者在此正可透過歷史與權力轉移理論對話，用理念與偏向結構論的權力轉移文獻相互補充。由於此二者均以理解與詮釋中國崛起下的國際關係為其關注焦點，因此可以充分地對話互動，以截長補短。當然要做到這一步，還需要突破許多的挑戰與侷限。

當今美中逐霸日漸激烈，牽動整體世局發展，而臺灣正身處兩強相爭風暴中心的時刻。我們期待以權力轉移理論來發展分析框架，又以歷史與國關來深化經驗內涵，一方面掌握跨越時空的科學原理，一方面探索細膩精緻的文化意念，使得我們對於攸關國家生存的重大國際關係議題，能夠發展出足夠的知識能力，在學術與實務上做出貢獻。

參考書目

吳玉山，2010，〈權力轉移理論：悲劇預言？〉，包宗和（編），《國際關係理論》，臺北：五南，頁 389-415。

吳玉山（編），2018，《中國再起：歷史與國關的對話》，臺北：臺灣大學人文社會高等研究院東亞儒學研究中心。

陳欣之，2018，〈現代國際關係理論是否能充分解釋中國的對外行為〉，吳玉山（編），《中國再起：歷史與國關的對話》，臺北：臺灣大學人文社會高等研究院東亞儒學研究中心，頁 23-48。

陶晉生，2013，《宋遼金史論叢》，臺北：聯經。

萬曉，2020，〈大國崛起與絲路烽煙：從隋唐經營西域看權力轉移下崛起國對小國的政策〉，《政治科學論叢》（83）：1-54。

趙汀陽，2011，《天下體系：世界制度哲學導論》，北京：人民大學出版社。

趙汀陽，2015，〈以天下重新定義政治概念：問題、條件和方法〉，《世界經濟與政治》（6）：4-22。

閻學通、張旗，2018，《道義現實主義與中國的崛起戰略》，北京：中國社會科學出版社。

濱下武志，1999，《近代中國的國際契機 —— 朝貢貿易體系與近代亞洲經濟圈》，北京：中國社會科學出版社。

蘇軍瑋，2018，〈中國邁向盛世過程中的衝突處理模式：以漢唐時期為例〉，吳玉山（編），《中國再起：歷史與國關的對話》，臺北：臺灣大學人文社會高等研究院東亞儒學研究中心，頁 187-226。

Allison, Graham. 2017. *Destined for War: Can America and China Escape Thucydides's Trap?* Boston, MA: Houghton Mifflin Harcourt.

Allison, Graham. 2019. "Could the United States and China Be Rivalry Partners?" *The National Interest*, July 7: https://nationalinterest.org/feature/could-united-states-and-china-be-rivalry-partners-65661 (accessed May 16, 2022).

Anders, Therese, Christopher J Fariss, and Jonathan N. Markowitz. 2020. "Bread Before Guns or Butter: Introducing Surplus Domestic Product (SDP)." *International Studies Quarterly* 64 (2): 392-405.

Arbetman, Marina, and Jacek Kugler. 1997. *Political Capacity and Economic Behavior*. Boulder, CO: Routledge.

Baldwin, David A., ed. 1993. *Neorealism and Neoliberalism: The Contemporary Debate*. New York, NY: Columbia University Press.

Bang, Peter. 2010. "Commanding and Consuming the World: Empire, Tribute, and Trade in Roman and Chinese History." In *Rome and China: Comparative Perspectives on Ancient World Empires*, ed. Walter Scheidel. New York, NY: Oxford University Press.

Beckley, Michael. 2011. "China's Century? Why America's Edge Will Endure." *International Security* 36 (3): 41-78.

Beckley, Michael. 2018. "The Power of Nations: Measuring What Matters." *International Security* 43 (2): 7-44.

Brooks, Stephen G., and William C. Wohlforth. 2016. *America Abroad: Why the Sole Superpower Should Not Pull Back from the World.* New York, NY: Oxford University Press.

Callahan, William A. 2012. "Sino-Speak: Chinese Exceptionalism and the Politics of History." *The Journal of Asian Studies* 71 (1): 33-55.

Carr, Edward Hallett. 1940. *The Twenty Years' Crisis, 1919-1939: An Introduction to the Study of International Relations.* London, UK: Macmillan.

Carroll, Robert J., and Brenton Kenkel. 2019. "Prediction, Proxies, and Power." *American Journal of Political Science* 63 (3): 577-593.

Chai, Tommy Sheng Hao. 2020. "How China Attempts to Drive a Wedge in the U.S.-Australia Alliance." *Australian Journal of International Affairs* 74 (5): 511-531.

Chan, Steve. 2004. "Can't Get No Satisfaction? The Recognition of Revisionist States." *International Relations of the Asia-Pacific* 4 (2): 207-238.

Chan, Steve. 2020. *Thucydides's Trap? Historical Interpretation, Logic of Inquiry, and the Future of Sino-American Relations.* Ann Arbor, MI: University of Michigan Press.

Chan, Steve, Weixing Hu, and Kai He. 2019. "Discerning States' Revisionist and Status-Quo Orientations: Comparing China and the US." *European Journal of International Relations* 25 (2): 613-640.

Chan, Steve, Huiyun Feng, Kai He, and Weixing Hu. 2021. *Contesting Revisionism: China, the United States, and the Transformation of International Order.* New York, NY: Oxford University Press.

Childs, Steven J. 2011. "Security as Satisfaction Conventional Arms Transfers and the International Order." *ProQuest Dissertations and Theses.* Ph.D., California: The Claremont Graduate University. 902758082. Political Science Database; ProQuest Dissertations & Theses A&I. https://www.proquest.com/dissertations-theses/security-as-satisfaction-conventional-arms/docview/902758082/se-2?accountid=13877.

Copeland, Dale C. 2000. *The Origins of Major War.* Ithaca, NY: Cornell University Press.

Crawford, Timothy W. 2008. "Wedge Strategy, Balancing, and the Deviant Case of Spain, 1940-1941." *Security Studies* 17 (1): 1-38.

Crawford, Timothy W. 2021. *The Power to Divide: Wedge Strategies in Great Power Competition.* Ithaca, NY: Cornell University Press.

Danilovic, Vesna, and Joe Clare. 2007. "Global Power Transitions and Regional Interests." *International Interactions* 33 (3): 289-304.

DiCicco, Jonathan M., and Jack S. Levy. 1999. "Power Shifts and Problem Shifts: The Evolution of the Power Transition Research Program." *Journal of Conflict Resolution* 43 (6): 675-704.

Doshi, Rush. 2021. *The Long Game: China's Grand Strategy to Displace American Order*. New York, NY: Oxford University Press.

Edelstein, David M. 2017. *Over the Horizon: Time, Uncertainty, and the Rise of Great Powers*. Ithaca, NY: Cornell University Press.

Fairbank, J. K., and S. Y. Teng. 1941. "On The Ch'ing Tributary System." *Harvard Journal of Asiatic Studies* 6 (2): 135-246.

Gilpin, Robert. 1981. *War and Change in World Politics*. New York, NY: Cambridge University Press.

Goddard, Stacie E. 2018. *When Right Makes Might: Rising Powers and World Order*. Ithaca, NY: Cornell University Press.

Greve, Andrew Q., and Jack S. Levy. 2018. "Power Transitions, Status Dissatisfaction, and War: The Sino-Japanese War of 1894-1895." *Security Studies* 27 (1): 148-178.

Hebron, Lui, Patrick James, and Michael Rudy. 2007. "Testing Dynamic Theories of Conflict: Power Cycles, Power Transitions, Foreign Policy Crises and Militarized Interstate Disputes." *International Interactions* 33 (1): 1-29.

Huang, Chiung-Chiu, and Chih-yu Shih. 2014. *Harmonious Intervention: China's Quest for Relational Security*. Farnham, UK: Routledge.

Kang, David C. 2003. "Getting Asia Wrong: The Need for New Analytical Frameworks." *International Security* 27 (4): 57-85.

Kang, David C. 2020. "International Order in Historical East Asia: Tribute and Hierarchy Beyond Sinocentrism and Eurocentrism." *International Organization* 74 (1): 65-93.

Kang, David C., Meredith Shaw, and Ronan Tse-min Fu. 2016. "Measuring War in Early Modern East Asia, 1368-1841: Introducing Chinese and Korean Language Sources." *International Studies Quarterly* 60 (4): 766-777.

Kang, David C., and Xinru Ma. 2018. "Power Transitions: Thucydides Didn't Live in East Asia." *The Washington Quarterly* 41 (1): 137-154.

Kang, David C., Dat X. Nguyen, Ronan Tse-min Fu, and Meredith Shaw. 2019. "War, Rebellion, and Intervention under Hierarchy: Vietnam-China Relations, 1365 to 1841." *Journal of Conflict Resolution* 63 (4): 896-922.

Kim, Woosang. 1992. "Power Transitions and Great Power War from Westphalia to Waterloo." *World Politics* 45 (1): 153-172.

Kim, Woosang. 2002. "Power Parity, Alliance, Dissatisfaction, and Wars in East Asia, 1860-1993." *Journal of Conflict Resolution* 46 (5): 654-671.

Kindleberger, Charles P. 1973. *The World in Depression, 1929-1939*. London, UK: Allen Lane.

Kissinger, Henry. 1995. *Diplomacy*. New York, NY: Simon & Schuster.

Kugler, Jacek, and Ronald L. Tammen. 2012. *The Performance of Nations*. Lanham, MD: Rowman & Littlefield Pub. Group.

Kugler, Tadeusz, and Siddharth Swaminathan. 2006. "The Politics of Population." *International Studies Review* 8 (4): 581-596.

Lee, James. 2019. "Did Thucydides Believe in Thucydides' Trap? The History of the Peloponnesian War and Its Relevance to U.S.-China Relations." *Chinese Journal of Political Scienc*e 24 (1): 67-86.

Lemke, Douglas. 2002. *Regions of War and Peace*. Cambridge, UK: Cambridge University Press.

Lemke, Douglas. 2003. "Investigating the Preventive Motive for War." *International Interactions* 29 (4): 273-292.

Lemke, Douglas, and Jacek Kugler. 1996. "The Evolution of the Power Transition Perspective." In *Parity and War: Evaluations and Extensions of The War Ledger*, eds. Jacek Kugler and Douglas Lemke. Ann Arbor, MI: University of Michigan Press, pp. 3-33.

Lemke, Douglas, and William Reed. 1996. "Regime Types and Status Quo Evaluations: Power Transition Theory and the Democratic Peace." *International Interactions* 22 (2): 143-164.

Levy, Jack S. 1987. "Declining Power and the Preventive Motivation for War." *World Politics* 40 (1): 82-107.

Levy, Jack S. 2008. "Power Transition Theory and the Rise of China." In *China's Ascent: Power, Security, and the Future of International Politics*, eds. Robert S. Ross and Feng Zhu. Ithaca, NY: Cornell University Press, pp. 11-33.

Lim, Yves-Heng. 2015. "How (Dis)Satisfied Is China? A Power Transition Theory Perspective." *Journal of Contemporary China* 24 (92): 280-297.

MacDonald, Paul K., and Joseph M. Parent. 2018. *Twilight of the Titans: Great Power Decline and Retrenchment*. Ithaca, NY: Cornell University Press.

Machiavelli, Niccolò. 1981. *The Prince*. London, UK: Penguin Books.

Mearsheimer, John J. 2021. "The Inevitable Rivalry: America, China, and the Tragedy of Great-Power Politics." *Foreign Affairs* 100 (6): 48-58.

Modelski, George. 1964. "Kautilya: Foreign Policy and International System in the Ancient Hindu World." *The American Political Science Review* 58 (3): 549-560.

Morgenthau, Hans J. 1978. *Politics Among Nations: The Struggle for Power and Peace*, 5th ed. New York, NY: Alfred A. Knopf.

Organski, A. F. K. 1958. *World Politics*, 1st ed. New York, NY: Alfred A. Knopf.

Organski, A. F. K. 1968. *World Politics*. New York, NY: Alfred A. Knopf.

Organski, A. F. K., and Jacek Kugler. 1980. *The War Ledger*. Chicago, IL: University of Chicago Press.

Qin, Yaqing. 2018. *A Relational Theory of World Politics*. Cambridge, UK: Cambridge University Press.

Rauch, Carsten. 2017. "Challenging the Power Consensus: GDP, CINC, and Power Transition Theory." *Security Studies* 26 (4): 642-664.

Sample, Susan G. 2018. "Power, Wealth, and Satisfaction: When Do Power Transitions Lead to Conflict?" *Journal of Conflict Resolution* 62 (9): 1905-1931.

Senese, Paul Domenic, and John A. Vasquez. 2008. *The Steps to War: An Empirical Study*. Princeton, NJ: Princeton University Press.

Shifrinson, Joshua R. Itzkowitz. 2018. *Rising Titans, Falling Giants: How Great Powers Exploit Power Shifts*. Ithaca, NY: Cornell University Press.

Sobek, David, and Jeremy Wells. 2013. "Dangerous Liaisons: Dyadic Power Transitions and the Risk of Militarized Disputes and Wars." *Canadian Journal of Political Science* 46 (1): 69-92.

Starrs, Sean. 2013. "American Economic Power Hasn't Declined – It Globalized! Summoning the Data and Taking Globalization Seriously." *International Studies Quarterly* 57 (4): 817-830.

Tammen, Ronald L. 2008. "The Organski Legacy: A Fifty-Year Research Program." *International Interactions* 34 (4): 314-332.

Tammen, Ronald L., Jacek Kugler, Douglas Lemke, and Allan C. Stam III. 2000. *Power Transitions· Strategies for the 21st Century*. New York, NY: Chatham House Publishers.

Tammen, Ronald L., and Jacek Kugler. 2006. "Power Transition and China – US Conflicts." *The Chinese Journal of International Politics* 1 (1): 35-55.

Tammen, Ronald L., Jacek Kugler, and Douglas Lemke. 2017. "Foundations of Power Transition Theory." In *Oxford Research Encyclopedia of Politics*, ed. William R. Thompson. Oxford, UK: Oxford University Press. https://doi.org/10.1093/acrefore/9780190228637.013.296.

Vasquez, John A. 1996. "When Are the Power Transitions Dangerous? An Appraisal and Reformulation of Power Transition Theory." In *Parity and War: Evaluations and Extensions of the War Ledger*, eds. Jacek Kugler and Douglas Lemke. Ann Arbor, MI: Michigan University Press, pp. 35-56.

Vasquez, John A. 2009. *The War Puzzle Revisited*. Cambridge, UK: Cambridge University Press.

Vasquez, John A., and Marie T. Henehan. 2010. *Territory, War, and Peace*. New York, NY: Routledge.

Walt, Stephen M. 1987. *The Origins of Alliances*. Ithaca, NY: Cornell University Press.

Waltz, Kenneth N. 1959. *Man, the State, and War: A Theoretical Analysis*. New York, NY: Columbia University Press.

Waltz, Kenneth N. 1979. *Theory of International Politics*. Reading, MA: Addison-Wesley.

Waltz, Kenneth N. 1981. "The Spread of Nuclear Weapons: More May Be Better: Introduction." *The Adelphi Papers* 21 (171): 1.

Wang, Gungwu. 2004. "The Fourth Rise of China: Cultural Implications." *China: An International Journal* 2 (2): 311-322.

Wang, Yuan-kang. 2011. *Harmony and War: Confucian Culture and Chinese Power Politics*. New York, NY: Columbia University Press.

Wang, Yuan-kang. 2013. "Explaining the Tribute System: Power, Confucianism, and War in Medieval East Asia." *Journal of East Asian Studies* 13 (2): 207-232.

Wendt, Alexander. 1999. *Social Theory of International Politics*. Cambridge, UK; New York, NY: Cambridge University Press.

Werner, Suzanne, and Jacek Kugler. 1996. "Power Transitions and Military Buildups: Resolving the Relationship between Arms Buildups and War." In *Parity and War: Evaluations and Extensions of The War Ledger*, eds. Kugler Jacek and Lemke Douglas. Ann Arbor, MI: University of Michigan Press, pp. 187-207.

Wu, Yu-Shan. 2018. "The History-Informed IR Study on the Resurgence of China." In *Decoding the Rise of China: Taiwanese and Japanese Perspectives*, eds. Tse-Kang Leng and Rumi Aoyama. London, UK: Palgrave Macmillan, pp. 39-55.

第十一章

國際政治經濟學研究現況與未來展望[*]

邱明斌、林宬葦

壹、國際政治經濟學概要

國際政治經濟學（International Political Economy, IPE）作為一個國際關係（International Relation, IR）下的次領域，自 1970 年代發展迄今已將近半世紀的時間。傳統上經濟學是研究稀有資源生產、分配和消費的學門；政治經濟學注重於國家生產、分配和消費上所扮演的角色；IPE 則考慮到跨國流動中的生產、分配和消費。IPE 的探討範疇不僅限於國家政府所發揮的作用，同時要探討外國政府與國際制度在國際體系中的運作情況。

回顧 IPE 發展過程，自二次世界大戰後，美國成為世界經濟中心，對國際貿易與金融體系產生重大影響力。此後，以美國學者為首的 IPE 研究成為主流，稱之為美國學派。[1] 美國學派以國家中心主義為研究方法，且關注的主題多聚焦於政治學的經濟與貿易問題。

隨著冷戰結束迎來全球化的時代，國家之間的疆界日漸模糊，以國家中心主義作為研究方法受到挑戰。與此同時，學術界中開始出現欲以全球政治經濟取代國際政治經濟的風潮。美國學派代表性學者吉爾平（Robert Gilpin）（1987, 2001），於 21 世紀初出版《全球政治經濟學》（*Global Political Economy*），此版本與其前一版著作《國際關係的政治經濟學》（*The Political Economy of International Relations*）最大差異在於書名及內容特別強調「全球化」的概念（曾怡仁，2010：110-116）。如此大的轉變，顯示全球化時代的確對於美國學派帶來一定程度的衝擊。[2]

---

[*] 本文內容曾刊登於邱明斌、林宬葦，〈國際政治經濟學研究現況與未來展望〉（一般論文），《問題與研究》，第 62 卷第 1 期（2023 年 3 月），頁 85-128。感謝國立政治大學國際關係研究中心《問題與研究》同意轉載。

[1] 關於 IPE 中美國學派（American School）與英國學派（British School）的討論，請詳見 Cohen（2007, 2008）。

[2] 若是比對吉爾平的前後兩版著作內容，可以觀察出其仍是將焦點聚焦於「國家中心主義」下的國際體系與國際政治經濟問題上。縱使在《全球政治經濟學》已經有章節提及「全球政治經濟」的相關議題，但只占全書十五個章節中的兩章。相較於國際政治經濟部分，對於全球政治經濟僅有概略性介紹。

　　然而，從 1980 年代至今，在全球化影響之下，國際政治經濟又面臨了多次金融危機與經貿整合等問題，當今國家行為者已經無法獨自解決這些全球性問題。故此，吉爾平在《全球政治經濟學》中也更加注重跨國公司和國際組織等非國家行為者與「國家中心主義」之間的連結關係（曾怡仁，2010：113-114；Gilpin, 2001: 17）。如此的轉變，顯示出美國學派在應對全球化的衝擊下，雖仍以「國家中心主義」為焦點，但逐漸調整研究範疇，同時關注到國家行為者以外的角色，並納入部分全球政治經濟的概念。

　　在研究範疇上，傳統 IPE 的研究中，涉及許多圍繞著國際關係與政治經濟學的議題。其中最根本的問題是：國內政治與國際政治如何影響國家之間的經濟關係？這邊特別要注意到 IPE 要解釋的對象（依變項）為一種「跨國流動」的國際現象，包含貨物（如貿易政策）、資本（如金融和匯率政策）、生產地點（外國投資政策），或人口（跨國遷徙和移民）。然而若將「跨國流動」作為自變項來解釋某些國內政治或經濟結果時，由於不可避免的內生性（endogeneity）問題，在研究過程考慮到雙向運行的因果關係亦是重要。換言之，IPE 領域關注影響經濟議題的政治變數，反之亦然。而在這其中至少要含有一個國際性的變項。

　　在以下的討論當中，我們將針對臺灣 IPE 研究的近況與發展進行檢視。首先，我們將系統性地檢閱臺灣 IPE 領域自 2010 年至 2021 年之間的學術研究成果，包含「臺灣社會科學引文索引」（Taiwan Social Science Citation Index, TSSCI）期刊、國科會計畫、學位論文和專書的研究概況，並將以 TSSCI 期刊與美國國際政治經濟學會（International Political Economy Society, IPES）年會文章在過去 12 年內所注重的研究議題進行分析比較，同時亦比較 TSSCI 期刊、學位論文和 IPES 年會文章在研究方法上之差異。然而，受限於篇幅及有限人力，本文所回顧的對象是以臺灣 IPE 研究的學者為主，再輔以分析國際 IPE 學術社群的研究成果，希冀從而發掘 IPE 領域的前瞻性議題，提供國內更多有志從事 IPE 研究的年輕學者參考。

貳、臺灣國際政治經濟學研究議題分析

　　本節分析臺灣 IPE 領域自 2010 年至 2021 年之間的學術研究成果，分析對象包含政治學門相關的 TSSCI 期刊、國科會計畫、學位論文和專書。本節將藉由檢閱四大學術研究項目，從中選取 IPE 相關的資料，並以描述性統計方法，分析臺灣 IPE 領域的研究發展。

正如前述提及美國學派在近年已經針對當前全球化問題做出反應，因此本節在進行學術研究成品的資料蒐集與呈現時，依然採用美國學派觀點下的國際經濟議題作為採計基準，但同時採計其他學派觀點出發的經貿議題研究成品。本節中所使用之分類方法，係依照傳統美國學派 IPE 學門中普遍提及的主題進行資料分類（Balaam and Dillman, 2014; Oatley, 2019）。主要包含五大類傳統議題，分別為國際貿易（international trade）、國際貨幣與金融（international money and finance）、經濟發展（economic development）、經濟投資與援助（economic investment and foreign aid）和國際政治經濟理論（IPE theory）。另外，為因應全球化對當今國際政治經濟產生更廣泛的影響，故也納入人口遷徙（migration）、全球化（globalization）和資源與環境（natural resources and environment）這三類議題。本節將以這八類議題作為基礎，對國內各項學術研究成品進行分類與統計。[3]

一、TSSCI 期刊

當前，國內政治學相關學術期刊種類繁多，在回顧檢閱時勢必做出取捨。本研究檢閱 2010 年至 2021 年之間出版的期刊，且範圍僅限於已被國科會收錄於 2019 年 TSSCI 之中的政治學類期刊和與政治學有相關的綜合類期刊。這一取捨是由於 TSSCI 系列期刊為國內當前最具理論性的學術期刊，可呈現出具學術性而非政策性的研究成果。

本研究所納入分析期刊中之政治學類期刊包含《公共行政學報》、《台灣政治學刊》、《行政暨政策學報》、《東吳政治學報》、《政治科學論叢》、《政治學報》、《問題與研究》、《臺灣民主季刊》、《遠景基金會季刊》、《選舉研究》共十份。另外，與政治學相關的綜合類期刊包含《人文及社會科學集刊》、《中國大陸研究》、《歐美研究》共三份。在期刊文章選樣標準上，政治學類部分，由於經過期刊編輯認定文章內容為政治學門範疇，故只要有涉及 IPE 相關文章則選取。另外，在綜合類期刊中，由於涵蓋學門甚多，因此須同時符合作者至少有一人為政治學相關學歷，且文章涉及 IPE 範疇等兩個條件才得以選取。這種條件設限，可以避免本研究在綜合類期刊中納入非政治學門的文章。

---

[3] 分析各項學術研究成品時，會計算主議題與子議題的數量和百分比並進行比重排序。主議題部分若百分比大於 9.5% 者則分類為「比重較高者」。另外，在子議題部分若百分比大於 5% 則分類為「比重較顯著者」。

　　表 11-1 為每本期刊過去 12 年之間的研究論文總數量，和各期刊中所含有 IPE 研究論文數量。就 IPE 相關論文在單本期刊中所占比例來看，《政治學報》全數 94 篇研究論文中含有 10 篇（10.6%）IPE 文章，為含有 IPE 研究論文比例最高者。另一方面，若從 IPE 論文在各別期刊中的分布情況來看，全數 81 篇 IPE 論文中，《問題與研究》所含有的 IPE 文章占 18 篇（22.2%），為比例最高者。

表 11-1　TSSCI 期刊 IPE 文章統計

學門	期刊名稱	期刊論文數量	IPE論文數量	占期刊論文比例（%）	占IPE論文比例（%）
政治學類	公共行政學報 *Journal of Public Administration*	87	0	0	0
	台灣政治學刊 *Taiwanese Political Science Review*	119	10	8.4	12.3
	行政暨政策學報 *Public Administration & Policy*	87	2	2.3	2.5
	東吳政治學報 *Soochow Journal of Political Science*	152	6	3.9	7.4
	政治科學論叢 *Taiwanese Journal of Political Science*	184	7	3.8	8.6
	政治學報 *Chinese Political Science Review*	94	10	10.6	12.3
	問題與研究 *Wenti Yu Yanjiu*	205	18	8.8	22.2
	臺灣民主季刊 *Taiwan Democracy Quarterly*	177	2	1.1	2.5
	遠景基金會季刊 *Prospect Quarterly*	169	14	8.3	17.3
	選舉研究 *Journal of Electoral Studies*	100	0	0	0
綜合類	人文及社會科學集刊 *Journal of Social Sciences and Philosophy*	212	3	1.4	3.7
	中國大陸研究 *Mainland China Studies*	192	8	4.2	9.9
	歐美研究 *EurAmerica: A Journal of European and American Studies*	185	1	0.5	1.2
總計			81		100

　　根據統計 TSSCI 期刊議題結果（表 11-2），總計 81 篇。主議題中比重較高者為：
（一）4- 經濟投資與援助之 23 篇（28.4%）；（二）1- 國際貿易之 22 篇（27.2%）；（三）2-
國際貨幣與金融之 15 篇（18.5%）；（四）3- 經濟發展之 8 篇（9.9%）。主議題中比重
較低者為：（一）5- 人口遷徙之 0 篇（0%）；（二）8- 國政經理論之 3 篇（3.7%）；（三）
6- 全球化之 4 篇（4.9%）；（四）7- 資源與環境之 6 篇（7.4%）。[4]

表 11-2　TSSCI 期刊議題統計

主議題	數量	%	子議題	數量	%
1- 國際貿易	22	27.2	1.1- 經貿組織	4	4.9
			1.2- 貿易協定	9	11.1
			1.3- 經貿關係與政策	8	9.9
			1.4- 其他	1	1.2
2- 國際貨幣與金融	15	18.5	2.1- 貨幣	5	6.2
			2.2- 主權財富基金	2	2.5
			2.3- 金融危機	1	1.2
			2.4- 金融組織	3	3.7
			2.5- 匯率	1	1.2
			2.6- 債務	0	0
			2.7- 其他	3	3.7
3- 經濟發展	8	9.9	3.1- 區域整合	5	6.2
			3.2- 貪腐	0	0
			3.3- 其他	3	3.7
4- 經濟投資與援助	23	28.4	4.1-FDI 國家安全	10	12.3
			4.2-FDI 市場發展	5	6.2
			4.3- 跨國公司	1	1.2
			4.4- 外國援助	7	8.6
			4.5- 其他	0	0

---

[4]　在子議題中比重較顯著者為：（一）4.1-FDI 國家安全之 10 篇（12.3%）；（二）1.2- 貿易協
定之 9 篇（11.1%）；（三）1.3- 經貿關係與政策之 8 篇（9.9%）；（四）4.4- 外國援助之 7 篇
（8.6%）；（五）3.1- 區域整合之 5 篇（6.2%）、4.2-FDI 市場發展之 5 篇（6.2%）、2.1- 貨
幣之 5 篇（6.2%）。

表 11-2 TSSCI 期刊議題統計（續）

主議題	數量	%	子議題	數量	%
5- 人口遷徙	0	0	5.1- 移民	0	0
			5.2- 難民	0	0
			5.3- 勞工	0	0
			5.4- 其他	0	0
6- 全球化	4	4.9	6.1- 民粹主義	0	0
			6.2- 全球化危機與衝突	1	1.2
			6.3- 其他	3	3.7
7- 資源與環境	6	7.4	7.1- 環境	2	2.5
			7.2- 天然資源	4	4.9
			7.3- 天然災害	0	0
			7.4- 糧食	0	0
			7.5- 其他	0	0
8- 國政經理論	3	3.7			
總計	81	100			

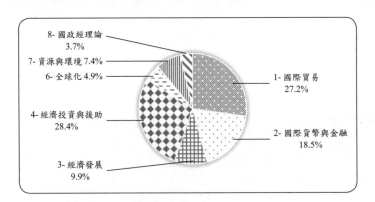

圖 11-1 TSSCI 期刊主議題分布

　　綜觀過去 12 年來 TSSCI 期刊前三大議題發展變化（圖 11-2）。從議題發展變化可看出，早期由於受到 2008 年全球金融海嘯影響，關於金融危機治理的研究再次成為學者關注焦點。2010 年至 2012 年之間議題比重排序由高至低為：國際貨幣與金融（40%）、國際貿易（22.7%）、經濟投資與援助（4.3%）。然而，直到近年發展趨勢有大幅度轉變。以 2019 年至 2021 年為例，議題排序比重排序由高至低為：經濟投資與援助（30.4%）、國際貿易（22.7%）、國際貨幣與金融（20%）。經濟投資與援助文章數量占比上升至第一高，而國際貨幣與金融文章數量占比大幅降低。至於國際貿易的文章數量則一直是占比第二高。如此的變化顯示出，國內 TSSCI 期刊中的 IPE 研究近年關注焦點已經從國際貨幣與金融逐漸轉移至經濟投資與援助的相關議題上。

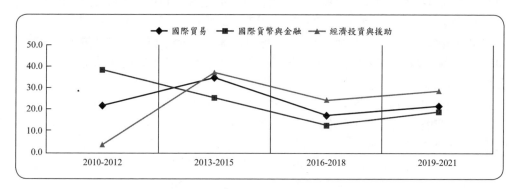

圖 11-2　TSSCI 期刊前三大議題發展變化

　　透過 TSSCI 期刊的議題比重排序，幫助我們勾勒出近年國內在各議題上的分布輪廓。這有助於我們深入瞭解各項議題的研究發展方向，也是回顧近年 IPE 研究的一項重要課題。當前 TSSCI 系列期刊中，IPE 研究有很大一部分著重於貿易與經濟相關議題。由於近年臺灣正處於亞太經貿整合的十字路口上，故貿易談判（周旭華，2010）與多邊經貿協定簽署（左正東，2012；黃偉峰，2013；郭建中、王國臣，2015a）顯然成為一項重要研究課題。此外，在探討經貿議題時，以國家為主體的行為者亦扮演重要角色，國家行為者的對外經貿互動亦為關注的重點（薛健吾，2015）。尤其臺灣經常受到中國和美國在經貿議題上的影響，因此國內的研究也經常聚焦於此兩大國在國際經貿上的權力伸展（邱奕宏，2021；林偉修，2021）。另一方面，中國在國際金融中的影響力不斷提升，這使得國內學者特別關注人民幣國際化對國際政經的影響（趙文志，2011；左正東、葉國俊，2011；郭建中、王國臣，2013a），同時亞洲投資銀行在國際上的定位亦對既有國際金融體系造成威脅也是近期關注要點（邱昭憲，2017）。除了中國對國際金融和貨幣的影響外，另一項全球性金融問題，是探討金融危機之後金融治理的改革與所遇到挑戰，期望藉由更加健全的制度穩定資本市場的運作（辛翠玲，2019）。

　　在當今區域主義領導下，區域內的經貿整合已經大幅影響貿易自由化的發展方向（廖舜右，2011；薛健吾，2018）。其中，東亞地區又以中國與東北亞國家和東協國家之間的整合為主要發展重點。由於臺灣過去與這些地區的經貿互動頻繁，因此學者們也會更加關注於以中國為首的經貿區域整合發展（吳玲君，2012）。除了經貿整合外，由於中國在整合過程中，經常以政治力量影響東南亞地區，形成東南亞國家在貿易與國家安全之間的抉擇難題，這是近來較受關注的焦點之一（張珈健、楊昊，2021）。除了經貿相關課題外，外國直接投資（foreign direct investment, FDI）亦為另一項重要議題。國內較多的 FDI 研究並非單純關注於經濟行為，而是探討 FDI 與國家安全的衝突（郭建中、王國臣，2013b；邱奕宏，2017a、2017b、2020a）。另一方面，國內尚有單純探討跨國公司進行投資時與當地國家之間的關係，屬於經濟市場投資的考量（邱奕宏，2013）。當跨國公司對外進行直接投資時，母國政府對於投資國的援助也會造成相當影響，此項目也是近年較受關注的研究課題之一（邱奕宏，2020b）。此外，FDI 相關研究中也包含中國國有企業對外投資的政治風險（郭建中、王國臣，2015b；蘇翊豪，2020）。外國援助這類的議題並不僅只限於經濟發展，相關研究也關注到外國援助與內戰（平思寧，2021）及人道主義（郭建中、王國臣，2016）之間的關係。隨著中國展開一帶一路戰略，如今又發展出了有別於傳統經濟援助的模式。一帶一路發展下的投資與建設援助亦為近年外國援助的研究焦點之一（薛健吾，2020）。

至於全球化議題，在國內的 IPE 領域中這方面的相關研究較少。主要有討論全球化對國際政經結構發展的影響（薛健吾、林千文，2014），以及全球化對「政治」、「經濟」和「社會」影響下，國家之間的經濟制裁關係（薛健吾，2021）。此外，在全球化的發展下，國內的 IPE 研究也持續重視環境發展（張文揚，2014；薛健吾，2019）和天然資源（吳雪鳳、曾怡仁，2014；薛健吾，2016；張文揚、平思寧，2017；平思寧，2019）等議題。

國政經理論為 IPE 領域之重要基礎，但由於理論研究經常為通論性研究（曾怡仁，2010），因此當前國內期刊文章在此議題上文章為數不多，相關文章多為批判性國政經理論的辯論與深究（曾怡仁，2012；曾怡仁、李政鴻，2013）。

理解各議題的研究方向後，我們能夠更清楚近年 IPE 領域的微觀發展，而各年度中相關期刊文章的發表數量分布能使我們理解宏觀趨勢。就 IPE 期刊文章各年度數量來看（圖 11-3），相關文章數量於 2010 年和 2018 年為最低峰，分別計有 3 篇；2015 年達到最高峰，計有 12 篇。整體而言，從 2010 年至 2021 年文章數量雖有起伏，但呈現增長的態勢。質性文章數量都徘徊於 3 至 6 篇之間，而量化文章則從 2010 年的 0 篇，至2015 年時達到 7 篇的高峰，隨後文章數量雖有下降，但自 2019 年起皆保持在 2 至 3 篇之間的數量。

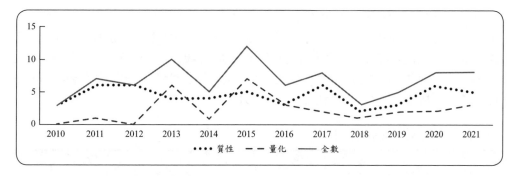

圖 11-3　TSSCI 期刊 IPE 文章數量（2010-2021）

　　TSSCI 期刊文章研究方法統計（表 11-3）顯示，質性方法占 53 篇（65.4%）；量化研究占 28 篇（34.6%）；形式理論與實驗法則從缺（0%）。由此統計結果可知，國內 IPE 研究仍是以質性研究占多數，但量化文章的數量近年有逐漸上升的趨勢，顯見量化研究的重要性也逐漸提高。

表 11-3　TSSCI 期刊文章研究方法統計

方法	篇數	%
質性	53	65.4
量化	28	34.6
形式理論	0	0
實驗法	0	0
總計	81	100

　　本研究同時針對「臺灣人文及社會科學引文索引資料庫」（Taiwan Citation Index-Humanities and Social Sciences, TCI-HSS）中各篇文章被期刊、博士論文、專書和專書論文之「被引用次數」進行統計，並且將四者的引用次數加總，計算出各篇期刊的「被引用總次數」，以探究出被引用率較高之研究議題。特別說明的是，引文索引資料庫中的文章被引用比率僅限於中文學術出版品，並不包含被外文學術出版品所引用的情況。儘管本研究僅是針對 TSSCI 期刊進行研究，但引文索引資料庫所提供的被引用次數依然能反映出 TSSCI 期刊在國內或華語圈學術界的影響力。

　　根據 TSSCI 期刊被引用次數（表 11-4），本研究所蒐集的 TSSCI 期刊中，質性部分被引用次數較高議題為國際貿易、國際貨幣與金融、經濟發展和經濟投資與援助。量化部分被引用次數較高議題為國際貿易和經濟投資與援助。[5] 就整體而言，國際貿易和經濟投資與援助為全數期刊文章中被引用次數較高者，顯見經貿相關議題依舊是 IPE 中的熱門主題，持續受到國內 IPE 研究學者的關注。

表 11-4　TSSCI 期刊被引用次數

主議題分類	質性			量化		
	被引用總次數					
	0 次（%）	1 次（%）	2 次以上（%）	0 次（%）	1 次（%）	2 次以上（%）
1- 國際貿易	8（34.8）	2（40）	6（24）	2（13.3）	2（33.3）	2（28.6）
2- 國際貨幣與金融	6（26.1）	0（0）	7（28）	2（13.3）	0（0）	0（0）
3- 經濟發展	2（8.7）	1（20）	4（16）	1（6.7）	0（0）	0（0）
4- 經濟投資與援助	4（17.4）	1（20）	5（20）	6（40）	2（33.3）	5（71.4）
5- 人口遷徙	0（0）	0（0）	0（0）	0（0）	0（0）	0（0）
6- 全球化	1（4.3）	0（0）	2（8）	1（6.7）	0（0）	0（0）
7- 資源與環境	0（0）	0（0）	1（4）	3（20）	2（33.3）	0（0）
8- 國政經理論	2（8.7）	1（20）	0（0）	0（0）	0（0）	0（0）
總計	23（100）	5（100）	25（100）	15（100）	6（100）	7（100）

---

[5]　由於本研究所蒐集之 TSSCI 期刊資料涵蓋年度為 2010 年至 2021 年，因此較晚新出版的期刊文章，被引用次數會較低，甚至為 0 次。本部分統計僅是呈現出資料範圍內的各議題被引用情況，故仍將各議題被引用次數為 0 次者的篇數列出。

二、國科會計畫

本研究查詢政府研究資訊系統（Government Research Bulletin, GRB），檢閱與 IPE 相關之國科會計畫。檢閱方法為搜尋「政治學門」2010 年度至 2021 年度之間的國科會補助計畫，並逐一檢閱，選取出與 IPE 相關之計畫。

根據統計國科會計畫議題的結果（表 11-5），總計 61 件。主議題中比重較高者為：（一）2- 國際貨幣與金融之 16 件（26.2%）；（二）1- 國際貿易之 13 件（21.3%）、3- 經濟發展之 13 件（21.3%）、4- 經濟投資與援助之 13 件（21.3%）。主議題中比重較低者為：（一）5- 人口遷徙之 0 件（0%）、8- 國政經理論之 0 件（0%）；（二）6- 全球化之 2 件（3.3%）；（三）7- 資源與環境之 4 件（6.6%）。[6]

表 11-5　國科會計畫議題統計

主議題	數量	%	子議題	數量	%
1- 國際貿易	13	21.3	1.1- 經貿組織	0	0
			1.2- 貿易協定	5	8.2
			1.3- 經貿關係與政策	4	6.6
			1.4- 其他	4	6.6
2- 國際貨幣與金融	16	26.2	2.1- 貨幣	3	4.9
			2.2- 主權財富基金	0	0
			2.3- 金融危機	5	8.2
			2.4- 金融組織	1	1.6
			2.5- 匯率	1	1.6
			2.6- 債務	0	0
			2.7- 其他	6	9.8
3- 經濟發展	13	21.3	3.1- 區域整合	10	16.4
			3.2- 貪腐	1	1.6
			3.3- 其他	2	3.3

---

[6]　在子議題中比重較顯著者為：（一）3.1- 區域整合之 10 件（16.4%）；（二）4.4- 外國援助之 7 件（11.5%）；（三）2.7- 其他之 6 件（9.8%）；（四）1.2- 貿易協定之 5 件（8.2%）、2.3- 金融危機之 5 件（8.2%）；（五）1.3- 經貿關係與政策之 4 件（6.6%）、1.4- 其他之 4 件（6.6%）。

表 11-5　國科會計畫議題統計（續）

主議題	數量	%	子議題	數量	%
4- 經濟投資與援助	13	21.3	4.1-FDI 國家安全	3	4.9
			4.2-FDI 市場發展	1	1.6
			4.3- 跨國公司	2	3.3
			4.4- 外國援助	7	11.5
			4.5- 其他	0	0
5- 人口遷徙	0	0	5.1- 移民	0	0
			5.2- 難民	0	0
			5.3- 勞工	0	0
			5.4- 其他	0	0
6- 全球化	2	3.3	6.1- 民粹主義	0	0
			6.2- 全球化危機與衝突	1	1.6
			6.3- 其他	1	1.6
7- 資源與環境	4	6.6	7.1- 環境	1	1.6
			7.2- 天然資源	3	4.9
			7.3- 天然災害	0	0
			7.4- 糧食	0	0
			7.5- 其他	0	0
8- 國政經理論	0	0			
總計	61	100			

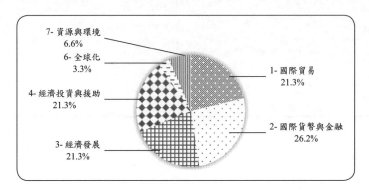

圖 11-4　國科會計畫主議題分布

　　比較國科會計畫與 TSSCI 期刊之間的主議題差異後，可以發現國科會計畫的研究議題與 TSSCI 期刊的研究議題呈現類似的分布，並與研究者的長期研究興趣密切結合。這樣的情況顯示，多數國內 IPE 學者在申請研究計畫時，仍以國際經貿和國際貨幣與金融相關的議題作為研究主軸，並且會在主要框架的脈絡之下發展相關研究，其研究成果也反映在 TSSCI 期刊的收錄之上。

三、學位論文

　　依照當前國內研究所發展狀況而言，研究所主要仍為學術人才培育導向。因此，學位論文的議題選擇能夠反映出研究所學生的學術研究發展情況，故針對學位論文進行分析亦為學術研究上具有代表性的指標之一。

　　本研究查詢臺灣博碩士論文知識加值系統中政治學或國際政治相關系所（表 11-6）之碩士與博士學位論文，並從中選取出 IPE 領域之論文。查詢涵蓋時間為 2010 年至2021 年之間。由於在系統中會同時顯示畢業年度與論文出版年度，為求與其他學術成品有一致年分採樣基準，因此以學位論文出版年度作為年分採計基準。

表 11-6　學位論文檢閱系所

學校	系所
中國文化大學	政治學系
東吳大學	政治學系
東海大學	政治學系
南華大學	國際事務與企業學系
國立中山大學	政治學研究所
國立中正大學	政治學系
國立中正大學	戰略暨國際事務研究所
國立中興大學	國際政治研究所
國立成功大學	政治學系
國立金門大學	國際暨大陸事務學系
國立政治大學	外交學系
國立政治大學	東亞研究所
國立政治大學	政治學系
國立臺灣大學	政治學系
淡江大學	國際事務與戰略研究所

　　根據統計學位論文議題結果（表 11-7），總計 265 篇。主議題中比重較高者為：（一）1- 國際貿易之 89 篇（33.6%）；（二）3- 經濟發展之 63 篇（23.8%）；（三）2- 國際貨幣與金融之 58 篇（21.9%）；（四）4- 經濟投資與援助之 44 篇（16.6%）。主議題中比重較低者為：（一）5- 人口遷徙之 1 篇（0.4%）、6- 全球化之 1 篇（0.4%）、8- 國政經理論之 1 篇（0.4%）；（二）7- 資源與環境之 8 篇（3%）。[7]

表 11-7　學位論文議題統計

主議題	數量	%	子議題	數量	%
1- 國際貿易	89	33.6	1.1- 經貿組織	11	4.2
			1.2- 貿易協定	38	14.3
			1.3- 經貿關係與政策	36	13.6
			1.4- 其他	4	1.5
2- 國際貨幣與金融	58	21.9	2.1- 貨幣	16	6
			2.2- 主權財富基金	3	1.1
			2.3- 金融危機	16	6
			2.4- 金融組織	11	4.2
			2.5- 匯率	5	1.9
			2.6- 債務	1	0.4
			2.7- 其他	6	2.3
3- 經濟發展	63	23.8	3.1- 區域整合	54	20.4
			3.2- 貪腐	0	0
			3.3- 其他	9	3.4
4- 經濟投資與援助	44	16.6	4.1-FDI 國家安全	7	2.6
			4.2-FDI 市場發展	3	1.1
			4.3- 跨國公司	3	1.1
			4.4- 外國援助	31	11.7
			4.5- 其他	0	0

---

[7]　在子議題中比重較顯著者為：（一）3.1- 區域整合之 54 篇（20.4%）；（二）1.2- 貿易協定之 38 篇（14.3%）；（三）1.3- 經貿關係與政策之 36 篇（13.6%）；（四）4.4- 外國援助之 31 篇（11.7%）；（五）2.1- 貨幣之 16 篇（6%）、2.3- 金融危機之 16 篇（6%）。

表 11-7　學位論文議題統計（續）

主議題	數量	%	子議題	數量	%
5- 人口遷徙	1	0.4	5.1- 移民	0	0
			5.2- 難民	0	0
			5.3- 勞工	0	0
			5.4- 其他	1	0.4
6- 全球化	1	0.4	6.1- 民粹主義	0	0
			6.2- 全球化危機與衝突	1	0.4
			6.3- 其他	0	0
7- 資源與環境	8	3	7.1- 環境	2	0.8
			7.2- 天然資源	4	1.5
			7.3- 天然災害	0	0
			7.4- 糧食	2	0.8
			7.5- 其他	0	0
8- 國政經理論	1	0.4			
總計	265	100			

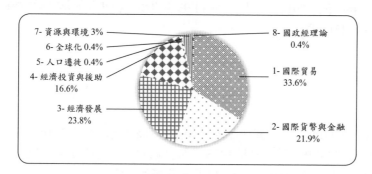

圖 11-5　學位論文主議題分布

　　從表 11-7 學位論文研究議題的分布可以得知，論文題目的選擇與先前 TSSCI 期刊以及國科會計畫高度相關，呈現集中於國際經貿與金融相關的議題上。學位論文研究方法統計（表 11-8）顯示，質性占 249 篇（94%）；量化占 14 篇（5.3%）；形式理論占 2 篇（0.8%）。由此統計結果可知，國內 IPE 學位論文所使用的研究法仍是以質性研究為主。應用量化研究的學位論文比重（5.3%），相較於 TSSCI 所收錄的文章（34.6%）則是大幅減少。

表 11-8 學位論文研究方法

方法	篇數	%
質性	249	94
量化	14	5.3
形式理論	2	0.8
實驗法	0	0
總計	265	100

四、專書

本研究查詢全國圖書書目資訊網和臺灣書目整合查詢系統，從中選取由國內學者所撰之 IPE 領域學術性書籍。查詢時間範圍為 2010 年至 2021 年之間。由於本研究主要焦點關注於臺灣 IPE 的學術著作，因此所選取的專書中並不包含由國內學者所翻譯的外國學術著作。此外，本研究查詢所涵蓋範圍也不涉及本國籍學者所著之外文專書。

根據統計專書結果，總計 3 本。全數專書都為國政經理論議題。其中有 2 本討論 IPE 理論（曾怡仁，2013；曾怡仁、李政鴻、余家哲，2015），1 本應用 IPE 理論分析美中臺關係（賴榮偉，2014）。由於國內 IPE 專書數量甚少，此部分將不再依照各項主議題與子議題分析比重排序。

參、他山之石：對比國際政治經濟學會年會文章

分析完國內的 IPE 研究發展情況後，本節將同時統計與分析 2010 年至 2021 年之間 IPES 年會文章議題分布。藉由分析 IPES 年會文章的研究議題發展，能給予國內學界參考，以便與 IPE 主流國際學界接軌，增加學術對話的可能性。

本研究已經於前面篇幅中針對國內 TSSCI 期刊、國科會計畫和學位論文在議題上的發展情況進行分析，從議題比重分布上來看，後兩者的議題分布情況多與 TSSCI 期刊相似。故此，本研究在分析 IPES 年會文章的議題發展後，將以 TSSCI 期刊的發展情況為國內代表，比較其與 IPES 年會文章的議題發展差異。除此之外，在研究方法部分也將比較 TSSCI 期刊及學位論文和 IPES 年會文章在研究方法應用與發展上的差異。

一、IPES 年會文章

IPES 年會為當前 IPE 領域的指標性研討會，每年僅精選 70 多篇文章於研討會中發表，[8] 且多數文章於會後皆有極高機會投稿刊登至 SSCI 系列期刊，故是一個重要參考項目。

根據統計 IPES 年會文章議題結果（表 11-9），總計 672 篇。[9] 主議題中比重較高者為：（一）1- 國際貿易之 183 篇（27.2%）；（二）2- 國際貨幣與金融之 173 篇（25.7%）；（三）4- 經濟投資與援助之 144 篇（21.4%）。主議題中比重較低者為：（一）8- 國政經理論之 0 篇（0%）；（二）3- 經濟發展之 29 篇（4.3%）；（三）6- 全球化之 41 篇（6.1%）；（四）5- 人口遷徙之 50 篇（7.4%）；（五）7- 資源與環境之 52 篇（7.7%）。[10]

表 11-9　IPES 年會文章議題統計

主議題	數量	%	子議題	數量	%
1- 國際貿易	183	27.2	1.1- 經貿組織	34	5.1
			1.2- 貿易協定	36	5.4
			1.3- 經貿關係與政策	35	5.2
			1.4- 其他	78	11.6
2- 國際貨幣與金融	173	25.7	2.1- 貨幣	25	3.7
			2.2- 主權財富基金	1	0.1
			2.3- 金融危機	35	5.2
			2.4- 金融組織	28	4.2
			2.5- 匯率	9	1.3
			2.6- 債務	26	3.9
			2.7- 其他	49	7.3

---

[8] 由於 IPES 年會文章中包含一些政治經濟領域文章，本研究在進行資料分類時，已經將這類文章排除。此外，年會文章中有關性別研究的文章，因並非傳統 IPE 領域的主要研究範疇，故未予收錄。

[9] IPES 歷年年會網站中，部分文章未提供相關檔案或相關檔案已經損毀，因此在統計時遇到此情況皆視為缺失數據（missing data），忽略計算。

[10] 在子議題中比重較顯著者為：（一）1.4- 其他之 78 篇（11.6%）；（二）4.4- 外國援助之 59 篇（8.8%）；（三）2.7- 其他之 49 篇（7.3%）；（四）4.2-FDI 市場發展之 47 篇（7%）；（五）1.2- 貿易協定之 36 篇（5.4%）、5.1- 移民之 36 篇（5.4%）；（六）1.3- 經貿關係與政策之 35 篇（5.2%）、2.3- 金融危機之 35 篇（5.2%）；（七）1.1- 經貿組織之 34 篇（5.1%）。

表 11-9 IPES 年會文章議題統計（續）

主議題	數量	%	子議題	數量	%
3- 經濟發展	29	4.3	3.1- 區域整合	14	2.1
			3.2- 貪腐	3	0.4
			3.3- 其他	12	1.8
4- 經濟投資與援助	144	21.4	4.1-FDI 國家安全	4	0.6
			4.2-FDI 市場發展	47	7
			4.3- 跨國公司	32	4.8
			4.4- 外國援助	59	8.8
			4.5- 其他	2	0.3
5- 人口遷徙	50	7.4	5.1- 移民	36	5.4
			5.2- 難民	3	0.4
			5.3- 勞工	6	0.9
			5.4- 其他	5	0.7
6- 全球化	41	6.1	6.1- 民粹主義	10	1.5
			6.2- 全球化危機與衝突	24	3.6
			6.3- 其他	7	1
7- 資源與環境	52	7.7	7.1- 環境	22	3.3
			7.2- 天然資源	20	3
			7.3- 天然災害	2	0.3
			7.4- 糧食	7	1
			7.5- 其他	1	0.1
8- 國政經理論	0	0			
總計	672	100			

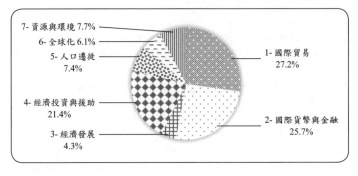

圖 11-6 IPES 年會文章主議題分布

在 IPES 年會文章研究方法統計（表 11-10）顯示，質性占 14 篇（2.1%）；量化占601 篇（89.4%）；形式理論占 20 篇（3%）；實驗法 37 篇（5.5%）。由此統計結果可知，IPES 年會文章的研究法使用以量化占多數，且實驗法所占的比重甚至高過於質性研究法。顯見在美國學派主導下的 IPE 研究仍是強調國家中心主義與採行實證主義的研究方法。

表 11-10　IPES 年會文章研究方法

方法	篇數	%
質性	14	2.1
量化	601	89.4
形式理論	20	3
實驗法	37	5.5
總計	672	100

二、研究議題差異

本節主要比較國內 TSSCI 期刊與美國 IPES 年會文章的研究議題差異。這可以顯示出國內研究發展的關注重點和聚焦的研究方法，並思索未來得以再精進的研究議題和研究方法。

（一）主議題分析與比較

從前述 TSSCI 文章比重排序較高部分來看，當前國內研究議題主要著重於經濟投資與援助（28.4%）、國際貿易（27.2%）、國際貨幣與金融（18.5%）以及經濟發展（9.9%）等四項主題上。由此顯示當前國內的 IPE 發展主要聚焦在貿易和經濟的議題上。

對比排序較高的國內研究成果與 IPES 年會文章後，可以觀察出兩者同樣在國際貿易（27.2%）、國際貨幣與金融（25.7%）和經濟投資與援助（21.4%）這三項議題上都有較高的比重。然而有趣的是，IPES 年會文章中關於經濟發展（4.3%）這一議題的比重卻偏低，而此議題中含有區域整合議題成分占最多。由此可知，相較於國內研究情況，美國的研究並無特別聚焦於區域整合層面。這種現象或許是由於臺灣近年面對許多亞太經貿整合的議題，使得國內學者們更加關注於區域整合的相關問題，以回應政策需要。此外，對比 IPES 年會文章時也會發現，在經濟投資與援助這一議題內，國內關於

FDI 的研究較偏重於與國家安全相關議題，而 IPES 年會文章則較注重 FDI 市場發展議題。此狀況顯示，美國 IPE 關於 FDI 研究大多以市場層面考量為主，較少關注國家安全相關議題。進一步探究其原因可略知，國內從事 FDI 相關研究的文章大多與中國對外投資戰略有關。由於臺灣受到中國在政治上的威脅已久，因此國內學界在研究國政經 FDI 時，多將焦點放在中國對外投資戰略產生的影響與威脅，也是可以理解的狀態。

另外，IPES 年會文章議題分布比重較低者同樣包含人口遷徙（7.4%）、全球化（6.1%）以及資源與環境（7.7%）。然而若是特別觀察百分比，則會發現國內 TSSCI 期刊中對於此三項議題的研究比例皆低於美國 IPES 年會文章。這三項是國內研究在未來能深入研究的議題，特別是人口移民以及與 IPE 相關之民粹主義，此兩者目前在國內的 IPE 領域中都少有相關研究成果。值得一提的是，國內當前與人口移民相關的研究多著重在社會學領域中，因此這也是強調跨學科整合的 IPE 學者未來能以政治學角度深入發展之研究議題。

回顧臺灣 IPE 研究中，有相當高比例在於探討中國參與區域經貿制度或是美中貿易競逐問題。中國對於臺灣在經貿發展上有著相當大的影響，即便中國與臺灣的政治關係一直處於對抗的狀態，但雙方仍維持高度的經貿往來，這使得國內學者特別關注與中國相關之 IPE 議題。國內的研究偏好受到中國磁吸的影響於上個世紀的國際關係研究中便已經存在（高朗，2000：302），直至近期此情況更為明顯。

此一現象，可能與臺灣政府在過去的經貿政策中，也經常聚焦於如何跟隨中國在國際上取得經貿空間，以及如何避免受到中國在國際上打壓而喪失對外貿易利益有關。在受中國利誘與威脅的情況下，使得國內 IPE 研究也無法忽視中國作為重要影響的外部效應。再者，隨著中國經濟實力日益增強，中國在國際政治、軍事以及區域安全的影響力也大幅提升。國際學界逐漸開始對中國相關議題產生興趣，國內政治學界亦針對中國進行相關研究，這種現象同時影響了 IPE 領域的研究發展方向。更進一步而言，當前不論全球性跨國企業或臺灣企業在中國都有高比例的投資份額，經貿關係緊密驅使國內的 IPE 學者在研究與中國相關的 FDI 議題方面比例較高。臺灣 IPE 領域的研究偏好傾向與中國相關議題，正如同美國 IPE 領域較傾向研究拉丁美洲相關議題之情況。兩者皆是基於地緣政治因素且為了探究本國的投資利益而有此種情況。總而言之，臺灣與中國之間的特殊政治關係、密切經貿往來和國際環境因素，都是導致臺灣 IPE 研究偏好傾向中國的根本原因。不過，隨著中美貿易戰爆發後，中國與世界的關係出現轉變。國際 IPE 領域研究中國議題時，也逐漸從過去緊密交流迅速獲得第一手觀察，轉為從外部對中國進行觀察。在此大環境的轉變之下，臺灣學者若能持續發表與中國議題相關之研究，必定能提供更豐富的學術研究題材，且顯示出臺灣 IPE 對於中國議題的獨特研究視角。

　　另外值得一提的是，我們在檢閱過程中發現，當前國內 IPE 領域與本土直接相關的研究為數不多。少數與本土有關的研究文章論及臺灣在全球化的過程中，因政治上受中國打壓與經濟上難以達到更低的貿易開放等因素，導致在全球化中處於劣勢狀態（薛健吾、林千文，2014）。換言之，該文作者發現只要中國在國際政治上的威脅持續存在，且臺灣無法順利藉由貿易開放來平衡國內逐漸惡化的經濟發展情況，則在全球化的過程中將難以順利融入「全球治理」的框架之中，也會對於國內的經濟發展造成衝擊。因此，繼續探究臺灣在全球化過程中的所面臨的衝擊，並試圖提出解決方案，將是往後的 IPE 研究中需要再花費心力之處。除了全球化對臺灣的衝擊外，近來亦有學者探討中美貿易戰對於臺商投資與臺灣產業的衝擊（李淳、顏慧欣、楊書菲，2021）。中美貿易戰發生後，諸多臺商開始將生產線轉移回臺灣或遷移至東南亞國協國家，以分散風險，並且避免遭受美國政府課徵高關稅的情況。此外，中美貿易戰發生後，以美國為首的西方國家開始針對產業鏈進行重組，並且持續延攬臺灣廠商赴美設廠生產。面對中美貿易戰的競爭，對臺灣而言既是危機也是一個參與產業鏈重組的機會，未來 IPE 研究亦可以臺灣為主要視角出發，針對國際貿易動態競合過程進一步深化研究。

（二）子議題分析與比較

　　從主議題分析與比較中可以看出，不論是國內 TSSCI 期刊或美國 IPES 年會文章主要研究焦點均聚焦於國際貿易和國際貨幣與金融。若再進一步探討此兩大議題特別側重的研究方向，將有助於我們理解 IPE 的議題發展。

　　在 TSSCI 期刊部分，國際貿易議題著重於貿易協定（11.1%）、經貿關係與政策（9.9%）和經貿組織（4.9%）的研究；國際貨幣與金融著重於貨幣（6.2%）和金融組織（3.7%）的研究。在 IPES 年會文章部分，國際貿易議題著重於貿易協定（5.4%）、經貿關係與政策（5.2%）和經貿組織（5.1%）的研究；國際貨幣與金融著重於金融危機（5.2%）、金融組織（4.2%）和債務（3.9%）的研究。[11] 相較於 IPES 年會文章，國內 TSSCI 期刊更關注貿易協定和經貿關係與政策的議題。此現象主要與臺灣身處在亞太地區，在近年的區域經貿發展中必須更加注意自身在亞太經貿中的角色有關。另外一個差異為，國內 TSSCI 期刊更關注貨幣相關議題，這是因近年來人民幣在國際金融中的影響力大增，使得鄰近中國的臺灣 IPE 學界更加重視人民幣國際化與亞元的研究。此外，

---

[11] IPES 年會文章在國際貿易和國際貨幣與金融議題中的「其他」項分類，皆占此二主議題內的最高比例。然而，本文進行議題分類時是以國內研究為基準，故在此不再針對 IPES 年會文章中的「其他」項討論。

TSSCI 期刊中較缺乏金融危機和債務的相關研究。金融危機相關議題為當前美國與國際 IPE 學界中非常重視之議題，但並非國內近年主要關注議題。近來，國內所注重的面向較多關注於金融危機過後，市場中的金融監管與治理面向。就此而言，未來國內 IPE 研究能再朝向金融危機對於全球或亞太市場的影響深入探究。相較於 IPES 年會文章中關注新興市場發展的國際債務議題，TSSCI 期刊中尚無針對國際債務進行研究的相關文章，這亦是未來能夠深入發展的議題。

總的來說，TSSCI 期刊與 IPES 年會文章都有聚焦於國際貿易和國際貨幣與金融這兩個主議題，但是分析相關子議題時，便可看出國內 TSSCI 期刊在這兩項議題中仍可以進一步拓展更多研究面向。

三、研究方法差異

國內研究部分僅有 TSSCI 期刊和學位論文兩者能判定研究方法，因此僅針對這兩者的研究方法使用情況進行分析，並進一步與 IPES 年會文章所使用的研究方法情況進行比較。

目前國內研究所使用的研究方法以質性為主，量化位居第二。形式理論甚少被使用於國內研究中，而實驗法則未被使用於研究中。當對比 IPES 年會文章時，則呈現出完全相反的情況。IPES 年會文章中使用的研究方法量化為最高比例，而質性為最低比例。實驗法和形式理論使用的比例雖然不高，但分別位居第二與第三。明顯地可以觀察出，當今國內研究在計量方法的應用比例不高，且形式理論和實驗法的使用有待發展。

表 11-11　研究方法比較（單位：%）

方法	TSSCI 期刊	學位論文	IPES 年會文章
質性	65.4	94	2.1
量化	34.6	5.3	89.4
形式理論	0	0.8	3
實驗法	0	0	5.5

經過表 11-11 的比較後，可以非常明顯地觀察出國內使用質性研究方法的比例甚高，此情況在學位論文部分更高達九成之多。為增進研究方法的多元性，在研究所的 IPE 課程中，也可以考慮增加關於計量研究方法的應用訓練，才得以使研究生在撰寫學位論文時有不會因為對計量方法感到懼怕而排斥使用。

四、臺灣與美國之間 IPE 學術環境與發展差異

美國為當前世界學術研究重鎮，具有多元人才與龐大的學術網絡，如此的環境與條件使得美國 IPE 領域雖注重經貿議題，但研究視角也顯得多元。由於美國的政府資料透明度高，在進行研究時較易取得經貿相關資料進行分析，是美國 IPE 多關注經貿議題的原因之一。資料公開且透明的運作情況也同時影響了由美國主導的金融組織與機構，如國際貨幣基金組織（International Monetary Fund）和世界銀行（World Bank），讓 IPE 學者在進行相關研究時能直接取得具公信力資料，對於金融與貿易等研究亦有相當大的幫助。

臺灣 IPE 領域自 1980 年代起受到美國學界的影響，逐漸從國際關係中的次領域獨立為新興領域。又因國內學者的留學國多為美國，完成學位後將在美所學帶回國內，導致國內 IPE 發展多以美國模式為首。在此發展脈絡下，何以相較於美國，國內 IPE 發展僅關注於經貿層面中的特定議題，而其他議題顯得稀少？這個問題可以從「中心－邊陲」的角度來說明。從過去至今，臺灣的 IPE 研究主要是受美國學界影響，但臺灣並非是 IPE 研究的主要發源地區，因此在研究議題上多以學者留美學習時所關注的議題為主，故無法涵蓋全面性的研究議題。另一方面，由於臺灣在 21 世紀後受到多次亞太經貿區域整合的影響，為避免受到自由貿易疆界的邊緣化，政府投入諸多精力在政策規劃，也進一步影響學界對此事件的關注，使得學者們投入較多精力於經貿相關研究上（特別是貿易協定、經貿關係與政策和區域整合議題），以回應政策需求。又晚近發生中美貿易戰，對於身為島國且以貿易為主的臺灣也有相當的影響。由此可知，因臺灣特殊國際地位之故，故大國的政治行為都會影響臺灣在國際上的經貿發展，這亦是另一個國內 IPE 研究關注經貿議題的原因。

在研究方法層面，美國 IPE 領域以量化研究方法為主流，而臺灣較多採用質性研究方法。出現這樣的差異，主要是由於國內從早期延續至今的研究模式多較注重歷史發展的描述與分析，故較少以實證研究作為主軸。再者，近期國內期刊較少明確強調偏好接受實證方法的研究論文，亦是導致量化研究方法使用比例較低的原因之一。反觀國際主流期刊如《國際組織》（*International Organization*）和《國際研究季刊》（*International Studies Quarterly*）的刊物簡介中皆有提及收錄文章欲為與實證研究相關者。

從臺灣學界的發展背景以及臺灣在國際政治與地緣政治上的特殊性來看，國內 IPE 領域的研究議題偏重於經貿方面，是因臺灣在國際上的環境所致。至於研究方法較偏重於質性研究方法而非實證研究，則是受到既有的學術傳統與期刊性質產生的研究走向。

肆、結論與展望

綜合上述對於國內以及美國 IPE 研究之比較研究結果發現，臺灣目前所從事的 IPE 研究，較少有學者直接與國際 IPE 學術社群進行鏈結，研究個案的選取也較具有區域上的侷限，少見針對跨國比較的研究設計。當前國內的 IPE 發展議題主要著重於國際貿易、國際貨幣與金融、經濟發展和經濟投資與援助這四大議題上。至於人口遷徙、全球化和資源與環境等相關議題則較少被關注，其中又以人口遷徙這一議題的數量最少。在研究方法的使用上，當前國內 IPE 研究主要以質性為主，量化次之，而形式理論的使用偏低且缺乏實驗法的使用。

國內發展與 IPES 年會文章的關注焦點差異在於 IPES 年會文章雖然也注重傳統的四大經貿議題上，但在人口遷徙、全球化和資源與環境等相關議題上亦占有相當比例。在研究方法上，IPES 年會文章以量化為主，質性比例最低，而形式理論和實驗法的使用亦占有相當比例。除了傳統常見的內容分析法、迴歸統計模型的應用之外，IPES 年會文章也有愈來愈多的文章採用調查方法（survey）蒐集第一手資料進行分析。例如調查美國民眾對於外交經貿政策的反應，或對於經濟發展和移民人口是否產生排斥等。此外，問卷實驗法（survey experiment）也是近年 IPE 快速發展的研究法（Jensen, Mukherjee, and Bernhard, 2014; Pepinsky, 2014; Tingley, 2014），並廣泛應用於例如全球化下的反思（Naoi, 2020）。其他如公司層級分析（firm-level analysis）的應用也常見於 IPE 的研究中例如影響 FDI 的政治因素（Arel-Bundock, 2017），這種數據經常需要透過調查或與公司協商取得，這或許也是國內 IPE 文章中較少關注跨國公司議題的原因之一。

儘管本章所分析的資料僅限於國內部分，但值得注意的是國內亦有愈來愈多 IPE 學者將相關研究成果嘗試發表於主流國際期刊中，且多數是採用跨國實證研究的途徑。所涵蓋的研究議題有國際貿易（Angkinand and Chiu, 2011; Tung, 2014; Wu, 2015; Chang and Wu, 2016）、國際貨幣與金融（Chiu and Willett, 2009, 2020; Chu, 2013）、區域整合（Chen and Yang, 2013; Hsueh, 2016; Tso, 2016）和天然資源與能源（Lee, 2022; Tominaga and Lee, 2021）。此外，國內 IPE 學界也較少觸及許多國際學界關注的熱門議題，如央行獨立性（central bank independence）所探討政府政策和央行操控匯率變化的關係（Bodea, 2010）以及對於移民、難民的關懷與人口移動下所形成國際匯款（remittance）等議題，這是都可以提供未來國內 IPE 學界更多在研究議題選擇上的參照與借鏡。

當前國際 IPE 領域中不乏臺灣學者的研究貢獻，值得注意的是國內學者在與 IPE 相關的議題研究上多以政府制度及效能作為切入點。如探討威權政體對國際貿易政策產生的影響。藉此，學者發現威權政體會透過國際貿易的開放性來消弭國內經濟不平等的現象，以便延續威權政府的存續度（Wu, 2015; Chang and Wu, 2016）。另有學者關注貨幣危機的發生與政府效能之間的關係，指出效能佳的政府若能有效控制資本流入，將能抑制貨幣危機的發生。這一點挑戰了全球化時代認為愈少的管制能減少對國際經濟市場造成干擾的論點（Chiu and Willett, 2020）。若未來能夠再接續以政府政體和政府效能作為國內 IPE 學者領域在國際發表的主軸，勢必也能夠進一步與國際上探討威權政體相關的研究產生更多的對話。

　　回顧過去，臺灣 IPE 研究多聚焦於經貿議題上，並且在國際上的經貿發展常受制於中國與美國之間的競爭，因此未來學界亦可借鏡這種特殊國際地位狀況發展出小國的國際政治經濟學。不論是從國家中心的角度進行分析或從全球結構的層面分析，都將能彰顯臺灣國際政治經濟學的特殊性。另一方面，由中央研究院政治所主導的「政治學計量方法研習營」（Institute for Political Methodology, IPM）啟迪許多國內學生對於量化研究的重視。參與 IPM 學員後來多有出國攻讀學位，並於近年陸續返國從事學術工作。許多剛歸國年輕學者擁有相當良好的量化研究方法訓練，並且具有應用大數據資料和操作跨國資料庫的能力。如此的能力亦促進臺灣 IPE 學者能透過如 IPES 年會的參與，有更多與國際學界對話的空間。

　　未來臺灣 IPE 領域需要更加重視國際政治經濟變動對於國內社會的影響，讓 IPE 能與臺灣本土議題有更加深厚的學理連結。同時，將與本土議題相關之 IPE 研究成果發表至國際期刊上，以突破當前臺灣研究經常受到邊緣化的困境，增加以臺灣為主體的 IPE 研究成果於國際上的能見度。

參考書目

左正東，2012，〈中新自由貿易協定的貿易安全連結〉，《政治學報》（54）：81-105。

左正東、葉國俊，2011，〈金融海嘯後中國對於東亞貨幣整合的策略分析：亞元與人民幣之間的抉擇〉，《遠景基金會季刊》12（1）：81-128。

平思寧，2019，〈中國援助與非洲石油：石油生產與價格的效果〉，《台灣政治學刊》23（2）：145-196。

平思寧，2021，〈適得其反？援助的訊息與內戰〉，《人文及社會科學集刊》33（2）：221-251。

吳玲君，2012，〈中國推動東北亞自由貿易區策略：機會與意願的研究途徑〉，《遠景基金會季刊》13（2）：143-181。

吳雪鳳、曾怡仁，2014，〈俄羅斯對歐洲的天然氣能源戰略 —— 國際政治經濟學的觀點〉，《問題與研究》53（2）：97-133。

李淳、顏慧欣、楊書菲，2021，〈美中貿易戰之趨勢及對臺灣投資與貿易結構之影響〉，《遠景基金會季刊》22（2）：1-58。

辛翠玲，2019，〈2008 年之後全球金融治理機制的重整：規範、制度與結構〉，《問題與研究》58（4）：1-28。

周旭華，2010，〈多邊貿易談判的政治脈絡：國際關係理論作為 WTO 政策研究工具之初探〉，《東吳政治學報》28（2）：153-205。

林偉修，2021，〈中國崛起與美中互動關係解析（1990～2016）：權力轉移理論與貿易和平理論的應用〉，《政治學報》（72）：115-151。

邱奕宏，2013，〈軍事衝突、政治風險與外來直接投資〉，《問題與研究》52（1）：35-66。

邱奕宏，2017a，〈投資和平？外資互賴與鼓勵外資政策對國家間衝突影響之分析（1985～2001）〉，《台灣政治學刊》21（2）：107-180。

邱奕宏，2017b，〈外來直接投資與國家安全的權衡：探討影響美國外資政策的政治因素〉，《政治學報》（63）：1-32。

邱奕宏，2020a，〈南南投資與國家安全：南方國家對南南投資引發之國安風險的政策回應之探討〉，《問題與研究》59（2）：43-88。

邱奕宏，2020b，〈國家對外援助與企業對外投資之關聯：以日本的對外援助為例〉，《政治科學論叢》（85）：91-138。

邱奕宏，2021，〈從國際建制主義解析川普挑戰全球貿易建制的原因〉，《遠景基金會季刊》22（1）：127-184。

邱昭憲，2017，〈中國參與全球多邊治理的競合戰略：「亞洲基礎設施投資銀行」規則與制度化的運作〉，《遠景基金會季刊》18（2）：1-43。

高朗，2000，〈臺灣國際關係暨外交學術論文之研究取向分析（民國 78 年～87 年）〉，何思因、吳玉山（編），《邁入廿一世紀的政治學》，臺北：中國政治學會，頁 295-313。

張文揚，2014，〈探討氣候變遷與內戰嚴重程度的關聯性：以溫度差異為例，1960～2006 年〉，《台灣政治學刊》18（2）：217-269。

張文揚、平思寧，2017，〈自然資源也詛咒了環境表現嗎？一個跨國實證的分析〉，《台灣政治學刊》21（2）：181-234。

張珈健、楊昊，2021，〈東南亞抵抗政治：回應中國經濟滲透的類型學分析〉，《中國大陸研究》64（3）：49-95。

郭建中、王國臣，2013a，〈人民幣成為亞洲區域貨幣錨的政經分析〉，《遠景基金會季刊》14（3）：147-204。

郭建中、王國臣，2013b，〈中國大陸對外投資的動機與差異化戰略分析〉，《中國大陸研究》56（4）：97-129。

郭建中、王國臣，2015a，〈影響大國簽訂雙邊投資協定關鍵因素：政治壓力還是經濟利益〉，《政治科學論叢》（65）：31-70。

郭建中、王國臣，2015b，〈中國大陸對外直接投資政治風險的實證分析：誤解與真相〉，《中國大陸研究》58（3）：1-39。

郭建中、王國臣，2016，〈中美外援是基於國際道義或現實利益？非洲案例的實證分析〉，《問題與研究》55（1）：35-68。

曾怡仁，2010，〈國際政治經濟學的發展與政治經濟學之關係〉，《政治學報》（49）：105-133。

曾怡仁，2012，〈國際政治經濟學中的不列顛學派 British？ Global？ And Critical？〉，《問題與研究》51（4）：1-33。

曾怡仁，2013，《國際政治經濟學理論》，臺北：三民。

曾怡仁、李政鴻，2013，〈批判國際政治經濟學的發展、途徑與啟示〉，《政治學報》（55）：27-51。

曾怡仁、李政鴻、余家哲，2015，《新國際政治經濟學：批判的觀點》，臺北：五南。

黃偉峰，2013，〈歐盟對外簽署自由貿易協定之文本分析與類型研究〉，《政治科學論叢》（55）：85-118。

廖舜右，2011，〈亞太主義與東亞主義對峙下的東協加八〉，《政治學報》（51）：29-51。

趙文志，2011，〈國際貨幣權力理論的應用：中國匯率政策改變的原因分析〉，《問題與研究》50（2）：143-167。

賴榮偉，2014，《美中臺三角關係發展的國際政治經濟學分析》，臺北：致知學術。

薛健吾，2015，〈支持開放的國內政治聯盟對政治領袖的影響力：「貿易互賴」與「國際衝突」關係中的關鍵調節變數〉，《台灣政治學刊》19（1）：147-240。

薛健吾，2016，〈天然資源、政體類型與國際軍事衝突：跨「時間」與「空間」的分析〉，《臺灣民主季刊》13（2）：43-92。

薛健吾，2018，〈大國與區域整合集團中貿易自由化程度變化之研究〉，《東吳政治學報》36（3）：181-249。

薛健吾，2019，〈民主程度和發展程度對各國二氧化碳排放治理的影響〉，《臺灣民主季刊》16
（2）：65-117。

薛健吾，2020，〈中國「一帶一路」在第一個五年的進展與影響（2013-2018）〉，《遠景基金會
季刊》21（2）：1-53。

薛健吾，2021，〈目標國的全球化程度對經濟制裁結果的影響，1992～2005〉，《台灣政治學刊》
25（1）：51-95。

薛健吾、林千文，2014，〈全球化了臺灣的什麼？國際化與臺灣的政治經濟變遷〉，《台灣政治
學刊》18（2）：139-215。

蘇翊豪，2020，〈同極相吸？南方國家之間的公私協力夥伴關係：以中國廠商在泰國與緬甸的公
共建設投資為例〉，《問題與研究》59（2）：127-166。

Angkinand, Penny, and Eric M. P. Chiu. 2011. "Will Institutional Reform Enhance Bilateral Trade Flows?
Analyses from Different Reform Aspects." *Journal of Economic Policy Reform* 14 (3): 243-258.

Arel-Bundock, Vincent. 2017. "The Political Determinants of Foreign Direct Investment: A Firm-Level
Analysis." *International Interactions* 43 (3): 424-452.

Balaam, David N., and Bradford Dillman. 2014. *Introduction to International Political Economy*. New
York, NY: Routledge.

Bodea, Cristina. 2010. "Exchange Rate Regimes and Independent Central Banks: A Correlated Choice of
Imperfectly Credible Institutions." *International Organization* 64 (3): 411-442.

Chang, Eric C. C., and Wen-Chin Wu. 2016. "Preferential Trade Agreements, Income Inequality, and
Authoritarian Survival." *Political Research Quarterly* 69 (2): 281-294.

Chen, Ian Tsung-Yen, and Alan Hao Yang. 2013. "A Harmonized Southeast Asia? Explanatory Typologies
of ASEAN Countries' Strategies to the Rise of China." *The Pacific Review* 26 (3): 265-288.

Chiu, Eric M. P., and Thomas D. Willett. 2009. "The Interactions of Strength of Governments and
Alternative Exchange Rate Regimes in Avoiding Currency Crises." *International Studies Quarterly* 53
(4): 1001-1025.

Chiu, Eric M. P., and Thomas D. Willett. 2020. "Capital Controls and Currency Crises Revisited: A
Political Economy Analysis." *Emerging Markets Finance and Trade* 56 (12): 2908-2928.

Chu, Yun-han. 2013. "Coping with the Global Financial Crises: Institutional and Ideational Sources of
Taiwan's Economic Resiliency." *Journal of Contemporary China* 22 (82): 649-668.

Cohen, B. J. 2007. "The Transatlantic Divide: Why Are American and British IPE so Different?" *Review
of International Political Economy* 14 (2): 197-219.

Cohen, B. J. 2008. *International Political Economy: An Intellectual History*. Princeton, NJ: Princeton
University Press.

Gilpin, Robert. 1987. *The Political Economy of International Relations*. Princeton, NJ: Princeton
University Press.

Gilpin, Robert. 2001. *Global Political Economy*. Princeton, NJ: Princeton University Press.

Hsueh, Chienwu (Alex). 2016. "ASEAN and Southeast Asian Peace: Nation Building, Economic Performance, and ASEAN's Security Management." *International Relations of the Asia-Pacific* 16 (1): 27-66.

Jensen, Nathan M., Bumba Mukherjee, and William T. Bernhard. 2014. "Introduction: Survey and Experimental Research in International Political Economy." *International Interactions* 40 (3): 287-304.

Lee, Chia-yi. 2022. "Petro-friends: Foreign Ownership of Oil and Leadership Survival." *The British Journal of Politics and International Relations* 24 (2): 343-360.

Naoi, Megumi. 2020. "Survey Experiments in International Political Economy: What We (Don't) Know About the Backlash Against Globalization." *Annual Review of Political Science* 23: 333-356.

Oatley, Thomas. 2019. *International Political Economy*. New York, NY: Routledge.

Pepinsky, Thomas B. 2014. "Surveys, Experiments, and the Landscape of International Political Economy." *International Interactions* 40 (3): 431-442.

Tingley, Dustin. 2014. "Survey Research in International Political Economy: Motivations, Designs, Methods." *International Interactions* 40 (3): 443-451.

Tominaga, Yasutaka, and Chia-yi Lee. 2021. "When Disasters Hit Civil Wars: Natural Resource Exploitation and Rebel Group Resilience." *International Studies Quarterly* 65 (2): 423-434.

Tso, Chen-Dong. 2016. "China's About-face to the TPP: Economic and Security Accounts Compared." *Journal of Contemporary China* 25 (100): 613-627.

Tung, Hans Hanpu. 2014. "Dynamic Career Incentive versus Policy Rent-Seeking in Institutionalized Authoritarian Regimes: Testing a Long-Run Model of Trade Policy Determination in China." *Emerging Markets Finance and Trade* 50 (S6): 51-68.

Wu, Wen-Chin. 2015. "When do Dictators Decide to Liberalize Trade Regimes? Inequality and Trade Openness in Authoritarian Countries." *International Studies Quarterly* 59 (4): 790-801.

第十二章

國際關係非傳統安全研究的發展*

李佳怡

壹、緒論

　　國際關係（international relations）作為一門學科已有將近百年的歷史，而其內容也歷經過不少的演變，傳統國際關係理論關注的是國家生存與國與國之間的關係，例如經典的現實主義（realism）強調國家間是無政府狀態、主權國家必須自助、且國家間會為了自身利益而互相競爭甚至可能引發衝突。在二次世界大戰結束後，隨著多數國家經濟日益發展以及全球化的展開，經濟議題在國際關係中扮演的角色愈來愈重要，國際關係另一個重要理論自由主義（liberalism）就強調國家間的互賴，以及國家可透過國際組織來達到合作。又因為經濟和政治是密不可分的，故討論國際政治和經濟如何互相影響的國際政治經濟學（international political economy）在近幾十年亦成為國際關係的一個重要主題。簡而言之，國際關係約略可劃分為安全與衝突研究和國際政治經濟學這兩大次領域，而本文所討論的非傳統安全（non-traditional security）則可以算是國際關係的第三個領域，亦是前兩個次領域的交會與結合，因為它一方面仍是關注國家安全為主，但另一方面研究的議題卻與國際政治經濟學有所重疊。

　　非傳統安全指的是除了戰爭與衝突外其他會影響到國家安全的議題，包含能源安全、環境破壞與氣候變遷、糧食安全、傳染病、非法移民以及恐怖主義等。這些議題多半是跨國界的，雖然不一定會直接威脅國家的生存，但程度若嚴重足以會影響到國家經濟社會發展或政治穩定，因此也對國家安全有相當顯著的重要性，尤其冷戰結束後國家間大規模衝突發生的可能性降低，故非傳統安全在近幾十年來成為國際關係領域裡一項重要焦點。[1]

---

* 本文內容曾刊登於李佳怡，〈國際關係非傳統安全研究的發展〉（一般論文），《問題與研究》，第 62 卷第 2 期（2023 年 6 月），頁 55-89。感謝國立政治大學國際關係研究中心《問題與研究》同意轉載。

[1] 因為傳統國際關係中的安全研究（security studies）跟非傳統安全研究都有包含「安全」一詞，故在此應對安全做出一個適切的定義。傳統安全研究著重在國家間的軍事戰爭與衝突、特別是

由上述的定義可以得知非傳統安全研究是相當議題取向的，且跨領域性質濃厚，諸多議題原本不屬於國際關係研究的課題，但是當衝擊到國家安全時則變成非傳統安全的的一環。另外值得注意的是，雖然上述這些議題都可歸於非傳統安全的大架構下，有些議題之間也是息息相關，譬如環境議題和能源議題基本上是密不可分，氣候變遷也可能造成非法移民增加，但各個議題都可獨立成一個顯著的研究主題且有大量的相關文獻支撐，且並非所有學者都會用「非傳統安全」這個詞彙來指涉上述議題，因此以下會將各主題分開，並逐一地討論這些議題的相關研究以及最新趨勢。儘管如此，為使讀者更清楚議題間的關聯與共通性，圖 12-1 呈現這些議題可能的因果關係，表 12-1 則敘明各議題對國家安全的影響。

本文首先將討論能源安全，再來是環境議題與氣候變遷，第四節是恐怖主義的相關研究，第五節則討論其他非傳統安全議題包含糧食安全、移民與難民、跨國犯罪與傳染病，[2] 最後一節提出本文的結論與觀察。

會影響到國家存亡的議題，所以其所指的安全是「國家領土的完整與不被侵犯」。非傳統安全研究的議題則包含了能源安全及糧食安全等涉及「安全」的主題，這兩項議題中的安全來自經濟學概念，意思是某項東西的穩定與充足的供應，但是非傳統安全研究又著重在這些物品供給有危機時對國家安全的影響，因此可以說非傳統安全裡的安全是一個較廣的概念，包含傳統國際關係理論裡的安全以及經濟學所強調的安全。這其實也反映了前面所說的國際關係領域的變化。國內學者莫大華（1998）針對安全研究論戰的評析就表示早期安全研究的主題聚焦在軍事面向，但在 1990 年代後則開始加入其他層面的威脅，像是恐怖主義、資訊戰，以及民族主義等。

2　非傳統安全的議題眾多且沒有絕對範疇，本文將能源安全、環境議題，以及恐怖主義歸為非傳統安全的主要議題而後四項歸為其他議題的原因有二：第一，前三項議題較常在國際關係文獻中出現，且亦是作者較熟悉的研究主題，後四項議題雖然也具高度重要性，但出現在國際關係文獻中的次數則相對較少；第二，除了能源安全外，Hameiri 和 Jones（2013）的文章也是先提及恐怖主義與環境議題，傳染病、跨國犯罪和非法移民則接續在後。

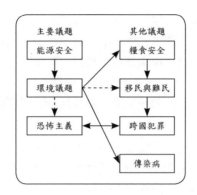

圖 12-1　常見的非傳統安全議題與議題間可能的因果關係[3]

表 12-1　本文七個非傳統安全議題與國家安全的關聯

非傳統安全主題	對國家安全的影響
能源安全	能源供給不足會影響經濟、交通與軍事等產業
環境惡化與氣候變遷	環境破壞以及氣候變遷所造成的後果會影響國家發展
恐怖主義	恐怖攻擊可能直接衝擊國土安全
糧食安全	糧食匱乏會影響國家整體發展，進而影響國家安全
移民與難民	非法移民與難民可能衝擊社會秩序及國家穩定
跨國犯罪	跨國犯罪活動可能導致社會失序及動盪
傳染病	大規模傳染病會影響人民健康，並造成國家發展遲滯

貳、能源安全

　　能源是推動國家經濟發展的關鍵命脈，因此能源安全對於各個國家、特別是經濟快速成長的國家是個重大議題。能源安全的定義很多，端視不同學科以及不同國家會採取不同的定義，但最常見的一個定義是「合理價格下穩定且充分的能源供給」，[4] 亦

---

[3]　實線代表議題間有直接相關，例如能源的使用會造成氣候變遷加劇及環境破壞、環境惡化則會影響糧食生產及糧食安全；虛線則表示間接影響，例如糧食安全不足可能導致難民問題增加、難民則可能產生跨國犯罪。值得注意的是圖 12-1 列出的是較明顯的因果關係，但並非窮盡，有些議題間即使沒有線條連接仍有可能有關聯。

[4]　請參見國際能源總署（International Energy Agency）對於能源安全的介紹：https://www.iea.org/areas-of-work/ensuring-energy-security。

即能源的供應要持續不中斷，且價格是要在可負擔的範圍內。能源安全亦可分成短期及長期兩種，因為即使能確保短期內的能源不中斷，長期下來若國家經濟持續增長，能源供應還是有可能無法彌補需求（Bielecki, 2002）。有些學者則將能源的效率與環境管理（environmental stewardship）也看成能源安全的一環（Brown et al., 2014），這是因為就算能確保能源的源源不絕，若能源的使用效率低且造成環境過度破壞，終將是無法達到永續發展的長遠目標。

從上述幾項定義來看，能源安全並不直接是一個政治學或是國際關係的主題，[5] 但能源的開發、使用、交易與運輸皆可能會影響到國家經濟和政治發展以及國家間的互動，因此能源安全常被認為是非傳統安全中最重要的一個議題。且在眾多非傳統安全議題中，能源安全應該是和傳統安全最息息相關的，這是因為能源安全對於軍事國防有極大的重要性，自二次世界大戰以來最普遍的能源來源是石油，而石油被廣泛地應用在工業、交通、發電以及軍事上，特別是各國的國防武器及軍事設施都是大量依賴石油作為燃料，因此能源安全若無法確保，國家生存也將面臨威脅。石油的另一大特色是它是全世界貿易量最大的一項商品，且因為石油的產地分布不均，並大量仰賴海上運輸，這使得石油輸出國有機會將石油「武器化」（weaponize）用以對付仰賴石油進口的國家，[6] 故石油常是國際政治經濟學及安全研究中的重要主題。

根據能源的種類做分類，國際關係能源安全的研究主要包含兩大部分，第一是有關傳統能源、也就是化石燃料（fossil fuels）的研究，化石燃料包含煤、原油以及天然氣三種，皆屬不可再生的資源，其中最主要的議題是原油對國際社會以及國家安全的影響；第二類則是化石燃料外的替代能源（alternative energy），主要是核能與再生能源兩種。

討論傳統能源的政治學文獻相當多，而涉及國際關係的又主要有三大類，第一類是討論能源的國際規範與典範，包括國際能源市場的轉變（Bielecki, 2002）以及能源的國際治理（Bazilian et al., 2014; Colgan et al., 2012）。第二類是討論能源與衝突的關係，特別是石油在國際安全中扮演的角色。石油是否會引發衝突甚至戰爭其實是一個具有一定歷史的議題，自 19 世紀初期石油就慢慢取代煤成為全世界最重要的能源來源，也因此若能控制石油供給就等於掌握一國的生存命脈，二次世界大戰日本偷襲珍珠港的一個原因即是因為美國對日本實施原油禁運，1990 年的波灣戰爭也是起因於伊拉克基於石油利益對科威特發動的資源戰爭（resource war）。在數十年後的今天，能源（特別是石

---

[5]　若採取最普遍的定義來看，能源安全一般較屬於經濟學的範疇。
[6]　在 1973 年所發生的石油危機就是一個典型例子。

油）仍持續成為戰爭的導火線，或是在戰爭中扮演催化劑的角色，也因此為數不少的國內外學者致力於討論石油或天然氣如何影響國家間戰爭（Colgan, 2013a; Colgan, 2013b; Peters, 2004）、地緣政治（吳雪鳳、曾怡仁，2014；龍舒甲，2003），或是國家安全（Glaser, 2013）。即使近十幾年科技革新造成石油開採的方式改變，並在北美地區造就所謂的頁岩油革命（shale revolution），石油在國際政治扮演的角色仍未減輕，有學者就分析說 2010 年代初期開始的頁岩油革命以及其後的低油價對地緣政治有深刻影響（Kim, 2020）。

第三類連結傳統能源與國際政治的文獻是「資源詛咒」（resource curse），資源詛咒理論主要是描述自然資源（特別是石油）對一國的負面影響，所謂的「詛咒」主要有三大類，第一是對經濟發展的詛咒，亦即自然資源豐富的國家經濟發展常會較緩慢（Ross, 1999; Sachs and Warner, 1995），第二種詛咒是內戰或是其他型態的政治暴力（Collier and Hoeffler, 1998; Fearon, 2005; Humphreys, 2005; Lee, 2018; Ross, 2004a, 2004b），第三種則是政治上的詛咒，也就是資源盛產國往往是威權政體的國家（Aslaksen, 2010; Jensen and Wantchekon, 2004; Morrison, 2009; Ross, 2001）。[7] 雖然資源詛咒理論解釋了為何很多產油國政治不民主或是內部不穩定，但也有一些國家並沒有受到此詛咒，如挪威、加拿大，甚至如今全球最大產油國美國都是穩定且繁榮的民主國家，故有學者討論為何有些國家可以逃過資源詛咒，或是提出解決資源詛咒的方法，主要包含健全的總體經濟政策、經濟多樣化、成立天然資源基金、天然資源收入透明化，以及收益直接分配給人民等（Weinthal and Jones Luong, 2006）。

除了傳統化石燃料外，亦有許多文獻探討其他替代能源與國際政治的關聯，包含核能及再生能源。核能的研究其實也和傳統安全研究有很深刻的關係，因為核能跟核子武器是有連帶關係的，不僅國際社會上規範核能與核武的組織同為國際原子能總署（International Atomic Energy Agency），使用核能的國家也具有發展核武的潛力並可達到核避險（nuclear hedging）的目的，[8] 但關於核武的研究屬於傳統安全的範疇故不在本文討論之內。

國際關係關於核能的研究著重在國家間的比較，也就是為何有些國家選擇核能而其他國家則否（Fuhrmann, 2012; Sovacool and Valentine, 2010）。目前文獻主要的結論是

---

[7] 除了以上三種詛咒外，文獻上也指出自然資源生產有可能導致其他負面效果，像是貪污腐敗及婦女地位低落等，國內亦有學者探討自然資源和內戰、經濟發展、或環境表現的關係，請參見平思寧（2015）、張文揚與平思寧（2017），以及張文揚、詹捷翔與平思寧（2018）。

[8] 所謂「核避險」指的是沒有核武的國家維持（或假裝維持）快速獲得核武的能力（Levite, 2002），這可以作為一種威嚇手段以避免國家遭受攻擊。

國內和國際因素都扮演一定的角色，當一國國內經濟發展快速時，興建核電廠是一個彌補電力缺口的良好選項，但是通常是較威權、技術官僚（technocracy）意識形態較重，以及較中央計畫經濟的國家有興建核電廠的條件，另外當重大核災（例如 1986 年的車諾比事件及 2011 年的福島核災）發生後全球會興起一股反核聲浪，這會造成核能的使用趨緩。此外國內外也有為數眾多的個案分析，討論特定國家的核能發展或政策及民眾或媒體對核電的偏好，包含日本（林文斌，2013；Koerner, 2014）、臺灣（鄭安授，2019；Hsu, 2005）、中國（Zhou and Zhang, 2010）等。

除了核能外，另外一項重要且近幾年備受矚目的替代能源是再生能源，為因應氣候變遷以及達到《巴黎協議》（*Paris Agreement*）裡減少碳排放的承諾，各國紛紛進行能源轉型以及推動再生能源的使用，除了能達到環境保護的目的外，因為再生能源的「燃料」依靠的是國內的自然資源（像是風力、太陽能等），故使用再生能源可以減少一國對能源進口的依賴，進而更能確保能源安全。近期的烏俄戰爭即顯示俄羅斯將天然氣的出口當作一項「武器」來對付進口國，依賴俄羅斯能源的國家、特別是歐洲國家即思索要提升再生能源的使用以降低對俄羅斯能源的需求。開發再生能源的另一項好處是可以培植一個新產業並創造就業機會，這對以經濟為導向的政府來說是個吸引民眾支持的賣點。

相比於化石燃料和核能，再生能源是一項較為新興的議題，故在國際關係領域的相關研究仍為數較少，但已有學者開始研究再生能源與地緣政治的關係，例如 Su 等人（2021）最新的研究就發現再生能源和地緣政治危機是互有因果關係，地緣政治衝突導致國家開始轉向再生能源（如前述的烏俄戰爭），但再生能源的貿易以及相關科技競爭也可能觸發地緣政治衝突（例如 2012 年歐盟與中國的太陽能板傾銷訴訟）。也有不少的學者特別注意到中國的影響力，因為中國是目前全球最大的再生能源投資國，也在再生能源設備的供應鏈上扮演重要一環，因此中國未來可能藉由再生能源的市場而擴大其在國際社會的影響力，例如加深與歐盟的互賴（Sattich et al., 2021）以及提升中國在對抗氣候變遷的國際形象（Weiss and Wallace, 2021）；另一方面中國是目前世界上最大的石油進口國，並面臨了所謂的「麻六甲困境」，[9] 再生能源的使用將可有效地降低中國對化石燃料的依賴並幫助其經濟進一步發展（Van de Graaf, 2018）。

由上述的討論可以得知，能源相關的議題在國際關係文獻中占有相當的地位，而其中關於石油的研究始終具有一定程度的重要性，即使在如今追求節能減碳的國際社會

---

[9] 麻六甲困境指的是中國多數的能源進口都須經過麻六甲這個狹窄的海峽，這使得潛在的對手有機會在此處攔截中國的能源並影響其生命線。

中，石油仍無法在短期內被其他能源給取代，特別是石油對於軍事的重要性使得其與國家安全基本上是劃上等號，[10] 故研究石油的文獻仍屬最大宗。另一方面，關於再生能源的研究則急速增加，隨著許多國家宣示著要在未來幾十年內達到淨零碳排，[11] 使用再生能源已成為不可擋的趨勢，再生能源將如何影響到國際社會的大國角力與國與國的互動將會是未來國際關係研究裡的重要課題。

參、環境議題

第二個重要的非傳統安全議題是環境，與環境相關的主題眾多，舉凡水資源管理、環境污染、生態保護、天災到氣候變遷都可納入環境研究的範疇，這些議題亦都曾在國際關係文獻中出現身影，甚至有國際知名期刊如 *Global Environmental Politics* 是專門出版國際政治和環境問題的研究，這顯示了學術界對於環境議題的重視，也彰顯了在當今國際社會解決環境問題是多麼刻不容緩的一件事。

在諸多環境議題中和國際關係最有關聯的是氣候變遷，因為跟其他議題比起來，氣候變遷所造成的影響無疑是全球性的，國際社會在過去幾十年也致力於減緩氣候變遷的速度，然而成效如何仍有待觀察。國際關係領域中關於氣候變遷的文獻主要有兩大類，一是研究國家間的合作（或是不合作），二是研究氣候變遷對於國家安全的影響。第一派文獻主要討論為何有些國家在氣候議題上採取較為合作的態度，譬如說較快批准《京都議定書》（*Kyoto Protocol*）（von Stein, 2008）或是提出較中庸的碳排放目標（Bailer and Weiler, 2015），這些研究結果多半顯示國內因素還是占主要解釋力，特別是國內商業利益會影響一國政府是否積極採取氣候政策（Colgan et al., 2021）。此外，這派文獻也常跟國際法的文獻對話，因為氣候問題的處理常是在國際法的架構下，用條約的方式來促使各國合作，而條約如何設計以及如何符合國際法規範都會影響後續的合作成效，例如《京都議定書》所包含的彈性機制就使得已開發國家比較願意加入（von Stein, 2008），《巴黎協議》也因為讓各國自訂減排目標而獲得較高的參與程度（楊惟任，2017）。

---

[10] 例如美軍就是全世界最大的石油消費者，這解釋了為何美國一直將石油的穩定供給看成一項重大國家利益。

[11] 例如作為世界最大碳排放國的中國即宣示國內碳排放會在 2030 年達到高峰，並要在 2060 年達到「碳中和」。

　　第二派文獻分析氣候變遷對於國家安全以及地緣政治的影響，雖然氣候變遷是一個較為緩慢的過程，不像隨後提及的天然災害可能會快速發生，但氣候變遷的某些後果將影響地區穩定甚至國家存亡，如海平面上升可能造成熱帶小島國家被淹沒，北極冰川融化可能會導致新的海洋航路出現，並造成國家間的相關紛爭，[12] 因為氣候變遷產生的難民危機也可能引發國家間的衝突，而若被影響的國家是美國重要利益所在的國家，則可能會威脅美國的國家安全（Busby, 2008），這進一步會影響全球地緣政治局勢。以上種種討論顯示氣候變遷已經不再是一個低階政治（low politics）的議題，而是屬於可能會影響國家利益和生存的高階政治（high politics）的範疇。

　　隨著氣候變遷逐漸被視為人類社會的頭號大敵，未來國際社會針對此議題的合作力度應會更加強，然而氣候變遷牽涉的不僅是複雜的科學議題，更是國際政治的角力，尤其許多政府認為在減排會傷害一國經濟發展的前提下，過多的承諾往往會動搖國內的支持基礎，因此如何在國內利益和國際合作上取得一個平衡將是一個重要課題，這也呼應了著名政治學者 Robert Putnam 提出的雙層賽局（two-level game）中國際合作必須是眾多贏局（win set）交會的概念（Putnam, 1988），有鑒於此，未來國際關係文獻對於氣候變遷勢必會更關注，而焦點也更會轉向國內因素如何影響國家間的協商與合作。

　　另一個值得討論且和環境有關聯的主題是天然災害（如地震、山崩、洪水、乾旱等），天災雖然是自然發生的現象且自古以來即有，但在氣候變遷以及環境惡化的情況下在現今社會發生的頻率更勝以往，天災的發生可能使得人民流離失所，且易造成社會的失序或動盪，因此不少學者討論天災是否會使得國家間或國家內更容易發生戰爭，而兩種相反的論點及研究發現都存在。有些學者認為天災發生後災民會產生「相對剝奪感」，且天災之後物資（如水或食物）變得缺乏或有限，因此人們會彼此爭奪資源，進一步可能惡化成暴力衝突甚至內戰（Brancati, 2007; Homer-Dixon, 2010; Nel and Righarts, 2008），尤其是發生較快速的天災如地震或火山爆發更容易引爆衝突。另一派學者則持相反立場，他們認為天災後人們反而會產生一種團結心理，因此比較不會相互衝突，這反映了災害外交（disaster diplomacy）理論中天災會促成國家間和睦的說法（Kelman, 2011）；另一方面，打仗需要資源，天災後的資源缺乏反而使得叛軍更不容易招募到人或是作戰，因此有學者認為天災會降低內戰的發生機率或結束現有內戰（Kreutz, 2012; Salehyan and Hendrix, 2014; Slettebak, 2012）。[13] 不論哪種論點較符合現況，這些研究與

---

[12] 例如國內學者冷則剛和趙竹成就曾探討中俄兩國在北極的合作及競爭（Leng and Zhao, 2020）。

[13] 一個典型的例子是印尼亞齊省的分離組織「自由亞齊運動」（GAM）因在 2004 年的南亞大海嘯後重創而與中央政府簽下和平協議。

爭辯都顯示說天災對於人類社會有相當大的影響，且此影響會隨著氣候變遷的腳步而加劇。

　　最後一個和環境有關且具算是個古老的議題是水與衝突的關係，水雖然是可再生資源並會在生態系中不斷循環，理論上不像不可再生資源會有耗盡的一天，但它是人類生存的基本必需品，且因為水的分布是相當不均的，在環境污染下乾淨的飲用水不一定唾手可得，故在人類社會上一直存在著針對水資源所引發的衝突或是合作（朱張碧珠，1997；閻允宗，2013；Shlomi, 2009）。另一方面，與水有關的設施像是灌溉系統或是水壩也可能在戰爭中成為武器或是被攻擊的目標，像是長達十年以上的敘利亞內戰就使得當地一半的水和衛生系統都遭受破壞，[14] 因此水和戰爭的連結自古以來就相當密切。值得注意的是，雖然現在有一些新技術像是海水淡化可以增加水資源的供給，但因為氣候變遷的關係水的分布可能在時間或地理上變得更不平均，故早在將近 30 年前就有學者點出水資源衝突這個現象會隨著氣候變遷的加速而惡化（Gleick, 1993），亦有分析預測在下一個世代水將會是主要的戰爭導火線，[15] 這在在都顯示了水在非傳統安全研究裡將持續是一個備受關注的重點。

　　總而論之，隨著人類社會工業化以及伴隨而來對環境的破壞，國家因為環境變化而面臨生存的威脅將不再會是天方夜譚，例如氣候變遷造成的海平面上升就可能使得小島國家如吐瓦魯和吉里巴斯面臨被海水吞沒的命運，為因應環境退化危機以及氣候變遷，國際社會也加速協商合作的腳步，但這過程中也展現出了國與國之間的角力與算計，因此不論環境議題究竟會給國家間帶來衝突或是和平，這些議題未來在國際關係研究裡都會比以往更常出現。

肆、恐怖主義

　　「恐怖主義」（terrorism）是一種為了達到政治目的使用暴力來威嚇大眾的方式，早在數百年前就存在在人類社會中，但一直到 2001 年震撼全球的九一一恐怖攻擊事件發生後，世人才深刻地體認到恐怖主義的可怕，受害的美國政府與其西方盟友因此展開全球反恐戰爭（the war on terror）來打擊恐怖分子，諸多國家也針對反恐進行立法，但

---

[14] 請參見 https://reliefweb.int/report/syrian-arab-republic/syria-water-crisis-40-less-drinking-water-after-10-years-war。

[15] 請參見 https://www.weforum.org/agenda/2019/03/water-is-a-growing-source-of-global-conflict-heres-what-we-need-to-do/。

遺憾的是這些措施並沒有完全消滅恐怖主義，不僅在九一一事件後全球恐怖攻擊的次數不減反增，[16] 2010 年代初期極端暴力組織伊斯蘭國（Islamic State）的崛起更顯示恐怖主義仍是對人類文明社會的一大威脅。

和前述兩項非傳統安全議題不同的是，恐怖主義是直接人為的暴力行為，且恐怖分子的目的可能就是傷害一國的國家安全，和戰爭這種威脅國家安全的事件類似，[17] 因此有些學者並不把恐怖主義算成非傳統安全的一環，再加上文獻上對於恐怖主義的定義一向很模糊，有些內戰的研究會專門討論恐怖主義這個手法，[18] 有些恐怖組織的資料庫也會包含叛亂或分離主義團體（insurgent or separatist groups），因此恐怖主義研究和傳統安全無法全然切割。雖然如此，恐怖主義仍有別於傳統戰爭，理論上在戰爭中作戰的雙方和攻擊的對象應是軍人而非平民，但恐怖分子往往是以一般大眾為攻擊目標，Hameiri 和 Jones（2013）討論非傳統安全的治理也仍是將恐怖主義歸納在非傳統安全的範疇內，故本文也採取這個立場並討論恐怖主義的相關研究及其展望。

關於恐怖主義的研究可謂汗牛充棟，且質化與量化研究都相當豐富。早期的恐怖主義研究以個案或是理論分析為主，主要討論恐怖主義的根源、演化以及種類，或是關注特定的恐怖組織或恐怖攻擊事件。國內研究恐怖主義的學者就多採取這種研究途徑，例如邱稔壤（2003）檢視西班牙巴斯克分離恐怖主義的發展與式微，劉復國（2006）討論東南亞地區的恐怖主義之發展和其對區域安全的影響，張登及（2009）從「本體安全」的視角分析發生於 2005 年的英國倫敦七七恐怖攻擊事件，林泰和（2016）則探討蓋達組織（al-Qaeda）的歷史、文化與宗教信仰。雖然臺灣並不是一個易遭受恐怖主義威脅的國家，但以上這些文獻都讓我們對於恐怖主義的發展和特色有所瞭解，也能因此居安思危做出防備。

近幾十年在統計分析技術逐漸普遍後，國外的諸多研究是以量化方式探討恐怖主義的成因及影響，亦有學者利用賽局模型來推導出恐怖組織內部的動態或是恐怖組織與政府的互動（Bueno de Mesquita and Dickson, 2007; Lapand and Sandler, 1988）。其中辯論最激烈的一個問題之一是民主與恐怖主義的關係，亦即民主國家是否較易遭受恐怖攻擊？許多學者認為民主國家因為對人身自由的限制較少、媒體自由程度較高、較強調團體間的競爭、而且外交政策一般較活躍，故恐怖組織較容易在民主國家發動攻擊

---

[16] 請參見 https://www.csis.org/analysis/global-trends-terrorism-through-2016-and-relative-role-isis-and-taliban。

[17] 例如美國就是在九一一事件後後才成立國土安全部（Department of Homeland Security）。

[18] 例如有學者發現，有些叛亂團體（rebel groups）使用恐怖攻擊的方式來對抗政府，這不但會使內戰耗時更長、也有可能使得政府會讓步更多（Thomas, 2014; Fortna, 2015）。

（Chenoweth, 2010; Lee, 2013; Savun and Phillips, 2009）；但也有學者認為民主國家較能傾聽民意，這會減少人民產生怨恨並訴諸恐怖主義的可能（Li, 2005）；Gaibulloev 等人（2017）的一篇重要研究則發現恐怖主義和民主的關係是非線性的，完全民主以及絕對威權的國家都比較不容易發生恐怖攻擊，但中間的混合政體國家因為較不穩定、恐怖主義也較猖獗。

　　除了討論恐怖主義的成因外，有為數不少的研究探討恐怖主義對於國內經濟的影響，例如是否會影響雙邊貿易（Nitsch and Schumacher, 2004）、金融市場（Chen and Siems, 2004）、經濟成長（Gaibulloev and Sandler, 2009），以及對外直接投資（foreign direct investment）（Abadie and Gardeazabal, 2008; Lee, 2016）等，雖然多數的文獻都發現恐怖主義會帶來負面效果，但也有學者發現此效果是條件式的，亦即並非所有遭受恐怖攻擊的國家都會遭受衝擊，像是已開發國家因為經濟已相當活絡，因此很難因為局部性的恐怖攻擊就造成全國性的傷害（Blomberg et al., 2004），接收較多外援的國家也比較免於受到衝擊（Bandyopadhyay et al., 2014; Lee, 2016）。這顯示雖然恐怖分子能夠利用恐怖攻擊達到傷害一國經濟利益的目的，但政府的反恐政策以及其對投資者釋放的訊息仍相當重要。

　　恐怖主義研究的最新趨勢則有二（李佳怡，2017），第一是討論網路媒介的影響力，現今許多恐怖組織大量運用網路和社群媒體來招攬新成員、募集資金、宣傳意識形態，以及傳播暴力畫面（Denning, 2010），例如許多伊斯蘭國的追隨者僅因為受網路資訊洗腦就遠渡重洋去加入伊斯蘭國成為「外國戰士」（foreign fighter），伊斯蘭國在網路上散播的極端暴力畫面也可以快速地傳播到世界各地並在閱聽人心裡留下陰影，這使得現今的恐怖組織之規模和影響力可以比傳統恐怖組織更巨大。此外，現在多數國家的重要設施多依賴電腦網路來運作，這也使得「網路恐怖主義」（cyber terrorism）發生的可能性增加，[19] 也就是說現今的恐怖組織不一定要實體運作，只在網路世界運行就可以達到散布恐慌或是打擊敵人的效果。所以研究網路和社交媒體如何影響恐怖主義的發展將會是一個重要的趨勢，另外因為網路上的資訊量十分龐大，這類研究亦可結合大數據（big data）分析來歸納出兩者間的關係（Conway, 2017），研究結果也可提供政府作為反恐政策的指引。

　　另一個趨勢是對孤狼（lone wolf）恐怖主義的研究，所謂孤狼恐怖分子指的是「單獨行動、不隸屬任何恐怖團體或組織，以及作案手法是自己構思而非其他人或外界指導

---

[19] 網路恐怖主義指的是「使用電腦網路工具去傷害或是關閉重要的國家基礎設施」（Weimann, 2005）。

的恐怖分子」（Spaaij, 2010）。孤狼恐怖分子多半出現在北美及歐洲國家，但在其他地區也有增加的態勢，因為他們獨自作案，並常使用槍枝這種比較難查緝的作案工具，因此反恐單位往往不容易追蹤掌握相關情資，也因此其威脅與日俱增。雖然許多國家對孤狼恐怖主義相當忌憚，但基於兩個原因研究孤狼恐怖分子比研究傳統恐怖組織更為困難，第一，孤狼恐怖分子的動機往往不明，許多孤狼犯案是基於意識形態像是極右派思想或是極端伊斯蘭主義，[20] 但他們並不會自稱是恐怖分子，且有時候孤狼與具有心理疾病的犯罪者常常難以劃分，故研究標的上的界定是一大挑戰。第二，學術界中關於恐怖攻擊以及恐怖組織的資料庫相當完備，[21] 但是孤狼的資料因屬個人層級較難以蒐集，故較不容易以大規模量化分析的方式來進行研究。

伍、其他非傳統安全研究

除了以上討論的三大非傳統安全研究主題外，其實還有諸多議題可以歸納為非傳統安全研究的範疇，以下討論四項較普遍且對當今國際社會有重大影響的議題，分別為糧食安全、移民和難民問題、跨國犯罪以及傳染病。

一、糧食安全

糧食安全（food security）指的是穩定、安全（safe）和價錢可負擔的糧食供給，和前述幾項議題不同的是，糧食安全是偏向一個個體層級而非總體層級的議題，也就是說若一個國家面臨糧食安全的危機時，會遭受損害的往往是個人而非國家整體，受害最深的尤其是孩童，也因此國際組織或是學術文獻常以兒童飢餓程度作為測量一國糧食安全的指標（Jenkins and Scanlan, 2001）。[22] 然而，糧食安全的程度往往代表一個國家的發

---

[20] 例如 2011 年在挪威槍擊奪走 77 條生命的布列維克（Anders Behring Breivik）就是極右派納粹恐怖分子。

[21] 最常被學者使用的兩個恐怖主義資料庫是〈國際恐怖主義：恐怖主義事件的屬性〉（International Terrorism: Attributes of Terrorist Events）以及馬里蘭大學所出版的〈全球恐怖主義資料庫〉（Global Terrorism Database），兩個資料庫都記錄了恐怖攻擊事件，關於恐怖組織的資料庫則有最新出版的〈恐怖組織擴充資料〉（Extended Data on Terrorist Groups）（Hou et al., 2020）。

[22] 可參考聯合國糧食及農業組織（Food and Agriculture Organization of the United Nations）網站關於糧食安全的介紹：https://www.fao.org/hunger/en/。

展水準，和國家總體經濟程度以及各項發展指標息息相關，也因此糧食安全常被歸為發展研究（development studies）的一項重要主題。糧食安全也會受前述的氣候變遷所影響，因為根據聯合國糧食及農業組織的評估，氣候變遷是糧食安全的一大威脅（林義鈞，2017）。

雖然糧食安全不算是國際關係領域的主流議題，歷史上也比較少出現基於爭奪糧食而引發的戰爭，但和能源安全一樣其對國家發展的影響仍然極其顯著，畢竟若廣大人民無法溫飽社會將無法安定。[23] 糧食安全的文獻中常關注的一個問題是為何每個國家的糧食安全程度不同，研究發現除了經濟發展外，政治民主程度與和平程度與糧食安全有很大的關聯（Jenkins and Scanlan, 2001），這顯示民主與穩定的政治環境對於一個社會的發展有很大助益。另外全球化對糧食安全的影響也很深刻，其中貿易對於糧食安全有正向的幫助（楊雅婷等，2021；Dithmer and Abdulai, 2017），根據國際經濟中的比較利益（comparative advantage）法則，貿易使得各國得以互通有無、截長補短，故糧食匱乏的國家在開放貿易後有機會獲得更充足且低價的糧食進口。雖然貿易開放大大地減低了全球飢餓人口的數量，但全球化並非百利而無一害，有研究就發現全球化的另一項重要指標——外國直接投資——對糧食安全不一定是正面影響，特別是流入服務業的外資反而使得低薪人口增加，這會惡化一國的糧食安全程度（Mihalache-O'Keef and Lee, 2011）。

除了上述的跨國比較研究外，國際關係領域中關於糧食研究的另一個趨勢是聚焦在新型態的糧食——像是基因改造食品（genetically modified food，簡稱基改食品）——與國際政治的關聯，會有這個趨勢的出現是因為基改食品的普及和全球化有極大的關聯，為因應全球化造成的龐大食物進出口需求以及科技發展的推波助瀾，農夫及商人逐漸廣泛使用基因改造的方式來加速糧食生產，理論上基改食品有助於促進糧食安全，但因為其對人體健康影響的不確定性以及對環境的衝擊，使得許多人對於基改食品有很大的疑慮。而基改食品的貿易甚至也影響到國家間的互動與糾紛，例如美國和歐盟就曾針對基改食品的安全性在世界貿易組織（World Trade Organization，簡稱世貿組織）發生訴訟，在此案例中，歐盟對於美國的基改食品有安全性上的質疑，美國則控訴歐盟是實施貿易保護主義，雖然在 2006 年世貿組織的判決結果是對美國有利，但研究發現美國仍因此調整國內對於基改食品的規範，這是一種「貿易提升」（trading up）的效果（Young, 2003），這和許多學者認為貿易會造成「競相逐劣」（race to the bottom）的預測是相反的。

---

23 中國政府在近期就宣稱「糧食安全是國家安全重要基礎」，見 http://big5.www.gov.cn/gate/big5/www.gov.cn/xinwen/2021-04/08/content_5598453.htm。

　　由上述的討論可以得知，隨著全球化腳步的加速，糧食安全已從一個國內議題變成一個跨國界的議題，如今全球有將近四分之一的食物是跨國交易的，故國際局勢的變化就可能對一國糧食安全造成衝擊，例如烏俄戰爭的發生就不僅影響了全球食物的供應鏈，也加深了全球糧食安全危機，[24] 因此糧食安全這個議題在國際關係領域的重要性將會比以往更為提升。

二、移民與難民

　　移民指的是人口的跨國界遷移，包含合法與非法的移民，亦包含難民的流動。雖然移民主要是一個經濟學與社會學的議題，但移民必定牽涉到跨國的交流與互動，因此也常成為國際關係領域的一個重要課題。一方面來說，因為移民是屬於人或勞工的流動，廣義地來講可以跟貨物與金錢的流動一樣都算進貿易的範疇，因此在國際關係領域中常被劃分為國際政治經濟學的一環。另一方面，因為移民（特別是非法移民或難民）可能對國家安全造成影響，尤其近幾年因為敘利亞內戰造成的歐洲難民危機以及緬甸的羅興亞難民危機讓國際社會更深切地感受到難民問題的急迫性，再加上難民現象也常常是戰爭、天災或是人道危機造成的結果，故移民也是非傳統安全研究會關注的一個重要主題。

　　雖然移民這個現象是發生在「人」的層面，有諸多個人因素使得移民者決定要遷移，但真正影響跨國移民的要素其實是政府、特別是移入國的政府，故政治學雖然在移民研究中是屬於「後輩」（盧倩儀，2006），但相關文獻不斷日益增長。而國際關係或政治學文獻對於移民的研究主要有兩大類，兩派文獻都包含總體和個體層次的研究，第一類是分析各國移民政策的差異或是民意對於移民的態度（Bearce and Hart, 2017; Hainmueller and Hiscox, 2007; Han, 2015; Shin, 2019; Tsai et al., 2019），這兩個議題有很大的關聯，因為在多數國家（特別是民主國家）的移民政策常常是受民意所影響，故研究民意亦可推論到移民政策的制定以及可能演變；另一派文獻是討論移民所帶來的影響，像是移民是否會影響外援的流入（Bermeo and Leblang, 2015）、移民和國家安全的關係（Adamson, 2006; Weiner, 1992），以及移民如何影響選舉（Pfutze, 2014）等。這些豐富的研究主題顯示移民是一個牽涉很廣的議題，尤其在如今跨國界移動相對容易的情況下，全球移民的數量和目的地預期會愈來愈多，故移民將會持續成為政策和學術研究關注的焦點。

---

[24] 請參見 https://www.usip.org/publications/2022/05/ukraine-war-deepening-global-food-insecurity-what-can-be-done。

除了合法移民外，國際關係和政治學文獻近幾年也相當專注難民和邊境控管的問題，若跳脫國家疆域界線而以「人類安全」的角度來看，這些流離失所的人口應該要受到相當的保障（盧倩儀，2007），但各國基於自身利益以及各種內部因素考量往往採取不同的難民政策，這些都成了學者研究的主軸。像是 Blair 等人（2022）的最新文章就檢視開發中國家的難民庇護政策，Hangartner 等人（2019）則發現直接接觸到難民的人會更加深對難民的敵意以及更支持嚴格的邊境控管，亦有學者利用敘利亞難民的資料來探討為何難民會決定返國（Ghosn et al., 2021），這些研究都出版在國際頂尖期刊如 *International Organization* 和 *American Political Science Review*，這反映了移民和難民在西方國家是個備受矚目且具爭議的議題，亦顯示國際學界近年對於移民和難民議題的高度重視。

三、跨國犯罪

犯罪學（criminology）本身是獨立於政治學和國際關係外的一個研究領域，另外也常在法學或是心理學的研究中出現身影，但是當犯罪行為是跨國且會影響到國家間的互動時，犯罪就可能成為國際關係領域的一個研究課題，特別是當跨國犯罪足以對國家穩定或社會和諧造成破壞時，它就形成一個非傳統安全的威脅，因此以下也簡短地討論跨國犯罪的研究。

國際關係文獻關於跨國犯罪的研究主要有兩類，第一類是研究犯罪相關的國際法和國際組織，例如人口販賣（human trafficking）的立法如何在國家間擴散（Simmons et al., 2018）、國際刑事法院（International Criminal Court）的效果（Appel, 2018; Jo and Simmons, 2016），以及針對前南斯拉夫國際刑事法庭（International Criminal Tribunal for the former Yugoslavia）的研究（Meernik, 2003），雖然許多學者對於國際制度的存在仍持悲觀看法，但這些研究顯示相關的國際組織像是國際刑事法庭確實有減低政府暴行和違反人權的效果。第二類的研究則聚焦在各種犯罪行為的成因或後果，像是綁架（Gilbert, 2022）、招募以及壓迫童兵（Beber and Blattman, 2013）、性暴力（Benson and Gizelis, 2020）和黑幫屠殺（Moro and Sberna, 2018）等，這些罪行多半是跨國黑幫或是恐怖組織所犯下的，且在全球化的局勢下這些組織彼此間會展開不同形式的合作（汪毓瑋，2006），這使得組織犯罪不僅規模遠比個人的犯罪行為龐大，對於社會穩定乃至於國家安全甚至國際安全的傷害性也遠超過一般的犯罪，因此更需要跨政府間的力量來打擊這類的跨國犯罪。

和恐怖主義一樣，犯罪行為在人類社會存在已久並在未來也不太可能會消失，且因為各國的法治程度與執法能力大不相同，再加上交通運輸的便利，現今的犯罪組織更可以輕易地跨國界流動並選擇有利的地點來運作或犯案，但因為主權至上仍是國際社會的基本原則，因此如何有效地降低和打擊跨國組織犯罪會一直是一個重要課題。而隨著科技的日新月異，新型態的犯罪手法也更依賴網路媒介，這不僅使得政府查緝相關犯罪更為困難，也讓政府面臨一個是否監控網路資訊或是限制網路言論自由的兩難，因此未來的研究將會更聚焦在科技網路與跨國犯罪的關聯。

四、傳染病

本文最後一個要討論的議題是傳染病，在 2020 年初新冠肺炎（COVID-19）肆虐全球後，傳染病與國際關係的連結變成一個深受各界關注的課題。廣義地來說，傳染病算是前述天災的一種，因為在人類歷史上傳染病是不可避免會出現的自然現象，且許多傳染病的源頭都來自野生動物。但是現今由於生物科技的進步，病毒是有可能用人為的方式製造出來，再加上全球化時代人與人之間的交流比以往更頻繁，故傳染病已經不僅僅只是一個公共衛生的議題，而可能與國際關係有莫大關聯。新冠肺炎的發展更顯示除了疫情本身，傳染病牽扯了諸多複雜的議題如邊境管制、對人身自由的限制、旅遊、疫苗，甚至國際組織治理，這些都對國際政治或是大國角力有深切的影響。

在新冠肺炎疫情開始之前，國際關係文獻較少有傳染病相關的研究，即使是與國際關係有關聯的研究都是出版在社會學、發展學，或是公共衛生領域的期刊。[25] 但在新冠疫情重創了全球經濟及人民日常生活後，政治學及國際關係學者開始認知到流行病對於國際秩序和安全的衝擊不亞於其他非傳統安全議題像是氣候變遷及恐怖主義，國際關係學界也出現針對疫情是否會重塑國際秩序的爭辯。有學者悲觀地認為過去幾十年來西方國家所建立的多邊主義的國際制度並無法解決像是疫情這類的問題（Börzel and Zürn, 2021），也有學者覺得新冠疫情只是暴露出國際社會正在發生的轉變（McNamara and Newman, 2020），但另一方面有學者認為新冠疫情不會改變現狀或影響國際社會的權力分配，疫情爆發前的美中競爭局面還是會持續（Drezner, 2020）。

無論國際社會在後疫情時代會走向什麼局勢，新冠肺炎這個跨國傳染病所帶來的衝擊是當代國際社會前所未見的，值得注意的是，雖然病毒沒有國界、其傳播的速度也讓國家幾乎無一倖免，但每個國家的防疫表現和韌性還是差異極大，這讓學者疾呼研究危機（crisis）的重要性（Johnson, 2020; Lipscy, 2020），尤其是一國領導人如何回應和處

---

[25] 例如國內學者張文揚就曾討論自然資源對於瘧疾的影響以及民主體制如何減緩其影響（Chang and Wei, 2019; Chang, 2020）。

理這種大規模的危機（Forster and Heinzel, 2021），因為這牽涉到了國內社會和經濟是否能快速回穩以及人民福祉的保障。目前較多學者的共識是說民主或威權並不是主要的決定因素，反而是國家治理能力（state capacity）與是否能針對疫情做出良好的反應和處理有正相關（Serikbayeva et al., 2021; Yen et al., 2022），這顯示了政府效能的重要性。此外，傳染病的跨國界性質也顯示了外交不應侷限於傳統外交，公衛外交以及國際合作更顯重要（Fazal, 2020），故全球公衛治理將成為不久將來的一個重要研究主題。

陸、結論

　　自從冷戰結束後，全球化以及國家互賴的情況日益加深，即使近幾年在歐美等地出現反全球化的聲浪以及民粹主義的興起，全球化為人類社會所帶來的便利性仍使之成為一個不可逆的趨勢，也因為這種經濟和生活上的相互依賴，現今的國際社會出現國家間衝突或戰爭的頻率不若以往之高，即使發生了往往也會因為其他國家的介入或關注而導致戰情變化，近期的烏俄戰爭即是一例。換而言之，國家因為衝突而面臨國家安全危機的可能性大幅降低，取而代之的是非傳統安全的威脅，包括上述提到的能源安全危機、環境惡化、恐怖主義、糧食危機，以及傳染病等。這些非傳統安全議題不僅可能衝擊一國或區域的穩定與繁榮，對於國際關係的重要性也與日俱增，因此學界對於非傳統安全研究的重視逐漸加深，這些議題在國際關係文獻中也更頻繁地出現。

　　根據以上各個主題的回顧，本文提出三個結論與觀察，第一是非傳統安全的議題持續在擴充中，從以上的討論可以得知許多議題其實本非政治學或是國際關係學者研究的對象，但是當它們與國際政治有連結後即變成有意義的分析標的，特別是在全球化的時代許多人事物（包括病毒）更容易跨國界流通跟散布，因此往往更容易影響國家間的互動或競爭。議題之間的界線也時常是模糊的，例如恐怖主義的某些手法其實算是犯罪的一環，廣義來講能源、糧食和傳染病也是環境議題的一部分。此外，國家與社會環境的本質也是一直在變動的，因此非傳統安全是一個相當開放性的研究領域，任何涉及到人為的活動以宏觀的角度而言都可能影響到國家安全，因此除了以上回顧的議題外，未來也可預見其他新主題會納入非傳統安全的框架中。

　　第二個現象是老牌議題仍然具有重要性，能源安全至今仍是國家安全的關鍵一環，即使再生能源的使用逐步增加，許多國家對於石油或天然氣的依賴仍然使得這些資源具有戰略上的重要性。恐怖主義雖然在近幾年有稍微減緩，美國及其盟友的反恐行動也使得跨國恐怖組織如伊斯蘭國及蓋達組織大大地被削弱，但取而代之的是「國內恐怖主義」（domestic terrorism）的興盛，除了中東地區這個恐怖主義的溫床外，在非洲、拉丁美洲及南亞等地區反政府勢力常會訴諸恐怖攻擊的手法，因此恐怖主義仍是許多人心目中的一大威脅，也因此針對這些主題的研究亦不會退燒。而這些老牌議題和傳統國際關係研究有深刻的關聯，例如石油在地緣政治和大國競爭中扮演重要角色，恐怖主義有時也是敵對國家彼此對抗的一種手法，這使得非傳統安全研究和傳統安全研究有更緊密的連結以及更開闊的對話空間。

　　最後是科技在非傳統安全中扮演相當重要的角色，在這個網際網路和社交媒體發達的世代，恐怖分子和跨國犯罪集團可更猖獗地利用這些新科技來達到他們的目的，數位科技也會對國家安全造成威脅（彭慧鸞，2004），這使得網際網路安全（cyber security）亦成為傳統安全研究裡的一項重要主題。但一方面科技也帶來希望，不論是對抗氣候變遷、確保能源和糧食安全、或是防治傳染病等，科技都能成為重要的輔助，資訊的快速傳播也可以讓民眾更瞭解這些議題對自身的影響，因此政府和國際社會更應該重視這個兩面刃所帶來的影響力，未來的國際關係研究也將更注意科技所扮演的角色。

參考書目

平思寧，2015，〈自然資源與國內衝突：權力轉移理論的應用〉，《人文及社會科學集刊》27（3）：471-506。

朱張碧珠，1997，〈中東和平前景之變數 —— 以阿水資源之爭奪〉，《問題與研究》36（2）：87-96。

吳雪鳳、曾怡仁，2014，〈俄羅斯對歐洲的天然氣能源戰略 —— 國際政治經濟學的觀點〉，《問題與研究》53（2）：97-133。

李佳怡，2017，〈恐怖主義的政治經濟學分析〉，湯智貿（編），《和平與衝突研究：理論新視野》，臺北：五南，頁183-207。

汪毓瑋，2006，〈全球治理脈絡下因應組織性犯罪之理論與實踐〉，《遠景基金會季刊》7（3）：1-35。

林文斌，2013，〈爭辯國家安全：日本核能發展與政策爭論的分析〉，《政治學報》（55）：85-115。

林泰和，2016，〈「蓋達組織」的戰略文化：文本、歷史、迷思、信仰〉，《問題與研究》55（2）：1-27。

林義鈞，2017，〈聯合國糧食議題安全化內容與中國糧食安全治理機制〉，《問題與研究》56（3）：1-27。

邱稔壤，2003，〈西班牙巴斯克恐怖主義之發展與限制〉，《問題與研究》42（4）：47-73。

張文揚、平思寧，2017，〈自然資源也詛咒了環境表現嗎？一個跨國實證的分析〉，《台灣政治學刊》21（2）：181-234。

張文揚、詹捷翔、平思寧，2019，〈民主、自然資源與經濟發展：一個混合研究法途徑的分析〉，《政治學報》（67）：1-50。

張登及，2009，〈本體安全視角下的恐怖主義：以英國倫敦七七恐怖攻擊事件為例的分析〉，《問題與研究》48（4）：67-93。

莫大華，1998，〈「安全研究」論戰之評析〉，《問題與研究》37（8）：19-33。

彭慧鸞，2004，〈數位時代的國家安全與全球治理〉，《問題與研究》43（6）：29-52。

楊惟任，2017，〈巴黎氣候談判與協議之分析〉，《問題與研究》56（1）：31-52。

楊雅婷、陳柏琪、張靜貞、徐世勳，2021，〈糧食安全與貿易自由化關係之研究：以改革開放後的中國為例〉，《問題與研究》60（4）：1-59。

劉復國，2006，〈東南亞恐怖主義對亞太區域安全影響之研究〉，《問題與研究》45（6）：79-106。

鄭安授，2019，〈福島事件後臺灣核能議題的媒體再現〉，《問題與研究》58（2）：29-89。

盧倩儀，2006，〈政治學與移民理論〉，《台灣政治學刊》10（2）：209-261。

盧倩儀，2007，〈發展中的「人類安全」概念及其在歐盟非法移民問題上之適用〉，《問題與研究》46（4）：27-51。

閻亢宗，2013，〈大喜馬拉雅水資源危機與中印水戰爭風險〉，《問題與研究》52（4）：1-31。

龍舒甲，2003，〈論裡海能源與外高加索地區安全之關係〉，《問題與研究》42（2）：95-113。

Abadie, Alberto, and Javier Gardeazabal. 2008. "Terrorism and the World Economy." *European Economic Review* 52 (1): 1-27.

Adamson, Fiona B. 2006. "Crossing Borders: International Migration and National Security." *International Security* 31 (1): 165-199.

Appel, Benjamin J. 2018. "In the Shadow of the International Criminal Court: Does the ICC Deter Human Rights Violations?" *Journal of Conflict Resolution* 62 (1): 3-28.

Aslaksen, Silje. 2010. "Oil and Democracy: More Than a Cross-country Correlation?" *Journal of Peace Research* 47 (4): 421-431.

Bailer, Stefanie, and Florian Weiler. 2015. "A Political Economy of Positions in Climate Change Negotiations: Economic, Structural, Domestic, and Strategic Explanations." *Review of International Organizations* 10 (1): 43-66.

Bandyopadhyay, Subhayu, Todd Sandler, and Javed Younas. 2014. "Foreign Direct Investment, Aid, and Terrorism." *Oxford Economic Papers* 66 (1): 25-50.

Bazilian, Morgan, Smita Nakhooda, and Thijs Van de Graaf. 2014. "Energy Governance and Poverty." *Energy Research & Social Science* 1: 217-225.

Bearce, David H., and Andrew F. Hart. 2017. "International Labor Mobility and the Variety. of Democratic Political Institutions." *International Organization* 71 (1): 65-95.

Beber, Bernd, and Christopher Blattman. 2013. "The Logic of Child Soldiering and Coercion." *International Organization* 67 (1): 65-104.

Benson, Michelle, and Theodora-Ismene Gizelis. 2020. "A Gendered Imperative: Does Sexual Violence Attract UN Attention in Civil Wars?" *Journal of Conflict Resolution* 64 (1): 167-198.

Bermeo, Sarah Blodgett, and David Leblang. 2015. "Migration and Foreign Aid." *International Organization* 69 (3): 627-657.

Bielecki, J. 2002. "Energy Security: Is the Wolf at the Door?" *Quarterly Review of Economics and Finance* 42: 235-250.

Blair, Christopher W., Guy Grossman, and Jeremy M. Weinstein. 2022. "Forced Displacement and Asylum Policy in the Developing World." *International Organization* 76 (2): 337-378.

Blomberg, S. Brock, Gregory D. Hess, and Athanasios Orphanides. 2004. "The Macroeconomic Consequences of Terrorism." *Journal of Monetary Economics* 51 (5): 1007-1032.

Börzel, Tanja A., and Michael Zürn. 2021. "Contestations of the Liberal International Order: From Liberal Multilateralism to Postnational Liberalism." *International Organization* 75 (2): 282-305.

Brancati, Dawn. 2007. "Political Aftershocks: The Impact of Earthquakes on Intrastate Conflict." *Journal of Conflict Resolution* 51 (5): 715-743.

Brown, Marilyn A., Yu Wang, Benjamin K. Sovacool, and Anthony Louis D'Agostino. 2014. "Forty Years of Energy Security Trends: A Comparative Assessment of 22 Industrialized Countries." *Energy Research & Social Science* 4: 64-77.

Bueno de Mesquita, Ethan, and Eric S. Dickson. 2007. "The Propaganda of the Deed: Terrorism, Counterterrorism, and Mobilization." *American Journal of Political Science* 51 (2): 364-381.

Busby, Joshua. 2008. "Who Cares about the Weather?: Climate Change and US National Security." *Security Studies* 17 (3): 468-504.

Chang, Wei-Yang. 2020. "Democracy, Natural Resources, and Infectious Diseases: The Case of Malaria, 1990-2016." *Studies in Comparative International Development* 55 (3): 354-380.

Chang, Wei-Yang, and Dan Wei. 2019. "Natural Resources and Infectious Diseases: The Case of Malaria, 2000-2014." *Social Science Journal* 56 (3): 324-336.

Chen, Andrew H., and Thomas F. Siems. 2004. "The Effects of Terrorism on Global Capital Markets." *European Journal of Political Economy* 20 (2): 349-366.

Chenoweth, Erica. 2010. "Democratic Competition and Terrorist Activity." *Journal of Politics* 72 (1): 16-30.

Colgan, Jeff D. 2013a. *Petro-Aggression: When Oil Causes War*. Cambridge, UK: Cambridge University Press.

Colgan, Jeff D. 2013b. "Fueling the Fire: Pathways from Oil to War." *International Security* 38 (2): 147-180.

Colgan, Jeff D., Jessica F. Green, and Thomas N. Hale. 2021. "Asset Revaluation and the Existential Politics of Climate Change." *International Organization* 75 (2): 586-610.

Colgan, Jeff D., Robert O. Keohane, and Thijs Van de Graaf. 2012. "Punctuated Equilibrium in the Energy Regime Complex." *The Review of International Organizations* 7 (2): 117-143.

Collier, Paul, and Anke Hoeffler. 1998. "On Economic Causes of Civil War." *Oxford Economic Papers* 50 (4): 563-573.

Conway, Maura. 2017. "Determining the Role of the Internet in Violent Extremism and Terrorism: Six Suggestions for Progressing Research." *Studies in Conflict & Terrorism* 40 (1): 77-98.

Denning, Dorothy E. 2010. "Terror's Web: How the Internet Is Transforming Terrorism." In *Handbook on Internet Crime*, eds. Jewkes Yvonne and Majidand Yar. New York, NY: Routledge, pp. 194-213.

Dithmer, Jan, and Awudu Abdulai. 2017. "Does Trade Openness Contribute to Food Security? A Dynamic Panel Analysis." *Food Policy* 69: 218-230.

Drezner, Daniel W. 2020. "The Song Remains the Same: International Relations after COVID-19." *International Organization* 74 (S1): E18-E35.

Fazal, Tanisha M. 2020. "Health Diplomacy in Pandemical Times." *International Organization* 74 (S1): E78-E97.

Fearon, James D. 2005. "Primary Commodity Exports and Civil War." *Journal of Conflict Resolution* 49 (4): 483-507.

Forster, Timon, and Mirko Heinzel. 2021. "Reacting, Fast and Slow: How World Leaders Shaped Government Responses to the COVID-19 Pandemic." *Journal of European Public Policy* 28 (8): 1299-1320.

Fortna, Virginia Page. 2015. "Do Terrorists Win? Rebels' Use of Terrorism and Civil War Outcomes." *International Organization* 69 (3): 519-556.

Fuhrmann, Matthew. 2012. "Splitting Atoms: Why Do Countries Build Nuclear Power Plants?" *International Interactions* 38 (1): 1-28.

Gaibulloev, Khusrav, and Todd Sandler. 2009. "The Impact of Terrorism and Conflicts on Growth in Asia." *Economics & Politics* 21 (3): 359-383.

Gaibulloev, Khusrav, James A. Piazza, and Todd Sandler. 2017. "Regime Types and Terrorism." *International Organization* 71 (3): 491-522.

Ghosn, Faten, Tiffany S. Chu, Miranda Simon, Alex Braithwaite, Michael Frith, and Joanna Jandali. 2021. "The Journey Home: Violence, Anchoring, and Refugee Decisions to Return." *American Political Science Review* 115 (3): 982-998.

Gilbert, Danielle. 2022. "The Logic of Kidnapping in Civil War: Evidence from Colombia." *American Political Science Review* 116 (4): 1226-1241.

Glaser, Charles L. 2013. "How Oil Influences U.S. National Security." *International Security* 38 (2): 112-146.

Gleick, Peter H. 1993. "Water and Conflict: Fresh Water Resources and International Security." *International Security* 18 (1): 79-112.

Hainmueller, Jens, and Michael J. Hiscox. 2007. "Educated Preferences: Explaining Attitudes toward Immigration in Europe." *International Organization* 61 (2): 399-442.

Hameiri, Shahar, and Lee Jones. 2013. "The Politics and Governance of Non-traditional Security." *International Studies Quarterly* 57 (3): 462-473.

Han, Kyung Joon. 2015. "When Will Left-Wing Governments Introduce Liberal Migration Policies? An Implication of Power Resources Theory." *International Studies Quarterly* 59 (3): 602-614.

Hangartner, Dominik, Elias Dinas, Moritz Marbach, Konstantinos Matakos, and Dimitrios Xefteris. 2019. "Does Exposure to the Refugee Crisis Make Natives More Hostile?" *American Political Science Review* 113 (2): 442-455.

Homer-Dixon, Thomas F. 2010. *Environment, Scarcity, and Violence*. Princeton, NJ: Princeton University Press.

Hou, Dongfang, Khusrav Gaibulloev, and Todd Sandler. 2020. "Introducing Extended Data on Terrorist Groups (EDTG), 1970 to 2016." *Journal of Conflict Resolution* 64 (1): 199-225.

Hsu, Shu-Hsiang. 2005. "Advocacy Coalitions and Policy Change on Nuclear Power Utilization in Taiwan." *The Social Science Journal* 42 (2): 215-229.

Humphreys, Macartan. 2005. "Natural Resources, Conflict, and Conflict Resolution: Uncovering the Mechanisms." *Journal of Conflict Resolution* 49 (4): 508-537.

Jenkins, J. Craig, and Stephen Scanlan. 2001. "Food Security in Less Developed Countries, 1970-1990." *American Sociological Review* 66 (5): 718-744.

Jensen, Nathan M., and Leonard Wantchekon. 2004. "Resource Wealth and Political Regimes in Africa." *Comparative Political Studies* 37 (7): 816-841.

Jo, Hyeran, and Beth A. Simmons. 2016. "Can the International Criminal Court Deter Atrocity?" *International Organization* 70 (3): 443-475.

Johnson, Tana. 2020. "Ordinary Patterns in an Extraordinary Crisis: How International Relations Makes Sense of the COVID-19 Pandemic." *International Organization* 74 (S1): E148-E168.

Kelman, Ilan. 2011. *Disaster Diplomacy: How Disasters Affect Peace and Conflict.* London, UK; New York, NY: Routledge.

Kim, Inwook. 2020. "Swinging Shale: Shale Oil, the Global Oil Market, and the Geopolitics of Oil." *International Studies Quarterly* 64 (3): 544-557.

Koerner, Cassandra L. 2014. "Media, Fear, and Nuclear Energy: A Case Study." *The Social Science Journal* 51 (2): 240-249.

Kreutz, Joakim. 2012. "From Tremors to Talks: Do Natural Disasters Produce Ripe Moments for Resolving Separatist Conflicts?" *International Interactions* 38 (4): 482-502.

Lapan, Harvey E., and Todd Sandler. 1988. "To Bargain or Not to Bargain: That is the Question." *American Economic Review* 78 (2): 16-21.

Lee, Chia-yi. 2013. "Democracy, Civil Liberties, and Hostage-taking Terrorism." *Journal of Peace Research* 50 (2): 235-248.

Lee, Chia-yi. 2016. "Terrorism, Counterterrorism Aid, and Foreign Direct Investment." *Foreign Policy Analysis* 13 (1): 168-187.

Lee, Chia-yi. 2018. "Oil and Terrorism: Uncovering the Mechanisms." *Journal of Conflict Resolution* 62 (5): 903-928.

Leng, Tse-Kang, and Zhu-Cheng Zhao. 2020. "Partnership on the Ice? Power Politics and Economic Engagement in Sino-Russian Arctic Diplomacy." *Chinese Political Science Review* 70: 1-39.

Levite, Ariel E. 2002. "Never Say Never Again: Nuclear Reversal Revisited." *International Security* 27 (3): 59-88.

Lipscy, Phillip Y. 2020. "COVID-19 and the Politics of Crisis." *International Organization* 74 (S1): E98-E127.

Meernik, James. 2003. "Victor's Justice or the Law? Judging and Punishing at the International Criminal Tribunal for the Former Yugoslavia." *Journal of Conflict Resolution* 47 (2): 140-162.

Mihalache-O'Keef, Andreea, and Quan Li. 2011. "Modernization vs. Dependency Revisited: Effects of Foreign Direct Investment on Food Security in Less Developed Countries." *International Studies Quarterly* 55 (1): 71-93.

Moro, Francesco N., and Salvatore Sberna. 2018. "Transferring Violence? Mafia Killings in Nontraditional Areas: Evidence from Italy." *Journal of Conflict Resolution* 62 (7): 1579-1601.

McNamara, Kathleen R., and Abraham L. Newman. 2020. "The Big Reveal: COVID-19 and Globalization's Great Transformations." *International Organization* 74 (S1): E59-E77.

Morrison, Kevin M. 2009. "Oil, Nontax Revenue, and the Redistributional Foundations of Regime Stability." *International Organization* 63 (1): 107-138.

Nel, Philip, and Marjolein Righarts. 2008. "Natural Disasters and the Risk of Violent Civil Conflict." *International Studies Quarterly* 52 (1): 159-185.

Nitsch, Volker, and Dieter Schumacher. 2004. "Terrorism and International Trade: An Empirical Investigation." *European Journal of Political Economy* 20 (2): 423-433.

Peters, Susanne. 2004. "Coercive Western Energy Security Strategies: 'Resource Wars' as a New Threat to Global Security." *Geopolitics* 9 (1): 187-212.

Pfutze, Tobias. 2014. "Clientelism Versus Social Learning: The Electoral Effects of International Migration." *International Studies Quarterly* 58 (2): 295-307.

Putnam, Robert D. 1988. "Diplomacy and Domestic Politics: The Logic of Two-level Games." *International Organization* 42 (3): 427-460.

Ross, Michael L. 1999. "The Political Economy of the Resource Curse." *World Politics* 51 (2): 297-322.

Ross, Michael L. 2001. "Does Oil Hinder Democracy?" *World Politics* 53 (3): 325-361.

Ross, Michael L. 2004a. "How Do Natural Resources Influence Civil War? Evidence from Thirteen Cases." *International Organization* 58 (1): 35-67.

Ross, Michael L. 2004b. "What Do We Know about Natural Resources and Civil War?" *Journal of Peace Research* 41 (3): 337-356.

Sachs, Jeffrey D., and Andrew M. Warner. 1995. "Natural Resource Abundance and Economic Growth." *NBER Working Paper Series* (w5398): https://ssrn.com/abstract=225459.

Salehyan, Idean, and Cullen S Hendrix. 2014. "Climate Shocks and Political Violence." *Global Environmental Change* 28: 239-250.

Sattich, Thomas, Duncan Freeman, Daniel Scholten, and Shaohua Yan. 2021. "Renewable Energy in EU-China Relations: Policy Interdependence and Its Geopolitical Implications." *Energy Policy* 156: 112-456.

Savun, Burcu, and Brian J. Phillips. 2009. "Democracy, Foreign Policy, and Terrorism." *Journal of Conflict Resolution* 53 (6): 878-904.

Serikbayeva, Balzhan, Kanat Abdulla, and Yessengali Oskenbayev. 2021. "State Capacity in Responding to COVID-19." *International Journal of Public Administration* 44 (11-12): 920-930.

Shin, Adrian J. 2019. "Primary Resources, Secondary Labor: Natural Resources and Immigration Policy." *International Studies Quarterly* 63 (4): 805-818.

Shlomi, Dinar. 2009. "Scarcity and Cooperation along International Rivers." *Global Environmental Politics* 9 (1): 109-135.

Simmons, Beth A., Paulette Lloyd, and Brandon M. Stewart. 2018. "The Global Diffusion of Law: Transnational Crime and the Case of Human Trafficking." *International Organization* 72 (2): 249-281.

Slettebak, Rune T. 2012. "Don't Blame the Weather! Climate-related Natural Disasters and Civil Conflict." *Journal of Peace Research* 49 (1): 163-176.

Sovacool, Benjamin K., and Scott Victor Valentine. 2010. "The Socio-political Economy of Nuclear Energy in China and India." *Energy* 35 (9): 3803-3813.

Spaaij, Ramón. 2010. "The Enigma of Lone Wolf Terrorism: An Assessment." *Studies in Conflict & Terrorism* 33 (9): 854-870.

Thomas, Jakana. 2014. "Rewarding Bad Behavior: How Governments Respond to Terrorism in Civil War." *American Journal of Political Science* 58 (4): 804-818.

Tsai, Tsung-han, Chia-hung Tsai, and Chi Huang. 2019. "Different Immigrants, Same Attitudes? Making Sense of the Association between Two Immigrant Groups." *Social Science Quarterly* 100 (6): 2369-2390.

Van de Graaf, Thijs. 2018. "Battling for a Shrinking Market: Oil Producers, the Renewables Revolution, and the Risk of Stranded Assets." In *The Geopolitics of Renewables*, ed. Daniel Scholten. Switzerland: Springer Cham, pp. 97-121.

von Stein, Jana. 2008. "The International Law and Politics of Climate Change: Ratification of the United Nations Framework Convention and the Kyoto Protocol." *Journal of Conflict Resolution* 52 (2): 243-268.

Weimann, Gabriel. 2005. "Cyberterrorism: The Sum of All Fears?" *Studies in Conflict & Terrorism* 28 (2): 129-149.

Weiner, Myron. 1992. "Security, Stability, and International Migration." *International Security* 17 (3): 91-126.

Weinthal, Erika, and Pauline Jones Luong. 2006. "Combating the Resource Curse: An Alternative Solution to Managing Mineral Wealth." *Perspectives on Politics* 4 (1): 35-53.

Weiss, Jessica Chen, and Jeremy L. Wallace. 2021. "Domestic Politics, China's Rise, and the Future of the Liberal International Order." *International Organization* 75 (2): 635-664.

Yen, Wei-Ting, Li-Yin Liu, and Eunji Won. 2022. "The Imperative of State Capacity in Public Health Crisis: Asia's Early COVID-19 Policy Responses." *Governance* 35 (3): 777-798.

Young, Alasdair R. 2003. "Political Transfer and 'Trading Up'? Transatlantic Trade in Genetically Modified Food and U.S. Politics." *World Politics* 55 (4): 457-484.

Zhou, Sheng, and Xiliang Zhang. 2010. "Nuclear Energy Development in China: A Study of Opportunities and Challenges." *Energy* 35 (11): 4282-4288.

第四篇

公共行政與政策

第十三章

探索臺灣的公共行政，1992-2021：民主治理、數位轉型與循證化研究的再定位[*]

陳敦源、王光旭、陳揚中

> 「用腳走路久了，現在才想去研究走路的技藝。」
> *"We have been on our feet too long to study now the art of walking."*
> —Woodrow Wilson 1887 *A Study of Public Administration*

壹、前言

公共行政是政治學門下的一個次領域，一般認為起源於 1887 年美國前總統 Woodrow Wilson 的一篇演講稿改編的論文〈A Study of Public Administration〉，至今大約 135 年的歷史。不過，從實務運作的角度來看，Wilson 總統的文章中提到，公共行政研究領域的出現是遠遠晚於其源遠流長的實務應用時期，類似人類早從數百萬年前就開始用腳走路，但是直到近代才開始研究腳走路的藝術。當然，當代政治學研究從 19 世紀末的美國開始發軔，1903 年美國政治學會（The American Political Science Association, APSA）成立，第一任的會長（1903-1904）是哥倫比亞大學的古德諾教授（Dr. Frank Goodnow, 1859-1939）（韓保中，2011），他不但是中國當年「袁世凱稱帝事件」背後的關鍵人物之一，也是公共行政學門公認的開山祖師之一；在他著名的 *Politics and Administration: A Study in Government*（1900 年出版）專書中，曾經提出「政治是國家意志的表達，行政則是國家意志的執行」這個經典論述，這也是公共

---

[*] 本文初稿發表於 2022 年 8 月 4 日至 5 日中央研究院政治研究所廿週年所慶暨「政治學的現況與展望」學術研討會（會議地點：中央研究院人文社會科學館第二會議室），感謝臺北大學公共行政暨政策學系胡龍騰教授於會議中提供的建議，本文並感謝國家科學暨技術委員會提供研究計畫相關資料，以及本專書審查委員給予的寶貴建議，然一切文責由作者自負。

行政發展史上最早攸關領域自我認同的一個理論 ——「政治與行政二分」（politics administration dichotomy）。直到 1939 年美國公共行政學會（American Society for Public Administration）成立之後，公共行政領域才正式從政治學門分家出來。

然而，公共行政領域傳統以來重視問題導向而非理論導向的研究（problem oriented）（Kettl, 1999），大部分的理論都是向其他學門（如政治學、社會學、經濟學、心理學等）所商借來的（Frederickson et al., 2018）；因此，公共行政研究曾被 Dwight Waldo（1990: 74）認為「對政治領域的學者來說，公共行政的研究只關心政府低層事務，不用太聰明的腦袋就可以處理的細節問題……」，進而產生理論發展上被 Waldo 稱為公共行政的「認同危機」（identity crisis）（Waldo, 1968），也就是大多數的時刻，公共行政研究依舊僅被視為政治學門轄下一個無關重要的次領域而已。不過，過去 30 年在公共行政領域的發展，產生以下三個重要的變化，有機會緩解公共行政領域長久以來的自我認同危機，朝向一個完全獨立學門的方向大步邁進。

第一，治理（governance）研究的興起：最早起源是西方國家拿來當作受援助國家是否適格的標準之用，之後世界銀行建構並發揚光大所謂「善治」（good governance）的全球性指標（Nanda, 2006; Santiso, 2001），加上英國學者 R. A. W. Rhodes 於 1996 年提出公共行政研究去中心化的大方向，包括網絡、公私協力、審議式民主（特別是參與式預算），甚至區塊鏈科技下的理論與實務的發展（區塊鏈請參：Yfantis, Leligou, and Ntalianis, 2021）。一方面，這個風潮被學者稱為在名詞的應用上太過浮濫（Frederickson, 2005），但是另一方面，去中心化的公共事務研究也因此快速地發展，甚至出現了學界、實務界與社區「共同設計」行政管理的呼聲（CoDesign et al., 2022），而臺灣的公共行政領域也受到這個潮流的影響（張鎧文、謝儲健、陳敦源，2018）。當然，近年中國非民主治理模式興起，挑戰美國民主政治的後退現象（backlashing）（Bauer et al., 2021; Fukuyama, 2014），[1] 也讓大國地緣政治競爭與政府治理品質的問題同時浮上政治

---

[1] 這個治理的競爭有一個很有趣的西方傳說的比喻，就是「葛爾迪姆之結」（Gordian Knot），話說亞力山大大帝爭討時經過黑海南麓的小亞細亞一個被稱為弗里西亞（Phrygian）城邦的首都葛爾迪姆（Gordium），有人拿了一個類似中國結的繩結來考驗亞力山大大帝，看他是否可以解開，亞力山大看了一下，抽刀將其劈為兩半，硬生生地解開這個在當地難解的結。美國早期公共行政與政治學者 E. Pendleton Herring（1903-2004），在他 1936 年出版的著名專書 *Public Administration and the Public Interest* 中曾經這樣說：「如果官僚體系霸制民眾團體，這個國家不能被稱作民主。但是，如果利益團體能夠隨自己的私利控制官僚體系，民主國家所要達到的目標就會被否定，這個葛爾迪姆之結在某些國家讓專政之劍給斬開，在民主國家內似乎也可遵循此法來解決這個死結，不過，代價就是犧牲了妥協的空間。」（p. 8）包括民主國家在內，都需要面對民主治理上這個葛爾迪姆之結的問題，不過，某種集權的處理方式永遠是最有效率但是最悖離民主精神的做法，當然，這種依循「政治行政二分」傳統的相互衝突的概念，近年也有學者從經驗研究與倫理論述中尋找兩者調和之路（Bertelli, 2021；陳敦源，2019；Morgeson, 2005）。

學的研究熱區。

第二，原生性理論的出現：根據 Ritz、Brewer 與 Neumann（2016）的回顧，James Perry 於 1990 年代在文官行為領域引領發起的「公共服務動機」（public service motivation, PSM）研究（Perry, 1996, 1997），不論美國還是海外都呈現爆炸性的發展，公共服務動機在詮釋文官行為的重要性上，似乎愈來愈像 Thomas Kuhn 眼中的「常態科學」（normal science）：一方面，公共行政研究過去少有理論發展出跨國驗證的現象，強化了公共行政理論上一般化與科學化的企圖；另一方面，包括該概念的釐清與闡明，以及對實務的影響與作用，則是這個理論未來發展的兩個重心。事實上，臺灣的公共行政學界也積極地參與這一波的國際對話，占所有非西方國家相關研究的 7.8%（共 8 篇），僅次於南韓與中國（Mussagulova and Van der Wal, 2021）。

第三，循證行為科學研究的興起：過去 30 年來，面對民主深化所帶來的選舉輸贏壓力，行政學的研究或是實務在面對多元利害關係人展現專業的方式，由於第四次工業革命下資訊通訊科技（Information and Communications Technology, ICTs）、大數據（Big Data）與人工智慧（Artificial Intelligent, AI）的快速發展，非但在實務上電子治理（e-governance）或開放政府（open government）的相關議題與需求迅速開展，研究上也逐漸走出一條循證資料分析（evidence-based data analysis）（Isett, Head, and Van Landingham, 2016）的研究道路。例如臺灣數位發展部的成立，以及政治大學數位治理研究中心（Taiwan E-Governance Research Center, TEG）自 2008 年起至今的持續耕耘，並反映臺灣正走在數位轉型的道路上。此外，對於公共行政的循證研究在臺灣的落實，如臺灣文官調查資料庫的建構（Taiwan Government Bureaucrats Survey, TGBS），以及其主要針對公共服務動機與臺灣文官行為之調查研究（陳敦源、蕭乃沂、蘇偉業，2012；陳敦源、呂佳螢，2009），也可作為重要的代表之一。而行為經濟學與準實驗法的發展（Grimmelikhuijsen et al., 2017; Hansen and Tummers, 2020），也讓公共行政的方法論地景產生相當不同的變化。[2]

基於前述三個公共行政領域在過去 30 年的重要發展轉折，臺灣學界在過去 30 年的發展，是否也受到這些大趨勢的影響？而臺灣公共行政領域研究的本土脈絡與演變又是什麼樣態？本研究特別想從研究議題、研究方法，以及研究者與議題網絡等三個角度來看本土公共行政研究趨勢的改變，並且從中看見未來發展的可能方向與挑戰所在，藉此給將要進入或是已經在本領域耕耘的實務與理論工作者，一個清楚的發展脈絡地圖，以利於整個學門總結過去發展，並且展望未來的可能努力焦點與方向。

---

[2]　臺灣公共行政學界對大數據的分析研究，請參王貿（2020）、施能傑（2021）；臺灣推力的研究，則請參賴怡樺、林水波、陳敦源（2018）、賴怡樺等人（2021）。

接下來，本研究將先作一個簡單的文獻回顧，討論過去不論在國際還是臺灣學界，於公共行政領域發展的回顧與展望。接著，本研究利用「國家科學及技術委員會」[3]（簡稱國科會）中，政治學門的子學門公共行政過去 30 年個人研究計畫申請之通過資料為分析基礎，從研究主題、研究方法與研究者與議題網絡等三個角度進行分析，試著呈現臺灣公行領域研究的發展樣貌。本研究認為以國科會計畫進行分析主要有二項優點，第一，國科會的計畫申請內容，是探索公共行政學門最尖端與完整的研究意圖所在；其次，國科會計畫補助活動的延續性高，並非偶一為之，具一定時間與數量的累積，作為回顧分析的資料庫應屬適當。因此，本研究將針對 1992 年至 2022 年的公行學門國科會計畫進行分析，根據資料分析結果，試著回顧並展望臺灣公共行政學門的發展。

貳、文獻探討

公共行政領域的研究範圍，如果從定義來看，其最早是在 1935 年由一位英國出生的美國政治學者 —— 美國政治學會第 22 任會長、University of Illinois 政治系教授、行政法專家 John A. Fairlie（1935）所寫：「公共行政從它最廣的定義來看，意指那些帶有完成或推動政府公共政策的活動，這些活動是由具備知能的官方機構所宣示的。」從這個簡單的定義來看，行政學的關注範圍大約是圍繞在政府組織的運作可及的所有場域，這個場域的重點考察標的是政治學所關心的權力（power）或公共權威（public authority）的使用。接下來，本文將討論兩個問題，包括公共行政領域的起源，以及其領域為何且又如何進行領域識讀的問題。

一、裁量權：公共行政研究範圍的開端？

行政學研究的起點，是在於政府使用行政裁量權（discretionary power）（Fox and Cochran, 1988）的現象，這不止牽涉到權力行使的本身，對於行使權力對於不同的利害關係人，或者是後續公共政策的運作，會產生什麼樣的影響，也是研究公共行政運作「正當性」（legitimacy）（Moura and Miller, 2019）的重要問題。從日常生活的政府權

---

[3]　行政院國家科學及技術委員會於 2022 年 7 月 26 日正式掛牌，前身是行政院國科會，因為中央政府於 2022 年 8 月將成立新部會「數位發展部」，因著《行政院組織基準法》第六章第 29 條之 2「部之總數以十四個為限」的限制，將國科會改為「國家科學及技術委員會」。由於不同時期的稱謂有異，為了行文統一，本文統稱國科會。

威性活動中，公共行政研究者篩選出其處理公共問題之「行動」與「影響」間關聯性的內涵，進行深入的鑽研。從效能與效率的價值觀點來看，政府行動要如何能夠有效地解決公共問題。類似的研究問題如：COVID-19 肆虐期間，政府封城限制民眾行動自由，是否能有效降低或是符合成本效益地減少民眾的感染？政府各種行動方案，對於不同群體的個人會不會帶來不公平的影響？政府為了防止 COVID-19 造成經濟下行的影響而實行消費補貼，需不需要祭出「排富條款」？等，都是公共行政研究可能會觸及的實務問題。當然，從權力制衡的角度來思考政府的行政作為，通常都會走向從「課責」（accountability）（McGarvey, 2001）與「回應」（responsiveness）（Vigoda, 2002）兩個制度性的價值，以及方法論的多元選擇來進行研究，以下分別討論之。

首先，政府對於民眾需求的反應，要有一定的專業能力，例如，面對 COVID-19 的公共衛生維繫，政府官員不但要有理論專業，也要有行政能力去落實那個專業，並且在過程中，還要能動態性地從民眾的反應中，進行任務範圍與執行方法的調整，這是政府專業與回應能力（competence）的問題。

再者，政府被授予偌大的權力應付公共問題，為了避免過度濫權，還是會有層層的管控制度進行責任的追究，COVID-19 期間政府必須使用民眾的手機定位來進行防疫資訊的蒐集與決策，由於這個過程可能涉及到民眾個資的危害，因此，政府必須在各種監控的系統下進行防疫活動，這是政府課責制度環境的問題。

最後，一個學門要對前述的這些活動進行研究，必須選擇研究途徑與方法來切入，比起經濟學實證主義（positivism），公共行政的研究方法傳統以來因為進入領域者的訓練背景多元（政治學、法律學、經濟學、社會學、管理學等），導致領域在研究途徑與方法上是非常多元的。正如美國公共行政學者 Norma M. Riccucci（2010: 1）的專書 *Public Administration: Traditions of Inquiry and Philosophies of Knowledge* 中一開始所揭櫫的地景可以完整說明：「公共行政研究既量化又質化，甚至還有混合方法；它又是以經驗研究為基礎的，但是又有些是以規範性的討論為主，這個多樣性從公共行政的次領域所經營的期刊可以大概地看出來。」這個多元方法途徑的現況，短期內並不會出現某一途徑一統江湖的情境，學者除了接受多元現況並且學習容忍之外，就是依照不同的研究對象與內涵來選擇適當的研究途徑。因此，才會有學者 J. C. Raadschelders（2011: 922）的說法，他希望公共行政研究等於是人生經歷的多元反映：「當代（公共行政）的專業人士不該被訓練成順服一種方法論，而是去遊學於這個世界的物質、靈性（最寬的意義）與美學的各種展現之中。」這部分是公共行政研究的方法論問題，並在前述三個基礎之上，公共行政學門展開其研究的活動。

二、公共行政需要不斷地進行「領域識讀」的反思嗎？

前述有關公共行政簡單的領域概述，讀者仍可看出這樣的一個研究領域，一定會與政治學中其他次學門或是政治學領域之外的社會學或經濟學等領域重疊，這就產生了前述 Dwight Waldo 等學者提及公共行政學術領域的自我認同問題。不過，行政運作的實務在人類社會存在了數千年，自行政學在西方起源的這 135 年以來，人類經歷了兩次世界大戰和無數次的經濟危機。從蒸汽機發明下的工業革命，當今已經進入第四次的工業革命，數位的發展已經讓政府的存在與運作的環境，產生非常重大的改變。

因此，反思過去與展望未來，公共行政的領域更需要從領域「認同」的角度出發進行其內涵的回顧，類似教育學當中的「領域識讀」（discipline litcracy）的知識建構過程。領域識讀是一個源自中等教育學的概念，意指中學生開始研讀艱深文章時，如果需要他們有能力對內容進行理解、分析、詮釋與吸收，必須讓他們具備對知識領域基本識讀的能力。事實上，根據研究顯示，這個分辨知識領域的識讀能力，對於成人教育甚至專業領域的工作者來說也是非常重要的（Shanahan and Shanahan, 2008）。以這個概念出發，本研究認為公共行政學門下的學子們，應該從反思「我們是誰」或「我們在做什麼」等認識論的根本問題，來理解公共行政學門的自我形象，並且進行相關研究。

過去這一百多年的發展，公共行政領域不論在政治學門的內部，或是在社會科學的大家庭中，常被稱為一個「問題」而非「理論」導向的實務科學（Kettl, 1999），1970 年代的公共行政研究興起「認同危機」（identity crisis）（Waldo, 1968; Kirwan, 1977; Rutgers, 1998; Jordan, 2005）的討論，展現出公共行政在專業領域、方法論（與研究方法）、分析層次、運作系統等面向上，幾乎沒有一處有高度共識的現象（Raadschelders, 2011）。Hafer（2016）認為新興的民主公共價值理論，在公民參與和公共服務動機這兩個領域上，有可能統合並且強化出公共行政的自我領域認同。Vigoda（2003: 18）認為，公共行政學門應該聚焦在政治、社會與管理等三個基礎領域上，在未來創造出一個具跨領域本質且能緊密結合當代參與式民主，而充滿活力的新的行政世代。然而，在這樣的發展想像下，依然須面對難以回答的「形上學」（meta-physical）問題，也就是我們對於公共行政領域與界限的認同能否達成一致？甚至所謂公共行政領域中人，如果沒有一致的領域認同，還能稱作同一個領域嗎？

綜括來說，以公共行政是一門「跨領域的應用學科」（interdisciplinary applied field）（Hou et al., 2011: i45）這樣的認知作為基礎，可能是進行領域識讀不錯的起點，而這起點也可讓任何一位學者產生公共行政的反思概念。知名的政治學者 Fukuyama（2004）對於國家治理有特殊的興趣，他在公共行政到底是「科學還是藝術」的本質認同爭議上，選了非科學的那一邊站，他認為這個世界上沒有最適的行政組織與制度設計是可以放諸四海皆準的。這樣的觀點一方面可以激勵公共行政領域更多的討論，不定於一尊；但另一方面也會讓公共行政重視應用科學面的推進產生困難，因為，實務工作者要的不是無法產生定論的清談，而是明確可行的做法與指引。

三、回顧公共行政學門的領域識讀與發展

　　回顧行政學研究領域不是一件容易的事，但是學者多年以來不斷透過文獻回顧對這個領域進行領域識讀的知識累積。例如，英國學者 A. Dunsire 在 1990 年代就從英國學界看見公共行政的理論與實務從傳統公共行政轉變成為新公共管理，而後又將轉向治理研究的流動狀態（Dunsire, 1995）。此外，相對於社會科學領域其他專業，公共行政領域跨界的容忍度是高的。然而，這個斜槓價值不應該無限上綱，領域專業與跨界的養分汲取應該是相互增強而非競爭抵銷，特別是在公共行政教學的面向上，過度的跨域從教學結果上來說，並非好事（van der Waldt, 2014）。若參考 van der Waldt（2014: 184）提出的公共行政適應跨學科性的綜合視角來看，其區別出理論、職業培訓、管理與治理等四個領域焦點。或許公共行政的學子起碼要在其一做出貢獻，不然，失去核心的跨領域也就沒有什麼領域好跨了。

　　不過，最核心的學門領域識讀憂慮，應是公共行政的「空洞化」。這與一般認為定政府相對於社會影響力式微的所謂「沒有政府的治理」（Governance without Government）（Peters and Pierre, 1998）是有所不同的，但它對領域的發展卻是更為重要。比方說，Durant 與 Rosenbloom（2017）對於美國公共行政日益「空洞化」的問題提出他們的觀察，他們認為，公共行政理論之所以一直無法形成的問題，在於目前學界一股腦地在量化與行為主義大旗下「科學化」，但是卻忽略最大且重要的「黑武士」（Black Knight），也就是實務界的專業人員。他們說：「空洞化意指行政問題的某些面向，不斷地被目前偏執的方法論與領域誘因結構給忽略，這也意味著我們並不關注公共行政研究中實務工作者的世界中對他們最重要的事，以至於在他們心中公共行政研究的正當性與相關性日漸消失。」（Durant and Rosenbloom, 2017: 733）。

　　當然，也有學者將這個憂慮看作是公共行政學門一直存在的「實務工作的妒忌」（practitioner envy）（Nisar, 2015），也就是公共行政的學術研究仍需要符合實務上的需求。嚴格說起來，這個空洞化的恐懼也是將實務工作者對於公共行政研究是否具實務性價值的認知，視為判斷公共行政研究是否有存在價值的主要「依變數」（dependent variable）。

　　過去 30 年，無論公共行政的研究領域怎麼處理這個理論與實務協同的問題，的確在兩者的互動、衝突與調和下，產生龐大的知識能量。相關的研究議題與方法，也一直隨著社會與時代的需求而增生與變化，特別是對民主化與公共問題日益複雜化的社會回應需求。因此，透過公共行政領域的「理論概念」、「研究議題」與「研究方法」三個面向回顧過去研究，應可幫助我們瞭解公共行政研究過去發展的風貌與內涵。

　　首先，從理論概念的發展來說，從 1960 年代以降，西方社會因應社會問題與政府治理的難題日益複雜化，逐漸從重視政府內部管理的傳統公共行政，轉移到更為關注行政與政治互動的新公共行政、黑堡宣言、新公共管理以及新公共服務的論述。這些學派的興起，也使得公共行政因應實務的需求展現多樣化的理論視角與研究議題，例如公共選擇理論（Ostrom and Ostrom, 1971）、理性選擇理論（Hay, 2004）、網絡與地方治理（Kapucu, Hu, and Khosa, 2017）、策略與績效管理（Boyne and Walker, 2010）等。此外，公共服務動機的概念發展，也帶動公共行政領域一連串的組織與個體的行為研究。

　　再者，不論從研究區域或議題上，行政學逐漸從以國家機器為中心的研究，外延到將外部環境因素吸納於學門研究領域之中的狀態。我們可以從公私協力、政策網絡（治理）、去中心化、第三部門、夥伴關係、公民參與，以及多層次治理這些名詞使用的頻率增多，進而看出國家與社會互為因果的研究樣貌已儼然形成之端倪。事實上，這個趨勢在民主價值不斷深化的大環境中，屬於一種因著實務工作本質的轉變，而產生知識生產需求的必然。另外，基於資通訊技術的發展，以及優化工作實務與滿足多元繁複的公共服務需求，政府的電子化和數位轉型也是當代公共行政領域不得不面對的趨勢。

　　其三，研究方法與方法論上，公共行政研究從早期法學形式主義（legal formalism）為主導、規範性論述為主的研究習慣，走向以循證的經驗研究為主軸所謂科學化路徑。這個發展對決策與行政品質的需求強化，加上前述組織與個體行為研究的發展，也推升了學門內循證公共政策（Evidence-based Public Policy）（Kay, 2001）的愈發重要。另外，包含且不限於傳統的量化與質化研究，學門內的學子們對研究方法嚴謹度的要求也日益提高。特別是近年來在研究設計上混合方法論（Mixed Method）（Mele and Belardinelli, 2019）的趨勢、實驗方法（Experimentation）（Bouwman and Grimmelikhuijsen, 2016）的興起，以及透過巨量資料分析來強化行政決策效益的大數據分析（Lavertu, 2016）等，都可在近年頂級公共行政領域的國際期刊上看到相關論文的蹤影。

　　綜上所述，近年國家在民主價值深化與網路科技高速發展的推波助瀾下，公共行政研究領域也可從愈來愈多涉及公民參與、民意調查、輿情分析、實驗研究、大數據分析以及循證公共政策等相關研究中窺見民主化、數位化與循證化的趨勢。但是，正如前述提到，公共行政領域涵融著多元的跨學術專業背景，也使得目前公共行政領域的發展依然面對著領域空洞化的問題，並依舊在不斷的爭議中匍匐前進。而在這樣的前提與理解下，本研究將進入最核心的研究方法闡述與資料分析的部分。本研究以公共行政領域的國科會計畫為分析對象，試著針對研究議題、研究方法，以及研究者與議題網絡等三方面的分析來展現過去 30 年臺灣公共行政研究的樣貌，更重要的，本研究也將以前述討論國際公行主流之發展趨勢與臺灣的分析資料進行對照，檢視臺灣公共行政研究之發展是否具有類似的特徵，以及是否具有獨特的發展脈絡。

參、研究方法

接續前面的文獻回顧分析，本研究針對 1992 年至 2021 年間，公共行政學門中核定通過之國科會計畫進行分析。就資料取得的方法來說，研究團隊先向國科會取得此期間內核定通過的所有公共行政學門之國科會計畫名稱、核定年度，以及核定年限等資訊，共 850 筆。然後再根據此 850 筆計畫之計畫名稱，在 2022 年 3 月 11 日至 4 月 13 日間逐一於政府研究資訊系統（Government Research Bulletin, GRB）檢索，蒐集並登錄各項計畫資訊、下載結案報告，進而建立本研究分析的基本資料。[4]

接著，進行資料分析之前，因考量不同計畫的核定年數有所差異（一般約一年至三年），若僅以此 850 筆核定計畫計算，則無法反映多年期計畫實際被核定執行的期間與重要性。因此本研究後續的分析皆以執行件次為單位，逐一建立各筆資料。[5] 最終，本研究於 1992 年至 2021 年期間共登錄有 1,062 件次計畫資料。

在建立上述基本資料後，本研究並進一步檢視各計畫之計畫名稱、中英文摘要、中英文關鍵詞，以及成果報告之內容，嘗試將各計畫的研究主題與研究方法進行編碼，進

---

[4] 國科會提供本研究的 850 筆原始資料中，並無於 2009 年核定的計畫。本研究並嘗試於其他管道，如國科會學術補助獎勵查詢或 GRB 系統，也無法精確地整理出於 2009 年核定通過的公行學門計畫清單，因此本研究資料並不包含於 2009 年核定通過的計畫。2009 年的資料僅為於 2009 年以前核定通過，但尚未執行完畢而持續執行的多年期計畫。此外，於 GRB 系統收錄資料時，其中有 8 筆計畫無法檢索到任何資訊，740 篇具有中文或英文摘要資訊，726 篇具有中文或英文關鍵詞資訊，而可公開下載取得之成果報告共 671 筆。因此，部分計畫資訊與資料的不完備，使得本研究並無法建立 1992 年至 2021 年期間完整的公共行政學門國科會計畫資料。另一方面，本研究也無法取得有申請但未被核定通過的計畫資料，僅能針對被核定通過而有實際執行的計畫進行分析與討論。本研究資料的推論與解讀將基於上述資料特性而有所限制。

[5] 例如若有一個 2011 年核定的三年期計畫，便會分別以執行件次分別登錄為 2011、2012、2013 等三筆資料。

而統計 1992 年至 2021 年間的公行領域國科會計畫的研究議題與研究方法應用的狀況。另外，本研究也將針對各計畫的題目與中文關鍵詞挑選議題關鍵詞，嘗試以網絡分析進一步呈現 1992 年至 2021 年間公行領域國科會計畫的主流研究議題與關係網絡。

　　首先，針對研究領域的分類編碼，本研究參考國科會全球資訊網之學術研發服務網系統中，針對人文及社會科學類、政治學門中公共行政領域所設定之學術專長選項，包含以下七種：1. 公共行政與管理；2. 公共政策；3. 行政組織與行為；4. 人事行政；5. 財務行政；6. 地方行政；7. 行政法，嘗試針對各項計畫進行分類。最後，在實際進行分類編碼後，增加因應實際的主題分布情形，增補了 8. 第三部門研究，以及 9. 其他，如下表 13-1。

　　然而，研究主題的編碼與分類具有模糊空間，有許多研究可能同時具有多種研究主題之跨議題或跨領域性質，因此本研究作者並針對分類看法不一致的計畫進行討論，以該計畫之研究問題所著重的面向為主，逐一確認共同對各計畫主題之編碼具有共識並擇一分類。即便如此，本研究的分類結果仍可能無法盡善，可確實反映所有計畫的主題特性，也屬本研究限制之一。

表 13-1　本研究使用之公共行政領域研究主題分類

No.	研究主題分類	該主題之研究標的範例
1	公共行政與管理	公共管理、公共治理、行政管理、行政理論
2	公共政策	各種公共政策之相關研究
3	行政組織與行為	行政組織設計與管理、組織行為研究
4	人事行政	人事行政、人事制度、政府人事管理、人力資源管理
5	財務行政	政府財政、預算研究
6	地方行政	地方政府、府際關係、地方層級研究
7	行政法	行政法、公法研究
8	第三部門研究	第三部門、非營利組織、社會企業、公民團體
9	其他	無法歸類於上述八類或無法判斷

資料來源：本研究整理。

　　其次，針對研究方法的分類，本研究主要參考 Earl Babbie 所著之《社會科學研究方法》（*The Practice of Social Research*）之章節內容為基礎（Babbie, 2004），經過本文作者的共同討論，以及實際針對本研究取得之國科會計畫內容進行編碼後，共分為：1. 量化／調查研究；2. 質性／田野研究；3. 實驗設計研究；4. 內容分析；5. 歷史／比較分析；6. 後設分析；7. 混合方法研究；8. 無法判斷或其他等八類，如下表 13-2。

表 13-2　研究方法分類

No.	研究方法分類	分類範例或定義
1	量化／調查研究	問卷調查、電話訪談、次級問卷或調查資料分析、以量化統計分析技術分析資料庫。
2	質性／田野研究	訪談、焦點座談、田野研究、民族誌、行動研究、參與觀察。
3	實驗設計研究	例如有分為實驗組與對照組，或前測與後測，給予刺激、情境經歷後而可進行比較的實驗設計研究。
4	內容分析	針對例如像書籍、雜誌、網頁、文章、報紙、歌曲、繪畫、影片、信件、文件、網路訊息、法律與規章的內容進行編碼分析。網路輿情分析也算在內。
5	歷史／比較分析	歷史分析、制度歷史分析、個案歷史研究，可能使用各種次級資料、文件、歷史資料，針對個案、制度或政策的長期歷史發展進行研究。
6	後設分析	針對特定領域或類型之研究的背景或發展進行分析研究。
7	混合方法研究	混合上述多種方法的研究，通常會是量化或質化研究並行，但如果可屬於歷史／比較分析，則以其為主。
8	無法判斷或其他	從計畫結案報告之題目、摘要與內容皆無法判斷，或無法分成上述任何一類。

資料來源：本研究參考 Babbie（2004: 337-574）之內容而整理。

　　最後，本研究並嘗試以各計畫名稱以及中文關鍵詞，擷取出代表性議題關鍵詞進行網絡分析，嘗試呈現 1992 年至 2021 年臺灣公行領域國科會計畫的主流議題與關係。除了針對 1992 年至 2011 年間的所有資料挑選關鍵詞外，本研究並以十年左右的區間作為年代分割，另外將資料分為 1992 年至 2000 年、2001 年至 2010 年，以及 2011 年至 2021 年三個部分，分別挑選各年代的關鍵詞。關鍵詞的篩選方式為，先將資料中的計畫名稱與中文關鍵詞透過 Jieba-JS 進行斷詞，再由本文作者逐一檢視斷詞結果，針對詞頻重複 4 次以上為標準，例外為至少 2 次，[6] 且該句詞被本研究作者皆認為具特定研究議題之意涵且意義明確者，作為議題關鍵詞。以 1922 年至 2021 年間 1,062 件次計畫為母體，本研究總共挑選出 113 個議題關鍵詞，詞頻在 4 次以上的有 100 個；而在 1992 年

---

[6]　以重複詞頻 4 次為挑選門檻，主要原因在於避免挑選出的關鍵詞，可能僅因單一三年期計畫而被挑選，但該關鍵詞卻無與其他計畫重複。此外，由於國科會提供的原始資料在 1992 年至 2000 年期間並無核定年限為複數的多年期計畫，且該期間的計畫數量與總執行件次都明顯較少，為了能更突顯出此期間的主要研究議題，因此針對 1992 年至 2000 年的關鍵詞挑選門檻放寬為 2 次。

至 2021 年期間的計畫（148 件次），詞頻為 2 次以上的關鍵詞共計有 57 個；在 2001 年至 2010 年期間計畫中（368 件次），詞頻為 4 次以上的關鍵詞有 60 個；至於在 2011 年至 2021 年期間計畫（546 件次），詞頻為 4 次以上的關鍵詞則有 67 個。

肆、資料分析與討論

基於前述資料處理後，本研究接著將分別針對 1992 年至 2021 年期間，臺灣公行學門國科會計畫的研究主題與趨勢、應用之研究方法，以及研究者的議題網絡進行分析，試著呈現近 30 年被國科會核定通過而執行的公行領域計畫特性。

一、臺灣公行學門國科會計畫之主題與趨勢分析

（一）計畫研究主題之分布與趨勢

如表 13-3 與圖 13-1 所示，在嘗試針對 1992 年至 2021 年間 1,062 件次的公行學門國科會計畫做研究主題的分類後，可發現公共行政與管理為占比最高的研究主題，相關計畫共計 284 件次（26.7%）；其次為公共政策，共 191 件次（18.0%），接著為第三部

表 13-3　1992 年至 2021 年間公行學門計畫之各主題累積件次與比例

研究主題	各期間累積計畫件次與比例			
	1992-2000	2001-2010	2010-2021	1992-2021 總計
公共行政與管理	38 （25.7%）	97 （26.4%）	149 （27.3%）	284 （26.7%）
公共政策	31 （20.9%）	73 （19.8%）	87 （15.9%）	191 （18.0%）
第三部門研究	5 （3.4%）	54 （14.7%）	68 （12.5%）	127 （12.0%）
行政組織與行為	20 （13.5%）	33 （9.0%）	69 （12.6%）	122 （11.5%）
地方行政	13 （8.8%）	46 （12.5%）	61 （11.2%）	120 （11.3%）
人事行政	14 （9.5%）	22 （6.0%）	34 （6.2%）	70 （6.6%）
財務行政	16 （10.8%）	23 （6.3%）	22 （4.0%）	61 （5.7%）
行政法	1 （0.7%）	5 （1.4%）	9 （1.6%）	15 （1.4%）
其他或無法判斷	10 （6.8%）	15 （4.1%）	47 （8.6%）	72 （6.8%）
總計	148 （100%）	368 （100%）	546 （100%）	1,062 （100%）

資料來源：本研究整理。

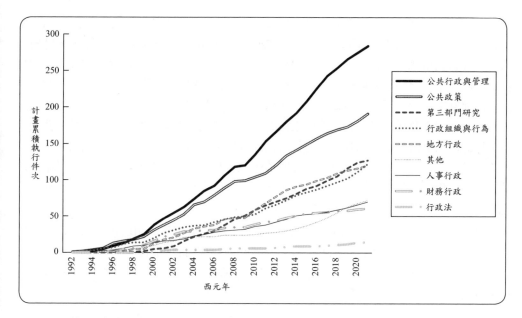

圖 13-1　1992 年至 2021 年各研究主題計畫之累積執行件次
資料來源：本研究整理。

門研究，共 127 件次（12.0%）；第四為行政組織與行為，共 122 件次（11.5%）；第五為地方行政，共 120 件次（11.3%）；第六為人事行政，共 70 件次（6.6%）；第七為財務行政，共 61 件次（5.7%）；第八為行政法，共 15 件次（1.4%）；另有本研究編碼時認為不屬於前述任一研究主題的其他研究，或因檢索資料有缺漏、無完整結案報告而無法判斷之計畫，共 72 件次（6.8%）。

　　若進一步檢視各主題的研究累積狀況，首先，根據表 13-3 與圖 13-1 可發現公共行政與管理為公行領域國科會計畫的主要研究議題，累積件次總數占整體比例 26.7%。不過此部分的研究議題較其他類型也更為多元，主要分類標準為以公共行政理論或實務為主題之研究，但並無法明確被界定為其他特定主題。例如其中包含了行政管理理論、政府制度、公私協力、各種治理模式或機制、電子化政府、民主行政等多元議題。

　　其次，公共政策相關研究為目前公行領域中累計占比第二的研究領域，雖然近十年有下降的現象，但在 1992 年至 2021 年間占整體研究之比例達 18.0%。包含針對特定政策之個案研究、各政策階段之運作或評估研究，或者可能影響政策運作或結果之因素等研究。不過，如果特定政策研究可明顯歸類於其他研究主題，例如政府人事政策，或者針對非營利組織運作之政策，本研究則會考量其主題性質與內容優先編碼為其他主題。

　　第三部門研究、行政組織與行為,以及地方行政占整體計畫數的比例接近,居於第三梯次,各分別約占 11.3%-12%,共占整體研究約 34.8%。第三部門研究即主要針對非政府或非營利組織之相關制度、政策與組織運作之研究。近年也因社會企業等概念與實務的發展,第三部門研究標的與議題也更為多元豐富。接著,行政組織與行為研究則為針對政府部門之組織研究或組織行為等組織層次與個體層次之研究,包含組織管理與結構設計、組織團體或個體行為與態度之研究。其中特別以針對個體層次的各種公務人員行為與態度研究占多數。另外,地方行政則為以地方政府為研究主題之相關研究,例如地方自治、地方制度、行政區劃、府際關係、地方政府之運作與治理策略等,從早期以地方制度、府際關係、區域治理等研究為典型,近年則也涉及如公私協力、公民參與及地方創生等各種關於地方治理議題的研究。

　　人事行政與財務行政則為第四梯次,共占 12.3%。人事行政領域包含傳統針對政府人事制度,以及各種針對政府部門之人力資源管理及運用的相關研究。財務行政則為涉及政府財政、預算、稅務為主題之相關研究。如前述分析,此二研究領域在近 20 年的研究計畫占比有持續下滑的現象。

　　最後,行政法的相關研究則明顯較少,僅占整體研究之 1.4%。在本研究的分類上,也包含各種政府法規或公法研究。除上述以外,也有部分研究經本研究檢視後,認為無法歸類於上述八類之一的其他研究,占 6.8%。例如族群研究、選舉研究或研究問題與內容僅針對政黨政治,或主要聚焦私部門企業之產業經營或勞資關係研究等,無明顯涉及公共行政之相關討論,且主題明顯與前述分類明顯不同,而可能更符合傳統政治學、社會學或其他學門領域之研究。

　　接著,若以大約十年為一個年代區間,進一步檢視各類研究主題的分布比例以及變化,如表 13-3 所示,可發現公共行政與管理近 30 年皆穩定超過 25%,並隨著時間略微提升。而以公共政策為主題之研究,在 1992 年至 2010 年間皆約占 20% 左右,但在 2011 年至 2021 年期間則下降至 15.9%,顯示近十年公行領域學者投入政策研究比例可能有下降的現象。至於行政組織與行為研究在 1992 年至 2000 年間,有較高的占比達 13.5%,但在 2001 年至 2010 年下滑至 9.0%,2011 年至 2021 年則又略微成長至 12.6%。

　　另一方面,第三部門研究與地方行政研究在 2001 年起,占比皆有成長,特別是第三部門研究在 2001 年至 2010 年相較 1992 年至 2000 年間有顯著的提升,從 3.4% 提升至 14.7%,雖然在 2011 年至 2021 年有略微下降,但仍有 12.5%,顯示第三部門研究在 2001 年後,至今在公行領域已占有一席之地。

　　相較於第三部門與地方行政研究的成長,人事行政與財務行政的相關研究在 1992 年至 2000 年期間,還分別占有 9.5% 與 10.8%,但在 2001 年至 2010 年以及 2011 年至

2021 年間，則分別下降至 6.0%、6.2% 以及 6.3%、4.0%。顯示近 20 年關於人事行政與財務行政研究的比例有顯著下降。

至於行政法之研究，雖然占比隨著時間有持續提升的狀況，1992 年至 2000 年占 0.7%，2001 年至 2010 年占 1.4%，2011 年至 2021 占 1.6%，不過整體而言在公行領域相對其他研究主題仍為明顯之少數。

綜上所述，本研究發現目前臺灣公行領域國科會計畫的主題，主要為公共行政與管理、公共政策、第三部門研究、行政組織與行為，以及地方行政研究等五大領域。而此前五大領域自 2001 年至 2010 年間起，便為公行領域國科會計畫的主流。而具有較大變動者，則是在 1992 年至 2000 年間占比接近 10% 左右，且皆居於前五的人事行政與財務行政領域，有別於第三部門與地方行政研究自 2001 年至 2010 年代起的蓬勃發展，此二領域反而在近 20 年被核定通過而執行的計畫比例有較明顯下滑。

因此，藉由研究主題的類型化分析，我們可以發現公行領域的國科會計畫，雖然依然以公共行政與管理以及公共政策為主要研究主題，但從第三部門研究的發展，以及政府人事、預算研究的萎縮，以及行政法研究的稀少，或許能看出公行領域的研究標的從以傳統的以政府為主，隨著跨域、跨部門治理的概念與實務發展，而大量外延到非政府組織的基本調性與趨勢。

（二）熱門研究理論與議題之發展趨勢

透過前述的主題分類，雖可呈現公共行政領域幾個主要研究領域的分布與趨勢，但公行領域的研究議題相當多元，這樣的分類與統計其實不足以幫助我們細緻地掌握公行領域的研究發展。若嘗試以不同的理論或議題關鍵詞，檢視相關研究在不同年度的執行數量，則可更進一步確認相關研究在國科會計畫中被核定執行的增長或消減趨勢。

本研究認為公共行政領域當中，過去 30 年曾經掀起一定熱潮的理論或概念，包含治理理論、協力、跨域或政策／社會網絡理論以及制度論。若以上述作為關鍵詞，比對所有執行年度的計畫題目與關鍵詞出現相關關鍵詞的詞頻，便可呈現此三理論的研究趨勢，如表 13-4 與圖 13-2 所示。

若以十年左右為一個年代做區隔的話，可發現在 2000 年以前尚無任何與治理相關的計畫，不過在 2001 年至 2010 年便累積了 70 個計畫執行年度（件），期間有 19.0% 的計畫執行皆有提到或使用治理此概念，2011 年至 2021 年則翻倍累積達 149 個計畫執行年度（件），期間共有 27.3% 的計畫涉及或使用治理的概念，整體數量並已達近 30 年計畫的 20.6%。而涉及協力／跨域／網絡的計畫，最早在 1995 年便有計畫被核定

表 13-4　涉及特定理論之公行領域國科會計畫於不同年代的統計

年代 ＼ 理論	治理 計畫件次（占比）	協力／跨域／網絡 計畫件次（占比）	制度論 計畫件次（占比）
1992-2000	0（0.0%）	4（2.7%）	2（1.4%）
2001-2010	70（19.0%）	43（11.7%）	13（3.5%）
2011-2021	149（27.3%）	91（16.7%）	6（1.1%）
1992-2021 總計	219（20.6%）	138（13.0%）	21（2.0%）

資料來源：本研究整理。

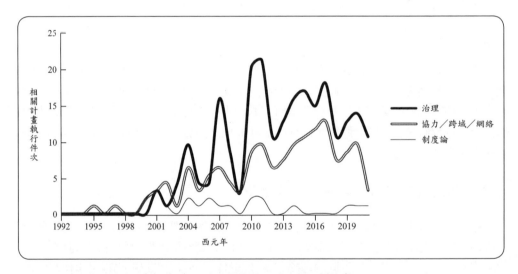

圖 13-2　治理、協力／跨域／網絡、制度論之相關研究趨勢
資料來源：本研究整理。

執行，不過如同與治理相關的研究，雖然數量較少，但也是在 2001 年至 2010 年開始
有較多累積，並在 2011 年至 2021 年間數量上呈倍數成長，期間相關計畫的比例則達
16.7%，累積數量已占近 30 年計畫之 13.0%。至於關於制度論的相關研究計畫，則主要
集中在 2001 年至 2010 年間，期間共有 13 個計畫執行年度（件），相較於前述的其他
理論，制度論雖然在臺灣公行領域曾有一定的討論熱度，但在國科會計畫中其實占比並
沒有特別高（整體僅占 2.0%）。

　　進一步逐年檢視資料，則發現與治理相關研究的自 2001 年起同時有 3 件計畫開始
執行，約莫在 2010 年與 2011 年達到高峰，分別有 19 個與 20 個相關的研究計畫執行，

且在 2012 年至 2021 年間，每年研究題目或關鍵詞含有治理的研究皆在 10 件以上。接著，題目與關鍵詞涉及協力、跨域或網絡的計畫自 2000 年起，則每年都有至少 1 件，其中在 2015 年至 2017 三年間皆有 10 件以上，不過在 2021 年則突然下滑剩 3 件。至於曾經在 2000 年代初期掀起一波關注的制度論，在 2000 年至 2021 年期間，有 14 個年度有相關研究計畫執行，在 2001 年最多同時有 3 件相關計畫執行。

　　另一方面，本研究並嘗試以相同的方式檢視公行領域國科會計畫近年針對幾個其他熱門議題的研究狀況。包含民主（關鍵詞：民主／參與／審議）、電子化政府（關鍵詞：電子／數位／資訊／智慧／科技）、環境保護（關鍵詞：環境／環保），以及災害防治（關鍵詞：災害／災防／防災）等四個熱門研究議題，結果如表 13-5 與圖 13-3。

表 13-5　涉及特定議題之公行領域國科會計畫於不同年代的統計

議題　　　年代	民主／參與／審議	電子／數位／資訊／智慧／科技	環境／環保	災害／災防／防災
	計畫件次（占比）	計畫件次（占比）	計畫件次（占比）	計畫件次（占比）
1992-2000	19（12.8%）	6　（4.1%）	4（2.7%）	1（0.7%）
2001-2010	40（10.9%）	37（10.1%）	20（5.4%）	1（0.2%）
2011-2021	80（14.7%）	69（12.6%）	47（8.6%）	28（5.1%）
1992-2021 總計	139（13.1%）	112（10.5%）	71（6.7%）	30（2.8%）

資料來源：本研究整理。

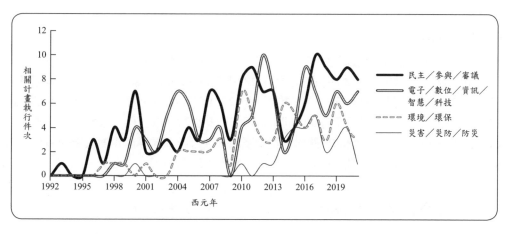

圖 13-3　1992 年至 2021 年公行領域國科會計畫之四項熱門議題的分布與趨勢
資料來源：本研究整理。

　　根據結果可發現涉及民主的相關研究，每十年間的執行量上具有倍增的情形，占所有計畫執行量的 13.1%。另外，電子化政府相關的研究，主要於 2001 至 2010 年間開始有較大量的投入，至今也已累積占所有計畫執行量的 10.5%。而與環境保護相關的研究，也具有類似的趨勢，不過占整體計畫的比例略低，共占 6.7%。最後，與災害治理相關的研究在臺灣公行領域的發展較晚，主要在 2011 年至 2021 年間才開始有較多的相關計畫執行，在 2010 年以前總計只有 2 件次，占總計畫比例共 2.8%。

　　進一步檢視可發現，涉及民主議題的相關公行研究，最早在 1993 年有一件計畫執行，並在 2000 年迎來第一波高峰，當年度同時有 7 件相關計畫執行，並隨之每年都有至少 2 件相關計畫執行，2017 年有 10 件相關計畫執行為最多，且 2017 年至 2021 年皆至少同時有 8 件相關計畫執行。就分布比例來看，相關的議題在不同期間皆能穩定占計畫的 10% 以上，顯示涉及民主議題的公行研究，長期穩定占有一定比例。

　　涉及電子化政府的相關計畫，則最早自 1998 年起至 2021 年間，除了 2009 年外，每年皆至少有 1 件計畫執行，2012 年最多共有 10 件涉及電子化政府議題研究的計畫同時執行。在 2001 年至 2010 年與 2011 年至 2021 年間，分別占 10.1% 與 12.6%，相關計畫總量已占近 30 年計畫之 10.5%，顯示電子化政府的相關研究在近 20 年已具有穩定、持續且累積相當數量與比例的計畫執行。

　　環境保護相關的研究議題雖然在早期已有研究者投入，但在 1993 年至 2003 年間，共僅有 5 件計畫執行年度，且無相關的計畫同時執行。不過在 2004 年起，除了 2009 年外，每年皆至少有 2 件相關計畫同時執行。在 2010 年最多同時有 7 件計畫同時進行外，並自 2010 年開始，每年與環境保護相關的計畫執行皆至少為 3 件以上。其中在 2011 年至 2021 年間，相關計畫執行已達 47 件次，占期間 8.6%，顯示近十年公共行政領域對於環境議題的重視程度逐漸提升。

　　最後，與災害治理議題相關的研究，除了 2000 年有零星的 1 件計畫執行外，之後到 2010 年公行領域才有第 2 件相關的國科會計畫執行。2012 年起至 2021 年間，每年則皆至少有 1 件相關計畫被核定執行。其中，於 2014 年首度有複數與災害治理相關的計畫執行（3 件），2017 年最多有 5 件同時執行。雖然從數量或比例上來檢視，皆並不比前述議題高，顯示災害治理的相關研究對於臺灣公共行政領域屬於相對較新的議題，不過近十年也開始有較多相關計畫申請並被核定執行（5.1%）。

二、臺灣公行學門國科會計畫應用之研究方法分析

　　接著，本研究再進一步統計 1992 年至 2021 年間執行的公行領域國科會計畫所使

用的研究方法，試著呈現臺灣公行領域對於研究方法應用可能具有的趨勢變化，如下表 13-6 與圖 13-4。

　　整體而言，可發現混合方法研究[7]占最多數，共占 26.6%，雖然在 1992 年至 2000 年間，僅占 5.4%，不過 2001 年至 2010 年便以為期間使用比例最高的研究方法，並在 2011 年至 2021 年更進一步提升，在期間共有 35.0% 的計畫執行年度皆以混合方法研究執行。這樣的現象一方面可能為近年公行領域的學者更加熟悉多元研究方法的配合應用，也可能因為 2006 年起，多年期計畫的申請與核定更為普遍，多年期計畫的執行也更適合混合研究方法的設計與應用，也可能更受審查委員的青睞。

　　接著，量化／調查研究（18.8%）、歷史／比較分析（17.2%）、質性／田野研究（17.1%），三種不同的研究途徑具有相近的應用比例，但以量化／調查研究略多。其中，量化與質性研究的應用比例皆為 2001 年至 2010 年間有較高的占比，而歷史／比較研究在各年代的應用占比有逐漸提升的情況，2011 年至 2021 年間並略多於量化與質性研究。不過，造成此現象的因素應為應用混合方法研究的計畫比例提升，僅應用單一量化或質性研究途徑的計畫比例降低所致。

表 13-6　公行領域國科會計畫使用之研究方法統計

研究方法 ＼ 年代	1992-2000 年 計畫件次（比例）	2001-2010 年 計畫件次（比例）	2011-2021 年 計畫件次（比例）	總計 計畫件次（比例）
混合方法研究	8 （5.4%）	84 （22.8%）	191 （35.0%）	283 （26.6%）
量化／調查研究	26 （17.6%）	78 （21.2%）	96 （17.6%）	200 （18.8%）
歷史／比較分析	20 （13.5%）	64 （17.4%）	99 （18.1%）	183 （17.2%）
質性／田野研究	17 （11.5%）	77 （20.9%）	88 （16.1%）	182 （17.1%）
無法判斷	72 （48.6%）	48 （13.0%）	38 （7.0%）	158 （14.9%）
內容分析	4 （2.7%）	16 （4.3%）	21 （3.8%）	41 （3.9%）
實驗設計研究	0 （0.0%）	1 （0.3%）	10 （1.8%）	11 （1.0%）
後設分析	1 （0.7%）	0 （0.0%）	3 （0.5%）	4 （0.4%）
總計	148 （100.0%）	368 （100.0%）	546 （100.0%）	1062 （100.0%）

資料來源：本研究整理。

---

[7] 這裡的混合方法不見得是方法論上真正意義的混合方法，有不少是多年期計畫針對不同研究問題或在不同年度使用不同的質化或量化研究方法，而因此該計畫整體屬於兼具質化與量化資料蒐集策略的研究設計。

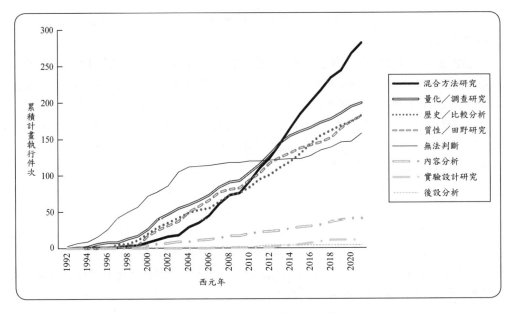

圖 13-4　公行領域國科會計畫應用研究方法之累積執行年數
資料來源：本研究整理。

　　此外，內容分析與實驗設計研究雖然占比偏低，整體應用占比分別為 3.9% 與
1.0%。不過實驗設計研究自 2013 年起，已開始有一定數量的計畫採用，且也有納入混
合研究方法的設計當中，或可期待後續相關研究的持續發展。至於後設分析的研究途
徑，在 1992 年至 2021 年間僅有累積四年的計畫執行件次，可能受限臺灣公行領域研究
的累積量以及相關大型資料庫的缺乏所致。

　　最後，值得討論的是研究方法無法判斷的情況，由於本研究針對研究方法的判斷，
主要透過檢視各計畫的題目、摘要與結案報告內容。但國科會的結案報告並無制式的繳
交格式，因此即便本研究逐一檢視所有取得得計畫結案報告內容，仍有一定數量的計
畫並無明確交代其應用的研究方法或研究設計而無法判斷。此種狀況特別在 1992 年至
2000 年間的計畫結案報告占比較多。包含無法取得結案報告檔案的狀況，在 1992 年至
2000 年間，共有將近一半 48.6% 的計畫本研究並無法判斷其應用的研究方法。

　　不過研究方法交待不清而無法辨識的狀況至 2005 年起有明顯的改善，在 2005 年至
2015 年間，僅累積 11 個執行年度的計畫無法辨識其應用的研究方法。圖 13-4 可清楚呈
現，至 2004 年起，研究方法無法判斷的線段便呈現穩定的平緩高原型態。雖然自 2016
年起，研究方法無法辨識的計畫數又略微提升，但其主要原因應在於近年執行的國科會
計畫，尚有一定數量的計畫結案報告尚未上傳而可從 GRB 系統檢索取得所致。

綜上所述，本研究發現，臺灣公共行政領域的研究方法應用隨著時間演進具有幾項逐漸優化的趨勢。一為研究方法的設計與表述更為明確嚴謹。相較於 2000 年初期以前的年代，公行領域的國科會計畫有近半數在研究方法的說明並不明確，而至 2005 年起，公行領域的國科會計畫已普遍會明確呈現與解釋該計畫的研究設計。顯示公共行政領域研究設計的明確與精準化至此有顯著的提升，資料蒐集與分析策略的內容也更為細緻。

另一方面，臺灣公共行政學界對於混合方法的應用 2004 年起有顯著的提升。一個可能的原因是目前中生代以降的公共行政學者普遍熟悉且能應用多元研究方法，在研究方法的專業性與應用創意上也有明顯提升。但也不排除可能是基於多年期計畫的核定更為普遍，且多元方法的設計較可能得到審查者青睞，進而影響申請人的研究設計策略。不論如何，混合方法的研究目前已成為臺灣公共行政領域國科會計畫的主流研究途徑，而這樣的現象可能也顯示臺灣公共行政學界鼓勵更多元化、混合型的研究方法應用。

最後，雖然內容分析、實驗設計與後設研究在臺灣公行領域的應用上仍明顯較少，但依然可看到有部分公行學者嘗試應用這些非主流的研究途徑。

綜上所述，本研究發現公行領域在混合方法研究占比的顯著提升、量化／調查研究、質性／田野研究，以及歷史／比較分析各自佔有一定且相近的應用比例，而當中也有部分學者應用較為特殊或非主流的研究方法。例如社會網絡分析、GIS、文本探勘、工作分析、個案研究、行動研究、準實驗設計、Q 方法論，並有各種不同組合的混合方法研究。量化研究中也有應用各種多元的統計方法或研究設計，顯示公行領域的國科會計畫核定在研究方法應用的多元性與涵容性。

三、臺灣公行學門國科會計畫之議題關鍵詞與主持人網絡分析

由於研究計畫使用的標題與關鍵詞反映了其核心的概念，也是判斷哪些學者著重在哪些研究領域的重要資訊，也可以從這個資訊當中，瞭解不同時期計畫使用關鍵詞的主流，以及研究相關議題的學者為何？並且也可以跟上述的分析進行對照。據此，本研究使用各個時期計畫主持人與計畫關鍵詞，依據不同的時間區間，做成四個 two-mode 的網絡資料，並以此為基礎對四個時期的計畫關鍵詞與學者進行系統性的分析。

首先，本團隊使用最原始的學者 × 關鍵詞的矩陣資料，將學者與關鍵詞的網絡圖像進行初步的描繪，可以發現學者和核心議題間的連結和分布情形（以下內容並請詳參附錄）。在 1992 年至 2000 年之間，公共行政學門國科會計畫的數量並沒有太多（n=148），學者和議題之間的連結呈現了一大兩小的關係結構，其中兩個小的網絡，無論是議題或學者，都比較偏向比較政治和國際關係的議題與學者專家，與當時公共行

政學門的核心領域相去較遠，而比較大的網絡結構，則呈現了涵蓋該時期公共行政學門中的主流議題，可以初步的看出議題和議題，以及議題和學者之間的關聯性，特別是網絡圖中位置距離比較接近的學者或關鍵詞，顯示他們彼此之間有比較大的相似性，而圖中的孤立點，則反映了在那個時期有執行國科會計畫的學者，其議題並沒有與比較頻繁被使用的關鍵詞產生連結，執行的可能是比較偏向新興或冷門的研究議題。

而觀察 2001 年至 2010 年、2011 年至 2021 年這兩個時期、以及涵蓋所有時期的 two-mode 學者與關鍵詞關係圖，可以發現公共行政學門所使用的關鍵議題，基本上彼此之間或多或少都能找到直接與間接的連結。也因此研究議題在每個時期雖然看起來有核心與邊陲之分，但並沒有特別與其他議題不相連結的研究領域。也就是公共行政領域的研究議題並非是斷開成一個一個不互相連結的次網絡，而是彼此間或多或少都具有關聯性。

接著，本研究並將 two mode 的網絡資料進行拆解，轉換成四個時期關鍵詞 × 關鍵詞的網絡資料，並討論三個時期與整體 30 年所反映的關鍵議題究竟為何？若從密度與集中度的指標來檢視，密度指涉的是這些關鍵議題之間的關聯性是否多且緊密。而本研究發現 2011 年至 2021 年的研究議題彼此間的關聯性比其他時期綿密。這很可能是反映了申請與執行件數變多，且計畫與計畫間議題的連結性較高的趨勢。不過三個時期的關鍵詞的網絡集中度都非常的低，約在 6% 左右，顯示公共行政領域的學者研究議題的分布階層化程度很低，展露出較大的多元性與涵容性，並不是僅集中在少數的當紅議題，而是較為分散在不同議題之間。

為了更細緻的挖掘公共行政學門這 30 年學術發展的脈絡，本研究並以程度中心性指標（degree centrality）探討各個時期出現頻次較高的關鍵詞中最為核心，較多學者在使用的關鍵詞（如表 13-7），以及與主流議題連結性較高的學者為何（如表 13-8）。

這裡的程度中心性並非單純的反映權力或影響力的高低，而是代表了各個計畫使用的關鍵字與其他關鍵字連結程度的高低。也就是說，通常關鍵字間相互連結程度愈高的用詞或概念，某種程度上反映該時期公共行政學門研究議題上的研究熱點，或反映了學者所認知到的「常態科學」（normal science）是什麼，以白話來說，就是哪些關鍵詞是反映了這個時期的核心研究議題（如表 13-7）。

同時，本研究也藉由 two mode 的網絡資料，進一步的分析各個時期在國科會計畫的執行上，與這些主流議題連結性較高的學者有誰，並各別擷取程度中心性前 20 名的順位供參（如表 13-8）。這些學者的順位主要取決於兩個因素：1. 該時期內國科會的累積次數，計畫件數多的學者本就容易與其他學者產生研究議題的關聯性；2. 研究計畫使用的關鍵詞與其他學者的計畫關鍵詞連結數量的多寡，通常愈多學者投入的議題，計畫累計次數愈多，自然也容易被判斷為這個時期程度中心性較高的議題與學者。

表 13-7　公共行政學門不同時期核心議程程度中心性

區間	1992-2000 年			2001-2010 年			2011-2021 年			1992-2021 年		
順位	關鍵議題	Degree	Ndegree	關鍵議題	Degree	Ndegree	關鍵議題	Degree	Ndegree	關鍵議題	Degree	Ndegree
1	公共行政	18	0.08	非營利組織	49	0.092	社區	76	0.082	非營利組織	123182	0.194
2	政府再造	17	0.076	社區	28	0.053	非營利組織	73	0.079	地方政府	107164	0.169
3	地方政府	15	0.067	第三部門	27	0.051	民主治理	55	0.06	社區	88063	0.139
4	公共政策	14	0.063	政策網絡	26	0.049	網絡分析	53	0.057	公務員	70030	0.11
5	官僚	14	0.063	地方政府	22	0.041	社會網絡	52	0.056	官僚	57883	0.091
6	領導	14	0.063	領導	22	0.041	公民參與	52	0.056	公共政策	54821	0.086
7	兩岸	12	0.054	政府組織	21	0.04	政府組織	41	0.044	公部門	51732	0.081
8	非營利組織	10	0.045	社會資本	21	0.04	公務員	39	0.042	領導	50233	0.079
9	政策執行	10	0.045	課責	19	0.036	協力治理	34	0.037	課責	47138	0.074
10	政府預算	10	0.045	非政府組織	18	0.034	非政府組織	32	0.035	政府組織	45632	0.072
11	公務員	10	0.045	基金會	17	0.032	社會資本	32	0.035	社會企業	45589	0.072
12	海峽兩岸	9	0.04	新制度理論	16	0.03	環境治理	31	0.034	電子化政府	44053	0.069
13	政策評估	9	0.04	公共管理	15	0.028	績效評估	27	0.029	社會資本	44072	0.069
14	公民參與	9	0.04	社區發展	15	0.028	文官	27	0.029	社會參與	44088	0.069
15	方法論	9	0.04	公部門	14	0.026	電子化政府	26	0.028	公民參與	44052	0.069
16	補助款	9	0.04	公共政策	14	0.026	領導	26	0.028	文官	42513	0.067
17	公共管理	8	0.036	貪腐	14	0.026	參與式預算	25	0.027	兩岸	42511	0.067
18	女性主義	8	0.036	公民社會	13	0.024	開放政府	25	0.027	環境治理	39403	0.062
19	省政府	8	0.036	全球化	13	0.024	社區營造	24	0.026	公共行政	39397	0.062
20	政策制定	7	0.031	廉政	13	0.024	地方政府	23	0.025	政策網絡	39410	0.062
議題數	N=57			N=60			N=67			N=113		
密度	0.111			0.189			0.301			199.189		
集中度	5.45%			6.26%			6.26%			16.15%		

資料來源：本研究整理（以 1992 年至 2021 年為準，粗框粗體深灰底色標示同 2 時期之關鍵議題，框淺灰底色標示同時期為 3 時期，粗框灰底色則為近十年才名列之議題）。

表 13-8 公共行政學門不同時期國科會／國科會計畫主持人程度中心性

區間	1992-2000 年			2001-2010 年			2011-2021 年			1992-2021 年		
順位	學者	Degree	Ndegree	學者	Degree	Ndegree	學者	Degree	Ndegree	學者	Degree	Ndegree
1	江明修	72	0.076	江明修	259	0.077	王光旭	586	0.058	江明修	1528	0.054
2	薄慶玖	56	0.059	李翠萍	195	0.058	莊文忠	536	0.053	林淑馨	1358	0.048
3	項靖	52	0.055	彭文賢	190	0.056	林淑馨	456	0.045	莊文忠	1305	0.046
4	曹俊漢	51	0.054	林淑馨	185	0.055	李柏諭	441	0.044	李翠萍	1121	0.039
5	李允傑	43	0.045	許世雨	173	0.051	魯炳炎	407	0.04	王光旭	946	0.033
6	余致力	39	0.041	莊文忠	169	0.05	陳敦源	392	0.039	陳敦源	926	0.033
7	丁仁方	29	0.031	項靖	168	0.05	李翠萍	382	0.038	孫煒	893	0.031
8	江岷欽	27	0.028	郭昱瑩	150	0.044	孫煒	320	0.032	黃東益	859	0.03
9	呂育誠	26	0.027	陳定銘	148	0.044	黃東益	284	0.028	陳定銘	837	0.029
10	王輝煌	25	0.026	陳敦源	141	0.042	張鎧如	275	0.027	魯炳炎	826	0.029
11	丘昌泰	25	0.026	曹俊漢	134	0.04	方凱弘	259	0.026	李柏諭	795	0.028
12	蘇彩足	25	0.026	蕭宏金	134	0.04	陳定銘	262	0.026	項靖	747	0.026
13	吳英明	24	0.025	孫煒	112	0.033	鄭勝分	256	0.025	方凱弘	626	0.022
14	詹中原	24	0.025	朱鎮明	109	0.032	謝俊義	198	0.02	余致力	638	0.022
15	孫本初	20	0.021	江大樹	108	0.032	李仲彬	188	0.019	曹俊漢	623	0.022
16	黃鉦堤	20	0.021	余致力	94	0.028	朱斌妤	169	0.017	鄭勝分	590	0.021
17	徐仁輝	18	0.019	李宗勳	83	0.025	胡龍騰	173	0.017	蕭宏金	564	0.02
18	吳秀光	17	0.018	黃東益	84	0.025	江明修	159	0.016	李仲彬	495	0.017
19	吳瓊恩	16	0.017	孫本初	77	0.023	彭渰雯	165	0.016	許世雨	471	0.017
20	單昭琪	16	0.017	陳恆鈞	74	0.022	陳穎峰	152	0.015	彭文賢	471	0.017
學者數	N=74			N=142			N=126			N=236		
密度	0.167			0.246			0.684			0.655		
集中度	6.48%			6.72%			5.02%			4.87%		

資料來源：本研究整理。

　　第一，根據表 13-7，在 1992 年至 2000 年之間，共計通過執行的國科會計畫有 148 件次，而以關鍵詞出現 2 次為標準，初步篩選出的關鍵詞有 57 個，反映了那個時期 74 位公共行政學者比較關注的 57 個關鍵議題，若以程度中心性的原始指標來看，學者在這個時期在國科會計畫共計使用了公共行政這個關鍵詞 18 次，而公共行政這個關鍵詞，與其他關鍵詞間的關聯性（程度中心性）也是最高的（Ndegree=0.08），也反映了有不少學者使用這個關鍵詞的現象，而接下來的順位則是政府再造、地方政府、公共政策、官僚、行政革新等，這些關鍵詞高頻率的使用以及與其他關鍵詞關聯性高，反映了這個時期學術上常用的核心概念。若搭配表 13-8 計畫主持人的程度中心性資訊，可以發現這個時期通過國科會計畫程度中心性前五名的學者為為江明修、薄慶玖、項靖、曹俊漢與李允傑，這些學者看起來比較關注偏向傳統公共行政的研究議題，且從前列 20 名的關鍵詞來說，也可看出 1992 年至 2000 年間公共行政比較重要的研究關懷，除了傳統的公共行政之外，也涵蓋了公共管理與行政革新的議題，以及實務的行政改革議題（例如省政府），也與當時新公共管理學派與各國與臺灣政府再造的風潮有關。

　　第二，根據表 13-7，就 2001 年至 2010 年之間，共計通過執行的國科會計畫有 342 件，若加上多年期一年算一件，則總計會有 368 件次，而以關鍵詞出現 4 次為標準，則總計會有 142 位學者使用了 60 個常用的研究關鍵詞，也反映了學者在這個時期所在申請與執行國科會計畫時所使用的核心概念。從研究主題與關鍵詞的程度中心性來看，非營利組織、第三部門、社區、政策網絡與地方政府躍居這個時期的前五名，前 20 名的關鍵詞當中，也有與非營利組織概念類似的非政府組織、第三部門、基金會等議題存在，顯然這個時期公共行政學門的核心研究議題開始從傳統行政議題，轉向非營利組織的相關議題。而配合表 13-8 計畫主持人的程度中心性檢視，也可發現本時期執行國科會計畫的學者包含江明修、李翠萍、彭文賢、林淑馨、許世雨等人，這些學者的研究取向與前述核心議題的關聯性較強。此外，這個時期也有因應當時學術上的潮流，延伸出一些新的研究議題，例如社區、政策網絡、社會資本等議題，也符合當時開始結合新公共服務（new public services）概念的出現，以及 Putnam 社會資本研究概念的影響，開始重視社區研究、政策網絡與社會資本，甚至民主治理的概念，反而對原本在 1992 年至 2000 間所關懷的傳統公共行政議題的關懷有逐漸變少的趨勢。換言之，這個時期的研究主軸，有逐漸從國家轉向社會的趨勢。

　　第三，就表 13-7 之 2011 年到 2021 年間，共計通過執行的國科會計畫有 360 件，若加上多年期計畫來說，共計達到 546 件次，而以關鍵詞出現 4 次為標準來說，這個時期總計有 126 位學者成功申請計畫，並共計有 67 個出現 4 次以上的關鍵詞，這些關鍵詞也反映了這個時期公共行政學門中較為核心的研究概念。這個時期雖然非營利組織這個領域仍然有非常多的學者投入（Ndegree=0.079），但研究社區議題的學者人數躍居第一，社區與非營利組織這兩個議題在 2000 年後，成為較多公共行政學者關注的核心議題。此外，此時核心議題中，出現了一些過去沒出現或出現頻次較少的新興研究議題，例如民主治理、社會網絡分析、環境治理、績效評估、參與式預算、開放政府、社區營造、電子化政府等議題。從表 13-8 的計畫主持人程度中心性來檢視，也可發現這時期開始進入學界申請國科會計畫的年輕學者，例如王光旭、李柏諭、張鎧如、方凱弘、謝俊義、李仲彬與陳穎峰等人，其研究的主題大多與這些新興議題有明顯關聯性，這些議題也開始成為 2011 年後公共行政學門的主流議題之列。而前一個時期的部分研究核心，例如基金會、新制度論、公共管理、全球化等，在 2011 年後就比較乏人問津。因此 2011 年後，在計畫的申請與執行，研究的議題似乎又從新公共管理的主軸慢慢的走向更多元，更偏向新公共服務研究議題的方向。

　　若以 30 年整體發展的角度來說，有兩個議題是同時出現在三個時期當中，也同時名列以 30 年為範圍的核心議題：非營利組織與地方政府，也就是這兩個領域是公共行政學門這 30 年來未曾退流行的議題，與此領域相關的研究者也多居程度中心性的前幾名。而從 2001 年開始出現的研究議題，且持續存在並也名列 30 年來主流的核心議題，則包含了社區、領導與社會資本三個議題。而 2011 年後才出現，並且名列 30 年來的主流核心議題，則涵蓋環境治理、電子化政府還有文官三個議題。換言之，上述毫無疑問是公共行政學門 30 年來的主流議題，而且新興的環境治理、電子化政府與文官三個議題雖在晚近才開始位居主流議題之位，就在以 30 年為範圍的公共行政學門計畫中位居核心的研究領域，顯然這三個議題在 2011 年後有較為大量的學者投入，使得該研究的量體一下子變得較為龐大。細究文官此一關鍵字的研究計畫，大多以文官行為的研究為大宗，特別是與公共服務動機有關的研究，顯然文官行為的研究在 2011 年後的臺灣也有明顯蓬勃的成長，似乎與國際公共行政學界公共服務動機研究概念的流行有一定程度的關聯性。

　　就核心關鍵字來說，非營利組織、地方政府、社區、社會資本等核心議題彼此有一定程度的關聯性，這樣的關聯性也造成這些議題的研究學者容易形成比較明顯的研究議題上連結或重疊。政策網絡、社會網絡、網絡分析也與上述的議題有一定程度的連結，因此也可以算是這個脈絡中的重要議題。而就環境治理也此一研究議題來說，與非營利組織、社區和社會資本等概念也有一定程度的關聯性，這些相互連結的議題成為公行學門 30 年來學術發展的核心主軸。

　　此外，電子化政府是比較特別的領域，非但發展非常的快速，也與上述的研究議題、學者間的連結關聯性較小，儼然是公共行政學門一個比較獨立且自成一局的新興領域。這樣的發展可能與近年來公共行政實務上與國家政策啟動數位轉型，重視數位化、電子化的趨勢有關係，導致不少學者積極投入相關領域。然而，近期研究上比較常聽到的公私協力、跨域治理，或災害與危機管理等概念，其在國科會計畫涵蓋的研究議題上，就並不如想像中這麼位居核心。

綜合來說，從三個時期的核心研究議題來檢視，也大致可以發現以下三點趨勢：第一，公共行政的核心研究議題有外延化的趨勢，就 1992 年至 2000 年之間，申請計畫的核心議題多集中在政府組織內或傳統公共行政的議題，但 2001 年，甚至 2011 年之後，核心議題的範圍就開始拓展到政府部門之外，涵蓋了更廣泛的公共與社會議題，在研究議題上有從國家往社會移動的趨勢；第二，核心議題從傳統公共行政外延到更廣泛的公共與社會議題，某種程度上也反映了公共問題的複雜化，以及臺灣政治民主化的趨勢與政府部門角色的轉換，特別是 2011 年後在民主治理與參與式預算和公民參與議題的比重增加，也反映了行政部門在學術發展上愈來愈著重如何在行政部門中融合民主的機制，解決更多元的公共與社會問題；第三，大體上臺灣公共行政研究的趨勢符合公共行政領域中從傳統公共行政、新公共管理與新公共服務時間序列上的發展，實務上關注的議題也符合世界各國的潮流與臺灣本土議題的趨勢。例如，2001 年至 2010 年間重視公共管理的研究，多少與當時歐美的改革風潮，以及臺灣行政革新上的需求相契合；2000 年左右開始興起的社會資本研究，並以社區為研究主體，以及電子化政府領域的發展等也皆是如此。

伍、結論

本文一開始就陳明，發展了近 135 年的公共行政的研究領域，過去 30 年正在面臨激烈的轉型。雖然，長久以來公共行政發展過程中的「認同危機」與「正當性」的爭議，學門已經習慣於用多元涵容的方式各方並陳。然而，這樣的學門發展策略仍然需要回應外在環境不斷改變所帶來的衝擊。

回到 Woodrow Wilson 在本文一開始研究走路技藝的譬喻，當我們發現腳需要走在不斷改變的環境時，學界的專家們對於走路技藝的研究當然會增加對外在環境的理解與剖析。只不過，研究這個對發展環境調適的內涵也是重要的，一個學門必須發展出屬於自己的「領域識讀」的知識與能力，不斷地去回答「我們是誰」或「我們在做什麼」等認識論的大哉問來逐步建構公共行政學門的自我形象。特別是在學術全球化的大架構下，歐美的學術發展追求多元區域與人力的充實，我們可以從歐美國家最頂尖的公共期刊編委背景從西方向全球的變化看出。而臺灣新一代的學者相較過去也有更多以英文發表的情形，在與國際學術社群對話的需求下，臺灣公共行政的學門發展在大趨勢下仍然不脫過去 30 年歐美發展之影響，但依然有可能會因為議題的特性以及國內外環境差異而具有擴散效果的落差。比方說,九一一之後美國學界熱衷反恐行政,卻沒有外溢到其他區域與臺灣;但是,COVID-19 的相關治理研究,這兩年卻是爆炸性地在世界各國發展中。綜括來說,經過針對國科會過去 30 年所通過屬於公共行政領域的研究案的資料分析來說,我們產生下面三個簡單的結論。

首先,理論與議題的多元發展:過去 30 年來,公共行政的研究議題,就國科會最粗略的自我分類上來看,「公共行政與管理」的領域相對於其他包括公共政策或是第三部門等領域,一直穩定存在。而非營利組織和地方政府相關議題的研究,在這 30 年的時間裡,也可以看出是國科會計畫中的主流議題。不過,如果從理論上來看,如果包括協力/跨域/網絡這些理論,相對於新制度論曇花一現的發展,治理與網絡理論的興起是一個重要的亮點,對臺灣公共行政領域的學術發展具有一定影響。就研究議題來看,社區、社會資本、民主參與/審議、電子化政府、文官行為,以及環境治理與保護等幾個議題更是正在迅速發展中,並能觀察到公共行政研究的領域與議題外延現象,以及理論與實務發展皆深受民主治理與數位轉型的趨勢影響,但同時,傳統以政府法律組織為核心的研究議題正快速萎縮中。

再者,研究方法上的明確化:研究方法的爭議一直是公共行政發展的重心之一,從過去 30 年的發展可以看出,研究者們正以研究方法論述的明確化而展現出不同風貌,換句話說,「不管是量化與質化,不能只說自己愛說的話」是這個發展的精髓所在。我們從資料中發現,早期方法論無法歸類的研究比例很高,雖然公共行政學界對方法論的途徑具高度容忍,但是隨著明確的研究方法論描述是通過計畫的重要元素,研究者勢必須要說明清楚其研究設計。相較於過去,研究方法的明確化以及設計上更為嚴謹,也與學界更為強調循證化研究的趨勢有關。而針對研究方法的應用發展上,也可以觀察到混合方法的大幅增長,而實驗方法與(網路)資料庫分析才開始逐漸萌芽。

最後,研究社群的成形與影響:無論公共行政學門在研究議題與方法上如何發展,研究人員及其社群仍然是這個發展的主要動力所在,經過研究人員與議題的雙元分析之後,我們發現第三部門研究社群的程度中心性最高,主要是在於這 30 年的國科會計畫中,以非營利組織、第三部門為主題且通過的計畫量體不小,且又有不只一位程度中心性高之學者的擴散效應存在,導致非營利組織與第三部門和相關議題的連結較為頻繁。而其他攸關議題與理論發展的面向,大致與前面第一點的結果相差不多,趨勢上從國家中心向國家-社會(社區)互動的基底移動,新興的課題(新公共管理/治理、民主參與、開放政府、數位治理等)不斷出現,由相關議題研究人員持續在國科會申請過程中留下印記。

從以上所歸納的簡單結論,可以發現臺灣公共行政學界過去 30 年的發展,與國際上公共行政領域的發展有一定程度的關聯性,但在議題與研究社群的發展上,卻也展現了臺灣政治與社會環境的特殊性。本論文並無意涉入臺灣公共行政學界是否是西方公共行政觀點殖民地的爭議，但就本研究對臺灣公共行政領域過去 30 年研究議題發展的判讀來說，確實某種程度上受到了國際趨勢的影響，不過也能看到一些與臺灣民主轉型、鞏固與社會發展有關研究議題與成果的產出（例如民主治理、參與式預算、電子化政府）。但不論是趨同還是存在差異，都可產生一定程度與國際經驗對話的可能性。

　　當然，本研究所歸納出來的結論，有必要提出其研究的限制，讓讀者能夠理解並且對資料的解讀保持謹慎的心態。

　　其一，本研究的資料並沒有包括身處公共行政系所，但是卻沒有申請國科會公共行政學門研究案的學者。比方說，社會學、政治學或法律學者進入公共行政領域，國科會的研究可能多是申請社會學門或法律學門的研究。更重要的，近年國科會因為政策引領的需要，有許多關涉國家發展的科研經費特別投注，包括能源、災防、社會發展等，公共行政學門的專家門也多有參與，但無法出現在本研究的資料當中，容易形成判讀上的缺口。

　　其二，本研究由於注重研究議題與趨勢的改變，因此研究的績效與發表影響力並不是本文分析的重點所在。事實上，學術研究最終的結果評估應該是在發表的能量上，雖然國科會研究在互審的環境中有 40%-50% 的積分是看申請人過去的發表狀況，但本研究只就通過案的內容進行分析，這裡可能會面對兩個研究上的明顯限制：1. 由於無法取得沒通過的申請案資料，因此所謂研究趨勢缺乏反證的資料；2. 這個研究與其他針對期刊論文的分析，會有資訊不足以描繪領域全貌的問題。因此未來在研究上若能搭配期刊論文的內容分析，應更能夠判別出國科會的成果與期刊論文間的關聯與落差，或試著對照過去相關研究（孫同文，1998；莊文忠、吳穎年，2012），則更可能回應領域識讀的需要，進而更全面地探討為何會發展成如今的學術地景與樣貌，並更細緻地將可能的影響因素找出。

　　其三，如果以臺灣公共行政系所人力 200 多人為基礎，過去 30 年一共有 1,062 件審查通過、通過率大約 50% 的研究案來對應分析，每年平均有 35 件通過，申請的案件約 70 件，假設公共行政的研究人力都在參與某種研究活動，那麼絕大多數（約三分之二）的公共行政專業人力可能是在協助政府進行特定的研究案或透過其他的方式進行研究。換言之，就本研究聚焦的國科會計畫來說，可能僅能反映了公共行政領域在研究上較為前端且核心的議題，無法反映全貌，而這些研究的成果是否能解決我們公共行政實務上的需求，也仍有待討論。這個部分的缺憾因為政府研究資訊系統（GRB）的存在而成為可能研究的方向，特別是公共行政這個領域很多時候強調實務應用的高位性，這個理論與實務的研究地景取象，可以作為未來接續研究的焦點。

參考書目

王貿，2020，〈公務人員關注議題之文字探勘：以 PTT 公職板為例〉，《調查研究 —— 方法與應用》（45）：119-154。

李美華、孔祥明、李明寰、林嘉娟、王婷玉、李承宇譯，2004，《社會科學研究方法（上／下冊）》，臺北：時英。譯自 Babbie, Earl. 2001. *The Practice of Social Research*, 9th ed. Belmont, CA: Wadsworth Thomson Learning.

施能傑，2021，〈升簡任官等訓練的績效評估：投資效益性和平等就業機會〉，《東吳政治學報》39（3）：1-39。

孫同文，1998，〈臺灣公共行政研究成果的回顧與評估〉，《暨大學報》2（1）：133-159。

張鎧文、謝儲鍵、陳敦源，2018，〈臺灣公共行政領域智識流動的研究：治理概念擴散與連接之初探〉，《行政暨政策學報》（66）：39-83。

莊文忠、吳穎年，2012，〈臺灣公共行政暨公共事務碩士生研究什麼及如何研究：以 1997 至 2008 年碩士論文分析〉，《公共行政學報》（42）：33-71。

陳敦源，2019，《民主治理：公共行政與民主政治的制度性調和》，三版，臺北：五南。

陳敦源、呂佳螢，2009，〈（議題評論）循證公共行政下的文官調查：第一次臺灣經驗的觀點、方法、與實務意義〉，《公共行政學報》（31）：187-225。

陳敦源、蕭乃沂、蘇偉業，2012，〈從消極規避到積極應用：資訊公開法下建構「臺灣文官調查資料庫」的芻議〉，《文官制度季刊》4（4）：35-59。

賴怡樺、林水波、陳敦源，2018，〈行為主義導向的公共政策研究：以政策工具「推力」為焦點之初探〉，《行政暨政策學報》（67）：1-37。

賴怡樺、陳敦源、陳志道、王英偉、吳建遠、周燕玉、周繡玲，2021，〈行為主義導向公共政策的設計與應用：以提升大腸癌篩檢率的推力工具為例之探究〉，《東吳政治學報》38（3）：65-119。

韓保中，2011，《Frank J. Goodnow 的法治行政思想之研究》，臺北：翰蘆。

Bauer, M. W., B. G. Peters, J. Pierre, K. Yesilkagit, and S. Becker, eds. 2021. *Democratic Backsliding and Public Administration: How Populists in Government Transform State Bureaucracies*. Cambridge, UK: Cambridge University Press.

Bertelli, A. M. 2021. *Democracy Administered: How Public Administration Shapes Representative Government*. Cambridge, UK: Cambridge University Press.

Bouwman, R. B., and S. Grimmelikhuijsen. 2016. "Experimental Public Administration from 1992 to 2014: A Systematic Literature Review and Ways Forward." *International Journal of Public Sector Management* 29 (2): 110-131.

Boyne, G. A., and R. M. Walker. 2010. "Strategic Management and Public Service Performance: The Way Ahead." *Public Administration Review* 70: s185-s192.

Dunsire, A. 1995. "Administrative Theory in the 1980s: A Viewpoint." *Public Administration* 73 (1): 17-40.

Durant, R. F., and D. H. Rosenbloom. 2017. "The Hollowing of American Public Administration." *The American Review of Public Administration* 47 (7): 719-736.

Fairlie, John A. 1935. "Public Administration and Administrative Law." In *Essays on the Law and Practice of Governmental Administration*, eds. C. G. Haines and M. E. Dimock. Baltimore, ML: The Johns Hopkins Press, pp. 3-43.

Fox, C. J., and C. E. Cochran. 1988. "Discretionary Public Administration: Toward a Platonic Guardian Class?" *Dialogue* 10 (4): 18-56.

Frederickson, H. G. 2005. "Whatever Happened to Public Administration? Governance, Governance Everywhere." In *The Oxford Handbook of Public Management*, eds. Ewan Ferlie, L. E. Lynn, and C. Pollitt. Oxford, UK: Oxford University Press, pp. 282-304.

Frederickson, H. G., K. B. Smith, C. W. Larimer, and M. J. Licari. 2018. *The Public Administration Theory Primer*. New York, NY: Routledge.

Fukuyama, F. 2004. "Why There is No Science of Public Administration." *Journal of International Affairs* 58 (1): 189-201.

Fukuyama, F. 2014. "America in Decay: The Sources of Political Dysfunction." *Foreign Affairs* 93: 5.

Grimmelikhuijsen, S., S. Jilke, A. L. Olsen, and L. Tummers. 2017. "Behavioral Public Administration: Combining Insights from Public Administration and Psychology." *Public Administration Review* 77 (1): 45-56.

Hafer, J. A. 2016. "Public Administration's Identity Crisis and the Emerging Approach That May Alleviate It." *Journal of Public Affairs* 1 (1): 6-16.

Hansen, J. A., and L. Tummers. 2020. "A Systematic Review of Field Experiments in Public Administration." *Public Administration Review* 80 (6): 921-931.

Hay, C. 2004. "Theory, Stylized Heuristic or Self-fulfilling Prophecy? The Status of Rational Choice Theory in Public Administration." *Public Administration* 82 (1): 39-62.

Herring, E. P. 1936. *Public Administration and the Public Interest*. London, UK: McGraw Hill.

Hou, Yilin, Anna Ya Ni, Oraorn Poocharoen, Kaifeng Yang, and Zhirong J. Zhao. 2011. "The Case for Public Administration with a Global Perspective." *Journal of Public Administration Research and Theory* 21: i45-i51.

Isett, K. R., B. W. Head, and G. Van Landingham. 2016. "Caveat Emptor: What Do We Know about Public Administration Evidence and How Do We Know It?" *Public Administration Review* 76 (1): 20-23.

Jordan, S. R. 2005. "Methodological Balkanization, Language Games and the Persistence of the Identity Crisis in Public Administration: A Student's Perspective." *Administrative Theory & Praxis* 27 (4): 689-706.

Kapucu, N., Q. Hu, and S. Khosa. 2017. "The State of Network Research in Public Administration." *Administration & Society* 49 (8): 1087-1120.

Kay, A. 2011. "Evidence-based Policy-making: The Elusive Search for Rational Public Administration." *Australian Journal of Public Administration* 70 (3): 236-245.

Kettl, D. F. 1999. "The Future of Public Administration." *Journal of Public Affairs Education* 5 (2): 127-133.

Kirwan, K. A. 1977. "The Crisis of Identity in the Study of Public Administration: Woodrow Wilson." *Polity* 9 (3): 321-343.

Lavertu, S. 2016. "We All Need Help: 'Big Data' and the Mismeasure of Public Administration." *Public Administration Review* 76 (6): 864-872.

McGarvey, N. 2001. "Accountability in Public Administration: A Multi-perspective Framework of Analysis." *Public Policy and Administration* 16 (2): 17-29.

Mele, V., and P. Belardinelli. 2019. "Mixed Mmethods in Public Administration Research: Selecting, Sequencing, and Connecting." *Journal of Public Administration Research and Theory* 29 (2): 334-347.

Morgeson III, F. V. 2005. *Reconciling Democracy and Bureaucracy: Towards a Deliberative-democratic Model of Bureaucratic Accountability*. Doctoral Dissertation, University of Pittsburgh, Pittsburgh, PA.

Moura, D. P., and H. T. Miller. 2019. "On Legitimacy: Is Public Administration Stigmatized?" *Administration & Society* 51 (5): 770-794.

Mussagulova, A., and Z. Van der Wal. 2021. "'All Still Quiet on the Non-Western Front?' Non-Western Public Service Motivation Scholarship: 2015-2020." *Asia Pacific Journal of Public Administration* 43 (1): 23-46.

Nanda, V. P. 2006. "The 'Good Governance' Concept Revisited." *The ANNALS of the American Academy of Political and Social Science* 603 (1): 269-283.

Nisar, Muhammad A. 2015. "Practitioner Envy and Construction of the Other in Public Administration." *Administration & Society* 49 (10): 1403-1423.

Ostrom, V., and E. Ostrom. 1971. "Public Choice: A Different Approach to the Study of Public Administration." *Public Administration Review* 31 (2): 203-216.

Perry, J. L. 1996. "Measuring Public Service Motivation: An Assessment of Construct Reliability and Validity." *Journal of Public Administration Research and Theory* 6 (1): 5-22.

Perry, J. L. 1997. "Antecedents of Public Service Motivation." *Journal of Public Administration Research and Theory* 7 (2): 181-197.

Peters, B. G., and J. Pierre. 1998. "Governance without Government? Rethinking Public Administration." *Journal of Public Administration Research and Theory* 8 (2): 223-243.

Raadschelders, J. C. 2011. "The Future of the Study of Public Administration: Embedding Research Object and Methodology in Epistemology and Ontology." *Public Administration Review* 71 (6): 916-924.

Rhodes, R. A. W. 1996. "The New Governance: Governing without Government." *Political Studies* 44 (4): 652-667.

Riccucci, N. M. 2010. *Public Administration: Traditions of Inquiry and Philosophies of Knowledge.* Washington, DC: Georgetown University Press.

Ritz, A., G., A. Brewer, and O. Neumann. 2016. "Public Service Motivation: A Systematic Literature Review and Outlook." *Public Administration Review* 76 (3): 414-426.

Rutgers, M. R. 1998. "Paradigm Lost: Crisis as Identity of the Study of Public Administration." *International Review of Administrative Sciences* 64 (4): 553-564.

Santiso, C. 2001. "Good Governance and Aid Effectiveness: The World Bank and Conditionality." *The Georgetown Public Policy Review* 7 (1): 1-22.

Schwoerer, K., F. Keppeler, A. Mussagulova, and S. Puello. 2022. "CO-DESIGN-ing a More Context-based, Pluralistic, and Participatory Future for Public Administration." *Public Administration* 100 (1): 72-97.

Shanahan, T., and C. Shanahan. 2008. "Teaching Disciplinary Literacy to Adolescents: Rethinking Content-area Literacy." *Harvard Educational Review* 78 (1): 40-59.

Van der Waldt, G. 2014. "Public Administration Teaching and Interdisciplinarity: Considering the Consequences." *Teaching Public Administration* 32 (2): 169-193.

Vigoda, E. 2002. "From Responsiveness to Collaboration: Governance, Citizens, and the Next Generation of Public Administration." *Public Administration Review* 62 (5): 527-540.

Vigoda, E. 2003. "Rethinking the Identity of Public Administration: Interdisciplinary Reflections and Thoughts on Managerial Reconstruction." *Public Administration & Management: An Interdisciplinary Journal* 8: 1-22.

Waldo, D. 1968. "Public Administration in a Time of Revolutions." *Public Administration Review* 28 (4): 362-368.

Waldo, D. 1990. "A Theory of Public Administration Means in Our Time a Theory of Politics Also." In *Public Administration: The State of the Discipline*, eds. Naomi B. Lynn and Aaron Wildavsky. Chatham, NJ: Chatham House, pp. 73-83.

Yfantis, V., H. C. Leligou, and K. Ntalianis. 2021. "New Development: Blockchain – A Revolutionary Tool for the Public Sector." *Public Money & Management* 41 (5): 408-411.

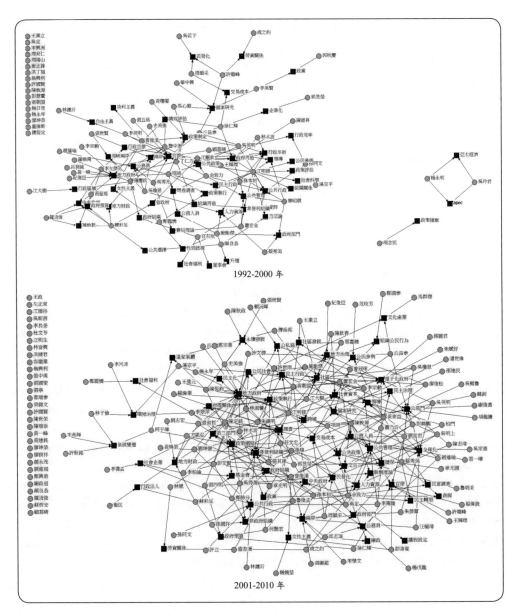

附錄：公共行政學門計畫主持人與核心議題 two-mode 網絡圖

註：方形為核心議題關鍵字，圓形為計畫主持人。

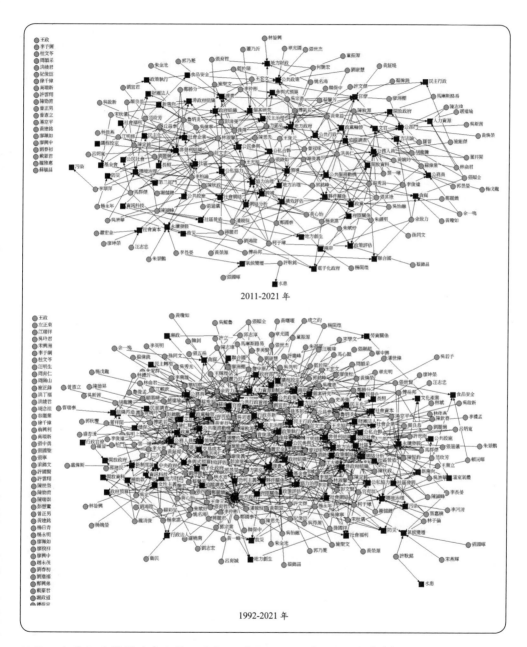

2011-2021 年

1992-2021 年

附錄：公共行政學門計畫主持人與核心議題 two-mode 網絡圖（續）

註：方形為核心議題關鍵字，圓形為計畫主持人。

第十四章

公共行政與治理的共同演變：
審議的轉向與價值共創*

范玫芳

壹、前言

隨著全球不同層次的治理體系面臨高度複雜的政策難題，公共行政學術社群更加重視公共治理課題。自從 1970 年代起，愈來愈多研究批判官僚體系在解決棘手問題（wicked problem）捉襟見肘。針對這些問題定義不清、具複雜因果關係、相衝突的政策目標以及缺乏標準解決方案之難題，不少公共行政學者主張透過多元行動者網絡與跨部門協力，以整合資源、知識、促進創新並發展解決之道。近年來諸多動盪（turbulence）和挑戰以不一致、難以預測和不確定的、甚至無法想像的複雜形式交互作用，例如新冠肺炎大流行、俄烏戰爭衝擊全球經濟和能源安全、氣候緊急狀況（climate emergency）。公共行政社群乃致力於尋求藉由協力、實驗性、多重部門模組化與重組方式發展強韌的治理模式，並在反覆試誤中進行即時修正，試圖將「顢頇」的政府轉折到創新治理（Ansell et al., 2021）。

自 1990 年起民主理論興起審議轉向（deliberative turn），審議民主持續茁壯。世界各地不同層級的政府紛紛嘗試將公共審議納入治理過程，形成「審議的新浪潮」（deliberative wave）（OECD, 2020）。透過公共審議的設計以實踐審議民主價值，成為民主改革重要的發展。這些實驗性的嘗試有的具有政策制定過程的投入和諮詢功能，有的不僅是治理體系的創新，且成為矯治民主危機的制度（Curato et al., 2020）。

2014 年太陽花學運帶來新一波公民參與的復興，開放公民參與在政策過程已力不可擋。政府部門試著納入更多公共審議，並透過與民間和公民社會的協作，創造新的跨決策機構和公共領域之間嶄新的審議空間，例如由國發會法制協調中心、資策會科技法

---

* 作者感謝匿名審查人提供寶貴建議；湯京平特聘教授的建設性評論；孫同文特聘教授、曾冠球教授對初稿提供寶貴意見並分享對國內公共行政發展的深入觀察，作者獲益匪淺。

律所與 g0v 協力建置的數位經濟法規線上諮詢平臺（vTaiwan）。民主創新和行政改革的推動引起公共行政研究的高度關注。

　　晚近國際公共行政和政策學術社群在協力治理網絡研究快速成長。研究發現在 20 世紀末到 21 世紀初協力治理網絡成為公共行政學界的熱門研究主題。根據一項回顧 1977 年至 2018 年期間出版的期刊論文研究，過去 20 年來協力網絡治理文章數量急遽上升，主要領域包括環境研究、健康照護／公共衛生、地方／都市／社區／區域研究、企業／金融及公共事務（Morçöl, 2021）。國內公共行政也朝協力治理網絡方向快步前進。根據施能傑（2013：242-245）回顧 2000 年至 2011 年公共行政領域發展概況，公共行政領域 TSSCI 期刊 426 篇文章中，「治理關係」和「公共政策」乃是兩個顯著受到重視的研究方向。「治理關係」類別研究主題包括治理理論、政策網絡、社會資本、非營利組織、社區夥伴、組織間關係與救災體系。績效管理、審議民主、行政民主和組織行為的研究則在近年來增多。孫同文等人（Sun, Chen, and Phan, 2020: 472）針對 2014 年至 2018 年公共行政領域學術和實務導向期刊文章進行分析，指出公共行政學術社群從官僚體系的研究架構朝向協力治理研究，強調社區在公私協力的重要角色。前一章陳敦源、王光旭與陳揚中回顧過去 30 年來公共行政領域研究，同樣指出治理理論及相關研究持續成長的趨勢。

　　本文立基在前述國際趨勢及回顧性文章基礎上，進一步解析過去十年臺灣公共行政領域公共治理研究的研究主軸、次領域和主要研究成果，並展望未來。本文蒐集 2012 年至 2022 年 6 月收錄在國科會人文社會科學研究中心政治學門 TSSCI 期刊，針對其中以公共治理為主題的論文進行分析，並輔以近期治理主題的學術專書和幾篇著重實務的公共行政領域期刊文章補充，以期顧及實務取向相關文獻所帶來的多元觀點。首先，介紹公共行政與治理概念的共同演變，並提出將治理視為是潛在的審議系統，作為觀察與解析國內治理文獻的架構；接著，回顧公共治理研究的研究主軸及治理研究次領域。最後反思現況與展望未來方向，以期帶來更多對話。

貳、公共行政與治理概念的共同演變

　　1970 年代起公共行政理論學派呈現多元發展。1983 年美國公共行政學者 Wansley 等發表「黑堡宣言」，主張「理想－過程取向的公共對話」（ideal-process oriented public dialogues），對日後公共行政朝向民主治理有深遠啟發。「黑堡宣言」主張公共利益的重要性，公部門以多重面向解決公共問題，在決策過程考量所有立場以促進公共利益，強調文官在捍衛民主憲政的責任。所謂理想的導向公平之公共對話機制，是讓所有政策利害關係人參與在公共利益實質內容的界定，使深思熟慮的公民意見，投入在政策制定過程中（許立一，2011）。

　　詹中原（2013：251、269）認為當前公共行政學處於典範競逐。1980 年代公共行政典範劇烈變遷，受新右派和新自由主義影響，以新管理主義為學科哲學基礎的新公共管理（New Public Management, NPM），成為公共行政歷經 30 年的典範。然而效率至上的管理思維，引發公平、正義、民主等多重價值的質疑，已呈現衰退。繼之而起各種「準典範」，諸如以公民參與網絡治理重新形塑公部門職能的「新治理典範」、強調公共價值為行政及政治指導的「公共價值典範」。然而，臺灣公共行政學科較西方典範建構遲滯，2000 年後似乎仍以新公共管理為新「浮現」的核心價值。孫同文與林玉雯（Sun and Lin, 2014）針對臺灣公共行政領域在 1990 年至 2010 年的期刊文章進行內容分析，顯示 1990 年後公共行政研究主題受到新公共管理典範和政府再造運動顯著的影響。湯京平（Tang, 2004）認為概念上 NPM 和民主化相容，能強化民主行政的推行，尤其在民主化運動早期階段。但隨著民主化進程和公民社會的茁壯，弱勢群體賦能和草根參與的倡議進入到改革議程，則 NPM 反而形成民主的挑戰。張四明與胡龍騰（2013）認為臺灣已進入「後新公共管理」（post-NPM）時代，轉向重視公共價值的創造以及在政府施政過程的公共價值意涵。

　　治理理論自 1990 年代以來受到學術界和實務界的高度重視，主張透過網絡以及政府、企業組織和公民社會的協力合作，以及政策制定者與公眾之間有意義的溝通，解決政策問題。多位公共行政學者在 2013 年行政院研考會發行的《國土及公共治理季刊》創刊號介紹公共治理理論與實務發展。例如陳文學、孫同文、史美強（2013）統整五項治理觀點，包括傳統公共行政、新公共管理、網絡治理、政治經濟觀點與歷史觀點，並指出國際組織對公共治理內涵和實務運作上各有不同。

　　陳敦源（2019：34-37）認為民主治理能調和政治和行政之間的價值衝突問題，著重過程與結果，可以連結變動的民主政治。換言之，民主治理是「建立有效的民主制度」、「公共課責機制的設計與維繫」、「多元（polycentric）或是去中心化的統治（decentralized ruling）」。謝儲健、張鐙文、陳敦源（2018）回顧治理文獻並指出治理的特質，包括重視網絡力量、關注行動者之間的相互依賴關係與間接影響、公私資源的結合與建立夥伴關係、發展多元工具的應用。治理概念可作為觀察公共行政與其他學科之間智識連結的基礎。

　　近年來源自於企業、顧客和利害關係人動態互動的價值共創（co-creation）概念與新模式也影響了公部門改革論述和公共服務問題解決的創新過程，引起國際公共行政和治理研究領域的高度討論。公共價值的共創被視為是一種公共服務的協力治理形式，也是民主的實作。研究關注「策略性公共管理」如何能促成共創公共服務解方和提升公共價值（Ongaro, 2021）；公部門從法律權威機構轉換成共創的場域、如何透過制度設計、公共領導與系統性的變革促進共創（Torfing, Sørensen, and Røiseland, 2019）。共創強調行動者之間互動的與動態的關係，並在互動與匯集中創造共享價值，乃是基於公共服務使用者所處脈絡之生活經驗。價值成為公共管理和公共服務的核心，公共服務傳輸不是線性而是公共服務使用者的合產（co-production），公共服務使用者在與其他政策行動者的互動中和所處的服務體系中產生共享價值（Osborne, 2018）。Strokosch 與 Osborne（2020）從生態系統觀點說明公共服務使用者、第三部門組織以及較大社會之間的互動，和在公共服務傳輸過程中價值共創的交互連結性與複雜性。共創涉及三個重要因素，包括個別行動者如何界定和詮釋價值、每個行動者追求什麼目標的達成、目標之間如何平衡以有效地支持價值共創。公共管理者在公民社會和政治人物間扮演重要的媒介，平衡多元目標以促進價值共創的過程。

當前自由民主國家面臨代議士與選民、菁英與公眾間在政策制定過程之間的斷裂。晚近審議民主系統轉向，將公共審議視為涵蓋多元的溝通行動與場域的系統。系統中各組件之間具相依性、審議的分工與互補性。理想的審議系統中各組件是鬆散耦合的，可經由「匯聚、相互影響與相互修正的過程」，接收並考量從審議系統其他組件產出的論理和方案；多元場域的溝通和審議的實作可以共同發揮認識面（epistemic）、包容性和公平決策之系統性功能。系統中某個構成部分的缺失可藉由其他組件來彌補，例如公共審議或公民科學可彌補專家在風險評估的不足或偏頗。但系統運作可能出現不同型態的缺失（例如組件間的疏離、制度的支配），而偏離了審議理想（Mansbridge et al., 2012: 22-24）。

審議系統觀點有助於吾人檢視整個民主體系主要構成組件的動態互動、連結以及決策次系統間是否良好運作。范玫芳（Fan, 2021a）採取審議系統途徑針對臺灣審議民主進行全觀和系統性的分析，探討微觀的審議和巨觀的民主體系之間複雜的動態連結，如何在審議上分工與功能互補，及如何能提升系統整體的審議品質。審議系統的組成主要包括「公共領域」和「授權決策場域」（empowered space）、「傳遞」（transmission）和「課責」（accountability）機制、反身性（reflexivity），前述構成組件集合運作決定「集體決策」結果（decisiveness）。[1]該書呈現公民團體在審議系統運作上扮演了極為重要

---

[1] 「決策場域」指權威性決策產出的空間，機構間彼此分工；「公共領域」指想法和論述產生和溝通所在，尤其指公民社會；「傳遞」機制指公共領域對於決策場域的影響，包括政府機關的溝通管道、正式或制度性的審議論壇、公共領域的論述和論理的傳播等；「課責」機制指決策場域對公共領域的負責，決策單位須回應並能辯護其施政作為；「反身性」指系統能檢視並進行必要的改變之能力，包含「後設審議」（meta-deliberation），即系統本身有審議自己的審議品質之能力。包容性的審議參與帶來體系的反身性。

的角色與功能，增進了論述的包容性並有助於提升治理體系的審議能力，而數位創新和線上社群平臺更促成構成組件和場域間跨時間和多重尺度審議之連結。審議民主則在實踐運作中促進了更多審議空間並對抗了政治參與中的排除性，這對審議系統帶來民主化的效果。

審議系統中新興的「異質場域」（hybrid spaces）指同時涵蓋決策場域和公共領域的特性，包括了政府和公民社會間的對話機制、跨公、私和公民社會的協力網絡等（Dryzek et al., 2019）。Dryzek 等人（2019: 49-50）認為審議系統的架構可以彌補 Ostrom 所提出的「多中心治理」（polycentric governance）概念的侷限，因多中心治理在資訊分享、協調與衝突解決時可能產生「無政府式的無效率」。審議系統能促使多治理中心的協力進行更有意義的溝通，以達到集體的目標。有效的審議系統能具生產性地整合由上而下及由下而上的治理途徑，審議的治理乃是一個重新建構的過程，具反身性的機構和實作能反思其自身的績效進而重新建構具包容性和審議性的治理。

審議民主的系統途徑提供整合的架構，檢視多元形式的政治溝通與公民參在當代民主政治的擴散以及如何形塑民主改革。公共治理朝向審議的民主化並非侷限在單一機構的變革，而是朝向發展跨越機構、場域和體系間連結。本文汲取 Dryzek 等人（2019）審議系統的分析架構，[2] 將公共治理視為是潛在的審議系統，多重尺度的審議彼此間相互連結與形構（見圖 14-1）。近年來公共領域公民參與的復興以及新浮現的跨公共領域和政府部門的協力網絡和審議場域，乃是修補民主治理體系中代議機構、行政機關和公民之間斷鏈的重要關鍵。審議系統架構有助於梳理和呈現公共治理相關研究成果的圖像以及彼此之間的系統性連結。理想的審議系統概念可用以檢視系統部分構成組件的「實然」面和缺失，並反思可能的出路。

---

[2]　Dryzek 等人（2019）提出審議系統架構以分析全球環境治理。本文加以修正並應用來說明治理體系構成要項之間彼此的互動與連結性。

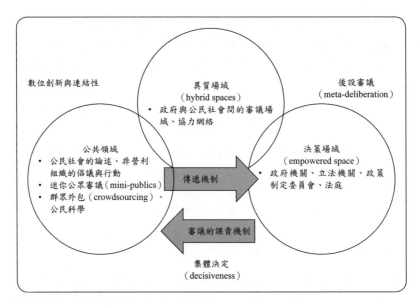

圖 14-1 審議系統架構
資料來源：修改自 Dryzek 等人（2019: 50）。

參、臺灣公共治理文獻的研究主軸

　　本節將公共治理文獻大致歸納兩個跟國際學界同步且蓬勃發展的研究主軸：一、審議民主和參與式預算；二、公民參與和協力治理。這兩個研究主軸都是民主創新的重要型態，彼此交錯並非截然二分。審議民主將對話置放在民主核心，公民有平等機會參與討論政策議題，論理和權衡不同的偏好和價值並影響政策制定；協力則強調多元利害關係人參與在跨域議題，公部門、私部門和公民社會形成夥伴關係和網絡，透過協商和民主程序進行合作。審議可能帶來進一步的協力，而協力過程也可能包含不同的溝通和審議成分，或促成後續的審議。

　　國內治理文獻呈現公共領域中非營利組織和公民參與行動蓬勃發展。近年來興起多元的公民參與形式以及針對政策議題設計的審議民主討論模式，透過各種正式的制度設計和非正式的傳遞機制將公共領域的論述傳遞到決策場域。新興的審議場域和協力網絡有助於增進公共領域和決策場域間的連結。以下進一步闡述：

一、審議民主和參與式預算

　　審議民主概念自 1990 年代末引進臺灣，在 2002 年由政府和學界針對二代健保改革政策規劃舉辦先驅性的公民會議。當時民進黨在國會為少數，強調在政策制定過程中納入公民參與和公共審議，以取得正當性。黃東益與謝忠安（Huang and Hsieh, 2013）跨時性地檢視臺灣自 2002 年起審議民主實作對學界、政府和社會的影響，指出 2008 年起國民黨執政期間，雖然審議民主舉辦次數有減少的現象，審議民主的理念仍不斷擴散，不少政府部門和局處傾向透過審議方式解決政策爭議，並主張審議民主整合代議政治以提升民主品質。受到 2014 年學運和民間社會改革倡議的影響，2016 年蔡政府執政後陸續推動結合參與和審議的機制，例如線上法規制定平臺、全國性諮詢會議（例如 2017 年全國文化會議、全國農業會議、司法改革國是會議）。

　　審議民主概念廣泛應用在不同治理層級、多元的政策領域和政策階段。實際案例顯示公民會議可以增進公民參與者對政策議題的知識並影響其政策態度。例如范玫芳（Fan, 2015a）評估基改食品公民會議的影響，能促進不同觀點的對話、帶來公民參與者在知識與政策態度的改變，但對於政策制定的連結受限於複雜政治結構。近年來政府部門在面對涉及社會價值和道德衝突的政策議題，嘗試以創新的審議方式化解衝突，展現公共審議在政策過程的影響。胡慧君與吳宗憲（2016）針對 2014 年由農委會委託工研院舉辦的「流浪犬管理政策公民審議會議」進行評估，公民會議能提升公民知能，增進公民同理和更全面的議題思考，降低對議題本身價值論辯的激烈程度，同時帶來公民與政府對話的可能。陳穎峰（2019）分析 2012 年我國環評史上首次由官方舉辦的公民會議之影響，公部門在審議後在 2014 年撤回環評，改以官民合作產出的替代方案進行下一波的公民諮商程序，優質的公民審議讓政策得到更多公眾與政府部門檢核的機會，成為突破環評僵局的助力。

　　隨著國際學界對於審議民主系統轉向的高度關注，范玫芳和張簡妙琳（2021）引介審議系統途徑並分析多元場域的溝通與審議間動態連結與相互作用。如前述，審議系統理論認為，審議並不侷限在特定機構或特定場域中高度結構化設計的審議活動或說理形式。范玫芳與宋聖君（Fan and Sung, 2022）探討原住民組織發起部落草根論壇和倡議行動網絡，由下而上建構原住民長照政策問題並傳遞其價值、知識與論述，進而創造更多對話空間並形塑治理過程，包括促成立法院與行政院的協商平臺、修法納入部落文化差異、朝向發展原鄉共管機制。

　　課責機制乃是公共治理體系中的重要構成要件和建制。黃偉茹與陳澄羽（2019）分析都市計畫委員會審議制度的課責問題，指出現行都委會組織規程和審議制度偏重行政課責的設計，各級主管機關首長有很大的管轄權限影響都委會審議；主張建構都委會的多重課責主體，強化社會課責，使審議制度的功能運作符合社會期待。考量都市規劃對外部環境和世代環境之重大影響，難論定何種結果能符合「公共利益」，謝旭昇（2021）主張納入康德的公共性概念，在都市計畫公民參與制度設計上超越原本狹義的共同體成員，納入無關共同體利益的他者之意見，以更全面審議「公共利益」。

公民直接參與並影響預算方案和決策過程，有助於改善公共領域與官僚體制以及政策過程的斷鏈，成為近年來公共行政熱門的研究主題。太陽花學運後帶動更多公民參與的呼聲和改革，自 2015 年起五都紛紛推動實驗性參與式預算。各地掀起了新一波公民參與和審議的風潮並各自開展多元的形式。方凱弘、陳揚中、李慈瑄（2021）評估參與式預算住民大會場域的審議過程品質，展示不同的審議行為樣態。在治理的過程和影響上，傅凱若（2019）認為參與式預算的民主創新模式是一種公共價值創造的實踐，分析涵容性、透明、參與的效能和正當性等公共價值如何在參與式預算的過程中被創造、持續推動和擴散。范玫芳（Fan, 2021a: 146-167）從審議系統觀點分析臺北市參與式預算制度，展示多元場域和各階段（例如住民大會、審議工作坊、公民參與委員會）在審議的分工、功能的互補和連結性，有助於提升地方治理體系的審議能力。

蘇彩足（2017）分析公部門推動參與式預算模式，並省思權力和利益糾葛可能衝擊參與式預算。孫煒（2020）指出受限於官僚體系既有思維，有些縣市基層官僚基於新公共管理思潮採簽約委外方式，運用自主裁量權形塑了參與式預算的過程與產出，表面上提升居民參與公共事務的密度，是否真實地反映參與式預算精神值得反思。針對提案後的執行面，傅凱若、張婷瑄（2020）指出臺北市結合「專案管理」方式，囿限於官僚體系層級節制和依法行政，承辦人裁量權和資源使用的整合程度低，且受限於專案管理能力及課責設計，提案完成的自主性受到層層管控，須強化公共價值的創造而非僅套用一致管理流程工具。

有別於其他縣市推動參與式預算的委外模式，臺北市參與式預算採「官學聯盟」模式，自 2015 年起試辦到制度化與模組化推動至今已長達八年，增進了行政機關、區公所與在地陪伴的大專院校（以公共行政系所居多）、社大、社區組織和里民間的動態互動。參與式預算創造和連結諸多溝通和對話場域，並促進更多的參與和行動網絡的持續擴散。根據作者擔任參與式預算官學聯盟北投區陪伴學校指導教師的參與觀察研究，以北投區「五分港溪最美河川公園首篇」參與式預算案為例，該案由里民在住民大會提案，經過審議工作坊和 i-voting 程序獲得市民支持，後續促進臺北市政工務局水利工程處邀請在地公民團體和行動者參與在具審議精神的願景工作坊，藉由互動式的討論作為未來規劃根據；提案人要求選區議員監督並促成相關局處之間的溝通和協調，回應互踢皮球的質疑；里民透過社群媒體傳遞知識，並採取實際行動巡守河川。參與式預算制度創造新的審議空間和動態參與，共同建構生活敘事、地方知識和公共價值（Fan, 2021a: 164）。

　　臺北市參與式預算「官學聯盟」模式提供各區陪伴學校的大專院校學生參與觀察和培訓擔任住民大會桌長帶領里民進行提案審議的實作經驗，引發年輕學子的研究興趣，並累積不少豐富的研究成果。例如以臺灣博碩士論文知識加值系統搜尋以「參與式預算」為主題的論文從 2016 年至 2022 年多達 50 多本，尤其以公共行政系所的碩士論文居多。值得一提，參與式預算制度的推行也促成陪伴學校 20 幾位教師合力編著結合理論和實務導向的專書出版（陳敦源等人，2022）。

二、公民參與和協力治理

　　決策場域中行政部門針對特定政策議題邀請利益團體、倡議組織、學者專家以及相關單位等利害關係人組成委員會進行政策審議、協商與決策，是重要的公民參與機制和審議場域。以全民健康保險會最受矚目。羅凱凌（2017a、2017b）指出參與者對委員會的行政或民主功能偏悲觀，而制度賦權仍對實質效能感具有正面影響，但委員會決策仍受到傳統代議的動員能力以及主管機關的控制。王光旭等（2021）指出委員會中行動者彼此在決策參與的互動關係會影響決策參與行為，參與的頻率與品質有待提升。

　　電子連署是政府回應民主危機的一種民主創新，有助於打造數位民主（Wright, 2012），也是制度性的傳遞機制。國發會在 2015 年建置的公共政策網路參與平臺（簡稱 JOIN），具備全國性電子連署功能的「提點子」包含了提議、檢核、覆議和政府回應四個階段。林宛萱、王宏文、王禕梵（2020）探討影響臺灣電子提案通過成案門檻之因素，有利益團體支持的提案較會通過成案門檻，顯示利益團體在由下而上政策議程設定上的影響力。張鐙文、吳佩靜（2021）認為 JOIN 平臺實踐了線上協力式的政策參與。針對已成案並獲得機關完整回覆的政策提案來看，機關採用之政策論證模式以「方法」、「權威」與「平行個案」最為常見，權責機關「或多或少願意傾聽」或納入利害關係人的需求和想法。以上顯示傳遞機制和課責性逐漸受到重要。換言之，權責單局必須證成其施政作為，有助於決策場域和公共領域之間的互動與連結。另一方面，公眾「信任」對於提升網路公民參與有正向影響，包括文化、制度、微觀、宏觀途徑所產生的信任（李仲彬，2019）。韓意慈與徐煒勛（2018）指出在虛擬社會和數位科技創新下，非營利組織在公民社會線上課責上的角色日趨重要，包括揭露、倡議及邀請參與。社福機構線上課責角色與其組織特質和資源具相關性。

　　學界和實務工作者對於協力治理的定義以及協力治理與民主之間的關係有不同的看法。孫同文等人（Sun, Lin, and Phan, 2020）指出協力網絡的參與者的民主觀不僅影響其在治理過程的行為，且參與者主觀的協力經驗將影響其如何認知民主。以南投水沙連地方創生為例，參與者對於協力治理與民主抱持五種不同的民主觀。來自當地大學、地方企業和非營利組織代表基於其長期的共同經驗，一致認為協力治理是解決問題的彈性途徑。社區層級的協力開展由下而上的新治理形式，有助於強化民主。

　　公私協力夥伴關係和協力治理研究多圍繞在制度安排、成因、類型、過程面、影響因素、課責途徑與機制等。在協力的制度安排與機制，孫煒、蕭全政（2013）認為政府大量引入市場的制度性邏輯與企業的管理技術發展協力的夥伴關係，卻也逐漸模糊了公私部門之間組合型態的規範性分際，主張行政組織應引入第三部門的制度性邏輯與安排，包括進行資本性、公共性以及社會性行政組織的制度性轉型。曾冠球、黃玉龍（2016）指出實務上多重環境系絡因素導致治理模式的變化。政治系絡與分配政治在協力、合產和創新公共服務模式中為關鍵影響因素。

　　針對課責問題，曾冠球（2019a）基於委託人－代理人理論和分析途徑，探討機關施行契約裁罰以確保品質和課責的考量。不完全契約下剩餘控制權對於契約效率以及對公私夥伴關係的綜效具重要性（曾冠球，2019b）。柯于璋（2020）以文化創意產業園區委外經營為例，說明公私協力夥伴關係牽涉到政治、法律、財務、行政與專業五大課責類型，採國會、組織、法規、民眾和市場等途徑予以矯治。公私部門組織間的互動、契約、專業倫理等課責與監督機制為重要關鍵，且須發展共享的目標與價值才能解決問題。

　　不少協力治理研究關注協力指標建構與成效評估（陳定銘、陳樺潔、游靖宇，2012；王千文、陳敦源，2012；孫煒，2016）、電子化跨域治理的績效評估（張鎧文等人，2019）。也有一些研究探討協力運作問題。彭渰雯、林依依、楊和縉（2018）探討官方與民間委員共同決策討論出的政策工具——性別影響評估和生態檢核表，受制於績效管考支配。林淑馨（2016）指出非營利組織與地方政府協力的現況問題，包括缺乏資訊、協力動機多元；雖非處於對等地位，但在共同目標的支持下，培養出既互信又尊重的特殊協力關係。孫煒（2012）分析由立法機關授權準政府組織執行公共政策的理由及可能衍生的問題，主張以公共性判斷設置使命並以課責性作為考核準政府組織績效的準據。此外，跨機關之間的互動與協調、行政部門間權責的釐清以及各單位之間資訊的流通，有利於政策之執行（鍾瑞萱等人，2018）。

　　近年來協力治理朝向在前端的政策與服務的設計階段即納入公民社會與公民行動者，發展問題解決的合產模式。劉康惠（Liu, 2021）將「群眾外包」（crowdsourcing）

劃分為四種類型，強調新的群眾外包模式能促使民眾成為公共服務中的協同生產者，提供創意和解決方案，有助於增進政府和公眾在政策設計和服務的關係和民主治理發展。簡赫琳（2016）藉由多個跨部門合作實證個案研究，說明在政策運作過程中公共價值的共創。在解決方案執行階段較能拓展公共價值的觸及面，並產生促進價值再生的持續動能。

胡龍騰等人（2013）認為電子化跨部門或跨域治理須調和各利害關係人的需求、價值與衝突，歸納十項對電子化跨部門合作的關鍵影響，涵蓋跨域治理、組織運作、科技技術和法規制度層面。開放政府、開放資料以及公民社群的協力是近年來持續受到關注的研究主題。曾憲立、廖洲棚、李天申（2022）探討資料驅動的公私協作類型和機制，政府部門逐漸捨棄委外模式，開始主動尋求民間社群的協作；資料協作與應用須留意個資法規範；未來透過示範型專案的標竿學習，有助於資料協作成果擴散。

綜觀公共治理文獻較多探討公共領域中審議場域和非政府組織參與在政策過程的作用並試圖連結整個治理體系；異質場域的協力運作問題和跨部門溝通；決策場域的民主創新、制度困境及朝向更具涵容性的設計。而制度性傳遞機制和課責機制之分析則是日趨受到重視的主題。

肆、公共行政學界在治理研究的主題領域

國內協力治理網絡、公民參與和審議式治理的主題領域與前述國際研究趨勢有些類似，大多應用在環境保護、災害防救、地方創生與社區治理、文化治理等領域。隨著環境問題的嚴峻以及災難常態化，國內治理研究在環境治理、災害防救研究次領域有明顯增長的趨勢，分述如下：

一、環境治理

國內環境治理研究呈現增加趨勢，更多關注公民參與政策過程以及透過對話共同尋求環境正義，例如原住民環境正義與公民行動（范玫芳，2012；Fan, 2021b）、工業污染區住民之正義觀（李翠萍，2021）、褐地重建的正義解析和重建修復式正義的實作與條件（李翠萍，2015、2018）、實踐環境程序正義的先決條件（李翠萍，2016）。范玫芳、張簡妙琳（2021）探討日月潭邵族傳統領域的開發案爭議，指出審議系統中決策場域、公共領域，以及系統構成部分間存在著「解耦」（decoupling）問題。邵族部落和公民

團體致力於傳遞和連結諸多溝通場域和敘事、知識與說理，不僅在對抗壓制性的權力、捍衛傳統領域，同時促使系統中地方環評機構的缺失，可以被系統其他構成組件的審議功能所彌補。

在制度面和治理機制，孫煒（2021）採用多中心治理的研究途徑分析桃園市政府如何透過制定統整性規範系統並提供經濟誘因等制度性安排，激發第三部門的水環境巡守隊推動都會鄰里環境保育，增進環境保育的治理成效。湯京平、張元嘉（2013）也指出社區營造提供了適當的誘因機制，營造的集體行動往往有助於改變社區居民對於生態現象的價值觀和相關行為，使得保育成效可能隨著社區營造而得以改善。湯京平、簡秀昭、張華（2013）比較兩岸原住民參與式治理模式與制度創新意涵，展現兩岸政府在生態觀光上介入的不同模式，以及公民參與對於資源分配正義的效果與挑戰。中國大陸文化資產治理個案研究顯示透過民間力量和年輕人投入基層培力，發展創新合產機制，可提供公道發展的機會（魏玫娟、湯京平，2017）。此外，邱崇原、湯京平（2014）分析南韓公投制度選定低放射性核廢料永久貯存場址對臺灣的啟示，認為如何讓兩個以上的地方政府志願去考慮提供場址，乃是競標賽局成局的關鍵。南韓的經驗促進吾人進一步思考傳遞機制以及公投制度設計在治理體系的作用。

環境治理牽涉到政府與相關組織和行動者之間的權力運作、科學知識生產的動態互動、資源、法規制定及網絡間的彼此交互作用（范玫芳、張簡妙琳，2014）。在地方治理層級上，都市環境治理衍生分權與賦權、社區法制地位，以及公部門與社區之間互動和權力問題（陳建仁、周柏彣，2012）。柯于璋（2015）以高雄市溫室氣體減量策略計畫為例，從權力結構的動態性、政策網絡互動與結果面分析，政策網絡仍偏向官僚體制。方凱弘、陳宏興（2014）以淡水河流域治理為個案，分析政策利害關係人對於國家機關與公民社會間關係的認知，仍以國家機關為治理過程中主要的行為者。

公民團體的行動與公民科學在環境監測和治理上扮演重要角色，有助於促進科學民主化並尋求政策替選方案（蔡旻霈、范玫芳，2014）。高雄旗山農地廢爐渣污染爭議研究顯示在地知識與公民行動結盟在打造新的廢棄物治理模式扮演關鍵角色（范玫芳、邱智民，2019）。由環保機關、檢察部門、警察單位與民間團體組成的「大臺南環檢警結盟」，具有協力治理的跨部門優勢，互補彼此功能不足之處（許耿銘、林淑娟，2012）。

行政機關基於傳統環境管制行政的科學技術框架，在規則和標準制訂、風險評估和環評制度設計上，面臨正當性挑戰（施佳良、杜文苓，2017；杜文苓，2012）。陳穎峰（2021）針對我國能源政策實施政策環評進行成效分析，認為策略性環評能協助政策聚焦和創造學習空間，但仍缺乏民主元素，需要更全面的體制性民主工具運用，才能超越環評的傳統科學理性，提升治理能量。陳穎峰（2018）以公民參與的四個指標資訊公開、公眾諮商、跨部門合作、地方自主治理分析核能安全治理機構，發現新北市核安會能透過創意機制合作協調，促進地方在核安風險治理的自主性。彭渰雯（2012）認為資訊公開不只是人民知的權利且是改善治理的有效工具。除了制度設計，資訊公開的落實仍須從公部門資訊供給者與民間社會的培力和資源重分配做起。

　　近年來有不少研究關注永續、低碳轉型和跨域合作。陳思先（2019）指出地方政府集體行動在跨域合作機制上對節能減碳行動有助益，尤其當地方政府感受到民眾與團體支持態度時，其影響效果愈正面。汪志忠、曾稚尹（2016）指出地方產業永續轉型的社會資本與政府效能之間具關聯性。屏東縣「養水種電」個案顯示縣政府與廠商之間是因為共同的永續性目標以及密切的交流與資訊共享，進而發展信任的夥伴關係。指標體系之建構可作為定期檢核社區環境治理運作過程，並修正推動策略（江大樹、張力亞，2014）。

二、災害防救協力

　　風險治理與災害防救協力，涵蓋了多元層面與多元行動者的風險建構過程，涉及制度設計、政治文化、脈絡因素與風險感知（Fan, 2015b），尤其需要公部門、私部門及公民社會組織共同合作，發展具有成效的協力網絡（王俊元，2018）。治理體系和協力模式的演變受到諸多因素影響（張峻豪，2018；李天申、周韻采，2014）。楊永年（2020）針對救災體系提出結合資訊、資源與組織三者的分析架構，檢視涵蓋中央政府、地方政府、社區、非營利組織四大支柱的系統因素和變革，並就臺灣、日本和美國救災體系進行比較。張鎧如（2018）探討地方政府從事災防組織協力之動機，以資源的依賴與交換、取得與提升正當性、共同目的價值觀與信念提供較佳解釋。過去的災害經驗、面臨的災害規模，以及地方首長對於災防的重視程度等背景因素也具有影響。馬群傑、張曉平（2016）指出公務部門乃至在地民眾群體間存在不同應對意識和多元認知落差。

　　自主防災社區在治理體系的重要性日趨受到關注。張鎧如（2021）分析地方公所推動社區自主防災之角色與限制，指出地方公所扮演災害防救知識傳播者和知識連結者、災害防救能力培育者，以及民眾災害防救知識需求回應者等，同時扮演「災害防救政策執行知識連結者」，但也受限於本身災害防救能量與首長對防災業務的支持程度；林煥笙、余孟哲、劉康慧（2019）探討非營利組織的參與有助於建立社區自主韌性發展，成功要件包括多層次治理體系、網絡、協力以及學習等，而領導者則掌握權力調節的策略性角色。廖興中、張鎧如、李天申（2020）分析里層級之災害脆弱性，並針對不同特性群體提供增強其應變災害能力的建議。

災害防救協力的運作問題，包括協力雙方缺乏有效的資源整合管道；非營利組織類型、規模與知名度限制協力網絡成員，以及地方政府應急行動的組織能力不足，限制協力成效的發揮（林淑馨，2020a）；僅有少數大型組織較有機會參與緊急災害管理決策，需與非政府組織和網絡行動者建立信任關係與協調管道（謝儲鍵、林煥笙、陳敦源，2016）。日本地方政府促進非營利組織協力的制度與具體做法可供借鏡，例如「新公共」觀念的認知與建立、協力的制度環境之整備、協力的參與環境之建置，以及多元的誘因制度（林淑馨，2017、2020b）。

以上顯示近期研究著重在公共領域中非營利組織參與社區防災的重要功能、決策場域和異質場域中災害防救協力的運作和動態演變，以及如何強化異質機關和組織間的溝通和連結。

伍、反思與展望

本文以審議系統理論架構剖析過去十年公共行政在公共治理研究的發展。這些研究和案例成果涵蓋審議系統中的不同組件和場域的運作、彼此間的動態互動、制度和運作缺失以及可能的矯治之道。公共領域中非營利組織、公民參與和地方行動的研究持續成長，顯示公民參與在治理體系的功能日趨重要。愈來愈多的研究關注新興的混合了公共領域和決策場域特性的協力網絡和異質場域。有關將公共論述、知識和想法傳遞到決策場域的制度性傳遞機制，以及課責機制的研究則相對較少，值得後續更深入探究。以決策場域而言，目前研究較偏重在行政部門運作、跨機關間和內部的溝通，未來可以延伸檢視立法機構、法規制定委員會、司法機構的運作和功能、不同場域的動態互動與連結，以及決策的審議品質和治理體系的正當性。公共治理研究呈現方法論的多樣性，朝多元和混合方法趨勢，包括深度訪談、問卷調查、文件分析法、焦點團體法、個案研究、參與觀察、準實驗等。[3]

國內公共行政學科的演變，是否仍然如同詹中原（2013）所述，較西方典範建構形成來得遲滯？西方協力治理研究中有幾篇文章提出協力治理的大架構，過往經常成為國內博、碩士生論文套用的分析架構，對於一個剛萌生的現象而言，現象詮釋仍具有

---

[3] 作者依審查人建議將文獻彙整製表，唯受限於篇幅字數，有興趣的讀者可向作者索取。

意義。但若能運用政治學、社會學、經濟學及心理學等研究途徑，對協力現象進行更深層、系統性的理解，而非僅止於一些表面的變數關係，則能有進一步理論上的研究貢獻。進一步來看，近年來公共行政學者在協力和審議式治理的研究與近期西方理論演進方向一致，在研究主題上連結合產、價值共創與社會創新等概念與要素。未來可以延續此發展趨勢，深入探究概念之間的關係，拓展協力治理理論的價值鏈。[4] 結合跨學科的理論和宏觀的視角有助於吾人理解公務服務的本質以及公共服務體系彼此間的互動。

　　近年來公共行政學術社群有更多國際出版。臺灣研究可以提供國際研究社群啟示、學習以及對照比較之處，有助於理論深化和再往前。例如孫同文等（Sun et al., 2012）從臺灣和亞洲國家治理案例揭示信任在治理上的重要性，以及政治領導和政策系絡對於信任的影響，提供比較公共行政的視野，未來值得比較東亞的治理研究和民主創新。

　　在面對動盪問題以及公共領域的公民行動與外部壓力，迫使政府尋求改變。未來跨部門的協力者將有更多機會參與共同設計、共同討論如何提供解決公共問題與設計公共服務，創造更多新的跨政府和公民社會的審議和協力的場域。治理研究未來可拓展至其他學科和自然科學領域，發揮公共行政的影響力。然而，治理網絡雖開啟了公部門、私部門和公民社會行動者之間溝通行動的場域，並透過妥協與審議來形成決策，而非多數決或議價方式，但治理網絡卻也出現違背一些審議規範，包括公開性、民主正當性、課責性。例如協力治理網絡在封閉的場域運作會妨礙政策制定過程的外部監督。換言之，治理網絡在審議系統中具有重要貢獻，但也可能帶來風險，例如菁英主義與排除、收編與受到特定利益的宰制。如何改善網絡的審議能力、同時調整審議系統的其他構成部分更適應不同網絡的生成運作，以及讓治理網絡連結到相關的非正式與正式的公共審議場域，乃是未來值得深入探討的複雜和重要課題（Hendriks and Boswell, 2018）。

　　審議式治理乃是提升治理體正當性以及公共服務品質，公共價值創造和追求正義所不可缺少的。治理文獻展現民主創新的諸多可能，但也顯示與理想的差距。政府部門如何能跳脫顧客導向、市場型公共管理的思維，轉變成參與驅動者和協力者，將公民視為共創者？這與公民和多元政策利害關係人的民主價值觀及在地脈絡息息相關並相互牽引，也需要更多積極的公民。目前小規模、創新實踐的場域，是否侷限在解決社區層級或某種類型的政策議題？[5] 如何擴大尺度（scaling up）並解決複雜問題？面對治理的挑戰和政策需要，什麼因素會促成或阻礙民主創新的發展？審議機構和模式在政治體系中應該扮演什麼角色，如何可能制度化？參與和審議之間如何發揮綜效並強化民主治理？

---

[4]　感謝曾冠球教授提供對於國內協力治理研究的觀察與建議。
[5]　感謝孫同文特聘教授基於長期研究觀察的深刻提問。

公民參與和協力的實驗面臨什麼新挑戰和新的問題？如何強化課責機制？民主創新和改革對公共行政產生什麼影響？這些問題值得長期全面性和系統性的檢視，更多實證研究成果的累積將有助於理論的論辯、深化與重構，並豐富公共行政與治理的想像。

參考書目

方凱弘、陳宏興，2014，〈治理與公民參與 —— 淡水河流域治理之 Q 方法論分析〉，《臺灣民主季刊》11（1）：41-101。

方凱弘、陳揚中、李慈瑄，2021，〈有參與就有審議嗎？臺北市參與式預算住民大會審議討論過程之觀察〉，《公共行政學報》（61）：41-78。

王千文、陳敦源，2012，〈形式上還是實質上的「公私協力」：全民健康保險總額支付制度個案分析〉，《公共行政學報》（42）：99-137。

王光旭、葉謹寧、劉宜君、陳敦源、林昭吟，2021，〈全民健康保險委員會決策參與影響因素之探析：社會網絡分析的觀點〉，《行政暨政策學報》（72）：67-114。

王俊元，2019，《協力災害治理：韌性系統建構與網絡管理策略》，臺北：五南。

江大樹、張力亞，2014，〈永續社區治理能力指標體系之建構〉，《臺灣民主季刊》11（4）：37-83。

李天申、周韻采，2014，〈重大災害資訊治理模式之交易成本分析〉，《政治科學論叢》59：91-117。

李仲彬，2019，〈什麼環境中才敢出聲？微觀、宏觀、文化、與制度途徑之「信任」對網路公民參與行為的影響〉，《行政暨政策學報》（69）：1-47。

李翠萍，2015，〈褐地重建正義解析〉，《台灣政治學刊》19（1）：1-58。

李翠萍，2016，〈環境程序正義在褐地重建中的實踐條件：我國污染土地再利用實例的觀察分析〉，《政治科學論叢》（68）：37-76。

李翠萍，2018，〈褐地社區修復式環境正義的興起、實作、與條件 —— 美國南卡州斯巴坦堡社區重建政策之個案分析〉，《公共行政學報》（55）：73-108。

李翠萍，2021，〈工業污染區住民之正義觀：後勁與臺西個案分析〉，《政治科學論叢》（89）：39-88。

杜文苓，2012，環評制度中的專家會議 —— 被框架的專家理性，《臺灣民主季刊》9（3）：119-155。

汪志忠、曾稚尹，2016，〈地方產業永續轉型的社會資本與政府效能：屏東縣養水種電個案分析〉，《政治科學論叢》（67）：91-132。

林宛萱、王宏文、王褘梵，2020，〈影響臺灣電子提案通過成案門檻之因素〉，《行政暨政策學報》（71）：1-042。

林淑馨，2016，〈臺灣非營利組織與地方政府協力的實證分析：以六縣市為例〉，《政治科學論叢》（69）：103-147。

林淑馨，2017，〈從協力治理檢視日本的災害防救：以東日本大地震為例〉，《行政暨政策學報》（65）：1-37。

林淑馨，2020a，〈臺灣非營利組織參與政府災害防救之協力經驗〉，《政治科學論叢》（86）：191-236。

林淑馨，2020b，〈緊急救援時期的跨部門協力：以東日本大地震為例〉，《公共行政學報》（59）：67-109。

林煥笙、余孟哲、劉康慧，2019，〈災害防救與社區韌性發展：以屏東大後部落為例〉，《公共行政學報》（57）：1-38。

邱崇原、湯京平，2014，〈公民投票與鄰避困境 —— 臺灣低放射性廢棄物貯存場的選址經驗及南韓之啟示〉，《臺灣民主季刊》11（4）：1-36。

施佳良、杜文苓，2017，〈環境管制行政的科學技術框架與決策僵局：六輕工安事件環評過程析論〉，《公共行政學報》（52）：81-111。

施能傑，2013，〈公共行政學領域發展概況〉，吳玉山、林繼文、冷則剛（編），《政治學的回顧與前瞻》，臺北：五南，頁 227-250。

柯于璋，2015，〈都市治理的權力與政策網絡之研究：以高雄市溫室氣體減量策略計畫為例〉，《政治學報》（60）：41-70。

柯于璋，2020，〈公私協力夥伴關係之爭議與課責 —— 以我國文化創意產業園區委外經營為例〉，《政治學報》（58）：55-87。

胡慧君、吳宗憲，2016，〈當「道德」遇上「審議」—— 2014 流浪犬政策公民會議效果之研究〉，《文官制度季刊》8（1）：77-114。

胡龍騰、曾冠球、張智凱、黃榮志，2013，〈電子化跨域治理影響因素之研究：多個案之探索〉，《公共行政學報》（45）：1-39。

范玫芳，2012，〈從環境正義觀點探討曾文水庫越域引水工程計畫〉，《台灣政治學刊》16（2）：117-173。

范玫芳、邱智民，2019，〈事業廢棄物治理模式之困境與契機：旗山農地污染案為例〉，《台灣政治學刊》23（1）：1-41。

范玫芳、張簡妙琳，2014，〈科學知識與水政治：旗山溪治水爭議之個案研究〉，《人文及社會科學集刊》26（1）：133-173。

范玫芳、張簡妙琳，2021，〈從審議系統觀點探討臺灣邵族傳統領域治理與公民行動〉，《臺灣民主季刊》18（2）：37-77。

孫煒，2012，〈民主治理中準政府組織的公共性與課責性：對於我國政府捐助之財團法人轉型的啟示〉，《人文及社會科學集刊》24（4）：497-528。

孫煒，2016，〈臺灣地方社會服務契約委外的績效與競爭〉，《公共行政學報》（51）：1-33。

孫煒，2020，〈臺灣地方基層官僚推動參與式預算的治理模式：桃園市案例研究〉，《政治科學論叢》（85）：139-177。

孫煒，2021，〈志願性社區組織推動都會鄉里環境保育的多中心治理〉，《臺灣民主季刊》18（3）：99-145。

孫煒、蕭全政，2013，〈全球化潮流下臺灣公私部門組合型態的制度性安排〉，《政治科學論叢》（58）：109-138。

馬群傑、張曉平，2016，〈理性與直覺 —— 地方多元群體的危機情境意識認知〉，《臺灣民主季刊》13（1）：131-188。

張四明、胡龍騰，2013，〈後新公共管理時期政府績效管理的公共價值意涵〉，《公共治理季刊》1（1）：73-83。

張峻豪，2018，〈制度韌性與臺灣半總統制下的災後重建：以九二一地震、莫拉克風災為例〉，《東吳政治學報》36（1）：65-126。

張鎧如，2018，〈初探我國地方政府從事災害防救組織協力之動機：理論與實務的比較〉，《公共行政學報》（54）：79-125。

張鎧如，2021，〈地方公所推動社區自主防災之角色與限制：知識中介理論觀點〉，《公共行政學報》（60）：1-45。

張鐙文、莊文忠、胡龍騰、曾冠球，2019，〈電子化跨域治理成效指標之設計與衡量：主觀性測量指標的應用與比較〉，《東吳政治學報》37（1）：1-54。

張鐙文、吳佩靜，2021，〈實踐公部門線上協力式政策參與之研究：以機關回應樣態與決策行為核心的檢視〉，《公共行政學報》（60）：47-96。

許立一，2011，〈從形式參與邁向實質參與的公共治理：哲學與理論的分析〉，《行政暨政策學報》（52）：39-85。

許耿銘、林淑娟，2012，〈公私協力推動環境犯罪防治之研究 —— 大臺南環檢警結盟之個案分析〉，《中國行政評論》21（2）：75-105。

陳文學、孫同文、史美強，2013，〈國際組織對公共治理之運用與研究〉，《公共治理季刊》1（1）：37-51。

陳定銘、陳樺潔、游靖宇，2012，〈政府與客家社團協力指標之析探〉，《行政暨政策學報》（54）：41-82。

陳建仁、周柏彣，2012，〈都市內分權與環境治理機制 —— 以臺中市大雪山社區為例〉，《臺灣民主季刊》9（2）：124-164。

陳思先，2019，〈集體行動觀點下的跨域合作、行動支持度感知及行動成果 —— 以地方政府節能減碳政策為例〉，《公共行政學報》（56）：1-39。

陳敦源，2019，《民主治理：公共行政與民主政治的制度性調和》，三版，臺北：五南。

陳敦源、黃東益、董祥開、傅凱若、許敏娟（編），2022，《參與式預算：一本公民素養的全攻略》，臺北：五南。

陳穎峰，2018，〈公民參與和核安治理 —— 核四安全監督委員會與新北市核能安全監督委員會之比較〉，《東吳政治學報》36（1）：1-63。

陳穎峰，2019，〈環評需要什麼樣的公民參與？廢棄物填海造島政策中環評公民共識會議的啟示〉，《科技、醫療與社會》（29）：65-118。

陳穎峰，2021，〈我國能源政策實施政策環評之成效分析：以離岸風電區塊開發政策之政策環評為例〉，《行政暨政策學報》（72）：159-204。

傅凱若，2019，〈民主創新與公共價值創造的實踐 —— 以臺灣都會區參與式預算為例〉，《臺灣民主季刊》16（4）：93-141。

傅凱若、張婷瑄，2020，〈當公民參與遇上專案管理：以臺北市參與式預算的專案管理為例〉，《行政暨政策學報》（71）：43-88。

彭渰雯，2012，〈資訊公開的實務挑戰 —— 石門水庫整治經驗省思〉，《臺灣民主季刊》9（4）：141-190。

彭渰雯、林依依、楊和縉，2018，〈協力決策後的績效弔詭：以性別影響評估和生態檢核表為例〉，《公共行政學報》（54）：41-78。

曾冠球，2019a，〈契約課責的弔詭：政府處理履約績效不佳廠商之多重考量〉，《東吳政治學報》37（1）：55-114。

曾冠球，2019b，〈不完全契約與夥伴關係 —— 促進民間參與公共建設個案之研究〉，《臺灣民主季刊》16（3）：59-112。

曾冠球、黃玉龍，2016，〈公共服務模式之興替：以西門商圈街道家具治理為例〉，《東吳政治學報》34（1）：155-208。

曾憲立、廖洲棚、李天申，2022，〈政府資料公私協作模式與應用案例：協作機制的研析〉，《公共行政學報》（62）：43-77。

湯京平、張元嘉，2013，〈社區發展、市民社會與生態政治 —— 以恆春半島灰面鵟的參與式保育為例〉，《政治學報》（56）：1-25。

湯京平、簡秀昭、張華，2013，〈參與式治理和正義的永續性：比較兩岸原住民發展政策的制度創意〉，《人文及社會科學集刊》25（3）：457-483。

黃偉茹、陳瀅羽，2019，〈從課責觀點探討臺灣都市計畫委員會審議制度設計〉，《行政暨政策學報》（68）：81-126。

楊永年，2020，《救災體系》，臺北：五南。

詹中原，2013，〈我國公共行政典範之遞移與建構〉，吳玉山、林繼文、冷則剛（編），《政治學的回顧與前瞻》，臺北：五南，頁251-272。

廖興中、張鎧如、李天申，2020，〈新北市里層級之水災暨坡地災害脆弱性分析：全盤型脆弱性管理架構的初步應用〉，《行政暨政策學報》（71）：89-137。

蔡旻霈、范玫芳，2014，〈科學民主化與水資源開發爭議 —— 高屏大湖之個案研究〉，《臺灣民主季刊》11（1）：1-40。

謝旭昇，2021，〈康德的公共性與超越共同體：都市計畫民眾參與之理論重構〉，《公共行政學報》（61）：1-40。

謝儲鍵、林煥笙、陳敦源，2016，〈緊急災害管理中之協力網絡分析：以莫拉克風災災後的教育重建為例〉，《行政暨政策學報》（62）：59-125。

謝儲鍵、張鎧文、陳敦源，2018，〈臺灣公共行政領域智識流動的研究：治理概念擴散與連接之初探〉，《行政暨政策學報》（66）：39-83。

鍾瑞萱、王宏文、蔡逸敬，2018，〈臺灣食安管理中的跨域治理：以 2014 年黑心油品事件為例〉，《政治科學論叢》（76）：103-158。

韓意慈、徐煒勛，2018，〈誰在虛擬社會中做什麼？非營利組織資源與官網資訊的內容分析〉，《公共行政學報》（55）：37-71。

簡赫琳，2016，〈跨部門合作過程間之公共價值產出：從臺灣問題解決實案談起〉，《行政暨政策學報》（63）：45-86。

魏玫娟、湯京平，2017，〈文化資產治理與公民參與：大陸培田古民居的案例分析〉，《台灣政治學刊》21（1）：113-156。

羅凱凌，2017，〈公共參與真的能提升效能感嗎？以全民健康保險會之利害關係團體參與為例〉，《公共行政學報》（53）：25-77。

蘇彩足，2017，〈公部門推動參與式預算之經驗與省思〉，《文官制度季刊》9（2）：1-22。

Ansell, C., Eva Sørensen, and Jacob Torfing. 2021. "The COVID-19 Pandemic as a Game Changer for Public Administration and Leadership? The Need for Robust Governance Responses to Turbulent Problems." *Public Management Review* 23 (7): 949-960.

Curato, N., J. Vrydagh, and A. Bächtiger. 2020. "Democracy without Shortcuts: Introduction to the Special Issue." *Journal of Deliberative Democracy* 16 (2): 1-9.

Dryzek, J., Q. Bowman, J. Kuyper, J. Pickering, J. Sass, and H. Stevenson. 2019. *Deliberative Global Governance*. Cambridge, UK: Cambridge University Press.

Fan, Mei-Fang. 2015a. "Evaluating the 2008 Consensus Conference on GM Foods in Taiwan." *Public Understanding of Science* 24 (5): 533-546.

Fan, Mei-Fang. 2015b. "Disaster Governance and Community Resilience: Reflections on Typhoon Morakot in Taiwan." *Journal of Environmental Planning and Management* 58 (1): 24-38.

Fan, Mei-Fang. 2021a. *Deliberative Democracy in Taiwan: A Deliberative Systems Perspective*. London, UK: Routledge.

Fan, Mei-Fang. 2021b. "Indigenous Participation and Knowledge Justice in Deliberative Systems: Flooding and Wild Creek Remediation Controversies in Taiwan." *Environment and Planning C: Politics and Space* 39 (7): 1492-1510.

Fan, Mei-Fang, and Sheng-Chun Sung. 2022. "Indigenous Political Participation in Deliberative Systems: The Long-Term Care Service Controversy in Taiwan." *Policy Studies* 43 (2): 164-182.

Hendriks, C., and J. Boswell. 2018. "Governance Networks." In *Handbook of Deliberative Democracy*, eds. A. Bächtiger, J. Dryzek, J. Mansbridge, and M. Warreen. Oxford, UK: Oxford University Press, pp. 407-419.

Huang, Tong-yi, and Chung-an Hsieh. 2013. "Practicing Deliberative Democracy in Taiwan: Processes, Impacts, and Challenges." *Taiwan Journal of Democracy* 9 (2): 79-104.

Liu, Helen K. 2021. "Crowdsourcing: Citizens as Coproducers of Public Services." *Policy & Internet* 13 (2): 315-331.

Mansbridge, Jane, James Bohman, Simone Chambers, Thomas Christiano, Archon Fung, John Parkinson, Dennis F. Thompson, and Mark E. Warren. 2012. "A Systemic Approach to Deliberative Democracy." In *Deliberative Systems: Deliberative Democracy at the Large Scale*, eds. John Parkinson and Jane Mansbridge. Cambridge, UK: Cambridge University Press, pp. 1-26.

Morçöl, G., E. Yoo, S. F. Azim, and A. Menon. 2021. "The Collaborative Governance Networks Literature: A Comprehensive and Systematic Review." In *Handbook of Collaborative Public Management*, ed. Jack W. Meek. Cheltenham, UK: Edward Elgar, pp. 36-49.

OECD. 2020. *Innovative Citizen Participation and New Democratic Institutions: Catching the Deliberative Wave*. Paris, France: OECD Publishing.

Ongaro, E., A. Sancino, I. Pluchinotta, H. Williams, M. Kitchener, and E. Ferlie. 2021. "Strategic Management as an Enabler of Co-creation in Public Services." *Policy & Politics* 49 (2): 287-304.

Osborne, S. P. 2018. "From Public Service-dominant Logic to Public Service Logic: Are Public Service Organizations Capable of Co-production and Value Co-creation?" *Public Management Review* 20 (2): 225-231.

Strokosch, K., and S. P. Osborne. 2020. "Co-experience, Co-production and Co-governance: An Ecosystem Approach to the Analysis of Value Creation." *Policy & Politics* 48 (3): 425-442.

Sun, Milan Tung-Wen, Clay G. Wescott, and Lawrence R. Jones, eds. 2012. *Trust and Governance Institutions: Asian Experiences*. Charlotte, NC: IAP-Information Age.

Sun, Milan Tung-Wen, and Jessica Yu-Wen Lin. 2014. "Public Administration Research in Taiwan: A Content Analysis of Journal Articles (1990-2010)." *American Review of Public Administration* 44 (2):187-202.

Sun, Milan Tung-Wen, Jessica Yu-Wen Lin, and Windy Thi-Ngoc-Minh Phan. 2020. "Democratic Subjectivities in Collaborative Governance: A Q Methodology Study of a Local Placemaking Program in Taiwan." In *Collaborative Govrnance in East Asia: Evolution Towards Multi-Stakeholder Partnerships*, eds. Sook Jong Lee, Rosa Minhyo Cho, Hyung Jun Park, and Sung Min Park. Gyeonggi-do, Korea: Daeyoung Moonhwasa, pp. 213-238.

Sun, Milan Tung-Wen, Wen-Hsueh Chen, and Windy Thi-Ngoc-Minh Phan. 2020. "Crisis of Relevance? Public Administration Theory and Practice connections in Taiwan." In *Handbook of Public Policy and Public Administration in China*, eds. Xiaowei Zang and Hon S. Chan. Cheltenham, UK: Edward Elgar, pp. 466-479.

Tang, Ching-Ping. 2004. "When New Public Management Runs into Democratization: Taiwan's Public Administration in Transition." *Issues & Studies* 40 (3): 59-100.

Torfing, J., E. Sørensen, and A. Røiseland. 2019. "Transforming the Public Sector into an Arena for Co-creation: Barriers, Drivers, Benefits, and Ways Forward." *Administration & Society* 51 (5): 795-825.

第十五章

從電子化政府到數位治理：
公共行政實務、教學與研究[*]

黃東益

壹、前言

作為一門實用的學科，公共行政領域不同時期研究與教學的內容與實務發展高度連動，在這個學科中，電子化政府或數位治理的主題相較於人事、財務行政及非營利組織等長久受到關注的次領域，近年來才逐漸受到重視。英文文獻已有許多研究嘗試盤點特定國家或比較不同國家該類研究的發展，多採用文獻計量分析法（bibliometric analysis）的途徑，透過檢閱特定的研究論文資料庫或期刊，探討數位治理研究論文的研究者背景、應用的研究方法、研究對象與常見的研究主題等（Bindu et al., 2019; de Oliveira Almeida, Zouain, and Mahecha, 2014; Dias, 2016, 2019; Dwivedi, 2009; Ravšelj et al., 2022）。以上文獻對於呈現該主題研究的特定面向有其貢獻，然而，除了檢視學術論文的發表外，數位治理作為一個具高度實務連結性的主題，當前公共行政學界在數位治理相關的教學與研究現況如何？值得省思與探索。在英文文獻中，少數論文盤點不同國家教學機構中數位治理相關的學位以及課程設計（McQuiston and Manoharan, 2020; Scholl, 2020; Sarantis et al., 2022），在我國現有的研究中，詹中原（2013：267）盤點2000年至2012年公共行政領域的學術論文、期刊論文、出版書籍與教學課程後，發現電子化政府這項研究主題在教學與研究屬於「上升」之典範主題。然而系統性檢視該項主題發展的文獻仍付之闕如。

觀諸近年來資訊與通訊科技（Information and Communication Technologies, ICTs）不斷推陳出新，改變人類生活，衝擊政府治理，帶動相關主題的研究，因此有必要探討

[*] 本文初稿發表於2022年8月4日至5日中央研究院政治學研究所廿週年所慶暨「政治學的現況與展望」學術研討會。作者感謝臺大政治學系劉康慧教授以及匿名審查先進的評論。資料蒐集及整理過程中，紐約州立大學奧本尼分校公共行政與政策學系博士生黃宗賢盡心盡力協助，在此一併致謝，文責由作者自負。

這個新興領域的整體性發展。從公共政策視角來看，透過資通訊科技的應用，政府開始在開放式創新流程中進一步強調民眾在政策過程中的角色（Kankanhalli et al., 2017），也開始將人工智慧（AI）與物聯網（IoT）等技術應用於決策支援（Kankanhalli et al., 2019）。從公共管理的組織視角來看，公共組織如何駕馭（harness）不斷變遷的新興科技是一個關鍵的研究課題。因此，敏捷式管理（agile management）與數位轉型策略（digital transformation strategies）逐漸成為研究者關注的焦點（Eom and Lee, 2022; Mergel et al., 2018）。在臺灣，人工智慧、物聯網、社群媒體與 5G 網路等數位科技，逐漸改變了政府原有的運作邏輯。以政治與公民活動為例，網際網路與行動載具的結合，成為一項新的政治動員工具，讓公民得以更有效率地分享資訊、投入政治活動與影響政策（黃東益，2017）。電子投票或電子連署等的科技應用，也被認為有助於降低民眾的參與成本，成為促進民主發展的重要步驟（莊文忠，2021）。因應這波數位科技發展的趨勢，我國政府也做出相對應的組織變革。2021 年 3 月行政院會啟動組改方案，將現有政府電信、資訊、資安、網路與傳播等五大政策領域整合為「數位發展部」，用以統籌、規劃與職掌臺灣未來的數位政策發展，並預計於 2022 年 8 月正式掛牌（中央通訊社，2022）。數位發展部的成立除象徵政府對推動國家數位轉型投入，也反映數位科技的運用與管理已成為政府施政不可忽視的一環。

　　作為綜覽性的初探，本文將從教學與研究等兩大面向，分別盤點與分析我國公共行政領域之教學師資、教學課程、研究計畫、出版論文與出版書籍之情形。本文接下來將檢視當前學術領域與實務應用的相關文獻與政策計畫，界定重要概念與我國在二十餘年來推動數位治理的各個階段。其次，分別盤點數位治理領域在教學面向與研究面向，分析數位治理的發展趨勢。最後，根據盤點結果提出未來的議題建議。[1]

貳、現況發展

　　在盤點教學與研究等兩大面向的發展之前，以下先檢閱學術相關文獻與我國推動的電子化政府政策計畫，說明當前數位治理領域重要概念的定義與發展，以及我國實務的現況發展。

---

[1]　為求文章的簡潔性，除特定語境（例如政府的計畫名稱或學術名詞界定）的運用外，本文後續將以「數位治理」通稱本文探討的研究領域，包含過去 20 年來的電子化政府、電子治理、數位政府、數位治理與智慧政府等不同研究主題。

一、從電子化政府到智慧政府：概念與實務發展

嚴格來說，電子化政府研究的發展源自實務領域的發展，前美國副總統高爾（Al Gore）在 1993 年領導的「國家績效評估」計畫（The National Performance Review）確立了美國推動虛擬國家的策略，並奠定未來數位政府發展的基礎（Fountain, 2001: 4）。在這樣的背景之下，許多與電子化政府相關的術語（terminology）與定義多是伴隨實務運作衍生，使得不同研究提及電子化政府相關名稱時指涉不一致的範圍與內涵，並交互使用。因此，本文先檢閱過去研究，嘗試釐清電子化政府、電子治理、數位政府、數位治理、智慧政府等用語的區別。

首先，在 ICTs 發展之後，「電子化政府」（e-government）是最早被國際組織或研究者運用於描述相關現象的學術用語。[2] 例如聯合國對電子化政府所做的定義為「使用資訊與通訊科技為民眾提供資訊與服務」（United Nations, 2014: 2），研究者則將電子化政府定義為「政府透過網際網路等新興電子工具，對政府機關、企業與民眾提供例行的政府資訊與交易活動」（Marche and McNiven, 2003）。從上述的定義來看，資訊與行政服務的線上提供是電子化政府的主要內涵，與公民互動的民主價值雖有被提及（West, 2007），但在電子化政府概念發展的初期並不被視作最核心的要素。緊接著在電子化政府之後，「電子治理」（e-governance）被認為是一項新的發展，除了政府單向的資訊與服務提供之外，更重視政府與企業、社會團體或公民等外部利害關係人間的互動關係。研究者將電子治理視為電子化政府的一種延伸，並將電子治理用於描述更廣泛的政府活動。例如，Torres 等人（2006: 277）認為電子治理「包含電子化政府與治理當中的重要元素，如利害關係人對政策制定、辯論與執行的線上參與過程」；Garson（2006: 19）則更進一步認為，電子化治理強調一種網絡關係，模糊了政府部門、私部門與非營利團體間界線。因此，電子治理的核心目標與強調單向傳遞的電子化政府不同，而更重視透過 ICTs 的應用，來改變公民與國家間的互動關係，例如形成新的公私協力模式或是公民參與途徑等。

在晚近十餘年，因應新科技應用上的發展，研究者衍生（或創造）了「數位政府」（digital government）與「數位治理」（digital governance）這兩個新的名稱。一般來說，數位政府所採納的技術幅度，較過去強調網頁技術或線上平臺技術的電子化政府或電子治理來得更廣，同時也更強調「資料導向」文化、知識管理模式與資料隱私等面向。例如 OECD 認為數位政府所運用的資通訊科技包含網際網路、行動科技，以及用於改進數

---

[2] 在此之前，我國行政學教科書以「行政資訊系統」或「資訊行政」來通稱資訊科技在公部門的應用與管理。

位內容、開發數位服務與應用服務的資料分析技術，並認為數位政府是政府應用新興數位科技創造公共價值的現代化策略（OECD, 2014）。與其他概念相比，數位治理則更常被理解為一組架構（framework），而非單一的政策實體。Welchman（2015）認為數位治理是一組為組織的網頁、網路產品與服務等數位實體（digital presence）建立課責、確立角色功能與形成決策權威的架構。Chen（2017）同樣也提出一個整合的架構用以理解數位治理，認為數位治理包含了「策略與政策層次」與「管理層次」等兩大部分，以及新興資通訊科技應用、利害關係人互動與跨域管理等三項重要元素。

最後，除了數位政府與數位治理外，由於近年來各國紛紛以「智慧政府」（smart government）為名制定新一階段的電子化政府計畫，智慧政府的概念開始逐漸受到研究者重視。智慧政府可以被定義為「新興科技與公部門創新的創造性組合，政府開始運用新興科技來接觸公民、輸送服務與推行政府運作」（Gil-Garcia et al., 2014）或者是「政府透過資料來改善公共服務，實現整合性、無縫的服務體驗，並與公民共同發展政策，實行提高社區福祉的解決方案」（Harsh and Ichalkaranje, 2015）。具體而言，智慧政府的特徵可以包含物聯網、人工智慧或雲端運算等新興科技的運用、公私部門的協力發展、政府機關的高度整合以及重視高度彈性與迭代創新等；然而，由於智慧政府的概念發展尚早，相關的定義與應用案例仍相對模糊，因此仍有待研究者持續投入。

整體而言，從最早期的電子化政府到近期的智慧政府，研究者因應不同時期的實務發展，衍生或創造了不同的名詞。不可諱言地，這些名詞的定義與範圍往往相互重疊或語義不精確；同時，受到快速興起的科技影響，相關領域的研究往往需要「追趕」最新的科技應用與政府政策，難以有理論研究的累積與長期發展，也因而被批評者視為一個「缺乏理論深度」的研究領域（Bannister and Connolly, 2015）。然而，從宏觀的角度來檢視電子化政府的學術研究在過去二十多年來的發展，上述種種名稱變遷與混淆，也映射了數位科技在各國政府間的發展趨勢。例如從傳統的行政服務線上化轉向重視公私互動的線上參與，又或是從網頁與平臺技術轉向更重視資料導向的人工智慧與物聯網應用等趨勢。換言之，電子化政府的研究顯然無法與實務運作過度脫節，而是需要隨時因應新的現象而變化。因此，在探討完重要的概念定義後，以下即說明我國電子化政府發展的各個階段，作為本文後續分析的重要背景。

二、我國推動歷程：「電子化／網路化」到「智慧型服務政府」

臺灣推動電子化政府的進程從 1990 年代開始，因應政府內部資訊系統所需與網際網路的蓬勃發展下，我國政府以行政院研發考核委員會為主要的權責機關，並與國內外學者、相關企業顧問等進行研討後，規劃出數個階段的電子化政府計畫藍圖。綜整行政機關歷年發布的電子化政府計畫，自 1998 年以來，我國應用數位科技的情形可概分為以下五個階段。

（一）電子化／網路化（第一階段：1998-2000）

我國第一階段的電子化政府計畫以「電子化／網路化政府中程推動計畫」為核心，其目標在於建置政府基礎資訊建設、規劃網路行政服務應用與強化跨機關資訊流通等（行政院研發考核委員會，1997）。由於該階段尚屬我國電子化政府的起步階段，因此規劃可觀的資源投入於基礎資訊系統的建設，以提升政府內部的網路使用率，並進一步帶動政府各機關在資訊分享與虛擬服務上的應用。例如在 1998 年建置的政府網際骨幹網路 GSN（Government Service Network），即是從內部串接各級機關，提供政府機關基本的網路服務，包含電子目錄、電子郵遞、電子新聞、電子信箱等，以構成政府內部的網際網絡。而除了政府內部之外，該階段也推動「村村有電腦、里里上網路」計畫，透過軟硬體設備的設立、通訊網路的建置與基層人員的教育訓練，提供村里民眾上網使用線上便民服務，以期將網際網路的應用推廣到社會（行政院研發考核委員會，1997）。

（二）我的 e 政府（第二階段：2001-2007）

我國第二階段的電子化政府計畫包含「電子化政府推動方案」（行政院研考會，2001）與「數位臺灣 e 化政府計畫」（行政院研考會，2005），此時期的主要目標在透過單一入口網的建置，擴大發展跨政府機關的網際網路應用。因此，2001 年啟用的「我的 e 政府－電子化政府入口網」為此時期最重要的成果之一。「我的 e 政府」作為政府線上服務的整合窗口，提供了超過 1,500 項的政府線上服務，並強調跨機關、跨資訊系統的行政服務流程整合。此項創新在當時除了具有技術上的挑戰性外，亦衝擊了政府機關內部的「本位主義」文化，讓各個機關開始建立跨機關間協作與資訊分享的標準作業流程。除了整合政府服務以提供外部民眾使用外，此時期政府內部的數位應用與基礎法制也大幅增長，例如實施了全面電子公文交換與書證謄本的數位化，以及建置《電子化政府服務平臺作業規範》與《政府資訊公開法》等資訊輔助法規（行政院研考會，2005）。

（三）優質網路政府（第三階段：2008-2011）

從 2008 年度開始執行的「優質網路政府計畫」，代表我國電子化政府發展的新階段。在「優質網路政府計畫」中，我國政府開始將「分眾化」與「強化公私互動」等服務納入計畫目標（行政院研發考核委員會，2007）。分眾化目標強調對服務對象的需求掌握，以及對於不同服務族群（例如民眾、企業、商務人士或弱勢族群）都需訂定客製化的服務。數位落差（digital divide）的議題也在這個階段受到更多重視；自 2008 年起，數位落差調查（後更名為數位機會調查）即以每年至少一次全國性調查的規模與預算，探討高齡者、身心障礙者、原住民與新住民等數位弱勢族群的數位應用情形，作為政府推動數位涵融的重要參考依據。除此之外，網路民意的議題與公民參與目標的追求，也反映了我國的電子化政府開始從單向的資訊提供轉為雙向的互動。例如在「優質網路政府計畫」底下的「公民 e 參與計畫」，其目標即為打造政府網路服務資訊公開與民意互動平臺，應用 Web 2.0 技術作為民眾參與政府決策的管道，落實公民參與的核心價值（行政院研發考核委員會，2007）。

（四）智慧臺灣（第四階段：2012-2016）

經歷前三個階段的數位扎根與因應行動裝置與無線網路等新興技術的發展，第四階段的電子化政府計畫即強調數位服務的 DNA 理念（行政院研發考核委員會，2011）。DNA 理念重視「設備」（device）、「網路」（network）與「應用」（application）的整合，主張政府需要因應手機、平板電腦等可攜式裝置的快速崛起，以及無線網路的普及運用，發展相對應的政府服務應用。例如，為讓民眾得以透過行動裝置存取政府資訊或申辦行政服務，此階段計畫特別針對政府機關開發行動化服務的流程與標準，訂定了相關的技術規劃，並建置行動化應用程式庫供各級機關運用。此外，主動數位服務提供的精神也納入此階段的電子化政府發展中，政府資訊從早期的靜態資訊傳遞轉變為以顧客需求為導向的主動服務提供模式（行政院研發考核委員會，2011）。

（五）服務型智慧政府（第五階段：2017-）

自 2017 年開始，我國開始推動新一階段的「服務型智慧政府計畫」，該計畫除延續過往電子化政府計畫的公私互動基礎外，更重視「資料」在政府治理的應用，強調政府資料的開放以及民間協力團隊的創新協作（國家發展委員會，2018）。以開放資料（open data）為例，我國自 2012 年建置的「政府資料開放平臺」雖已累積超過四萬筆的政府資料，但資料品質良莠不一，使得民間的個人或企業在運用上常有窒礙之處。因此，在服務型智慧政府中即特別強調資料的「可利用性」，也就是資料具備機器可讀性高、可 API 介接與具有高應用價值等目標，以實現開放資料的政策目標。除此之外，此一階段的智慧政府計畫也廣泛納入人工智慧、區塊鏈與巨量資料等新興科技的運用，例如在「健保資料 AI 加值應用服務」中，即是透過健保資料庫與人工智慧應用間的結合，來帶動與提升國內醫療診斷的服務品質（國家發展委員會，2020）。

　　歸納而言，我國自 1998 年起推動一系列的數位治理計畫，從最初的政府內部資訊基礎建設、中期的資訊與服務提供到近期強調的公私協作與雙向互動，反映了社會需求與政府治理角色的轉變。更重要的是，在不同時期的計畫中，都結合了不同的新興科技，例如 Web 2.0、行動裝置、無線網路、巨量資料與人工智慧等，顯示我國政府在實務上多因應當前數位科技的變遷而與時俱進。在探討完我國政府實務上的現況發展後，本文接下來將聚焦於我國公共行政領域的研究者，探討公共行政領域有關數位治理的教學與研究，與晚近實務發展趨勢的關聯。

參、公共行政領域中數位治理的教學：師資與課程

　　以下分別從師資與課程設計等兩個部分，探討公共行政領域在數位治理這項主題下的教學面向。需要說明的是，為限縮研究範圍，本段落所分析的學校僅限於 2022 年臺灣公共行政與公共事務系所聯合會（Taiwan Association for Schools of Public Administration and Affairs, TASPAA）中所列之 36 所國內相關公共行政系所。[3]

一、TASPAA 系所數位治理師資

　　表 15-1 整理了我國公共行政系所中，專任與兼任教師在個人網頁載明自身研究專長或研究領域為數位治理相關議題之教師數量。[4] 首先，從整體的數量來看，在 36 個公共行政相關系所中，將近一半的系所（17 所）至少有一位數位治理相關的專兼任教師，顯示數位治理這項次領域在我國的公共行政研究中具有一定程度的普及性。其次，從各校的師資分布來看，國立政治大學公共行政學系擁有最多相關師資（5 位專任、2 位兼任），第二則是國立臺北大學公共行政暨政策學系（4 位專任），而其餘學校則大多僅 1 至 2 位專任教師，師資數量的分配顯示數位治理師資有高度集中於特定學校的現象。第三，從專任教師的職級來看，在 26 位的專任教師當中，共有 21 位教師為副教授以上

---

[3]　臺灣公共行政與公共事務系所聯合會，2022，〈國內相關系所〉：https://taspaa.org/resources1.aspx。檢索日期：2022 年 4 月 22 日。

[4]　各校專業師資的資料蒐集方式為作者於本文寫作期間（2022 年 6 月），自行從各科系網頁中蒐集與整理教師自陳之研究專長。由於各校師資可能流動，如離職、退休或轉任他校，其專業組成可能會隨時間而變動。此外，由於資料蒐集之限制，作者僅能蒐集到單年度之橫斷面資料，故較難與其他跨年度資料（例如研究計畫之數量）進行相互比較。

表 15-1　數位治理師資數量（2022）

學校科系	專任教師				兼任教師				
	教授	副教授	助理教授	合計	教授	副教授	助理教授	講師	合計
中國文化大學行政管理學系	0	1	0	1	0	0	0	0	0
元智大學社會暨政策科學學系	0	0	1	1	0	0	0	0	0
世新大學行政管理學系	2	0	0	2	0	0	0	0	0
東吳大學政治學系	0	0	0	0	0	1	0	0	1
東海大學行政管理暨政策學系	1	0	0	1	0	0	0	0	0
國立中山大學政治經濟學系	1	0	0	1	0	0	0	0	0
國立中興大學國家政策與公共事務研究所	0	1	0	1	0	0	0	0	0
國立東華大學公共行政學系	0	1	0	1	0	0	0	0	0
國立空中大學公共行政學系	1	1	0	2	0	0	0	0	0
國立政治大學公共行政學系	3	2	0	5	0	1	1	0	2
國立臺北大學公共行政暨政策學系	2	2	0	4	0	0	0	0	0
國立臺南大學行政管理學系	0	0	1	1	0	0	0	0	0
國立臺灣大學公共事務研究所	0	2	0	2	0	0	0	0	0
淡江大學公共行政學系	0	0	1	1	0	0	0	1	1
逢甲大學公共事務與社會創新研究所	0	0	1	1	0	0	0	0	0
義守大學公共政策與管理學系	1	0	0	1	0	0	0	0	0
臺北市立大學社會暨公共事務學系	0	0	1	1	0	0	0	0	0
合計	11	10	5	26	0	2	1	1	4

資料來源：本文自行整理。

備註：資料蒐集時間與方式為作者於本文寫作期間（2022 年 6 月），自行從各科系網頁中蒐集與整理教師自陳之研究專長與職級。

之職級，反映出當前我國數位治理研究領域多以教授級與副教授級為主，新進之助理教授的數量則相對較少。此結果呈現目前數位治理研究人力多為中壯年學者，在研究人力上應尚屬穩健；然而，伴隨時間推移，部分的教授級研究人員即將屆齡退休，在研究人力銜接上的可能世代落差，將是未來需要關注的議題之一。

　　除了教師的數量之外，本文亦整理了教師自陳的研究專長於表 15-2。從表 15-2 可以發現，我國公共行政領域的數位政府研究專長大致可以分為「公共管理」、「公共政策」與「特定技術」等三個面向。在公共管理面向，以電子治理或電子化政府作為研究專長的教師為大宗，亦有部分的教師將政府資訊管理列為研究專長。在公共政策面向上，科技政策、科技與社會等是較常被提及的研究專長，著重從政策分析角度探討我國

表 15-2　數位治理相關研究專長（2022）

學校科系	研究領域
中國文化大學行政管理學系	科技政策、科技與社會
元智大學社會暨政策科學學系	開放政府資料、大數據
世新大學行政管理學系	人工智慧與政府治理、電子治理
東吳大學政治學系	科技政策
東海大學行政管理暨政策學系	數位化政府
國立中山大學政治經濟學系	電子治理
國立中興大學國家政策與公共事務研究所	電子化政府、科技與公共行政
國立東華大學公共行政學系	電子治理、電子化政府、政府資訊公開與開放資料
國立空中大學公共行政學系	電子治理、科技政策、科技與社會
國立政治大學公共行政學系	電子治理、數位治理、政府資訊管理、科技管理、地理資訊系統、公部門資料治理與實作
國立臺北大學公共行政暨政策學系	電子治理、電子化政府、數位化治理與電子化政府、科技政策與管理、行政資訊管理
國立臺南大學行政管理學系	電子治理
國立臺灣大學公共事務研究所	電子化政府、電子化治理、科學與技術政策
淡江大學公共行政學系	電子化政府、數位治理
逢甲大學公共事務與社會創新研究所	中小企業數位轉型技術導入
義守大學公共政策與管理學系	智慧城市
臺北市立大學社會暨公共事務學系	資訊管理

資料來源：本文自行整理。
備註：資料蒐集時間與方式為作者於本文寫作期間（2022 年 6 月），自行從各科系網頁中蒐集與整理教師自陳之研究專長與職級。

相關政策，以及推動數位科技政策對於社會造成的影響。此外，有教師將特定的重要政策議題列為研究專長，包含如開放政府資料、資料治理、智慧城市、數位轉型與人工智慧等，反映當前國內外重要的議題趨勢。最後，亦有部分教師以特定或技術作為研究專長，例如大數據或地理資訊系統等研究專長。

二、數位治理課程

　　表 15-3 統整了國內公共行政系所有關數位治理的課程安排。首先，從選課類別與學分數設計來看，在大學部課程規劃中，共有 15 個系所於大學部或進修學士班中開設了至少一門的數位治理課程，並且有 5 個系所（中國文化大學、東海大學、國立政治大學、淡江大學、逢甲大學）將數位治理相關課程列為系所必修課程。從學分數來看，除了國立臺北大學是採全學年四學分的設計外，大部分系所均採單學期二學分或三學分的課程設計。較為特別的是，國立彰化師範大學則將「人工智慧及其應用」列為全校的必修通識，以突顯該議題的重要性。在研究所課程中，則有 7 個研究所開設數位治理相關課程，並且全數均為單學期的三學分選修課程。

　　初步審視課程主題與課程內容後，歸納我國公共行政領域開設的數位治理課程可分為三大項目：「數位政府與數位治理」、「人工智慧」與「資訊與程式設計」等。首先「數位政府與數位治理」為各系所最常開設的課程，雖然課程名稱略有差異，例如電子治理、電子化政府與數位治理、科技與政府或行政資訊管理等，但其課程核心多是從公共管理的角度切入，探討資通訊科技在政府內部運作的個案與管理方針，以及資通訊科技對於政治與社會造成的潛在影響。其次，「人工智慧」在近年來開始受到重視，國立彰化師範大學、淡江大學、義守大學與銘傳大學等系所，均開設包含人工智慧為名稱之課程，其課程內容主要為引介人工智慧的基本概念，以及探討人工智慧在公共政策規劃上的角色與功能。最後，「資訊與程式設計」課程要求學生掌握基本的程式語言（如 Python 等），以及對於資訊科技的原理與應用具備基礎概念，例如東海大學所開設的「AI 思維與程式設計」與「巨量資料分析與決策之 Python 應用」，以及淡江大學所開設的「資訊概論」等三門課程，在課程大綱中均強調程式語言的理解與基本應用。

表 15-3　國內數位治理相關課程（2022）

學制	科系名稱	課程名稱	選課類別	學分數	授課教師	備註
學士班課程	中國文化大學行政管理學系	數位化治理	必修	2	專	
	東吳大學政治學系	電子化政府	選修	2	兼	
		智慧城市治理	選修	2	兼	
	東海大學行政管理暨政策學系	行政資訊管理	選修	3	專	
		AI 思維與程式設計	必修	3	專	
		巨量資料分析與決策之 Python 應用	選修	3	專	
	國立中正大學政治系	電子化政府與數位治理	選修	3	專	
	國立東華大學公共行政學系	電子治理研究專題	選修	2	專	
	國立政治大學公共行政學系	科技與政府	必修	3	專	
	國立彰化師範大學公共事務與公民教育學系	人工智慧及其應用	必修	2	專	校必修通識
	國立臺北大學公共行政暨政策學系	數位治理	選修	4	專	全學年課程
	國立臺南大學行政管理學系	電子治理	選修	2	專	
		電子治理	選修	3	專	進修學士班
	國立臺灣大學公共事務研究所	科技與政策創新	選修	2	專	
	國立臺灣大學政治學系	數位政府與管理	選修	2	專	
	淡江大學公共行政學系	資訊概論	必修	2	專	
		資訊概論	必修	2	兼	進修學士班
		人工智慧與未來政治	選修	2	專	進修學士班
		電子治理	選修	2	兼	
		電子治理	選修	2	兼	進修學士班

表 15-3　國內數位治理相關課程（2022）（續）

學制	科系名稱	課程名稱	選課類別	學分數	授課教師	備註
	義守大學公共政策與管理學系	人工智慧與公共政策	選修	3	專	
	臺北市立大學社會暨公共事務學系	電子治理	選修	2	專	
	銘傳大學公共事務學系	人工智慧概論	必修	2	兼	
		公共資訊管理研究	必修	2	專	進修學士班
	佛光大學公共事務學系	電子化政府專題	選修	3	專	
	東海大學行政管理暨政策學系	大數據與人工智慧應用專題	選修	3	專	
	國立中正大學政治學系	數位政府與治理	選修	3	專	
碩士班課程	國立中興大學國家政策與公共事務研究所	電子化治理專題	選修	3	專	
	國立東華大學公共行政學系	電子治理研究專題	選修	3	專	
		電子治理研究與專題	選修	3	專	碩士在職專班
	國立政治大學公共行政學系	政府資訊管理與數位治理	選修	3	專	
	國立臺南大學行政管理學系	電子治理	選修	3	專	

資料來源：本文自行整理。

備註：資料蒐集時間與方式為作者於本文寫作期間（2022 年 6 月），自行從各科系網頁或選課系統中蒐集與整理該年度所開設之數位治理課程。

肆、公共行政領域中數位治理的研究：研究計畫與出版

本段落將從研究計畫、國內研究出版品與國際期刊發表等三個面向，探討公共行政領域在數位治理的研究發展，並說明重要的研究主題與研究趨勢。

一、研究計畫

本段落透過財團法人國家實驗研究院科技政策研究與資訊中心建置與維護的「政府研究資訊系統」（Government Research Bulletin, GRB）來盤點公共行政領域的數位政府研究計畫；該資料庫包含 1993 年迄今的國科會專題研究、各機關委託研究、各機關科技類自行研究等計畫的基本資料與摘要，以及公開的報告全文。首先，本文以「電子治理 OR 電子化治理 OR 電子化政府 OR 數位治理 OR 數位政府 OR 開放資料 OR 智慧城市 OR 智慧政府」為關鍵字，檢索 2000 年至 2021 年間政治學領域與公共行政領域的相關研究計畫，共搜尋到 197 份研究計畫。其次，由於本文以學術研究為主，因此在刪除財團法人（包含學會、協會等）、民營機構與其他政府機關（例如部會轄下的研究中心）所執行的研究計畫後，保留 147 份研究計畫，並經作者個別檢視摘要、關鍵字內容與計畫執行單位後，最終保留 99 份研究計畫供後續分析。[5] 需要說明的是，由於計畫的編號不同，故國科會計畫中的多年期計畫在分析上是按照年度進行切分。

表 15-4 彙整了各校執行數位政府研究計畫案數量與規模。從表 15-4 可以發現，非國科會補助的數位政府相關研究計畫數量與國科會補助的數位政府相關研究計畫數量相當（非國科會 49 件、國科會 50 件），若進一步檢視非國科會計畫的補助機關，可以發現除臺北市政府曾委託 2 件研究計畫之外，其餘的非國科會計畫補助機關均為行政院研究發展考核委員會（後更名為國家發展委員會，兩者合計共補助 47 件委託研究案）。由於行政院研究發展考核委員會與其改組後成立的國家發展委員會為規劃我國電子化政府各階段計畫的主要權責機關，因此該機關補助與委託了相當規模的學術研究計畫，來規劃與評估相關的政策。

5　本文此處的篩選流程分為兩個部分。首先，作者逐個檢視計畫書關鍵字與摘要內容，剔除了 10 篇與數位治理主題無關之研究計畫。其次，在剩餘的 137 篇研究計畫中，作者再次逐個檢視研究計畫的計畫主持人或共同主持人，是否為臺灣公共行政與公共事務系所聯合會之相關系所的專兼任教師或研究人員，最終保留了 99 篇研究計畫供後續分析。

表 15-4　各校執行數位治理相關研究計畫案數量（2000-2021）

系所	國科會計畫	非國科會計畫
世新大學行政管理學系	1	2
東海大學行政管理暨政策學系	3	7
國立中山大學公共事務管理研究所	1	0
國立中央大學法律與政府研究所	0	1
國立中興大學國家政策與公共事務研究所	2	3
國立成功大學政治學系	3	2
國立東華大學公共行政學系	5	0
國立空中大學公共行政學系	0	4
國立政治大學公共行政學系	29	15
國立政治大學資訊管理學系	0	1
國立師範大學公民教育與活動領導學系	0	2
國立暨南國際大學	0	1
國立臺北大學公共行政暨政策學系	0	4
國立臺南大學行政管理學系	2	2
國立臺灣大學公共事務研究所	1	0
淡江大學公共行政學系	3	4
銘傳大學公共事務學系	0	1
合計	50	49

　　從執行單位來看，在非國科會計畫中，國立政治大學公共行政學系執行了最多的研究計畫（15 件），其次則為東海大學行政管理暨政策學系（7 件）。這些計畫多與國內重要的電子化政府研究智庫──電子治理研究中心（自 2021 年起更名為數位治理研究中心）有關。數位治理研究中心自 2008 年起即以政策智庫的角色執行許多研究，其團隊為跨校與跨領域的學者組成，每年度的計畫主持人會由不同校系的研究人員擔任。其次，在國科會計畫中，申請到最多的國科會研究計畫的校系則為國立政治大學公共行政學系（共 29 件），其次則為國立東華大學公共行政學系（5 件），其他學校公共行政相關系所的申請案件則較少，因此僅單就國科會計畫來看，在數位治理研究領域，國立政治大學公共行政學系的研究能量最為豐沛。

　　圖 15-1 呈現自 2000 年至 2021 年間每年度的數位治理研究計畫數量。從圖 15-1 可以發現，非國科會計畫數量案件自 2008 年開始，每年度大致穩定有 3 個到 4 個研究計畫的委託研究數量，這項發展也符合本文前述有關數位治理研究中心成立的時間點。其

次，國科會委託研究的數量則除 2002 年以外，每年都至少有一個相關的研究計畫，且近年來數量有微幅上升的趨勢，在 2015 年共有 5 個相關研究計畫，近三年來則平均為每年度 3 個研究計畫。非國科會計畫與國科會計畫數量的穩定增長，顯示我國數位治理的相關研究資源投入正穩定發展當中；然而，相較於私人企業在數位科技應用的蓬勃發展，當前數位治理相關研究計畫的增長速度可能仍略顯不足，需要我國相關政府部會或是企業進一步投入資源。

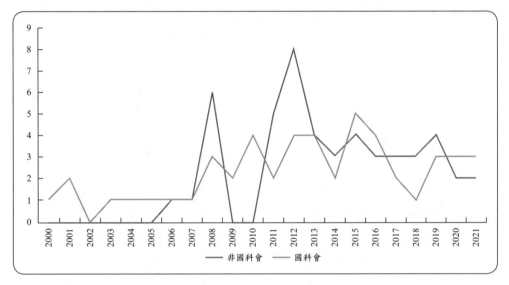

圖 15-1　各年度研究計畫數量（2000-2021）
資料來源：本文自行整理自政府研究資訊系統。

　　除了研究案的數量，研究計畫主題的變遷也是另一個值得探討的面向。本文依據前述所區分的電子化政府階段，透過不同研究案所提供的中文關鍵字，初步探討研究主題在我國 2000 年後電子化政府階段中的變化。從圖 15-2 可以發現，在電子化政府的第二階段（2000-2007）時期，當時的研究關鍵字除了電子化政府之外，亦包含了政府資訊管理、網站管理、政府網站、G2C 等主題，回應當時政府的政策趨勢，也就是政府如何透過網頁等形式來與民眾或企業進行線上交易。在電子化政府第三階段（2008-2011）時期，研究主題變得更為多元，績效評估、政策評估等主題是相對較常提及的關鍵字。這個時期的關鍵字反映了當時學者與實務界開始針對過去十年間（1998-2008），我國電子化政府的推動績效與成果進行評估。

　　在電子化政府第四階段（2012-2016）中，受到數位民主發展的影響，開放政府、開放資料與社群媒體等關鍵字開始出現，同時因應新的技術，也開始有學者投入巨量資料的分析領域，探討大數據這項技術如何支援政府決策。最後，在電子化政府第五階段（2017-2021）中，除了延續上個階段的開放政府元素（例如參與式預算）外，也開始有研究透過韌性政府的視角，來探討我國政府在新冠疫情下的數位發展策略。因此，從研究案的關鍵字可以觀察到，我國數位治理的相關研究主題是與實務發展高度鏈結，這個現象除了反映電子化政府這個研究領域既有的本質外，也可能導因於有相當數量的研究計畫委託單位為主責電子化政府政策規劃的機關，因此研究計畫的主題，在一定的程度上需要回應當前政府的重要政策規劃，以及委託單位的實務需求。

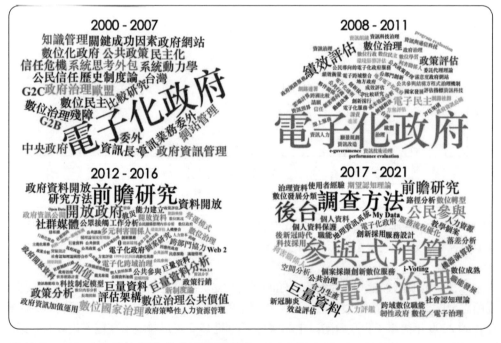

圖 15-2　研究計畫關鍵字變遷（2000-2021）
資料來源：本文自行整理自政府研究資訊系統。

二、國內期刊論文與學術專書

　　期刊與專書的數量與主題呈現研究的重要成果，本段落分別盤點國內期刊論文與國內學術專書出版。在期刊論文部分，本文依據「臺灣社會科學引文索引核心期刊收錄要點」（2013 年後更名為「臺灣人文及社會科學引文索引核心期刊收錄要點」）當中所收錄的政治學領域核心期刊（國科會人文社會科學研究中心，2022），界定本文的檢索範圍。本文在期刊選定上選擇寬鬆的標準，若該期刊曾經入選政治學領域核心期刊或是第三級期刊，則均為本文所檢索的期刊範圍，表 15-5 統整本文所檢閱的相關期刊。在選定期刊範圍後，本文檢索各個期刊於 2000 年後的研究論文，依據關鍵字與研究摘要篩選出數位治理的相關研究，作為後續分析的素材。

表 15-5　政治學領域核心期刊（2000-2021）

期刊名稱	納入索引年分	備註
中國大陸研究	2000	現為第三級期刊
東吳政治學報	2000	
政治科學論叢	2000	
問題與研究	2000	
選舉研究	2000	
中國行政評論	2002	
台灣政治學刊	2002	
政治學報	2002	
公共行政學報	2003	
遠景基金會季刊	2004	
政治與社會哲學評論	2005	
行政暨政策學報	2007	
臺灣民主季刊	2008	
文官制度季刊	2019	現為第三級期刊
國防雜誌	2019	現為第三級期刊

資料來源：國科會人文社會科學研究中心（2022）。

　　表 15-6 統整了二十餘年來總計 63 篇的數位治理相關研究論文發表，圖 15-3 則彙整歷年來研究論文的發表數量。首先，在本文檢索的 15 個政治學領域期刊當中，共有 11 個期刊有收錄數位治理相關論文，其中以《公共行政學報》、《行政暨政策學報》與《中國行政評論》收錄較多，完全未收錄數位治理研究論文的期刊則包含《政治科學論叢》、《政治學報》、《選舉研究》與《遠景基金會季刊》，顯示我國數位治理相關研究主要發表於以公共行政領域為專長的研究期刊。此外，從歷年發表數量來看，2010 年前後的發表數量最為豐富，近年來相關發表的數量則略微下滑，每年的研究論文數量平均大約 2 至 3 篇左右。

　　接下來，本文檢閱個別文章，嘗試歸納不同論文內容，以探討我國在數位治理研究領域所關心的主題。從表 15-6 中可以發現，《公共行政學報》由於收錄篇幅最多，也涵蓋最廣泛的研究主題，《文官制度季刊》所收錄的文章主題也頗有異質性，涵蓋了行政組織的資訊運作、資料治理與數位轉型等研究主題。在各個主題當中，則以電子參與、電子連署、電子投票或線上審議等「數位民主」為最常見的研究主題，這個現象可能與 2010 年起在國際上所引發的一連串政治活動有關，例如阿拉伯之春、雨傘革命與太陽花學運等。上述這些政治活動的特質在於熟稔網際網路運用的年輕族群，開始大量運用網

表 15-6　數位治理研究論文發表數量與主題（2000-2021）

期刊	數量	主題（文章數）
公共行政學報	13	數位民主（3）、數位服務績效評估（2）、數位跨域治理（2）、組織設計研究（2）、數位落差（1）、數位政策擴散（1）、數位理理論（1）、政府資料開放（1）
行政暨政策學報	12	數位民主（7）、數位服務績效評估（4）、數位政策擴散（1）
中國行政評論	9	數位民主（5）、數位服務績效評估（2）、政府資訊保護政策（1）、行政組織對資訊系統的應用（1）
文官制度季刊	7	行政組織對資訊系統的應用（2）、數位民主（1）、數位學習（1）、數位轉型（1）、資料治理（1）、數位治理理論（1）
東吳政治學報	6	數位民主（2）、數位落差（1）、數位跨域治理（1）、數位治理理論（1）、行政組織對資訊系統的應用（1）
國防雜誌	6	資訊安全管理系統（5）、數位行銷（1）
中國大陸研究	3	資訊化決策（1）、數位參與（1）、地緣政治（1）
臺灣民主季刊	3	數位民主（2）、數位落差（1）
政治與社會哲學評論	2	數位民主（1）、演算法社會（1）
台灣政治學刊	1	數位民主（1）
問題與研究	1	數位安全與網路恐怖主義（1）

資料來源：本文自行整理。

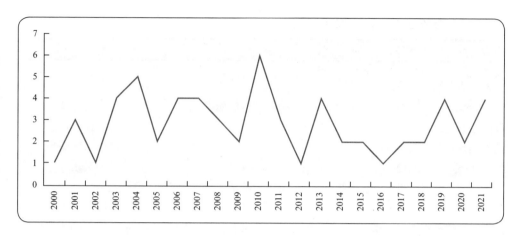

圖 15-3　各年度研究論文發表數量（2000-2021）
資料來源：本文自行整理。

際網路的連結性，彼此串聯與分享資訊，嘗試突破舊有政治體制的限制。因此，我國的
數位治理研究取向與國際上以及我國民主政治的發展應有一定程度上的相關。

　　另外，可以發現期刊的屬性與研究主題間應具備相當的契合度，例如《國防雜誌》
刊登了相當數量的文章於探討國軍的資訊安全管理系統，而《臺灣民主季刊》所刊登的
三篇論文，均包含了線上政治參與的研究視角。值得一提的是，雖然大多數研究多是以
實證性的研究為主，或至少選取一個特定的政策作為資料蒐集的場域，但在《政治與社
會哲學評論》所刊登的兩篇論文中，則是以規範性角度分析數位民主發展與人工智慧演
算法等議題，探討數位科技發展對於整體社會造成的影響，上述從規範角度的研究為當
前研究較為稀少的部分，值得未來進一步觀察與補充。最後，儘管實證性的研究占絕大
多數，這些實證性的研究多是基於一個統計架構或是統計模型來進行分析，或是應用政
策擴散理論或跨域治理理論等公共政策或公共管理領域理論，來詮釋數位治理的發展，
尚未形成一個以數位治理為主體的鉅型理論或中程理論，也是值得學界未來持續努力的
方向。

　　在研究專書部分，本文運用國家圖書館所建置的館藏目錄查詢系統，以「電子治理
OR 電子化治理 OR 電子化政府 OR 數位治理 OR 數位政府 OR 開放資料 OR 智慧城市
OR 智慧政府」為關鍵字，檢索 2000 年至 2022 年間相關圖書的標題名稱，並檢閱圖書
內容後，排除政府委託研究報告、研究所研究論文、外文翻譯書籍與影音圖書等類別，
整理出我國 20 年來數位治理領域的研究專書發表。從表 15-7 中可以發現，我國的數位
治理研究專著早期多是以涵蓋範圍較廣的電子化政府、電子治理或數位政府為題，來探
討我國整體的資訊政策發展。不過，近年來有特定專著深入探討單一的政策方針或政策

表 15-7　數位治理研究專書（2000-2021）

書名	年度	作者	出版社
電子化政府的網站設計與評估：行政院直屬機關網站的實證研究	2000	黃朝盟	韋伯文化
數位化政府	2002	賴世培等人	空大出版社
數位化治理與資訊政策	2005	項靖	秀威資訊科技
電子化政府實踐與研究	2007	宋餘俠	孫運璿學術基金會
數位政府與資訊治理	2010	蕭乃沂	藍海文化
電子治理：理論與實務的臺灣經驗	2011	項靖、朱斌妤、陳敦源	五南
智慧城市導入參考手冊	2013	洪毓祥	資訊工業策進會
從生活實驗室到智慧城市	2015	葉逸萱	資訊工業策進會
全球智慧城市應用案例剖析	2016	卜心智等人	資訊工業策進會
開放政府觀察報告：2014-2016	2017	李梅君、曾柏瑜	開放文化基金會
數位時代網路治理	2018	黃葳威	揚智文化
全球智慧城市發展趨勢與案例分析	2020	林柏齊等人	資訊工業策進會
政府數位轉型：一本必讀的入門書	2020	陳敦源等人	五南
AI 智慧城市建設與實踐	2021	徐龍章	臺科大圖書

資料來源：本文自行整理。

議題，包含由資訊工業策進會所出版的一系列智慧城市專書、開放文化基金會出版的開放政府觀察報告，與數位治理研究中心出版的政府數位轉型專書，顯示我國數位治理的研究專書已從早期的概念與架構的發展，轉向更深入的焦點議題與實務運行探討。

三、英文期刊論文

　　數位治理是一個國際化議題，因此國內部分的研究者選擇將臺灣的研究成果發表於國外的學術期刊之上。本文透過學術期刊資料庫「Web of Science」檢索相關的學術發表，以「（Taiwan OR Taiwanese）AND（"e-government" OR "e-governance" OR "digital government" OR "digital governance" OR "electronic government" OR "electronic governance" OR "open government" OR "open data" OR "smart city" OR "smart government"）」為關鍵字，檢索 2000 年至 2021 年間相關研究論文的摘要部分是否包含相關字詞。在第一輪的檢索中共搜尋到 63 篇研究論文，作者再逐一檢閱研究論文的作者資訊判斷該文作者是否為公共行政領域的研究者，最終保留 12 篇相關的研究論文，整理如表 15-8。

表 15-8　數位治理國際期刊發表（2000-2021）

作者	年分	文章標題	期刊
Chen, Don-Yun, Huang, Tong-Yi, and Hsiao, Naiyi	2006	Reinventing Government Through On-line Citizen Involvement in the Developing World: A Case Study of Taipei City Mayor's E-mail Box in Taiwan	*Public Administration and Development*
Chen, Yu-Che, and Hsieh, Jun-Yi	2009	Advancing E-Governance: Comparing Taiwan and the United States	*Public Administration Review*
Chiang, Li-Chun, and Liao, Chao-Ning	2009	The Influence of Digital Standardization on Administrative Efficiency in E-Government: A View of Standards Development Organizations	*Systems Research and Behavioral Science*
Hung, Mei-Jen	2012	Building Citizen-Centred E-Government in Taiwan: Problems and Prospects	*Australian Journal of Public Administration*
Wang, Hui-Ju, and Lo, Jin	2013	Determinants of Citizens' Intent to Use Government Websites in Taiwan	*Information Development*
Yang, Tung-Mou, and Wu, Yi-Jung	2014	Exploring the Determinants of Cross-Boundary Information Sharing in the Public Sector: An E-Government Case Study in Taiwan	*Journal of Information Science*
Yang, Tung-Mou, Lo, Jin, and Shiang, Jing	2015	To Open or Not to Open? Determinants of Open Government Data	*Journal of Information Science*
Yang, Tung-Mou, and Wu, Yi-Jung	2015	Exploring the Effectiveness of Cross-Boundary Information Sharing in the Public Sector: The Perspective of Government Agencies	*Information Research-An International Electronic Journal*
Wang, Hui-Ju, and Lo, Jin	2016	Adoption of Open Government Data among Government Agencies	*Government Information Quarterly*
Linders, Dennis, Liao, Calvin Zhou-Peng, and Wang, Cheng-Ming	2018	Proactive E-Governance: Flipping the Service Delivery Model from Pull to Push in Taiwan	*Government Information Quarterly*
Huang, Hsini, Liao, Calvin Zhou-Peng, Liao, Hsin-Chung, and Chen, Don-Yun	2020	Resisting by Workarounds: Unraveling the Barriers of Implementing Open Government Data Policy	*Government Information Quarterly*
Wang, Hui-Ju, and Lo, Jin	2020	Factors Influencing the Adoption of Open Government Data at the Firm Level	*IEEE Transactions on Engineering Management*

資料來源：本文自行整理。

　　經檢閱表 15-8 中的 12 篇文章，本文嘗試歸納出數個研究主題。首先，開放政府資料為最大宗的研究主題，共有 4 篇文章直接與臺灣的開放政府資料推行有關，包含探討行政組織採納開放政府資料的原因與影響因素（Wang and Lo, 2016; Yang et al., 2015）、企業對開放政府資料的採納與運用（Wang and Lo, 2020），以及臺灣公務人員對於推動開放政府資料的風險認知（Huang et al., 2020）。除了開放政府資料的研究外，另外一個主要的研究主題為公民導向的電子化政府研究，其核心在探討數位科技的運用如何改變了公共服務的輸送方式以及政府與公民間的關係，該主題的文章討論公民導向的數位政府發展策略（Hung, 2012; Linders et al., 2018），以及檢視臺灣民眾的線上參與行為（Chen et al., 2006）與政府網站使用行為（Wang and Lo, 2013）。第三，有研究者聚焦於組織內部如何管理與運用新興的資通訊技術，包含公共組織之間的跨域資訊分享行為（Yang and Wu, 2014, 2015），以及公共組織對於資訊標準化管理系統的運用（Chiang and Liao, 2009）。最後，也有研究者運用比較研究的視角探討我國的數位治理發展，例如 Chen 與 Hsieh（2009）提出了一個寶貴的研究架構，用以比較臺灣與美國在電子治理上的不同成效。

伍、未來發展議題與研究建議

　　本文檢視當前我國數位治理領域在教學與二十餘年來研究的發展，梳理該領域的研究人力、課程設計、研究資源與研究主題等圖像。[6] 綜整而言，隨著人工智慧與演算法的快速發展，有關數位治理的重要國際趨勢為開始探討「演算法治理」（algorithm governance）對公部門與社會所可能產生的影響，以及如何評估與應用高度自主性的演算法技術於不同的公部門業務（Katzenbach and Ulbricht, 2019; Meijer, Lorenz, and Wessels, 2021; Wenzelburger et al., Forthcoming）。將上述國際趨勢對比我國目前在教學與研究的發展，在教學上，已有部分校系開始重視人工智慧等相關課題，值得進一步推廣與深化。然而，相對於教學面向，目前我國相關研究尚未有針對該主題的實證研究，對於演

---

[6]　本文的研究目的為盤點與分析我國公共行政領域中數位治理相關的教學與研究等兩大面向，包含教學師資、教學課程、研究計畫、出版論文與出版書籍之情形，以針對數位治理主題提出一個初步性的綜覽。基於既定的研究範疇與研究資料，本文未能詳盡地探討「數位治理」與各個不同學科領域（例如政治學領域、經濟學領域等）間的關係。未來研究者可基於本文所提供的基礎，進一步深化不同研究議題，例如探討制度性因素（行政／立法互動、府會關係等）與我國數位治理之間的關係。

算法的實務應用亦多處於起步階段，因此與當前的國際趨勢相比，仍有相當大的發展空間。基於上述初步的研究發現，本文從教學與研究面向提出未來發展議題，最後討論研究限制與未來研究建議。

一、教學面向：師資人力與課程設計

在教學面向上，基於數位科技的快速發展，我國公共行政相關系所或可從師資人力補充與課程設計改良等兩個部分加以調整，以符合未來發展的需求。首先，在師資方面，目前數位治理研究人力尚屬穩健，然而存在著可能的世代落差與人力銜接的風險，因此國內系所在師資的招聘上應可預先思考對應策略。此外，基於數位治理的高度實務性與技術性，國內系所可考量與其他系所（例如資訊管理學系或資料科學學系等）合聘教師，或是招聘具有企業實務或政府資訊管理實務的人才擔任兼任教師，以提升授課的技術深度與實務連結度。值得一提的是，教育部自 2018 年起開始推動的「數位人文社會科學教學創新計畫」，亦是一項回應師資需求的重要策略。數位人文社會科學教學創新計畫的核心目標之一，即為藉由跨領域整合與產學合作，在人文學科中推廣數位科技創新課程。[7] 因此，基於數位科技的持續發展，人文相關學科之系所可積極透過如上述數位人文社會科學教學創新計畫，引進跨領域之數位科技專業師資與人才，降低可能的師資短缺風險。

在課程設計上，本文盤點國內公共行政系所的課程後發現，有五個系所將數位治理課程列為必修課程，且絕大多數的課程均是採單學期的規劃，與未來實務的需求相較，學分數相對較少。因此，未來可考量逐步將數位治理相關課程列為系所之必修項目，且在學分數上可以略微增加，例如改為全學年的課程配置，以提供更完整的教學內容，讓授課教師可以引入對更多新科技的認識與新科技所可能帶來的倫理與人權議題、資訊隱私與資訊安全等主題。此外，除提供政府資訊管理的知識之外，系所也可以參考淡江大學與東海大學開設的程式設計課程，透過實際個案資料的操作，讓學生結合公共行政的管理專業與撰寫程式語言的工具技能，提升公共行政學子與未來實務接軌的能力。

---

[7]　有關教育部數位人文社會科學教學創新計畫的詳細資訊，可參閱計畫網頁：http://www.dhcreate.nccu.edu.tw/index.html。

二、研究面向：資源分配與研究主題

　　從研究計畫與研究出版品的盤點來看，數位治理領域的未來發展可特別注意資源分配與研究主題選定這兩項課題。在資源分配課題上，基於數位治理研究的高度實務性質，公共行政研究者主要研究計畫來自於主掌數位政策之相關機關，因此研究性質多以實務性、應用性的研究為主。此外，從研究資源的分配可以發現，數位治理研究中心扮演著連結學術與實務的重要中介角色，研究者可以透過數位治理研究中心取得重要研究資源，如政府內部的實務及學術網絡等；另一方面，制定數位政策的行政機關也可以透過與學術界的合作，獲得國際上重要的研究視角與行銷我國的政策成果。在數位發展部即將成立之際，數位治理研究中心如何持續扮演上述角色，並且強化跨部門、跨領域間以及與國際學術及實務界的互動關係，係為一個關鍵的課題。

　　從研究主題的選定來看，不論是國內出版品或是國際期刊的發表，數位治理相關研究多是以實證導向的研究為主，並搭配國內重要的政策推行，探討行政組織如何運用新興 ICTs，完善臺灣社會的民主功能，並提升行政服務的效率與效能。不過，儘管實證導向的研究有其不可忽視的重要性，但從規範性視角來探討政府運用數位科技下可能造成的影響，是目前研究較為缺乏的部分。伴隨著人工智慧與演算法技術的興起，諸如資訊隱私、網路人權或數位獨裁等議題開始浮現；因此，未來研究者可多從規範面向來討論政府機關在運用數位科技時，背後存在的哲學辯證與倫理議題。此外，當前實證研究較常是運用統計模型與架構，或是借用公共管理與公共政策的理論來解釋數位治理發展，未來研究可再更進一步，嘗試以數位治理為主體進行理論的探索。

三、本文限制與未來研究建議

　　本文的研究限制主要來自於課程與師資資料蒐集上的時間區間限制，以及僅以數位治理研究作為單一個探討主題的侷限性。首先，在課程與師資資料的蒐集上，本文僅能針對各學校網頁有收錄的課程範圍，以及教師自行填寫的研究專長篩選出數位治理的相關課程與師資，且由於跨時性資料取得頗為不易，因此較難看出長時間下師資組成的變化以及課程開設主題的改變。未來研究可針對課程大綱進行長期蒐集，以進一步探討公共行政系所的數位治理課程設計是否因應我國不同時期政治、社會與經濟等面向的發展，而持續改良與精進。其次，本文基於研究視角的選擇，故僅以數位治理領域作為深入探討的客體；然而，數位治理作為一項公共管理的次領域，與公共管理其他研究主題（例如人事行政、財務行政或非營利組織管理等）間的比較，應屬一個有趣且重要的研究問題。更具體而言，數位治理一項核心研究問題為探討公共組織如何應用新興數位科技於不同業務，因此，不僅在不同部門都可觀察到數位科技被應用於核心業務，並可能逐步滲透或影響原有業務之運作流程與思維；此時，如何管理這些新興數位科技，應被視為公共管理範疇下的一個研究次領域，並且基於這樣的視角，研究者可進一步比較與討論數位科技是如何被鑲嵌在不同業務，又是如何對原有業務運作造成影響。因此，未來研究可盤點並比較公共行政次領域之間的教學與研究，以呈現數位治理領域的多元面貌。

參考書目

中央通訊社，2022，〈數位發展部 8 月掛牌，資安研究院擬年底成立〉：https://www.cna.com.tw/news/aipl/202206180129.aspx。檢索日期：2022 年 4 月 10 日。

行政院研發考核委員會，1997，《電子化／網路化政府中程推動計畫》，臺北：行政院研發考核委員會。

行政院研發考核委員會，2007，《優質網路政府計畫》，臺北：行政院研發考核委員會。

行政院研發考核委員會，2011，《第四階段電子化政府計畫》，臺北：行政院研發考核委員會。

莊文忠，2021，〈科技促進民主？民眾對推動電子投票與民主發展的關聯性分析〉，《臺灣民主季刊》18（1）：83-140。

國科會人文社會科學研究中心，2022，〈臺灣人文及社會科學期刊評比暨核心期刊收錄〉：http://www.hss.ntu.edu.tw/model.aspx?no=354。檢索日期：2022 年 5 月 15 日。

國家發展委員會，2018，《服務型智慧政府推動計畫》，臺北：國家發展委員會。

國家發展委員會，2020，《服務型智慧政府 2.0 推動計畫》，臺北：國家發展委員會。

黃東益，2017，〈資訊通訊科技驅動治理轉型？趨勢與研究議題〉，《文官制度季刊》9（3）：1-25。

詹中原，2013，〈我國公共行政典範之遞移與建構（2000～）〉，吳玉山、林繼文、冷則剛（編），《政治學的回顧與前瞻》，臺北：五南，頁 251-272。

Bannister, F., and R. Connolly. 2015. "The Great Theory Hunt: Does E-Government Really Have a Problem?" *Government Information Quarterly* 32 (1): 1-11.

Bindu, N., C. P. Sankar, and K. S. Kumar. 2019. "From Conventional Governance to E-Democracy: Tracing the Evolution of e-Governance Research Trends Using Network Analysis Tools." *Government Information Quarterly* 36 (3): 385-399.

Chen, D. Y., T. Y. Huang, and N. Hsiao. 2006. "Reinventing Government Through On-line Citizen Involvement in the Developing World: A Case Study of Taipei City Mayor's E-mail Box in Taiwan." *Public Administration and Development* 26 (5): 409-423.

Chen, Y. C. 2017. *Managing Digital Governance: Issues, Challenges, and Solutions*. New York, NY: Routledge.

Chen, Y. C., and J. Y. Hsieh. 2009. "Advancing E-Governance: Comparing Taiwan and the United States." *Public Administration Review* 69 (s1): S151-S158.

Chiang, L., and C. Liao. 2009. "The Influence of Digital Standardization on Administrative Efficiency in E-Government: A View of Standards Development Organizations." *Systems Research and Behavioral Science* 26 (4): 455-468.

de Oliveira Almeida, G., D. M. Zouain, and Y. L. R. Mahecha. 2014. "The Status of E-Government Research: A Bibliometric Study." *Business and Management Review* 3 (11): 7-22.

Dias, G. P. 2016. "A Decade of Portuguese Research in E-Government: Evolution, Current Standing, and Ways Forward." *Electronic Government, an International Journal* 12 (3): 201-222.

Dias, G. P. 2019. "Fifteen Years of E-Government Research in Ibero-America: A Bibliometric Analysis." *Government Information Quarterly* 36 (3): 400-411.

Dwivedi, Y. K. 2009. "An Analysis of E-Government Research Published in Transforming Government: People, Process and Policy (TGPPP)." *Transforming Government: People, Process and Policy* 3 (1): 7-15.

Eom, S. J., and J. Lee. 2022. "Digital Government Transformation in Turbulent Times: Responses, Challenges, and Future Direction." *Government Information Quarterly* 39 (2): 101690.

Fountain, J. E. 2001. *Building the Virtual State: Information Technology and Institutional Change.* Washington, DC: Brookings Institution Press.

Garson, G. D. 2006. *Public Information Technology and E-Governance: Managing the Virtual State.* Raleigh, NC: Jones and Bartlett Publishers.

Gil-Garcia, J. R., N. Helbig, and A. Ojo. 2014. "Being Smart: Emerging Technologies and Innovation in the Public Sector." *Government Information Quarterly* 31: I1-I8.

Harsh, A., and N. Ichalkaranje. 2015. "Transforming E-Government to Smart Government: A South Australian Perspective." In *Intelligent Computing, Communication and Devices*, eds. L. C. Jain, S. Patnaik, and N. Ichalkaranje. Delhi, India: Springer India, pp. 9-16.

Huang, H., C. Z. P. Liao, H. C. Liao, and D. Y. Chen. 2020. "Resisting by Workarounds: Unraveling the Barriers of Implementing Open Government Data Policy." *Government Information Quarterly* 37 (4): 101495.

Hung, M. J. 2012. "Building Citizen-Centred E-Government in Taiwan: Problems and Prospects." *Australian Journal of Public Administration* 71 (2): 246-255.

Kankanhalli, A., A. Zuiderwijk, and G. K. Tayi. 2017. "Open Innovation in the Public Sector: A Research Agenda." *Government Information Quarterly* 34 (1): 84-89.

Kankanhalli, A., Y. Charalabidis, and S. Mellouli. 2019. "IoT and AI for Smart Government: A Research Agenda." *Government Information Quarterly* 36 (2): 304-309.

Katzenbach, C., and L. Ulbricht. 2019. "Algorithmic Governance." *Internet Policy Review* 8 (4): 1-18.

Linders, D., C. Z. P. Liao, and C. M. Wang. 2018. "Proactive E-Governance: Flipping the Service Delivery Model from Pull to Push in Taiwan." *Government Information Quarterly* 35 (s4): S68-S76.

Marche, S., and J. D. McNiven. 2003. "E-Government and E-Governance: The Future isn't What It Used To Be." *Canadian Journal of Administrative Sciences / Revue Canadienne Des Sciences de l'Administration* 20 (1): 74-86.

McQuiston, J., and A. P. Manoharan. 2021. "E-Government and Information Technology Coursework in Public Administration Programs in Asia." *Teaching Public Administration* 39 (2): 210-226.

Meijer, A., L. Lorenz, and M. Wessels. 2021. "Algorithmization of Bureaucratic Organizations: Using a Practice Lens to Study How Context Shapes Predictive Policing Systems." *Public Administration Review* 81 (5): 837-846.

Mergel, I., Y. Gong, and J. Bertot. 2018. "Agile Government: Systematic Literature Review and Future Research." *Government Information Quarterly* 35 (2): 291-298.

OECD. 2014. *Recommendation of the Council on Digital Government Strategies*. Washington, DC: OECD.

Ravšelj, D., L. Umek, L. Todorovski, and A. Aristovnik. 2022. "A Review of Digital Era Governance Research in the First Two Decades: A Bibliometric Study." *Future Internet* 14 (5): 126.

Sarantis, D., S. B. Dhaou, C. Alexopoulos, A. Ronzhyn, and M. Francesco. 2022. "Digital Governance Education: Survey of the Programs and Curricula." In *Scientific Foundations of Digital Governance and Transformation*, eds. Y. Charalabidis, L. S. Flak, and G. V. Pereira. Singapore: Springer, pp. 101-119.

Scholl, M. C. 2020. "Building Competence: Expectations, Experience, and Evaluation of E-Government as a Topic in Administration Programs at the TH Wildau – A Case Study." *Systemics, Cyberntics and Informatics* 18 (3): 68-78.

Torres, L., V. Pina, and B. Acerete. 2006. "E-Governance Developments in European Union Cities: Reshaping Government's Relationship with Citizens." *Governance* 19 (2): 277-302.

United Nations. 2014. *United Nations E-Government Survey 2014: E-Government for the Future We Want*. New York, NY: United Nations.

Wang, H. J., and J. Lo. 2013. "Determinants of Citizens' Intent to Use Government Websites in Taiwan." *Information Development* 29 (2): 123-137.

Wang, H. J., and J. Lo. 2016. "Adoption of Open Government Data among Government Agencies." *Government Information Quarterly* 33 (1): 80-88.

Wang, H. J., and J. Lo. 2020. "Factors Influencing the Adoption of Open Government Data at the Firm Level." *IEEE Transactions on Engineering Management* 67 (3): 670-682.

Welchman, L. 2015. *Managing Chaos: Digital Governance by Design*. Brooklyn, NY: Rosenfeld Media.

Wenzelburger, G., P. D. König, J. Felfeli, and A. Achtziger. Forthcoming. "Algorithms in the Public Sector. Why Context Matters." *Public Administration*: https://doi.org/10.1111/padm.12901.

West, D. M. 2007. *Digital Government: Technology and Public Sector Performance*. Princeton, NJ: Princeton University Press.

Yang, T. M., and Y. J. Wu. 2014. "Exploring the Determinants of Cross-Boundary Information Sharing in the Public Sector: An E-Government Case Study in Taiwan." *Journal of Information Science* 40 (5): 649-668.

Yang, T. M., and Y. J. Wu. 2015. "Exploring the Effectiveness of Cross-Boundary Information Sharing in the Public Sector: The Perspective of Government Agencies." *Information Research* 20 (3): https://informationr.net/ir/20-3/paper685.html.

Yang, T. M., J. Lo, and J. Shiang. 2015. "To Open or Not to Open? Determinants of Open Government Data." *Journal of Information Science* 41 (5): 596-612.

第五篇

臺灣政治

第十六章

臺灣研究於政治科學中的
質變與量變（1987-2022）

王宏恩

壹、前言

　　臺灣研究在政治科學內的發展狀況為何？從政治科學的角度來看，假如政治科學的知識累積具有普世性、可以放諸四海皆準的話，當代臺灣政治也不過是人類歷史長河中的一個個案而已，並不需要特別強調或關注其學術曝光度的變化。

　　然而，隨著研究方法的推移與歷史的變化，近年來政治科學期刊有逐漸關注單一國家的趨勢。Pepinsky（2019）整理了政治科學六本頂尖期刊（*AJPS*、*APSR*、*CP*、*CPS*、*WP*、*JOP*）上的研究，發現單一國家的研究論文在 1980 年至 2010 年之間大幅下滑，卻同時又都在 2010 年至 2019 年之間逐步上升。但在單一國家的研究論文比重重新上升的同時，並不代表質化研究（qualitative）的比例上升。Pepinsky 統計的結果是質性研究在這些期刊上比重持續下滑，而量化研究（quantitative）在所有期刊中所占的比例都逐年上升，且沒有因為單一國家研究數量回升而改變，至今已成為主流。

　　如何同時調和這兩個趨勢？這來自於政治科學內研究工具與方法論的演進，而大致可以分成兩個階段。在第一階段（1995 年之前），專門設計給一般社會科學研究者的統計軟體 SPSS 於 1975 年成立公司、1980 年代開始出現個人電腦。第一個大型跨國價值觀調查 European Values Study 於 1981 年由甫過世的 Ronald Inglehart 教授帶領執行，逐漸擴充發展成近百個國家調查的 World Value Survey。這些資料庫與工具的出現，讓大規模的跨國比較研究成為可能，資料庫讓比較政治的研究學者有辦法避免過去常被詬病的「變數太多、樣本太少」的問題（Lijphart, 1971），也同時可以試著讓研究結果普及化（generalization）到更多群體。因此，這段期間內可以看到量化研究的比重逐漸上升，且跨國的研究論文的數量與比例也都逐漸增加。

　　但在第二階段（1995 年之後），隨著 Rubin Causal Model 在 1980 年出現，著名的 KKV 於 1994 年出版，政治學者開始更重視因果推論（causal inference）。不只強調理論可以普及化的範圍，更強調內部效度（internal validity）以及因果關係，而不僅僅滿足於變數之間的相關性。2000 年 Gerber 與 Green（2000）的大規模田野實驗，證明了政治科學上進行實驗的可能與正面效益。在 Amazon MTurk 於 2006 年成立之後，政治科學家有了便宜的線上實驗資料來源。Scoggins 與 Robertson（2022）使用文字探勘的方式爬梳了近 200 本政治學期刊的文章，發現實驗法的文章更是在 2010 年至 2020 年之間就從一年 100 篇增加到一年 400 篇以上。Dunning（2012）也發現自然實驗法（natural experiment）的政治科學文章在近年來逐漸增加。但是因為實驗法強調內部效度與設計，因此無論是實驗室實驗法、自然實驗法或田野實驗法（field experiment），在跨國研究上都比較難進行。因此，政治科學在因為 KKV 不斷強調因果關係的趨勢之下，Pepinsky（2019）的資料就呈現了單一國家的研究文章數量在 2010 年之後回升，且同時量化研究的數量也因此繼續上升的新趨勢。

在單一國家研究回升的同時，全世界不同地區在研究上受到重視的程度亦各有不同。Wilson 與 Knutsen（2020）整理了 *APSR*、*AJPS*、*IO*、*WP*、*CP*、*JOP*、*BJPS*、*CPS* 上共三萬多篇文章後，除了美國始終是最主要的單一國家研究對象之外，對於拉丁美洲國家、南非，以及東歐國家的研究在 1990 年之後逐漸增加。同時，學者對於正在民主化的國家（而非民主已成熟的國家）的研究也在 1990 年之後增加，但也在 2010 年之後對民主化的研究逐漸下滑。這些增加可能與蘇聯解體以及中國的崛起有關。另一方面，該篇文章中的數字也顯示，東亞國家的相關研究比例在過去 50 年來始終保持差不多（大概都在全體文章的 5% 左右，北美與西歐則保持在 15% 左右）、南亞與東北非在近年微幅增加，而大洋洲國家則始終被忽略。

筆者於 2016 年參加加拿大多倫多大學舉辦的北美臺灣研究協會（North America Taiwan Studies Association）年度研討會時，曾經邀請該校政治系教授 Joseph Wong 發表對臺灣研究的看法。Joseph Wong 早年曾對東亞的經濟轉型、民主轉型有深入的探討，也包括臺灣在內。然而，在 2016 年 NATSA 研討會開幕式上，Joseph Wong 對臺灣政治的研究提出挑戰，指出過去臺灣的政治與經濟變化是非常有趣的案例，但是民主轉型之後臺灣政治的研究就變得無趣（boring），跟研究其他民主國家差不多。換言之，在民主化之後，臺灣似乎只能成為眾多樣本點之中的一個。

上述提到政治科學的轉變以及 Wong 的評論，成為本文撰寫的主要動機，也使得在此刻關注臺灣政治研究在政治科學期刊上的變化有其意義。究竟臺灣研究在如今的政治科學期刊的發表情況如何？關注內容為何？在單一國家案例研究隨著方法論的演變而上升的同時，臺灣研究是否也在近年有對應地增加？比較政治中對於民主化的研究興起與下降，臺灣作為一個個案是否在其中扮演知識貢獻的角色？

貳、資料蒐集與研究方法

　　為了研究臺灣研究在政治科學期刊的發表狀況與內容，最直接的方式是使用文字探勘的方式去下載並爬梳全部提到臺灣的文章。在 JSTOR 系統中，直接搜尋 Taiwan，可以發現共有 20,692 篇政治科學領域的文章曾經提到臺灣。[1] 然而，這樣做有一些明顯的缺點。在大多數的文章中，臺灣僅作為一個資料點存在、在補充資料或是圖片上出現，或是僅在文獻回顧中提到一句，而沒有任何探討或討論其政治脈絡。在這樣的情況下，很難說這些文章是所謂的臺灣研究，因為臺灣以這樣的方式在學術文章中出現，並沒有增加研究者對臺灣的瞭解，也沒有讓研究者因為臺灣而增進對於政治科學的理解。[2]

　　在本文對於臺灣研究的操作型定義（operationalization），是在政治科學的學術期刊中提到臺灣、至少提到超過三句話、而且並非僅出現在文獻回顧中、也並不只出現在測量方式中。舉例來說，有一些文章會提到臺灣，是因為提到臺灣在納進資料庫時，國家層級的變數資料需要另外蒐集（例如人口、經濟成長率等），這種單純為測量方式的解釋，就不納入本文定義臺灣研究的範圍。或者有一些探討民主化的研究，會在文獻回顧中提到臺灣、墨西哥作為競爭型威權政府長期執政的案例，假如僅簡述一、兩句，則並沒有增加對現有臺灣研究的討論。因此，本文的操作型定義是實質討論到臺灣超過三句以上。

　　但是這種操作型定義的缺點，在於難以使用前述文字探勘的方式來直接研究全部政治科學的期刊論文。而單純使用人工的話，又無法將 JSTOR 上超過 250 本期刊、超過 2 萬篇文章一一點閱。在人力與時間皆有限的情況下，本文參考並延續 Sullivan（2011）的做法，將期刊的範圍限縮在政治科學的主要期刊與次領域的主要期刊共 16 本，並考量臺灣於 1987 年後解除戒嚴，因此僅分析 1987 年之後的學術文章。跨領域包括 *APSR*、*AJPS*、*JOP*、*BJPS*，國際關係類包括 *ISQ*、*JCR*、*JPR*，比較關係類包括 *CP*、*CPS*，政治行為類包括 *PB*、*POQ*，以及 *ES*（但因為資料庫限制，*ES* 僅能找到 1996 年之後的文章），而中國研究類包括 *CQ* 與 *JCC*。在這 16 本期刊中，筆者透過期刊的搜尋系統以及 JSTOR 搜尋期刊中任何出現 Taiwan 一詞的文章，並點開閱讀。假如該篇文章符合上述對於臺灣研究的操作型定義，則納進資料庫中。

---

[1]　https://www.jstor.org/action/doAdvancedSearch?group=none&q0=Taiwan&q1=&q2=&q3=&q4=&q5=&q6=&sd=&ed=&pt=&isbn=&f0=all&c1=AND&f1=all&c2=AND&f2=all&c3=AND&f3=all&c4=AND&f4=all&c5=AND&f5=all&c6=AND&f6=all&acc=on&la=&ar=on&dc.politicalscience-discipline=on&so=rel (accessed April 19, 2022).

[2]　當然，臺灣能夠作為一個樣本出現在跨國研究之中，臺灣學者對其國際資料庫相關數據的參與、蒐集、準備工作都是不可抹滅的貢獻，這無可置疑，筆者在此也致上敬意。

在經過上述操作之後，筆者一共從本來提到臺灣的 1,002 篇文章中，找到 340 篇在 1987 年之後發表、跟臺灣研究有相關的政治科學期刊文章[3]。本文後續的分析，也將以這 340 篇文章的相關內容為主。

參、變數測量

表 16-1 為本文選擇的 16 本政治科學期刊內 340 篇臺灣研究的分布情形。兩本中國研究的期刊（*CQ*、*JCC*）上的臺灣研究的文章就占了一半，接著則是選舉研究期刊 *ES* 以及國際關係期刊 *ISQ*。而在分類文章上，本文參考前述研究中的分類方式，除了各篇文章的發表年分外，額外使用五種不同的分類方式來進行分析。

表 16-1　臺灣研究於部分政治科學期刊的現況（1987-2022, n = 340）

期刊名稱	文章數	主要領域		兩岸關係	民主化	個案重要程度			臺灣作者
		IR	CP			主案例	個案介紹	樣本點	
AJPS	12	50%	50%	50%	17%	17%	33%	50%	0
APSR	14	50%	50%	50%	36%	21%	14%	64%	7%
JOP	10	40%	60%	30%	30%	40%	40%	20%	20%
BJPS	9	0	100%	11%	56%	56%	11%	22%	22%
ISQ	35	77%	23%	46%	23%	20%	31%	49%	20%
JCR	14	71%	29%	86%	7%	43%	29%	29%	14%
JPR	8	87%	13%	88%	0	38%	12%	50%	0
PB	0	0	0	0	0	0	0	0	0
POQ	2	0	100%	50%	0	50%	0	50%	0
ES (>1996)	37	0	100%	0	21%	76%	21%	3%	70%
CP	12	0	100%	0	33%	67%	8%	25%	42%
CPS	18	0	100%	0	61%	44%	0	56%	16%
CQ	83	34%	66%	29%	40%	100%	0	0	33%
JCC	86	62%	38%	60%	30%	100%	0	0	36%
總和	340	42%	58%	38%	31%	72%	9%	20%	31%

---

[3]　資料庫網址為 https://docs.google.com/spreadsheets/d/1vIaHk_u47MNrx9ulaWCtNj8CcLKObJWyYyvZnJD-5zM/edit?usp=sharing。

第一，筆者將所有 340 篇文章區分為偏向國際關係（IR）或者偏向比較政治（CP），每一篇文章都會分配到兩種中其中一種，而選舉相關研究則是歸類到 CP，對於兩岸關係，或者對於美中臺關係之間的民意研究，則是歸類到 IR。除此之外，在資料庫中有額外提供一個變數，是記錄該篇文章是否有使用形式理論模型（formal model）。因為國際關係與兩岸關係的臺灣研究經常會使用形式理論模型，並搭配美中臺關係作為介紹，所以需額外設立一個類別。在全體文章中，一共有 42% 為 IR、58% 為 CP，在這之中有 15 篇（4%）有另外使用到形式理論模型。

第二與第三，則是分別標記這每一篇文章是否為研究兩岸關係（或美中臺關係），以及是否為研究民主化。我國針對選舉的研究指出，統獨議題仍為臺灣選舉最重要的議題（Achen and Wang, 2017: 325），因此可以預估會有許多臺灣研究是跟兩岸關係有關。而民主化則是研究臺灣在威權時期、民主轉型時期，以及民主鞏固時期的變化，因為臺灣於 1987 年開始經歷民主化的過程，這個變數也可以捕捉到臺灣研究針對這個議題的變化。整體來看，一共有 38% 的臺灣研究的文章討論兩岸關係（包含美中臺關係），以及 31% 討論臺灣民主化（包含社會運動、人權、政黨輪替、分立政府），但也有 31% 的文章不屬於這兩類（例如研究投票行為、策略投票、環境保護、政治知識等相關研究）。

第四個變數則是臺灣研究在文章中出現的篇幅。如上一段所述，本資料庫裡的 340 篇文章都有直接討論到臺灣政治超過三句以上，本變數則是進一步細分其篇幅。「主案例」的定義為該篇文章主要以分析臺灣政治為主，或者將臺灣視為主要的比較個案（例如臺韓經濟比較、臺韓民主化比較、臺日選制比較、臺灣墨西哥德國政治知識與投票的比較），臺灣一詞會在整篇文章中都出現。「個案介紹」則為期刊文章中超過一整段聚焦在臺灣政治，通常出現於形式理論中使用臺灣或兩岸關係作為解釋理論的重要個案，或是在統計分析之後將理論聚焦在臺灣政治上的應用。「樣本點」則是該篇文章提到臺灣三句以上，但大多只是簡短說明，並未成為文章理論依據或分析的焦點，通常只是以臺灣為例概述其理論的應用。在資料庫中，本文定義的臺灣研究有 72% 是以臺灣為主案例、20% 樣本點，以及 7% 個案介紹。然而，主案例大多聚集在國際關係、兩岸關係或選舉的相關研究。在一般類的期刊，臺灣大多以樣本點的形式存在（例如 *AJPS*、*APSR*、*ISQ* 與 *CPS*）。

最後一個變數，則是該篇文章是否有作者在臺灣研究機構工作或就學過。這個變數的編碼方式，是筆者搜尋每一位作者的公開資料，假如公開學、經歷中有在臺灣的研究機構工作過，或者就學過，則編碼為 1，其餘為 0。但假如僅是短期訪問，或是僅拿過補助金，則不在定義內，因為可能會有資料遺失或並未揭露的問題，難以系統性的整理。在資料庫中，共有 31% 的文章的作者具有臺灣背景。

　　當然，這樣簡易的歸類方式的問題，就在於無法看出各別文章對於理論推演或者對整個領域的重要性，因此無法如 Cheng 與 Marble（2004）以質化的方式定位重要的臺灣政治學相關文獻。但取而代之的是，使用這樣量化的方式可以看出整體研究方向的變化，畢竟文章本身篇幅差不多，而發表數與方向的變化也能捕捉到多數這個領域的學者所關注的方向。

肆、臺灣政治研究的量變

　　圖 16-1 顯示了 1987 年至 2022 年臺灣政治相關研究於一般性政治學期刊以及中國研究期刊上的發表數量。整體來說，臺灣政治研究在這段期間內的發表數量於第一次總統直選（1996）以及第一次政黨輪替（2000）之間有一個轉折。在 1996 年之後，總發表數量與西元年之間即為負相關（r = –0.41, p = 0.03），這裡呼應了 Sullivan（2011）在區域研究期刊上臺灣研究的統計結果。但是假如我們再細分，可以發現是兩個相反的趨勢：在中國研究的兩本期刊上，臺灣研究的發表數在 1996 年後是逐年降低（r = –0.65, p < 0.01）；但對於一般性的政治學期刊，發表數則是緩慢上升（r = 0.37, p = 0.06）。換

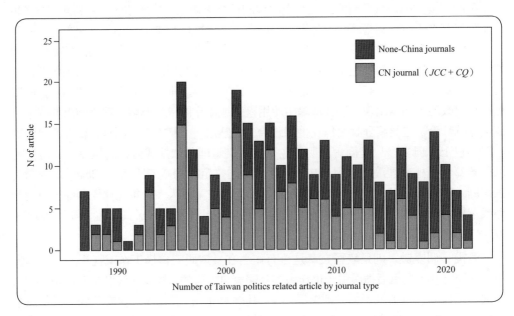

圖 16-1　臺灣研究於中國及一般性政治學期刊的發表數目變化（1987-2022）

言之，至少在這 16 本期刊中，臺灣研究在近年來的數量下滑，主要是來自於發表在中國研究期刊上的臺灣研究數量減少。但也值得注意的是，由於這裡以年為單位的樣本數並不多，所以在推論上也會有所限制。

圖 16-2 則顯示了這 340 篇文章中臺灣作為一個案例的篇幅的數量變化。整體來說，本文定義下的臺灣政治研究文章，臺灣在過去大多為最主要的個案。但大概到 2008 年之後，就有一半的文章是將臺灣作為一個樣本點或者是賽局理論中的一個介紹用個案，且 2000 年至 2020 年之間成為一篇文章跨國比較的眾多樣本點的比例又更高。配合表 16-1 來看，這些樣本點的文章主要來自於 *CPS*、*ISQ* 以及 *APSR*。這個轉變將在下半部一併解釋。但大致上來說，可以看出臺灣研究的發表逐漸從個案本身朝向比較研究的方向前進，而且也受到了一開始提到的跨國量化風潮影響，但在 2020 年之後樣本點的比例又降低。

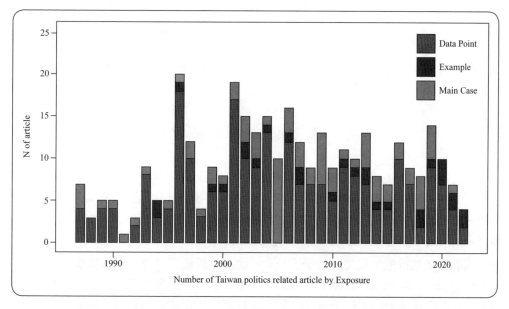

圖 16-2　臺灣研究於發表期刊文章中的篇幅數目變化（1987-2022）

在進入質變的討論之前，圖 16-3 順帶提到了過去 35 年來這些臺灣政治研究中作者為臺灣出生或訓練的比例。從圖 16-3 來看，歷年來臺灣作者的數量並沒有很大的變化，但由於非臺灣作者的人數逐漸下滑，因此臺灣作者所占的比例在近年來有上升的趨勢，大約從 2000 年左右的四分之一逐漸提高到近年的二分之一（全體平均則是表 16-1 的 31%）。

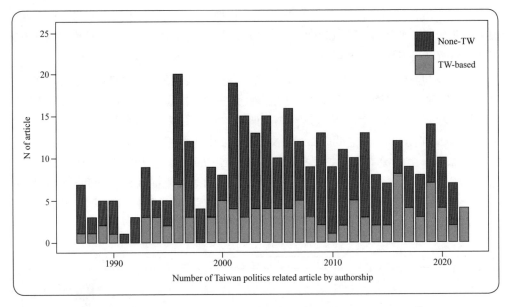

圖 16-3　臺灣研究於發表期刊文章中的臺灣作者的數量變化（1987-2022）

伍、臺灣政治研究的質變

　　當我們回顧自解嚴以來的臺灣政治相關論文，可以看到其研究方向的變化。在解嚴初期，文章主要關注臺灣的經濟成長與產業轉型、外資進出與條約、臺灣與南韓如何在維持威權體制的情況下仍有超過預期的經濟表現，以及臺灣的社會文化如何可以進一步預測未來中國的變化（主要是在 CQ 中）。

　　隨著臺灣進行地方與總統選舉、乃至於總統政黨輪替之後，因為學術民調與選舉資料的完備，而開始出現大量的選舉研究文章，包括跟日本 SNTV 選制下的投票比較研究、臺北市長選舉的策略投票等。也因為 1996 年的飛彈危機以及之前的辜汪會談，而使得美國、臺灣、中國之間的關係與軍力相關研究、中臺軍力消長比較的文章逐漸變多。

　　在 2000 年第一次政黨輪替前後，同時也是臺灣認同興起的時期，這段時期開始出現大量的比較研究，以及大量的民主化相關研究，例如臺灣與墨西哥的政黨輪替、臺灣認同興起、東亞民主化過程、東亞政治文化（信任、貪污）的比較研究。同時也因為兩岸關係隨著民進黨第一次執政而陷入緊張，而開始有一系列針對臺灣民眾如何取捨經濟利益與情感（認同）之間的關係的研究。最後，則是因為臺灣民主化，而使得臺灣的選舉結果以及民主化過程可以進行跨國比較，因此臺灣在這段時期搭上了跨國比較的風潮，而成為眾多文章的樣本點之一。這部分都與 Cheng 與 Marble（2004）的預期與發現相近。

　　而大約在 2010 年前後，臺灣完成了第二次政黨輪替，我們可以看到臺灣研究在方向上與前一段時期接近，但在方法上更為細緻。因為已經進行多次民調，以及追蹤民調（Panel Data），因此在臺灣研究的發表上開始有進行跨世代、跨時、跨層次的選舉研究；同時，也因為資料的完備，許多臺灣學者從方法論、統計理論上對於政治科學進行貢獻。另一方面，也有更多兩岸關係、美中臺關係與核武擴散相關的研究使用形式理論，而臺灣就成為其中的重要解釋個案。但也在同時，由於方法論上的演進，使得臺灣成為跨國比較樣本點的比例下降，與前述提到轉回單一國家個案研究的風潮接近（Pepinsky, 2019）。但是光從文章方法論來看，並沒有看到臺灣研究有較多使用實驗法為主要方法的文章產出的跡象，可能還需要幾年的時間醞釀。

　　上述質性討論提到的轉變，也可以從量化資料中看出趨勢。在圖 16-4 中，可以看到臺灣民主化相關的研究，包括第一次政黨輪替、選制改革、威權轉型、政治文化、貪污、社會運動的研究，在 1996 年至 2012 年之間達到高峰，反而在 1996 年第一次直選總統前、2014 太陽花社運之後，在本文研究的 16 本期刊中並沒有更多與民主化有關討論。相較之下，兩岸關係的研究（中臺關係、美中臺關係、核武擴散）則是在 1996 年之後開始有熱烈討論，之後討論的數量持續至今。

　　假如我們直接把文章區分為比較研究或是國際關係研究的話，如圖 16-5 所示，也有跟圖 16-4 類似的變化。臺灣在這些期刊上的國際關係研究於 1996 年開始增長後，之後每年發表的數量皆維持。但從實質內容來看，大約在 2008 年之前討論比較多的是中臺軍力差距，以及美軍如何協助。而在 2012 年之後，則有更多是美中關係（臺灣成為之間的一個議題），或是美國防止核武擴散的過程（臺灣成為被懲罰的案例之一，或者為何不讓臺灣擁有核武的相關討論），搭配形式理論發表。而比較政治的研究，主要就為民主化的比較研究以及選舉研究，在 2000 年至 2012 年之間有較高的發表數量，之後則略微降低。

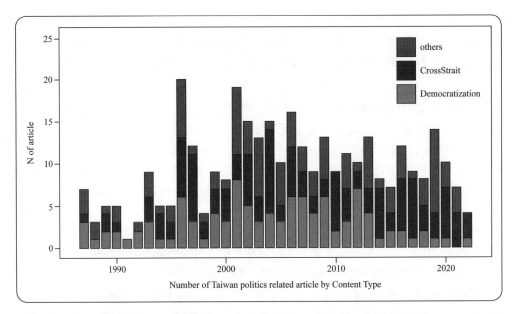

圖 16-4 臺灣研究於發表期刊文章中民主化研究與兩岸關係研究數量變化（1987-2022）

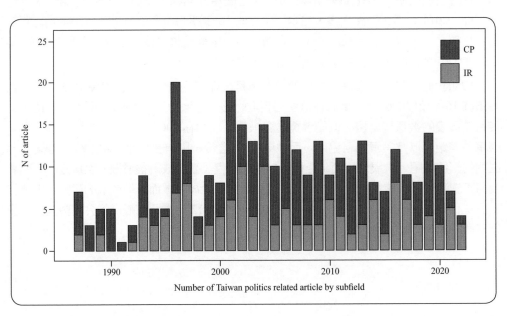

圖 16-5 臺灣研究於發表期刊文章中比較政治研究與國際關係研究數量變化（1987-2022）

當我們把上述的趨勢結合，可以看到的一個特殊現象：兩岸關係的研究從中國研究轉出，而更常出現在一般性的政治學期刊（例如 *ISQ*、*JCR*、*JPR*）。這可能代表著本文研究的兩本中國研究期刊，更關注中國與臺灣本身發生的事物，而降低對於中臺關係研究的比重，也可能代表兩岸關係的研究在理論上逐漸普及化且可應用到其他國際關係研究，因此也受到一般性的政治學期刊青睞而刊登。

當然，假如我們觀察表 16-1 的各別期刊，也可以看出各個期刊對臺灣政治學研究的偏好差異甚大。除了比政期刊偏好比較政治、國際關係期刊偏好國際關係外，我們可以發現政治行為的重要期刊 *PB* 發行至今從來沒有任何一篇跟臺灣有關的學術論文，而民意調查研究的專門期刊 *POQ* 也僅有二篇文章。相較之下，同樣研究政治行為的選舉研究期刊 *ES* 則有 37 篇臺灣政治的研究文章，並且絕大多數都是與臺灣有關的作者（70%），相信這與 2022 年甫過世且對臺灣研究重視的 Harold Clarke 教授擔任 *ES* 編輯有很大的關係。除此之外，在傳統的一般性政治學三大期刊（*AJPS*、*APSR*、*JOP*）上，雖然 IR 與 CP 的比例各半，但是大多數的臺灣文章是以樣本點的情況出現，或是形式理論的介紹個案，臺灣政治本身鮮少成為主要案例，而且跟臺灣本身有關的作者比例也遠低於平均。相較之下，影響力接近的 *BJPS* 的情況則完全不同，100% 是比較政治研究且大多為主案例，惟臺灣作者的比例仍遠低於平均。

陸、臺灣研究案例重要性回歸模型

在上述臺灣政治研究的案例中，除了文章發表數本身較具不確定性外（且以年為單位的樣本數較小），另一個值得關注的重點在於臺灣在這些文章中本身作為一個重要的個案、一個介紹型的個案，或僅是一個樣本點。假如發表本身代表可以提高曝光度與重要性的話，那在每一篇文章中臺灣作為一個個案的重要程度，也會影響到臺灣政治研究本身的曝光度與重要性。在本文蒐集的資料中，共有 340 篇期刊文章，樣本數夠而足以使用回歸模型進行分析。

在回歸模型中，依變數為臺灣研究在該篇文章的版面，如表 16-1 所述分成主案例、介紹個案與樣本點。因為三個類別本身之間有大小順序，但是彼此之間距離不等價，因此在回歸模型上較適合使用有序多分勝算變數回歸模型（Ordinal Logistic Regression Model），來估計其他自變數對依變數的解釋力。而在自變數上，我們則放入本文從各篇文章蒐集到的變數，包括發表年分、偏向比較政治或國際關係、是否研究民主化、是否研究兩岸、是否為臺灣作者，以及是否刊登在兩本中國研究期刊上。

　　表 16-2 為有序多分勝算變數回歸模型的結果。發表年分的迴歸係數顯著為正，代表平均而言，近年來臺灣政治研究的文章成為介紹個案或重要個案的比例較高。另一方面，有臺灣背景的作者，或者發表於中國研究（區域研究）的期刊上的文章，臺灣成為重要個案或介紹型個案的機率也會比較高。其中，值得注意的是，在中國研究期刊上發表的臺灣研究文章，並不全部與臺灣政治有關，而包括了臺灣的環境議題、公私協力、流行音樂、文學探討（主要在 CQ 上），因此平均而言會有更多以臺灣為主要關注的研究文章。

表 16-2　有序多分勝算變數回歸模型解釋臺灣案例重要程度

	DV：重要個案＞介紹個案＞樣本點
發表年分	0.005*** (0.0002)
比政（0）或國關（1）	−1.273* (0.503)
民主化研究（1）	−0.938** (0.425)
兩岸關係研究（1）	0.285 (0.476)
臺灣背景作者（1）	1.593*** (0.437)
中國研究期刊（JCC + CQ）（1）	19.132*** (0.000)
截距	0|1 8.36*** 1|2 9.19***
N AIC	340 328.74

說明：+ p < 0.1 * p < 0.05 ** p < 0.01 *** p < 0.001

　　而在領域對於篇幅的影響上，相對而言，在與民主化相關的研究中臺灣作為一個案例的平均版面是比較小的（−0.938**），但假如單純區分國際關係或是比較政治的相關研究，則比較政治研究中臺灣比較常作為主要案例。會有這樣的差異，是因為在本文的測量上，比較關係研究也包含臺灣選舉的相關研究，而國關的研究中則有形式理論與核武擴散、美軍駐紮等，在後者這些則常將臺灣與臺海議題視為眾多案例的其中之一。

　　從回歸模型的結果來看，雖然我們沒有辦法推動或預測學者去研究特定次領域或特定題目，但是近年來學術界與政府推動讓更多臺灣背景的學者在學術界發展、發表文章，或者推動更多國際學術交流，對於臺灣政治研究在期刊發表上是有顯著幫助的，而至少從統計數字上也有看到成效。但另一方面，隨著臺灣研究在中國研究期刊上的數量逐漸降低，也會成為臺灣政治研究曝光度降低的主要因素，這裡結果呼應了前文的圖 16-1 與圖 16-2。

柒、結論與未來展望

從本文所整理 16 本期刊上的 340 篇臺灣政治的研究文章發表狀況，可以發現臺灣政治研究大致上有跟上過去 30 年來政治學研究的轉變，其變化包括在 2000 年至 2010 之間的大型跨國比較政治與民主化的研究，以及近年來轉為單一國家而加強方法論的趨勢。雖然在臺灣研究的文章數量上有逐年略微減少，但減少主要是發生在中國研究的期刊，在其他一般性期刊上則有緩慢增加，這可能也意謂著臺灣研究逐漸脫離中國研究。雖然臺灣背景的作者占的比例並不高，尤其在比較頂尖的期刊，但是臺灣作者對於臺灣研究成為主要個案的影響力是正面且顯著的，而臺灣研究成為期刊發表主要個案的比例也逐漸增加。整體來說，本文資料顯示臺灣政治研究的發展是正面且轉型中。

而本文主要的研究限制，就在於期刊的選擇。本文僅選擇了政治科學領域、次領域，以及中國研究的共 16 本期刊，因此其結果受到任一期刊主編偏好的影響都會很大。除此之外，筆者並沒有考慮國際組織領域的期刊（例如 IO）、公共政策的期刊、公共行政的期刊、經濟學期刊、政治傳播、臺灣史、政治經濟學，或者是其他區域研究的期刊。因此，也無法排除臺灣研究僅是從本文觀察的兩本中國期刊退出、卻出現在其他的中國研究或區域研究的期刊。未來針對臺灣研究可以更進一步觀察不同領域期刊上臺灣研究的狀況。另一方面，本文也尚未包含分析國內日漸蓬勃的本土性期刊與其他刊物、也尚未分析本土刊物與國際期刊之間的連動或互補的狀況，是為不足之處，有待後續研究補充。

但隨著臺灣政治的研究跟隨其他政治學研究逐漸回到單一國家、強調方法論時，就有兩個可能的挑戰。第一個挑戰是如何更加形塑臺灣作為個案的重要性。舉例來說，*APSR* 於 2022 年編輯團隊曾經撰文指出（Notes from the Editors, 2022），政治科學頂尖期刊上的文章必須是跨政治次領域、跨地理區域的讀者都有興趣閱讀，才有可能被接受。因此假如僅使用臺灣這一個單一個案，就需要額外詮釋臺灣在特定理論與時空背景下的重要性、不可取代性，但同時也需要能說服臺灣作為一個個案之推論結果的可普及性（generalizability）。相較之下，對臺灣政治現象的解釋本身可能就不是期刊編輯考量的重點。

　　第二個挑戰，則是研究資料的完備。因果推論之中的反事實因果推論（counterfactual analysis）、傾向分數配對（propensity score matching）、自然實驗法（natural experiment），乃至於質性研究中協助建構因果關係的其他資料與詮釋（Mahoney, 2010），都倚賴完整且充分的資料庫，尤其是用來配對的社會、經濟變數。舉例來說，近年來興起對於威權時期的政治迫害於民主化後的長期影響之相關研究（Walden and Zhukov, 2020），出現了大量針對烏克蘭民主化後如何受到蘇聯時期影響的論文。這些研究大多奠基於蘇聯時期對於烏克蘭人民的經濟、人口，以及政治暴力的完整資料庫。

　　對於臺灣來說，這幾年釋出的白色恐怖資料庫（https://twtjcdb.tjc.gov.tw/），雖然在內容上仍不完整，且有缺少不少重要的研究變數（例如受害人的省籍等），但也已經為學者所用而開始有論文發表，例如白色恐怖如何影響民主化後的投票（Wang, 2018; Chiou and Hong, 2021），或是受害者之間的社會網絡如何影響到判決刑度（Liu, 2022）。然而，其他同時期的重要變數，例如經濟資料、選舉資料、報紙資料、治安資料等，則大多尚未電子化、或格式並未統一、或缺漏。使得未在臺灣或者資源不足的研究者無法接近這些資料，影響研究的完整性或發展的可能性。

　　但在同時，戒嚴時期臺灣研究的一大優勢，在於戒嚴時期的執政黨中國國民黨在民主化後繼續存在，因此相較於其他國家的威權繼承政黨（Loxton and Mainwaring, 2018），或是前述提到的政治迫害的長期影響（例如蘇聯已不在烏克蘭本土），臺灣選民在心裡歸因上可以更為清楚直接。

　　除了重探戒嚴時期的相關研究之外，臺灣政治研究的另一個發展可能性，在於往前探討假訊息（misinformation / disinformation）與資訊操弄（information manipulation）的相關研究。假新聞的研究於近年來在政治科學有大量討論，但絕大多數的研究都是基於美國政治為基礎，且資料內容為臉書或者是推特，而資訊操弄雖然有許多基於中國微博或微信，乃至於最近抖音的研究，但是資料完整性、或有多少資料已經事先被刪除、或是否有直接的跨境屏蔽等則不得而知，造成推論限制。

　　臺灣政治作為研究假新聞與資訊操弄有數項優勢。第一，臺灣主要使用語言為中文，其斷詞方式、表達方式皆與英文為基底的研究可能有所不同，具研究新意。第二，臺灣同時受到境外與境內的假新聞影響，且國內也與其他國家一致有政治兩極化的現象，因此其研究結果具有普及性。第三，臺灣民眾交叉使用社群網站的比例遠高於美國。美國使用推特的群體於 ANES2020 調查中僅有 40%，但是臺灣有超過九成的人使用 Facebook、Youtube、Line 等數種社群網站平臺（同時 Twitter 與 Instagram 使用者也於近年來快速增加），也連帶使得假新聞以及事實查核的效果可以進行跨社群網站比較（Wang, Forthcoming），這得以拓展目前以美國為主的假新聞相關研究、其結果也同樣可以應用到其他國家。第四，臺灣的假新聞以及事實查核資料公開性非常高，甚至於私人資訊傳輸平臺上的假新聞及事實查核的狀況都有公開資料能進行分析（例如真的假的網站 https://cofacts.tw/），這使得假新聞在測量與觀察上都較其他國家更有優勢。隨著網路普及率、社群網站普及率仍會逐漸上升、世代分化、黨派分化的情況在短期之內沒有削減的跡象之下，跨平臺的假新聞及資訊操弄的研究在未來仍有其重要性，而臺灣作為一個個案可以扮演重要角色。

而第三個臺灣政治研究可能的方向，則是國族認同（nationality）的後續發展。臺灣在民主化之後國族認同快速轉變，本文資料庫中也包含了數篇探討解釋臺灣國族認同增長的文章，包括社會運動、政黨、世代交替、兩岸關係、課綱改革等。臺灣認同的增長，相較於其他追求獨立或脫離的國家或地區來說，增長幅度是最大的。然而，在2014 年太陽花社運之後，根據政大選舉研究中心的調查，臺灣認同的比例曾經連續四年下降，前所未見，也尚未有充分的解釋。即使在 COVID-19 疫情爆發之後，臺灣認同又再次上升，但是高達七成的臺灣認同，相同回答「我是臺灣人」背後代表的涵義是否相同？這個認同是長期的情感依附、短期的理性考量、對中國的不認同，或是暫時的跟風效應？假如是長期的情感因素，又為何會下降？又為何會在過去快速上升（每一個世代內都上升、不只是世代交替）？臺灣的國族認同是否真的穩固？又或者在未來會有持續下降的可能？假如仍存在變動空間，那就有可能透過實驗法來短期操弄、建立因果關係。

又同時，當臺灣認同高達七成之後，如何影響到政黨動員與提名，甚至對於戰爭的態度？臺灣認同的建構，來自於相對和平的民主化以及政黨輪替，而國族認同的內涵與不同團體認識的差異，也可以跟其他國家建構國族認同，或是民粹主義政黨搶奪國族名詞定義之間進行比較。

最後一個臺灣政治研究未來的可能方向，來自於這幾年來臺灣的選舉制度以及行政制度的改變，包括公民投票以及縣市升格，這些制度改變創造了自然實驗法或是類實驗法（quasi-experiment）的研究機會，例如說縣市升格導致基層的民選村里長改為官派的區長、財政規劃方式改變、公民投票與選舉同時進行與否等。在這些題目之中，臺灣作為案例的特殊之處，在於臺灣的侍從主義程度（clientelism）相較於其他經濟程度接近的國家來說是最高的（Kitschelt and Kselman, 2013）。因此，這些選制與行政制度的改變，是否影響到地方的資源分配的管道、方式及數額，以及制度改變本身與民主化、侍從主義之間的關係，臺灣是一個具有潛力提供答案的個案。

參考書目

Achen, C., and T. Y. Wang. 2017. *The Taiwan Voter*. Ann Arbor, MI: University of Michigan Press.

Cheng, T. J., and A. D. Marble. 2004. "Taiwan Studies and the Social Sciences." *Issues & Studies* 40 (3-4): 9-57.

Chiou, F. Y., and J. Y. Hong. 2021. "The Long-Term Effects of State Repression on Political Behavior and Attitudes: Evidence from Taiwan." *Journal of East Asian Studies* 21 (3): 427-448.

Dunning, T. 2012. *Natural Experiments in the Social Sciences: A Design-based Approach*. Cambridge, UK: Cambridge University Press.

Gerber, A. S., and D. P. Green. 2000. "The Effects of Canvassing, Telephone Calls, and Direct Mail on Voter Turnout: A Field Experiment." *American Political Science Review* 94 (3): 653-663.

King, G., R. O. Keohane, and S. Verba. 1994. *Designing Social Inquiry*. Princeton, NJ: Princeton University Press.

Kitschelt, H., and D. M. Kselman. 2013. "Economic Development, Democratic Experience, and Political Parties' Linkage Strategies." *Comparative Political Studies* 46 (11): 1453-1484.

Lijphart, A. 1971. "Comparative Politics and the Comparative Method." *American Political Science Review* 65 (3): 682-693.

Liu, Howard. 2022. "Relational Punishment, Defection, and Resistance Demobilization in Repressive Regimes: Evidence from Taiwan's White Terror Period." *Journal of Conflict Resolution* 66 (7-8): 1292-1319.

Loxton, J., and S. Mainwaring, eds. 2018. *Life after Dictatorship: Authoritarian Successor Parties Worldwide*. Cambridge, UK: Cambridge University Press.

Mahoney, J. 2010. "After KKV: The New Methodology of Qualitative Research." *World Politics* 62 (1): 120-147.

Notes from the Editors. 2022. *American Political Science Review* 116 (1): v-viii.

Pepinsky, T. B. 2019. "The Return of the Single-Country Study." *Annual Review of Political Science* 22: 187-203.

Scoggins, B., and M. P. Robertson. 2022. "'Trust Us': Open Data and Preregistration in Political Science and International Relations." MetaArXiv Preprints: https://doi.org/10.31222/osf.io/8h2bp.

Sullivan, J. 2011. "Is Taiwan Studies in Decline?" *The China Quarterly* 207: 706-718.

Walden, J., and Y. M. Zhukov. 2020. "Historical Legacies of Political Violence." In *Oxford Research Encyclopedia of Politics*, ed. William R. Thompson. Oxford, UK: Oxford University Press. https://doi.org/10.1093/acrefore/9780190228637.013.1788.

Wang, A. H. 2018. "Political Opportunity Structure Moderates the Legacy of Political Violence." Paper presented at the *2018 Annual Midwest Political Science Association Conference*, April 4-8, Chicago, IL: Midwest Political Science Association. http://austinwang.faculty.unlv.edu/wp-content/uploads/2022/01/Political-Violence-moderates.pdf.

Wang, A. H. Forthcoming. "PM Me the Truth? The Conditional Effectiveness of Fact-checks across Social Media Sites." *Social Media + Society*: https://doi.org/10.1177/20563051221098347.

Wilson, M. C., and C. H. Knutsen. 2020. "Geographical Coverage in Political Science Research." *Perspectives on Politics* 20 (3): 1024-1039.

第十七章

政治經濟發展：臺灣與東亞國家經驗的檢視[*]

吳親恩、林奕孜

壹、前言

本文回顧政治經濟發展的研究，文中處理兩個議題，首先討論國家在經濟發展中的角色。國家在經濟發展中的角色，有兩個主要的部分，一是國家提供市場制度、法治、財產權保護、教育以及基礎建設等公共財。依照古典經濟理論，國家在發展經濟中的角色主要就是這幾項，其他的就留給市場來決定。另外一個則是國家透過產業政策來促進工業與經濟的發展，這部分常被稱為發展國家論（developmental state）的範疇，討論的內容主要是以政策扶植特定產業。發展國家論最早討論的是東亞國家二次戰後的經驗，但是後來也被廣泛用來討論其他地區國家的發展經驗。

許多開發中國家也認為要脫離中等所得的陷阱，工業政策是不可或缺的一環（Norman and Stiglitz, 2016）。近年來隨著 2008 年國際金融危機，與中國製造業的崛起，工業政策也再度在西方工業國家受到重視，因為他們瞭解到製造業對經濟與國家安全的重要性，完全依賴海外生產，可能對經濟發展與國家安全不利（Andreoni, 2016）。且即使是已開發國家，要保持經濟發展領先的地位，政府攜手民間合作投入研發仍非常重要。當然近年來工業政策重新抬頭的一個重要原因，是以國族主義為基礎的民粹主義興起，促成保護主義的強化，保護的對象往往是不具競爭力的產業（Aiginger and Rodrik, 2020）。

國家在經濟發展中的角色這部分，本文要討論的議題包括產業政策以及市場制度建立，也就是經濟自由化政策。首先，產業政策部分會先回顧發展型國家的贏家挑選政策，技術官僚與統治者之間的關係、產業政策實踐上的差異、影響發展途徑選擇的結構性因素，以及近年來發展型國家的轉型。其次，本文討論經濟自由化政策，這也是發展

[*] 本文內容曾刊登於吳親恩、林奕孜，〈政治經濟發展：台灣與東亞國家經驗的檢視〉（一般論文），《問題與研究》，第 62 卷第 2 期（2023 年 6 月），頁 1-54。感謝國立政治大學國際關係研究中心《問題與研究》同意轉載。因應專書篇幅限制，本文略有刪減。

政策的一環，文獻中發展國家論著重在工業政策，對經濟自由化政策常以經濟發展的另一種選項視之。本文討論國家如何交互使用這兩項政策，另外也分析影響經濟改革推動的制度與結構性因素。挑選贏家的過程中需將資源分配到最有潛力的部門，經濟自由化改革也需移除壟斷與保護，都面對政治壓力。因此，本文著重分析政府在推動經濟發展政策時所面臨的政治壓力，以及在哪些條件下可以克服這些反對。

　　與經濟發展政策緊密相關的是分配的議題，這是本文的另一項討論重點。在東亞國家的發展過程中，社會福利政策也是經濟發展政策的一環，避免過高的福利影響發展。伴隨臺灣的快速經濟發展，則是所得分配的惡化以及社會安全保障的建構落後，這個問題在民主化之後日益突顯。對此我們討論東亞與臺灣社會安全保障制度的發展。與此相關，我們討論影響民眾所得重分配偏好的因素，以及所得分配對於民主體制支持與穩定的影響。

貳、產業政策

一、贏家挑選

　　經濟發展過程中常出現資金、外匯以及資訊匱乏，發展型國家模式有幾項常見的工作重點。首先，政府協助累積資本，這涉及將農業資本移轉入工業投資，以及以政策鼓勵儲蓄，減少短期的消費，以增加長期工業投資的資本。其次，技術官僚依據比較利益的原則，挑選產業或企業的贏家。這包括兩種方法，首先是直接挑選特定有潛力的企業，當一個國家在進行經濟轉型、發展新興產業，因為市場資訊不足，企業與資本不敢貿然投入未來有潛力的產業，政府扮演類似投資銀行的角色，規劃投資方向、籌集資金、技術協助與選擇經營者。當私人沒有意願時，國家率先投入成立國有企業，但之後進行私有化（Chang and Zach, 2019）。另一種方法是間接的挑選贏家，發展型國家選定有潛力的產業，透過財稅、信貸與利率等扶植政策，協助具出口與發展性的產業發展（Wade, 2004; Haggard, 2015）。此外，挑選贏家的過程中，為保護幼稚工業，給與關稅與非關稅保護也是常見的策略。最後，各種工業政策都是條件式的，東亞政府將獎勵與保護政策和企業的出口與成長表現掛鉤在一起（Amsden, 1989; Wade, 2004; Haggard, 2015）。

　　從另一個角度來說，發展國家論認為，國家在經濟發展中的主要任務是透過產業等政策來提升一個國家在國際生產分工中的位階（Evans, 1995; Kasahara, 2013），因此需要國家與民間部門間的合作，降低產業升級與創新所面臨的風險（Chu, 2002; Wong, 2005; Lin and Chang, 2009; Herif and Hasanov, 2015）。Rodrik（1995）指出開發中國家普遍面臨協調問題（coordination problem），特別如何匯集資金與人力籌組工業投資計畫，政府透過信用分配、稅收補貼、直接投資或設立公有企業來推動產業發展。要達成產業升級的目標同時也需強化基本公共財的提供，例如中等教育提供以及基礎建設（Kasahara, 2013）。

　　發展國家論認為工業升級有市場失靈的問題，所以需要政府介入（Amsden, 1989; Wade, 2004）。新古典經濟學家則指出政府的資訊不見得會比私人來得充足，且儘管有市場失靈，但政府介入所引發的政府失靈的問題，例如競租，可能更嚴重（Krueger, 1995）。Okimoto（1989: 50-51）區分一個國家產業的生命週期，指出日本工業政策扶植的對象一方面是剛萌芽階段的工業，但另一方面卻是衰退階段工業。Hatta（2017）也指出日本的產業政策很多只是在保護夕陽產業，且日本的文官體系中很多高階文官退休之後就到公司任主管職，為企業爭取政府政策保護而努力，等於利益共生的關係。Hatta（2017）也指出私人投資，要自行承擔失敗的後果，非常小心翼翼；文官規劃的工業政策，若政策失敗，並不需要負擔太大的財務責任，是否會善用資源是有疑問的。World Bank（1993）分析東亞的成功經驗，並未承認工業政策的角色，認為傳統的新古典經濟藥方，包括貿易自由化、強化法治、改善經商制度、金融深化、物質資本與人力資本累積與基礎建設等，才是促成經濟發展的重要要素。

　　不過 Cherif 與 Hasanov（2019）指出，有很多國家有很高的資本投入，或是經商環境與基礎建設品質取得很好的分數，但卻沒有相應地提升生產力與出口產品複雜度。Rodrick（2005）、Cherif 與 Hasanov（2019）則認為就算解決政府失靈，也就是推動結構性經濟改革，去除掉政府對市場的干預，也不保證可以帶來產業的發展，因為還存在著市場失靈。例如智利在 1970 年代開始推動自由市場經濟改革，卻並沒有讓具有出口能力的製造業自然而然產生。[1] 另外新古典經濟學本身也能為工業政策提供一些學理支持，首先，在進行產業創新的時候，面臨比較高的風險時，企業通常不太願意進入這個領域，這時國家如果能夠提供資金以及保護，能夠鼓勵企業投入（Hausmann and Rodrik, 2006; Lin and Chang, 2009）。

---

[1] 當時智利大幅降低關稅與貨幣貶值後，後進出口出現顯著增加，讓傅立曼引為自由經濟成功的例子，但幾年後證明，智利並沒有能夠出現產業的升級。

　　Cherif 與 Hasanov（2019）認為市場失靈不會自己解決，需要國家的介入，但介入的方式應儘量貼近市場機制。他們歸納東亞工業政策的成功經驗，有三點為關鍵，一是國家將資源與生產要素投入基於現有自身秉賦尚未能生產的製造產業。Cherif 與 Hasanov（2019）指出，日本、臺灣與南韓，都是投入那些比其原先秉賦所能生產的更高階的產業，例如電子業、汽車工業與造船業。Lin 與 Chang（2009）以韓國經驗指出，工業升級必須大膽投入著重於技術層次比自身國家比較利益更高一些的產業，才能升級。Lin 於同文中也指出國家要做的是改善勞工、技能與資本等秉賦，使其能在比較高附加價值的產業具有比較利益。二是出口導向，這樣才能面對國際競爭，同時取得規模經濟；若採取進口替代存在過度保護且市場規模過小，並無法帶來產業的發展。第三點則是政府對於接受保護與獎勵的企業依其成效對其問責。例如 Nishijima（2012）指出日本通產省認為工業政策的保護必須有時間的限制，時間到了，對於取消保護沒有任何妥協，企業知道，只有想盡辦法改善品質、增強競爭力才能生存。在這幾樣的政策下，一個國家比較能走向創新為基礎的發展途徑。

　　對於工業政策成效的量化實證研究，許多是比較同一個國家不同產業，分析是否受到產業政策獎勵與保護的產業，比那些沒有受到相應政策影響的產業表現得更好。許多實證分析發現保護政策對於產業的發展並沒有具體的功效，甚至表現更不好；沒有接受補助的企業反而表現比較好（Lawrence and Weinstein, 2001; Pack and Saggi, 2006）。Harrison 與 Rodríguez-Clare（2010）回顧許多針對不同國家的實證研究，總結認為大部分的研究得到類似的結論，且理論上工業政策的適用對象應該是市場失靈的情況，特別是幼稚工業，但是有許多國家的工業保護政策，是為了政府財政收入，或是為了保護那些沒有競爭力或沒落的夕陽產業，反而使出口產業不容易得到政策補助。

　　另一些實證研究則發現工業政策有一些正面的效果。Harrison 與 Rodríguez-Clare（2010）指出保護政策與企業表現間關係並不顯著，但出口補貼比關稅保護來得好，因為前者中企業還是要面對國際競爭；其次，政府與企業可以合作，致力於技術研發與升級。Lehmann 與 O'Rourke（2011）的研究區分產業的類型，發現如果保護給予的是具有正外部性的產業，其技術與知識可以外溢到其他產業，則可以帶來經濟的成長；但若保護給予的是不具有正外部性的產業或衰退產業，則無法帶來相應的效果。另外有些研究的結論比較中性，探討工業政策對於新興產業發展的作用，同一個國家中，同樣的扶植，有的成功有的失敗。跨國來看，對相同產業的扶植政策，緊扣產業比較利益的政策成功的機率較大，野心過大的產業扶持政策通常會失敗（Petri, 1997）。另外，針對韓國 1970 年代的研究發現，受保護產業的規模與產出的確比較大，但不見得比未受保護的產業發展得更好，不過許多受扶植的產業的確是發展起來了，也能夠在國際競爭中生存下來（Choi and Levchenko, 2021; Kim, Lee, and Shin, 2021）。[2]

二、實踐上的差異

　　政府透過干預市場來促進工業發展，不止出現在東亞國家，也出現在拉美及許多歐美老牌工業國家的發展初期階段，歷史上許多工業先進國家也以不同程度採取許多鼓勵工業發展的政策（Cherif and Hasanov, 2019; Terzi, Singh, and Sherwood, 2022）。常用的方法包括補貼、政府資金投入、關稅保護、發展教育、投入研發等（Chang, 2008; Andreoni and Chang, 2019; Cherif and Hasanov, 2019）。不過不同國家在產業政策施行上有所差異，不一定會符合上一節指出的一些原則。包括是否鼓勵民營、鼓勵出口競爭、依比較利益原則將資源投入有潛力的產業，以及能否對受保護的企業依表現問責等，都可能出現差異，這都會影響政策的結果。

　　不同於東亞國家的工業發展政策從進口替代走向出口導向，從 1930 年代開始，拉美國家就開始採取發展型國家模式，以政策扶助工業化，但採取的是進口替代策略（Kay, 2002）。20 世紀初拉美國家瞭解到依賴出口初級產品，國民所得無法改善，必須發展工業化，而選擇發展的類型是資本密集產業，且選擇與鼓勵自由貿易與私營企業發展相反的路徑，首先對依賴國有企業來發展工業相當樂觀，透過提供低利貸款等方式扶持國有企業來工業化，但是這些工業並不具有國際競爭力，只能透過關稅與其他貿易障礙保護製造業。其次則是高估其幣值，因為這些企業高度依賴從國外進口機器與重要零組件等資本財，高估幣值可以降低進口品的價格（Armendáriz and Larraín, 2017: 66）。建立資本密集工業的結果首先是國際收支不平衡、高外債與高通膨，但這些政策的既得利益者，包括進口替代產業的企業與勞工會遊說政府，讓這個政策持續（Krueger, 1995）。這類工業僱用的人力相對較少，對於創造就業幫助有限，無法充分吸納農村過剩的人口（Baer, 1972）；同時也促成貧富差距的拉大，農村地區的剩餘人力移到城市中，只能在非正式的部門工作，或出現就業不足的現象，產生嚴重的貧富對立問題（Armendáriz and Larraín, 2017: 66-71）。

---

[2] 另外，工業政策經濟效果的實證研究常面臨將一個內生變項（工業政策）對另一個內生變項（產業的興衰）進行迴歸分析，因為工業政策的選擇與產出都可能同時受到其他因素的影響。例如沒有國際競爭力的夕陽產業更會尋求政府的援助與保護，所以很多工業政策的幫助對象是沒有競爭力的產業，不管有沒有工業政策的保護，這些產業都一樣會衰落，統計結果自然呈現出工業政策沒有效果。而晚近工業政策的實證研究更重視因果分析，包括使用自然實驗與因果推論設計，儘可能確保一個產業是否受到工業政策的獎勵是外生的（Aiginger and Rodrik, 2020; Lane, 2020）。

Katz 與 Kosacoff（2000）、Silva（2007）分析智利與阿根廷的經驗，其各自設立了一個機構來規劃與執行工業政策，選定幾個具潛力的產業，透過資金補貼以及關稅與匯率等政策來保護這些產業，形式可能是公營或公私合營。Katz 與 Kosacoff（2000）指出阿根廷的進口替代工業化，國家並未像東亞國家一樣，給與產業壓力要求其提升競爭力或強化出口，而且依賴國內市場，不僅企業規模較小，更缺乏競爭力。此外，Silva（2007）指出進口替代其實不只包括產業政策，也包括社會保障政策，因為智利為民主國家，政策的推動都要建立在政治聯盟的組建與支持上，在推動進口替代的過程中，除了要有工業家的支持，也需有勞工的支持，所以有較完善的福利制度出現，勞工在無效率的國營企業中，獲得過高的薪資（Armendáriz and Larraín, 2017）。Kay（2002）指出，拉美國家在實施進口替代之前，地主階級控制了國家官僚機構，進口替代推動之後，地主仍扮演重要影響力，因此無法有效推動土地改革，無法移轉農業資本入工業。同時拉美是民主國家，所以官僚面臨富裕階級與勞工的雙重壓力，無法如東北亞國家一樣，要求企業遵從市場紀律，而是不斷給予沒有競爭力的企業保護與補貼。

嚴格來說東亞發展模式與拉美模式中，都有進口替代的部分，但是東北亞同時鼓勵出口（Haggard, 1990; Manger and Shadlen, 2015: 475）。且東北亞國家的進口替代，目的主要並不著眼於國內市場，而是希望該項工業發展後可以具有國際競爭力而出口，這與拉美所建立的進口替代產業著眼於內需市場不同。且在東北亞比較成功的案例中，主要是比較趨近市場機制，例如利用充沛的廉價勞動力，良好的基礎設施，符合其比較利益，並搭配符合其競爭力的匯率（Krueger, 1995）。積累了相當的技術與資金之後，徐圖轉進到技術層次更複雜但資金需求更高的產業中。

而以臺灣的經驗來說，政府的角色首先是直接扶植個別企業，早期企業規模較小，技術與資訊均不足，對於要投入新興產業多所遲疑，政府扮演類似投資銀行的角色，政府主動發掘可行的投資計畫，尋找經營人、提供資金，或政府先創辦企業再轉民營，並監督此一機構的經營成效（葉萬安，2020）。1970 至 1980 年代臺灣邁入資本或技術密集的產業時，這類企業投入資本大、風險高與回收期長，也需要政府的介入。若民間有人有能力與意願經營則由政府參與投資，但由民間來經營，例如政府規劃發展半導體產業（許增如，2019）。若民間無人有能力與意願經營，先成立公營企業，但即使是公營，也在人事與預算上儘量獨立於政府監督，且要求其面對國際競爭。

其次，則是透過信貸與稅賦獎勵來鼓勵企業投資、外銷與發展策略性產業。臺灣的產業發展從出口擴張時期開始，就強調企業直接面對國際市場，因此政府介入空間不多，成為產業發展成功的重要因素。[3] 威權時期創建的幾項鼓勵外銷與經濟發展的政策，在民主化之後延續至今，包括獎勵投資條例、加工出口區與科學園區、工研院等技術研發機構。1990 年獎勵投資條例被促進產業升級條例所取代，主要是從產業別的獎勵轉為功能別的獎勵，但是保留策略性產業投資五年免稅的規定，可以二選一，影響的結果是租稅獎勵大部分都是用在資本支出的獎勵，而非功能別的項目。這使得當時屬於技術變遷與資本折舊都快的面板與半導體產業，不斷競相擴產，擴大了規模卻沒有太多創新。2009 年修法強調創新，只剩下功能別的研發投資抵減（陳添枝，2022）。

中國與越南近年來的經濟發展，也有各級政府積極的介入，不管是資金與稅收、土地與人力方面的協助，另外在發展經濟的企圖上也是類似的。政府也是依據比較利益的原則，依賴豐沛的勞動力，發展加工出口產業。但是與東亞其他新興工業化國家的發展路徑還是有所不同。首先，中國與越南的發展起點是社會主義體制，改革開放後雖有放鬆管制，但國營企業的比例一直偏高，且兩地執政黨都會擔心私人企業壯大後對於政權穩定產生影響，在開放一段時間之後，又開始限縮鼓勵國有企業擴張與限縮私人企業，國營與國家控股的企業重要性依舊鞏固（Huang, 2008; Chi, Le, and Diem, 2020），這與其他東亞新興工業化國家間有明顯的差異。且以國有企業為主的發展模式面臨了軟預算限制（soft budget constrain），是相對無效率的，國家的補助主要以國營與國家控股的企業為主，在這種產權結構下，政府對企業的監督能力不足，無法有效要求其提升表現（Fuller, 2016）。而且政府與企業常常進行運動型（campaign）的工業政策，短期內設定過高的目標，最後多是炒短線，無法達成促使產業升級的目標（Fuller, 2016; He, 2021）。而要維持經濟成長的動能，必須進行結構性改革，逐漸轉移到以私營經濟為主體的型態（Lardy, 2014），但這又是威權體制所不樂於見到的。

三、技術官僚與統治者

有效產業政策的一些要素，例如依照比較利益原則將資源投入有潛力的產業等，大部分的開發中國家並無法做到，這無非是因為其身處的政治經濟條件無法配合。學者指出，在探討出口擴張與進口替代等不同貿易途徑時，也應探討個別國家選擇或被限制在不同途徑所鑲嵌的政治經濟條件（Manger and Shadlen, 2015）。國家挑選贏家會面對政治壓力，Robinson（2009）指出許多國家都推動了工業政策，但是成功的國家不多，

---

[3] 對受產業保護的產業的關鍵零組件，政府有自製率政策，以促使產業發展，不過有的產業成功，有的失敗（于宗先、王金利，2003）。以汽車工業為例，長年給與進口管制與關稅和國內市場保護，政府透過要求逐年提高自製率來促進產業升級，但並不成功（洪紹洋，2020）。

集中在東亞，而在東亞國家中也不是全然成功，不過東亞國家與其他區域國家有很重要的差別，在一些非東亞國家中，工業政策類型、產業與廠區位置等選擇較不是由專業決定，更多是由政治因素所確定。本節討論在哪些條件下技術官僚能夠獲得統治者的支持，克服這些反對。

　　許多學者指出技術官僚在國家引領經濟發展中的重要性，若沒有專業能力的技術官僚加以規劃與執行，要有效進行經濟資源分配根本是不可能的事（Haggard, 2015）。Evans（1995）與 Fukuyama（2013）提到鑲嵌的自主性（embedded autonomy），官僚在決策時必須與民間密切諮詢，但是同時要有自主性，能夠抵抗特殊利益的壓力，不然政府與社會的鑲嵌關係會沉淪為競租，在侍從主義盛行的國家，政府的產業政策勢必無法投入那些最具有潛力的企業。在官民連結的另一端，民間部門的組織能力，即商會是否能有效組織來反映他們的聲音，以及政府與企業間的連結關係，也是重要的基礎（Andreoni and Chang, 2019）。

　　技術官僚的角色能否發揮，統治者的支持是關鍵，統治者不支持，則技術官僚的自主性就不存在了，這因素在民主與威權體制中都存在。一個論點是由於任期較長的緣故，威權統治者和技術官僚比較能夠抵擋特殊利益的要求，更能夠引領農業資本進入工業投資，以及抑制短期的消費，將資金移轉為長期的投資，促成經濟的發展。民主政體面臨選舉的壓力，容易受即期消費、重分配要求和特殊利益者所左右，產生不利於經濟發展的現象，政府即使有充分的資訊，也無法制定出有利發展的工業政策（Munger, 2022）。此外，相較於民主政體中所面臨許多否決者的情境，在獨裁政權中的政策制訂者可以迅速採取行動，這在許多新興工業化國家中可以發現類似的經驗（Amsden, 1989; Wade, 2004）。

　　與統治者支持相關的因素是政治穩定，技術官僚能夠引領經濟發展的根本基礎是政治安定，否則統治者無力提供保護，官僚也無法規劃與推動發展計畫，臺灣也不例外，經歷了二戰與內戰的動盪，1952 年陳誠說：「我們終於有時間可以進行有計畫的經濟建設了。」（王作榮，2002）。Yülek 等人（2020）比較韓國與土耳其的汽車工業的發展，指出兩個國家差不多同時在 1960 年代開始發展汽車工業，都採取保護幼稚工業的政策手段，但是後來的發展差異很大，作者指出其中關鍵因素便是國家能力的不同造成，國家能力最主要的就是政治穩定，另外也包括發展具出口能力的產業的決心、官僚規劃與執行能力及扶植科學研究機構等，以增強技術能力以及去除保護、鼓勵出口。[4]

---

[4]　關於治理對於發展型國家運作的影響，另外是政權類型對於治理的影響，這會間接影響技術官僚的運作。張文揚、詹捷翔、平思寧（2019）的研究指出，雖然自然資源的豐沛會阻礙國家經濟發展，但是民主體制中，因為有較好的治理以及提供較佳的公共財，可以避免自然資源的詛咒。

　　另外發展型國家模式中，因為技術官僚負責資金的分配，也就是贏家的選擇，但是誰是未來可能的贏家，有很大的討論空間，挑選的贏家不一定會成功。而因為技術官僚分配的是公家的錢，必須付相當的政治或甚至法律上的責任，在這種情況下往往會面臨被彈劾或者被司法起訴的命運，例如尹仲容與李國鼎的例子。在威權體制的環境下，比較可以免除技術官僚個人受到國會、監察與司法機構的問責，否則技術官僚必定不願意冒風險將政府資金投入高風險、不確定性高的新興產業中。韓國也類似，技術官僚對其所做的決定所須負擔的責任很小，這一方面使其願意選擇扶植風險性高的產業，但另一方面這也可能造成過度投資與不擔心市場紀律的問題（Kihwan and Leipziger, 1997）。

　　技術官僚的角色能否發揮，也與企業型態有關。首先是所扶植的企業所有權類型，國有企業普遍面臨了軟預算限制，企業沒有倒閉的擔憂，主管機構不易要求其改善，例如中國政府對國有企業的監督能力一直不足，無法有效要求其提升表現（Fuller, 2016）。韓國的經驗也顯示產業結構的影響。1970 年在推動重化工業之後，國家將資源集中在特定的產業上，官僚負責挑選適當的企業來加以扶植。這個階段，搭配上銀行的國有化，國家擁有融資的政策工具，企業也在發展中，需要國家的扶植（Park, 2018; Lane, 2022）。因為重化工業的特色，著重經濟規模，企業規模大較有利，這也促成財閥的擴張。而這樣的產業結構造成財閥有恃無恐，認為即使投資失敗，國家也不會讓其倒閉。在這種情形下，官僚缺乏足夠的工具來對財閥問責。1980 年之後，韓國開始減少產業政策的使用，不過政府的干預依舊，且財閥太大不能倒的問題也依然存在（Park, 2018）。在民主化之後，政黨在選舉時需要政治獻金，政府對財閥的指引與監管能力更加弱化（林文斌，2010；Park, 2018）。且此時財閥日益茁壯，能自行籌資，不需要政府的幫助，加上經濟自由化的發展，政府的政策工具減少，政府對企業決策的影響更為降低。

四、結構性影響因素

　　有效的產業政策推動，背後更有歷史、國際與社會等結構性因素，影響政府的決策。首先，出口擴張策略要面對全世界的競爭，不確定性高，國家為何會願意承擔風險採取這項策略？ Haggard（2018）、Lauridsen（2008）與 Robinson（2009）指出外來威脅驅使東亞中小型國家積極的提升工業。Krueger（1995）與 Haggard（2015）則指出大的經濟體與豐沛的自然資源會使決策者認為可以依賴內需來發展，而採取進口替代的發展策略；反之，則驅使一國往出口導向的方向發展。例如，由於擁有豐富的自然資源，而使得智利只願意擷取容易取得的經濟租，而不願意升級產業（Palma, 2019）。Wu（2012）指出，威權體制雖然缺乏選舉誘因，不過在面對外在威脅以及自然資源不豐沛的條件下，威權統治者有較高的誘因提供公共財，使民主與威權政體在發展經濟的表現上接近。Mahon（1992）也指出相較於東亞國家，拉美國家因為有豐沛的自然資源出口，使其不願意採取貨幣貶值來強化工業產品的出口競爭力，而持續採取進口替代的策略。1950 年代末期，臺灣之所以推動出口擴張與貿易相關改革，主要是因為美援逐年減少，面對國際收支不平衡，必須鼓勵出口，且加上臺灣經濟體範圍小、面臨外在威脅、缺乏自然資源可以支撐，所以必須選擇加入國際分工，採取市場開放措施（康綠島，1993）。

另外一個近年來出現的議題是發展的思維與決心，發展型國家的一個重要基礎是執政菁英的發展思維（developmental mindset），包括發展企圖與發展共識，必須透過適當的制度與政策安排，來達到追求的目標（Thurbon, 2016）。Cherif、Hasanov 與 Kammer（2016）指出政治領導人的決心很重要，要能發展工業，必須要有決心發展具有國際競爭力、有能力出口的產業。發展決心很大程度與一個國家面臨的生存威脅以及資源秉賦有關，Evans 與 Heller（2019）便指出東北亞國家生存威脅的影響。瞿宛文（2017）也指出執政者發展意志的重要性，1949 年國民政府遷臺，歷經亡國的挫敗，使遷臺的執政者與技術官僚體認到這是他們最後與唯一的一次機會了，因而努力尋求將經濟發展起來。許增如（2019）也指出，官僚與統治者的決心是創立科學園區與扶植半導體產業的關鍵。外來威脅的效果，也有反證，例如印度與巴基斯坦間的衝突（Chang and Zach, 2019）。不過印巴之間比較是宗教與小規模的軍事衝突，並非經濟體制與國家生存之爭，是否可以類比，值得更多討論。

其次，社會結構方面，很大程度與侍從主義及財富分配情形有關。首先，在侍從主義盛行的國家，技術官僚無法擺脫政治干預，做出有效的資源分配，國家機構常被特殊利益所捕獲，工業政策主要是提供政治關係良好的產業或企業政策優惠，例如在突尼西亞，存在強大、政治關係良好的集團，技術官僚根本不可能做出正確的選擇，或能夠依企業表現對其進行獎懲，工業政策反而是強化對這些大集團的優惠照顧（Cammett, 2007）。另外如東南亞國家，經濟活動集中在少數與政府關係緊密的企業中，政府無法要求其改善表現，並對其問責（Montes, 2019）。Underhill 與 Zhang（2005）指出，私人企業的偏好與參與是泰國重要工業政策制訂的關鍵，1980 年初期轉往出口擴張的原因之一，是泰國當時出現一批依賴廉價勞力、具外銷能力的企業，大財團也參與其中。但在 1990 年代之後，泰國的出口產業被跨國企業壟斷，本地企業無法有效升級，加上市場自由化，大企業開始轉向重化工業與內需市場，並持續要求國家保護。這顯示企業集團力量過於強大，官僚相對缺乏引導的能力。

再者，Hirschman（1968）指出土地改革的重要性，因為工業化起步階段需要移轉農業資本到工業投資，拉美缺乏土地改革，無法有效移轉出農業資本，只好透過高估幣值來間接進行移轉，如此不利於商品的出口，但有利於壓低機器與原料的進口價格。Robinson（2009）也指出拉丁美洲國家社會經濟資源分配不均，地主階級政治力量強大，技術官僚要推動工業政策，將資源從農業移轉到工業發展有困難。Kay（2002）指出，東北亞地區農業改革早於工業化，農業改革包括土地改革與農產品價格控制等，將農業部門的剩餘移轉來到工業部門，以公司股票補償地主也鼓勵地主搖身一變成為企業主，使所得分配更平均，也擴大了國內市場。而拉美國家則相反，工業化早於農業改革，且因為地主反對，土地改革進展遲緩。之後在土地改革過程中鼓勵地主變身為企業主方面，因為地主對政府不信任，資金也不夠，並不成功。其次，土地改革會驅使一個國家加快放棄進口替代策略。首先，土改後農地面積狹小，農產品要大量出口根本不可能，這時只能往出口擴張著力（Perkins, 2013）。其次，就重化工業的進口替代來說，當一個國家具有可以出口賺取外匯的產業如農業時，進口替代政策可以延續很久，但如臺灣缺乏這樣的條件，因而進口替代政策推動期間相對短暫（Lauridsen, 2008）。

此外，國家經濟發展的重要社會基礎是充沛與受過良好教育的勞動力，可以投入職場或從事創業，但若一個國家陷於所得分配嚴重不均的情況，勢必有很大一群國民無法受到良好的教育，使高素質的勞動力這個條件難以達成，且使得在既有寡頭集團之外要浮現新興的企業變得困難，而使產業發展受限。Kanapathy 等（2014）指出，經濟政策等因素雖然是造成中度所得陷阱的直接因素，但是其背後有更深層的政治因素，所得分配不均造成這些國家少數政治與商業菁英壟斷經濟活動，也影響了教育機會的平等。既有的東北亞發展型國家，在發展初期推動了土地改革，使社會所得分配平均，並讓中等教育普及，有利於產業的發展。在東南亞國家方面，如泰國教育支出普遍比東北亞國家來得低，這勢必無法支撐產業升級（Lauridsen, 2008）。

在同樣採行出口擴張的國家，東南亞與東北亞國家採取類似的政策，包括出口擴張、鼓勵自有品牌發展、發展國內協力廠商與增加自製率，但是產業發展的結果並不一致（Cherif and Hasanov, 2015）。比較臺灣及南韓與馬來西亞及泰國的發展，都是以出口為導向，但兩組國家在本土技術的創造上差異很大，臺灣及南韓的研發支出比例較高，經濟以本地企業為主，且企業的背後有廣泛的協力廠商網絡；而馬來西亞及泰國依賴跨國企業投資，儘管在招商時有規定合資比例、技術移轉與在地生產比例，跨國企業運作與在地企業自主技術發展的關係較小，對於經濟的升級幫助不大（Cherif and Hasanov, 2015）。另外兩組國家也都有採行進口替代以及鼓勵產業升級政策，以發展資本密集產業，例如馬來西亞發展汽車工業，泰國發展重化工業，但都不具有國際競爭力（Petri, 1997）。究其原因，首先，東南亞國家比較普遍存在侍從關係，限制了官僚獨立決策與對企業問責的能力（Lauridsen, 2008）。其次，如前一節所述，因為教育投入不夠，人力資源不足。最後，Doner（2009）指出，東南亞國家的發展模式以外資為主體，以產品組裝為主，一直難進行零組件的進口替代，主要的原因是其國家面臨的安全威脅低以及自然資源豐富，使得國家推動產業升級的決心不是那麼強。東南亞的例子，很大程度說明，採取類似的工業政策，在缺乏發展決心，以及相應的人力資源、法治與官僚品質下，促進產業升級的成效並不一樣。

五、發展型國家的轉型

　　東亞發展型國家模式在 2000 年之後逐漸出現退潮，有好幾項因素。首先是過度緊密的政府與企業之間的關係有道德風險存在，易產生投資的浪費與經濟危機。其次則是金融改革，包括利率自由化與銀行私有化，降低了國家可以利用的政策工具。此外，策略性工業獎勵範圍的減少，也降低了官僚的裁量空間。另外則是企業自身的成長，可以自行在資本市場取得資金，不需要再依靠國家的資金分配。加上貿易自由化的發展下，WTO 所推動的貿易協定涉及更多的層面，驅使很多國家進行經濟自由化改革（Manger and Shadlen, 2015）。另外在政治方面，民主化削弱了執政者對於官僚的保護能力，甚至為了選票，驅使官僚選擇短線與浪費的政策。陳芙萱（2020）討論科學園區的開發設立面對的地方抗爭，指出民主體制下發展型國家面臨新的挑戰。

　　發展型國家的可能負面影響在東亞金融危機中充分展現，對此有幾個調整建議。首先是強化政府治理，例如 Weiss（2003）指出應去除依恃關係的存在，Wong（2004, 2005）認為需增加對政府的問責與政府決策的透明以及強化法治。其次則是在政策選擇中更強調市場的角色，從 1980 年代中期開始，韓國開始減少工業政策的使用，首先是功能別取代產業別的獎勵，之後更是只保留研發獎勵（Chang, 1998）。Chen（2014）比較臺灣與南韓，南韓更積極推動市場導向的改革，首先政府工業政策的目的不是挑選工業種類，而是進行功能別的獎勵，不像臺灣在 2010 年代初期還有 DRAM 與面板產業的扶植政策。其次，韓國在金融市場自由化與銀行私有化方面也進行的比較徹底。近年來韓國政府在培育新興產業的任務中，也認為鬆綁與修改法規是其中的關鍵（KBS World, 2020）。

　　一個常被問到的問題是在一個全球化與自由化的國際體系中，國家是否還是有干預的角色可以扮演。對此，首先要指出，在東亞國家幾項重要的產業政策持續存在，從 1950 年代至今，臺灣與南韓政府持續的設定產業發展目標，並制定各種政策，來扶持具有潛力的產業。首先，多年期的經建發展綜合計畫，雖然從韓國金大中總統開始已經不存在，但是在臺灣，至今依舊持續制定多年期經建計畫，配合總統任期不斷更新，規劃產業發展方向、人才培育與引進以及重要基礎建設計畫等。其次，在臺灣許多既有發展型國家的產業政策，如產業創新條例、科學園區的新設立、科學園區的稅捐優惠以及工研院等技術研發機構，也都從民主化之前延續至今，只是內容略有更動，減少對市場的直接干預。這其中許多相應的部分在韓國也有同樣存在。此外，還有基礎的水電供應政策，政府持續透過補貼，以低廉的價格來供應產業發展。

不過新的階段也有新的挑戰出現。為達成永續的目標，臺灣與南韓政府選定綠能產業，鼓勵研發與投資，Wade（2018）認為這是發展型國家的新角色。此外，近年來各國直接介入工業投資的角色減少，轉而是提供企業研發以及中小企業運作上的協助，另外也包括強化社會安全保障，以穩固經濟發展的社會基礎（Chu, 2016; Hsieh, 2016）。歐洲已開發國家也類似，如瑞典政府也積極鼓勵研發，以促進產業的升級，以總理為核心協調包括企業、政府、大學來投入與合作。一些石油出口的 OECD 國家，政府擔心會落入荷蘭病（Dutch disease），也積極採取政策來鼓勵企業研發（Aiginger and Rodrik, 2020）。

其次，在臺灣因為國家安全的顧慮，要確保企業的繼續擴張不會因此影響到國家安全，這在臺灣一直都很重要，例如 1970 年代技術官僚建議商務人士免簽證來臺，但是因為保防的顧慮被否決，不過大體說兩者的矛盾早期還比較小。這時發展型國家的職能，主要是促進企業擴大全球的競爭力與營收，投資來源與銷售市場來自與自己在政治上友好的大國，兩者沒有扞格之處。1990 年代之後中國大陸的崛起，讓這個問題開始突顯，因為生產基地與銷售市場都落在政治上的敵對大國。近年來，在地緣對抗的格局下，產業多大程度會受到政治因素的管制所制約，而影響其發展，可以觀察。

對此有兩個不同的觀點，一派是擔心投資中國會淘空臺灣產業，臺灣產業去了就不會回來了，且可能會出現以商逼政，所以反對以中國為腹地（李登輝、張炎憲，2008）。政府鼓勵企業與民間強化與其他區域的關係，特別是東南亞與印度的廣泛合作。另一派是認為臺灣的腹地不夠大，企業要發展就必須要利用中國的腹地，使產業規模可以擴大。Fuller（2018: 208-223）指出，馬英九政府時期的工業政策主要是透過貿易協定，利用中國大陸的市場來擴大臺灣的產業規模並進行升級，但是因為國內的反對與中國自身的產業升級，相關政策最後並沒有產生太多實質的影響。陳添枝（2022）則指出，電子代工業透過中國為腹地，即使毛利低，還是可以取得夠大的資金規模，進而從事研發，使技術升級。另外，對生產關鍵零組件的企業來說，有這個腹地，就有了練兵的機會，如生產晶片的聯發科可以逐漸壯大。

參、市場制度

一、臺灣與東亞國家的經驗

如前所述，國家在經濟發展中另一部分的角色，是提供法治與市場制度。發展國家論的主要論點著重在工業政策，也就是贏家挑選，來協助產業的發展，對經濟自由化政策的探討較少，或常以發展經濟的另一種選項視之。成功的工業政策必須較貼近市場機制，這代表必須有相應的自由市場制度的建立，例如出口擴張工業化須有降低關稅以及減稅的措施。學者也指出，工業政策的成功有賴於法治、教育、金融制度與基礎建設等條件的配合，只有國家介入資源分配，但是缺乏這些條件，效果會打折（Lin and Chang, 2009）。市場這部分在經濟學的領域中討論比較多，認為東亞國家經濟之所以能夠發展，是因為自由市場制度的建立，也就是國家對市場管制的放鬆。長期來說，東亞國家政府的干預逐漸減少，更依賴市場訊號來運作，趨勢是金融、貿易、信貸等市場的自由化（Krueger, 1995）。

文獻中比較少談到的是，除了工業政策之外，官僚也規劃經濟自由化，因為對技術官僚來說，兩者對發展都是重要的並且交互使用這兩項政策。以臺灣的經驗來說，兩類政策是同一批官僚在推動，他們瞭解市場干預的無效率，所以減少政府對市場運作的干預是經濟發展的重要工作。因為經濟與產業發展初期的侷限而介入資金與外匯的分配，但瞭解同時應該要逐步減少對市場的干預。歷經二次大戰與國共內戰的高度政府管制，尹仲容相信，私營企業是市場經濟的主體，恢復市場價格機能是經濟正常運作的關鍵，且應該要從輕工業開始發展，逐步尋求產業升級（李國鼎，1963）。尹仲容認為，臺灣的經濟發展必須走向自由開放之路，他篤信經濟能夠發展的基礎是市場價格機制能夠發揮，主張進行全面性的經濟政策與制度的改革（尹仲容，1960；王作榮，1964）。李國鼎（1993）與葉萬安（2020）的著作中也都提到，臺灣經濟發展的歷程其實是一個經濟自由化的歷程，透過這個過程才能將生產力釋放出來。比較標誌性的有 1960 年代的外貿改革，1980 年代的自由化與國際化改革，減少利用外匯與利率等政策來影響企業的決策。對於技術官僚來說，產業政策與經濟自由化政策都是發展工業的重要部分，政府失靈與市場失靈都是政府要處理的問題。另外在有些作者的定義下，政府的產業政策同時包括處理市場失靈以及維持市場的競爭性，前者的重心即包括產業扶植與調整，後者則是經濟自由化與防止壟斷（蕭峰雄，1994）。

而技術官僚這種經濟自由化的想法在二次戰後初期的後進國家中是相當稀少的。東北亞國家政府在引領經濟的表現上，以往的討論主要是從結果來論，以其取得很好的經濟發展成績來評斷。Irwin（2021）則提出另一個角度來觀察：即政策的突破性。在經濟後進國家中，在面對同樣外匯收支不平衡的發展困境時，因為沒有成功的前例可循，改革必須面對很大的不確定性與可能的失敗，臺灣作為當時後進國家中第一個願意推動貿易改革的國家，技術官僚規劃與統治者的支持，有其創新性。Irwin（2021）指出尹仲容在接受由蔣碩傑介紹的 Meade（1949）修正的自由經濟理論之後，推動匯率簡化與貨幣貶值，以及進出口稅務簡化方面的改革，放棄進口替代政策，改採出口擴張政策是創新的政策作為。蔣碩傑、吳榮義（1984）歸納東亞四小龍的發展經驗，臺灣在四小龍中率先走向貿易自由化之外，另外兩個重點是拉高利率，以鼓勵儲蓄與抑制通膨，以及減稅以鼓勵投資，這幾項政策基本上也得到其他幾個國家的模仿。

在東亞的幾個國家中，工業政策與經濟自由化，在不同階段也都是日本技術官僚用來發展經濟的政策工具。早期在追趕時期著重工業扶植政策，1990 年之後著重技術研發，技術官僚開始規劃推動結構性改革，也就是經濟自由化措施，以此來推動日本下一階段的成長（Okazaki, 2017）。韓國負責經濟規劃的經濟企劃院（Economic Planning Board）官僚主要也是偏向市場經濟，但其角色因為執政者的偏好而有差異，比較偏好自由市場經濟的官僚，在開始推動重化工業之後被冷凍，1980 年代開始才又重新被重用（Park, 2018）。當然，不同部會也有不同的偏好，例如印尼的財政部會官僚比較重視總體經濟穩定與經濟自由化，工業部會比較重視保護與獎勵工業發展（戴萬平，2016）。

相對於臺灣中小企業為主的產業結構，工業政策主要以財稅工具來獎勵具潛力的產業，南韓 1970 年開始推動重化工業後，工業政策直接以政府控制的資金扶植少數大型企業，政府對於市場的介入比起臺灣來得深（Lauridsen, 2008）。1980 年代之後，兩地都陸續進行經濟自由化的改革，包括外匯自由化、利率自由化，以及公營企業與銀行民營化。兩地經濟自由化軌跡的長期演變，未來可以有更多的深入分析。

二、制度性影響因素

本節回顧影響政府支持經濟自由化改革的制度因素，特別是與產業發展相關的部分。首先，在政體類型方面，學者認為民主體制因為有問責機制，相較來說比較容易出現經濟自由化（Giuliano, Mishra, and Spilimbergo, 2013; Doucouliagos and Ulubasoglu, 2008）。與此相對，威權體制問責機制不健全，只存在規模小的推舉人團（selectorate），因此依賴提供私有財來鞏固支持，這涉及競租。經濟自由化會減少競租，因此威權政體較難推動經改（Bueno De Mesquita, et al., 2003）。Steinberg 與 Malhotra（2014）檢視威權政體的次類型是否影響匯率制度與匯率，發現軍政府獨裁與君主獨裁因為擁有較小的推舉人團規模，會採取固定匯率制度，而君主獨裁與文官獨裁因為有較高的任期安全性，因此會傾向低估匯率，以鼓勵出口。

其次，威權體制擔心自由市場會培育出獨立於國家的勢力，因此需確保對社會力量的控制。前文已經提過，威權政體對於私人部門壯大的擔心，常常加以限制。此外研究也指出威權體制對金融體系有較多的限制（Eichengreen and Leblang, 2008; Giuliano, Mishra, and Spilimbergo, 2013）。威權體制中統治者對於執行控制社會的機構，包括軍隊、警察與官僚，以及黨政菁英，會給予一些特權與利益，這之中包括金融融資等（Haber and Perotti, 2008）。其次，Cheng（1993）與 Shih（2020）均指出，威權體制擔心金融自由化會創造出一個獨立於國家的階級，因此不支持金融自由化。不過經濟發展可強化統治正當性，所以威權體制也有誘因進行經改。首先，貿易自由化可促進後發國家勞力密集產業的發展，進而提升社會大眾的生活水準，所以威權國家有意願推動貿易改革，因為這有利於威權的存續（Chang and Wu, 2016）。

民主與威權體制也可以從否決者的角度切入來討論。相較於民主政體存在制衡機制，面臨眾多否決者的情境，在獨裁政權中，政策制訂者較能克服反對採取行動（Sah, 1991）。但以臺灣的例子來說，威權體制下的民意機構，不管是立法院或是監察院，很大程度也代表一些既得利益，或擔心改革結果的不確定性，因而反對經濟自由化改革。威權統治者若接受市場機制的理念，憑自身威望，促使立法部門支持行政部門，則可以幫助推動相關改革。例如 1950 年代的調高電價案，受到立法院反對，總統介入之後才得以通過（蘇勝雄，2014）。1960 年初，十九點財經計畫的立法過程中，其中一樣改革是將電費等公用事業費率的審議權，從立法院同意移轉到行政院下設的公用事業費率委員會，依照預設的公式來決定，起先也遭遇立法院的反對，也是總統介入才得以施行（葉萬安，2013）。另外如獎勵投資條例的通過，同樣也是層峰的介入才得以獲得立法院的支持（葉萬安，2013）。[5] 此外，如放棄進口替代走向出口導向的發展途徑，加工出口區的設立都面臨政府財經部門間或立法院的反對，反對的理由包括對出口沒有信心，擔心會影響政府的財政與造成總體經濟的不穩定（郭岱君，2014）。[6]

另外，如 Bueno De Mesquita 等人（2003）指出，威權體制中雖然沒有制度性的否決者，但仍存在可以影響統治者存續的推舉人團，統治者必須顧及他們的利益。臺灣經驗顯示，若經濟自由化政策會影響核心支持者的利益或影響統治基礎，則威權時期的

---

[5] 此外，如土地改革，同樣面臨地主及其代表的民意代表反對，也是威權統治者施壓，才能使法案通過（瞿宛文，2017：219）。

[6] 因為擔心幣值的穩定以及政府收入的減少，經濟與財政部門間對鼓勵出口政策中的減稅，包括進口品減稅以及出口退稅，看法並不相同。

統治者並不會給予支持。例如很多十九點財經計畫列出的改革計畫中，去除進口商品關稅，取消軍公教群體的能源補貼影響核心支持者的利益，國營事業民營化擔心影響統治基礎，並未獲得落實（康綠島，1993；劉玉珍，1995；郭岱君，2015）。Hill（2013）以民主轉型為觀察，指出印尼與菲律賓民主化後，因為否決者增加，所以改革的困難度增加，速度變慢，不過反過來說，在民主體制中，一旦已經獲得多數民意的支持，改革就可以很穩定的推行下去。最後，不管是民主或威權體制，當企業集團力量強大時，都可能會形成實質上的否決者，而阻撓改革。例如1980年代泰國的官僚認為，要發展經濟必須推動經濟自由化且推動出口擴張，放棄進口替代，打破大財閥在內需產業的壟斷，但是這些主張並未得到充分的政治支持。在民主化之後企業主搖身變為議員或內閣部長，繼續維持依侍網絡，阻止經濟自由化（Phongpaichit and Baker, 1999）。

威權體制是否願意克服否決者的壓力，也受到執政者意識形態的偏好，若經濟自由化政策違反執政黨尊奉之核心意識形態，則不容易進行。以臺灣為例，國民黨原先抱持三民主義，主張節制私人資本，發達國家資本，採取經濟自由化的改革在開始時受到黨內的反對，遭受立法院的攻擊，或者是監察院的彈劾，技術官僚必須與之辯論，嘗試說服保守派。部分財經官僚與國民黨黨部反對民營化，除了認為與孫中山的理念不合，也擔心過強的私營企業會影響國民黨的生存基礎（郭岱君，2015）。政黨意識形態的轉向背後，當然有執政者的支持，統治者本身的意識形態與技術官僚是否一致，會影響相關政策的推動。蔣中正比較偏向尊重技術官僚及其支持的市場機制。但蔣經國則比較偏向社會主義，對市場機制有所保留，認為重要物資的價格不應該完全聽憑市場，反對公營銀行民營化，並喜好同時推動數項大型基礎建設與重化工業投資來促進經濟成長（李國鼎，1963；康綠島，1993；王作榮，2002；孫震，2003），這些主張都帶有民粹的性質，與技術官僚之間不時會出現意見不一致的情形。[7]基本物資補貼與大型公共建設這兩個偏好在民主化後的政府也一直延續下來，在選票的考量下，更不可能改變。李登輝認為對市場政府不需要有太多的干預，對於財經政策與大型公共建設基本上尊重技術官僚的規劃，但是在兩岸議題上則與技術官僚出現分歧（李登輝，張炎憲，2008）。

韓國的情形也有類似之處，主要負責經濟政策規劃的經濟企劃院官僚偏好較多市場機制，減少國家工業政策的介入程度，但是其影響力受到執政者偏好的影響。在1970年代的重化工業推動之前，韓國的工業政策與臺灣類似，以出口扶植為重心，並未鎖定特定產業。開始推動重化工業後，朴正熙總統跳過偏向市場經濟的經濟官僚部門，另創一個機構來執行，1970年代末期，經濟企劃院才又受到重視（Cheng, Haggard, and

---

[7] 1980年代之後臺灣出超與外匯收支不平衡問題日益嚴重，技術官僚開始獲得執政者支持，推動自由化與國際化的改革（Cheng, Haggard, and Kang, 1998）。

Kang, 1998）。因應 1970 年代國家扶植重化工業造成的浪費與總體經濟的不穩定，以及全球化的挑戰，從 1980 年代初期開始，全斗煥總統決定改弦易轍，走向經濟自由化的道路，開始減少工業政策的使用、減少干預市場與進行民營化措施，甚至裁撤經濟企劃院。東亞金融風暴後，進一步加大自由化的改革（Kim and Leipziger, 1997; Park, 2018; Chang and Zach, 2019）。所以傳統認為典型的發展型國家中，統治者提供技術官僚保障，尊重其決定，在扶植工業發展方面大致是對的，在經濟自由化這部分則不完全是這樣。

最後，近年來許多研究開始討論政黨制度化對經濟政策的影響。Bizzarro 等人（2018）指出，一個制度化的政黨存續比較久，政黨領導人比較會進行長線的思考，此外，政黨有比較完整的社會連結，所以領導人不會只考量少數群體的利益，比較會從社會整體利益思考之，因此會採取保護財產權政策，避免制定掠奪式政策。Hankla（2006）也指出，低制度化的政黨體系下，也就是政黨的得票變動率大的國家中，政黨不易推動那些對社會整體有益但需要比較長時間才會看見效果的政策，因此不傾向推動貿易自由化。政黨制度化對經濟政策的影響，除了發生在民主體制，也會發生在威權體制，威權體制缺少問責機制，制度化的政黨對於制約統治者的誘因來說特別重要。Charron 與 Lapuente（2011）發現，一黨獨大政權因為社會基礎廣泛，政府比較會回應社會各種需求與聲音，會提供較多的財產權與契約保障以及建立有效率的官僚。Bizzarro 等人（2018）指出，政黨制度化程度高是威權體制下臺灣經濟發展表現優異背後的重要因素。

影響政府推動經濟自由化改革，自然也有歷史、國際與社會等結構性因素。例如放棄進口替代策略，往出口導向的方向發展，涉及貿易自由化改革，這部分前文已經提過，與一國面對的外在威脅以及自然資源豐沛有關。經濟自由化改革政策事實上是出口擴張產業政策的重要一環，所以影響兩種政策的結構性因素很大部分也是重疊的，這裡不再贅述。另一方面，制度因素如官僚品質與政權類型等也會影響工業政策，這已如前述，另外如政黨制度化也會影響工業政策，政黨制度化高的國家，政黨比較可能採取長線的思考，願意放棄進口替代策略，往出口導向發展。相反地，Lauridsen（2008）以泰國的例子指出，政黨體系分散使得產業政策只是在分配資源給政治人物選區的產業，而不是在促進產業升級。

肆、重分配政策

一、東亞發展型福利資本主義

　　發展型國家致力於發展經濟，主張先犧牲短期的消費換取未來的成長，將餅做大之後，要處理分配的問題。Holliday（2000）與 Gough（2004）以發展型福利資本主義（productivist welfare capitalism）來稱呼這些國家的社會福利政策。在這些國家中社會福利政策是經濟發展政策的一部分，目的除了促進社會穩定，也在協助經濟發展，以確保有充足與優質的勞動力供給。其特色主要是國家優先提供醫療與教育支出等有助經濟成長的項目，對一般普遍性社會福利照顧方案支出有限；其次是針對從事生產活動的勞工提供福利，而不是對所有國民提供照顧；最後是勞工的保障中，企業與家庭扮演很重要的角色（Holliday, 2000; Aspalter, 2006; Aspalter, 2017; Kwon, 2009; Hwang, 2011）。不過與既有世界上的幾種福利模式中相比較，歐陸如德國的模式，福利的領取資格也是與職業連結在一起，而不是與公民身分綁在一起，且不同職業間也有顯著的差異，不同職業與所得群體間的重分配程度低（Manow, 2021）。此外，推動社會政策的目的在協助社會穩定與經濟成長，以及福利的領取資格是與職業連結在一起（Aspalter, 2017）。所以東亞國家的福利制度其實和歐陸國家的模式在某些面向有相似之處（Fleckenstein and Lee, 2017; Aspalter, 2017）。

　　東亞特色福利國家出現的一個原因是這些國家的經濟依賴出口，充分整合入國際經濟體系，因此對於人力在內的生產成本高度敏感，要維持國際競爭力，必須避免提供過高的勞工福利（Rudra, 2007）。東亞發展型福利資本主義的存在另有三個制度性的條件。首先是威權體制的存在，壓制了勞工與市民社會鼓吹改善勞工福利的聲音，強調犧牲短期的消費，換取長期經濟的發展。這形成了一種社會契約，即快速的經濟發展伴隨所得的提高與相對均等的所得分配，人民願意繼續支持這樣有限的福利體制以及背後的威權體制。另外，東亞國家缺乏強有力的左派政黨與工會力量也是重要的因素（Peng and Wong, 2010）。最後，東亞重視家庭，所以一直以來認為福利照顧可以在家庭或親族間進行，不需太多政府介入（Peng and Wong, 2010）。

　　威權統治者為了減少社會追求民主的壓力，也會制訂保障勞工的社會福利政策。另外臺灣解嚴之前，有鑑於 1980 年代初期的立委增額選舉中勞工選票表現不佳，1984 年國民黨政府制訂通過勞動基準法，保障勞工的權益。民主化前韓國的例子也很明顯，在經濟發展過程中，常被提到的是國家對財閥的扶植，但一個常被忽略的政經安排是威權體制下國家對一些社會安全保障的制訂（Mkandawire and Yi, 2014）。所以威權政府是有提供社會福利照顧，不過比較偏向對勞工的照顧，而不是普遍式的照顧。

民主化之後，選舉競爭與社會運動促使國家提供更多普遍式的社會安全保障（Aspalter, 2006; Fleckenstein and Lee, 2017）。Peng 與 Wong（2010）指出，東北亞國家發展出一個比較包含式的社會保險架構，不具生產力的群體也逐漸獲得社會保障，而香港、新加坡與中國則仍停留在個人式以及市場為基礎的福利架構。Peng 與 Wong（2010）也指出，因為東北亞國家的所得分配相對均等，推動普遍式社會保障的政治與經濟成本較低，所以這些國家願意加以推動。民主化之後臺灣與南韓修正以往經濟發展優先的政策，採取兼顧經濟發展與社會公正的發展策略，提高對勞工的保障（Wong, 2004; Hwang, 2011; Suh and Kwon, 2014）。在 1990 年代，兩地都制訂或強化了失業保險、國民年金與全民健康保險等措施（Wong, 2004）。與此相較，一些東亞國家在政治體制上仍然維持一黨的專政，例如中國、越南與新加坡，這些國家的政府對於經濟發展的關注較高，在許多社會政策上的進展相對緩慢（Kwon, 2009; Wong, 2014; Ukhova, 2015; Rahim and Yeoh, 2019; 吳親恩、練暐妍，2022）。

另一個值得注意的是政黨的角色。首先是政黨光譜的影響，Fleckenstein 與 Lee（2017）指出臺灣與南韓在民主化之後，威權時期的保守政黨繼續執政，為了吸引選票，民主化後初期的社會福利擴張主要是在這些政黨任內推動的。但之後都經歷了政黨輪替，反對黨倡議福利國家的建立，強化了普遍性社會保障的推動。不過這樣的觀點有討論的空間，因為社福體系的發展是逐步建構的，前威權政黨已經有推動，反對黨上臺只是繼續推動，且往往力道也沒有上臺時宣稱的大。Fleckenstein 與 Lee（2017）也承認，保守政黨重新上臺之後也開始接受普遍式的社福政策，以擴大選舉基礎。民主化後國民黨繼承了舊有的同時包含商業與工人利益的政策，而民進黨在執政時期轉向了中間立場。兩黨在經濟發展、市場監管和社會公平方面持有類似的觀點。東亞各國政黨議題立場與社會保障政策的關係這部分值得更多的探討。另一個面向是政黨的制度化，研究發現薄弱的政黨制度化會導致社會福利的水準較低，因為政黨在此情形下無法有效進行討價還價和鞏固黨內外的支持（Rasmussen and Knutsen, 2021）。一直以來韓國政治的一個標誌性特徵是政黨之間頻繁的分裂和合併，由有影響力的政治人物主導的反覆政黨重組，彼此間在政綱上沒有太多的差異。造成政策頻繁轉換和政黨在許多勞工問題上立場游移，政黨無法將社會分歧轉換成具體的政策，其結果是在相當長的時間內對勞工需求的反應緩慢（Lee, 2009; Lee, 2015）。與此相對，在威權時代臺灣如韓國一樣透過操控國家控制的工會來管控勞工運動，但同時也允許勞工代表獲得一些政治機會，讓其聲音可以反映在政策上。民主化後臺灣形成兩黨制，政黨制度化程度較高，較能反映勞工的需求（Buchanan and Nicholls, 2003; Lee, 2011）。

　　近年來許多國家收入不平等問題惡化，所得高度不平等時，會影響非常多人的教育與發展的機會，如同前述，拉美與東南亞的經驗顯示，國家經濟發展的重要基礎是充沛與受過良好教育的勞動力，但當一個國家陷於所得分配嚴重不均的情況，許多人的教育機會受限，高素質的勞動力這個條件將難以達成。且財富集中，使得既有企業集團之外要浮現新興的企業家變得困難，使產業升級受限。

　　反過來說，經濟發展是社會安全保障持續強化的一個重要基礎，完善的社會安全保障的維持，事實上與經濟的持續發展密切相關，經濟出現停滯，政府與企業就沒有財力繼續提供充足的保障。進口替代工業化政策下，都市勞工獲得良好的福利照顧，但是對其他社會群體的照顧就非常不足。另外，作為社會民主主義典範的歐洲國家如瑞典，一直認為福利國家的建立與持續必須依賴持續的研發，來促進產業的升級，而這有賴企業、政府與大學的投入（Aiginger and Rodrik, 2020）。Nishijima（2012）指出日本工業政策中，對於中小企業的照顧比大企業更多，對於強化中小企業的競爭力及維護社會穩定有重要的貢獻。工業政策與所得分配及社會福利型態間的關係，其實值得更多討論。

二、民眾對重分配政策的態度

　　包含臺灣在內的許多東亞國家，都曾在威權統治之下經歷經濟快速發展且收入較為平等的時期，但是近年來也出現收入不平等逐漸升高的問題（Park and Uslaner, 2021）。從總體數據來看，Huang 與 Ku（2011）指出臺灣在社會福利上的支出低於同為東亞國家的韓國與日本，也同樣低於 OECD 國家。除此之外，許多研究也都指出臺灣在民主化之後，收入不平等的情況也慢慢的惡化（張傳賢，2014；Park and Uslaner, 2021）。社會福利政策也是在選舉中被重視的一個議題（黃德福、謝俊義、劉嘉薇，2010）。

　　Hsieh（2005）在其研究中認為，在臺灣最重要的社會分歧從過去的本省人與外省人的衝突演變成國家認同議題，這樣的政治分歧影響到政黨體系與民眾的政黨認同，在這當中，Hsieh 進一步發現到不支持政府推動社會福利的受訪者，傾向不支持泛綠的政黨。張傳賢（2014）提到 2012 年總統選舉中，蔡英文以縮小貧富差距與公平課稅等政策作為競選的主軸，以致藍綠在重分配議題上呈現明顯的差距，而民進黨這樣以重分配議題為選戰主軸的情況其實在 1995 年的立法委員選舉就出現了（林佳龍，2000）；反過來說，國民黨在政黨形象上讓人認為不是一個支持重分配的政黨（游清鑫，2002）。因此，對於臺灣民眾而言，是否支持重分配政策或是支持的程度的高低，有很大一部分是與政黨認同密切相關的。

　　張傳賢（2014）除了說明政黨認同對重分配立場有影響外，也發現雖然家戶收入對於是否支持縮小貧富差距沒有直接的影響，但是收入較高的受訪者，會對經濟的未來抱持樂觀的看法，也間接地影響了對縮小貧富差距政策的支持。之外，該論文也將兩岸經貿議題納入討論，例如是否曾赴中國大陸經商或者是陸客來臺的影響。結果發現因為兩岸經貿交流而對未來經濟愈樂觀的人，比較不支持重分配的政策，因為這一群人預期未來國家與個人的所得會增加，重分配可能會傷害未來可能得到的利益。目前兩岸經貿的官方交流並不如 2012 年密切，蔡英文推行的南向政策與抗中友美政策，是否會改變臺灣民眾對於重分配政策的偏好，是未來很值得觀察與研究的議題。

　　除了上述的政治性因素之外，其他可能會影響臺灣民眾重分配態度的因素還包括了民主制度的評價、世代的差異、對於收入與機會不平等的評估等。例如 Kimetal（2018）針對中國、日本、韓國與臺灣的研究，發現受訪者對不平等的評估會影響重分配政策的偏好，其中包含對不平等的評估與對機會不平等的評估，當受訪者覺得愈不平等，那麼愈傾向於支持政府減少貧富之間的差距。

　　Yeh 與 Wu（2020）控制受訪者的政黨認同，發現臺灣民眾對於不平等的評估會先影響民主滿意，再進一步影響對於重分配的支持，因為民眾認知到一個良好的民主治理，是可以提供社會支出來滿足民眾的需求並緩和不平等，如果民主體制表現得不好，會讓民眾質疑公共支出是否有被合理的使用。陳怡如（2018）也有類似的結論，其認為對於民主制度的支持是臺灣民眾支持社會福利不可或缺的必要條件，當民眾愈支持民主體制，那麼就會愈支持重分配的政策。這樣從民主滿意度與民主支持的角度來討論民眾對於重分配的偏好，某種程度上也回應了 Acemoglu 與 Robinson（2005）的論點，那就是民眾認知到民主制度是會做重分配的政治體制。因此，一個國家如果能夠強化民主問責與民主深化，就可增加民主滿意度與民主支持度，也有利建立更好的社會保障制度。

三、對於民主支持的影響

　　Acemoglu 與 Robinson（2005）認為當收入不平等升高時，在威權體制之下，政治人物承諾制定財富重分配政策，但是這樣的承諾是無法被人們所信任，因此窮人傾向於支持民主體制。從實證來看，民主國家是否能夠減少收入不平等，到目前為止並沒有一個明確的結論（Timmons, 2010）。在經濟比較開放的民主國家當中，收入比較平等（Reuveny and Li, 2003）；還有當民主轉型之前收入是高度不平等的國家，轉型後會減低不平等的程度（Dorsch and Maarek, 2019）。

　　對於民主制度評價的研究，首先，Son（2016）針對南韓民眾做研究，發現到窮人在國家經濟狀況不好的時候比較不支持民主體制。這是因為窮人們認為民主體制是財富重分配的工具，所以當國家經濟狀況不好會使得財富重分配機會減少，因而比較不支持民主體制，這樣的研究發現其實某種程度上回應了分配衝突理論在民主化理論上的假設。在針對東亞國家的跨國研究中，吳親恩（2009）指出，雖然收入不平等相關指標未直接影響民主支持程度，但是會透過民主滿意度間接影響民主支持，因為收入不平等的相關指標都顯示其會降低民眾的民主滿意度。另外，Krieckhaus 等人（2014）針對 40 個民主國家的研究發現收入不平等會減少民主支持，這樣的現象橫跨所有的社會階級。不過，他們也同時發現到在高度收入不平等的國家內，窮人們對民主支持的降低程度就沒有那麼嚴重。

　　Wu 與 Chang（2019）在其研究中認為吉尼係數等客觀性指標並無法代表民眾對於所得分配的真實想法。因此，Wu 與 Chang 使用亞洲動態民主調查與拉丁美洲民主調查中關於財富分配公平性的問題，來測量民眾對於收入不平等的評估，也同時發現了當受訪者認為財富分配是不公平的，對於民主滿意的程度就會降低。Chu 與 Wu（2019）針對東亞國家的研究同樣使用主觀性的財富分配評估當作解釋變項，其研究區分政體來分析，發現因為財富分配不平等導致民主滿意度降低這樣的效果，在採用半威權混合政體（hybrid regimes）的國家中比較明顯。因為在民主國家中，例如臺灣，民眾可以針對政府的政策做批評或是在選舉中支持反對黨，依此來督促政府調整其施政，這樣的機制在混合政體當中是比較缺乏的。

　　林奕孜（2021）和 Wu 與 Chang（2019）的研究類似，同樣使用受訪者評估財富分配公平的問題，依此檢視臺灣民眾對民主制度的評價。與過去研究的相似之處是對財富分配不公平的評估，會減少臺灣民眾對民主的滿意度，然而認為財富分配是不公平的受訪者，反而會增加對民主的支持程度，不過這樣的現象是會變動的，民眾會先評估過去所得分配的狀況，再思考過去與當下的政治環境與脈絡，最後前瞻性的評估未來在民主制度之下，財富分配的狀況是否會變好。這部分是未來學界可以繼續發展的目標。

　　以上幾個研究都指向收入不平等會影響到民眾對於民主支持的程度。然而，收入不平等是否與民主倒退有關聯則需要更進一步的檢驗。Houle（2009）的研究認為，當民主國家內的收入不平等惡化時，執政菁英為了避免財富被窮人透過民主機制做重新分配，便會透過政變來改變政府體制。不過 Houle 的理論是從菁英的角度所建構出來的，未來的研究也可以從民眾的角度來討論。

　　與前一點相關，也可以看威權體制中的情形，對民主化之後重分配的預估也會影響不同階級民眾對民主改革的支持。文獻指出，中高社經地位者在既有威權體制中享有既得利益，擔心民主化後可能的所得重分配，並不一定比較支持民主體制。在許多歐洲與拉美國家的民主化過程中，在替自己爭取到參政權之後，中產階級擔心所得重分配，支持限制勞工取得投票權（Rueschemeyer, Huber, and Stephens, 1992）。吳親恩（2021）

討論臺灣民主在轉型期時，社經背景與反對陣營支持間的關係，指出解嚴前的立委選舉中，中高社經地位者雖然擁抱較高的民主價值，但是擔心民主變革對政治經濟體制穩定的可能影響，並不支持反對陣營；不過在宣布解嚴之後，不穩定因素消除，中高社經地位者反而成為最支持反對陣營的群體。與此相對，職業群體方面，因為處於國家經濟的邊陲位置，自營商與藍領勞工在民主啟動前與後，均偏向支持反對黨。

所得分配與民主支持的關係與發展模式也有關。在東北亞比較成功的案例中，主要是比較趨近市場機制，逐步發展技術層次更複雜但資金需求更高的產業，這樣的發展途徑，較能吸納農村的剩餘勞動力，使貧富差距維持穩定。但若一國產業升級困難或直接跳到生產重化工業，然後靠保護來延續，常使經濟發展陷入停滯，使得其製造業部門能夠吸納的就業人數有限，農村中仍有龐大的貧窮農業人口。若搭配上民主體制開始施行，所得重分配的聲音與政策增加，但都市與都市邊緣及農村的所得水平差距大，都市中的中產階級對農村地區的改革需求相當疑懼，當影響到其利益時，甚至願意支持破壞民主體制的行動。這事實上就是近年來泰國政治動盪的經濟背景，其城市中的中產階級在民主轉型前是支持民主體制的，但是民主體制施行與重分配政策增加之後，中產階級的政治態度開始轉向，進而支持維持穩定的軍事政體（Wu, Lee, and Bandyopadhyay, 2021）。這與過往拉丁美洲中產階級面對民粹主義的重分配訴求時，對民主支持產生保留的態度也有類似之處。

伍、結論

本文討論與臺灣有關的政治經濟學的研究。文中首先討論國家推動經濟發展的政策選擇，包括贏家扶植以及經濟自由化政策。接著討論重分配政策。

本文並未討論政治經濟領域中常討論到的政治商業景氣循環（political business cycle），因為臺灣主要政黨除了在兩岸經濟議題上有明顯的差異，在其他的議題上沒有太明顯的差異，政黨經濟意識形態間沒有差異，就不容出現環繞著貨幣政策的政治商業景氣循環。只可能有政治預算循環，也即政府在選舉前增加公共開支，這部分還有待更完整的研究。另外有兩個議題，包括兩岸關係上的政治經濟問題以及國際政治經濟學，都與其他的政治學次領域重疊，本文並未加以討論。最後在經濟因素對政治因素的影響方面，如經濟因素對於投票行為與首長滿意度的影響，都是本地學者們所關注的焦點，也都獲得相當豐碩的研究成果。限於篇幅，這部分未加以討論。

　　從文中的討論可以知道幾個未來可能的討論方向。首先，臺灣的經驗來說，對於市場傾向的技術官僚，贏家扶植以及經濟自由化政策都是發展工業政策的一環，未來可以進一步探討，這樣的技術官僚態度是否在許多國家都會出現。另外一個議題則是發展經驗的比較，將臺灣的經驗與其他國家進行比較，以及將東亞國家的經驗放在全球的比較視野裡面。此外，則是發展國家角色在新時代的可能性，特別是生態惡化下的政府角色，這是一個完全不同的挑戰，因為經濟發展不同程度都在增加對生態的破壞，如何增加經濟發展，但能逐漸減少對環境的破壞，是前所未有的挑戰。此外，東亞國家之間面臨了程度不等的軍事安全威脅，可以探討這與其他區域國家所面臨的安全威脅，及其對經濟政策的影響有何不同。另外在所得分配與社會安全保障方面，值得進一步討論的議題是社會安全保障制度的比較，特別是不同經濟發展模式的影響，以及政黨體系的角色。

參考書目

于宗先、王金利，2003，《一隻看得見的手：政府在經濟發展過程中的角色》，臺北：聯經。

王作榮，1964，〈尹仲容先生在經濟方面的想法和作法〉，《自由中國之工業》21（1）：1-9。

王作榮，2002，〈李國鼎先生在臺灣經濟發展中的定位〉，李國鼎先生紀念活動推動小組（編），《李國鼎先生紀念文集》，臺北：李國鼎科技發展基金會。

王靖興、孫天龍，2005，〈臺灣民眾民主政治評價影響因素之分析〉，《臺灣民主季刊》2（3）：55-79。

吳親恩，2009，〈經濟議題與民主體制評價 —— 東亞國家的觀察〉，《臺灣民主季刊》6（1）：1-39。

吳親恩，2021，〈社經背景、投票選擇與對民主改革之支持度 —— 民土轉型期立委選舉之觀察〉，《臺灣民主季刊》18（4）：1-42。

吳親恩、練暐妍，2022，〈香港最低工資政策：發展型福利資本主義的轉向？〉，《政治學報》（74）：65-106。

李國鼎，1963，〈臺灣經濟發展的領港人〉，《自由中國之工業》19（2）：8-10。

李國鼎，1993，《臺灣經濟發展背後的政策演變》，南京：東南大學出版社。

李登輝、張炎憲，2008，《李登輝總統訪談錄：財經產業》，臺北：允晨文化。

林文斌，2010，〈超越相互依賴和對抗？韓國政府財閥政策變遷的研究〉，《問題與研究》49（5）：65-105。

林佳龍，2000，〈臺灣民主化與政黨體系的變遷：菁英與群眾的選舉連結〉，《台灣政治學刊》（4）：3-55。

林奕孜，2021，〈臺灣所得分配與民主制度的評價：是異例嗎？〉，《臺灣民主季刊》18（4）：43-74。

林瓊珠、蔡佳泓，2010，〈政黨信任、機構信任與民主滿意度〉，《政治與社會哲學評論》（35）：147-94。

洪紹洋，2020，〈產業政策與企業經營：1950-1970 年代臺灣汽車工業的發展〉，《臺灣史研究》27（4）：137-176。

茅家琦，1998，《李國鼎與臺灣財經》，福州：福建人民出版社。

孫震，2003，《臺灣經濟自由化的歷程》，臺北：三民書局。

康綠島，1993，《李國鼎口述歷史：話說臺灣經驗》，臺北：卓越文化。

張文揚、詹捷翔、平思寧，2019，〈民主、自然資源與經濟發展：一個混合研究法途徑的分析〉，《政治學報》（67）：1-50。

張傳賢，2014，〈利己或利他：民眾於 2012 年總統選舉中重分配議題的立場〉，《選舉研究》21（2）：43-80。

許增如，2019，〈邁向半導體產業王國之路 —— 以臺灣積體電路產業發展歷程（1974-2018 年）為例〉，臺北：國立臺灣大學博士論文。

郭岱君，2014，〈嚴家淦與尹仲容：臺灣經濟改革的關鍵人物〉，吳淑鳳、陳中禹（編），《轉型關鍵：嚴家淦先生與臺灣經濟發展》，臺北：國史館，頁 101-156。

郭岱君，2015，《臺灣經濟轉型的故事：從計畫經濟到市場經濟》，臺北：聯經。

陳怡如，2018，〈影響臺灣民眾支持社會福利的因素：明確二分集合的分析〉，《臺灣民主季刊》15（2）：101-145。

陳芙萱，2020，〈臺灣民主化與發展型國家的轉型：以科學工業園區政治經濟的變遷為例（1980-2017）〉，臺北：國立臺灣大學博士論文。

陳添枝，2022，《越過中度所得陷阱的臺灣經濟 1990 ～ 2020》，臺北：天下文化。

游清鑫，2002，〈21 世紀臺灣選民的政黨認同：政黨形象的探索〉，《中國地方自治》55（8）：19-35。

黃德福、謝俊義、劉嘉薇，2010，《臺灣民眾政治信任與政策偏好之研究》，臺北：行政院研究發展考核委員會。

葉萬安，2013，〈葉萬安訪談錄〉，陳立文（編），《嚴家淦總統行誼訪談錄》，臺北：國史館，頁 318-369。

葉萬安，2020，《臺灣經濟再奮發之路：擷取過去七十年發展經驗》，臺北：天下文化。

劉玉珍，1995，《鐵頭風雲 —— 趙耀東傳奇》，臺北：聯經。

蔡昌言，2011，〈民主鞏固因素之影響性分析 —— 臺灣與其他東亞民主國家的比較〉，《問題與研究》50（4）：1-29。

蔣碩傑、吳榮義著，吳惠林譯，1984，《亞洲四條龍的經濟起飛：經濟專論 49》，臺北：中華經濟研究院。

蕭峰雄，1994，《我國產業政策與產業發展》，臺北：遠東經濟研究顧問社。

瞿宛文，2017，《臺灣戰後經濟發展的源起：後進發展的為何與如何》，臺北：聯經。

蘇聖雄，2014，〈蔣中正與遷臺初期之立法院：以電力加價案為核心的討論〉，黃克武（編），《同舟共濟：蔣中正與一九五〇年代的臺灣》，臺北：國立中正紀念堂管理處，頁 129-205。

Acemoglu, Daron, and James A. Robinson. 2005. *Economic Origins of Dictatorship and Democracy.* Cambridge, UK: Cambridge University Press.

Aiginger, Karl, and Dani Rodrik. 2020. "Rebirth of Industrial Policy and an Agenda for the Twenty-First Century." *Journal of Industry, Competition and Trade* 20 (2): 189-207.

Alesina, Alberto, Silvia Ardagna, and Francesco Trebbi. 2006. "Who Adjusts and When? The Political Economy of Reforms." *IMF Staff Papers* 53: 1-29.

Amsden, Alice H. 1992. *Asia's Next Giant: South Korea and Late Industrialization.* Oxford, UK: Oxford University Press.

Andreoni, Antonio. 2016. "Varieties of Industrial Policy: Models, Packages, and Transformation Cycles." In *Efficiency, Finance, and Varieties of Industrial Policy*, eds. Akbar Noman and Joseph E. Stiglitz. Columbia, NY: Columbia University Press.

Andreoni, Antonio, and Ha-Joon Chang. 2019. "The Political Economy of Industrial Policy: Structural Interdependencies, Policy Alignment and Conflict Management." *Structural Change and Economic Dynamics* 48: 136-150.

Armendáriz, Beatriz, and Felipe Larraín. 2017. *The Economics of Contemporary Latin America.* Cambridge, MA: MIT Press.

Aspalter, Christian. 2006. "The East Asian Welfare Model." *International Journal of Social Welfare* 15 (4): 290-301.

Aspalter, Christian. 2017. "Ten Worlds of Welfare Capitalism: An Ideal-typical Perspective." In *Routledge Handbook of the Welfare State*, ed. Bent Greve. London, UK: Routledge.

Baer, Werner. 1972. "Import Substitution and Industrialization in Latin America: Experiences and Interpretations." *Latin American Research Review* 7 (1): 95-122.

Bizzarro, F., J. Gerring, C. Knutsen, A. Hicken, M. Bernhard, S. Skaaning, and S. Lindberg. 2018. "Party Strength and Economic Growth." *World Politics* 70 (2): 275-320.

Buchanan, Paul G., and Kate Nicholls. 2003. "Labour Politics and Democratic Transition in South Korea and Taiwan." *Government and Opposition* 38 (2): 203-237.

Cammett, Melani. 2007. "Business-Government Relations and Industrial Change: The Politics of Upgrading in Morocco and Tunisia." *World Development* 35 (11): 1889-1903.

Chang, E. C. C., and W. C. Wu. 2016. "Preferential Trade Agreements, Income Inequality, and Authoritarian Survival." *Political Research Quarterly* 69 (2): 281-294.

Chang, Ha-Joon, and Kiryl Zach. 2019. "Industrialization and Development." In *Asian Transformations: An Inquiry into the Development of Nations*, ed. Deepak Nayyar. Oxford, UK: Oxford University Press, pp. 186-215.

Chang, Ha-Joon. 1998. "Korea: The Misunderstood Crisis." *World Development* 26 (8): 1555-1561.

Chang, Ha-Joon. 2008. *Bad Samaritans: The Myth of Free Trade and the Secret History of Capitalism.* New York, NY: Bloomsbury Press.

Charron, Nicholas, and Victor Lapuente. 2011. "Which Dictators Produce Quality of Government?" *Studies in Comparative International Development* 46 (4): 397-423.

Chen, Tain-Jy. 2014. *Taiwan's Industrial Policy Since 1990.* Department of Economics, National Taiwan University. https://www.econ.sinica.edu.tw/uploads/ckeditor/attachments/311/Taiwans_Industrial_Policy_since_1990_%E9%99%B3%E6%B7%BB%E6%9E%9D_.pdf.

Cheng, B. S. 1993. "Paternalistic Authority Value and Leadership Behavior." *NSC Project Research Report.*

Cheng, Tun-Jen, Stephan Haggard, and David Kang. 1998. "Institutions and Growth in Korea and Taiwan: The Bureaucracy." *Journal of Development Studies* 34 (6): 87-111.

Cherif, Reda, Fuad Hasanov, and Alfred Kammer. 2016. "Lessons for Today and the Way Forward." In *Breaking the Oil Spell: The Gulf Falcons' Path to Diversification*, eds. R. Cherif, F. Hasanov, and M. Zhu. Washington, DC: International Monetary Fund Press, pp. 167-170.

Chi, Do Quynh, Nguyen Huyen Le, and Hoang Xuan Diem. 2020. *From Industrial Policy to Economic and Social Upgrading in Vietnam*. Singapore: Friedrich-Ebert-Stiftung.

Choi, Jaedo, and Andrei Levchenko. 2021. "The Long-Term Effects of Industrial Policy." NBER Working Paper, no. 29263. Cambridge, MA: The National Bureau of Economic Research. https://doi.org/10.3386/w29263.

Chu, Yin-Wah. 2016. "The Asian Developmental State: Ideas and Debates." In *The Asian Developmental State: Reexaminations and New Departures*, ed. Yin-Wah Chu. New York, NY: Palgrave Macmillan, pp. 1-25.

Chu, Yun-han. 2002. "Re-engineering the Developmental State in an Age of Globalization: Taiwan in Defiance of Neo-liberalism." *China Review* 2 (1): 29-59.

Chu, Yun-han, and Chie-en Wu. 2021. "Equality of Opportunity and Satisfaction with the Political System: The Mediating Role of Regime Type." In *Inequality and Democratic Politics in East Asia*, eds. Chong-Min Park and Eric M. Uslaner. London, UK: Routledge, pp. 96-115.

Doner, Richard F. 2009. *The Politics of Uneven Development: Thailand's Economic Growth in Comparative Perspective*. Cambridge, UK: Cambridge University Press.

Dorsch, Michael T., and Paul Maarek. 2019. "Democratization and the Conditional Dynamics of Income Distribution." *American Political Science Review* 113 (2): 385-404.

Doucouliagos, Hristos, and Mehmet Ali Ulubaşoğlu. 2008. "Democracy and Economic Growth: A Meta-Analysis." *American Journal of Political Science* 52 (1): 61-83.

Evans, Peter, and Patrick Heller. 2019. "The State and Development." In *Asian Transformations: An Inquiry into the Development of Nations*, ed. Deepak Nayyar. Oxford, UK: Oxford University Press, pp. 109-135.

Evans, Peter. 1995. *Embedded Autonomy: State and Industrial Transformation*. Princeton, NJ: Princeton University Press.

Fleckenstein, Timo, and Soohyun Christine Lee. 2017. "Democratization, Post-industrialization, and East Asian Welfare Capitalism: The Politics of Welfare State Reform in Japan, South Korea, and Taiwan." *Journal of International and Comparative Social Policy* 33 (1): 36-54.

Fukuyama, Francis. 2013. "What is Governance?" *Governance* 26 (3): 347-368.

Fuller, Douglas B. 2016. *Paper Tigers, Hidden Dragons*. Oxford, UK: Oxford University Press.

Fuller, Douglas B. 2018. "Industrial Policy under President Ma." In *Assessing the Presidency of Ma Ying-jiu in Taiwan*, eds. André Beckershoff and Gunter Schubert. London, UK: Routledge, pp. 208-223.

Gough, I. 2004. "East Asia: The Limit of Productivist Regimes." In *Insecurity and Welfare Regimes in Asia, Africa, and Latin America: Social Policy in Developmental Contexts*, eds. I. Gough, G. Wood, A. Barrientos, P. Bevan, P. Davis, and G. Room. Cambridge, UK: Cambridge University Press, pp. 169-201.

Haggard, Stephan. 1990. *Pathways from the Periphery: The Politics of Growth in the Newly Industrializing Countries*. Ithaca, NY: Cornell University Press.

Haggard, Stephan. 2015. "The Developmental State Is Dead: Long Live the Developmental State." In *Advances in Comparative Historical Analysis*, eds. James Mahoney and Kathy Thelen. New York, NY: Cambridge University Press, pp. 39-66.

Haggard, Stephan. 2018. *Developmental States*. Cambridge, UK: Cambridge University Press.

Hankla, C. R. 2006. "Party Strength and International Trade: A Cross-National Analysis." *Comparative Political Studies* 39 (9): 1133-1156.

Harrison, Ann, and Andrés Rodríguez-Clare. 2010. "Trade, Foreign Investment, and Industrial Policy for Developing Countries." In *Handbook of Development Economics*, eds. Dani Rodrik and Mark Rosenzweig. London, UK: Elsevier, pp. 4039-4214.

Hatta, Tatsuo. 2017. "Competition Policy vs. Industrial Policy as a Growth Strategy." *China Economic Journal* 10 (2): 162-174.

He, Alex. 2021. "China's Techno-Industrial Development: A Case Study of the Semiconductor Industry." *Centre for International Governance Innovation Paper*, no. 252. Canada: Centre for International Governance Innovation.

Hill, Hal. 2013. "The Political Economy of Policy Reform: Insights from Southeast Asia." *Asian Development Review* 30 (1): 108-130.

Holliday, Ian. 2000. "Productivist Welfare Capitalism: Social Policy in East Asia." *Political Studies* 48 (4): 706-723.

Houle, Christian. 2009. "Inequality and Democracy: Why Inequality Harms Consolidation but Does Not Affect Democratization." *World Politics* 61 (4): 589-622.

Hsieh, John Fun-sheng. 2005. "Ethnicity, National Identity, and Domestic Politics in Taiwan." *Journal of Asian and African Studies* 40: 13-28.

Hsieh, Michelle F. 2016. "Embedding the Economy: The State and Export-Led Development in Taiwan." In *The Asian Developmental State: Reexaminations and New Departures*, ed. Yin-Wah Chu. New York, NY: Palgrave Macmillan, pp. 73-95.

Huang, Chien-Chung, and Yeun-Wen Ku. 2011. "Effectiveness of Social Welfare Programmes in East Asia: A Case Study of Taiwan." *Social Policy Administration* 45 (7): 733-751.

Huang, Yasheng. 2008. *Capitalism with Chinese Characteristics: Entrepreneurship and the State*. Cambridge, UK: Cambridge University Press.

Hwang, G. J. 2011. *New Global Challenges and Welfare State Restructuring in East Asia*. Cheltenham, UK: Edward Elgar.

Irwin, Douglas A. 2021. "How Economic Ideas Led to Taiwan's Shift to Export Promotion in the 1950s." *NBER Working Paper*, no. 29298. Cambridge, MA: The National Bureau of Economic Research. https://doi.org/10.3386/w29298.

Kanapathy, Vijayakumari, Herizal Hazri, Pasuk Phongpaichit, and Pornthep Benyaapikul. 2014. *Middle-Income Trap: Economic Myth, Political Reality*. San Francisco, CA: The Asia Foundation. https://asiafoundation.org/2014/01/13/asia-foundation-launches-middle-income-trap-economic-myth-politicalreality-case-studies-from-malaysia-and-thailand/.

Kasahara, Shigehisa. 2013. "The Asian Developmental State and the Flying Geese Paradigm." *UNCTAD Discussion Paper*, no. 213. Switzerland: United Nations Conference on Trade and Development.

Katz, Jorge, and B. Kosacoff. 2000. "Import-Substituting Industrialization in Argentina, 1940-80: Its Achievements and Shortcomings." In *An Economic History of Twentieth-Century Latin America, St Antony's Series*, eds. Enrique Cárdenas, José Antonio Ocampo, and Rosemary Thorp. London, UK: Palgrave Macmillan, pp. 282-313.

Kay, Cristóbal. 2002. "Why East Asia overtook Latin America: Agrarian Reform, Industrialisation and Development." *Third World Quarterly* 23 (6): 1073-1102.

KBS World，2020，《2020 韓國產業結構調整》，經濟焦點，2 月 24 日：http://world.kbs.co.kr/service/contents_view.htm?lang=c&board_seq=380240。

Kim Kihwan, and Danny M. Leipziger. 1997. "Korea: A Case of Government-Led Development." In *Lessons from East Asia*, ed. Danny M. Leipziger. Ann Arbor, MI: University of Michigan Press, pp. 155-212.

Kim, Hansung, Sooyeon Huh, Sangmi Choi, and Yushin Lee. 2018. "Perceptions of Inequality and Attitudes Towards Redistribution in Four East Asian Welfare States." *International Journal of Social Welfare* 27 (1): 28-39.

Kim, Minho, Munseob Lee, and Yongseok Shin. 2021. "The Plant-Level View of an Industrial Policy: The Korean Heavy Industry Drive of 1973." *NBER Working Paper*, no. 29252. Cambridge, MA: The National Bureau of Economic Research. https://doi.org/10.3386/w29252.

Krieckhaus, Jonathan, Byunghwan Son, Nisha Mukherjee Bellinger, and Jason M. Wells. 2014. "Economic Inequality and Democratic Support." *The Journal of Politics* 76 (1): 139-151.

Krueger, Anne O. 1995. "East Asian Experience and Endogenous Growth Theory." In *Growth Theories in Light of the East Asian Experience*, eds. Takatoshi Ito and Anne O. Krueger. Cambridge, MA: National Bureau of Economic Research, pp. 9-36.

Lane, Nathaniel. 2020. "The New Empirics of Industrial Policy." *Journal of Industry, Competition and Trade* 20: 209-234.

Lane, Nathaniel. 2022. "Manufacturing Revolutions: Industrial Policy and Industrialization in South Korea." http://dx.doi.org/10.2139/ssrn.3890311.

Lardy, Nicholas R. 2014. *Markets over Mao: The Rise of Private Business in China*. New York, NY: Columbia University Press.

Lauridsen, Laurids. 2008. *State, Institutions and Industrial Development: Industrial Deepening and Upgrading Policies in Taiwan and Thailand Compared*, Vol. 2. Aachen, Germany: Shaker Verlag.

Lawrence, R. Z., and D. E. Weinstein. 2001. "Trade and Growth: Import Led or Export Led? Evidence from Japan and Korea." In *Rethinking the East Asian Miracle*, eds. J. E. Stiglitz and S. Yusuf. Washington, DC: World Bank and Oxford University Press, pp. 379-408.

Lee, Yoonkyung. 2009. "Divergent Outcomes of Labour Reform Politics in Democratized Korea and Taiwan." *Studies in Comparative International Development* 44 (1): 47-70.

Lee, Yoonkyung. 2011. *Militants or Partisans: Labour Unions and Democratic Politics in Korea and Taiwan*. Redwood, CA: Stanford University Press.

Lee, Yoonkyung. 2015. "Labour after Neoliberalism: The Birth of the Insecure Class in South Korea." *Globalizations* 12 (2): 184-202.

Lehmann, Sibylle H., and Kevin H. O'Rourke. 2011. "The Structure of Protection and Growth in the Late Nineteenth Century." *The Review of Economics and Statistics* 93 (2): 606-616.

Lin, Justin, and Ha-Joon Chang. 2009. "Should Industrial Policy in Developing Countries Conform to Comparative Advantage or Defy It? A Debate Between Justin Lin and Ha-Joon Chang." *Development Policy Review* 27 (5): 483-502.

Mahon, James. 1992. "Was Latin America Too Rich to Prosper? Structural and Political Obstacles to Export-led Industrial Growth." *Journal of Development Studies* 28 (2): 241-263.

Manger, Mark S., and Kenneth C. Shadlen. 2015. "Trade and Development." In *The Oxford Handbook of the Political Economy of International Trade*, ed. Lisa L. Martin. Oxford, UK: Oxford University Press, pp. 475-492.

Manow, Philip. 2021. "Models of the Welfare State." In *The Oxford Handbook of the Welfare State*, eds. Francis G. Castles, Stephan Leibfried, Jane Lewis, Herbert Obinger, and Christopher Pierson. Oxford, UK: Oxford University Press, pp. 787-802.

Meade, James. 1949. *Planning and the Price Mechanism: The Liberal-Socialist Solution*. New York, NY: Macmillan.

Mkandawire, Thandika, and Ilcheong Yi. 2014. "Overview: Learning from Developmental Success." In *Learning from the South Korean Developmental Success*, eds. Ilcheong Yi and Thandika Mkandawire. London, UK: Palgrave Macmillan, pp. 1-7.

Montes, Manuel. 2019. "Southeast Asia." In *Asian Transformations: An Inquiry into the Development of Nations*, ed. Deepak Nayyar. Oxford, UK: Oxford University Press, pp. 504-530.

Munger, Michael. 2022. "A 'Good' Industrial Policy is Impossible: With an Application to AB5 and Contractors." *Journal of Law, Economics, and Policy* 17 (3): 517-547.

Nishijima, Shoji. 2012. "Japanese Industrial Policy." http://repositorio.ipea.gov.br/bitstream/11058/ 6422/1/PWR_v4_n3_Japanese.pdf.

Okimoto, Daniel. 1989. *Between MITI and the Market: Japanese Industrial Policy for High Technology*. Stanford, CA: Stanford University Press.

Pack H, Saggi K. 2006. "Is There a Case for Industrial Policy? A Critical Survey." *The World Bank Research Observer* 21 (2): 267-297.

Palma, J. G. 2019. *The Chilean Economy Since the Return to Democracy in 1990: How to Get an Emerging Economy Growing, and Then Sink Slowly into the Quicksand of a "Middle-Income Trap"*. Cambridge, UK: Faculty of Economics, University of Cambridge.

Park, Chong-Min, and Eric M. Uslaner. 2021. *Inequality and Democratic Politics in East Asia*. London, UK: Routledge.

Park, Yongjin. 2018. *Modern Korean Economy: 1948-2008*. Trans. Seongbak (Jamie) Jin. Korea: Academy of Korean Studies.

Peng, Ito, and Joseph Wong. 2010. "East Asia." In *The Oxford Handbook of the Welfare State*, eds. Francis G. Castles, Stephan Leibfried, Jane Lewis, Herbert Obinger, and Christopher Pierson. Oxford, UK: Oxford University Press, pp. 656-670.

Petri, Peter. 1997. "Common Foundations of East Asian Success." In *Lessons from East Asia*, ed. Danny M. Leipziger. Ann Arbor, MI: University of Michigan Press.

Phongpaichit, Pasuk, and Chris Baker. 1999. *Thailand's Crisis*. Chiang Mai, Thailand: Silkworm Books.

Rahim, Lily Zubaidah, and Lam Keong Yeoh. 2019. "Social Policy Reform and Rigidity in Singapore's Authoritarian Developmental State." In *The Limits of Authoritarian Governance in Singapore's Developmental State*, eds. L. Z. Rahim and M. D. Barr. Singapore: Palgrave Macmillan, pp. 95-130.

Rasmussen, M., and C. Knutsen. 2021. "Party Institutionalization and Welfare State Development." *British Journal of Political Science* 51 (3): 1203-1229.

Reuveny, Rafael, and Quan Li. 2003. "Economic Openness, Democracy, and Income Inequality: An Empirical Analysis." *Comparative Political Studies* 36 (5): 575-601.

Robinson, James A. 2009. "Industrial Policy and Development: A Political Economy Perspective." Paper presented at *Annual World Bank Conference on Development Economics (ABCDE) 2010*, June 22-24, Seoul, Korea: World Bank.

Rodrik, Dani. 1995. "Getting Interventions Right: How South Korea and Taiwan Grew Rich." *Economic Policy* 10 (1): 55-107.

Rodrik, Dani, and Ricardo Hausmann. 2006. *Doomed to Choose: Industrial Policy as Predicament*. Cambridge, UK: Harvard University Press.

Rudra, N. 2007. "Welfare State in Developing Countries: Unique or Universal?" *Journal of Politics* 69 (2): 378-396.

Rueschemeyer, Dietrich, Evelyne Huber Stephens, Evelyne Huber, and John D. Stephens. *Capitalist Development and Democracy*. Chicago, IL: University of Chicago Press.

Sah, Raaj. 1991. "Fallibility in Human Organizations and Political Systems." *Journal of Economic Perspectives* 5 (2): 67-88.

Silva, E. 2007. "The Import-Substitution Model: Chile in Comparative Perspective." *Latin American Perspectives* 34 (3): 67-90.

Son, Byunghwan. 2016. "Are the Poor the Weak Link? Democratic Support and Income Levels in Postcrisis South Korea." *Journal of East Asian Studies* 16 (2): 219-237.

Suh, Chung-Sok, and Seung-Ho Kwon. 2014. "Whither the Developmental State in South Korea? Balancing Welfare and Neoliberalism." *Asian Studies Review* 38 (4): 676-692.

Terzi, Alessio, Aneil Singh, and Monika Sherwood. 2022. "Industrial Policy for the 21st Century: Lessons from the Past." *European Economy Discussion Paper* 157. https://doi.org/10.2765/538421.

Thurbon, Elizabeth. 2016. *Developmental Mindset: The Revival of Financial Activism in South Korea*. Ithaca, NY: Cornell University Press.

Timmons, Jeffery F. 2010. "Does Democracy Reduce Economic Inequality?" *British Journal of Political Science* 40 (4): 741-757.

Wade, Robert. 2004. *Governing the Market: Economic Theory and the Role of Government in East Asian Industrialization*. Princeton, NJ: Princeton University Press.

Wade, Robert. 2014. "The Paradox of US Industrial Policy: The Developmental State in Disguise." In *Transforming Economies: Making Industrial Policy Work for Growth, Jobs and Development*, eds. José M. Salazar-Xirinachs, Irmgard Nübler, and Richard Kozul-Wright. Geneva: International Labour Organization.

Wade, Robert. 2018. "The Developmental State: Dead or Alive." *Development and Change* 49 (2): 518-546.

Weiss, Linda. 2003. *States in the Global Economy: Bringing Domestic Institutions Back In*. Cambridge, UK: Cambridge University Press.

Wong, Joseph. 2004. "The Adaptive Developmental State in East Asia." *Journal of East Asian Studies* 4 (3): 345-362.

Wong, Joseph. 2005. "Re-Making the Developmental State in Taiwan: The Challenges of Biotechnology." *International Political Science Review* 26 (2): 169-191.

Wong, Mathew Y. H. 2014. "The Politics of the Minimum Wage in Hong Kong." *Journal of Contemporary Asia* 44 (4): 735-752.

World Bank. 1993. *The East Asian Miracle: Economic Growth and Public Policy*. New York, NY: Oxford University Press.

World Bank. 2016. "Making Politics Work for Development." *Policy Research Report, Development Research Group*. Washington, DC: World Bank.

Wu, Chin-en. 2012. "When is Democracy Better for Economic Performance and When is it Not: The Interaction between Polity and Structural Factors." *Studies in Comparative International Development* 47 (4): 365-388.

Wu, Chin-en, Sook Jong Lee, and Kaustuv Kanti Bandyopadhyay. 2021. "Conclusion: Sources and Features of Asian Democracies." In *Populism in Asian Democracies*, eds. Sook Jong Lee, Chin-en Wu, and Kaustuv Kanti Bandyopadhyay. Leiden, Nederland: Brill, pp. 211-226.

Wu, Wen-Chin, and Yu-Tzung Chang. 2019. "Income Inequality, Distributive Unfairness, and Support for Democracy: Evidence from East Asia and Latin America." *Democratization* 26 (8): 1475-1492.

Yeh, Chung-Yang, and Yeun-Wen Ku. 2020. "Welfare Attitude and Economic Developmentalism in New Democratic Developmental Welfare State: An Examination of the Taiwanese Case." *Journal of Asian Public Policy* 14 (1): 13-29.

Yülek, Murat A, Kwon Hyung Lee, Jungsuk Kim, and Donghyun Park. 2020. "Correction to: State Capacity and the Role of Industrial Policy in Automobile Industry: A Comparative Analysis of Turkey and South Korea." *Journal of Industry, Competition and Trade* 20 (2): 307-331.

第十八章

臺灣司法政治研究的評析和芻議[*]

吳重禮

He hears the authority of a judge invoked in the political occurrences of every day, and he naturally concludes that, in the United States, the judges are important political functionaries... Scarcely any political question arises in the United States which is not resolved, sooner or later, into a judicial question.
—Alexis de Tocqueville [1835] 1984: 72, 125

壹、前言

本文旨在探討臺灣司法政治研究的現況和展望。更確切地說，本文包含以下幾個節次。在第二節中，作者嘗試說明，相對於政治學其他次領域，司法政治之所以成為頗具開拓價值的學術議題，主要在於司法體系被賦予發揮監督和制衡立法部門、行政機構的權力。[1]更確切地說，司法體系的本質是一個「對抗多數的機構」（countermajoritarian institution），它直接向憲法負責，為了維護人民的基本權利，和其他政府機構產生抗衡作用。在第三節中，本文透過「臺灣社會科學引文索引核心期刊」（Taiwan Social

* 作者感謝王騰緯、陳羿宏、潘薇茹在資料蒐集方面的戮力協助，以及中央研究院深耕計畫「新興民主國家的政治與正義：臺灣司法判決的實證研究」的補助（計畫編號：AS-IA-111-H01）。本文初稿發表於 2022 年 8 月 4 日至 5 日中央研究院政治學研究所廿週年所慶暨「政治學的現況與展望」學術研討會，國立政治大學選舉研究中心游清鑫研究員和國立東華大學公共行政學系魯炳炎教授，以及審查人對於論文初稿提出寶貴評論與建議，作者受益良多，在此表示誠摯的謝意。當然，作者自負文責。

1 「司法」一詞，在觀念上係相對於立法、行政而言；在我國五權憲政體制中，尚包括監察與考試。「司法」指涉是國家基於法律對訴訟的具體事實，所為之宣示（亦即裁判），以及與此宣示關聯的作為。其有狹義與廣義之分；狹義之司法，僅指司法審判而言，亦即各級法院所為民事、刑事、行政訴訟之審判、公務員之懲戒，以及憲法解釋與法令統一解釋等，均包含在內；廣義之司法，則除指狹義所列之司法事項外，有關司法行政事務之職權（如檢察系統），亦屬司法之範疇。關於司法的意涵，本文係採取廣義之界定。

Sciences Citation Index, TSSCI）和「社會科學引文索引核心期刊」（Social Sciences Citation Index, SSCI），搜尋 1997 年至 2021 年出版臺灣司法政治的實證研究，呈現期刊論文發表的逐年趨勢，勾勒出我國司法政治研究的粗略樣貌。

在第四節中，為了獲致「既見林亦見樹」的效果，作者回顧 1987 年解除戒嚴之後，1980 年代末期起臺灣歷經政治民主化過程，當時若干著作討論司法政治和司法改革的觀點。由於篇幅和能力所限，作者僅能將這些 30 年前的觀點片段呈現，並且和前述 1997 年至 2021 年出版期刊論文的學術觀點進行比較。藉此評析，本文提出兩點淺薄議論。第一，部分臺灣司法政治實證研究呈現「時空凍結」的現象，亦即民主化時期的學術著作和民主轉型之後的期刊論文，幾乎僅停留在檢討國民黨威權統治時期的司法體制，以及當時的司法體系如何受到政治因素的影響，較少觸及民主轉型甚至是當前臺灣政治運作中的司法爭議。第二，若干臺灣司法政治研究出現「選擇論述」的現象。少數學術作品檢視臺灣民主轉型和當代政治體系的司法課題，這些著作提及法律專業人士的投入、學界支持及法官的角色，似乎只要是綠營人士，或者反國民黨人士，幾乎多是維護社會正義、勇於改革的進步人物；就算對於民進黨執政時期的人事任命和司法判決，以及對於綠營法界人士提出批判，這些論文的用字遣詞是較為幽微的。反之，只要是藍營法界人士，或者是國民黨執政之下的政府官員，在文中多數被描繪成因循苟且、維護資本家利益、阻礙司法革新的守舊角色；即使在國民黨執政時期，對於各級法院人事安排和判決不再進行干預，或者法院做出不利於藍營人士的判決，這些論文提出的肯定用詞也是頗為隱晦的。

在結論與建議中，本文檢視過去數十年來臺灣司法政治研究的發展趨勢，提出兩點芻議。第一，學術研究應該謹守「價值中立」原則；研究者當然可以有自身的政治立場，但是似乎不宜因為個人立場而影響論述的精確程度，或者僅挑選契合自己立場的案例進行分析。第二，回歸學術研究的初衷；司法體系之所以在政治運作中扮演重要角色，是因為憲法賦予的監督和制衡立法部門、行政機構的功能，牽制多數統治可能產生的弊端。從事比較威權主義的研究，當然是值得投注精力的學術領域；然而，同等重要的是，猶如 1980 年代末期關切臺灣民主化和司法改革的學者，學術工作者應該立於監督政府的基礎，積極關切當代臺灣政治運作中的司法爭議，從不同學術視角切入，著重多元司法研究議題，發展學術研究的理論層次，適用在不同國家、不同時空條件的司法政治研究。

貳、司法體系的監督制衡特徵

在政治運作中，司法體系往往扮演著舉足輕重的角色。就司法體系所履行的功能而言，無論是在英美法系或者是大陸法系的國家，有三項理由足以說明。[2] 首先，就政府結構而言，司法與行政、立法部門之間的分權制衡關係，構成民主政治運作的基礎。[3] 其次，在採行不同法系的國家（譬如美國、德國、奧地利、比利時、荷蘭、加拿大、印度、菲律賓、日本、法國、我國等），法院（或憲法法院、憲法委員會、大法官會議等）擁有「司法審查權」（the judicial review），亦即法院審判訴訟案件時，同時審查訴訟案件所適用的法律或命令是否與憲法或法律精神相符，倘若與憲法或法律牴觸，法院得根據憲法或法律，拒絕適用該項法令。在這些採行「聯邦體制」（federal system）或是「單一體制」（unitary system）的國家中，法令一經法院宣告「違憲」（unconstitutional），等同於廢止聯邦國會、地方（或邦）議會，或者各級行政機關所制定的法令。無疑地，司法審查制度的確立，促使司法體系得以進入若干「政治問題」（political question）的核心，對於若干政治紛爭的解決，具有深遠影響。[5] 再者，法院對於某些特定案件，經

---

[2]　由於法系不同，歐美法院有一元系統與二元系統之別。在英美法系下，行政裁判權與民事、刑事裁判權合而歸於普通法院行使，屬於一元系統。在大陸法系下，行政裁判權則另歸於行政法院行使，係為二元系統。至於我國司法體制，繼承大陸法系的原則，將行政裁判權歸屬於獨立的行政法院，而將民事、刑事訴訟歸屬於三級三審的普通法院。

[3]　誠如 James Madison 在《聯邦論》（*The Federalist Papers*）第 10、47、48、51 與 62 篇中一再地指出，政府組織之建構必須避免政府濫權的情形發生、杜絕壓制人民權利的傾向，因此將政府權力賦予立法、行政、司法三個機構，此即所謂「分權」（separation of powers），並使每一部門對另外兩部門產生若干牽制，且不同部門之間保持平衡關係，此即所謂「制衡」（checks and balances）。

[4]　值得說明的是，在美國聯邦體制之下，司法審查制度並不以聯邦法院為限，各州法院亦包括在內。申言之，聯邦各級法院得宣告與聯邦憲法相悖的各州法律或聯邦法律違憲，否認其效力並且拒絕適用。相同地，各州各級法院得依據聯邦憲法宣告違反聯邦憲法之聯邦法律無效，並得依據聯邦憲法或州憲法，宣告違反該憲法義理之州法律無效。至於最終裁決法律是否與聯邦憲法衝突者，則為聯邦最高法院的權責。

[5]　必須強調的是，法院審理的案件是否屬於「政治問題」，以及哪些屬於「可審理的」（justiciable）訴訟案件，向來是法學界爭論的議題。「嚴格解釋主義」（strict constructionism 或稱為 judicial self-restraint）認為法院應該遵循憲法與法律的原意，規避政治問題的審理與判決，避免司法涉入現實政治的紛爭。然而，「司法積極學派」（judicial activism）卻提出更為學界所普遍認同的觀點，亦即案件屬於政治問題與否的裁量權，屬於法院本身；其強調，法院對於政治問題的認定應隨著社會環境的轉變有所不同，而從事法律解釋則是司法功能的核心（劉宏恩，1995；Baum, 1998: 199-207）。

常必須解釋法律和創制判例，該項行為形同是一種「司法立法」（judicial legislation）。由前述三個面向可知，司法確實在政治過程中居於關鍵地位。

儘管司法在政治體制中所扮演的角色如此重要，但是政治學界對於這方面的研究卻顯然不如其他領域。以政治觀點分析司法行為的實證研究，大多侷限於西方國家的司法制度及其運作，尤以歐美學者在此領域之研究最具代表性；相關說明，容後再述。在多元司法政治課題中，司法審查權和法院所扮演的角色，和立法、行政之間的關係，尤其在「多數統治」和「少數權益」之間如何維持平衡，是一項核心的憲政課題（Fox and Stephenson, 2011: 397）。之所以產生爭議，這是因為司法體系的角色具備雙重特徵與功能，它是法律和政治的混合體。法院不僅是一個應用法律、解決紛爭的司法機構，同時是一個政治機構，屬於政治運作的一項環節，與政治、社會、經濟等各個層面維繫著緊密互動，亦彼此影響（吳重禮、陳慧玟，2000：5）。

詳言之，如何界定司法和立法、行政的關係，在社會存在「多數統治」和「少數權益」之爭時，究竟如何取得妥協？對於這項爭論，Robert A. Dahl（1957: 281-283）歸納出兩種不同且相互牴觸的論點：「權利或正義標準」〔criterion of Right or Justice；亦稱為「傳統觀點」（traditional view）〕與「多數標準」〔majority criterion；亦可謂為「現實觀點」（realistic view）〕。

權利或正義標準的論述精髓在於，司法體系本身就是一個「對抗多數的機構」。就民主政治的本質來說，司法體系和立法機構、行政部門迥然有異。在代表意涵和政策擬訂方面，民意代表和行政首長皆由人民選舉產生，立法機關和行政部門制定法律、頒布命令來自於人民的授權，這些作為積極回應民意，因此立法、行政部門的決策象徵著多數治理的理念和意志。反觀，聯邦司法體系成員不是經由選舉產生，沒有透過直接民意的授權，最高法院九位終身職的大法官，由總統提名，經由參議院同意任命之，最高法院擁有司法審查權，可以宣告議會所制定的法律或者行政機關所頒布的命令無效。這意味著，這些不具民意基礎的最高法院，可以否決多數民意授權的立法和行政部門，形同和「多數統治」進行對抗。之所以如此，司法體系的制度設計在於權力分立和監督制衡，防止立法部門和行政機構的過度濫權，成為議會多數和行政首長權力的節制閥（吳重禮，2008：24）。簡言之，最高法院代表社會正義的最後一道防線，基於保障少數與個人權益的立場，防堵甚至對抗多數統治可能造成的暴虐行為。

針對司法體系發揮保障少數權益的功能，以防堵可能發生多數暴虐的情形，Gary Wasserman（1997: 197）的闡述著實鞭辟入裡：「司法行為的公正性從來就不是建立在它本身的民眾支持之上。……它直接向憲法負責，為了維護人民的權益，反抗政府的作為。司法旨在對抗多數，而保障人民的權利。」簡單地說，此派學者主張，司法體系有其自身的制度合法基礎，必須獨立超然於政治權力之外，因此不僅不需要獲得社會支持，必要時甚至和其他政府體制產生抗衡作用，牽制多數統治可能產生的弊端（Benesh, 2006; Casper, 1976; Hall, 2016; Hall and Ura, 2015; Fox and Stephenson, 2011）。

　　相對於權利或正義標準的觀點，多數標準則抱持截然不同的看法；其以為，司法部門是整個社會體系中的一環，必須配合社會環境的脈動，符合多數民意的期待。更具體地說，在以多數統治為核心的民主政治中，倘若司法體系的作為經常和多數民意對抗，即使能夠得到少數團體的支持，其正當性和合法性終將遭受嚴重挑戰。因此，司法體系履行政治功能必須符合社會多數的主流價值，以確保其制度合法性。對於司法體系和多數統治的關係，誠如 Dahl（1957: 283）所言，「將最高法院視為對抗多數暴虐以保護少數自由的觀點，其實是很有問題的，因為這種看法流於理想，而非基於事實和邏輯」。其以美國參議院、眾議院多數席次和總統所形成的「立法多數」（lawmaking majority）視為「國家多數」（national majority）的指標，並檢證「立法多數」和聯邦最高法院的違憲判決、大法官的提名結果，研究指出：

> 和其他穩定的民主國家相同，美國的全國政治是由一個頗具凝聚力的統治聯盟主導一段時期。……當舊的聯盟正處於瓦解之際或是新的聯盟正在爭奪政治主導權的時候，除了這種短暫過渡時期之外，最高法院無可避免成為主導全國聯盟的一個部分。作為統治聯盟政治領導者的一分子，最高法院當然支持這個聯盟的主要政策（Dahl, 1957: 293）。

　　這也就是為何 Dahl 將美國聯邦最高法院稱之為「國家政策決定者」（national policy-maker）。綜言之，多數標準學說認為，司法體系不只是一個裁決審判的機關，而且也是一個政治機構（吳重禮，2008：25-26）；畢竟司法體系無法脫離社會而存在，因此其不僅必須避免和社會多數有所扞格，甚至為了獲致公共支持，必然尊重政治多數所展現的社會意志。

　　對於前述兩種學說，若干法學與司法政治研究者認為，縱觀美國憲政發展歷程，且若干實證研究結果顯示，多數標準的觀點更切合實際政治現況（Cann and Yates, 2008; Mishler and Sheehan, 1993; Nicholson and Howard, 2003; Price and Romanta, 2004; Swanson, 2007; Wenzel, Bowler, and Lanoue, 2003）。對於這樣的研究結果，筆者認為，並未出人意料之外。換言之，在多數的司法審查案例中，最高法院的判決並不會違背參眾議院多數席次或是總統立場，而是配合當時社會主流觀點進行判決。當有社會爭議發生時，在「多數統治」和「少數權益」之間進行抉擇，最高法院往往選擇站在多數民意的立場。

　　儘管如此，筆者以為，最高法院和司法審查權之所以重要的原因在於，雖然司法體系未必站在保障「少數權益」立場，然而相對於立法和行政部門完全基於「多數統治」的基礎，司法體系直接向憲法負責，為了確保人民的基本權利，而比較可能敢於和其他政府體制進行對抗，監督制衡立法和行政部門的作為。環顧美國歷史，最高法院若干判決，發揮深遠影響，類似案例屢見不鮮，諸如 *Brown v. Board of Education of Topeka*, 347 U.S. 483 (1954) 推翻 *Plessy v. Ferguson*, 163 U.S. 537 (1896) 確立的種族「分離但平等」（separate but equal）原則，並刺激 1960 年代民權運動的興起；*New York Times Co. v. Sullivan*, 376 U.S. 254 (1964) 確保政府官員指控媒體報導涉嫌誹謗時必須遵循真實惡意原則，確保憲法第一修正案的言論自由和新聞自由。

　　同樣在於保障人民基本權利，*Miranda v. Arizona*, 384 U.S. 436 (1966) 司法或警察機關逮捕拘禁犯罪嫌疑人時，必須向嫌疑人提示保護權利；*Roe v. Wade*, 410 U.S. 113 (1973) 承認婦女擁有墮胎權自主權，且受到憲法隱私權的保護；[6] *United States v. Nixon*, 418 U.S. 683 (1974) 命令總統 Richard Nixon 交出特別檢察官要求的水門案錄音帶；*Bush v. Gore*, 531 U.S. 98 (2000) 在極具爭議的總統選舉過程，要求立即停止計票，宣告當選人；*Obergefell v. Hodges*, 576 U.S. 644 (2015) 確認同性婚姻的權利受到憲法保障，各州不得立法禁止。前述最高法院司法判決並非配合社會主流觀點，甚至和立法部門、行政首長進行對抗，試圖基於保障人民權益，扮演監督制衡多數統治的角色，所導致的政治影響更是不容小覷。

　　在理解美國聯邦最高法院和司法體系作為「對抗多數的機構」之後，接續本文將討論焦點轉移回到我國情形，從宏觀面向檢視過去二十多年來，臺灣司法政治實證研究的樣貌。

參、臺灣司法政治實證研究的發表趨勢

　　猶如前述，西方學者在司法政治的實證研究，迄今已累積頗為豐碩的學術文獻。諸多學者透過實證計量、內容分析等研究途徑，剖析各級法院的判決影響因素，舉例而言，依據「資源不平等理論」〔resource inequality theory；亦可稱之為「兩造能力理

---

[6]　值得一提的是，在本文撰寫期間，2022 年 6 月 24 日美國聯邦最高法院在 *Dobbs v. Jackson Women's Health Organization* 案件以 5 票贊成、4 票反對的裁定，推翻 *Roe v. Wade* 近 50 年來對保障墮胎權的憲法保護，這一結果正引起美國國內和國際社會對於女權和性別平等的激烈討論。

論」（party capability theory）〕，法院判決往往有利於政治、經濟、社會資源較為豐厚的一造，而不利於資源匱乏的另一造（相關著作甚多，包括 Dumas, 2017; Farole, 1999; Gibson and Nelson, 2015; Songer, Sheehan, and Haire, 1999; Szmer, Songer, and Bowie, 2016; Ura, 2014）；聯邦最高法院大法官的意識形態和政治立場對於判決的影響（建議參閱 Bartels and O'Geen, 2015; Baum, 1998; Christenson and Glick, 2015; Sheehan, Mishler, and Songer, 1992）；政府角色（行政、立法）與非政府角色（政黨、利益團體、輿論媒體等）與司法體系的互動、司法判決衍生的政治效應；民眾對於法院公共支持等議題。歐美實證法學領域已獲致相當可觀的研究成果（在此僅針對司法和社會評價，諸如 Black and Owens, 2016; Gibson, Caldeira, and Spence, 2003; Hausegger and Riddell, 2004; Hetherington and Smith, 2007; Krehbiel, 2016; Price and Romanta, 2004; Swanson, 2007）。

　　至於臺灣司法政治的相關著作，多數由法學界人士為之；少數政治學者即使投注精力於司法領域，其研究焦點亦僅集中在司法院大法官會議的組織、權限與功能，尤其偏重在憲法解釋的探討（陳俊榮，1989；劉義周，1977）。從實證途徑分析法院判決的影響和民眾對於司法體系的信任，最早或許可以追溯至葉俊榮（1996）著重行政法院環保判決的量化分析；蘇永欽（1998）比較 1985 年和 1995 年面訪調查資料，瞭解民眾對於我國司法體系的認知和態度，包括對於法官、律師、法院和法律的看法；瞿海源、鄭宏文（2000：97-102）藉由分析社會變遷基本資料調查資料，剖析民眾對於司法信賴低落的因素；吳重禮、黃紀（2000）以 1995 年至 1998 年期間，三級法院對於雲嘉南地區賄選案件的判決結果作為分析對象，檢證民間社會普遍認定的賄選訴訟印象，譬如「法院是國民黨開的」、「當選過關，落選被關」、「有關係就沒關係，沒關係就有關係」、「一審重判，二審減半，三審不算」等，這些觀點究竟與法院判決是否存在落差。

　　為了回顧臺灣司法政治議題的發展狀況，本文針對發表於 TSSCI 和 SSCI 的期刊論文進行檢閱。在此必須說明，作者深知，蒐集這些收錄於特定期刊的論文，明顯過於侷限和狹隘，有其罅漏不足之處。依據作者所知，更多深具理論意涵和實務參考價值的作品，以學術專書、專書論文，或者碩博士論文的形式出版。不過，囿於資料整理方便和時間限制，暫且以此作為瞭解臺灣司法政治研究的捷徑。

　　首先，在 TSSCI 中文出版方面，以國科會人文社會科學研究中心釋出 1997 年至 2021 年期間之期刊，歸類於「政治學類」、「社會學類」、「綜合類」（不含法律學類）三類期刊作為檢閱對象。其次，使用 Airiti Library 華藝線上圖書館資料庫，並輔以各期刊網站，以八項關鍵字「司法」、「法學」、「法律」、「法院」、「訴訟」、「判決」、「檢調」、「大法官」進行搜尋整理（檢索日期：2022 年 5 月 24 日），共計有 36 篇臺灣司法政治發表之期刊論文。

　　其次，西文期刊論文的搜尋，係以 Web of Science 資料庫自 1997 年至 2021 年收錄於 SSCI 期刊，並根據該資料庫將研究領域限縮於「area studies」、「Asian studies」、「international relations」、「political science」、「public administration」、「social issues」、「social sciences, interdisciplinary」，以及「sociology」等八大類，續以蒐集臺灣學者發表司法政治議題之論文。搜尋以「Taiwan」為關鍵字，並搭配「judicial」、「judiciary」、「jurisprudence」、「law」、「court」、「litigation」、「lawsuit」、「prosecution」、「Grand Justices」進行檢索（檢索日期：2022 年 5 月 24 日）。總搜尋數為 698 篇論文，其中「judicial」為 33 篇、「judiciary」有 9 篇、「jurisprudence」為 6 篇、「law」有 511 篇、「court」為 61 篇、「litigation」有 16 篇、「lawsuit」計 60 篇、「prosecution」為 0 篇、「Grand Justices」則有 2 篇。最後，經過多位研究助理再三檢視並整理，國內學者於 SSCI 期刊發表臺灣司法政治議題共計有 12 篇。

　　圖 18-1 所示為 1997 年至 2021 年出版於 TSSCI 和 SSCI 共計 48 篇臺灣司法政治實證研究的發表情形。綜合而言，可以歸納出三點簡單觀察。第一，在中文出版方面，2006 年之前臺灣司法政治實證研究的發表較為零星，這種情形在 2006 年起開始改變，出版情形頗為頻繁，在 2008 年和 2012 年各有六篇發表，在 2021 年仍有出版三篇論文。第二，在西文出版方面，在 2017 年之前著重於臺灣司法政治的實證研究較為有限，晚自 2017 年起才開始有略多著作出版於國際學術期刊，在 2021 年共計有三篇論文發表。第三，倘若將 TSSCI 和 SSCI 合併計算其發表趨勢，大致呈現從 2007 年起，除了若干年度（2010 年、2013 年、2016 年、2020 年）之外，每年約有三至五篇期刊論文出版。

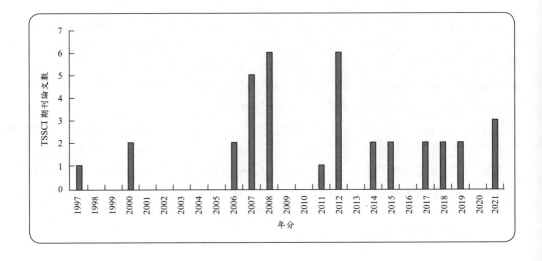

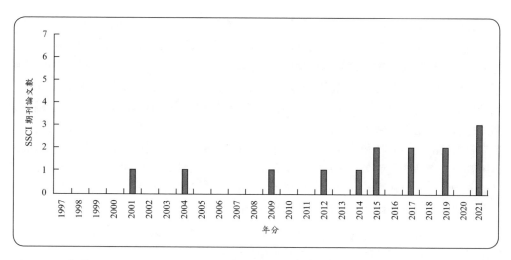

圖 18-1　臺灣司法政治研究發表於 TSSCI 和 SSCI 學術期刊的趨勢

　　整體來說，作者淺見以為，從論文發表的頻率和分析途徑來說，相對於國內政治學其他次領域（諸如選舉研究、投票行為、政治傳播、國會研究、民主化研究、美中臺關係等），司法政治應該是頗具開拓價值的學術議題。至於其發展主題和研究方法，建議可以借鏡歐美國家多元豐富的實證經驗，適度修改套用於臺灣司法政治的多重面向。在初步勾勒出臺灣司法政治研究的宏觀樣貌之後，為了達到「見林又見樹」的目標，接續將以微觀角度，選擇檢視若干頗具影響力的學術著作，比較呈現其研究主題和分析觀點。

肆、臺灣司法政治研究的批判觀點

　　在呈現 1997 年至 2021 年臺灣司法政治實證研究的概略趨勢之後，本文接續檢視 1980 年代末期起臺灣社會歷經民主化和自由化過程，當時諸多學術著作討論司法議題，並且積極提出司法改革的論點。本文嘗試呈現這些 30 年前的學術觀點，並且和前述 1997 年至 2021 年期間出版論文的學術立論進行比較。藉由這樣的比較，試圖獲致兩項目的：第一，瞭解 30 年前後，臺灣社會科學界對於司法政治學術論述的研究主題有何轉變。第二，威權統治時期的研究觀點和民主轉型之後的期刊論文，司法政治學者所呈現的分析觀點有何異同之處。

在此,作者提出兩點不成熟、或許流於嚴苛的觀察。首先,是「時空凍結」的現象。頗值得玩味的是,在前後兩個不同時期,多數臺灣司法政治實證研究的學術著作,幾乎都還停滯於檢討國民黨威權統治時期的司法體系,如何受到政治因素的干預,而較不關切民主轉型之後,甚至是當前政治運作的司法爭議。其次,是「選擇論述」的情形。[7]或許更令人深思的是,少數學術作品檢視民主轉型和當代臺灣社會的司法政治課題,閱讀這些著作,隱隱然傳達一些訊息:只要提及國民黨在中央政府執政時期的政府官員,或者是藍營的政治人物和法界人士,幾乎多數被描繪為保守固執、抗拒司法革新,抑或維護資本家權益的負面角色。反之,這些著作論及法律專業人士的投入、法政學界及司法體系的角色,只要是抱持批判國民黨立場的人物,或者是綠營人士,幾乎多形塑為是勇於司法改革、維護社會正義、支持弱勢團體的正面人物。

以下將分述這兩個現象。必須強調的是,由於研究能力和行文篇幅有限,作者無法完整蒐集所有關於司法政治的研究文獻,僅能提出片段陳述。

一、時空凍結

回顧 1990 年代前後,臺灣歷經政治民主化過程,諸多社會科學和法律學者站在執政者的對立面,嚴格監督批評長期執政的國民黨;對於司法政治的嚴厲批判,約略區分為幾種面向。首先,在威權統治時期,國民黨如何透過結構式權力分配,全面性地影響司法獨立。其指出,在 1987 年解除戒嚴之前,國民黨的政治影響力幾乎深入每一個社會組織系統,而司法體系的運作亦無法避免黨政力量的介入。國民黨長期以政治優勢,透過各種方式與管道干涉司法的運作,包括人事行政、職位調動、財政支出、內部組織行政等,使得憲法第 80 條的規範 ——「法官須超出黨派以外,依據法律獨立審判,不受任何干涉」—— 形同具文。以下節錄若干批判國民黨干預檢察體系和法院,以及黨

7　審查人提出一項寶貴評論,認為「時空凍結」的評價見解獨到,而「選擇論述」則較為嚴苛。理由在於,「選擇論述」的緣由仍與「時空凍結」息息相關,因為臺灣民主化之後,學者仍多側重於國民黨時期的司法政治,對民進黨執政的研究則相對不足,因此對於國民黨的批判多於對民進黨的批判,實屬自然。究其實,此種研究對象選擇而導致的特定觀點,並非全然可視為黨派立場;換言之,投身司法政治的研究者,不論是民主轉型前後,都不應因為其研究對象選擇而受到本文「選擇論述」的批判,當選擇民進黨作為對象的研究增加時,此種「選擇論述」的現象也可減輕,這當與本文檢視司法政治研究的初衷若合符節。作者完全同意審查人的觀點,亦感受到暮鼓晨鐘的提示,督促筆者再三反省檢視全文有無重蹈「選擇論述」的覆轍。本文出發點其實和審查人的觀點甚為相近,認為社會科學研究者,尤其是法政學者,當然可以研究威權時期司法政治的現象,惟同樣重要的是,也應該抱持衡平立場和觀點,站在執政當局的對立面,關切當代臺灣政治運作的司法爭議。

國體制全面介入司法運作的觀點。

> 我國迄今審判所以未能獨立，其根本原因，個人認為係因政治長期介入司法，而影響審判之公正性所致。……惟歷年來司法卻時常為當政者以之作為政治上排除異己之工具，無犯罪事實而加以深文羅織者有之，即單純法律案件而予以政治化處理者亦有之。……惟司法為政治之附庸，審判為虛應故事舉措之形象，則以日漸深植人心，無可動搖（甘添貴，1990：71）。

> 司法機關從中央到地方各級法院首長，不祇全是國民黨籍，且均積極參與黨務，經由黨內選舉，在中央為中央委員，在地方為地方黨部要員，很容易因黨政協調獲黨內政策之貫徹，自然形成干涉、關說司法之管道，使政黨勢力介入司法，干涉審判。……行政院長李煥打電話給司法院院長林洋港，關心法院審理之案件，指示應「速審速結」，林院長答以法院只能「密集審理」，此事引起法界人士之訾議，最高行政、司法首長互通聲息，如不經報章批露，外界亦無從得悉，行政干涉司法，政黨介入審判，可見已司空見慣（洪貴叁，1990：80-81）。

> 除職司審判的法官、法院外，還包括負責追訴犯罪的檢察官與所屬整個檢察系統，且四十年來的事實證明，檢察系統亦未能脫免於政治工具與金錢芻狗的相同批評。……，但既職司摘奸發伏，其職務內之行為，自亦須秉持良心，客觀公正執法，不受個人政治偏好所左右，特別是危害司法威信最烈的「選擇性執法」，尤應絕對禁絕；而職務外行為，也須同法官一樣，節制自己在外的言論與政治活動，避免危害人民對其公正與客觀性的信賴（許宗力，1997：87）。

> 長久以來，司法問題始終沉痾難清，造成的原因 —— 或是執政者長期的漠視吝於投資致無法進步；或是掌權者視司法為鞏固既得權力，整肅異己的有力工具，而或明或暗的抑制司法的自立成長（李子春，2000：63）。

> 對司法的信賴之所以成為問題，也就是造成大家對司法信賴度偏低的原因，乃是由於：政治干擾法治……政治干擾法制，也破壞法治運作。雖然政府高層常常呼籲要加強法治，甚至認為法治比民主還重要，可是破壞法治的卻也正是政府高層。在戒嚴時期政治經常干預司法，直到現在，人民還因此而不信賴司法（瞿海源、鄭宏文，2000：97、99）。

　　無獨有偶地，類似批判國民黨操縱司法的觀點，在民主化時期的學術著作和民主轉型之後的期刊論文，幾乎沒有改變。值得注意的是，即使臺灣迄今已經歷多次政黨輪替，彷彿政治影響司法的現象僅存在於國民黨威權統治時期。近期研究司法政治著作，幾乎較少觸及民主轉型甚至是當前臺灣政治運作中的司法爭議。本文摘述幾個批判，作為說明。

　　台灣……政治部門經常是透過司法體系內部控制來達到控制、馴化司法體系和它的人員，司法體系內部有一套機制來排擠司法異議份子或將他們聲音降低到最小。國民黨控制司法體系主要透過兩個手段：一是案件控制，另一是人事控制。人事的控制是為了幫助案件的控制（王金壽，2007：8）。

　　台灣近十幾年來的司法改革與教育改革……這兩個體系在威權時代的共同特徵是：都經過黨國體制基於特定意識型態所為縝密的培養或篩選，受到高度的照顧或保障，具有相對封閉的人事體制，也欠缺明確有效的不適任淘汰機制，以致於在其成員之組成上，原本就容易遺留特定政黨的影響（周志宏，2007：155）。

　　在一個司法院高層均由黨國提拔而且均為人審會當然委員的制度設計下，並沒有動搖原先既有的委託代理人結構。這種黨的勢力在司法體系內盤據的情況相當嚴重，……這讓我們了解法官國民黨化的深刻程度（陳鴻章、郭子靖、王金壽，2018：69）。

　　白色恐怖時期的軍事審判本質為統帥權的控制，而非司法權的執行。統帥權具體表現在軍事長官對於審判結果有核定或發交覆議的權力……（蘇彥斌，2021：10-11）。

　　威權統治時期國民黨政府高度軍事審判進行政治鎮壓，……威權政府經由法定程序，在形式上讓鎮壓的過程與結果合法化。使用司法手段鎮壓政治異議，僅是威權統治者諸多鎮壓手段中的一種。……司法鎮壓的特點，在於……鎮壓叛亂過程中，至少要在形式上進行調查與判決，法庭最終需在判決書中盡可能產出一個合法且對體制而言是「可信的故事」……，才能強化威權統治的合法性（蘇慶軒、王奕婷、劉昊，2021：59）。

　　其次，對於國民黨威權統治的批判，尤其著重在司法人員控制，這些高度政治化的人事安排，包括司法院長、各級法院院長、檢察總長的任命等。在 1990 年代初期起，許多法政學者直言批判長期執政的國民黨，著重在司法體系人事的影響。本文摘述幾項嚴厲批判，以為說明。

> 多年來因戡亂之持續，維持一黨獨大之政局，而司法首長復均為執政黨要員，其以黨政協商方式，要求司法積極的為一定之作為，或消極的不為一定之作為，而藉後述之司法行政監督權不當之行使，以達目的者（林永謀，1990：49）。

> 美國國務院七十八年元月八日發表的人權報告，特別提到台灣司法不獨立的問題，認為台灣之司法並非完全獨立，仍受行政干預。因為台灣法官升遷要依當局決定，裁判也需要經上級核定，才能宣布（莊春山，1990：130）。

> 司法改革，從宏觀面來看，涉及人與制度的雙重改革，人的因素固然重要，制度面的變革亦不容忽視。……制度的變革面所涉及範圍，大到司法院組織之變革，小到法官之調派或考核，法官會議之建立，院長之選任制度……等等制度之變革，都具有某程度的效力與功能。……本文肯定了審判機關化的努力方向，並偏向於司法院走向最高法院化的腹案，因為這個腹案之推動，有助於司法院組織回歸憲法外，並且能減少或降低政治干預司法審判的弊端（林明鏘，1997：38）。

> 我認為重點就是，……讓司法擺脫行政。……現在很多的法官或檢察官貪污的問題之所以沒有被揭露，是因為有行政權做他的屏障。所以，最近上報紙的好幾個法官名字，如有了解內情的人都知道他們背後的行政人物是誰（黃宗樂，1997：422）。

　　時至今日，臺灣中央政府歷經數次政黨輪替，然而在民主轉型之後的學術作品，幾乎僅止檢討司法體系受制於國民黨黨務系統之影響；下文將節錄幾個敘述。作者認為，類似現象在不同政黨執政之下是否重複發生，應是頗具重要理論意涵的司法政治研究課題，但似乎未被觸及。

> 國民黨在戒嚴時期時，對於司法人員的升遷控制相當成功。幾乎所有佔據司法體系重要職位的人員，都是國民黨籍。有些高層司法人員，如前司法院副

院長洪壽南還特別感謝國民黨對他的栽培。……有時司法人員還得加入國民黨以求得升遷。一位司法人員在幫國民黨解決一件政治司法案件以後，在司法院某位高層擔任介紹人之下加入國民黨，因而被升為地檢署首席（相當現今的檢察長）（王金壽，2007：11）。

司法官的考試，有口試與身家調查來過濾，司法官的訓練有嚴格的掌控，當時司法官的黨籍，雖非任用司法官的必要條件，但要說絕不是考量的因素，恐怕也不具有說服力。因此，要說司法官絕對沒有黨派色彩，恐非事實（周志宏，2007：155）。

在戒嚴時期，台灣司法體系的人事控制是相當嚴重的，因為台灣的司法人員任命過程相對來說比較簡單和容易，只要能通過司法人員的考試和訓練，就可以被分配為法官或檢察官。這並不是說國民黨沒有控制司法人員的考試和訓練；反之，有強烈反國民黨意識的考生幾乎不太能通過考試（王金壽，2008：125）。

在整個威權政治晚期的 1986 年到 1989 年間所呈現的一審法院經歷結構，基本上都是調任院長長期佔據院長職務的典型權力代理人結構，它的目的是順利控制案件與審判結果（陳鴻章、郭子靖、王金壽，2018：84）。

就司法獨立性的弱化方面，威權統治者可以從司法人事著手，介入招募、訓練、升遷與任命等管道汰換司法人員，使司法人員的立場趨向保衛政權，或是削弱法官職位的保障，讓法官面對行政權威時處於弱勢，以此降低司法部門的自主性，獲取法官與法庭的服從（蘇慶軒、王奕婷、劉昊，2021：61）。

再者，在威權統治時期，抨擊國民黨影響司法運作的另一個議題在於，地方派系和國民黨盤根錯節的選舉政治。簡單地說，執政黨為鞏固政權基礎，姑息候選人進行買票，造成賄選猖獗。[8] 在國民黨優勢統治時期，多數候選人依附在執政黨之下，因此檢

---

8 關於國民黨與司法的互動關係，一項頗受訾議的事件發生在 1995 年 7 月，當時國民黨中央黨部秘書長許水德，參加高屏澎十四全黨代表分區座談會時，屏東縣籍省議員余慎、高雄縣籍省議員鍾紹和、澎湖縣籍省議員許素葉等黨代表，針對法務部長馬英九積極查察賄選行動大感不滿，措詞激動直批中央黨部。許水德好言相勸，並以「法院也是執政黨的」安撫黨代表不滿情緒（楊和倫，1995：25）。

調單位與司法機關未能嚴格執行查察賄選，導致查賄工作的宣傳意義大於實質成效，即使進行查賄工作，也具有高度選擇性。賄選案件的偵查審理之所以具有選擇性，部分原因是「賄選行為」認定的困難，致使多數賄選案件雖經檢調單位偵查，卻很難獲致積極的證據，無法予以適當制裁。[9]當然，司法機關不積極偵辦，並全非是技術困難無法克服，政治因素的考量（例如損害國家形象、地方政治運作困難等）應是關鍵所在（Wu and Huang, 2004: 758-759）。以下節錄幾段批判，作為說明。

選舉委員會和法院並未嚴格執行選舉罷免法有關競選活動之規定，就算有的話，也只是高度選擇性的處理（Tien, 1989: 179）。

台灣舉辦選舉已歷四十餘年，大小選舉已有數十次，但選風不僅未見改善，反呈每下愈況之勢，尤其賄選之盛行，令人怵目驚心。近來第二屆國民大會之選舉，與立法院正副院長的選舉，都出現賄選的傳聞。這類「傳聞」為社會大眾普遍相信，不少執法人員私下也承認，但不能公開明說，足見其決非空穴來風，而確有其事實。……台灣人民大眾，現在尚在民主化階段，對體制是認同的，因為與過去相比，這是進步、開放的體制，就怕若干年後，人們對體制的進步漸漸習以為然，覺得不過爾爾，而對金權的危害，愈來愈敏感，則除非我們的司法能發揮一些防腐作用，否則人們對民主就會有幻滅之感（呂亞力，1992：79、81）。

因為法院無法獨立於黨之外，所以舉發賄選買票在當地並非一件好事。法院經常是支持黨〔指國民黨〕的權力（Bosco, 1994: 129）。

首先僅針對違紀當選臺灣省副議長之楊文欣，其偵辦方式之無所不用其極，可謂空前。……對亦有賄選傳聞之當選議長的國民黨省議員劉炳偉及落選之國民黨副議長候選人林仙保，卻至今按兵不動，沒有任何偵辦行動。足見，

---

[9]　政府領導階層影響賄選案件司法運作的情形，或許可由以下例證中窺見。立法院第三屆第六會期司法委員會第四次會議中，立委蔡明憲質詢法務部長城仲模：「李登輝總統約在十天前在國民大會表示，這次選舉以文化的角度來看，請客吃飯就像嘉年華，拿紅包賄選應以文化角度觀之，部長是否同意李登輝總統在國民大會所講的這席話。這席話是否會影響法務部檢調單位辦案的態度？……」城仲模表示：「很多事務從不同角度切入都不會有一樣的結論。若以文化的角度來看，李總統已有所表明，但以法的觀點及法務部主管賄選違法事件來看，是不贊成流水席或是違反選舉法定規定等舉動」（立法院，1999：756）。

國民黨中央自法務部長主導下，由檢察總長、檢察長藉檢察一體之指揮命令權，偏離檢察獨立原則，不能全面公正偵辦所有賄選案件，檢察制度受政治左右及干預情形，至為明顯（李勝雄，1997：306-307）。

在臺灣歷經政黨輪替之後，地方派系是否會轉而和其他政黨結合，保障地方派系壟斷性經濟特權，確保其政治順從，這些是研究派系政治頗為重要的議題。然而，值得思考的是，即使在民主轉型之後出版的部分論文，仍然持續探究威權統治時期，國民黨和地方派系的結盟關係，以司法作為手段進行操控。強調派系為鞏固地方之控制權，確保成員當選，動輒以賄選為手段，而執政黨為鞏固政權基礎，以司法體系作為掩護，姑息候選人進行買票，造成賄選猖獗。以下是若干例證，說明這種時空凍結的現象。

侍從主義經常導致貪污腐敗……。而可控制的司法是保護這些腐敗政治人物的必要條件。前調查局局長高明輝就表示，國民黨對於反對人士的調查偵辦，遠比對貪污政治人物的調查偵辦來的積極……。國民黨將無法有效動員一個較獨立的司法體系，來保護貪污黑金政治人物。而當貪污黑金政治人物被起訴之後，很有可能因此退出政治或在選戰中失敗（王金壽，2006：140）。

司法有兩個意義：一是作為控制地方派系的工具：為了讓地方派系接受命令，國民黨必須有一套暴力或處罰機制，當地方派系或政治人物要反叛時，國民黨可以給予必要的打擊和懲處。……另一則是保護侍從主義菁英所引起的貪污腐敗。侍從主義的資源交換關係，是一種個人式且是相當隱密，易導致貪污腐敗。而司法可以作為保護這些地方政治菁英，免受於司法單位的調查和起訴（王金壽，2012：90）。

回顧臺灣民主化歷程前後的司法政治學術著作，除了前述批判國民黨全面威權控制、各級法院和檢察體系的人事任命，以及執政黨和地方派系緊密結合導致選舉過程弊端叢生之外，其他曾被提及的爭議，尚包括國民黨支配司法運作壓制政治反對勢力與羅織異議人士（王金壽，2007：21；蘇慶軒、王奕婷、劉昊，2021：78）、灌輸民眾擁護政府機關的意識形態（蒙志成、盧彥竹，2015：165），以及藉由司法體系製造政治壓力產生恐懼、甚至政治清算消滅異己（陳鴻章，2014：213）等，不一而足。

二、選擇論述

　　檢視以往司法政治研究論文，除了持續監督國民黨及其政府官員的執政作為之外，作者淺見以為，另一個值得關注的現象是「選擇論述」。若干著作論及臺灣民主轉型和政黨輪替之後的司法政治課題，閱讀這些作品隱然透露出一種訊息：亦即，似乎國民黨陣營及其政府官員，或者是國民黨執政時任命的法界人士，在文中幾乎多數被描繪成為封閉保守、維護資本家利益、抗拒司法改革的守舊人物。反之，這些著作提及法律專業人士的投入、學界支持司法改革的角色，只要是綠營人士、民進黨執政時期的政府官員，或者反泛藍陣營人士，幾乎多是被描述成廉潔自持、維護社會正義、支持弱勢團體，以及勇於司法改革的進步人物。以下舉出數項例證，作為說明。

　　1998 年民間司改會在立法院推動〈法官法〉。如果此草案通過，檢察官將喪失司法官屬性，變成單純的行政官。對部分檢察官而言，這樣將更不容易偵辦黑金案件，而且更容易遭法務部的控制。〈法官法〉對於檢察體系的影響將是革命性的發展。但是法務部長廖正豪對於這樣的立法發展，幾乎不聞不問。……檢改會參與檢審會有兩個方式削弱國民黨和法務部的控制：第一是打破檢察體系的升遷圖。檢改會舉辦票選推薦主任檢察官。過去幾個遭國民黨打壓的檢察官都名列前茅，例如朱朝亮和楊大智（王金壽，2008：132、134）。

　　陳定南是最近 20 年來，最有企圖心的法務部長，同時也是在人事與個案上，最能抵抗政治外力的一位部長。他與馬英九部長成為強烈對比，雖然陳定南和馬英九基本上個人都不干涉辦案，兩人也因為基層檢察官的偵辦賄選貪瀆，而導致去職。但陳定南全力要去改造檢察體系，然而馬英九在人事上卻是放任舊有檢察體系繼續腐化（陳鴻章、王金壽，2013：640）。

　　司法不僅沒有發揮對行政權的監督制衡功能，有時更是個加害者，有學者就指出司法甚至成為國民黨打壓社會運動的工具之一。在郝柏村任行政院長時期，為了「重振公權力」，社會運動者成為首要的清算對象。……在民進黨執政下，過去的社會運動者首次有機會進入政府體制，並在中央部門取得職位，相較於過去而言，更能參與決策過程。……著名的環境法律人有文魯彬、詹順貴等人，……詹順貴律師則長期為環境案件奔走，他主張捍衛環境「法律是最好的武器」，法律把環境訴求從「正當性」提升到「合法性」……，並指出以往環保運動給人的印象常是不理性的走上街頭或圍廠，……，才不得已走上街頭（王金壽，2014：6、8、13-14）。

台灣在 2008 年二次政黨輪替後，檢察體系重大爭議性案件的偵辦作為，如大動作、全面性的偵辦綠營政治人物所涉及的首長特別費等案件，並且強勢拘押綠營地方首長（如未傳即拘押民進黨籍雲林縣長蘇治芬）。除引發在野陣營強烈不滿，這也使得連偵辦國務機要費而名噪一時的陳瑞仁檢察官，也不得不憂心表示：檢察體系辦案應該避免「辦案對象群組化」。且高院法官呂太郎也指出，若執政黨、在野黨都有人涉及貪污案，結果檢察官抓到的都是同一黨的人，雖然自認為辦案有據，但難道沒有「選擇性辦案」的問題……？（陳鴻章，2014：178）

就臺灣個案而言，最諷刺無疑是黃世銘以檢察總長身分向馬英九總統報告司法關說案，黃世銘認為任命他為檢察總長的總統才是他必須負責的人，而不是珍惜制度上給予他的民主正當性、獨立性和任期的保障，向人民負責（王金壽，2019：127）。

即使少數學術作品檢視當代臺灣政治的司法運作，對於民進黨陣營和綠營人士提出批判觀點，然而相對於國民黨陣營的嚴厲抨擊，這些學術論文的用字遣詞似乎是頗為幽微的。或者，對於國民黨執政時期的各級法院，做出不利於藍營人士司法判決，是否足以證實執政黨並未影響司法運作，這些論文提出的肯定評價也是相當隱晦的。作者提出以下幾段敘述，作為佐證論述。

民進黨籍的法務部長陳定南藉成大 MP3 事件以及搜索中時晚報案件，換掉羈押民進黨市長的臺南地檢檢察長林朝陽和對興票案做出不起訴的北檢檢察長黃世銘；而其他幾位羈押或起訴民進黨縣市長的地檢署檢察長，如新竹、南投地檢署，也遭到不同程度「貶抑調整」（王金壽，2019：135）。

黑金與派系為國民黨勢力的基礎，民進黨的掃除黑金行動可以動搖國民黨的侍從體系，有利於新政府的布置。查緝黑金中心成立後，許多檢察官便開始調查國民黨政治人物的弊案，這是過去無法想像的事情。但等到這些檢察官開始偵辦到民進黨政治人物時，民進黨自 2001 年就開始對於檢察系統採取緊縮的策略，並開始重用原先檢察體系中的保守行政管理派（王金壽，2019：141）。

2008 年第 7 屆立委選舉中，就有高達 5 位立委（李乙廷、江連福、廖正井、張碩文和林正二）後來被法院宣判當選無效。這 5 位被宣告當選無效的立委，4 位是國民黨籍、1 位是親民黨籍。在國民黨同時掌握行政權（馬英九勝謝長廷 200 多萬票）和立法權（泛藍取得立院超過四分之三的席次）之下，以及過去威權統治下控制司法的歷史，臺灣法院有這樣的表現多少可以反駁，許多人至今仍認為「法院是執政黨開的」此種看法（陳鴻章、郭子靖、王金壽，2018：92）。

仔細閱讀這些司法政治的著作，本文以為，還有一種選擇論述的現象。亦即，多篇學術論文不約而同地使用「揣摩上意」的用詞，似乎專門套用於司法體系為了屈從國民黨政府，而做出符合統治者偏好的判決。摘述這幾篇論文的主要觀點，以為說明。

台灣 2008 年二次政黨輪替前後，檢察獨立的倒退經驗，我們也可以得知檢察獨立，確實是相當之敏感與脆弱。即使陳瑞仁檢察官認為：目前台灣的政治力，已經無法從上而下做通案性的干預；反倒是有些法官、檢察官會揣測上意，「這很難避免」，必須從人格教育著手……。但我們還是必須相當之謹慎看待，檢察司法體系獨立性的動搖。因為即使是僅有少數檢察司法人員揣測上意，但其所帶來的政治效應，將對整個民主政治發展造成嚴重的傷害（陳鴻章，2014：223）。

當時法院的自主性在威權體制下受到極大的限縮，其判決行為應該不會受到民意影響，而更有可能揣摩上意，自甘、或被迫成為統治者迫害人民的工具（蘇彥斌，2021：8）。

司法鎮壓的核心能力在消滅異議，……我們認為這顯示了在領導人透過否決與再審下級審判結果表達偏好的狀況下，下級官員確實會調整對後續案件的判決，使集體審判結果符合統治者偏好，以避免由於總統對判決不滿而遭到懲處。換言之，「揣摩上意」可說是制度運作的一環（蘇慶軒、王奕婷、劉昊，2021：78）。

作者其實是同意這些著作的論點，認為司法機關確實是會衍生「揣摩上意」的行為。問題在於，這種揣摩上意的行為和「權力」有關，在任何組織中都可能產生，而不是僅在威權時期軍事審判中才會發生，也非只有國民黨執政時期的特殊現象，也並不是國家體制進入民主時期就能夠禁絕。以臺灣社會普遍熟悉的幾個司法案件為例，2013 年馬英九政府時期檢察總長黃士銘洩密案（監聽國會議員事件）；2019 年爆發總統府侍衛室菸品走私案，檢察長邢泰釗、臺北地檢署黑金組黃偉 33 天快速偵結「0722 專案」；以及引起社會備受關注的學位論文案件，司法部門（檢察和法院體系）和其他政府部門多方捍衛執政者立場的作為，對於不同立場的人士則採取較為嚴厲的裁判。

　　前述案例是否契合這些論文所提出，司法單位成為政治機構，檢調人員和各級法院是否揣摩上意做出有利於執政者的作為，以符合統治者自身的偏好，或者這種屈從上意的行為，在所有組織中都可能存在。舉例來說，2018 年促進轉型正義委員會副主任委員張天欽自比為「東廠」，意圖和民進黨立法委員聯手打擊侯友宜在新北市長選舉；2020 年國家通訊傳播委員會以中天電視公司因多次違規、內控機制失靈，以及持有人蔡衍明嚴重介入新聞製作等問題，不予同意換發執照（關於該案可能受到政治介入，委員會多次聲明，依法行政，並沒有預設立場）；之後中天聲請假處分，被臺北高等行政法院駁回後提起抗告，最高行政法院裁定駁回抗告，全案確定。如果這些論文可以增加論述，說明這種「揣摩上意」的行為不僅侷限於國民黨統治時期的司法審理，亦可以適用在不同時空環境的司法政治研究。如此，即可強化理論層次，避免遭受「選擇論述」的批判，並藉此闡明學術研究者「價值中立」的觀點。

伍、結論與建議

　　本文檢視數十年來臺灣司法政治實證研究的發展趨勢，除了宏觀地勾勒出 1997 年至 2021 年出版情形之外，亦從微觀視角，揀選部分學術論文，比較呈現其研究主題和分析觀點。藉此，本文提出兩點淺薄見解。首先，是「時空凍結」的情形，亦即在 1990 年初臺灣民主化之前和民主轉型之後的學術著作，多數仍然停滯檢討國民黨威權統治時期的司法體系如何受到政治因素的干預，這些近期文獻似乎較不關切當前司法政治爭議。其次，是「選擇論述」的現象；作者必須坦承，這項批判顯然過於嚴苛。少數論文檢視臺灣民主轉型和當代司法政治課題，只要提及國民黨執政作為，或者是泛藍陣營的政治人物和法界人士，幾乎多數被描繪保守角色；即使在國民黨執政時期，各級法院做出不利於國民黨人士的司法判決，是否表示國民黨並未干涉司法體系，這些論文提出的肯定評價也是相當間接的。反過來說，這些著作論及民進黨執政時期任命的司法官員、抱持批判國民黨立場的法界人士，多數形塑成為勇於任事、支持弱勢團體、維護社會正義、勇於司法革新的正面人物；即使對於民進黨執政時期的司法作為，以及對於綠營人士提出批判觀點，這些著作的措辭似乎是相當隱晦的。

　　近年來，臺灣社會發生一連串司法事件和司法人事任命，這些備受矚目的案件涉及高度政治爭議，在在牽動著司法與政治體系的運作。[10] 這些高度政治特性的司法案件處理程序，包括檢察機關的偵查與法院的審理判決，經常引發社會關注。從事司法政治實證研究，作者提出兩點建議。首先，學術研究應該謹守「價值中立」原則。持平而論，進行人文社會科學經驗研究，從問題意識、理論架構、研究假設、研究方法和設計、資料蒐集、論文結構等，會涉及研究者個人價值判斷和思考體系。研究者當然可以有自身的政治立場，這是因為政治社會化過程形塑自我價值理念，重點在於，學術研究似乎不宜因為政治立場和價值體系，干擾了學術研究，僅挑選契合自己立場的案例進行闡述，或者影響論文架構的精確程度和論述方向。更重要的是，研究者宜儘量排除政治環境的壓力和誘惑，將價值中立、學術自由視為經驗研究的必要條件。關於這點，胡佛院士（1997）的提醒是頗為適切的，論述如下。

　　實際上，社會的現實與學術環境每是立為表裡的。威權政治愈是強烈，政治學者愈會受到牽制，但在另一面，也愈會有人刻意迎合，弄得政學不分。這樣的惡性循環，使得政治學的科學探究，益發不易開展。處於這樣的環境，還要堅持學術自由的原則，從事政治學的科學性與開創性的研究，那就不是一件輕易而輕快的事了。

　　其次，回歸學術研究的初心。猶如本文第二節所言，民主政治的本質就在於分權和制衡，誠如 James Madison 在《聯邦論》第 51 篇中所述：「防止不同權力逐漸地集中在同一部門的最好方法，就是給予掌管不同權力部門者必要的憲法手段和個人動機，以抵抗其他部門的侵犯……必須用野心來對抗野心。」在政治制度的內部設計上，司法體系就是一個「對抗多數的機構」，它之所以在政治運作中占有關鍵地位，是因為憲法賦予監督和制衡立法部門、行政機構的功能，牽制多數統治可能產生的弊端。在政府體制的

10　這些具有高度政治爭議的人事任命、人事紛爭和司法案件，諸如：檢調單位積極偵查新竹市長當選人高虹安涉詐領助理費案、許宗力被提名大法官兼司法院院長引發「連任」和「再任」的違憲之爭、前大法官許玉秀批評蔡英文總統斥責呂太郎大法官違背憲政分際、邢泰釗獲提名檢察總長被質疑政治色彩濃厚、吳明鴻接任最高行政法院院長、接手多項政治爭議案件的檢察官黃偉調升澎湖地檢署擔任主任檢察官、司法院和法務部公布調查報告許多現職司法官員與富商翁茂鍾有不當往來、同性婚姻法制化的釋憲爭議、軍公教人員年金改革釋憲案、黨產條例釋憲案、農田水利會改公務機關違憲案、萊豬釋憲案、總統府國安侍衛室菸品「走私」或「超買」爭議、中天電視公司的換照抗告、臺北高等行政法院駁回追討國民黨黨產和婦聯會資產的執行抗告、大法官決議不受理政治敏感性高的釋憲案（包括前瞻基礎建設計畫、黨產條例案）、大法官湯德宗發表不同意見書被刪除，以及前總統馬英九涉及賤賣三中黨產訴訟等。

外部設計，新聞媒體批評時政、知識分子針砭時事、社會團體表達意見，甚至是發動街頭運動（靜坐、示威、遊行抗議等）和「公民不服從」（civil disobedience）抵抗政府作為等，都是在於防止「多數暴虐」（tyranny of the majority）可能衍生的問題。

　　本文深切以為，比較威權主義無疑是值得挹注心力的研究畛域，惟同樣值得重視的是，從事臺灣司法政治的研究者，或許應該仿效解嚴前後關心臺灣司法改革的學者，站在掌握權力執政者的對立面，基於監督政府和制衡朝野政治菁英的立場，關懷當前臺灣政治運作的司法問題。在分析途徑方面，「他山之石、可以攻錯」，參照西方從事司法政治所採取的學術觀點，著重多元司法研究議題，採取不同研究方法和資料蒐集。筆者建議，研究者得採行不同的研究方法，透過統計量化、大數據分析、田野實驗、內容分析、深入訪談，以及歷史文獻等各種分析途徑，著重於下列面向的探討：大法官的意識形態和政治立場對於判決的影響、憲法法院審理案件（諸如同性婚姻、軍公教年金改革等）衍生的政治效應、備受社會關注和具有高度爭議的司法判決（例如死刑存廢爭議、賄選買票、政府官員涉及貪污訴訟）是否受到政治因素影響、非政府角色（政黨、利益團體、輿論媒體等）與司法體系的互動、司法和行政與立法的互動情形、司法首長的領導特質、法官評鑑和司法官評鑑制度的實施和檢討、民眾對於法院和檢察體系的公共支持，以及國民法官制度的理論和實踐等議題。

　　這些議題的討論或許有助於瞭解臺灣當代司法現況。藉此得以發展學術研究的理論層次，適用在不同國家、不同時空條件的司法政治，相信這是值得努力的研究方向。

參考書目

王金壽，2006，〈臺灣的司法獨立改革與國民黨侍從主義的崩潰〉，《台灣政治學刊》10（1）：103-162。

王金壽，2007，〈獨立的司法、不獨立的法官？民主化後的司法獨立與民主監督〉，《台灣社會研究季刊》（67）：1-38。

王金壽，2008，〈司法獨立與民主可問責性：論臺灣的司法人事權〉，《台灣政治學刊》12（2）：115-164。

王金壽，2012，〈解釋臺灣法院改革和檢察改革之差異 —— 一個政治機會結構的觀點〉，《臺灣民主季刊》9（4）：96-138。

王金壽，2014，〈臺灣環境運動的法律動員：從三件環境相關判決談起〉，《台灣政治學刊》18（1）：1-72。

王金壽，2019，〈政治菁英的利益算計與檢察獨立改革〉，《政治學報》（67）：121-151。

甘添貴，1990，〈評〈審判獨立之檢討〉〉，蕭全政（編），《改革司法》，臺北：國家政策研究資料中心，頁69-74。

立法院，1999，〈立法院第三屆第六會期司法委員會第四次會議紀錄〉，《立法院公報》88（1）：741-779。

吳重禮，2008，〈司法與公共支持：臺灣民眾對於司法體系的比較評價〉，《台灣政治學刊》12（2）：15-66。

吳重禮、陳慧玟，2000，〈政治與司法：實然面的分析途徑〉，《問題與研究》39（9）：1-12。

吳重禮、黃紀，2000，〈雲嘉南地區賄選案件判決的政治因素分析：「層狀勝算對數模型」之運用〉，《選舉研究》7（1）：87-113。

呂亞力，1992，〈選風與選罷法〉，華力進（編），《二屆國代選舉之評估》，臺北：理論與政策雜誌社，頁79-81。

李子春，2000，〈司法政策歷史社會分析〉，澄社、民間司法改革基金會（編），《司法的重塑 —— 民間司法改革研討會論文集》，臺北：桂冠圖書，頁63-74。

李勝雄，1997，〈檢察獨立與司法獨立之關係〉，黃宗樂（編），《民間司法改革白皮書》，臺北：業強出版社，頁294-310。

周志宏，2007，〈司法獨立與民主轉型〉，《臺灣民主季刊》4（3）：153-160。

林永謀，1990，〈審判獨立之檢討〉，蕭全政（編），《改革司法》，臺北：國家政策研究資料中心，頁39-67。

林明鏘，1997，〈司法組織〉，黃宗樂（編），《民間司法改革白皮書》，臺北：業強出版社，頁26-40。

洪貴叁，1990，〈司法風紀問題 —— 律師、法官的倫理〉，蕭全政（編），《改革司法》，臺北：國家政策研究資料中心，頁75-100。

胡佛，1997，〈社會科學中國化〉：https://hufu.ipsas.sinica.edu.tw/%E4%B8%80%E4%BB%A3%E
　　5%AE%97%E5%B8%AB/%E7%A4%BE%E6%9C%83%E7%A7%91%E5%AD%B8%E4%B8%AD
　　%E5%9C%8B%E5%8C%96/。檢索日期：2022 年 6 月 27 日。

莊春山，1990，〈檢查制度獨立可行性〉，蕭全政（編），《改革司法》，臺北：國家政策研究
　　資料中心，頁 129-148。

許宗力，1997，〈民主化與司法威信的重建〉，游盈隆（編），《民主鞏固或崩潰：臺灣二十一
　　世紀的挑戰》，臺北：月旦出版社，頁 77-88。

陳俊榮，1989，《大法官會議研究》，臺北：臺灣商務印書館。

陳鴻章，2014，〈民主化後臺灣與韓國檢察獨立的差異：權力結構與競爭度變化的解釋〉，《東
　　吳政治學報》32（2）：173-238。

陳鴻章、王金壽，2013，〈首次政黨輪替對檢察體系影響：以陳定南法務部長時期一、二審檢察
　　長調動為例〉，《人文及社會科學集刊》25（4）：599-645。

陳鴻章、郭子靖、王金壽，2018，〈臺灣司法獨立改革運動對於司法體系人事運作的影響〉，《政
　　治科學論叢》（76）：61-102。

黃宗樂（編），1997，《民間司法改革白皮書》，臺北：業強出版社。

楊和倫，1995，〈許水德語出驚人：法院也是執政黨的！〉，《新新聞周刊》，7 月 23 日至 7 月
　　29 日（437）：25。

葉俊榮，1996，〈司法判決的量化研究：行政法院環保判決的量化分析〉，《臺大法學論叢》26
　　（1）：27-77。

蒙志成、盧彥竹，2015，〈重新檢視臺灣司法獨立性 —— 民眾支持與制度制衡的實證分析〉，《臺
　　灣民主季刊》12（4）：141-188。

劉宏恩，1995，〈司法違憲審查與「政治問題」（Political Question）—— 大法官會議釋字三二八
　　號評析〉，《法律評論》61（1-2）：24-38。

劉義周，1977，《司法院大法官會議解釋憲法制度之研究》，臺北：國立政治大學政治學研究所
　　碩士論文。

瞿海源、鄭宏文，2000，〈司法信賴的調查分析〉，澄社、民間司法改革基金會（編），《司法
　　的重塑 —— 民間司法改革研討會論文集》，臺北：桂冠圖書，頁 93-107。

蘇永欽，1998，《司法改革的再改革》，臺北：月旦出版社。

蘇彥斌，2021，〈臺灣白色恐怖時期政治案件終審結果之解析：以死刑判決與無罪判決為例〉，《東
　　吳政治學報》39（1）：1-56。

蘇慶軒、王奕婷、劉昊，2021，〈司法鎮壓：「揣摩上意」在臺灣威權時期軍事審判中的影響〉，
　　《東吳政治學報》39（2）：55-93。

Bartels, Brandon L., and Andrew J. O'Geen. 2015. "The Nature of Legal Change on the U.S. Supreme
　　Court: Jurisprudential Regimes Theory and Its Alternatives." *American Journal of Political Science* 59
　　(4): 880-895.

Baum, Lawrence. 1998. *The Supreme Court*. Washington, DC: Congressional Quarterly Press.

Benesh, Sara C. 2006. "Understanding Public Confidence in American Courts." *Journal of Politics* 68 (3): 697-707.

Black, Ryan C., and Ryan J. Owens. 2016. "Courting the President: How Circuit Court Judges Alter Their Behavior for Promotion to the Supreme Court." *American Journal of Political Science* 60 (1): 30-43.

Bosco, Joseph. 1994. "Taiwan Factions: Guanxi, Patronage, and the State in Local Politics." In *The Other Taiwan: 1945 to the Present*, ed. Murray A. Rubinstein. Armonk, NY: M.E. Sharpe, pp. 114-144.

Cann, Damon M., and Jeff Yates. 2008. "Homegrown Institutional Legitimacy: Assessing Citizens' Diffuse Support for State Courts." *American Politics Research* 36 (2): 297-329.

Casper, Jonathan D. 1976. "The Supreme Court and National Policy Making." *American Political Science Review* 70 (1): 50-63.

Christenson, Dino P., and David M. Glick. 2015. "Chief Justice Roberts's Health Care Decision Disrobed: The Microfoundations of the Supreme Court's Legitimacy." *American Journal of Political Science* 59 (2): 403-418.

Dahl, Robert A. 1957. "Decision-Making in a Democracy: The Supreme Court as a National Policy-Maker." *Journal of Public Law* 6 (1): 279-295.

Dumas, Marion. 2017. "Taking the Law to Court: Citizen Suits and the Legislative Process." *American Journal of Political Science* 61 (4): 944-957.

Farole, Donald J., Jr. 1999. "Reexamining Litigant Success in State Supreme Courts." *Law & Society Review* 33(4): 1059-1080.

Fox, Justin, and Matthew C. Stephenson. 2011. "Judicial Review as a Response to Political Posturing." *American Political Science Review* 105 (2): 397-414.

Gibson, James L., and Michael J. Nelson. 2015. "Is the U.S. Supreme Court's Legitimacy Grounded in Performance Satisfaction and Ideology?" *American Journal of Political Science* 59 (1): 162-174.

Gibson, James L., Gregory A. Caldeira, and Lester Kenyatta Spence. 2003. "Measuring Attitudes toward the United States Supreme Court." *American Journal of Political Science* 47 (2): 354-367.

Hall, Matthew E. K. 2016. "Judicial Review as a Limit on Government Domination: Resolving, and Replacing the (Counter) Majoritarian Difficulty." *Perspectives on Politics* 14 (2): 391-409.

Hall, Matthew E. K., and Joseph Daniel Ura. 2015. "Judicial Majoritarianism." *Journal of Politics* 77 (3): 818-832.

Hausegger, Lori, and Troy Riddell. 2004. "The Changing Nature of Public Support for the Supreme Court of Canada." *Canadian Journal of Political Science* 37 (1): 23-50.

Hetherington, Marc J., and Joseph L. Smith. 2007. "Issue Preferences and Evaluations of the U.S. Supreme Court." *Public Opinion Quarterly* 71 (1): 40-66.

Krehbiel, Jay N. 2016. "The Politics of Judicial Procedures: The Role of Public Oral Hearings in the German Constitutional Court." *American Journal of Political Science* 60 (4): 990-1005.

Mishler, William, and Reginald S. Sheehan. 1993. "The Supreme Court as a Counter Majoritarian Institution? The Impact of Public Opinion on Supreme Court Decisions." *American Political Science Review* 87 (1): 87-101.

Nicholson, Stephen P., and Robert M. Howard. 2003. "Framing Support for the Supreme Court in the Aftermath of *Bush* v. *Gore*." *Journal of Politics* 65 (3): 676-695.

Price, Vincent, and Anca Romanta. 2004. "Confidence in Institutions Before, During, and After 'Indecision 2000'." *Journal of Politics* 66 (3): 939-956.

Sheehan, Reginald S., William Mishler, and Donald R. Songer. 1992. "Ideology, Status, and the Differential Success of Direct Parties before the Supreme Court." *American Political Science Review* 86 (2): 464-471.

Songer, Donald R., Reginald S. Sheehan, and Susan Brodie Haire. 1999. "Do the 'Haves' Come out Ahead over Time? Applying Galanter's Framework to Decisions of the U.S. Courts of Appeals, 1925-1988." *Law & Society Review* 33 (4): 811-832.

Swanson, Rick A. 2007. "The Dynamics of Specific and Diffuse Support for the U.S. Supreme Court: A Panel Study." *Social Science Journal* 44 (4): 645-663.

Szmer, John, Donald R. Songer, and Jennifer Barnes Bowie. 2016. "Party Capability and the U.S. Courts of Appeals: Understanding Why the 'Haves' Win." *Journal of Law and Courts* 4 (1): 65-102.

Tien, Hung-mao. 1989. *The Great Transition: Political and Social Change in the Republic of China*. Stanford, CA: Hoover Institution Press.

Tocqueville, Alexis de. [1835] 1984. *Democracy in America*. New York, NY: Penguin Books.

Ura, Joseph D. 2014. "Backlash and Legitimation: Macro Political Responses to Supreme Court Decisions." *American Journal of Political Science* 58 (1): 110-126.

Wasserman, Gary. 1997. *The Basics of American Politics*, 8th ed. New York, NY: Longman.

Wenzel, James P., Shaun Bowler, and David J. Lanoue. 2003. "The Sources of Public Confidence in State Courts: Experience and Institutions." *American Politics Research* 31 (2): 191-211.

Wu, Chung-li, and Chi Huang. 2004. "Politics and Judiciary Verdicts on Vote Buying Litigation in Taiwan." *Asian Survey* 44 (5): 755-770.

第六篇

中國大陸政治

第十九章

中國研究的延續、變遷與挑戰：
美國與臺灣的比較

蔡中民

壹、前言

　　當代中國研究（China Studies）與大環境異動息息相關，[1] 二戰結束後的研究重心聚焦在區域研究，資訊的取得與分析甚至研究目的都與總體局勢變化密不可分。然而，自中國在 1970 年代末推動改革開放後，美國的中國研究者得以進入田野取得第一手資料，同時亦有大量中國學生及學者前往海外交流及留學，有些甚至留下任教，讓美國的中國研究呈現一個嶄新的圖像。近年來議題的發展及整體研究成果則是在創新研究方法的引導下，出現了從區域研究向學科訓練轉化的趨勢，與臺灣的中國研究之發展不盡相同。本文旨在討論與比較美國與臺灣的中國研究之演變，尤其聚焦 1970 年代末至今的延續與變遷，乃至於今日面臨的挑戰。

　　總地來說，從 1949 年迄今美國及臺灣的中國研究皆經歷過幾個不同的時期，研究脈絡有所區別，無論是實證探索或是理論建構，側重點各異。美國及臺灣的學者也與中國學者從毫無接觸且無法進行田野調查到今日的密切互動。總體研究趨勢受到國際環境及中國內部局勢變遷的深刻影響，從冷戰對峙到改革開放，乃至於兩岸關係變化等。美國的中國研究重心由區域研究往學科訓練移動，而臺灣的中國研究則是由政治主導轉向學術優先，惟關鍵仍在於研究者所受之學術訓練及關注的議題。當前學術環境的要求與期待是美國的中國研究年輕學者最重要的考量，而臺灣則是面臨此議題成熟之際，出現後繼乏力的隱憂，嚴峻的外在環境更是所有中國研究者無法迴避的挑戰。

---

[1] 中國內部對於當代議題與發展稱之為「國情研究」，著名的研究單位有「清華大學國情研究院」與「北京大學中國國情研究中心」等，在臺灣早期使用「匪情研究」一詞，今日則改稱「中國研究」或「中國大陸研究」。本文採用學術界普遍的用法且能更適切地與美國學界相比較，統一以「中國研究」稱之，且指涉地區時皆使用「中國」，而非臺灣亦普遍使用的「中國大陸」或「大陸」，以免混淆。

本文的第一部分以討論柏克萊加州大學政治學系 Kevin O'Brien 教授曾發表三篇回顧美國之中國研究的文章為基礎，與其觀點進行深度對話並提供廣泛觀察與延伸性思考。第二部分則是分析臺灣的中國研究發展歷程，並對比美國學界的情況。第三部分說明研究者當前遇到的共同困境與挑戰，最後是結論。

貳、美國的中國研究之回顧與變遷 [2]

哈佛大學教授 Elizabeth Perry 曾對美國學界的中國研究提出一個批判性的觀點，認為學者們常常將中國與其他共產國家、後共國家甚至是其他東亞國家相比較，但中國與這些國家顯然不同，她主張中國研究的關鍵在於吾人要對中國共產黨作為唯一的政黨，其所掌握的純熟統治技巧需有清楚的認識。Perry（2007）指出長期的革命經驗給予當前中國的領導人相當有效的「控制式極化」（controlled polarization），全面地分化及治理這個國家。如此革命式威權主義的遺緒（revolutionary authoritarianism）能夠有效說明為何在面對極度紛擾的經濟與社會變遷時，共產黨政權仍有維持秩序的能力。就歷史發展與革命經驗來說，中國確實展現出與後共國家相當不同的一面，再者中國仍為共產主義國家，這恐怕也是中國研究始終無法被視為後共國家研究的一個面向之關鍵。即便近 20 年來相當熱門的比較威權研究（comparative authoritarianism）中，也較少見到將中國與其他國相比較的研究成果（Levitsky and Way, 2002），顯見中國作為研究個案的特殊性。

美國學界的中國研究深具全球影響力，不僅超越歐洲的漢學傳統，也極大程度地主導了這個領域的研究導向。而美國頂尖大學所訓練出來的中國研究學者，無論是美國籍或非美國籍（該群體又以東北亞國家為主），亦不管其是否在美國或是回各自國家就職，都在這樣的引導下，進一步強化美國的中國研究之優勢地位。即便是來自中國的學生與學者，也難以抗拒這樣的潮流，甚至積極加入。以研究中國抗爭政治（contentious politics）著名的美國柏克萊加州大學政治學系教授 Kevin O'Brien 在過去 20 年內發表了三篇關於回顧在美國學界內中國研究領域的文章（O'Brien, 2006, 2011, 2018），值得令人注意的是，這些文章中所強調的觀點並不一致。O'Brien 在 2006 年時首先主張許多起源自西方經驗的理論與概念並不適用於中國研究，例如制度化（institutionalization）、代表性（representation）、選舉等，因為其前提都是多元民主的開放環境。反觀當時中國研究學者的理論貢獻主要在於證明這些民主體制中所流行的概念其實並非普遍

2　此小節改寫自蔡中民，〈美國政治學界的中國研究之延續、變遷與挑戰〉（文獻回顧），《中國大陸研究》，第 66 卷第 1 期（2023 年 3 月），頁 85-107。感謝國立政治大學國際關係研究中心《中國大陸研究》同意轉載。

（general），需要將亞洲甚至中國的實證經驗納入考量。這個觀點突顯了長期以來中國研究始終在區域研究及社會科學學科訓練之間擺盪的矛盾。在東西方冷戰時期，美國主導的西方國家與蘇聯帶領的共產主義集團對峙，相關研究都是以訓練語言及情報人才為主，目的是在封閉且彼此排斥的國際格局下，盡可能地透過蒐集敵對方的蛛絲馬跡，在無法深入的情況下有所瞭解。香港中文大學的大學服務中心（Universities Service Centre）便在這種背景下於 1963 年成立，[3] 是 1990 年代以前中國研究學者最重要的資料來源及訪談場所。當時臺灣亦是中國研究的主要地區，以「匪情研究」作為主軸，更多是從國家安全及情報工作的切入，與實質意義上的學術研究有所距離。[4]

　　當中國於 1978 年底推動改革開放後，中國研究學者得以陸續進行實地田野調查，同時間也逐漸有中國學生與學者逐漸獲得機會出國求學以及訪學，與美國乃至世界的交流趨於頻繁。在這樣的宏觀背景變動下，中國研究學者與學科訓練的關係開始拉近，也嘗試與非中國研究學者溝通合作，關鍵做法還是從既有概念出發，藉由田野調查、大量訪談、書面資料蒐集等研究方法，試圖產生學理上的對話，甚至用中國的實證資料駁斥學界既有的論點。就理論面來說，中國改革開放所產生的真正學術價值在於讓學界能更嚴謹地對待中國此一個案，尤其是西方學界在進行理論建構時不能忽略中國的存在或僅是簡單將其視為異例（anomaly）。然而，提出現存理論與中國研究實證經驗不符之謎題（puzzles）並不困難，透過大量訪談或田野調查就能簡單清楚地釐清這些矛盾，讓這些疑問不再使人感到困惑（puzzling）。然而，這樣的研究發現看似深具理論意涵且忠實反映中國內部實際情況，可是卻容易讓研究者陷於過度強調個案複雜程度，忽略了深層次的邏輯推導。亦即，研究者容易掉入「為理論而理論」的陷阱中，或許可以輕易地挑戰既有理論之不足，卻無法將研究發現通則化或是提出更完整且具說服力的理論。準此，早期對於中國實證資料的系統性分析及發現，實際上達成的效果是更多地將以往被視為異例的中國經驗帶入社會科學中與其他學者對話，惟這些中國經驗並非違反或是包含（transgressive or contained），而是跨界（boundary-spanning）（O'Brien, 2013）。綜觀 1980 年代及 1990 年代，這樣的研究取向讓區域研究及社會科學理論發展相輔相成，更多關於中國的實證資訊被納入學理的討論中，豐富理論意涵之餘，中國研究學者們對於研究對象的瞭解也更為廣泛與深入。

---

[3]　該中心於 2021 年正式納入香港中文大學圖書館，https://www.lib.cuhk.edu.hk/en/libraries/ul/usc/。

[4]　「國際關係研究中心」為該時期最重要的研究單位，並於 1996 年納入國立政治大學，https://iir.nccu.edu.tw/。

然而，從 2000 年左右開始，O'Brien（2011）發現中國研究卻逐漸被空洞化（hollow out），原因在於學科及研究主題的分殊化（topical specialization and disciplinary specialization），美國政治學界的中國研究學者（尤其年輕一輩）不再以發表於頂尖區域研究期刊並與其他學科訓練的中國研究學者對話為主，而是專注於與政治學界內的其他學者進行理論交流。對這些中國研究學者來說，多大程度上能發表具備理論貢獻的文章比起如何深入地瞭解中國來說更為重要，甚至連流利的中文能力都非做研究的必然要素。當然，背後主要的驅動力還是職場環境與教職升等標準的變化，學術專業領域內工作場域的標準其實不必然有利於知識的累積。在政治學領域中，尤其是比較政治的範疇，對中國研究學者來說外在環境相對不利，年輕學者需要將他們的研究與既有理論相連結以獲得在頂尖期刊發表的機會，而這些出版表現又會被當作評量年輕學者乃至於求職的博士們之基礎。

以四份政治學領域中涵蓋主題較為廣泛的重要期刊為例：*World Politics*（*WP*）、*American Political Science Review*（*APSR*）、*American Journal of Political Science*（*AJPS*）及 *The Journal of Politics*（*JOP*），自 2000 年 1 月至 2022 年 6 月為止，*AJPS* 僅刊登過 11 篇與中國有關的文章，約占該時段中全部刊登文章的 1%；*WP* 刊登過 15 篇，占比約 4%；*APSR* 刊登過 15 篇，占比約為 1.5%；刊登文章數量最多的 *JOP* 也不過 23 篇，但占比僅約為 1%。[5] 這個現象背後的因素恐還需要更多的實證分析，不過在檢視過這些被刊登之文章的過程中可發現，採用量化研究方法的取向相當一致，或許可能原因並非中國研究的主題不吸引人，而是過往大部分中國研究學者著重採用質性研究方法。可以參考的資訊是，若從期刊數量來看，在 SSCI 區域研究類別的期刊中，總共有 84 份，以中國為刊名的有 8 份，[6] 加上與中國有關的亞太研究期刊有 16 份，約占總數的兩成，顯見仍是目前中國研究學者主要的發表對象，且這些期刊所出版的文章多數是以質性研究方法為主。此外，在 ESCI 區域研究類別的期刊中，總共有 83 份，其中僅有一份「*China Report*」是以中國為刊名，亞太研究則是有 4 份。一個值得注意的現象是，在 ESCI 屬性期刊中，以東南亞及南亞為主要研究區域的期刊數量相當多。

[5] *AJPS* 一年出版四期，一期約 12 篇至 16 篇文章，亦即一年總共刊登約 50 篇至 60 篇文章，20 年至少有 1,000 篇；*WP* 一年出版四期，一期約 4 篇至 5 篇文章，亦即一年總共刊登約 16 篇至 20 篇文章，20 年至少有 360 篇；*APSR* 一年出版四期，一期約 10 篇至 20 篇文章（從 2014 年左右開始增加篇數），亦即一年總共刊登約 40 篇至 80 篇文章，20 年至少有 1,000 篇；*JOP* 一年出版四期，一期約 25 篇至 35 篇文章，亦即一年總共刊登約 120 篇文章，20 年至少有 2,400 篇。詳細資料請見蔡中民（2023：附錄一）。

[6] 其中 *China Review* 及 *China: An International Journal* 分別於 2001 年、2003 年創刊。

　　相對應的發展是近年來研究主題的變化更為明顯直接，隨著中國對外開放程度愈來愈高，資訊獲取漸趨容易且數量龐大，已經沒有任何一個研究者能完整地蒐集、吸收並消化資訊，甚至是採用已處理過的二手資訊與數據同樣是一大挑戰。是故，研究者間進行分工合作的計畫乃為不可避免的大勢所趨，這樣的調整也起因於研究者可自由地前往任何地方進行田野調查並探索各種議題。[7] 某種意義上來說，中國研究出現類似政治學領域 1950 年代的「科學化」傾向，許多研究主題變得實際可行，又或可說在開放的內外環境下，中國研究進入成熟期，研究者不再僅是聚焦於中國特定面向的專家，而是在學科領域中能有所貢獻的學者。[8] 由此可見，分殊化確實促進了中國研究的「進步」（progress）。但隨著時間過去，分殊化的問題亦逐漸浮現，特別是有些議題過於狹隘，讓其他中國研究學者難以產生對話。本質上而言，主題的分殊化可以產生拼圖（jigsaw puzzle）的效果，但若是過度強調的話反倒會產生「見樹不見林」的困境，讓吾人失去綜觀全局的方向感，也無法確定這些零碎的拼圖湊在一起後是否能呈現一個完整的圖像。此外，學科分殊化其實會不利於以中國為核心的跨學科討論。以往在中國研究領域中常見各種學科領域的交錯討論，類似歐洲漢學（Sinology）的總體概念，含括了政治學者、經濟學者、社會學者、人類學者等，彼此研究中所使用的語言與概念流通無礙，更可相互推進。然而，這樣模糊的學科邊界卻被分殊化的傾向所清晰具體化，各種學科的研究者們忙於在各自的領域中探索中國議題，並與其他學者進行理論對話，當然也就無法期待與跨學科的研究者們交流，進而使中國研究內部的學科間壁壘高築，不同學科的研究者們被彼此的專業術語及狹隘主題區隔開來，不僅壓抑了跨學科合作的可能，也阻礙了吾人對於中國政治、經濟、社會乃至於文化等全面性地整合瞭解。以政治學來說，這是一個究竟重心要置於「政治學的中國研究」（China Studies in Political Science）還是「中國研究的政治學」（Political Science in China Studies）的艱難問題，當然此處的「政治學」可以替換成任何一個學科，相信都有類似困境。

　　換言之，就學科訓練而言的整合（integration）可能正是中國研究（區域研究）的破碎化（fragmentation）（O'Brien, 2018: 5）。學科分殊化讓中國研究學者難以組成跨學科的團隊，彼此間亦缺少共通語言，使得研究議題與論點更聚焦在學科內部，但是對中國研究來說卻不必然是有趣的問題。學科中心（disciplinary-centered）的研究發現有時難以讓許多中國研究學者所瞭解，又有時其理論貢獻顯然與中國研究無關，這種學科為主的理論及概念上之突破及貢獻對中國研究學者來說並不必然具啟發性，甚至有時

---

[7]　在 2000 年代，政治氣氛相對寬鬆，美國學者可至居民委員會及地方法院現場旁聽，獲取第一手的研究資料（Read, 2012）。

[8]　例如 Lily Tsai（2007）的專書便被認為是對比較政治理論產生相當貢獻的著作。

這些論點會明顯的讓人失望，僅會使不瞭解中國的人感到有趣（O'Brien, 2018: 6）。然而，學科分殊化並非全然沒有益處，中國經驗被引入政治學之中能有效平衡以往過度偏重歐美經驗的理論基礎，而在比較政治中甚至拉丁美洲及東南亞都有其理論上的一席之地，例如政黨政治、民主化、族群政治等，東北亞國家乃至與中國所產出的理論典範就相當少見。[9]

　　中國研究的學者們當然不需要在區域研究及學科訓練之間做出排他性選擇，反而應該思考吾人所面對的讀者及欲交流的對象，究竟是想瞭解中國的夥伴還是各自學科內的同僚，進而使符合學科要求與深化區域研究成為相互強化的正向關係。準此，相較經濟學或社會學等區域研究不太明顯的學科，政治學 —— 尤其是比較政治 —— 很難作到完全排除國家或區域脈絡的實證研究，且鑽研各國政治體制及運作的專家始終有其存在之必要性。以中國為例，即便總體研究的內外環境愈趨嚴峻，吾人其實需要進行更多（而非更少）的研究以瞭解這個巨大且重要的國家，更何況研究議題會隨風潮起落，過度學科本位將會使一些對中國來說的重要議題被忽略。再者，用根源於西方的理論及概念去檢視中國可能會導致「削足適履」的反效果，亦即過度重視可比之處而忽略了本質上差異，又或者是錯誤地推導出中國的政經運作邏輯與其他國家相似。此外，一個不可否認的事實是無論外界政治氣氛如何變化，至少在美國對於中國有興趣的人數並未減少，無論是學生、企業或是政界，假使研究者們無法提供關於中國更廣泛且具深度的知識，仍侷限在學科內部的狹窄議題上，將會使中國研究領域萎縮，最終也對學科發展產生極為負面的影響。

　　自中國改革開放至今已五十餘年，中國研究仍在區域研究及學科訓練之間擺盪，即便目前看來更傾向於學科訓練一端。對於政治學者來說，吾人更需釐清的是如何使中國研究實證經驗對學科理論有所貢獻，但是又得小心謹慎，避免過度抽象化而使中國的形象消失在學理論點的建構之中。就當前的中國研究年輕學者來說，隱約呈現一種集體趨勢，亦即採用混合研究法（mixed methods）、複雜的量化技巧、實驗方法、大數據分析等，針對一個明確的經驗事實提出疑問，進而與鉅型理論（grand theories）對話，但其研究發現簡單來說卻又可化約成一句話，例如 King 等人在 2013 年於 *APSR* 所發表的極具影響力之文章，核心論點就是「在中國召集群眾上街頭的訊息會被審查，但純然批評政府的言論則不必然會被刪除」（King, Pan, and Roberts, 2013）。這樣的結論同時也反映呈現在 Han 的研究當中（Han, 2015, 2018），儘管後者是以質化研究方法進行田

9　以第二次世界大戰後的高速經濟成長為主所發展出的「發展型國家」（Developmental State），是目前為止東亞國家最常被提及的理論典範，但其嚴格說來更像是「模式」（pattern）而非「理論」（theory）。

野調查及大量訪談，數據資料相對較少，因此顯見採用何種研究方法並非證成研究發現是否有效的關鍵因素。尤有甚者，中國政府管控意識形態的做法之一就是利用人工刪除敏感言論，由中共中央宣傳部及國家互聯網信息辦公室等下達指令，根據輿情話題制定審核規則，層層下發後由審核人員確認正確率，但其中涉及的媒體懲罰機制與審核人員的自我意識卻無法被釐清。[10] 此外，以往高層政治與政治菁英的研究多以質化方法或是描述性統計為主，近來也開始使用更多的量化方法，並與經濟發展議題相結合（Zhang, Zhang, Liu, and Shih, 2021）。

　　頂尖學術期刊強調研究方法的傾向可能會帶來的負面效應是學者在投稿後，收到的審查意見偏重於測量方法的準確性，或是假設檢定的有效性，而非研究發現的意義甚至是與理論對話的深度。當然，審查人本身是否具備該區域或國家的背景及知識也是另一種權衡。其次，檢證大量的經驗資料並不必然對豐富學理內涵有所貢獻，有時只是錦上添花，讓既有論點獲得到更多數據的支持。年輕世代的中國研究學者很明顯地精通許多創新的研究方法，例如因果推論（causal inference）、斷點迴歸分析（regression discontinuity design）、機器學習（machine learning）、調查實驗（survey experiment）等，讓中國研究學者在政治學追求方法創新的趨勢中不再是局外人或是落後者，甚至能主講研究方法的相關課程。[11] 精進量化研究方法的最大優勢在於能取得夠多的資料且進行得更細緻的分析，讓中國研究的年輕學者在求職時能與其他次領域的學者競爭，超越區域研究的侷限。注重編碼、操作化、因果關係等研究方法的嚴謹性讓中國研究更接近廣義的比較政治，相關研究成果可與既有理論對話，例如威權政體韌性、政治制度設計及資訊不對稱等。

　　然而，對於研究方法的投入卻也讓現階段的中國研究產生新的困境，囿於資料屬性與議題傾向，許多大型數據分析的結果往往是相當簡約的論點，此即 O'Brien 所說「single sentence findings」（O'Bbroen, 2018: 8），這樣的研究發現並無法協助讀者更清楚地瞭解中國，又或是強化對於理論的貢獻，無論是討論威權主義還是社會主義市場經濟制度，遑論促進對於其他國家威權政體的認識。總之，中國研究的理論化絕對不是簡單地將中國與其他國家相比較，或是在文章結論時把中國強行放在比較的框架中，這樣只是讓中國研究陷入更為嚴峻的空洞化危機。過度強調單一屬性的研究方法會使論點「去脈絡化」（de-contextualized）與「自我疏離」（self-isolating），致使其他中國研究學者難以與之交流對話。

---

[10] 筆者的中國學生曾在大型媒體工作，專門負責即時內容審查，發現許多政府審查機制的矛盾之處，相當具有理論意涵但並無法被量化研究所釐清，又或者說沒有數據資料可供分析。

[11] 例如 UCSD 的 Margaret Roberts 及 Stanford 的 Yiqing Xu，主要教授課程為資料分析、統計應用與因果推論等，並非中國相關議題。

中國研究至今仍在理論建構與實證分析之間掙扎，創新研究方法的引入與精進並未讓這個領域中的學者在知識累積上產生更大的貢獻，尤其當我們嘗試瞭解其他國家的威權主義政體時，中國研究的成果恐怕仍然很難有所助益，即便是我們最常見其與俄羅斯的比較，亦未見到深刻的理論產出。當吾人聚焦在比較研究與創新方法時，似乎同時也付出了犧牲脈絡與情境的代價，讓中國研究的圖像不再豐富與立體。以往慣常使用的田野調查及個案訪談能讓學者們更親近研究對象，也更能體會他們對於議題的認知，如今看來都有些費時費力，更何況當前的政治氣氛及環境讓這些親臨現場的做法愈加困難，亦消極地鼓勵了量化研究方法的傾向，驅使中國研究學者們尋找更多不熟悉的、非中國領域的聽眾，他們不特別在乎實證經驗的細節，而是偏好能用工具語言溝通。這或許是中國研究（甚至區域研究）的宿命。若是換個角度來看，中國研究可能正迎來一個輝煌的時期，有很多出身自中國的學者，本身就具備一定程度的認識，歐美年輕研究者則受到更嚴謹的學術訓練，而在此領域沉浸多年的資深學者們所發表的著作亦已具備相當影響力，似有水到渠成之勢。只是在這些光彩背後，如何讓區域研究與學科訓練進行有意義的對話仍有待更多的想像與測試，亦即當所有工具皆已齊備之時，下一個世代的中國研究學者恐將承擔更艱鉅的任務。

參、臺灣的中國研究之回顧與變遷

臺灣的中國研究從早期著重匪情分析到目前與美國以議題為主的趨勢相近，反映出在大環境變動下，政治掛帥與學術優先的更迭，而後者的發展又與美國的中國研究關係緊密，可與前述討論相互對照。過往有學者回顧臺灣的中國研究之發展（楊開煌，2000；沈有忠，2017），並可約略區分為不同時期。[12] 首先是 1950 年代至 1980 年代初的「匪情研究」，在中國對外封閉且兩岸敵對的情況下，研究重心並非學術分析，而是研判中國內部局勢供政府參考及滿足政治宣傳的需求，相關成果主要出版在 1958 年發行的《匪情月報》（後於 1985 年更名為《中國大陸研究》），[13] 1967 年發行的《匪情

---

[12] 亦有學者回顧美國之中國研究的變化，最早可見魏鏞（1973），及近期的徐斯勤（2001）和施正鋒（2013）。

[13] 《中國大陸研究》為當前中國研究領域中最主要的學術期刊，議題涵蓋廣泛，名列「臺灣社會科學索引期刊」（TSSCI）之一，原為「綜合類」，於 2023 年起列入「政治學」學門（https://www.hss.ntu.edu.tw/zh-tw/thcitssci/detail/50/68），詳細資料請參閱其網站：http://mcs.nccu.edu.tw/。

研究》（於 1969 年更名為《中共研究》），[14] 及 1975 年發行的《共黨問題研究》（於 2003 年改名為《展望與探索》）[15] 及其他官方刊物等。其次，1980 年代至 2000 年代間的轉型期，大環境的變動是中國內部結束文化大革命並決定改革開放，對外關係上則是與美國建立正式外交關係，這樣的變化直接影響臺灣的中國研究。西方學者可直接進入中國進行田野研究並接觸官員與民眾，臺灣作為研究中國的前線之重要性便相形降低。這段時間內許多接受西方學科訓練的臺灣留學生（其中又以美國為主）返國加入學界，加上兩岸關係逐漸放開，臺灣學者也能前往中國進行實地調查及與各方人士訪談，甚至是在檔案館中閱讀歷史資料，這些因素都鼓動了臺灣的中國研究之活力及學術性產出，尤其是立基於第一手資料的經驗性研究。伴隨著臺灣政治環境的民主化，中國研究相關議題的官方機密性與敏感性大幅降低，代之而起是普遍的公共政策討論與嚴謹的學術分析。

2000 年代之後，臺灣的中國研究討論的議題更加多元細緻，除了不再將中國視為特殊個案，而是置入宏觀的比較政治框架中與其他國家進行對照外，亦將研究對象聚焦在特定的區域或是個別產業，減低地區差異帶來的干擾以及從全國總體資料中無法觀察到的偏差，主要議題包括菁英政治與甄補、黨政制度變遷、中央與地方關係、國家與社會關係、政商關係、區域經濟、外交政策與國際關係等（吳玉山、林繼文、冷則剛，2013：395-492）。比較特別的是，隨著中國研究者人數的增加，也有針對這個群體所展現出的知識脈絡之研究（石之瑜、包淳亮，2010）。尤其是 2010 年以後，臺灣學者產出豐富的研究成果且具體展現於：一來有更多的臺灣學者在國際期刊上發表關於中國研究的文章；[16] 其次，在臺灣的政治學門學術期刊中，2010 年迄今以中國研究為題的期刊論文數量逐步增加。例如《台灣政治學刊》在 2010 年到 2022 年間出版過 10 篇以中國研究為主的文章，然而在此前自 1996 年發行至 2009 年的 13 年間總共只出版 4 篇。[17]《政治科學論叢》在 2010 年到 2022 年出版 19 篇，之前自 1990 年開始發行到 2009 年之間，僅出版過 6 篇關於中國的文章，還包括國民政府時期的研究及中國政治思想。《政治學報》在 2010 年到 2022 年間出版 16 篇，多集中在歷史與國際關係及地緣政治，而在此前的 17 年間（1993-2009）關於中國研究的文章僅 9 篇。

---

[14] 詳細資料請參閱「中共研究雜誌社」網站：https://iccs.org.tw/。

[15] 詳細資料請參閱「展望與探索」網站：https://www.mjib.gov.tw/eBooks/eBooks_Detail?CID=4。

[16] 儘管如此，絕大部分仍是以區域研究期刊為主，例如 *China Quarterly*、*China Journal*、*Journal of Contemporary China* 等。

[17] 詳細資訊請參閱「台灣政治學刊」網站：https://tpsr.tw/zh-hant。

　　總地來說，當前的中國研究已然發展為臺灣的政治學門中一個重要的次領域，研究議題趨向多元且研究方法質化與量化兼備，也有研究者與經濟學者及社會學者等進行跨學科合作，產生更多對話的空間。此外，與前述美國的中國研究發展趨勢相異的是，臺灣的中國研究並未出現區域研究與學科訓練嚴重分化的情形，又或可說進階的量化方法尚未被大量使用，無論是討論政治制度、高層甄補、產業政策、對外關係等議題，絕大多數的臺灣研究者仍以質性方法為主，透過深度訪談、田野調查及檔案研究獲取資料並佐以數據之分析。不過，臺灣的中國研究者人數在近年來出現停滯甚至有逐漸下降的趨勢，主要是受到臺灣留學生研究主題變化的影響以及國內培養的博士人數下降，此外還涉及內部研究資源分配以及外部兩岸關係與美中關係惡化，甚至是中國內部局勢變動等，都對當前中國研究造成極大挑戰。此外，另一個值得深思的現象是目前臺灣對於中國內部局勢發展的報導較為侷限，缺少對於社會、文化、歷史等面向的全面介紹，小可見偏頗的說法與修辭，臺灣社會整體反中的態勢相當明顯並隨著選舉週期到來而強化，此點與美國的情況十分類似。學者們的研究成果原先就不易傳達給決策階層及一般民眾，在此環境下更難以科普方式讓社會群體深入瞭解中國，無論其是好是壞。研究者本應跨出狹窄的專業領域與社會對話，提供學術論點與分析作為公共討論的基礎，而一般民眾在主觀感受來自中國的威脅時，若能對其內部政經情況與社會動態有更深的瞭解，或可更客觀地理性思考與判斷。因此，前述的發展趨勢對臺灣來說不利之處顯而易見。

　　此外，與美國學界相當不同的是，即便臺灣的研究者與中國學者往來密切，但在臺灣的中國研究場域裡並沒有中國籍學者，相形之下缺少「內部人」（insider）的觀察角度。再者，雖然過去三十多年來臺灣的中國研究受到美國影響很深，但是臺灣始終要處理特別且獨到的「兩岸關係」議題，並且相較於西方學者而言，臺灣學者對於中國的語言、文字及文化傳統更為熟悉，未來是否加入美國正在進行中的學科訓練與區域研究之爭論，還是能「去歐美化」進而發展出自己的方向，甚至能與中國學者的「國情研究」產生深度交流，都是值得觀察的方向。除了研究以外，與美國不同之處還有臺灣各大學的相關課程之需求與修課人數並未成長，且對於撰寫中國研究主題碩、博士論文的學生來說，政府機關、政策智庫乃至於私人企業的工作機會也沒有明顯增加，綜合來說對臺灣的中國研究之發展形成壓力。[18]

---

[18] 美國的大學內學生對於中國相關課程的興趣在美中關係惡化之際不減反增，來自政府機關、智庫及企業界對於瞭解中國的人才需求也在上升。相關訊息可參見 ACLS（2021）所公布的調查資料與分析。

肆、研究者面臨的困境及挑戰 [19]

　　2012 年底至今的十年間，習近平逐步鞏固權力基礎的同時，強化意識形態的做法致使一些研究主題與研究方法難以推進，例如政治發展、社會運動、問卷調查的相關議題等。另一個趨勢則是原先海外研究者與中國內部研究者大量合作的情況開始改變，共同執行研究計畫的難度增加。2020 年初開始擴散的新冠肺炎疫情與 2020 年 6 月通過的香港國安法，讓中國研究更形困難。學者們無法清楚瞭解哪些研究成果會被認定違反該法律或是有顛覆政權之嫌。該法條內容相當模糊但涵蓋範圍很廣，所有關於政治體制、國際安全、抗爭政治、國族認同、政府治理、社會矛盾等議題都可能觸碰到中國政府設下的底線而不自知，讓吾人難以自處。

　　2020 年初爆發的新冠肺炎疫情讓這種情況更形惡化，首先是田野研究的困難，入境及隔離政策使得前往中國內部進行研究與實體訪談相當不易；其次，線上會議及交流也產生相當程度的障礙，不僅要經過事前審查，[20] 會議過程中亦有發言被放大檢視的風險。同樣的情況也出現在教學場域，中國留學生因疫情返國後，參加美國大學的線上課程時，對師生雙方來說都備感壓力（Craymer, 2020）。雖然有學者根據自身經驗提出因應之道（China File, 2020），不過一個顯而易見的事實是無論如何，沒有任何一個老師或學生能完全免於這些風險的威脅，關鍵就是中國的國家安全相關法律及其治外法權（extraterritorial scope）。臺灣因為北京在 2020 年 4 月時宣布暫停中國畢業生來臺升學，加上 2020 年 1 月臺灣暫緩陸生延修生入境，致使在臺陸生人數從 2016 年最高峰的近 41,975 人，[21] 到今年恐怕僅剩 2,000 人左右。陸生人數驟降以及疫情期間大多數時間仍以實體課程為主的情況下，臺灣的教學環境並沒有遇到太多的風險問題。不過中國的政經局勢及外交政策等變化迅速，對區域乃至全球的總體環境的影響很大，對研究者來說，持續性地進行研究工作至關重要，同時亦需盡可能地呈現一個關於中國全面且正確的圖像，以便所有人，包含中國內部民眾，瞭解這個國家及其逐漸強大所帶來的挑戰。

---

[19] 此小節改寫自蔡中民，〈美國政治學界的中國研究之延續、變遷與挑戰〉（文獻回顧），《中國大陸研究》，第 66 卷第 1 期（2023 年 3 月），頁 85-107。感謝國立政治大學國際關係研究中心《中國大陸研究》同意轉載。

[20] 北京大學於 2020 年 8 月 19 日首先公布「關於規範參加外方主辦的線上國際會議申報審批的通知」，要求師生至少在會議前 15 天進行申報，港澳臺地區的會議比照辦理。全文請見：https://eecs.pku.edu.cn/info/1046/2971.htm。而後，許多大學陸續公告相同的規定。

[21] 詳細資料請見陸委會網站：https://www.mac.gov.tw/cp.aspx?n=A3C17A7A26BAB048。

　　沒有任何一個國家或政府能刻意形塑中國為全球的威脅或挑戰，並阻礙中國研究以及扭曲學生們應該獲得的知識。是故，學校教育與學術訓練必須維持中立客觀，正反面並陳。同時，研究者們也必須仔細地思考如何在面對中國壓力下處理複雜的議題，尤有甚者，這些問題並不會隨著疫情緩解及如今中國已重新對外開放而結束，反而更加開展。吾人必須準備一套策略來面對這項長期挑戰。之前研究者們面臨的最大問題是中國政府的阻撓與干擾（Greitens and Truex, 2020），現在更多則是個人缺少人脈與經費等資源支持之困難，最終需要研究者自行解決。在目前大環境變動下，不只是從事中國研究的學者本身，美國的大學以及研究機關都應具備風險意識，尤其是多所西方大學在中國設置校區，例如上海紐約大學、[22] 昆山杜克大學等，[23] 機構間的合作亦相當頻繁。[24] 美國的中國研究的學者能協助辨識風險，提醒可能產生的副作用，並提供較不熟悉中國的同仁們一些可能的處置措施。自然科學研究與社會科學研究面臨的風險不盡相同，前者更多是美中競爭的關鍵，著重技術移轉及智慧財產權歸屬等，後者則是具體交流受到影響。臺灣的情況相對來說沒有美國那麼複雜，然而無論是國家安全或是學術研究，吾人都需要對於今日中國研究所形成的挑戰有清楚的認識，清楚認知到持續與中國學界互動及對話是必要且有利的。可惜的是，美國對於中國學者及學生採取拒發簽證或是遣送出境的做法，長期恐會形成雙輸的局面（Anderson, 2020）。中國禁止學生來臺求學也會產生類似的負面效果，惟有共同創造一個開放且友善的環境，才能促進交流與認識，避免政策上的誤判及社會間的對立。

伍、結論

　　中國研究在當前的政治氣氛與學術環境變化下面臨一個關鍵時刻，回顧過往的七十餘年，從冷戰格局下的區域研究與匪情研究到中國改革開放後，實地進行的田野調查與觀察及第一手訪談資料對學理的補充修訂，乃至於現在美國學界大規模採用進階量化方法對許多議題的去脈絡化處理，各個時期展現出不同的特色。可惜的是，美國的中國研究發展至今已偏重與學科對話的能力，而不是對中國的全面且深刻的瞭解。研究方法上從質化到量化乃至於質量並行的演進，意在解決偏重單一方法的缺點，但兩者之整合未如預期般地相互輔助，反而在學科優先的情形下，量化方法明顯更占優勢。臺灣的中國

---

[22] 由紐約大學與華東師範大學合作創辦，詳細資訊請見該校網站：https://shanghai.nyu.edu/。
[23] 由杜克大學與武漢大學合作創辦，詳細資訊請見該校網站：https://www.dukekunshan.edu.cn/。
[24] 根據作者的訪談，許多此類大學中的非中國籍學者已逐漸離開。

研究並未出現如美國般的學科訓練與區域研究之矛盾，研究方法上仍以質化為主，相較以往的匪情研究，如今的議題多元且更為細緻，本質上由政治轉向學術。從美國及臺灣的發展經驗來看，研究主題始終是學術關懷的核心，在此概念下，讓不同方法取向的學者相互合作，使研究設計更加完整並能推導出具說服力的論點，或許能緩解美國當前的困境，亦能推動臺灣的學術研究更加精進。

　　此外，當前的政治氣氛與國際環境對中國研究者相當不利，而美國及臺灣的媒體與社會普遍存在的反中態度亦有間接影響。然而，不同的是，美國教育體系內對於相關課程的興趣及產業的人才需求並未因美中關係惡化而減少，反而更加強烈；反觀臺灣在兩岸關係急凍後，學生對於投入中國研究的興趣明顯下降，產業界內的相關工作機會亦相形見少，學界亦逐漸出現後繼無人的窘態。然而，教育訓練是學術研究的根本，而學術研究又能進一步作為公共討論及產業發展的基礎，如何客觀地介紹中國並引導學生及社會大眾思考，是美國與臺灣的中國研究者需要面對的共同挑戰。最後，雖然美國的學科訓練與區域研究之爭並未出現在臺灣，但值得吾人警惕。對臺灣來說，中國本就有其特殊歷史及政治意義，中國研究者更須把握學術與政策之間的關係，前者不能為後者服務，後者亦不能主導前者，但若兩者完全分離，將會產生「學術空洞化與政策盲目化」的不良後果，[25] 其中分寸如何拿捏不可不慎。總之，美國與臺灣的中國研究發展至今各有其延續與變遷，兩地的研究者如今面對不同的困境與類似的挑戰。臺灣的中國研究在過去三十餘年具西方訓練背景的研究者之投入下，成功地去政治化並強化學術導向，成為一個成熟的研究領域，研究者若能善用熟悉語言文化的優勢，在議題主導下整合不同研究方法，可期待未來在全球的中國研究場域中占據一個重要的位置。

---

25 此處借康德名言：“Thoughts without content are empty, intuitions without concepts are blind. The understanding can intuit nothing, the senses can think nothing. Only through their unison can knowledge arise.”

參考書目

石之瑜、包淳亮，2012，〈在臺灣研究中國／大陸；知識政治與政治知識〉，《展望與探索》10（10）：34-55。

吳玉山、林繼文、冷則剛（編），2013，《政治學的回顧與前瞻》，臺北：五南。

沈有忠，2017，〈21 世紀國際政治變遷下臺灣的「中國大陸研究」〉，《全球政治評論》（60）：33-50。

施正鋒，2013，〈中國研究的發展與課題〉，《臺灣國際研究季刊》9（4）：1-37。

徐斯勤，2001，〈新制度主義與當代中國政治研究：理論與應用之間對話的初步觀察〉，《政治學報》（32）：95-170。

楊開煌，2000，〈臺灣「中國大陸研究」之回顧與前瞻〉，《東吳政治學報》（11）：71-105。

魏鏞，1973，〈行為研究與美國之中國研究〉，《政治學報》（2）：51-68。

American Council of Learned Societies (ACLS). 2021. "China Studies in North America: A Report on Survey Research by the Luce/ACLS Advisory Group 2021." https://www.acls.org/wp-content/uploads/2021/12/China-Studies-in-North-American-Report.pdf (accessed July 15, 2022).

Anderson, Stuart. 2020. "Inside Trump's Immigration Order to Restrict Chinese Students." *Forbes*: https://www.forbes.com/sites/stuartanderson/2020/06/01/inside-trumps-immigration-order-to-restrict-chinese-students/?sh=6b4ae303beca (accessed July 15, 2022).

China File. 2020. "How to Teach China This Fall." https://www.chinafile.com/reporting-opinion/viewpoint/how-teach-china-fall (accessed July 15, 2022).

Craymer, Lucy. 2020. "China's National-Security Law Reaches into Harvard, Princeton Classrooms." *The Wall Street Journal*: https://www.wsj.com/articles/chinas-national-security-law-reaches-into-harvard-princeton-classrooms-11597829402 (accessed July 15, 2022).

Han, Rongbin. 2015. "Defending the Authoritarian Regime Online: China's 'Voluntary Fifty-Cent Army'." *The China Quarterly* 224: 1006-1025.

Han, Rongbin. 2018. *Contesting Cyberspace in China: Online Expression and Authoritarian Resilience*. New York, NY: Columbia University Press.

King, Gary, Jennifer Pan, and Margaret Roberts. 2013. "How Censorship in China Allows Government Criticism but Silences Collective Expression." *American Political Science Review* 107 (2): 326-343.

Levitsky, Steven, and Lucan Way. 2002. "Elections without Democracy: The Rise of Competitive Authoritarianism." *Journal of Democracy* 13: 51-65.

O'Brien, Kevin. 2006. "Discovery, Research (Re)Design, and Theory Building." In *Doing Fieldwork in China*, eds. Maria Heimer and Stig Thøgersen. Honolulu, HI: University of Hawaii Press, pp. 27-41.

O'Brien, Kevin. 2011. "Studying Chinese Politics in an Age of Specialization." *Journal of Contemporary China* 20 (71): 535-41.

O'Brien, Kevin. 2013. "Neither Transgressive nor Contained: Boundary-Spanning Contention in China." *Mobilization* 8 (1): 51-64.

O'Brien, Kevin. 2018. "Speaking to Theory and Speaking to the China Field." *Issues & Studies* 54 (4): 1-11.

Perry, Elizabeth. 2007. "Studying Chinese Politics: Farewell to Revolution?" *The China Journal* 57: 1-22.

Read, Benjamin. 2012. *Roots of the State: Neighborhood Organization and Social Networks in Beijing and Taipei*. Stanford, CA: Stanford University Press.

Greitens, Sheena Chestnut, and Rory Truex. 2020. "Repressive Experiences among China Scholars: New Evidence from Survey Data." *The China Quarterly* 242: 349-375.

Tsai, Lily. 2007. *Accountability Without Democracy: Solidary Groups and Public Goods Provision in Rural China*. New York, NY: Cambridge University Press.

Zhang, Qi, Dong Zhang, Mingxing Liu, and Victor Shih. 2021 "Elite Cleavage and the Rise of Capitalism under Authoritarianism: A Tale of Two Provinces in China." *The Journal of Politics* 83 (3): 1010-1023.

第二十章

中國的多邊外交：臺灣學術社群研究之比較分析[*]

冷則剛、賴潤瑤

壹、導論

多邊主義是當代外交政策研究關注的重要課題之一。二次大戰之後，美國以世界超強的地位，建構新的自由國際秩序（liberal international order）。這個秩序的經濟支柱，是布列敦森林體系之下所建構出來的多邊架構，諸如國際貨幣基金會、世界銀行、關稅及貿易總協定，以及隨後的世界貿易組織等。在區域安全上，歐洲國家建立北大西洋公約組織；在蘇聯陣營中，有華沙公約組織等多邊制度建構；在全球架構下，則有環繞著聯合國以及各種區域性的多邊制度安排。因此，多邊主義並不是權力分散，而是大國外交行使的另一種工具。大國透過多邊外交的安排，一方面協調盟國的共同行動，另一方面連結國內的政治與經濟利益，既提供公共財，也極大化權力的廣度及深度。此外，大國主導下的多邊外交除了制度安排以外，也建構一個特定的意識形態及價值體系。冷戰結束後，西方的民主自由成為普世價值，也成為了美國主導的多邊主義核心。國際體系中的中小型國家，也設法善用多邊的制度安排，達成避險的目標。

近 20 年來，中國以巨大的經濟體量，以及有別於西方的意識形態與政治體制，崛起於國際社會，引起舉世的矚目。中國是聯合國常任理事國。在論述上，也強調以聯合國為核心的多邊外交重要性，反對霸權的單邊主義。此外，中國也反對以單一意識形態主導的多邊主義。在外交政策執行上，主張站在廣大開發中國家一邊，建構以南方國家為主的多邊制度架構。然而，西方國家對中國的多邊外交充滿疑慮。不少分析家認為中國的多邊外交，事實上是與美國爭霸的工具，其目的在輸出中國發展模式及意識形態。而其「一帶一路」計畫，則意在以經濟力量擴充政治影響力。而中國在聯合國及其附屬

---

[*] 本文內容曾刊登於冷則剛、賴潤瑤，〈中國的多邊外交：台灣學術術社群研究之比較分析〉（一般論文），《問題與研究》，第 62 卷第 1 期（2023 年 3 月），頁 47-84。感謝國立政治大學國際關係研究中心《問題與研究》同意轉載。

組織的滲透，則企圖改變或是重寫國際組織的遊戲規則，朝對中國國家利益有利的方向發展。中國近年積極參與國際組織，並且推廣多邊主義的外交理念。因此，政治學界對於中國在聯合國的人權組織、維和行動、氣候協議參與策略，以及與非洲各國的雙邊關係，皆累積了相當豐碩的研究成果。本文仔細檢視了近十年來臺灣學界使用中英文撰寫，並且以中國多邊外交為主題的學術論文，發現我國國際關係學界的理論觀點多元，但是對於議題項目仍有侷限，無法觸及中國在歐洲、拉丁美洲和非洲區域組織的參與。因此作者依據臺灣學術文章檢索的結果，將本文聚焦於東南亞國家協會（ASEAN）、亞洲基礎建設投資銀行（AIIB）與一帶一路倡議，作為臺灣學者分析中國多邊外交的重要案例。

　　本文的主要目的在瞭解臺灣學者如何研究中國的多邊外交，研究成果展現了哪些特色，以及與國際學術界研究此一議題的連結。有關臺灣學者研究成果收錄的範疇，則主要以 2012 年之後的著作為主。本文首先就中國官方及學術界，以及國際學術社群，針對中國多邊外交概念及理論架構的研究，以及政策與執行層面的分析，做一整理爬梳。接下來則探討臺灣學者對中國多邊外交的總體性研究，做出了何種貢獻，其與國際關係中多邊外交分析傳統的關聯性如何。此外，本文也針對中國多邊外交的個案，探討臺灣學者研究成果與國際學術界研究取向之異同。選擇的案例則以中國與 ASEAN 的關係、AIIB，以及一帶一路為主。本文最後則從中國多邊外交的研究出發，提出未來研究議題與方向的建議，以期對未來的研究發展貢獻綿薄之力。

貳、中國與國際學術社群認知下的「多邊外交」：理論與概念的探究

　　就西方國際關係理論的概念化過程而言，多邊外交的源頭是二次大戰後所建構的「自由國際秩序」（liberal international order）。冷戰結束後，美蘇兩大陣營對峙不再，政治學界與政策智庫專家將研究重心聚焦於自由國際秩序的維持與挑戰。這個概念目前在國際關係領域是一個爭議性的議題，例如現實主義學者認為自由國際秩序一詞本身是一個誤用。使用「以美國強權所支持的國際秩序」（U.S. led international order）更能精確地描繪權力政治的本質。然而，根據目前自由主義理論、全球治理與政治經濟三方面的文獻，指出國際關係學者對於自由國際秩序一詞，有三個重要面向：重視法律規範（rule-based system）、多邊主義（multilateralism），以及經濟自由主義（economic liberalism）。這三個概念對於二次大戰後國際組織與區域組織的運作有著長遠的影響（Larson, Forthcoming）。

　　多邊主義是國際關係領域中一項重要的研究主題，而其概念本身近年來也經歷了一些變化。1990 年代初期，多邊主義意指國家之間的互動，經由特定的組織或是制度安排，讓原本有不同利益與政策偏好的國家，形成共同的規範與原則，最終能夠達成具體的協議（Ruggie, 1992）。因此，多邊外交的具體展現，在於主權國家願意遵守國際組織中多邊對話與協商的機制。

　　冷戰結束後，亞洲地區經歷了區域組織與多邊主義蓬勃發展的時期。從 1990 年開始，ASEAN 便積極地主導亞洲多邊主義的進程，成立了亞洲區域論壇（Asia Regional Forum）、東協加三對話協商機制（ASEAN+3），以及東亞高峰會（East Asian Summit）等，展現出 ASEAN 在區域政治中關鍵的角色（Tan, 2020）。國際關係學者 Kai He（2019）對於亞洲多邊主義的發展，也提出了兩個不同時期的劃分方式。在 1990 年代到 2008 年金融風暴發生之前，多邊主義處於 1.0 時期，由 ASEAN 所推動。從 2008 年至今，亞洲多邊主義產生新的變化，進入了 2.0 時期，由美國、澳洲、中國、日本等國家，分別建立了四方安全對話（QUAD）、印太架構（Indo-Pacific Framework）以及 AIIB。這些區域外交機制皆不同於 ASEAN 的所推動的多邊主義。He 的研究指出，即使美中兩國在亞洲的權力競爭日漸白熱化，多邊主義 1.0 和 2.0 仍然會同時存在，彼此截長補短，維持亞洲秩序穩定。

　　本文將著重於中國近年來積極參與國際組織與多邊協商機制，對於自由國際秩序的影響。美國學者 Alastair Iain Johnston（2019）認為，由於國際政治中眾多的議題，包括不同類型的秩序與規範，因此很難針對中國是否對於（整體的）自由國際秩序造成挑戰做出一個定論。他進一步檢視國際秩序的本質，將現有議題分成：構成性、軍事、政治發展、社會發展、貿易、金融、環境保護、資訊等八大領域。江憶恩認為未來國際關係學者可以依據不同的領域，發展出具體可操作的定義，更深入理解中國多邊主義與世界秩序的關係。

　　近年來，國際關係學者也採取不同觀點探討中國在多邊組織的參與策略。例如 Xiaoyu Pu（2012）運用社會化（socialization）過程的理論，仔細描繪出中國自身在國際組織內角色的變化。隨著國家實力提升，中國政府也更積極地加入國際組織，從早期的規範接受者（norm taker）逐漸轉變成規範製造者（norm maker）。因此，社會化並非是一個單項進程，而是由中國、國際組織、政治規範三者複雜的互動過程。Jessica Chen Weiss 與 Wallace（2021）提出以一個威權政體的國內政治的角度，理解中國參與國際組織與多邊主義的策略。他們認為中國國內政治中的集權程度（centrality）與不同政府部門間的異質性（heterogeneity），是兩個重要的因素，進而影響中國政府在一些特定議題上，是否給予積極或是消極的官方態度。總體而言，中國多邊外交涵蓋了不同議題範圍，因此很難以一個挑戰者或是現狀維護者二分法的標籤，描述中國近年來外交政策的轉變。

上述研究呈現出對於多邊主義的概念較抽象與長期的理解。如果採取「中國與特定多邊組織之互動」的定義來檢視中國與 ASEAN 的關係，以及一帶一路基礎建設計畫，那麼前者的本質仍然屬於中國—東協的雙邊關係，而後者是屬於複合式的雙邊關係，亦即中國與個別國家簽訂投資計畫。然而，此種對於多邊主義概念嚴謹的劃分，將無法觸及近年來東西方國際關係學者對於這項議題多元分歧的研究途徑。本篇論文採取回顧的方式，檢視近十年來臺灣與國際政治學者對於多邊外交的研究成果，因此本文採取比較寬鬆的標準，呈現出不同的理論觀點與概念演變。中國和國際組織互動的策略，或是中國逐漸參與全球與區域治理的過程，都是目前國際關係領域中探討中國多邊外交的範疇。

誠然，對於多邊主義的形式與定義，中國、臺灣與西方學界看法不盡相同。本論文檢視近十年來，政治學者所發表關於由中國所主導推動的多邊機制與對話平臺之中、英文學術文章。例如上海合作組織、一帶一路基礎建設計畫、AIIB，以及中國參與由亞洲國家所主導的 ASEAN 等。本文中所提及的個案研究，不僅能夠展現出中國在不同議題類別上，如何推動多邊外交的策略，同時也展現出中國政府在「多重雙邊主義」的互動框架中，增進自身的利益。因此，中國多邊主義奠基於中國與個別國家的雙邊關係基礎上，以此逐漸發展出多元且有彈性的互動方式，具體地反映在中國外交政策的推行（Liu, 2019）。

中華人民共和國於 1970 年代進入聯合國後，對以聯合國為主體的多邊架構並不特別積極。隨著中國國力的增強，美中對立的態勢逐漸成形，中國對多邊外交轉趨積極，並提出中國對多邊外交的詮釋。習近平在 2022 年金磚國家第十次領導人會議中提出中國版本的「真正的多邊主義」包含了：「維護公道、反對霸道，維護公平、反對霸凌，維護團結、反對分裂。……深化反恐、網絡安全等領域合作，加強在聯合國等多邊框架內協調，在國際舞臺上為正義發聲。……全球發展倡議，旨在推動聯合國 2030 年可持續發展議程再出發，推動建構全球發展共同體。中方願同金磚伙伴一道，推動倡議走深走實，助力實現更加強勁、綠色、健康的全球發展。」此外，習近平強調「金磚＋」模式不斷深化拓展，成為新興市場國家和開發中國家開展南南合作「實現聯合自強的典範」（人民網，2022）。

王毅（2021）也提出中國對「偽多邊主義」的反對意見。王毅指出，儘管西方與中國在諸如民主、人權等西方核心議題上有所歧異，但是中方的多邊主義論述有其特殊的邏輯。中方認為多邊主義有力地推動了國際秩序的民主化與現代化。中國的多邊主義是以聯合國為中心，以區域合作組織為補充，國際法為基礎推動世界各國超越社會制度、歷史文化的差異，並反對以莊家通吃、冷戰思維為內涵的「偽多邊主義」。中方的多邊主義也特別強調各國應拋棄意識形態偏見，尊重彼此的發展道路。多邊主義的目標之一是推動對話，承認分歧，促進互相瞭解。

由此可見，中國版本的多邊外交，富含「反霸」的意義，同時高舉道德主義的大旗，以及南南合作的訴求，以期建構一個更公平的國際秩序。反美國的單邊主義，是中國多邊外交的主軸。準此，秦亞青認為，美國主導的多邊秩序事實上是要遂行其霸權制度主義（hegemonic institutionalism）。而激進民族主義與硬性現實主義的出現，其根源事實上是治理的效果不彰。以任何一種單一治理模式貫穿多邊治理，勢必窒礙難行。國際社會必須容納更多樣性的治理模式，更多元的行為角色，避免單一國家的自我中心主義，方能以經濟福祉為核心，重建全球治理的互信（Qin, 2020）。馮紹雷（2021）則指出，美國從阿富汗撤退，更使得原來以西方為中心的全球轉型，進一步轉向觀念型態多元化，發展道路多樣化，力量結構多極化的架構。因此，新的多邊主義會與原來美國的霸權秩序脫鉤。更多國家採取新中立或不結盟的態度因應國際變局，以期超越對抗，化敵為友。根據馮紹雷的說法，各民族自主選擇自己的道路，是更廣義上的對自由價值的訴求。鄭永年（2021）則認為西方對中國多邊外交的攻擊，主要源於西方國家內政治理不彰，將國內不滿的注意力轉嫁到中國。鄭永年認為中國的多邊主義 2.0 版本有以下三個特點：1. 多邊的；2. 針對問題的，如上海合作組織、金磚國家、一帶一路及 AIIB 等；3. 開放包容的，也歡迎美國參與。鄭永年也認為當前中國已有能力在多邊主義 2.0 的基礎上改造現有國際秩序，爭取話語權，但避免「把自己看成世界」。這種說法顯然是針對美國主導的 QUAD，自由開放印太策略等因應中國崛起的多邊安排而言。

中國在推動多邊外交時，的確具有「反美國的單邊主義」的戰略思維。然而這個以「反霸」思維的出發點，並不能夠代表中國積極參與國際與區域組織的全貌。即便美中兩國在國際安全議題上競爭激烈，但是中國仍然身處亞洲，面對眾多不同類型與不同經濟發展程度的鄰國。因此，中國與國際多邊組織的互動策略，主要是基於國內政治發展、國家利益的認知理解、國際形象三種因素綜合考量。不論是多邊組織參與或是雙邊關係的經營，中國外交政策仍然以維護國家利益為最重要的前提。在中國的大戰略，反映出「大國是關鍵、周邊是首要、開發中國家是基礎、多邊是重要舞臺」的宏觀視野。

此外，中國論述下的多邊主義，也重新賦予諸如民主、自由的實際內涵，並設法擺脫以安全為主軸的多邊架構，轉而以永續發展等民生議題，作為中國多邊外交的重點。舉例而言，中國資深外交官傅瑩用「systematic conversation」來取代「systematic rivalry」的說法。傅瑩主張，多邊主義不應植基於某一特定政治體系的理念。多邊主義應特別強調具有舉世普遍性的共享價值，諸如和平、發展、公平、正義、民主與自由。以歐盟為例，由於歐盟與中國都認知到多邊主義不是為單一國家服務，因此歐盟有責任化解美國與中國間的矛盾與歧見。中國與歐盟在具體與人類福祉有關的項目上，諸如公共衛生、食品安全等議題，有深入合作的空間。儘管中國與歐盟在投資保障協定上遇到不少障礙，但雙方仍於 2020 年 9 月簽訂 EU-China Landmark Geographical Indications Agreement，結合食品安全、投資保障、智慧財產權，以及綠色數位夥伴的制度性安排（Fu, 2021）。

更重要的是，多邊主義的思維與運用方式，確實對於中國外交政策產生了具體的影響。黃瓊萩指出中國在國際干預的外交政策上，反映出本身「多重雙邊主義」的觀點。例如，對於是否在聯合國安理會決議中，投票支持或是反對干預利比亞和敘利亞兩國時，中國主要考量因素包括：中國與被干預國家的雙邊關係、中國與強權國家的互動和中國與周邊國家組織的關係共同決定（黃瓊萩，2015）。此外，近年來習近平主政期間，中國政府積極推廣人類命運共同體的論述，並將這個外交理念運用到中國多邊外交的運作之中，以包容性與連結性為主，深化中國與周邊國家之間的雙邊關係，此一概念已經成為中國外交論述的基礎，幫助北京政府進一步推動新型大國關係（Bisley, 2020）。

西方學者對中國多邊外交的分析汗牛充棟。不少著作也將中國的多邊外交放在美中關係的主軸中，以及認知差距的角度分析。此外，也將中國的多邊外交與亞太地區的特殊區域現況作一連結。如同 T. J. Pempel（2019）所言，中國所處的亞太地區多邊環境頗為複雜。亞太地區有多種多邊制度安排，成員重疊，議題有合作也有競爭。由於大國權力衝突日益激烈，儘管有愈來愈多的多邊組織及制度，但各國合縱連橫更加複雜，亞太的多邊共識不容易達成。這種狀況可能會成為亞太地區的新常態。中國近 30 年來的崛起，其面對的外在區域多邊環境顯得特別複雜。在多邊架構下，各國對中國的認知也各有不同。美國對中國日漸具侵略性，以及霸權主宰的認知，也與期待失調有關。美國當初將中國引入國際多邊架構，主要是期待中國能被馴化，成為西方認知下的民主自由市場經濟。Suisheng Zhao（2019）則指出，美國之所以認為多邊外交被中國誤用，成為養虎遺患，其根源在於美國心中不願面對一個實際存在的中國，只願意從心中理想的中國來檢視中國崛起，自然產生認知失調的狀況。

此外，不少著作不純然從國際體系的變遷出發，而是將中國的多邊外交與國內發展聯繫起來分析。Clarke（2019）的研究顯示，雖然中國的多邊外交主要的著眼點，是提供一個有別於美國的區域及全球秩序安排，但是為因應美國對中國的圍堵策略，必須在國內安全及經濟持續發展上繼續往前邁進。因此，中國的對外政策及多邊外交，必須與國內發展的考量一併分析。以一帶一路為例，中國的策略是以經濟工具整合中國西部國土與中亞地區的語言、文化，以及民族的多樣性。過去 20 年來中國針對西部大開發的策略，著重在「對口支援」，將東部沿海富裕區域的資源與西部開發的需要整合，是一種內向型的發展機制。事實證明，這種「向東望」的發展策略並不成功。一帶一路則是「向西望」的發展策略，以多邊的方式，面向國際，以確保國內發展的能源安全，並滿足反恐的需求。因此，中亞多邊機制的基礎仍是國內發展。此外，中國多邊外交引起諸多糾紛與疑慮，也與自身的經驗缺乏，以及跨國企業運作的失誤有關。Suisheng Zhao（2020）認為中國的國營跨國企業對外擴張過快，但沒有足夠的經驗管理風險，與地主國的關係也不順暢。中國銀行對外的資產管理及資源分配經驗也十分缺乏，因此形成「戰略透支」的風險。

John Owen（2021）同樣強調中國內政發展與對外多邊外交的聯繫。有別於適者生存的原則，Owen 用「共變」（co-evolve）來形容中國對外政策的考量。與其被動去適應外在環境，中國的策略是主動創造利基（niche construction），改變外在環境，以利國內經濟發展，以及強化共產黨執政的正當性。因此，改革開放以來的中國外交向來不是韜光養晦，而是主動積極。只是在不同的時間階段，採取的策略不同而已。中國的策略是讓更多民主國家在經濟上依賴中國，同時弱化任何對中國國內發展不利的制度安排。準此，中國必須透過多邊外交，來創造利基，尤其是滲透進聯合國組織。與此同時，中國也推動南南合作，使得國際制度與組織對開發中國家更加公平。

Xue Gong（2019）也指出中國在東南亞國協國家中的多邊外交，也含有「分而治之」的戰略，以不對稱的雙邊關係與多邊外交並行，並從中極大化中國的國家利益。因此，ASEAN 國家強調團結，以防範中國的分而治之策略。對中國的信任度也持保留態度。但落實到執行層次，則可發現中國地方政府與 ASEAN 國家的關係連結。Gong 指出，地方政府對於投資合作備忘錄的簽訂有興趣，但是否能執行則是另外一回事。各地方政府之間也有競爭關係。在中央集權的狀況下，地方政府往往樂於簽訂紙上合約，但在執行上觀望，等待中央的指示。因此地方政府與 ASEAN 之間的關係不如表象上如此密切。但是 Ming Jiang Li（2019）對中國地方政府參與 ASEAN 多邊外交保持較為樂觀的態度。他也認為中國對 ASEAN 國家採取分而治之的策略。但是李明江認為以廣西省為例，在經濟利益的推動下，地方政府成為多邊連結的推動器、執行者以及加速器。透過諸如湄公河流域，以及北部灣等合作計畫，廣西對中央討價還價的籌碼增加。廣西地方政府也藉由中國－東盟博覽會、廣西－東盟經濟技術開發區，以及廣西各大學的東盟中心，將廣西打造成與東盟交流的關鍵節點。

此外，習近平主政以來所強調的中華民族偉大復興，也展現對內凝聚文化共識，對外爭取國際話語權，以文化重新塑造中國形象的戰略企圖。因此，中國的文化多邊外交也成為引人注目的研究課題（Huang and Lee, 2019; Wang, 2018）。在聯合國的架構下，中國積極參與聯合國教科文組織（UNESCO），以文化遺產保存作為多邊外交的平臺，並以軟實力及文化交流淡化世界對中國崛起的疑慮。在中國國內各地方政府也掀起「申遺熱」，將市場及經濟利益引入聯合國的多邊文化外交。然而，文化遺產作為一種多邊外交工具，與單純的「文化」傳承有不少的差距。文化遺產在一定程度上必須重新「建構」，並發展出有關遺產的論述。這些論述與國家認同、族國締造（nation building）的重新詮釋息息相關。在當代中國文化遺產多邊外交上，更展現出重整話語權、促進道德價值（moral values）、建立國際標章（nation branding）等重要企圖。近年來中國政府將敦煌莫高窟打造成全球文化交流的平臺。一方面強調敦煌在中國歷史上多元文化融合的特色，另一方面藉由全球敦煌學的推動，將敦煌推上國際學術交流舞臺。由於敦煌也是古絲路上的重要節點，因此敦煌也成為一帶一路戰略「五通」中民心相通的要項。

若從更細緻的層次分析，則中國的對外多邊外交是否會依議題、時間，以及涉及的對象有別，成為一個頗令人關注的研究議題。Kastner、Pearson 與 Rector（2019, 2020）認為，將中國應對多邊組織的行為斷然認定為「挑戰現狀者」或是「不負責任的利害相關者」，未免以偏概全。中國如同其他大國一樣，參與多邊組織的行為主要出於國家利益的考量，因此我們必須解析中國多邊外交的利益考量邏輯，以及參與的時機。中國的多邊外交可以被形容是「機會主義者多邊」（Opportunistic Multilateralism）、「策略多邊」（Strategic Multilateralism）。在估量國際體系中主要大國的影響力，以及權力真空與否的變數，中國可能會採取搭便車（free rider）、趁火打劫（spoiler），或是積極與體系建構者（investor in global governance）。同時，隨著時間的演變，以及外在情勢的變化，中國的角色也會彈性調整，在三種角色之間互換。當多邊外交亟需中國參與時，中國的籌碼變多，姿態也會調高。當既有制度已由大國主導，中國不得不參與時，中國寧願採取搭便車的手段，有時陽奉陰違。在危機產生，需要中國出面時，則毫不猶豫會極大化中國的利益。在其他大國力有未逮，而對自己利益有極大好處時，中國就會積極致力於新的多邊組織建構。

參、中國與國際學者針對中國多邊外交的研究：政策與執行面的分析

中國外交政策在 2010 年開始，逐漸轉為強勢，讓周邊國家擔心中國是否會成為一個強大的軍事威脅。Hoo Tiang Boon 對中國近年來的區域外交政策，提出一個較全面的理解。他指出中國官方論述中「硬的更硬，軟的更軟」（hardening the hard; softening the soft, HHSS）的概念，更能充分地表現出中國在亞洲外交政策的全貌。隨著中國國力提升，在國家核心利益上，官方與軍方展現出不妥協的強硬立場。但是在其他區域事務

中，中國外交手段卻是更具彈性（Boon, 2017; Lai, 2020）。

誠然，在亞洲爭議海域中，中國海軍艦艇與空軍戰機巡邏不間斷。中國在東海區域建立航空識別區、在南海地區占領了黃岩島，這樣的行為同時讓日本與菲律賓對中國雙邊關係惡化。但是與此同時，中國願意對亞洲國家提供更多經濟發展與雙邊合作的誘因，例如在習近平主席主政期間，中國所推動的一帶一路倡議，對亞洲各國帶來基礎建設發展的契機。此外，中國政府也願意與個別國家協商具體建設計畫。因此，中國區域外交同時展現出強勢與互利兩種面貌。

近年來中國學者多將 ASEAN 視為一個整體，進而探討中國作為一個亞洲大國，如何與區域組織互動。魏玲（2010）提出一個中國與 ASEAN 兩者互動不對稱的研究架構，此架構包括中國國內的政治規範與理念的變化，以及中國與區域內國家互動的方式，這兩個層次同時構成亞洲體系的合作模式。在此權力不對稱的架構中，實力較強的一方成為東亞規範的接受者，而實力較弱的一方才能夠在長期交往過程中，對於強國逐漸產生信賴感（Womack, 2006）。例如，中國在亞洲金融危機中，堅持人民幣不貶值，並且為泰國和印尼提供經濟援助，就是雙方建立互信關係的例子（魏玲，2010：12）。

在中國與 ASEAN 建立對話關係夥伴 25 週年時，中國學者也回顧了雙方如何建立「命運共同體」的過程。中國在 2003 年正式加入《東南亞友好合作條約》，逐漸被納入東南亞區域合作機制中，隨後中國也強力支持會員國簽署《東南亞無核武器區條約》議定書，共同維持亞洲區域安全。東南亞國家借助 ASEAN 作為一個整體組織，經由條約簽訂與規範建立主導議題對話內容；而中國為了維護自身在此地區的利益，選擇遵守一系列準則。中國和 ASEAN 在區域穩定以及安全議題上逐漸形成共識（范佳睿、翟崑，2017）。

2020 年以來中美戰略競爭激烈，美國陸續在亞洲推出「印太戰略」與「美日印澳四方對話」的倡議，中國學者也逐漸關注中國和 ASEAN 的互動，是否會因為中美兩國在亞洲的權力競逐而改變。張潔（2021）從東協中心（ASEAN centrality）的觀點出發，探討 ASEAN 國家成員在眾多的亞洲區域組織與合作對話機制中，如何維持自身的重要性。2019 年，ASEAN 提出自己的「印太遠景」，其中強調包容與合作，也為中國回應 ASEAN 主體提供了更多外交空間。

由中國主導而成立的 AIIB，一開始展現出中國不滿意國際經濟秩序、修正主義（revisionism）的外交行為。然而隨著 AIIB 本身組織利益的需求日漸提升，日常業務需要與世界銀行、國際貨幣金融組織密切合作，AIIB 這個區域組織轉變成中國政府在國際體系中尋求更高地位的方式（status-seeking）。

John Ikenberry 和 Darren Lim 從國際關係理論的觀點出發，探討作為一個崛起的大國，中國政府要如何運用自身快速累積的實力？冷戰結束後，中國逐漸融入國際體系，積極與 ASEAN 互動，2000 年加入了世界貿易組織，近期更設立了 AIIB，北京政府對於加入既有的國際組織，或是如何增進國家利益的看法為何？

這兩位國際關係學者進而檢視中國看待國際制度的邏輯為何（logic of institutional statecraft），他們指出北京政府對於國際組織的選擇，呈現出五種不同的策略：同意現狀的行為關係者（status-quo stakeholder）、在制度中尋求更多權力與代表性（authority-seeking stakeholder）、在制度中進行阻礙或是改變規則（institutional obstruction）、外部創新方式（external innovation）、反對或是不參與國際組織（opposition）。這五種選擇如同光譜般從左到右，代表著中國官方對於國際組織的不同態度（Ikenberry and Lim, 2017）。兩位學者認為中國成立 AIIB，屬於一種外部創新的策略，同時為北京政府提供了新的契機，但是也為中國追求自身國家利益帶來了一些限制，因為 AIIB 制度設立和目前既有的多邊銀行相同，進而強化了國際經濟秩序。

2015 年，AIIB 在中國政府主導下成立，與此同時中國、臺灣與西方學界展開一系列相關的討論，觸及 AIIB 與中國所推動一帶一路倡議的關係、中國是否想要徹底改變世界經濟秩序、中國如何管理 AIIB 的內部運作。孫伊然（2016）認為中國成立 AIIB 是一種「尋求影響力」（influence seeking）的展現。中國近年來經濟實力大幅提升，但是在國際貨幣基金組織（IMF）與世界銀行（World Bank）一直無法增加自身的投票權重，因此中國在維護自身國家利益同時，必須要更為主動積極。此外，黃河（2015）從經濟學理論出發，認為 AIIB 的建立是中國向開發中國家提供國際公共財的行為。一帶一路沿線的國家，確實有基礎建設與資金短缺的需求，因此 AIIB 可以作為一個整合的平臺實現多種類型融資方式，為區域發展提供公共產品。

關於在 AIIB 的實際運作情形以及投票權重設計，政治學者也有所著墨。

Wei Liang（2021）將 AIIB、亞洲開發銀行以及世界銀行的治理體制，做出系統性的分析。AIIB 運作至今，仍然和目前多邊發展銀行維持密切合作，並且遵守既有的金融規範。然而，北京所推動 AIIB，更加重視行政效率、簡化手續流程，以及讓借貸國有更多參與投資建設計畫的機會。這些在既有體制內的創新改革，是中國對於全球經濟秩序與區域治理的重要願景。

由於中國一帶一路計畫中涵蓋國家眾多，基礎建設計畫項目種類繁多，因此目前的學術文章，較難對中國陸上絲路與海洋絲路計畫提出完整的理解。David Lampton、Selina Ho 與 Cheng-Chwee Kuik 三位學者在合著的專書中，探討中國在東南亞國家鐵路建設對於中國區域外交的長遠影響。

他們三人到印尼、寮國、緬甸、馬來西亞等國，進行實地訪問調查，瞭解當地中央政府、地方官員、一般民眾對於鐵路建設和經濟發展的想法（Lampton et al., 2020）。這些國家的國內因素，例如總體經濟發展程度、政黨競爭程度、特殊利益團體的考量，皆會影響該國如何回應中國在東南亞地區的大型建設計畫。他們的研究指出。即使在和中國雙邊關係較良好的國家，例如寮國和柬埔寨兩國，中國在當地提出的鐵路建設計畫，也是很敏感的政治議題，因此中國官員或是工程建設公司，應該要更深入瞭解每一個國家的歷史，傾聽當地社會中不同的聲音。

關於如何理解中國對外經濟投資與對外政策，英文文獻也指出為何威權國家領導人要發起大規模經濟建設計畫，與此同時次國家行為者（subnational actors）如何回應中央政府的訴求，是政治學科中一項重要的研究主題。Min Ye 提出了一個國內政治動員的理論觀點，基於與中國智庫人員、地方政府與國有企業的實地訪談資料，她認為中國的一帶一路建設是一個由國家主導的全球化過程（State-Mobilized Globalization, SMG），國內經濟危機促成威權國家領導人必須發起大型建設計畫，例如一帶一路項目，並且提出遠大的政治藍圖，形成全國政治動員。然而，中國本身分散（fragmented state）的政治架構，讓地方政府有彈性空間，依據自身的利益來詮釋一帶一路計畫的意義，以及該如何具體執行建設項目（Ye, 2020）。當中央領導人推動全球化的國家政策時，國內政治的行為者，例如地方政府、商業銀行、國有企業等，對於中央政策會有不同的理解。因此，極權領導人、分散的政治體制，以及有力量的次國家行為者，三方互動的過程，促成了一項既有強烈企圖心（ambitious），但是具體內容卻很模糊（ambiguous）的對外投資計畫。

在中國習近平主席主政期間，中國政府在 2013 年提出了「21 世紀海上絲綢之路」倡議，隨後在 2015 年發布了「共建一帶一路的願景行動」宣言，正式將一帶一路（Belt and Road Initiative, BRI）的理念推向全世界。中亞與東南亞等開發中國家、世界各國智庫以及中西方政治學界，對於這個橫跨歐亞非三洲的大型基礎建設計畫，提出熱烈的討論。

關於中國的一帶一路倡議如何與目前亞洲貿易區整合，中國學者李向陽（2014）提出了一個全面的多元合作機制觀點。例如，海上絲綢之路可以和中俄蒙朝次區域合作整合、在東南亞地區推動中國與東南亞國家國協自貿區的升級版投資建設協議、在西亞地區以一帶一路倡議、加速推動中巴經濟走廊。李向陽（2014：13-14）認為加強海洋絲綢之路中多元化合作機制的特點，不僅能夠和現行的貿易區並行不悖，還可以讓沿線發展水平不同的國家，得到更多實質利益。

　　除了以宏觀的視角檢視一帶一路倡議的規劃，中國學者也關注特定國家如何回應中國日漸強大的經濟影響力。林民旺（2015）聚焦南亞區域大國印度如何回應中國「一帶一路」倡議，並且提出了一帶一路沿線國家之國內政治觀點，深入分析印度政治菁英如何認知中國日漸提升的經濟與軍事實力。關於一帶一路倡議，目前有四個主要的觀點：地緣政治考量、新現實主義、馬漢主義和新自由主義。林民旺（2015：8）認為印度主流觀點皆認為中國一系列的基礎建設計畫不僅只是出於自身經濟利益考量，同時也是基於地緣政治與國家安全觀點而產生。儘管目前印度對於是否加入中國一帶一路倡議，抱持冷淡的態度，但是中國和印度在中南亞與南亞經濟發展，仍有相同的利益，例如印度已經加入 AIIB 和金磚國家開發銀行。因此如何化解印度對於中國在南亞周邊區域擴張的野心，會是未來中國區域外交的重點。

　　一帶一路倡議所支持的基礎建設項目，也會增加各國政府、人民與區域組織之間的連結。因此，王玉主（2019）從國際關係理論中對於全球秩序與主權國家互動的學術討論出發，理解中國習近平主席提出「人類命運共同體」理念，以及一帶一路倡議中所強調和平包容的背景脈絡。英國學派（English School）所強調由主權獨立的國家之間如何形成一個國際社會，是一個相當漫長的整合過程（Buzan, 2004）。然而，王玉主認為中國作為一個崛起大國，在闡述人類命運共同體的論述時，仍然是以國家為中心的觀點出發，藉由「一帶一路」推廣基礎建設的同時，形塑參與國家之間身分觀感的轉變，讓中國和一帶一路沿線的國家形成一種新的區域認同。

肆、臺灣學者針對中國多邊外交的研究：
總體與概念的分析

　　臺灣學者針對中國的多邊外交的分析，也從「國家利益」的角度出發，探討在不同的外在環境及影響國家利益程度上，中國如何在多邊與雙邊外交上彈性調整。趙文志（2020）則提出中國參與多邊組織的「內外有別」特色。當中國作為「他者」，不涉及核心國家利益時，則主張以聯合國作為行動主體。如在參與蘇丹維和行動時，雖難免有介入他國內政的考量，但由於參與聯合國維和部隊是一個多邊平臺，同時也不是純然由西方主導的行動機制，因此中國在「創造性參與」上有更多合理化軍事行動的藉口。然而，當中國作為當事國主體時，中國的行動成為「我者」，其策略則為之一變。以南海爭端為例，中國作為當事國主題，即反對多邊的制裁機制，也反對以聯合國為主題的爭端解決機制（Lai, 2019）。此時中國的政策是不將南海問題視為中國與 ASEAN 的多邊關係，而是將爭端解決的關鍵放在多組的雙邊關係，由中國單獨與個別當事國解決。與

此同時，中國也與 ASEAN 國家談判「南海行為準則」，作為制度化的行動依據。易言之，當涉及到中國的核心國家利益時，中國則以歷史、文化、主權等論述，以不對稱關係取得上風。多邊機制也可以同步進行，但不是爭端解決的工具，而是既合作又鬥爭的靈活策略運用。此外，中國的國際多邊參與，與中國對全球化及全球轉型的看法有密切關係。吳佳勳（2018）分析了中國「新型全球化」的論述。從中國角度出發的新型全球化，認為現今的全球化展現出來的特色是無效率的多邊化，以及治理的碎片化。中國無意揚棄當前的各種多邊機制，但希望致力於組織強化，調整其運作，並推出中國自己主導的多邊機制。更多新興國家及開發中國家應該成為新型全球化的要角。新的議題，尤其是數位治理、電子商務、綠色創新等，應該成為新型全球化及多邊組織的執行重點。

此外，中國的多邊外交也與美國霸權的合作及對抗，產生密切的聯繫。艾約銘、葉曉迪與張登及（2018）則從改革開放以來的時間維度，強調中國在不同時期的對外政策有不同的考量，而雙邊與多邊外交就是在「內需型國家利益」、「外衍型國家利益」及「對抗型國家利益」三組機制中運作。在 1989 年天安門事件，西方制裁的大環境之下，中國對外政策的重點是「安撫政策」與「多邊合作」，以保證一個相對穩定的國際環境，以便致力於第二輪的國內改革開放。千禧年之後，中國國內的發展情勢區域穩定，以周邊國家連結為重點的外衍型國家利益成為主要對外政策原則。習近平主政之下，21 世紀的第二個十年則以「制度制衡」為美中爭霸的多邊軸線，亦即以美國主導的《跨太平洋夥伴關係協定》（TPP），以及中國主導的《區域全面經濟夥伴協定》（RCEP）的多邊制度之爭。在「對抗型國家利益」階段，中國大陸成為美國霸權的直接競爭者，而其策略則為制衡於合作的混合方式，一方面抵抗現有亞太霸權的圍堵，另一方面以多邊策略強化睦鄰政策，以經濟利益安撫亞太周邊國家，化解霸權國家所施加的壓力。王宏仁（2017）的研究則指出，胡錦濤時代中國的多邊關係考量，以「互惠」為重要條件，以提醒多邊關係的會員國，中國的核心利益是顛撲不破的基本原則。到了習近平時代，多邊與雙邊關係靈活操作，但是與美國的關係則從多邊關係中切割出來，以雙邊的模式處理與中國核心利益關係最密切的一組關係。

除了美中關係的軸線，臺灣學者也從全球化及「南南合作」的角度，指出中國在開發中國家的多邊外交，造就了全球政經權力格局的板塊移動。朱雲漢（2020）認為美國主流外交政策菁英，低估了以中國為首的新興市場國家支撐全球多邊體系的能力與意願。非西方國家之間會構築日益綿密的經濟、能源、科技、資訊與金融交換與互助網路。而中國為這個非西方的網絡提供了可觀的國際公共財。以中國為首的「全球南方」正深化各種雙邊與多邊的經濟整合與政策協調機制。朱雲漢進一步認為，全球經濟舞臺的要角，將由新興經濟體取代傳統的 G7。此外，中國也將藉著進一步開放市場，搭建新的雙邊與多邊合作機制。這種由中國引領全球化路徑與遊戲規則的修正，將有別於美國主導的多邊機制，而將包容性成長目標放在更優先位置。朱雲漢分析指出（2020：251），已開發國家真正需要關心的不是中國是否要選擇退出西方主導的體系，而是西方國家是否要積極加入中國主導的歐亞大陸經濟板塊，因為這將是未來世界經濟的中心。

此外，在反對霸權及冷戰思維的政策綱領下，中國發展「結伴而不結盟」的多邊外交原則。黃瓊萩（2022）比較了中國參與中非合作論壇（the Forum on China-Africa Cooperation, FOCAC）、上海合作組織（Shanghai Cooperation Organization, SCO）以及中東歐 16 + 1 的政策，發現中國參與的重點是建立與會員國之間的「夥伴關係」（Partnership），而非聯盟關係（alliance）。夥伴關係的重點是達成包容性與連結性，不像聯盟關係那般具針對性，因此避免採用聯盟關係來連結會員國，意在避免因針對特定國家或群體而升高外部環境的敵意和安全風險。此外，SCO 和 FOCAC 另一個共同點是兩個多邊機制都是奠基於多組內涵與形式迥異的雙邊關係之上，透過這樣的設計，中國可以進一步穩固其在中亞區域的關係網絡，也能在區域內有紛爭發生時，利用既有的雙邊關係來確保中國在 SCO 相對優越而主導的地位。所謂的區域，其核心在於建立一種社群成員能夠「一起做事」（doing things together）的情境，而這樣的核心價值，也正呼應了中國式的多邊機制一向強調的包容性以及務實性，不論在 FOCAC、SCO 或者 16 + 1 的設計上，都能看見如此特質。

由於中國的經濟體量龐大，與亞太周邊國家的多邊經貿關係往往與雙邊的不對稱關係互為表裡，而中國的對外政策也往往利用多邊及雙邊交錯使用，以確保國家利益。徐斯勤（付梓中）則指出，以中國－東協自由貿易區協定（CAFTA）為例，北京的政治邏輯始終凌駕經濟邏輯。由於中國與單一 ASEAN 國家的不對稱性，因此中國的多邊外交也與雙邊外交交錯運用。而雙邊主義下的中國對外談判的政治邏輯，事實上與國內經濟改革的政治邏輯一致。因此，中國的多邊外交，必須放在雙邊，以及國內政治的三層政治邏輯整合觀察分析。而個別國家在多邊的架構下，仍個別與 ASEAN 會員國成立雙邊經濟合作模式，目的在制衡其他國家在 ASEAN 的政治影響力。各國發動與 ASEAN 的多邊區域經濟整合機制，事實上是一種制度上的軟性制衡的表現。

中國的多邊外交在實際運作上，與西方國家的操作原則不盡相同。除了美中爭霸的權力因素以外，作為西方陣營的歐盟與中國的交往，也涉及了利益面與規範面的衝突與合作。蘇卓馨（2021）比較了中國與歐盟兩種多邊主義的異同，以及多邊外交所遭遇的障礙及困境。蘇卓馨指出，雖然雙方都強調多邊外交的重要性，但中方主張的是「多極」，尤其是反對美國的單邊霸權主義。歐盟的多邊主義重點在「制度」。在制度化過程中，每一個國家的主權都要受到一定程度的限制。歐盟的制度性多邊主義，則展現在其「規範性」權力，把重點放在非物質性的影響力，試圖在與歐盟交往的同時，接受其價值標準。這些核心價值標準包含人權、自由、民主、法治等共同信仰。當歐盟著眼於中國市場時，權衡之計採取「靜默外交」，對中國人權等問題暫時擱置。但是當歐盟把中國當成體制競爭對手時，再加上近年來有關香港、新疆等問題，碰觸歐盟規範性權力底線時，歐盟對中國的「選擇性多邊主義」開始不滿，雙方基於多邊主義的交往基礎也逐漸動搖。

在議題及參與方式的選擇上，若是美國未扮演主導地位，而所涉及的多邊議題高政治（high politics）的程度不高，而中國有望加入規則制訂的過程時，中國參與的意願就會提高。中國對於亞太區域外的多邊組織參與，基本上採取較為審慎的態度，以避免中國威脅論的蔓延。多邊組織若是美國沒有積極參加，或是美國不居主導地位，則為中國開闢了一個新的多邊外交舞臺。冷則剛認為，以中國參與北極治理的多邊外交而言，最初中國將北極事務視為先置型外交（proactive diplomacy）的實驗平臺。在 2013 年中國以觀察員身分加入北極理事會（Arctic Council）時，美國、俄羅斯等大國對北極治理並不積極，大國衝突及安全事務也不是北極治理的重點項目。因此，中國參與北極多邊治理的核心之一是參加北極經濟理事會（Arctic Economic Council），以永續發展、科學研究、經濟開發為多邊外交的重點。此外，由於北極治理是全球新興事務，許多規則制訂及制度建立尚處於草創階段。有鑒於中國在其他多邊國際組織的參與，受限於西方主導的既成遊戲規則，中國在北極治理的參與，一方面能加入規則制訂的程序中，另一方面可以貢獻如生態保護、原住民權益、科學研究等低政治議題，有助於中國多邊外交的創新學習，也有助於中國國際形象的改善。此外，北極區域治理也並非隔離於全球治理之外。北極相關事務與聯合國國際法公約、北極準則（Polar Code）及其他諸如漁業、全球環境變遷等全球治理項目環環相扣。而諸如歐盟等中國並未參與的多邊組織與機制，也是北極多邊外交的重要行為者之一。因此，中國參與北極多邊治理，整合了區域及全球多邊機制，既有多邊，也有雙邊面向。近年來大國政治與安全議題介入了北極多邊治理，也使得中國的北極多邊外交更形複雜（Leng, 2018; Leng and Zhao, 2020）。

除了針對中國總體多邊外交研究以外，臺灣學者也針對特定議題展開研究。以中國的聯合國多邊外交為例，游智偉（2020）從中國參與聯合國維和部隊的人員結構，分析中國如何平衡行之有年的和平共處五原則，與善盡多邊組織責任、擴大國家利益及聲譽幾個政策目標。游智偉認為，當中國對任務授權瞭解不足之際，傾向派遣文職人員參與，降低派遣軍警人員的主權意涵。而當中國對任務授權有一定程度瞭解之後，則軍警人員的參與增加。中國的政策目標在於符合人道援助，以及遵循不干涉原則。若此兩個政策原則都可達成，則中國參與聯合國多邊維和行動的意願就會提高。楊惟任（2017）則針對巴黎氣候談判，分析中國參與七七國集團及堅持「共同但有區別的責任原則」，並以雙邊多邊並行,重新塑造負責任的大國形象。除了與美國與歐盟等主要行為者簽訂雙邊協定,在氣候變遷談判中也與印度立場接近,採取合作聯盟的政策。

本節針對臺灣與國外學者有關中國多邊外交的總體結構、策略與內政的連結,以及在美中爭霸制約下的戰略布局,作一整體解析。下一節則選擇中國多邊外交的個案,進一步對照臺灣學者研究的重點,以期突顯中國多邊外交的特色及趨勢。

伍、臺灣學者針對中國多邊外交的研究:區域個案與政策分析

一、中國與 ASEAN

近年來,中國實力崛起,對於亞洲安全秩序造成深刻的影響。Amitav Acharya(2014)認為中國、亞洲國家與 ASEAN,三方長期的互動過程,將形成一個協商式安全秩序架構(Consociational Security Order, CSO)。這樣的安全秩序著重於中國與區域內國家貿易互賴密切,以及各項產業分工日漸專精。同時,東協組織架構一直維持共識決定的原則,避免有任何一個國家強行主導亞洲事務。因此,中國與東南亞國家在 CSO 的框架下,也能繼續維持領導權共享的特色,美國、中國、澳洲、日本等國,都可以參與 ASEAN 的對話協商過程。然而,Acharya 也指出 CSO 並非是一個固定不變的概念,未來這幾年,如果美國無法對東亞國家,持續提供有力的安全保證,或是中國逐漸拋棄「睦鄰外交」原則,近一步造成 ASEAN 弱化,那麼亞洲協商式安全秩序就會逐步瓦解。

臺灣學者在中國與東協區域外交研究上,展現出相對多元的視角。中國於 2010 年開始於處理南海領土爭議問題時,立場轉為強硬。同時美國也強調亞洲海域航行自由的權利,強化與越南、菲律賓的軍事合作關係。陳鴻瑜(2011)在南海領土劃界爭議剛開始時,就認為這片海域會成為中美兩國權力競逐的熱點,因為雙方都將南海視為其勢力範圍。南海地區的衝突和冷戰時期的美蘇圍堵政策不同,而是由美國帶領和中國有領海爭議的國家,形成一種新型的圍堵策略。ASEAN 中海洋國家與內陸國家,進而分裂成兩個集團,兩方對於中國在南海地區的軍事部署有著分歧的意見。

在區域經濟整合上,臺灣學者採取了雙邊關係途徑,更仔細檢視中國與東協自貿區會員國的互動。張雅君(2017)探討中國與越南長期的政治經濟發展,此研究指出由於越南在軍事實力與經濟規模處於弱勢,在雙邊貿易上高度依賴中國,因此對於自己對中國的依賴高度敏感。越南近年來積極參與 RCEP 和 TPP,就是想要減輕國家貿易體系的

脆弱程度。張雅君的研究同樣也是奠基於中越雙方處在權力不對稱的基礎，呈現出越南對於雙邊貿易長期失衡下，持續性高度敏感的風險認知。

　　除了權力不對稱的觀點，近來臺灣學者也採取了個案分析方式，解釋 ASEAN 會員國中，對於中國資本投資有不同看法的根源為何。黃韋豪（2020：19-23）針對印尼與泰國進行深入比較，分析不同政治體制對於中國資本管制的差異。該研究中指出，近年來中國資本大舉投資印尼基礎建設，進而引起在野政黨質疑這些資金是否真的能夠為當地人民帶來充足就業機會和適當的生活水平；泰國在軍政府主政期間，言論與報導自由都被壓抑，無法像印尼在民主體制下，充分向社會大眾揭露中國資本對當地的衝擊，因此泰國政府可以大力支持中國投資項目。透過印尼與泰國的對照，臺灣學界未來在研究中國區域外交的領域中，可以結合政治體制差異觀點，分析不同國家如何因應中國經濟影響力。

二、中國與 AIIB

　　當北京政府宣布成立 AIIB 時，西方國家與學界大多認為這個國際組織設立，代表者中國已經展現出挑戰目前全球經濟秩序的野心，並且更專注於增進自身地緣政治利益。Jeffrey Wilson（2017）提出了不同的看法，他認為 AIIB 作為一個多邊組織，本身的目標與規範也會經歷演化的過程。對於中國而言，從一開始的政策倡議，到設立 AIIB 的一連串溝通過程，如何設立總部、主席、董事會等，這些步驟都是北京政府的學習過程。例如，為了要爭取更多國家加入 AIIB，中國必須要讓組織架構與決策過程更加透明公開，貸款條件與監督機制也要符合目前發展金融的規則。

　　臺灣學者則從多邊治理與區域金融角度來理解中國與 AIIB 的關係。邱昭憲（2017）仔細對照了 AIIB 與世界銀行的現行制度架構，他認為北京試圖藉由 AIIB 改革由西方國家所主導的金融管理機制，並且建立一套與目前西方建制共存的多邊治理方式。然而，AIIB 對於中國外交政策而言，仍然具有深刻的戰略意涵，目前 AIIB 所批准的融資項目，多以基礎建設與能源開發為主，能夠進一步滿足中亞、南亞、東南亞國家經濟發展需求，並且同時成為中國區域外交的擴展地帶。關於如何將中國一帶一路與 AIIB 運作更緊密結合，賽明成（2015）提出成立 AIIB 債券並且同時成立以人民幣計價的「帶路基金」想法，然而目前人民幣國際化的程度有限，而且美元仍是國際經貿交易的結算貨幣，如此前衛想法，似乎為中國設想了一個遠大的藍圖，但是當前確實能夠執行的前景依然不明確。

三、中國與一帶一路倡議

　　關於中國政府和加入 BRI 國家之間的互動，臺灣學者的研究則呈現比較多元的觀點。Chienwu Hsueh（2016）從臺灣角度出發，試圖理解臺灣政治中泛藍與泛綠政黨，如何看待中國一帶一路倡議。在馬英九總統主政期間，國民黨認為臺灣要積極參與一帶一路建設計畫以及 AIIB，但是臺灣政府參與這些計畫的前提必須建立在北京政府在正式名稱許可下才能進行，當時民進黨作為在野黨，立即對這項提議提出強烈質疑，他們認為參與中國主導的基礎建設計畫，不僅容易加深臺灣對中國經濟依賴，更會矮化臺灣政府的主權地位。

　　參與中國一帶一路倡議的國家眾多，橫跨中亞、東南亞、非洲與大洋洲，這些國家的政治體制與經濟發展程度差異甚大。吳書嫻（2018）聚焦於中國大型基礎建設計畫對於開發中國家的具體影響，以越南永新電力中心進行深入個案分析，探求為何當地民眾在 2015 年與 2018 年爆發兩次大規模暴力抗爭事件的原因。吳書嫻指出中國國營企業在當地施工進度落後、工程品質不佳並造成巨大環境污染，三項因素形成越南國內輿論對於中國承包商強烈反感，進而傷害了中國在越南的外交形象。永新電力中心的環境污染與人民抗議事件，成為開發中國家在接受中國基礎建設投資案時很重要的借鑑。

　　此外，蔡政修（2019）採取網絡文化的權力觀點，探討中國目前強力推動的一帶一路倡議，在中美兩國權力競爭下形成何種侷限性。中國政府強調開放包容性的成長、各國有不同的發展道路，這樣政治論述是基於中國外交政策中「和平共處五原則」出發，然而雙贏合作的訴求仍然是基於共同利益的物質考量，無法引起全球公民社會的支持。此外，中國在開發中國家快速推行大規模基礎建設計畫時，並未同時推行透明公開的執行程序、貸款抵押的條件，以及揭露對當地環境衝擊的風險，因此參與一帶一路沿線國家裡，寮國、巴基斯坦、斯里蘭卡等國家都陷入債務危機中。

　　ASEAN、AIIB 與一帶一路倡議，是中國近年來參與多邊組織與推動區域外交的重點。中國和臺灣對於中國區域外交與多邊主義的文獻皆著重中國外交政策與國際關係理論對話、大國與小國之間的互動、區域主義發展的歷史脈絡。中國學者多將中國政府、ASEAN、BRI 計畫，視為獨立的單元，觀察他們和其他的區域組織或是主權國家互動。臺灣學者在研究這些議題時，較多將美國的影響力放入其學術討論中，同時亦專注於臺灣政府如何回應中國經濟與政治的挑戰。

　　總體而言，在近幾年出版的英文學術文獻中，國際關係學者從更廣闊的視角，檢視中國多邊主義與區域外交。例如，崛起大國的整體實力迅速累積，對於區域秩序和國際組織長遠影響為何，是國際關係理論中，現實主義、自由主義與建構主義共同關心的重要議題。在歐美地區的政治學者，運用國際關係中既有的概念框架，探討中國崛起如何影響亞洲區域秩序和國際組織。對於中國近年來所推動的一帶一路倡議，上述學者也呈現出和中國學術期刊不同的視角，前者較多從全球化市場與比較威權主義出發，理解中國推動海外投資與基礎建設的複雜動機，後者則著重於中國政府如何執行與推廣一帶一路倡議中的建設項目。

陸、臺灣學術研究社群特色之分析

　　如以上數節分析所顯示，在國際關係及中國政治研究領域中，有關中國多邊外交的研究，是臺灣學者研究的主要課題之一。為了更清晰呈現臺灣學者對中國多邊與區域外交的理論及政策研析特色，謹以下兩個表格羅列。

表 19-1　臺灣學者在本文中對於中國多邊外交的研究成果總覽

作者名	研究主題	理論架構與方法
趙文志（2020）	中國在國際組織的參與策略	物質利益、多邊協商機制
Christina Lai (2019)	中國和菲律賓與馬來西亞的海洋爭議	和平崛起論述、中國強勢外交政策
吳佳勳（2018）	中國在國際多邊參與	全球化轉型、中國外交論述
艾約銘、葉曉明、張登及（2018）	中國國家利益	制度制衡、安撫政策
王宏仁（2017）	中國單邊和平外交	核心利益、多邊與雙邊關係
楊惟任（2017）	中國參與氣候談判	開發中國家觀點、結盟策略
朱雲漢（2020）	中國與全球化	全球南方、雙邊與多邊機制
黃瓊萩（2020）	中國多邊外交與周邊政策	夥伴關係、共同感建立
Christina Lai (2020)	中國軟實力赤字	核心利益、軟實力外交
徐斯勤（2022）	亞洲區域主義	國內政治、雙邊關係、與多邊外交三層次分析
蘇卓馨（2021）	中國與歐盟多邊主義的異同比較	規範性理論、文本分析
Leng (2018)	中國北極外交	區域治理、多邊外交
Leng and Zhao (2020)	中俄北極外交	地緣政治、經濟與安全的互動關係
游智偉（2020）	中國在聯合國維和行動參與策略	國家利益、國際規範

資料來源：作者自製。

表 19-2　臺灣學者在本文中對於中國區域外交的研究成果總覽

作者名	研究主題	理論架構與方法
陳鴻瑜（2011）	美國、中國與東協三角關係	現實主義與區域安全
張雅君（2017）	中國與越南雙邊關係	非對稱依賴理論、貿易自由化
黃韋豪（2020）	中國資本投資東協國家	國際投資理論、國內政治觀點
邱昭憲（2017）	亞洲基礎投資銀行規則與運作	全投多邊治理、制度分析
賽明成（2015）	亞投行債券與帶路基金	美元霸權、國際金融
Chienwu Hsueh (2016)	臺灣對於中國一帶一路投資計畫的觀點	國內政黨競爭、區域政治
吳書嫻（2018）	中國在越南電力中心投資計畫	一帶一路倡議、個案分析
蔡政修（2019）	中美關係與一帶一路倡議	全球網絡分析、權力政治

資料來源：作者自製。

　　本文認為，臺灣學者研究的主題、取向，以及理論的選擇，也與臺灣特殊的政治經濟環境息息相關。晚近學界也興起了臺灣政治學研究的一些論辯。根據王德育及 Achen（2022）的論述，臺灣研究不是中國研究的一部分。其學術的獨特性與獨立性，與臺灣本身的政治及身分認同有密切的聯繫。本文的重點雖然不是臺灣研究，而是臺灣學者如何研析中國的多邊外交，但是臺灣特殊的國際處境，以及臺灣本身的政治與經濟結構變化，突顯了臺灣與境外研究傳統的異同。

　　若就與臺灣國家核心利益最密切的研究主題而言，無疑地兩岸關係，以及美中臺關係是臺灣學者研究國際關係及對外政策的主軸。戰後臺灣學術界針對這兩個核心議題，累積了相當令人矚目的研究成果。此外，戰後臺灣在政治、經濟、外交上高度依賴美國，對於美國「霸權」的認知，與中國大陸學界顯有不同。因此，對於美國「偽多邊」的霸權論述的攻擊，不會如同大陸學界般全面展開。相對而言，中國近年來在多邊外交的推展上是否蘊含開放包容，多元容忍的特色，臺灣學者也抱持相對保留的態度。此外，由於臺灣不再是聯合國正式會員國，因此針對聯合國作為中國多邊外交基礎的研析，以及中國在聯合國以及「南南合作」的研究，相對中國及國際學者的研究成果而言，較少涉及。

　　由於臺灣外交孤立，以及國際多邊性政府間國際組織參與受限的特殊情況，也引導了臺灣學界從雙邊而非多邊角度瞭解中國的對外政策。此外，臺灣學者也比較傾向從臺灣的角度，而非從美國以外的歐洲或是東南亞角度，來理解中國的多邊外交。由於兩岸關係的特殊性，臺灣學者藉由訪談中國官員及實地觀察的途徑，瞭解中國對外關係及多邊外交的機會頗為困難。因此，臺灣學界對中國多邊外交中例如「分而治之」等策略雖有引介，但無法從政策制訂者或是執行者的思路或實際布局中，瞭解政策機制的持續與轉變。易言之，外在環境的特殊限制，影響了臺灣學者研究中國外交政策的主題，以及研究的深度與廣度。

　　臺灣學界近年來從中國的一帶一路等多邊外交策略出發，研究海上絲綢之路對東南亞國家的影響，事實上與我國近年來推動的新南向政策息息相關。從前節國際學界有關中國多邊外交的研究所述，對外關係與國家區域發展的結合性，是近年來研究多邊外交的重點之一。我國國際關係學界的理論精進及通則化的努力近年來已累積了相當成果，但區域研究及區域比較研究需投注更多的精力。若以東南亞與中國多邊外交為例，東南亞各國的區域發展，以及中國西南地區的區域發展，如何與中國的多邊外交整合，需要比較政治、區域研究，以及國際關係學者的共同合作。臺灣學界近年來有關中國區域發展及地方治理的研究累積了相當的研究成果，但結合多邊外交的研究尚屬少見。此外，就區域選擇而言，中國南南多邊合作是其外交重點之一。非洲作為南方國家最重要的基地，成為中國發展雙邊與多邊外交的重要場域。但臺灣有關非洲地區的研究，實屬鳳毛麟角。

　　由於兩岸外交競逐的零和鬥爭，臺灣學界針對中國多邊外交的研究儘管重點不同，但無論從制度面或文化面分析，大多仍以現實主義傳統出發，以硬性權力為研究焦點。相對於兩岸關係及中國內政的研究，臺灣學者有關中國多邊外交的出版，雖已有接觸的國際出版，但大多著作仍以中文為主，出版地主要在臺灣。在選題方面，有關國際政治經濟學以及中國的多邊經貿外交、中國的文化多邊外交等「軟性」面向，以及中國在全球治理與多邊組織的「合作」面向，則較少討論。此外，對外政策的制訂，以及多邊外交的執行，離不開政治菁英及個別政治人物的因素。臺灣學者針對如習近平等最高領導人的政治人格，利用諸如文字探勘與內容分析等技術，已漸次展開系統性的研究。但是針對外交菁英的個人分析層次的系統研究，則尚屬稀缺。

柒、結論

　　本文分析指出，臺灣學術界對中國多邊外交研究已累積了相當的成果。過去多年來，臺灣學者針對中國的雙邊外交，尤其是美中關係，兩岸關係，或美中臺三邊關係，投注了相當多的心力，在中文及英文出版方面都已經獲得國際的肯定。對美外交及兩岸關係涉及中國的核心利益。但是隨著中國國力的增強，沒有任何一組雙邊關係能獨立於全球戰略，或是自外於更複雜的多邊網絡關係。因此，從多邊外交的角度，也能幫助我們進一步瞭解中國作為一個大國，如何從防禦型多邊外交，演變成更積極的多邊行為。

而此類多邊外交，如何與既有的和平共處五原則，以及中國作為開發中國家的身分相容，也是值得探究的議題。

　　落實到有關中國多邊外交的實際行為，臺灣學者對中國在各種國際組織之參與，可以形成研究團隊，以更有系統的方式結合理論與政策。中國以聯合國體系為多邊外交的核心，因此我國學者針對中國在聯合國的參與，包含如聯合國教科文組織，世界衛生組織等多邊機制，可以投注更多的心力。以目前最受矚目的氣候變遷及永續發展而言，中國是最重要的角色之一。如何有系統地梳理中國內政發展與環境多邊外交的聯繫、中國的議題設定能力、與不同集團的合縱連橫，以及具體的談判策略等，都是值得進一步探究的研究課題。此外，如同本文前面數節分析指出，中國的多邊外交往往與不對稱關係下的雙邊外交彼此交錯使用。如何掌握此類彈性運用的機制，將有助於我們進一步解析中國多邊外交的變與常。

　　中國的多邊外交與國內發展也有密切的聯繫。中國大陸的西南、東北，以及西北區域的發展，與東部沿海仍有一定的差距。這些區域的「走出去」戰略，並與鄰國建構更綿密的互利共生網絡，成為近年來中國大陸區域發展的新課題。由此可見，區域發展與外向型的多邊外交，是一體的兩面。除了中央層級的大型國有企業集團以外，地方的企業集團也成為多邊經濟外交的要角。因此，中國的多邊外交，除了國際體系及中央政府層級，地方層級也逐漸成為多邊外交的要角。在「正式」的多邊外交維度以外，我們也可以進一步關注「非正式」的面向，尤其是中國的企業，以及與官方有複雜互動的非政府組織，在多邊外交中所起的作用。

　　隨著中美兩國權力競爭日漸激烈，東南亞國家與亞洲區域組織，已經成為兩國積極合作的重要對象。然而亞洲國家普遍擔心自身會受到雙方強大的壓力，最後必須要在兩國之間被迫表態。同時 ASEAN 內的會員國也擔心 ASEAN 在美國最近所主導的一系列區域倡議，例如澳英美三邊安全協議（AUKUS）、印太經濟架構、QUAD 等多邊合作，都有可能逐漸讓 ASEAN 產生邊緣化（marginalization）的危機。因此，臺灣學者可以關注中國在亞洲推動的外交政策時，如何取信於 ASEAN 會員國，同時保持自己決策的主導性（ASEAN centrality），或是以長遠的視角檢視中國近年來積極參與亞洲事務，是否更加深了會員國之間在 ASEAN 事務的歧見與分裂，上述兩項議題不僅對於國際關係理論中，組織利益形塑（organizational interests）與角色扮演（role play）兩項概念能夠做出貢獻，也能為臺灣政府的提出具體建議。

　　此外，對於發展金融與區域治理有興趣的學者，在未來的研究計畫中，可以將中國 BRI 在中亞、南亞、中東地區，所推廣的大型基礎建設計畫，與 AIIB 核准的貸款項目，做仔細的個案分析，或是系統性地探究其中差異性。新冠疫情對開發中國家經濟衝擊巨大，部分參與中國 BRI 的國家陸續遇到程度不一的債務困難，在疫情尚未完全消退之前，債務重組和多邊協商會是這些國家政府重要的挑戰，然而貸款延期或是違約消債的處理，在中國政府所主導的 BRI 計畫下，可能會比由既有國際組織如 IMF 和 World Bank 處理債務重整更加複雜。中國內部的地方政府、國有企業，以及負債國家的中央與地方政府都有自身考量，需要針對不同情況制定不同方針，臺灣學者可以針對既有資料進行質性分析或是量化研究，對於區域經濟發展或是多層次治理應會有重大理論貢獻。

參考書目

人民網，2022，〈習近平在金磚國家領導人第十四次會晤上的講話（全文）〉，6 月 23 日：http://cpc.people.com.cn/BIG5/n1/2022/0623/c64094-32454893.html。檢索日期：2022 年 7 月 2 日。

王玉主，2019，〈中國的國際社會理念及其激勵性建構 —— 人類命運共同體與「一帶一路」建設〉，《當代亞太》（5）：4-29。

王宏仁，2017，〈中國大陸的單邊和平外交與關係模式：習近平是新轉變，還是胡調重彈？〉，《中國大陸研究》60（3）：1-20。

王毅，2021，〈王毅在學習時報撰文：深入貫徹習近平外交思想，高舉真正多邊主義火炬〉，7 月 9 日：http://www.gov.cn/guowuyuan/2021-07/09/content_5623753.htm。檢索日期：2021 年 8 月 2 日。

朱雲漢，2020，《全球化的裂解與再融合》，臺北：天下文化。

艾約銘、葉曉迪、張登及，2018，〈中國崛起與「國家利益」的概念演變（1980-2016）：一個權力結構轉變的視角〉，《中國大陸研究》61（1）：63-88。

吳佳勳，2018，〈中國的新型全球化模式與路徑探討〉，《中國大陸研究》61（4）：1-29。

吳書嫻，2018，〈中國「一帶一路」倡議的在地影響：以越南永新電力中心計畫為例〉，《問題與研究》57（4）：93-111。

李向陽，2014，〈論海上絲綢之路的多元化合作機制〉，《世界經濟與政治》（11）：4-17。

林民旺，2015，〈印度對「一帶一路」的認知及中國的政策選擇〉，《世界經濟與政治》（5）：42-47。

邱昭憲，2017，〈中國參與全球多邊治理的競合戰略：「亞洲基礎設施投資銀行」規則與制度化的運作〉，《遠景基金會季刊》18（2）：1-43。

范佳睿、翟崑，2017，〈規範視角下的「中國－東盟命運共同體」構建〉，《當代亞太》（1）：4-25。

孫伊然，2016，〈亞投行、「一帶一路」與中國的國際秩序觀〉，《外交評論》（1）：1-30。

徐斯勤，付梓中，〈中國崛起與區域主義〉，《二十一世紀全球區域化研究導論》，臺北：聯經。

張雅君，2017，〈中國東協自由貿易區對中越關係的影響〉，《遠景基金會季刊》18（2）：45-97。

張潔，2021，〈東盟中心主義重構與中國－東盟關係的發展〉，《國際問題研究》（3）：118-135。

陳鴻瑜，2011，〈美國、中國和東協三方在南海之角力戰〉，《遠景基金會季刊》12（1）：43-80。

游智偉，2020，〈任務授權與選擇性參與：中國對聯合國維和行動的人力貢獻（1978-2018）〉，《政治學報》（69）：1-29。

馮紹雷，2021，〈從全球轉型看中美俄關係與歐亞秩序重建〉，《當代世界》（9）：39-45。

黃河，2015，〈公共產品視角下的「一帶一路」〉，《世界經濟與政治》（6）：138-155。

黃韋豪，2020，〈南南合作或南向掠奪？解釋東協國家對中資南進的不信任〉，《問題與研究》59（2）：89-125。

黃瓊萩，2015，〈關係平衡 vs. 普世改造：中美國際干預風格與大戰略思維之比較〉，《中國大陸研究》58（4）：71-92。

黃瓊萩，2022，〈從關係平衡理論分析習近平主政下的中國式多邊主義〉，《一個人或一個時代：習近平執政十週年的檢視》，臺北：五南，頁 303-327。

楊惟任，2017，〈巴黎氣候談判與協議之分析〉，《問題與研究》56（1）：31-52。

趙文志，2020，〈中國大陸在衝突預防上的立場、態度與作為：作為第三方與當事國之間的比較〉，《問題與研究》59（3）：45-80。

蔡政修，2019，〈一帶一路上的美中角力：全球網絡文化的權力觀點〉，《遠景基金會季刊》20（1）：1-60。

鄭永年，2021，〈中國的 2.0 版是開放包容的多邊主義〉：https://kknews.cc/zh-tw/news/yxempkg.html。檢索日期：2022 年 6 月 15 日。

賽明成，2015，〈顛覆中國？透視「亞投行債券」與「帶路基金」〉，《問題與研究》54（2）：151-158。

魏玲，2010，〈國內進程、不對稱互動與體系變化 —— 中國、東盟與東亞合作〉，《當代亞太》（6）：50-65。

Acharya, A. 2014. "Power Shift or Paradigm Shift? China's Rise and Asia's Emerging Security Order." *International Studies Quarterly* 58 (1): 158-173.

Bisley, N. 2020. "Multilateralism and Regional Order in Contested Asia." In *Contested Multilateralism 2.0 and Asian Security Dynamics*, ed. Kai He. New York, NY: Routledge, pp.19-32.

Boon, H. T. 2017. "Hardening the Hard, Softening the Soft: Assertiveness and China's Regional Strategy." *Journal of Strategic Studies* 40 (5): 639-662.

Buzan, B., and B. G. Buzan. 2004. *From International to World Society?: English School Theory and the Social Structure of Globalisation*, Vol. 95. New York, NY: Cambridge University Press.

Clarke, Michael. 2019. "Beijing's Pivot West: The Convergence of Innenpolitik and Aussenpolitik on China's 'Belt and Road'?" *Journal of Contemporary China* 29 (123): 1-18.

Fu Ying. 2021. "How China Views Multilateralism." *China US Focus*, May 17: https://www.chinausfocus.com/foreign-policy/how-china-views-multilateralism (accessed September 2, 2021).

Gong, Xue. 2019. "The Belt & Road Initiative and China's Influence in Southeast Asia." *The Pacific Review* 32 (4): 635-665.

Gong, Xue, and D. Balazs. 2021. "Emerging Soft Turn in China's Energy Security Cooperation with Southeast Asia." *China Review* 21 (4): 109-140.

He, K. 2019. "Contested Multilateralism 2.0 and Regional Order Transition: Causes and Implications." *The Pacific Review* 32 (2): 210-220.

Hsueh, C. 2016. "Taiwan's Perspective on China's 'One Belt, One Road' Strategy." *Journal of Contemporary East Asia Studies* 5 (2): 37-60.

Huang, Shu-Me, and Hyun-Kyung Lee. 2019. "Difficult Heritage Diplomacy? Re-Articulating Places of Pain and Shame as World Heritage in Northeast Asia." *International Journal of Heritage Studies* 25 (2): 143-159.

Ikenberry, J., and D. Lim. 2017. *China's Emerging Institutional Statecraft: The Asian Infrastructure Investment Bank and the Prospects for Counter-Hegemony*. Washington, DC: Brookings.

Johnston, A. I. 2019. "China in a World of Orders: Rethinking Compliance and Challenge in Beijing's International Relations." *International Security* 44 (2): 9-60.

Kastner, S., M. Pearson, and C. Rector. 2019. *China's Strategic Multilateralism: Investing in Global Governance*. New York, NY: Cambridge University Press.

Kastner, S., M. Pearson, and C. Rector. 2020. "China and Global Governance: Opportunistic Multilateralism." *Global Policy* 11 (1): 164-169.

Lai, Christina J. 2019. "Rhetorical Traps and China's Peaceful Rise: Malaysia and the Philippines in the South China Sea Territorial Disputes." *International Relations of the Asia-Pacific* 19 (1): 117-146.

Lai, Christina J. 2020. "Soft Power is not So Soft: Is A Reconciliation between China's Core Interests and Foreign Policy Practices Possible?" *Political Science* 72 (3): 167-185.

Lampton, D. M., S. Ho, and C. C. Kuik. 2020. *Rivers of Iron: Railroads and Chinese power in Southeast Asia*. Oakland, CA: University of California Press.

Larson, D. W. Forthcoming. "Is the Liberal Order on the Way Out? China's Rise, Networks, and the Liberal Hegemon." *International Relations*: https://doi.org/10.1177/00471178221109002.

Leng, Tse-Kang. 2018. "China's Arctic Diplomacy: Global and Regional Aspects." In *Decoding the Rise of China: Taiwanese and Japanese Perspectives*, eds. Tse-Kang Leng and Rumi Aoyama. Singapore: Palgrave MacMillan, pp. 147-170.

Leng, Tse-Kang, and Zhu-Cheng Zhao. 2020. "Partnership on the Ice? Power Politics and Economic Engagement in Sino-Russian Arctic Diplomacy." *Chinese Political Science Review* 70: 1-39.

Li , Mingjiang. 2019. "China's Economic Power in Asia: The Belt and Road Initiative and the Local Guangxi Government's Role." *Asian Perspective* 43 (2): 273-295.

Liang, W. 2021. "China's Institutional Statecraft under Xi Jinping: Has the AIIB Served China's Interest?" *Journal of Contemporary China* 30 (128): 283-298.

Liu, H. 2020. "Chinese Perception of China's Engagement in Multilateralism and Global Governance." *The Pacific Review* 33 (3-4): 469-496.

Nathan, Andrew J., and Boshu Zhang. 2022. "'A Shared Future for Mankind': Rhetoric and Reality in Chinese Foreign Policy under Xi Jinping." *Journal of Contemporary China* 31 (133): 57-71.

Otmazgin, Nissim. 2021. "An 'East Asian' Public Diplomacy? Lessons from Japan, South Korea, and China." *Asian Perspective* 45 (3): 621-644.

Owen, John M. 2021. "Two Emerging International Orders? China and the United States." *International Affairs* 97 (5): 1415-1431.

Pempel, T. J. 2019. "Regional Decoupling: The Asia-Pacific Minus the USA?" *The Pacific Review* 32 (2): 256-265.

Pu, Xiaoyu. 2012. "Socialisation as a Two-way Process: Emerging Powers and the Diffusion of International Norms." *The Chinese Journal of International Politics* 5 (4): 341-367.

Qin, Yaqing. 2020. "Reform Multilateralism Now: A Chinese Perspective." *Global Asia* 15 (2): 12-17.

Ruggie, J. G. 1992. "Multilateralism: The Anatomy of an Institution." *International Organization* 46 (3): 561-598.

Tan, S. S. 2020. "ASEAN and Multilateralism 2.0: Locating ASEAN Centrality within the FOIP and the BRI." In *Contested Multilateralism 2.0 and Asian Security Dynamics*, ed. Kai He. New York, NY: Routledge, pp. 147-160.

Wang, Shuchen. 2018. "Museum Diplomacy: Exploring the Sino-German Museum Forum and Beyond." *International Journal of Cultural Policy* 24 (6): 724-740.

Wang, T. Y., and Christopher Achen. 2022. "A Dialogue about Situating Taiwan Research Within Academia." *Taiwan Insight*, March 3: https://taiwaninsight.org/2022/05/03/a-dialogue-about-situating-taiwan-research-within-academia/ (accessed November 18, 2022).

Weiss, J. C., and J. L. Wallace. 2021. "Domestic Politics, China's Rise, and the Future of the Liberal International Order." *International Organization* 75 (2): 635-664.

Wilson, J. D. 2019. "The Evolution of China's Asian Infrastructure Investment Bank: From a Revisionist to Status-seeking Agenda." *International Relations of the Asia-pacific* 19 (1): 147-176.

Womack, B. 2006. *China and Vietnam: The Politics of Asymmetry*. New York, NY: Cambridge University Press.

Yan, Xuetong. 2014. "From Keeping a Low Profile to Striving for Achievement." *The Chinese Journal of International Politics* 7 (2): 153-184.

Ye, M. 2020. *The Belt Road and Beyond: State-mobilized Globalization in China: 1998-2018*. New York, NY: Cambridge University Press.

Zhao, Suisheng. 2019. "Engagement on the Defensive: From the Mismatched Grand Bargain to the Emerging US-China Rivalry." *Journal of Contemporary China* 28 (118): 501-518.

Zhao, Suisheng. 2020. "China's Belt and Road Initiatives as the Signature of President Xi's Diplomacy." *Journal of Contemporary China* 29 (123): 319-335.

第二十一章

中國崛起的網絡分析：以戰略夥伴關係為例[*]

張廖年仲

壹、前言

中國的崛起對國際秩序的影響一直是國內國際關係學界所關注的議題（石之瑜、張登及，2009；朱雲漢、黃旻華，2007；徐斯勤，付梓中；蕭全政，2004）。目前國內的研究文獻主要可分為三大類：第一類文獻探討中國崛起的意圖為何？是否會維持或改變現狀（宋興洲，2005；高朗，2006；唐欣偉，2013）？例如就近年來的南海爭議與臺海問題而言，蔡榮祥（2018）與馬振坤（2019）認為中國大陸已成為修正主義國家。第二類文獻衡量崛起中國的經濟與軍事實力，是否足以挑戰美國霸權而導致權力轉移（邱坤玄，2000；吳玉山，2011；陳欣之，2014）？例如廖小娟（2016）論證國力優勢將是影響中國大陸與美國爆發軍事衝突的主要因素。第三類文獻則聚焦在中國在區域組織與國際建制逐漸擴大的影響力，是否會取代現有以西方自由主義為中心的國際秩序（邱坤玄、黃鴻博，2010；邱昭憲，2009，2017；高長、吳瑟致，2009；陳重成、唐欣偉，2005）？例如薛健吾（2022）認為中國推動的「一帶一路」倡議，可能會導致參與國的債務問題而影響區域與國際秩序。

由上述的文獻回顧可知，國內學界認為中國崛起對國際秩序的影響，已從過去所認為的機會轉變為當前所面臨的挑戰，尤其關注其對於區域穩定與臺海和平所帶來的衝擊。儘管這些研究對於理解中國的崛起至關重要，現有文獻卻往往侷限在單方面的解釋，而忽略國家之間互動的過程。尤其中國的崛起是一個動態的過程，中共領導人的意圖、與他國的國力對比，以及參與國際建制的策略也不斷地在變化。尤其隨著近年來中美戰略競爭的加劇，中美的衝突已不再像過去僅侷限在區域層次，中國大陸的「一帶一路」與美國的「印太戰略」使得兩國之間的競爭上升到全球層次（游智偉，2019；黃韋

---

[*] 本文初稿發表於 2022 年 8 月 4 日至 5 日中央研究院政治學研究所廿週年所慶暨「政治學的現況與展望」學術研討會，作者感謝劉致賢教授與匿名審查人的寶貴意見與建議。作者還要特別感謝郭依潔女士協助本研究資料庫的建立與網絡圖的繪製。

豪，2020；楊昊，2018）。因此，建立一套研究中國大陸與國際社會互動的動態指標，才能更有助於瞭解中國崛起的過程與對國際秩序所帶來的影響。

有鑒於此，本文嘗試以網絡分析（network analysis）來檢視中國崛起的過程及其與國際社會的互動模式。本文將以中國大陸的戰略夥伴（strategic partnerships）關係為指標，並以此來評估中國崛起對國際秩序可能帶來的影響。近年來，網絡分析在國際關係學界開始廣為應用。網絡分析作為一種研究途徑，其並不能取代傳統的國際關係理論，而是作為補充並幫助理解國際結構與國家之間互動的過程，因此為冷戰後的國際政治研究帶來新的視野（Maoz, 2017）。例如，網絡分析將國際政治視為行為者被物質與非物質關係所連結的規律性結構，這樣的觀點不僅符合建構主義（constructivism）所強調的代理人與結構之間的互動，也呼應現實主義（realism）所主張的國家利益與權力分配重要性（Nexon and Wright, 2007: 255）。本文以全球戰略夥伴資料庫為基礎，透過網絡分析來勾勒出中國大陸戰略夥伴關係的演進，不僅能夠補充現有文獻關於中國崛起對國際秩序影響的探討，還可提供未來研究中國外交的新方向。

本文分為五個部分。第一節為前言，介紹本文的研究目的、研究方法與研究重要性；第二節回顧中國大陸戰略夥伴關係的相關文獻；第三節介紹近年來國際關係學界開始應用的網絡分析途徑；第四節將中國大陸的戰略夥伴關係具象化，描繪其關係網絡的變化與互動過程；最後則提出未來用網絡分析來研究中國外交的可能方向。

貳、中國大陸的戰略夥伴關係

自 1990 年冷戰結束後，許多國家開始建立戰略夥伴來促進彼此在經濟、外交和安全領域方面的合作。戰略夥伴國往往透過共同聲明或雙邊協議的方式來宣示彼此的夥伴關係，其夥伴協議內容涵蓋了多方面領域的合作，例如經濟貿易、軍事安全、文化交流與技術轉移等方面，並將兩國政府與非政府部門之間的溝通聯繫常態化、制度化（Wilkins, 2008; Nadkarni, 2010; Parameswaran, 2014）。[1] 戰略夥伴作為一種新興的外交政策工具，其目標是讓夥伴國在促進經濟利益的同時還可以共同面對安全挑戰。因此戰略夥伴協議跟一般國家所簽署的「經濟夥伴協議」（Economic Partnership Agreements, EPAs）不同，因為後者僅限於經濟與貿易領域的合作，安全領域的合作才是戰略夥伴的

---

[1] 本文所定義的戰略夥伴屬於國家之間的正式官方關係，但在官方所簽署的戰略夥伴協議中，往往涵蓋了許多非傳統外交層面，如經濟、文化、學術與社會交流等。

一大特點（Khandekar and Gaens, 2018: 2-3）。另一方面，戰略夥伴也和一般的軍事聯盟（alliance）不同，因為夥伴國的安全合作並不針對第三國，也無須擔負協防的承諾與義務，但比傳統聯盟更重視在經濟、政治和文化層面的合作（Kay, 2000; Nadkarni, 2010; Envall and Hall, 2016）。所以許多學者將戰略夥伴視為新型態的「結盟」（alignment）方式，強調戰略夥伴彈性、非正式與不排外的特色（Wilkins, 2011, 2018; Leng and Chang Liao, 2016; Strüver, 2014, 2017）。[2]

戰略夥伴的興起也符合冷戰後國際情勢出現的變化：1. 新興跨國威脅興起，如恐怖主義、網路安全、公共衛生、氣候變遷等，需要跨國公私部門共同合作面對；2. 國家彼此合作的主要目的也由安全議題轉向經濟議題；3. 非國家行為者開始受到重視，非政府組織或跨國企業為國家的合作扮演溝通的角色。在這樣的情況下，傳統軍事聯盟的功能開始受到質疑，也為戰略夥伴帶來發展的空間（Tertrais, 2004, 2021; Menon, 2007）。最明顯的例子莫過於 2021 年 9 月，由美國、英國、澳洲所簽署的三邊安全夥伴協議（AUKUS），儘管英國和澳洲分別是美國在北大西洋公約組織和美澳紐安全條約的同盟，這三個國家卻以建立新的戰略夥伴來取代聯盟關係，可見未來戰略夥伴會成為國家之間安全合作的新型態。[3]

中國大陸可說是國際上最早開始對外建立戰略夥伴的國家。自 1978 年改革開放以來，中共領導人採取不結盟的「獨立自主」外交政策（Jian, 1996）。[4] 儘管堅持不結盟政策，中國大陸卻在冷戰後相繼與主要國家與國際組織建立不同形式的戰略夥伴，以突破 1989 年天安門事件後的國際孤立。例如中國大陸在 1993 年與巴西建立戰略夥伴關係、1994 年與俄羅斯建立「建設性夥伴」關係、在 1997 年與美國建立「建設性戰略夥伴」關係、在 2003 年與歐盟以及東南亞國家協會建立「戰略夥伴」等；即便是與中國大陸有領土爭議的國家，如印度、日本、菲律賓和越南，也相繼與中國大陸建立戰略夥伴，緩和彼此因主權爭議所導致的緊張關係。

事實上，面對後冷戰時期美國所主導的國際單極體系，發展戰略夥伴已成為中共領導人主要的戰略選擇（Saunders, 2006; Wang, 2010）。中共領導人一方面要積極與美國及其盟友建立夥伴關係，以突破美國可能採取圍堵中國的政策。由於戰略夥伴並不與既

---

[2] 聯盟與結盟兩者的定義不同，前者強調正式的條約義務，後者則為非正式的軍事合作，其相關討論可見 Snyder（1997: 6-16）和 Wilkins（2012）。

[3] 另一個例子是烏克蘭欲加入美國所領導的北大西洋公約組織軍事聯盟（北約），但美國與北約會員國只與烏克蘭建立戰略夥伴關係。2022 年 2 月俄羅斯入侵烏克蘭後，是否會促使北約更進一步擴大會員國還有待觀察。

[4] 自 1961 年的《中朝友好合作互助條約》以來，北韓即為中國大陸唯一的正式盟友。

有的聯盟關係相互排斥，許多美國盟國能在維持與華府的軍事合作關係的同時，也透過戰略夥伴強化與北京的經濟合作，美國學者 John Garver（2016: 550）即認為：「中國大陸的夥伴關係將使得美國更難以聯合盟友對抗中國的崛起……北京可謂是在對華府可能發動的新冷戰進行鬥爭。」

　　另一方面，中共領導人也積極拓展戰略夥伴網絡，以提供其他國家在現有美國聯盟體系之外的選擇，進而促進國際體系多極化的目標。例如歐盟在 2003 年與中國大陸建立全面性戰略夥伴關係，其關鍵在於當時法國與德國不滿美國執意出兵伊拉克的單方作為，讓北京有機會透過夥伴關係提升與歐盟的經濟與科技合作（Casarini, 2009: 91）。正如美國學者 Avery Goldstein（2005: 133-134）所指出：「夥伴關係能讓中國大陸緩和對美國霸權的疑慮……因而不用透過對抗的形式發展自身的力量。」由此可見，戰略夥伴能夠填補中國大陸不結盟政策的空缺，藉由建立「朋友圈」以間接平衡來自美國單極體系的壓力，從而達到中國和平崛起的目標。

　　隨著中國大陸經濟與軍事力量的快速成長，其夥伴關係也快速地向全世界擴展，不僅強化了中國大陸的對外影響力，也展現其國際地位的提升（Pang, Liu, and Ma, 2017; Michalski, 2019）。如圖 21-1 所示，至 2020 年為止，中國大陸已與世界上 95 個國家簽署了超過 300 個戰略夥伴協議。[5] 值得注意的是，近年來中國大陸的戰略夥伴有快速增

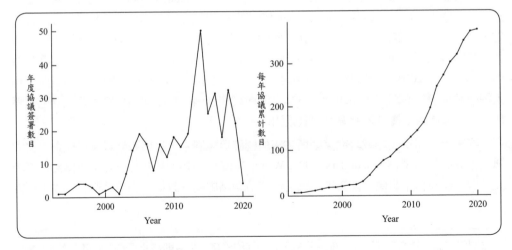

圖 21-1　中國大陸簽署戰略夥伴的協議數量（1993-2020）

資料來源：作者自行統計。

---

[5]　圖 21-2 採用信心等級二（conf2）資料，本文其餘圖表採用信心等級一（conf1）資料，關於資料選取標準請見本文附錄。

加的趨勢，特別是在 2013 年習近平主政下的中國外交，更加積極拓展全球戰略夥伴，例如在 2014 年 11 月的中央外事工作會議，習近平即強調要在「堅持不結盟原則的前提下廣交朋友，形成遍布全球的夥伴關係網絡」，藉以推動國際體系和全球治理改革，增加中國大陸和廣大開發中國家的代表性和話語權（新華網，2014）。因此，究竟中國大陸與國際社會如何透過戰略夥伴關係進行互動，進而會對國際秩序產生何種影響？這些是本文希望透過網絡分析來嘗試回答的問題。

參、網絡分析途徑

自 1990 年代開始，西方國際關係學界興起一股以網絡分析途徑探討國際政治現象的潮流。網絡是指由各種關係而產生連結（ties）的行為者（actor 或 node）所構成的一套社會結構（structure），網絡分析途徑即在解釋行為者在此社會結構下互動的過程與原因（Hafner-Burton, Kahler, and Montgomery, 2009; Maoz, 2010）。行為者可以是個人、企業或國家，他們被各種不同類型且持續性的關係所連結，這些連結包括了貿易投資、社會交流與國際組織或軍事聯盟的成員等。這樣的連結會對行為者帶來機會與限制，一方面網絡會形成某種社會結構影響行為者的行為，另一方面網絡也會被行為者的行為所影響而發生改變，因此網絡可以用來促進集體行動、國際合作或發揮影響全球治理的功能，正如亞里斯多德（Aristotle）所言：「整體大於部分的總和。」（The whole is greater than the sum of the parts.）。

隨著冷戰的結束，國際社會變得日益多元化、互賴化與複雜化（鄭端耀，2016），這樣的發展趨勢符合網絡分析途徑的三個主要假定：1. 行為者因相互依賴而產生各種不同類型的連結；2. 連結所傳遞的資源可以是物質性或非物質性的，例如資金流動或資訊傳播；3. 持續性的連結成為固定模式後形成一種社會結構（Wasserman and Faust, 1994），因此透過網絡分析的運用，會更有助於探討後冷戰時期的國際經濟與安全議題。另一方面，「大數據分析」（big data analysis）的出現也影響了社會科學的研究方法，有些國際關係學者提倡要：1. 蒐集龐大與繁瑣的數據資料；2. 允許資料不夠精確，甚至雜亂；3. 解釋事件發生的相關性而非因果關係，解答「是什麼」（what）而非「為什麼」（why）的問題（Cukier and Mayer-Schoenberger, 2013）。由於「大數據分析」改變了研究者對資料處理的方式，因此網絡分析途徑適時地為許多與國際關係相關的資料提供新的研究視角。

相較於傳統的國際關係研究途徑，網絡分析途徑具有以下三點的特色：第一，網絡分析強調連結的多樣性。連結是網絡得以形成的基礎，它並不是一次性或單方面的關係,而是行為者彼此同意的持續性交流活動(Tilly, 1998)。這樣的連結可以有許多不同的面向,在經濟方面包括了貨物或資金的流通,在政治方面包括了外交人員的派駐與官員互訪,在文化社會方面包括了媒體或民間團體的交流;這樣的連結也分不同的程度,有些是頻繁、廣泛而持續的,有些則是疏離、淺薄而間歇性的。因此可透過測量這些連結的強弱來分析行為者彼此關係的緊密程度,並瞭解網絡對行為者影響的範圍與效果(Granovetter, 1973)。

　　第二,網絡分析強調相對位置(position)的關鍵性。由於行為者之間連結強弱的差異,某些行為者會比其他行為者有著較多的連結,因此在網絡中形成不同的「聚落」(cluster)〔或稱為「次團體」(subgroup)〕。如果某一行為者同時連結著不同的聚落,代表其在網絡中扮演「中介者」(broker)的角色,可利用其連結的不同資源而發揮影響力(Goddard, 2009)。由此可知,網絡分析更關注國家在國際關係網絡中所處的位置與影響力,不同於傳統國際關係理論只著重國力大小或國家特性。例如 Hafner-Burton 與 Montgomery(2006, 2008)發現國家在國際組織網絡中所處的位置會影響衝突或合作行為的產生;他們也指出小國在國際貿易組織的網絡位置有助於他們提升在經濟全球化的地位,甚至施展經濟制裁他國的能力。

　　第三,網絡分析強調結構的重要性。結構是由行為者之間規律性與持續性的關係所構成。行為者在結構中所處的環境、連結與位置,能夠解釋並預測行為者的行為。例如,愈接近中心位置(centrality)的行為者會得到愈多資源,也愈能夠影響其他的行為者,進而愈容易採取侵略性的作為;相對地,愈接近邊陲位置(outlier)的行為者雖然得到較少的資源,卻也能透過威脅退出整個網絡而增加其議價談判的能力。可見網絡分析更強調結構中的位置對國家行為的影響,有別於國際關係現實主義強調國家權力分配所形成的國際結構(Hafner-Burton and Montgomery, 2008; Manger, Pickup, and Snijders, 2012; Xun, 2012)。

　　網絡分析途徑常以網絡結構圖來呈現行為者之間的關係與其所處位置的特點。舉例而言,圖 21-2 是由八個行為者(節點)所組成的網絡結構圖,各節點依連結的強弱決定彼此距離的遠近。其中 A 處於網絡的中心位置,代表其擁有的連結與資源最多,並和 B、C、D、E 形成一個聚落;G、H 則處於邊陲的位置,代表所擁有的連結和資源最少;F 雖沒有最多的資源與連結,卻處於銜接聚落與邊陲的中介者位置,因此在該網絡中也具備一定程度的影響力。簡言之,網絡分析可將網絡結構具象化,並描繪出各行為者在關係網絡中所處的位置,藉以衡量行為者的在網絡中的影響力。

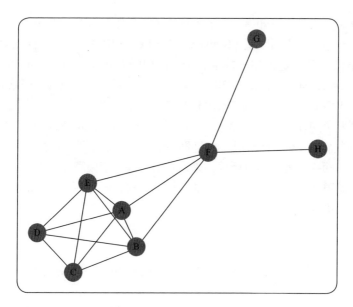

圖 21-2　網絡結構圖

資料來源：作者自行繪製。

　　由此可見，網絡分析途徑為國際關係研究帶來新的視野，社會網絡分析聚焦在行動者之間構成的連結與層級關係，其概念與新現實主義對於國際體系的假定相仿，也與英國學派與建構主義相呼應。另一方面，網絡分析途徑也挑戰了國際關係現實主義理論的觀點，例如其重新定義了權力的概念，國家之間的權力分配不再只侷限於軍事和經濟實力的大小，在相互依賴的網絡結構中，有些小國也能夠依本身所處的位置而發揮關鍵的影響力（Cheng et al., 2021; Goddard, 2009; Grynaviski, 2015; Sazak, 2020）。此外，網絡分析也能夠彌補傳統國際關係理論過於強調國家特性或權力平衡的不足，反映出物質與非物質關係對國家互動的影響，展現出國際政治社會化與權力擴散的動態過程（Hafner-Burton, Kahler, and Montgomery, 2009: 560）。因此，網絡分析途徑能夠有助於瞭解國際秩序與世界霸權的治理機制（Nexon and Wright, 2007; Cooley and Nexon, 2013; MacDonald, 2017）、國際政治經濟的運作方式（Oatley et al., 2013），甚至個人層次因素對國際政治的影響（Grynaviski, 2015; Cooley and Nexon, 2016; Sazak, 2020）。

　　本文從網絡分析來檢視中國大陸的戰略夥伴關係主要理由有三點：第一，中國大陸的戰略夥伴已成為超越一般外交關係的常態性交往模式，其夥伴協議往往包括政府間不同部門的交流合作，例如外交與軍事部門的互訪與會談（Strüver, 2017; Michalski, 2019），符合網絡分析所強調連結的多樣性；第二，中國大陸的戰略夥伴已發展出不同類型的次團體，有些學者即指出中國大陸的戰略夥伴可分為「夥伴」、「戰略夥伴」
與「全面戰略夥伴」等不同類型（Strüver, 2017; Lee, 2019），符合網絡分析所強調聚落
的特性，而這樣的聚落是否如一些學者所言出現階層化（hierarchical）的現象（Bang,
2017; Song, Borquez, and Muñoz, 2020），則可進一步透過不同層級的網絡分析來加以觀
察（Cooley and Nexon, 2013; MacDonald, 2017; Kim, 2019）；第三，中國大陸所建立的
全球戰略夥伴關係可使其處於網絡中心的位置（Pang, Liu, and Ma, 2017; Yue, 2018），
藉由物質與非物質資源的分配而增加其國際影響力，符合網絡分析所強調位置的重要
性。因此，下一節將透過網絡分析途徑來勾勒出中國大陸與夥伴國彼此的關係模式，將
中國大陸的戰略夥伴關係網絡具象化，並描繪出各國在關係網絡所處的相對位置，以瞭
解夥伴國受到結構驅動的行為變化。

肆、中國大陸戰略夥伴的網絡分析

　　為了勾勒出中國大陸戰略夥伴的全球網絡，本文首先建立「全球戰略夥伴」資料
庫，接著再利用此資料庫進行網絡分析與相關研究，關於資料庫的建構與網絡分析的應
用請見本文附錄。

　　如前所述，面對冷戰後美國所主導的單極體系，中國大陸選擇建立戰略夥伴以拓展
對外關係。隨著中國崛起，中國大陸的戰略夥伴國數目也不斷地增加。圖 21-3 顯示從
2000 年到 2020 年間，中國大陸戰略夥伴每隔十年於全球分布的變化。由圖 21-3 可知，
在 2000 年時，中國大陸的戰略夥伴包括了美國、俄羅斯、日本、印度、巴西等世界主
要國家；在 2010 年時，中國大陸一方面與東南亞與中亞等周邊國家建立戰略夥伴，另
一方面也積極向外拓展夥伴關係，包括與歐盟和非洲等國家建立戰略夥伴。這段時間正
是中共領導人提倡「大國外交」和「睦鄰外交」之際，不僅解決了許多與鄰國的領土
爭議，也與世界主要國家建立在經貿、反擴散與反恐等議題上的合作（張登及，2003；
許志嘉，2007；蔡東杰，2020）。在 2020 年時，中國大陸的戰略夥伴已遍及五大洲、
三大洋，顯現出習近平主政時期中國外交已邁入「奮發有為」的新時期（張廖年仲，
2019）。

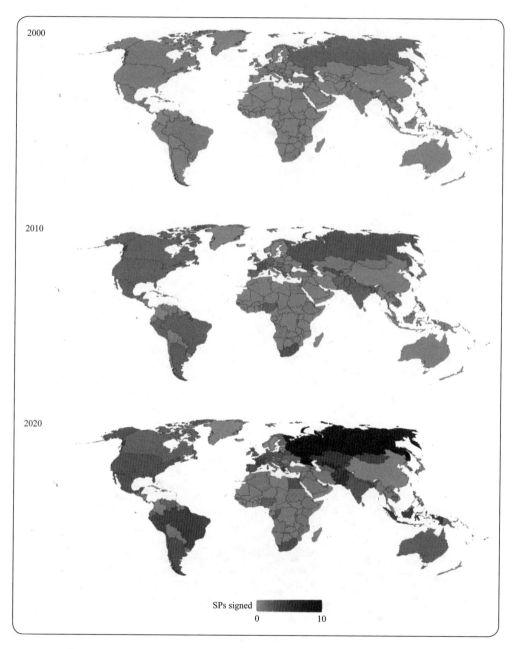

圖 21-3　中國大陸戰略夥伴全球分布的演變（2000-2020）
資料來源：作者自行繪製

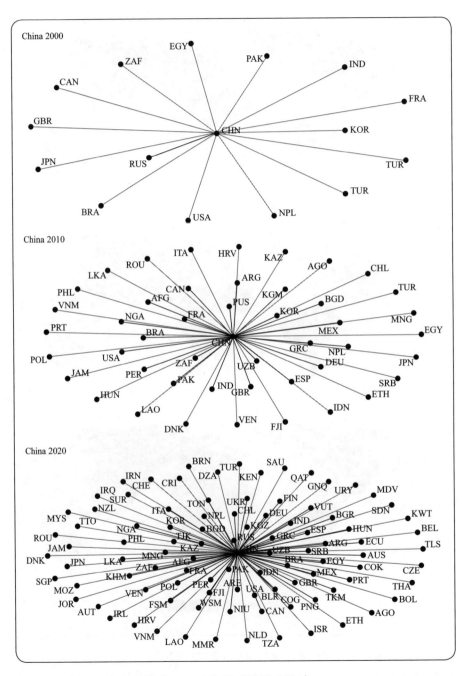

圖 21-4　中國大陸戰略夥伴網絡的演變（2000-2020）
資料來源：作者自行繪製。

　　有論者認為中國的崛起將導致以其為中心、階層化的國際秩序出現，有別於現今以西方為主導的國際秩序（Kang, 2007），這樣的國際秩序也有可能透過網絡分析來加以窺探。圖 21-4 顯示以中國大陸為中心的戰略夥伴網絡每隔十年的變化，不同於圖 21-3 的地理分布，圖 21-4 呈現以夥伴協議次數作為與中國大陸的距離遠近的中心網絡（ego network）；也就是說，與中國大陸簽署夥伴協議數目愈多的國家，其位置會離中心點的中國大陸（CHN）愈近。由圖 21-4 可知，在 2000 年時，除了俄羅斯（RUS）與南韓（KOR）外，中國大陸與世界主要國家維持著等距的戰略夥伴關係；在 2010 年時，法國（FRA）、南非（ZAF）、烏茲別克（UZB）等許多國家也分別強化了與中國大陸的戰略夥伴關係。到了 2020 年，印度（IDN）、巴基斯坦（PAK）、哈薩克（KAZ）也拉近了與中國大陸的戰略夥伴關係；與此同時，中俄的戰略夥伴關係也變得更加緊密。然而，儘管網絡分析有助於理解世界各國與中國大陸關係的親疏遠近，是否就此出現以中國為中心的國際秩序仍有待觀察。

　　就算以中國大陸為中心的國際秩序還言之過早，有論者認為東亞是最有可能讓中國主導的地區，因為歷史上東亞即以中國作為政治、經濟與文化的中心（Goh, 2013; Kang, 2019）。然而，透過網絡分析東亞的戰略夥伴關係，可以發現該地區呈現「多中心」的情形。圖 21-5 顯示 2020 年東亞地區戰略夥伴的網絡分布，不同於圖 21-4 以中國大陸為中心，圖 21-5 呈現東亞地區各個國家戰略夥伴關係的分布：處於網絡位置中心的國家代表其與愈多國家簽署戰略夥伴協議；國家之間簽署的戰略夥伴協議次數愈多，彼此的距離會愈接近。由圖 21-5 可知，除了中國大陸（CHN）之外，日本（JPN）和越南（VNM）也處於東亞地區戰略夥伴網絡的中心位置，緬甸（MMR）、東帝汶（TLS）則處於相對邊陲的位置。儘管現有文獻主要關注中國大陸在東亞的戰略夥伴關係，圖 21-5 顯示出日本與越南的戰略夥伴關係也值得進一步探討。

　　除了區域與國際秩序外，中國大陸對現有國際建制（international regimes）的影響也是學界所關注的課題，其中以中國大陸為首的金磚五國集團最為受到注目，有論者認為這些新興國家可能在未來共同挑戰以西方國家為中心的國際秩序與規範（Thies and Nieman, 2017），例如 2022 年 2 月俄羅斯入侵烏克蘭後，金磚國家即共同採取偏向俄羅斯的立場，同時也反對西方國家對俄羅斯實施經濟制裁。圖 21-6 顯示金磚五國的戰略夥伴網絡分布，由圖 21-6 可見中國大陸（CHN）處於集團中的中心位置，但俄羅斯（RUS）也和其他成員如印度（IND）、南非（ZAF）保持密切的戰略夥伴關係；相對而言，巴西（BRA）則處於集團中相對較為邊陲的位置。未來金磚五國集團將如何發展，甚至進一步擴大成員，值得持續觀察。

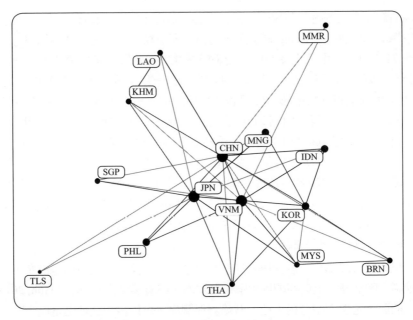

圖 21-5　東亞的戰略夥伴網絡（2020）
資料來源：作者自行繪製。

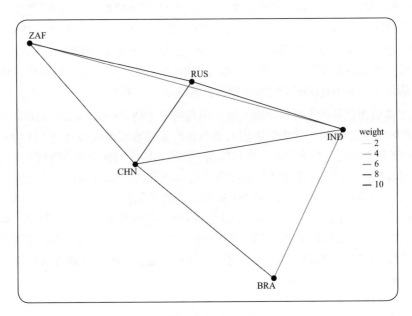

圖 21-6　金磚五國的戰略夥伴網絡（2020）
資料來源：作者自行繪製。

上述的網絡分析圖不僅將中國大陸的戰略夥伴關係具象化，也為研究中國崛起對國際秩序的影響提供新的視角。正如網絡分析途徑所強調，國際關係是不同國家之間互動的動態過程，而不是單方面靜態的結果，這樣的研究途徑也有助於學界瞭解中國大陸在崛起的過程中，其與國際社會互動的模式與結果。根據本文對中國大陸戰略夥伴的網路分析，可見到中國在崛起的過程中，其對外關係的發展也不斷地在變化。例如就夥伴關係的地理分布而言（圖21-3），中國最先強調與世界主要國家往來，接著再以亞洲鄰國為主要的交往對象，進而發展到目前遍布全球的戰略夥伴網絡，可見中國外交從「韜光養晦」轉向「奮發有為」的變化。就戰略夥伴關係的深度而言（圖21-4），過去中國大陸積極與美歐等國建立夥伴關係，現在主要發展與俄羅斯與中亞國家的戰略夥伴關係，可見未來中國與西方國家的分歧會日益加深。儘管中國大陸可以透過戰略夥伴來強化其中心位置，進而增加其區域與國際影響力，但根據東亞與金磚五國的戰略夥伴網絡分配來看（圖21-5、圖21-6），仍有其他國家跟中國大陸一起角逐中心位置，因而呈現多中心的狀態。由上述初步的網絡分析可知，儘管崛起的中國經濟與軍事實力不斷地在擴大，但從網絡的觀點而言，中國大陸尚未足以壟斷中心的位置，所以其對區域或國際秩序的影響力也會受到限制，甚至面臨來自其他國家的挑戰。

伍、網絡分析與研究中國外交的未來方向

本文利用網絡分析來探討中國崛起對國際秩序可能的影響，目前本文僅初步使用網絡分析圖來描繪出中國大陸的戰略夥伴關係，以理解中國大陸與國際社會關係的變化與走向，未來可更進一步採用「動態網絡模型」（Stochastic Actor-Oriented Model, SAOM），將中國大陸的戰略夥伴網絡視為依變數，測量並解釋形成該網絡的主要自變數，此模型已為國際關係學者所普遍採用（Kinne, 2013; Manger, 2012; Milewicz et al., 2016）。因此，本研究認為未來網絡分析可應用在研究中國外交以下幾個方向。

一、對美國聯盟體系的影響

自1990年冷戰結束後，美國所主導的全球聯盟體系已成為區域安全與國際秩序的地緣政治基礎，學界也因此重視中國崛起對美國聯盟體系所造成的影響（Wu, 2011; Kastner and Saunders, 2012; Jung, 2018）。根據權力移轉理論（Power Transition Theory），崛起國若欲挑戰霸權國，則會組成自己的聯盟體系以對抗霸權國的聯盟，因此「聯盟轉移」（alliance transition）也可以作為檢視崛起國是否滿意國際現狀的指標

（Kim, 1991, 2002; Kim and Morrow, 1992; Lemke and Reed, 1996）。因此，檢視中國大陸的戰略夥伴對美國聯盟體系的影響，也將有助於瞭解中國崛起對國際秩序的影響。

二、中小型國家的避險策略

中小型國家的避險策略（hedging strategy）是近年來國際關係學界關注的焦點（Goh, 2005; Medeiros, 2005; Kuik, 2008），尤其在中美兩強的戰略競爭日益升高的當下，中小型國家如何自處以維持自身的安全和經濟利益也愈來愈受到矚目。有些學者認為夥伴關係也可視為中小型國家的避險策略（Selden, 2016; Leng and Chang Liao, 2016; Czechowska et al., 2019），因此可運用網絡分析途徑來探討第三方國家在中美兩強之間的連結關係變化，特別是檢視美國聯盟體系的成員在中國大陸夥伴關係網絡所扮演的角色與結構位置，藉此預測中美競爭以及國際政治的變化方向。

三、中國大陸的威權擴散

作為後共產主義的威權國家，崛起的中國會對自由主義國際秩序造成何種影響，甚至是否會進一步導致威權擴散（authoritarian diffusion）的現象，已成為學界所關切的議題（Bader, 2015; Bader and Hackenesch, 2020; Hasenkamp, 2020; Hackenesch and Bader, 2020）。由於夥伴關係所涉的合作議題相當多元，網絡分析可與威權擴散的研究相結合，探討中國大陸對不同政治體制與國家之間的合作形式及互動差異，以有助於瞭解中國大陸對其他國家政治制度的影響力。

四、中國大陸戰略夥伴協議的文本分析

目前學界對於中國大陸戰略夥伴的定位與合作內容的差異仍有不同看法，包括夥伴協議類型的選擇、夥伴等級與實際承諾的差別及衡量中國大陸與夥伴國之間的關係，都有待更進一步的探討（Ding and Sun, 2020; Kuo and Huang, 2021）。有鑒於此，本計畫預定建立的全球夥伴資料庫將收納所有中國大陸戰略夥伴協議，並運用文本分析法（text analysis）系統化研究中國夥伴外交論述的意涵，以有助於解讀中國大陸在國際社會如何施展話語權。

參考書目

石之瑜、張登及，2009，〈中國崛起對東亞區域主義的影響〉，《文化研究》（8）：193-212。

朱雲漢、黃旻華，2007，〈探索中國崛起的理論意涵：批判既有國關理論的看法〉，朱雲漢、賈慶國（編），《從國際關係理論看中國崛起》，臺北：五南，頁 23-58。

吳玉山，2011，〈權力轉移理論：悲劇預言？〉，包宗和（編），《國際關係理論》，臺北：五南，頁 389-408。

宋興洲，2005，〈中國崛起：修正型強權或現狀型國家？〉，《全球政治評論》（11）：19-60。

邱坤玄，2000，〈霸權穩定論與冷戰後中（共）美權力關係〉，《東亞季刊》31（3）：1-14。

邱坤玄、黃鴻博，2010，〈中國的負責任大國身分建構與外交實踐：以參與國際裁軍與軍備管制建制為例〉，《中國大陸研究》53（2）：73-110。

邱昭憲，2009，〈中國崛起的國際科度參與 —— 多邊安全制度影響國際合作行為之檢視〉，《遠景基金會季刊》10（1）：135-180。

邱昭憲，2017，〈中國參與全球多邊治理的競合戰略：「亞洲基礎設施投資銀行」規則與制度化的運作〉，《遠景基金會季刊》18（2）：1-43。

唐欣偉，2013，〈美國國關學界對中國之評估：以攻勢現實主義與權力轉移論為例〉，《政治科學論叢》（58）：47-70。

徐斯勤，付梓中，〈中國崛起與區域主義〉，《二十一世紀全球區域化研究導論》，臺北：聯經。

馬振坤，2019，〈尋求恢復「歷史現狀」之中國軍事擴張與對臺威脅〉，《遠景基金會季刊》20（2）：1-48。

高長、吳瑟致，2009，〈中國崛起對東亞區域主義的影響〉，《遠景基金會季刊》10（2）：1-48。

高朗，2006，〈如何理解中國崛起？〉，《遠景基金會季刊》7（2）：53-94。

張登及，2003，《建構中國：不確定世界中的大國定位與大國外交》，臺北：揚智。

張廖年仲，2019，〈中國大陸對外關係〉，徐斯勤（編），《中國大陸研究專書》，臺北：大陸委員會，頁 162-192。

許志嘉，2007，〈中國新睦鄰外交政策：戰略意涵與作為〉，《遠景基金會季刊》8（3）：43-90。

陳欣之，2014，〈歧異解讀霸權衰落的美中戰略互動 —— 單極體系中權位轉換的認知因素〉，《遠景基金會季刊》15（1）：89-140。

陳重成、唐欣偉，2005，〈中國大陸崛起對當前國際體系的衝擊〉，《遠景基金會季刊》8（3）：43-90。

游智偉，2019，〈中國「一帶一路」的推動：古典地緣政治的解釋〉，《全球政治評論》（67）：57-83。

黃韋豪，2020，〈南南合作或南向掠奪？解釋東協國家對中資南進的不信任〉，《問題與研究》59（2）：89-125。

新華網，2014，〈習近平出席中央外事工作會議並發表重要講話〉，11 月 29 日：http://news.xinhuanet.com/politics/2014-11/29/c_1113457723.htm。檢索日期：2023 年 5 月 19 日。

楊昊，2018，〈形塑中的印太：動力、論述與戰略布局〉，《問題與研究》57（2）：87-105。

廖小娟，2016，〈試論中美發動軍事衝突的要件：國家權力差距或不滿意〉，《政治學報》（62）：1-24。

蔡東杰，2020，《當代中國外交政策》，臺北：五南。

蔡榮祥，2018，〈中國崛起與南海衝突：臺灣在亞太秩序中之戰略影響〉，《遠景基金會季刊》19（1）：1-56。

鄭端耀，2016，〈國際關係複雜性理論解析〉，《康大學報》（6）：1-22。

蕭全政，2004，〈論中共的「和平崛起」〉，《政治科學論叢》（22）：1-29。

薛健吾，2022，〈中國「一帶一路」的進展與影響，2013～2021〉，《中國大陸研究》65（2）：117-157。

Bader, Julia. 2015. China's *Foreign Relations and the Survival of Autocracies*. New York, NY: Taylor & Francis.

Bader, Julia, and Christine Hackenesch. 2020. "Networking with Chinese Characteristics: China's Party-to-Party Relations in Asia." In *Authoritarian Gravity Centers: A Cross-Regional Study of Authoritarian Promotion and Diffusion*, eds. Thomas Demmelhuber and Marianne Kneuer. New York, NY: Routledge, pp. 225-248.

Bang, Jiun. 2017. "Why So Many Layers? China's 'State-Speak' and Its Classification of Partnerships." *Foreign Policy Analysis* 13 (2): 380-397.

Casarini, Nicola. 2009. *Remaking Global Order: The Evolution of Europe-China Relations and Its Implications for East Asia and the United States*. Oxford, UK: Oxford University Press.

Cheng, Huimin, Ye Wang, Ping Ma, and Amanda Murdie. 2021. "Communities and Brokers: How the Transnational Advocacy Network Simultaneously Provides Social Power and Exacerbates Global Inequalities." *International Studies Quarterly* 65 (3): 724-738.

Cooley, Alexander, and Daniel H. Nexon. 2013. "'The Empire Will Compensate You': The Structural Dynamics of the U.S. Overseas Basing Network." *Perspectives on Politics* 11 (4): 1034-1050.

Cooley, Alexander, and Daniel Nexon. 2016. "Interpersonal Networks and International Security: The Case of US-Georgia Relations during the Bush Administration." In *The New Power Politics: Networks and Transnational Security Governance*, eds. Deborah Avant and Oliver Westerwinter. New York, NY: Oxford University Press, pp. 74-102.

Cukier, Kenneth, and Viktor Mayer-Schoenberger. 2013. "The Rise of Big Data: How It's Changing the Way We Think about the World." *Foreign Affairs* 92 (3): 28-40.

Czechowska, Lucyna, Andriy Tyushka, Agata Domachowska, Karolina Gawron-Tabor, and Joanna Piechowiak-Lamparska, eds. 2019. *States, International Organizations and Strategic Partnerships*. Cheltenham, UK: Edward Elgar Publishing.

Ding, Lu, and Xuefeng Sun. 2020. "Seeking Support beyond Alliance? Rethinking Great Power Partner Politics after the Cold War." *International Relations of the Asia-Pacific* 21 (3): 431-464.

Envall, H. D. P., and Ian Hall. 2016. "Asian Strategic Partnerships: New Practices and Regional Security Governance." *Asian Politics & Policy* 8 (1): 87-105.

Garver, John W. 2016. *China's Quest: The History of the Foreign Relations of the People's Republic of China*. New York, NY: Oxford University Press.

Goddard, Stacie E. 2009. "Brokering Change: Networks and Entrepreneurs in International Politics." *International Theory* 1 (2): 249-281.

Goh, Evelyn. 2013. *The Struggle for Order: Hegemony, Hierarchy, and Transition in Post-Cold War East Asia*. New York, NY: Oxford University Press.

Goldstein, Avery. 2005. *Rising to the Challenge: China's Grand Strategy and International Security*. Stanford, CA: Stanford University Press.

Granovetter, Mark S. 1973. "The Strength of Weak Ties." *American Journal of Sociology* 78 (6): 1360-1380.

Grynaviski, Eric. 2015. "Brokering Cooperation: Intermediaries and US Cooperation with Non-state Allies, 1776-1945." *European Journal of International Relations* 21 (3): 691-717.

Hackenesch, Christine, and Julia Bader. 2020. "The Struggle for Minds and Influence: The Chinese Communist Party's Global Outreach." *International Studies Quarterly* 64 (3): 723-733.

Hafner-Burton, Emilie M., and Alexander H. Montgomery. 2006. "Power Positions: International Organizations, Social Networks, and Conflict." *The Journal of Conflict Resolution* 50 (1): 3-27.

Hafner-Burton, Emilie M., and Alexander H. Montgomery. 2008. "Power or Plenty: How Do International Trade Institutions Affect Economic Sanctions?" *The Journal of Conflict Resolution* 52 (2): 213-242.

Hafner-Burton, Emilie M., Miles Kahler, and Alexander H. Montgomery. 2009. "Network Analysis for International Relations." *International Organization* 63 (3): 559-592.

Hasenkamp, Miao-ling Lin, ed. 2020. *China and Autocracy: Political Influence and the Limits of Global Democracy*. London, UK: I. B. Tauris.

Jung, Sung Chul. 2018. "Lonely China, Popular United States: Power Transition and Alliance Politics in Asia." *Pacific Focus* 33 (2): 260-283.

Kang, David C. 2007. *China Rising: Peace, Power, and Order in East Asia*. New York, NY: Columbia University Press.

Kang, David C. 2019. "International Order in Historical East Asia: Tribute and Hierarchy Beyond Sinocentrism and Eurocentrism." *International Organization* 74 (1): 65-93.

Kastner, Scott L., and Phillip C. Saunders. 2012. "Is China a Status Quo or Revisionist State? Leadership Travel as an Empirical Indicator of Foreign Policy Priorities." *International Studies Quarterly* 56 (1): 163-177.

Kay, Sean. 2000. "What Is a Strategic Partnership?" *Problems of Post-Communism* 47 (3): 15-24.

Khandekar, Gauri, and Bart Gaens, eds. 2018. *Japan's Search for Strategic Security Partnerships*. London, UK: Routledge.

Kim, Rakhyun E. 2019. "Is Global Governance Fragmented, Polycentric, or Complex? The State of the Art of the Network Approach." *International Studies Review* 22 (4): 903-931.

Kim, Woosang. 1991. "Alliance Transitions and Great Power War." *American Journal of Political Science* 35 (4): 833-850.

Kim, Woosang. 2002. "Power Parity, Alliance, Dissatisfaction, and Wars in East Asia, 1860-1993." *Journal of Conflict Resolution* 46 (5): 654-671.

Kinne, Brandon. J. 2013. "Network Dynamics and the Evolution of International Cooperation." *American Political Science Review* 107 (4): 766-785.

Kuik, Cheng-Chwee. 2008. "The Essence of Hedging: Malaysia and Singapore's Response to a Rising China." *Contemporary Southeast Asia* 30 (2): 159-185.

Kuo, I-chieh., and Weihao Huang. 2021. "Does Title or Content Matter? Examining China's Partnerships with Text Classification." In *China's Contemporary Image and Rhetoric Practice*, ed. Weixiao Wei. London, UK: Routledge, pp. 4-29.

Lee, Chia-yi. 2019. "China's Energy Diplomacy: Does Chinese Foreign Policy Favor Oil-Producing Countries?" *Foreign Policy Analysis* 15 (4): 570-588.

Leeds, Brett Ashley, Jeffrey Ritter, Sara Mitchell, and Andrew Long. 2002. "Alliance Treaty Obligations and Provisions, 1815-1944." *International Interactions* 28 (3): 237-260.

Lemke, Douglas, and William Reed. 1996. "Regime Types and Status Quo Evaluations: Power Transition Theory and the Democratic Peace." *International Interactions* 22 (2): 143-164.

Leng, Tse-Kang, and Nien-chung Chang Liao. 2016. "Hedging, Strategic Partnership, and Taiwan's Relations with Japan Under the Ma Ying-jeou Administration." *Pacific Focus* 31 (3): 357-382.

MacDonald, Paul K. 2017. "Embedded Authority: A Relational Network Approach to Hierarchy in World Politics." *Review of International Studies* 44 (1): 128-150.

Manger, Mark S., Mark A. Pickup, and Tom A. B. Snijders. 2012. "A Hierarchy of Preferences: A Longitudinal Network Analysis Approach to PTA Formation." *The Journal of Conflict Resolution* 56 (5): 853-878.

Maoz, Zeev. 2010. *Networks of Nations: The Evolution, Structure, and Impact of International Networks, 1816-2001*. New York, NY: Cambridge University Press.

Maoz, Zeev. 2017. "Network Science and International Relations." In *Oxford Research Encyclopedia of Politics*, ed. William R. Thompson. Oxford, UK: Oxford University Press. https://doi.org/10.1093/acrefore/9780190228637.013.517 (accessed May 19, 2023).

Medeiros, Evan S. 2005. "Strategic Hedging and The Future of Asia-Pacific Stability." *The Washington Quarterly* 29 (1): 145-167.

Menon, Rajan. 2007. *The End of Alliances*. New York, NY: Oxford University Press.

Michalski, Anna. 2019. "Diplomacy in a Changing World Order: The Role of Strategic Partnerships." The Swedish Institute of International Affairs, August 20: https://www.ui.se/butiken/uis-publikationer/ui-paper/2019/diplomacy-in-a-changing-world-order-the-role-of-strategic-partnerships/ (accessed May 19, 2023).

Milewicz, Karolina, James Hollway, Claire Peacock, and DuncanK Snidal. 2016. "Beyond Trade: The Expanding Scope of the Nontrade Agenda in Trade Agreements." *The Journal of Conflict Resolution* 62 (4): 743-773.

Nadkarni, Vidya. 2010. *Strategic Partnerships in Asia: Balancing without Alliances*. London, UK: Routledge.

Nexon, Daniel H., and Thomas Wright. 2007. "What's at Stake in the American Empire Debate." *The American Political Science Review* 101 (2): 253-271.

Oatley, Thomas, W. Kindred Winecoff, Andrew Pennock, and Sarah Bauerle Danzman. 2013. "The Political Economy of Global Finance: A Network Model." *Perspectives on Politics* 11 (1): 133-153.

Pang, Xun, Lida Liu, and Stephanie Ma. 2017. "China's Network Strategy for Seeking Great Power Status." *The Chinese Journal of International Politics* 10 (1): 1-29.

Parameswaran, Prashanth. 2014. "Explaining US Strategic Partnership in the Asia-Pacific Region: Origins, Developments and Prospects." *Contemporary Southeast Asia* 36 (2): 262-289.

Saunders, Phillip C. 2006. *China's Global Activism: Strategy, Drivers, and Tools*. Washington, DC: National Defense University Press.

Sazak, Selim Can. 2020. "Bad Influence: Social Networks, Elite Brokerage, and the Construction of Alliances." *European Journal of International Relations* 26 (S1): 64-90.

Selden, Zachary. 2016. *Alignment, Alliance, and American Grand Strategy*. Ann Arbor, MI: University of Michigan Press.

Snyder, Glenn H. 1997. *Alliance Politics*. Ithaca, NY: Cornell University Press.

Song, Guoyou, Andres Borquez, and Felipe Muñoz. 2020. "Rethinking Strategic Alignments: China and the Building of Wide-ranging and Multidimensional Networks." *China: An International Journal* 18 (4): 1-26.

Strüver, Georg. 2014. "'Bereft of Friends'? China's Rise and Search for Political Partners in South America." *The Chinese Journal of International Politics* 7 (1): 117-151.

Strüver, Georg. 2017. "China's Partnership Diplomacy: International Alignment Based on Interests or Ideology." *The Chinese Journal of International Politics* 10 (1): 31-65.

Tertrais, Bruno. 2004. "The Changing Nature of Military Alliances." *The Washington Quarterly* 27 (2): 133-150.

Tertrais, Bruno. 2021. "The Doomsayers Are All Wrong About the Future of Security Alliances." *World Politics Review*, November 9: https://www.worldpoliticsreview.com/articles/30106/the-doomsayers-are-all-wrong-about-the-future-of-security-alliances (accessed May 19, 2023).

Thies, Cameron G., and Mark David Nieman. 2017. *Rising Powers and Foreign Policy Revisionism: Understanding BRICS Identity and Behavior Through Time*. Ann Arbor, MI: University of Michigan Press.

Tilly, Charles. 1998. "Social Movements and (All Sorts of) Other Political Interactions – Local, National, and International – Including Identities." *Theory and Society* 27 (4): 453-480.

Wang, Yuan-kang. 2010. "China's Response to the Unipolar World: The Strategic Logic of Peaceful Development." *Journal of Asian and African Studies* 45 (5): 554-567.

Wasserman, Stanley, and Katherine Faust. 1994. *Social Network Analysis: Methods and Applications*. Cambridge, UK: Cambridge University Press.

Wilkins, Thomas S. 2008. "Russo-Chinese Strategic Partnership: A New Form of Security Cooperation?" *Contemporary Security Policy* 29 (2): 358-383.

Wilkins, Thomas S. 2011. "Japan's Alliance Diversification: A Comparative Analysis of the Indian and Australian Strategic Partnerships." *International Relations of the Asia-Pacific* 11 (1): 115-155.

Wilkins, Thomas S. 2012. "'Alignment', not 'Alliance' – The Shifting Paradigm of International Security Cooperation: Toward a Conceptual Taxonomy of Alignment." *Review of International Studies* 38 (1): 53-76.

Wilkins, Thomas S. 2018. "After a Decade of Strategic Partnership: Japan and Australia 'Decentering' from the US Alliance?" *The Pacific Review* 31 (4): 498-514.

Wu, Yu-Shan. 2011. "Power Shift, Strategic Triangle, and Alliances in East Asia." *Issues & Studies* 47 (4): 9-50.

Xun, Cao. 2012. "Global Networks and Domestic Policy Convergence: A Network Explanation of Policy Changes." *World Politics* 64 (3): 375-425.

Yue, Shengsong. 2018. "Towards a Global Partnership Network: Implications, Evolution and Prospects of China's Partnership Diplomacy." *The Copenhagen Journal of Asian Studies* 36 (2): 5-27.

附錄：全球戰略夥伴資料庫

　　有鑒於戰略夥伴已成為國際社會日益普遍的現象，本研究彙整世界各國所建立的戰略夥伴資訊，分別從各國外交部和駐地使館網頁蒐集了 1990 年至 2020 年間所簽署的戰略夥伴相關文件，並以中國大陸、美國、俄羅斯等大國資料為優先蒐集的對象。接著，本研究也將參考現有資料庫的統計方式，進一步納入其他關於深化、加強或升級戰略夥伴的相關協議，以實際簽署次數作為衡量夥伴國之間合作程度的基準，逐步擴展為全球性的戰略夥伴資料庫。

　　值得一提的是，夥伴協議比起傳統的雙邊協議更為彈性與非制式化，因此也大幅增加了相關資料文件蒐集的困難度，舉例來說，戰略夥伴的建立多數時候並不會單獨簽署一份正式的條約，而是附帶在政府首長互訪的聯合聲明當中，需由內文去判斷是否涉及戰略夥伴的討論，並沒有一定的規則。為了充分理解戰略夥伴簽署和更新的進程，本研究將所有與戰略夥伴相關的條約文件區分為兩種信心等級：第一種是以嚴格的標準審視，只將標題中含有戰略夥伴字詞的條約納入計算。而另一種是以較為寬鬆的標準，將所有內文中有提及戰略夥伴的文件皆含括在內，研究者可依其目的自行選擇需要的資料。茲將編碼說明如下：

　　year：戰略夥伴條約、聲明公報簽署的年分；

　　ccode_1：主要國家的 3 位數字代碼，採用 Correlates of War（COW）國家編碼系統；

　　iso3c_1：主要國家的 3 位字母代碼，為國際標準化組織（International Organization for Standardization, ISO）所建立；

　　country_1：主要國家的簡易名稱；

　　ccode_2：夥伴國家的 3 位數字代碼，採用 COW 國家編碼系統；

　　iso3c_2：夥伴國家的 3 位字母代碼，為國際標準化組織所建立；

　　country_2：夥伴國家的簡易名稱；

　　conf1：信心等級高的戰略夥伴二元編碼，只將條約標題中明確包含戰略夥伴字詞納入計算；

　　conf2：信心等級低的戰略夥伴二元編碼，除了條約標題中明確包含戰略夥伴字詞以外，另外還加入了標題沒有，但內容提及戰略夥伴的條約和聲明公報，以完善戰略夥伴的討論；

　　cumsum_conf1：以夥伴國家為組別，計算每年 conf1 戰略夥伴條約的累積數量；

　　cumsum_conf2：以夥伴國家為組別，計算每年 conf2 戰略夥伴條約的累積數量。

第二十二章

中共政治法規的本質：辯證邏輯與制度化視野[*]

蔡文軒

壹、前言

　　就比較共產主義的研究來說，制度化的與否始終是學者關注的焦點之一（吳玉山，2021：21）。而究竟中共政權有沒有制度化，這亦是近 20 年來，中國政治研究一個最受人矚目的議題。學者們注意到，至少從江澤民時期開始，中共高層政治出現了愈來愈多的規範（Teiwes, 2002）。而在 2000 年初迄今，對於中共體制是否將趨向制度化，成為學者們辯論的焦點。

　　制度化可以視為是一套政治秩序或規範能成為共識，並得以穩定持續的過程（Huntington, 1968: 12）。在本文的討論中，主要將制度化的討論放置在幹部管理體制等議題。有學者認為在歷經鄧小平、江澤民與胡錦濤時期的運作後，中共已經逐步發展出一套幹部甄補與政治繼承的慣例，使得制度化的現象逐步出現在中國這個列寧體制的國家（寇健文，2013：43-51；王信賢，2021；Bo, 2004）。但在習近平執政後，破壞了相關規範。嚴肅保守的政治氛圍，使得外界認為鄧小平以降的開放時代，恐怕已經結束（蔡中民，2019）。習更改了退休與提拔的年齡規定，使得許多親信幹部得以在超齡後，還能夠繼續擔任重要職務（Shirk, 2018: 29-30），舉例來說，王岐山以 70 歲高齡接任國家副主席，及國務委員兼外交部長王毅於 69 歲當選政治局委員。

　　吾人如何解釋這個現象？學者觀察到習近平基於威望所實施的強人統治，使得他打破政治繼承的制度化，來實現個人權力的持續（Kou, 2021）。確實，習近平處處模仿毛澤東的風格與政策，並和毛一樣，將自己視為是引領中國走向民族復興的唯一人選。此外，美中之間的競逐，更使得習近平認為只有他才能解決中國在國際上所遇到的挑戰。Joseph Fewsmith（2021: 16-17）則認為中共的列寧式體制，因欠缺權力制衡的

---

* 本文內容曾刊登於蔡文軒，〈中共政治法規的本質：辯證邏輯與制度化視野〉（研究紀要），《中國大陸研究》，第 66 卷第 1 期（2023 年 3 月），頁 109-130。感謝國立政治大學國際關係研究中心《中國大陸研究》同意轉載。

機制，因此從來沒有出現過真正的制度化。他認為在 1980 年代以降所出現的一些規範（norms），只不過是派系平衡下的權宜措施，但沒有真正成為黨內菁英的集體共識。Fewsmith 用規範的概念來取代制度化，並認為中共政治只有權力平衡的現象，但很難視為達臻制度化的標準。

菁英人格與派系政治等因素，似乎可解釋為何歷經江澤民與胡錦濤時期後，中國政治在習近平時期出現制度耗散（institutional dissipation）的現象。[1] 除此之外，是否有其他因素可以解釋為何制度化的進展在習近平時期出現倒退，本文將從政治法規的本質來進行解釋。中國政治的相關成文性法條，可分為黨內法規和國家法律兩類。針對重要的幹部管理或相關政治規範，中共通常是先以黨內法規來制訂，再依據黨內法規的內容來制訂相關的國家法律。

政治法規的本質恐怕不是在限制最高領導人的權力。本文所提到的政治法規，主要指的是在黨內法規或國家法律中，涉及到中共高層政治權力分配的相關規定。以黨內法規為例，它是依據黨在該時期的任務與屬性，來進行制訂與修改，其目的在於強化黨與領導人的政治地位，以便推動相關政策。中共在不同時期，制訂出相關黨內的規範，來指導黨務與政務的運作（Smith, 2018）。舉例來說，習近平所強調的「從嚴治黨」原則，及由此來制訂或修改的相關黨內規範。諸如在 2015 年與 2018 年所修改的〈中國共產黨紀律處分條例〉，強調所謂禁止「拉幫結派、對抗組織審查、搞無原則」，及黨員必須「牢固樹立政治意識、大局意識、核心意識、看齊意識」。這些法規的功能，事實上是有助於習近平透過紀律監察的機制，來強化個人的權威與政策實踐，並整肅異己（Liao and Tsai, 2020: 32-33）。如果後習時期的最高領導人，其政治理念不同，很可能相關的黨內法規也會相繼調整，並繼而影響國家法律的修改。換言之，政治法規很難以「制度化」的角度來檢視之，因為它充斥高度的人治色彩與辯證邏輯（dialectical logic）思維，尤以黨內法規更是如此，它強調在一定歷史時期內，法律是為政治所服務。

在中共以黨領政的思維下，國家法律從來不是獨立存在的體系，而是必須服膺於黨內法規與黨的歷史任務來做制訂。中共在習近平時期似乎更強調「法治」、「依法治國」或「依規治黨」等口號（人民網，2022），使黨內法規與國家法律的立法數量，較之胡溫時期，不減反增。但許多國家法律的制訂或修改，是在完善黨內法規所強調的任務。本文將討論中共政治法規的本質，也就是與幹部管理相關的黨內法規或國家法律，來分析在高層的政治繼承是否可能達到制度化之目的。

---

[1] 關於對制度耗散的討論，參見寇健文（2013：80-81）。

貳、從政治繼承是否制度化的辯論談起

學界對於中共政治繼承是否制度化，曾提出不同的看法。本文認為，這些辯論的背後，反映了學者對於中共政治法規的本質，可能存在互異的觀點。部分學者認為中共的政治繼承有可能走向制度化，其認為中共的政治法規，可能衍生出某種剛性規範，來對執政者行為產生制約。但持反對意見者，則認為中共的政治法規恐怕是在派系妥協下的產物。一旦這種因素不再存在，例如黨內有集權者消滅了不同的派系，則政治法規的內容也就會改變。簡言之，吾人不應該將中共的政治法規視為獨立存在的產物，它極可能與政治格局的演變有相對應的關係。[2]

對於制度化持肯定論的學者，多採用西方文獻定義來討論制度化的規範，特別是對於民主議會的相關研究（寇健文，2013：70-73；趙建民，2002：87-88）。其在觀察議會等機構運作的制度化時，會著重於該機構是否出現了明顯的周界（boundedness）、內部組織的繁複性（internal complexity）、是否可以調適（adaptation）外在環境的挑戰、機構是否存在自主性（autonomy）而可以獨立於其他組織之外，以及「凝結性」（coherence），意即菁英間是否對規則出現共識。這方面的論述相當周全，但可以再釐清的是，組織的制度化是否可以完全移植到領導繼承的議題上。畢竟，像是自主性、繁複性等指標，主要是討論機構的發展，而非幹部管理。此外，這類西方文獻主要建立在權力分立與制衡的前提下，但這些指標對於列寧黨國體制是否完全適用，則或可再探究。

持否定論的相關研究，可以 Fewsmith（傅士卓）為代表。他傾向將制度化視為：1.政治體系在決定領導人或幹部晉升時，出現了一套規範，以及 2.這套規範可成為菁英的共識，使得在不發生政治鬥爭的前提下，將規範順利傳承至下任領導人來遵循，並完成權力交接（Fewsmith, 2021: 2）。事實上，這兩個過程類似寇健文所提出的「制度建立」與「制度深化」（寇健文，2013：6）。在檢視制度化是否獲得實踐，吾人確實必須將重點放在建立與深化的兩個時序過程。

Fewsmith 的定義相當簡潔扼要。在某種程度上，他主要是從「凝結性」的角度，來討論中共菁英繼承的規範，是否有可能成為黨內的共識。相較於國內學者從更為全面性的指標來討論，Fewsmith 的問題也在於其對制度化的討論似乎過於簡單。例如，他對繁複性或自主性等範疇並未予以深究，這就無法讓我們理解在不同時期的黨政規範是否出現迥異，而這些規範是否能有效「調適」政治環境的挑戰。此外，他的討論較少觸及決

---

[2]　以黨內法規為例，其制訂就與中共的領導格局有關。相關討論，參見黃意植（2013）。

策制定的議題，但這對於中共政治來說，卻相當重要。最後，Fewsmith 雖然傾向以「規範」來取代制度化，但他似乎並未討論即便是中共的政治規範，也存在不同性質。此外，他在討論制度化的議題時，似乎沒有區分「沒有出現過真正的制度化」與「沒有制度化」的不同意涵。確實，中共政治可能沒有西方意義的制度化，但是否真的從來沒有過在一定時期內的「制度化」，這或許可以再討論。[3]

本文認為上述的觀點都有其貢獻。我們進一步認為，中共在制訂相關政治繼承或幹部管理的規範時，多是以黨內法規先行，再制訂或修改相關的國家法律。黨內法規是否能以「制度化」的指標來檢視，可能就值得討論。確實，與黨內法規相較之，國家法律或許有更獨立的地位，且涉及的層面更為廣泛，用以調適社會經濟的新挑戰。例如，中國在 2000 年公布的《中華人民共和國民法典（草案）》，將過去制訂的一些相關民法規範進行彙整與修訂，其目的在於強化社會治理的法治性（中國人大網，2020）。又例如 2021 年制訂通過的《中華人民共和國個人資訊保護法》，對個資的運用與限制，做了更詳細的規定來優化市場運作（中國人大網，2021）。

但與政治權力繼承或幹部管理相關的規範，通常先以黨內法規的形式出現。而黨內法規的性質，主要是根據黨在一定時期的歷史任務與政治需要來制訂。黨內法規具有法律與「政策」（政治）的雙重性質。黨內法規所制訂的政策，是為了確保黨的長期執政（殷嘯虎，2016：14）。這使得黨內法規似乎很難以「制度化」的線性概念來檢視，它比較像是中共官方思維中的辯證邏輯。

參、中共的辯證思維

中共革命深受蘇聯的影響，其指導思想包括馬列主義等唯物辯證的哲學。雖然有學者認為重要領導人，例如毛澤東思想還受到中國傳統著作的影響（Pang, 1964），但這並不影響中共透過辯證思維去作為世界觀，理解革命與執政方向的基礎。辯證思維有兩個基礎：正確認識特定時期的矛盾對象，以及從而去實踐既定之目的。相關內容在毛澤東於 1937 年撰寫的「矛盾論」與「實踐論」可以看出（人民網，2017）。以中共的黨軍關係為例，在革命戰爭初期，毛澤東、朱德曾對於軍事領導體制有所爭執。但在 1929 年的古田會議，中共認為為了強化對國民黨的軍事鬥爭，必須確立黨對軍隊的絕對領導，從而奠基了中共黨軍關係的型態。迄今，「槍桿子出政權」的理念，仍被中共認為是達到政權穩固的保證（Yu, 2000）。

---

[3]　這個觀點是來自於本書審查人的看法，作者表示同意與感謝。

在辯證邏輯強調透過正命題（thesis）與反命題（antithesis）之間的爭辯（struggle），進而發展出一個新命題（new thesis）。而這個新命題將衍生出另一個反命題，進而推導出另一個新的命題，這也就是所謂的辯證過程（dialectical process）（Baradat, 2017: 181-183）。一旦歷史情境與政治需要改變，政策也就會做出改變，朝向下一個「命題」來前進。

中共對於法制政策的推動就是一個辯證過程。在 1950 年代，時任北京市委書記的彭真主抓法制建設工作，要求全國各階級民眾按照法律規章來辦事，以強化社會的整體治理。但毛澤東為首的中央領導，在部分政治活動仍憑藉群眾運動等方式來打擊所謂「反革命」或「右派」，例如 1955 年開始發動的胡風案與「肅清反革命」運動，毛澤東往往透過群眾運動的方式未審先判來羅織罪名，逐漸對法制建設的造成負面衝擊（鐘延麟，2022）。這種辯證過程到了文革，更是幾乎完全揚棄法制的概念，而是以群眾運動的方式來治國。一直到改革開放後，中共又重新強調法制，但中共仍強調一黨專政的原則，例如在 1999 年通過的《憲法》修正案，明定：「中華人民共和國實行依法治國，建設社會主義法治國家。」（郭祥瑞，2016：58）。而從江澤民開始引領的司法改革，也往往可以見到黨的領導在此過程的重要性（陳至潔，2010）。

又以中共在推動基層治理為例。毛與鄧時期的基層幹部選任傾向於黨委直接決定，以實踐黨管幹部的原則。但這種做法讓幹部在民間的公信力或本身能力，可能有所不足，因此在江澤民與胡錦濤時期出現了有限度的選舉或競爭性選拔，意即有限度活化的幹部甄補的過程（張佑宗、吳振嘉，2011；張執中、王占璽、王瑞婷，2013；黃信豪，2010），望藉以強化基層幹部的能力。但選舉制度有可能弱化黨在基層的領導。習近平對於權力鞏固的追求要更高於幹部選任制度的改革，因此在習近平時期的中國，基層幾乎已經揚棄了競爭性選舉制度的推行，以確保黨對國家與社會的全面控制。

從以上的例子可探知，中共的辯證思維用在執政，其主要目的在於確保政權的存續。共黨中國的法規或制度，並沒有真正的獨立性與權力限縮等功能。許多學者提到，中共的改革其目的並不在於和市民社會分享權力，以及實踐真正的民主化。相反地，改革是為了強化執政能力與合法性，以確保政權的永續（Shambaugh, 2008; Pei, 2006）。中共在不同時期提出的各種路線，諸如鄧小平的社會主義市場經濟、江澤民的三個代表，以及胡錦濤的科學發展觀，都是為了適應不同時期的挑戰而提出的方針（Pang, 2016: 108-109）。從這個角度來看，中共制訂政治法規之目的，可能是為了達成由黨所設定，在一定時期的歷史任務，而非是走向限制權力的方向。

肆、政治法規的本質

基於辯證思維的引導下，中共認知的法律體系跟西方有很大的不同。在一黨專政的本質下，當代中國的法律並沒有限制執政者權力的理念，中國學者強世功稱為「黨國憲政主義」（Party-State Constitutionalism）（Jiang, 2014）。此外，中共體制出現雙元的法律系統，包括黨內法規與國家法律。其在幹部管理的領域亦有這雙元的架構，這些規範即本文所謂的政治法規。

黨內法規主要是由各級黨委的「黨的建設工作委員會」來負責主導。[4] 在具體的制訂上，由省級（直轄市）以上黨組織負責，這包括黨的中央組織以及中央紀律檢查委員會、中央各部門，和省、自治區、直轄市的黨委。其次，黨內法規有特殊的名稱，包括黨章、準則、條例、規定、辦法、規則、細則（共產黨員網，2019）。至 2021 年 7 月 1 日，黨內法規共 3,615 部。其中，黨章 1 部，準則 3 部，條例 43 部，規定 850 部，辦法 2,034 部，規則 75 部，細則 609 部（澎拜，2021）。

國家法律由各級人民代表大會來主抓。當然，人大在制訂重要的國家法律時，通常會依據黨委的指示來進行相關工作。而國家法律的內容，不能牴觸黨內法規，且立法機關的黨組，必須依據黨的路線、黨內文件與決定來立法。誠如中共在 2014 年下發的文件指出：社會主義法治必須堅持黨的領導，黨的領導必須依靠社會主義法治（中國政府網，2014）。

此外，兩者對於違法者的懲處方式不同，國家法律主要是罰款、徒刑以及死刑；而黨內法規主要是針對黨員的政治身分，來進行相關懲處，其包括警告、嚴重警告、撤銷黨內職務、留黨察看和開除黨籍五種（人民網，2018）。黨內法規與國家法律必須相互協調，由前者來主導後者。例如，一旦幹部被黨內法規處以開除黨籍，國家法律的刑度通常是無期徒刑、死刑或死緩。中共內部稱此原則為「政治目的與依法定罪相統一」（Liao and Tsai, 2000: 35）。

就歷史的發展來說，中共先有黨內法規，後有國家法律，因此前者在政治領域的重要性可能較高。黨內法規的性質，是依據黨的綱領、路線與方針，[5] 來制訂、變更以及廢除，這體現了典型的辯證思維。這些黨的綱領、路線或方針，主要是依據一定時期內，黨的歷史任務或最高領導人的政治需求來做規劃，並用以強化黨與領導人的執政地

---

[4]　訪談，廣東中山大學學者，2022 年 1 月 12 日。
[5]　對於這些詞彙的相關討論，參見景杉（1991：81）。

位。甚且，領導人在文件上的批示，可以透過正式程序來成為正式的黨內法規或國家法律，[6] 這體現了人治思維對法規制訂的影響。

　　中共最早出現黨內法規的概念，是在 1938 年。當時，毛澤東在黨內的地位已經日趨穩固，他提出「四個服從」的概念 —— 也就是個人服從組織、少數服從多數、下級服從上級，以及全黨服從中央 —— 並依據上述理念來制訂黨內法規。毛透過黨內法規的制定，讓全黨幹部服從他的指示，並在 1945 年正式成為黨內的最高領導人（宋功德、張文顯，2020：13-14）。

　　黨內法規也可以依據領導人的政治需要而做出改變。在 1949 年，毛澤東希望強化統戰工作，並宣示中共將容納更多的黨派與社會團體來共同治理中國。基於這個政治需要，中共在 1949 年 3 月頒布了關於「反對個人崇拜」的黨內法規，禁止以領導人的名字來作為地名或街名，也不能過於強調「毛澤東思想」這個概念。但後來因為毛澤東要推動大躍進的政策，因此開始強調個人集權的重要性。在 1958 年的政治局會議，毛澤東提出要有正確的個人崇拜，也就是要對領袖的正確路線，給予支持與崇拜（馮建輝，1999：37-38）。中共將這些黨內決議，以文件的方式來發給幹部周知。由此可知，黨內法規的本質，就是依據領導人的政治需要來制訂與更改。

　　黨內法規的內容，也會影響國家法律的制定。一個顯著的例子，是中共在 1969 年召開的第九次全國代表大會的政治報告，全面肯定文化大革命的貢獻。此外，在會議中修改了中共黨章，強調要推動「無產階級專政下的繼續革命」。為了銜接這些黨內法規，中共在 1975 更改了憲法的部分內容，全面廢除各種形式的選舉制度，取而代之的，是由各層級的革命委員會來指派幹部擔任某個職務。這種做法是為了強化文革派能充分掌握黨政機關的人事任命。由此可以看出，黨內法規一旦更動，相關的國家法律也往往會進行調整。

　　在黨國憲政主義下，中共法律體系並沒有對政治權力的制衡功能。黨內法規作為實現領導人政治理念的一個工具，其設置與異動也隨時必須依據當時的政治需要來進行。此外，黨內法規的內容，往往指導國家法律的制訂。這使得無論黨內法規或國家法律的內容與運作，都必須依循最高領導人的意志，並受其控制。

---

[6]　關於中共的批示制度與運作，參見 Tsai（2015）。

伍、重新檢視 2000 年代的制度建設

如前所述，若中共的制度化現象，只是在派系平衡因素下的一個「假象」，則學界過去對中共政治繼承邁向制度化的觀點，可能就值得再商榷。許多觀察家的心中，2000年代正是中共實踐「開明專制」的一種體現（余杰，2017），甚至可能開啟中國民主化的機會之窗。在當時，社會出現一定程度的自由化，且中共也進行諸多令人印象深刻的政治改革。其中，包括對黨委書記的權力限制，這也就是中共稱之的黨內民主（He, 2006: 192-195）。但若依據 Fewsmith 的觀點，該時期是因胡錦濤與江澤民的派系之間，出現了某種權力平衡的關係，因此讓一些規範能順利出臺，避免某個派系的坐大。江澤民與胡溫時期，中共對幹部任期、選拔方式與標準，及決策的過程，確實都出現更細膩的規定（寇健文，2013：272-273、324-325）。

但較少有人注意到，這些規範多先以黨內法規的形式呈現，再制訂出相關的國家法律。以中共在 2002 年制訂的〈黨政領導幹部任用選拔條例〉為例，就是極重要的黨內法規。該條例對於幹部的甄補方式做了更詳細的規範。為了面對 2000 年之後，中國在經濟與社會更險峻的問題，中共確實需要有才能的幹部來擔任領導職，以確保政權的存續。在 2002 年版本，該條例強調的是幹部要做滿一定的任期才能調動或升遷。但習近平時期，由於地方矛盾的加劇，中共希望能儘速選拔一批有能力的年輕幹部擔任地方領導職，例如透過選調生的制度來安排年富力強的幹部擔任縣級領導（Tsai and Liao, 2022）。因此在 2014 年與 2019 年對於〈黨政領導幹部任用選拔條例〉進行修改。強調表現良好的基層幹部可以不受任期制的規定，給予迅速提拔，甚至越級提拔（Kou and Tsai, 2021: 6-7）。這再度顯示黨內法規確實可以依據領導人的意志，來隨時做修改。

除了〈黨政領導幹部任用選拔條例〉，中共在 2000 年代還頒布許多關於決策與人事管理的規範，但幾乎多先以黨內法規的形式出現（寇健文，2013：325）。這些規範的建立，有助於中共在 2000 年代所推動的黨內民主，以甄補優秀幹部擔任重要職務，強化中國的經濟發展與現代化建設。此外，透過黨內民主的機制，也可以對黨委書記進行有限度的權力制約，避免出現過於獨裁專斷的情形。而黨內民主的制度與氛圍，似乎影響到高層政治。江澤民將權力和平交接給胡錦濤，胡錦濤再將權力交接給習近平，完成黨與政府領導人的兩次輪替。這在威權國家當中是罕見的例子。

在這個執政理念下，政治法規的內容，確實對於幹部甄補與決策過程，做了較有實用性的規範。但無論是江澤民或胡錦濤，根本無意推動西方式的民主制度，也不允許有任何社會力量與中共分享權力。黨內民主只是中共用以實踐國家發展與政權存續的工具。在江與胡時期，中共黨內出現的一些制度規範，是環繞在最高領導人的國家發展戰

略下來制訂。一旦領導人的理念發生改變，且權力能壓倒其他派系時，會使得政治格局不再需要權力平衡的考量。這使得政治法規，包括黨內法規與國家法律，將依據新任領導的需要而異動，並破壞原本的制度規範。

陸、威權統治的法制化

習近平時期，中共大規模進行制度建設，包括制定黨內法規與國家法律。以黨內法規為例，在習時期的制定數目要遠高於過去任何一位中共領導人（宋功德、張文顯，2020：105-112）。但這似乎不能說明這些法規對於習的權力造成實質性的制約。為了強化黨內法規與國家法律的銜接，習近平成立了「中共中央全面依法治國領導小組」，並由習近平擔任組長。習時期的中國立法數目雖多，但多聚焦於習近平的執政理念來制訂。換言之，這種法治建設雖然很難視為是一種法治（rule of law）的理念，但卻是典型的法制（rule by law）思維，或所謂「有中國特色的法治」（rule of law with Chinese Characteristics）。這些法律或制度建設，有非常強的供給面（demand-side）需求（Wang, 2015: 4-7），其目的是為中共政權存續所服務。中共更在 2020 年 11 月的中央全面依法治國工作會議，提出了「習近平法治思想」的概念。用中共的術語來說，這個詞彙象徵著領導人執政理念與「法治」建設的「有機統一」。

習近平透過黨內法規和國家法律的「頂層設計」，讓所有的施政都有法律可以依循。中共特別重視黨內法規的建設。在 2014 年，中共宣稱要「形成完善的黨內法規體系」，並主張「黨內法規既是管黨治黨的重要依據，也是建設社會主義法治國家的有力保障」（全國人大網，2015）。在官方的鼓勵下，中國社會科學界也針對黨內法規與國家法律的銜接與協調，做了討論（付子堂，2016）。習對於黨內法規與國家法律的建設，可視為是威權主義的法制化，也就是獨裁者在進行任何施政，包括對人權的迫害時，都可以宣稱其是依據法律的規範來進行。在威權國家當中，積極地進行立法的行為，並不能視為是一種對民主化的推動。它反而可能是一種更為集權的獨裁模式，並讓所有司法機構，能為獨裁者的需求來服務。

習近平時期對於國家監察體制的改革，恰好說明了威權主義法制化的現象。中共在 2016 年開始在地方先試行新的監察體制。在 2018 年，中共整併政府的相關監察與調查部門，而組建了國家監察委員會。該機構與中共的紀律檢查委員會一起合署辦公（Li and Wang, 2019）。為了組建國監委，並與紀委合署辦公，中共在 2021 年修改了〈中國共產黨紀律檢查委員會工作條例〉，在第 7 條規定：「黨的中央紀律檢查委員會與國家監察委員會合署辦公，黨的地方各級紀律檢查委員會與地方各級監察委員會合署辦公，實行一套工作機構、兩個機關名稱，履行黨的紀律檢查和國家監察兩項職責。」（中央紀律檢查委員會，2022）。這項規定使得紀律檢查委員會，原本只能針對黨員來進行辦案，但現今卻能將辦案對象擴至非黨員。這對於更多數的公務員有了更強的震懾功能（中國人大網，2018），[7] 使之更不敢反對習近平的政策。

此外，習近平強調「制度治黨」。他在 2021 年底的全國黨內法規工作會議，指出要「發揮好黨內法規在維護黨中央集中統一領導，保障黨長期執政和國家長治久安方面的重大作用」。在習上臺後，他透過黨內的反腐敗鬥爭，來打擊江澤民的派系，並擴大自己的政治勢力（Yuen, 2014）。在這個過程中，中共出臺了許多關於反腐敗的黨內法規，並加大國家法律對於腐敗行為的刑度。例如，在 2015 年對刑法進行修正，增大了貪污罪和受賄罪的定罪量刑標準，不再以具體數額作為量刑標準，而是將犯罪的情節作為定罪量刑標準。此外，也規定利用國家工作人員的影響力，來謀取不正當利益的定罪細節（環球網，2015）。透過這一系列的安排，習近平把反腐敗、法治建設、政治鬥爭，以及強化個人權力，做了巧妙的連結。

習近平執政後，強調「黨的全面領導」。無論是監察體制改革或反腐鬥爭，他都將其理念進行實踐，並藉此強化其政治地位。更弔詭的是，這些措施都是依據法律來進行，但我們似乎看不到法律對於最高領導人的權力限制。無可諱言的，中國在習時期的威權主義法制化，強化北京對政治與社會的控制與監督，讓官員與民眾都承受於來自黨中央的強大壓力。

柒、對高層政治體制的破壞

習近平執政所造成的另一個負面影響，在於其對於高層體制的破壞。中共在歷經鄧小平、江澤民，與胡錦濤時期的運作後，高層政治在幹部選用或決策上，都出現了一些規範。但如前所述，這些規定的成文部分，幾乎是以黨內法規的形式來呈現。這注定了這些高層政治的規範，其本質有相當大的不確定性。

中共在 2018 年透過修憲，廢除國家主席的兩任限制。這使得習近平可以無限次數的擔任這個國家最高領導職。中共黨內法規對於總書記和軍委主席，都沒有任職期限規定。在廢除國家主席的任期制後，習近平將可以在 2022 年底的中共二十大，繼續擔任

7　這裡所指的公務員，主要是依據《中華人民共和國公務員法》第 16 條規定的範疇，包括綜合管理類、專業技術類和行政執法類等類別。這些公務員並不一定有中共黨籍。

上述三個職務，而集中了黨、政和軍事的權力。

　　中共歷次黨章的規定中，都沒有對於最高領導人的任期有做出限制。在 1945 年的七大黨章，強調全黨必須以毛澤東思想為指導綱領，這建立了毛終身執政的基礎。而 1969 年的九大，甚至將林彪作為「毛澤東同志的親密戰友和接班人」列入黨章，顯見黨章是最高領導人用來強化政治權勢的工具。之後的幾次黨章修訂，雖然觸及到政治或經濟上的改革，但始終沒有對最高領導人的任期有任何規範（共產黨員網，2022）。在 1980 年代後，中共歷經三次政權的和平交替。但從黨內法規內容來看，其似乎並沒有明確的條文反對最高領導人永久執政。

　　此外，習近平時期打破常規的決策體制，將重要議題交由許多新成立的領導小組來負責，弱化政治局及其常委會的權力（Tsai and Zhou, 2019: 20）。中共在 2018 年之後，組建的幾個委員會，例如中央全面深化改革委員會、中央網絡安全和信息化委員會、中央財經委員會、中央外事工作委員會，由習近平擔任委員會主任，而負責日常工作的委員會辦公室主任多由習的親信擔任（蔡文軒，2022：118-121）。這種「委員會（小組）治國」模式，強化了習近平在重要決策領域上的主導權（李文輝，2019）。而架空政治局常委會的結果，恐將使得胡錦濤時期建立的常委負責和「個人分工」體制，受到一定程度的破壞。

　　在習近平時期，中共積極強化對習近平的個人崇拜。許多黨內法規將「習近平新時代中國特色社會主義思想」（習思想）與「兩個維護」寫進內容。「兩個維護」指的是堅決維護習近平總書記黨中央的核心、全黨的核心地位，以及堅決維護黨中央權威和集中統一領導。例如在 2020 年公布的〈中國共產黨中央委員會工作條例〉就提到要堅持「習思想」與「兩個維護」（中央紀委國家監委駐應急管理部紀檢監察組，2020）。這種將政治權力高度集中於一人的體制，可能帶有強大的行政效率，但也是極為脆弱的體制。對於常態化的制度建立，可能造成斲喪。

　　在列寧體制的架構下，中共的政治法規並沒有實質的權力制衡功能。這使得一旦具有政治野心的最高領導人執政，將無可避免地出現破壞規範的現象。習近平個人的人格特質，具有強烈的決心與歷史使命感，某種程度上可視為「開創性的領導人」（creative leadership）（Tucker, 1977）。習身為紅二代的背景、文革時期的經歷，與之後的從政與鬥爭經驗，都使他對於權力有迫切的渴望，並認為其有能力可以帶領中國走向現代化（Torigian, 2018; Lee, 2018）。一旦習近平有延續政權的想法，且黨內欠缺足以與之抗衡的政治派系，中共體制很難有足夠機制可以去對於習的野心做出制衡。

捌、結論

　　為何中共在習近平時期會出現制度化倒退的現象，本文嘗試從政治法規的本質去解釋。在 1980 年代後，中共確實出現許多關於幹部選拔或政策決定的規範，多先以黨內法規的形式來呈現，再制訂出相關的國家法律。這些政治規範的功能，主要是在一定歷史時期內，強化領導人理念並鞏固黨的統治。因此，政治法規如何制訂與修改，存在很強的辯證思維，恐怕不太適合用制度化的分析框架來檢視。

　　中國的法規在未涉及到高層政治權力分配或繼承等重大議題時，似乎還是有制度化的現象。舉例來說，在市場經濟與個人資產意識逐漸昂頭的現今，中國政府日漸重視對人民財產權與相關權利的保障，在 2017 年公布〈民法總則〉，而在 2020 年制訂《民法典》（Herbots, 2021）。但若涉及到高層政治權力分配等重大領域的法規，可能難以用制度化邏輯來檢視之，取而代之的是辯證過程的思維。

　　習近平透過強化政治法規的建設，將其執政理念進一步貫穿到黨內法規與國家法律的層面，實踐了威權主義的法制化。在以「非正式的個人權威」為權力來源為主的領導人（寇健文，2011：85-86）── 例如習近平 ── 其往往能夠輕易的破壞既有規範與制度。習近平時期，看似諸多有效率的做法，卻可能是建立在脆弱的法治基礎上。雖然中國在習時期的法規數量眾多，遠高於江、胡時期，但這並不能說明習的權力有受到任何實質的限制。相反地，這種威權主義的法制化，讓習近平的所有政策，都有法規來背書。簡言之，習時期中共的專制與集權化程度，高於胡時期。在習近平蓄意延續政權的理念下，黨內欠缺足以抗衡的派系，使得相關黨內法規或國家法律，都無法遏止習膨脹的野心。

參考書目

人民網，2017，〈「實踐論」「矛盾論」與百年中國歷程〉，10 月 9 日：http://theory.people.com.cn/BIG5/n1/2017/1009/c40531-29575090.html。檢索日期：2022 年 9 月 30 日。

人民網，2018，〈中國共產黨紀律處分條例〉，8 月 27 日：http://cpc.people.com.cn/BIG5/n1/2018/0827/c64094-30251913.html。檢索日期：2021 年 10 月 21 日。

人民網，2022，〈充分發揮依規治黨的政治保障作用：以習近平同志為核心的黨中央加強黨內法規制度建設紀實〉，6 月 26 日：http://cpc.people.com.cn/BIG5/n1/2022/0626/c64387-32456719.html。檢索日期：2022 年 7 月 4 日。

中央紀委國家監委駐應急管理部紀檢監察組，2020，〈中國共產黨中央委員會工作條例〉，9 月 30 日：https://www.mem.gov.cn/jjz/zcfg/202103/t20210305_380984.shtml。檢索日期：2022 年 12 月 16 日。

中央紀律檢查委員會，2022，〈中共中央印發「中國共產黨紀律檢查委員會工作條例」〉，1 月 4 日：https://www.ccdi.gov.cn/toutiaon/202201/t20220104_162161.html。檢索日期：2022 年 7 月 6 日。

中國人大網，2018，〈中華人民共和國公務員法〉，12 月 29 日：http://www.npc.gov.cn/zgrdw/npc/lfzt/rlyw/2018-12/29/content_2071578.htm。檢索日期：2022 年 12 月 16 日。

中國人大網，2020，〈關於「中華人民共和國民法典（草案）」的說明〉，5 月 22 日：http://www.npc.gov.cn/npc/c30834/202005/50c0b507ad32464aba87c2ea65bea00d.shtml。檢索日期：2022 年 7 月 6 日。

中國人大網，2021，〈中華人民共和個人資訊保護法〉，8 月 20 日：http://www.npc.gov.cn/npc/c30834/202108/a8c4e3672c74491a80b53a172bb753fe.shtml。檢索日期：2022 年 7 月 6 日。

中國政府網，2014，〈中共中央關於全面推進依法治國若干重大問題的決定〉，10 月 28 日：http://www.gov.cn/zhengce/2014-10/28/content_2771946.htm。檢索日期：2022 年 12 月 16 日。

王信賢，2021，〈百年中共與中國政治：習近平的天命與挑戰〉，《臺灣民主季刊》18（4）：129-154。

付子堂，2016，〈黨內法規與國家法律的銜接與協調〉，中國社會科學網，12 月 28 日：http://www.cssn.cn/mkszy/rd/201612/t20161228_3362298.shtml?collcc=4071593220。檢索日期：2022 年 7 月 5 日。

全國人大網，2015〈把經濟社會發展納入法治軌道〉：http://www.npc.gov.cn/zgrdw/npc/zgrdzz/2015-12/17/content_1954861.htm。檢索日期：2022 年 7 月 5 日。

共產黨員網，2019，〈中國共產黨黨內法規制定條例〉，9 月 15 日：https://www.12371.cn/2019/09/15/ARTI1568543019644723.shtml。檢索日期：2021 年 10 月 20 日。

共產黨員網，2022，〈黨章歷次修訂概覽〉：http://www.12371.cn/special/dzxd/。檢索日期：2022 年 5 月 27 日。

余杰，2017，〈劉曉波從未幻想中共主動政改〉，Newtalk 新聞，7 月 11 日：https://newtalk.tw/news/view/2017-07-11/91904。檢索日期：2022 年 7 月 6 日。

吳玉山，2021，〈從比較共產主義看中共百年〉，《政治學報》（71）：1-31。

宋功德、張文顯（編），2020，《黨內法規學》，北京：高等教育出版社。

李文輝，2019，〈小組治國：確立黨中央決策角色〉，中時新聞網，8 月 3 日：https://www.chinatimes.com/newspapers/20190803000114-260301?chdtv。檢索日期：2022 年 9 月 30 日。

殷嘯虎（編），2016，《中國共產黨黨內法規通論》，北京：北京大學出版社。

寇健文，2013，《中共菁英政治的演變：制度化與權力轉移 1978-2010》，臺北：五南。

張佑宗、吳振嘉，2011，〈中國大陸基層民主與農村社會保障制度的發展〉，《台灣政治學刊》15（2）：177-232。

張執中、王占璽、王瑞婷，2013，〈從「直選」到「推選」：中國大陸基層選舉發展的制度邏輯〉，《兩岸基層選舉與地方治理研究通訊》1（1）：22-30。

郭祥瑞，2016，〈從近代「法治國」理念反瞻中國大陸「依法治國」藍圖〉，《展望與探索》14（11）：47-70。

陳至潔，2010，〈重鑄紅色天平：中國司法改革的政治邏輯及其對法治的影響〉，《政治科學論叢》45：67-106。

景杉（編），1991，《中國共產黨大辭典》，北京：中國國際廣播出版社。

馮建輝，1999，〈關於個人崇拜的歷史反思〉，《炎黃春秋》7：34-40。

黃信豪，2010，〈有限活化的中共菁英循環：黨政領導菁英組成的跨時考察〉，《中國大陸研究》53（4）：1-33。

黃意植，2013，〈領導格局轉換下的成文規則演變：以 1978 年至 2006 年中共黨內幹部管理法規為例〉，《中國大陸研究》56（2）：31-44。

趙建民，2002，〈中共黨國體制下立法機關的制度化〉，《中國大陸研究》45（5）：87-112。

澎拜，2021，〈中國共產黨黨內法規體系〉，8 月 4 日：https://m.thepaper.cn/baijiahao_13897360。檢索日期：2021 年 10 月 19 日。

蔡中民，2019，〈開放時代的結束？習近平在中共中央黨校青年幹部培訓班開班式講話的政治意涵〉，《展望與探索》17（10）：21-27。

蔡文軒，2022，〈「黨政融合」與習近平中國的集權化領導〉，吳玉山、寇健文、王信賢（編），《一個人或一個時代：習近平執政十週年的檢視》，臺北：五南，頁 105-126。

環球網，2015，〈加大反腐敗國家立法，刑法修正案草案四方面完善〉，3 月 10 日：https://world.huanqiu.com/article/9CaKrnJICLX。檢索日期：2022 年 7 月 5 日。

鐘延麟，2022，〈彭真在 1955 年中共「肅反」運動中的角色與活動〉，《中國大陸研究》65（3）：1-32。

Baradat, Leon P. 2017. *Political Ideologies: Their Origins and Impact*. New York, NY; Oxon, UK: Routledge.

Bo, Zhiyue. 2004. "The Institutionalization of Elite Management in China." In *Holding China Together: Diversity and National Integration in the Post-Deng Era*, eds. Barry J. Naughton and Dali L. Yang. New York, NY: Cambridge University Press, pp. 70-100.

Fewsmith, Joseph. 2021. *Rethinking Chinese Politics*. New York, NY: Cambridge University Press.

He, Baogang. 2006. "Intra-Party Democracy." In *The Chinese Communist Party in Reform*, eds. Kjeld E. Brodsgaard and Zheng Yongnian. New York, NY: Routledge, pp. 192-209.

Herbots, Jacques Henri. 2021. "The Chinese New Civil Code and the Law of Contract." *China-EU Law Journal* 7: 39-49.

Huntington, Samuel P. 1968. *Political Order in Changing Societies*. New Haven, CT: Yale University Press.

Jiang, Shigong. 2014. "Chinese-Style Constitutionalism: On Backer's Chinese Party-State Constitutionalism." *Modern China* 40 (2): 133-167.

Kou, Chien-wen. 2021. "The Reshaping of the Chinese Party-state under Xi Jinping's Rule: A Strong State Led by a Political Strongman." Paper presented at *International Conference on Chinese Political, Economic and Social Dynamics under CCP*, October 29, Taipei: Chinese Council of Advanced Policy Studies.

Kou, Chien-wen, and Wen-Hsuan Tsai. 2021. "The Dual Elite Recruitment Logic and Political Manipulation under Xi Jinping." *Issues & Studies* 57 (4): 2150015.

Lee, Tony C. 2018. "Can Xi Jinping be the next Mao Zedong? Using the Big Five Model to Study Political Leadership." *Journal of Chinese Political Science* 23: 473-497.

Li, Li, and Peng Wang. 2019. "From Institutional Interaction to Institutional Integration: The National Supervisory Commission and China's New Anti-corruption Model." *The China Quarterly* 240: 970-971.

Liao, Xingmiu, and Wen-Hsuan Tsai. 2020. "Strengthening China's Powerful Commission for Discipline Inspection under Xi Jinping, with a Case Study at County Level." *The China Journal* 84: 29-50.

Pang, Laikwan. 1964. "Mao Tse-tung's Materialistic Dialectics." *The China Quarterly* 19: 3-37.

Pang, Laikwan. 2016. "Mao's Dialectical Materialism: Possibilities for the Future." *Rethinking Marxism* 28 (1): 108-123.

Pei, Minxin. 2006. *China's Trapped Transition: The Limits of Developmental Autocracy*. Cambridge, MA: Harvard University Press.

Shambaugh, David L. 2008. *China's Communist Party: Atrophy & Adaptation*. Berkeley, CA: University of California Press.

Shirk, Susan L. 2018. "China in Xi's 'New Era': The Return to Personalistic Rule." *Journal of Democracy* 29 (2): 22-36.

Smith, Ewan. 2018. "The Rule of Law Doctrine of the Politburo." *The China Journal* 79: 40-61.

Teiwes, Frederick C. 2002. "Normal Politics with Chinese Characteristics." In *The Nature of Chinese Politics: From Mao to Jiang*, ed. Jonathan Unger. Armonk, NY; London, UK: M.E. Sharpe, pp. 239-257.

Torigian, Joseph. 2018. "Historical Legacies and Leaders' Worldviews: Communist Party History and Xi's Learned (and Unlearned) Lessons." *China Perspectives* (1-2): 7-15.

Tsai, Wen-Hsuan. 2015. "The CCP's Neican/Pishi Model: A Unique Pattern of Policy-Making in China's Authoritarian Regime." *Asian Survey* 55 (6): 1093-1115.

Tsai, Wen-Hsuan, and Wang Zhou. 2019. "Integrated Fragmentation and the Role of Leading Small Groups in Chinese Politics." *The China Journal* 82: 1-22.

Tsai, Wen-Hsuan, and Xingmiu Liao. 2022. "Fast Track Promotion for Grassroots Cadres: The Xuandiaosheng System in Xi Jinping's China." *Issues & Studies* 58 (1): 2150018.

Tucker, Robert C. 1977. "Personality and Political Leadership." *Political Science Quarterly* 92 (3): 385-397.

Wang, Yuhua. 2015. *Tying the Autocrat's Hands: The Rise of the Rule of Law in China*. New York, NY: Cambridge University Press.

Yu, Peter Kien-Hong. 2000. "The Dialectical Relationship of the Chinese Communist Party and the PLA." *Defense Analysis* 16 (2): 203-217.

Yuen, Samson. 2014. "Disciplining the Party: Xi Jinping's Anti-Corruption Campaign and Its Limits." *China Perspectives* (3): 41-47.

國家圖書館出版品預行編目(CIP)資料

政治學的現況與展望 / 吳重禮、吳文欽、張廖年
仲主編. -- 初版.
-- 臺北市：五南圖書出版股份有限公司, 2023.07
　　　面；　公分.

ISBN 978-626-366-218-6 (平裝)
1.CST: 政治學 2.CST: 文集
570.7　　　　　　　　　　　　　112009415

1PV5

政治學的現況與展望

主　　編 ― 吳重禮、吳文欽、張廖年仲
作　　者 ― 吳重禮、吳文欽、張廖年仲、曾國祥、
　　　　　　劉正山、張佑宗、曾煥凱、張卿卿、
　　　　　　朱雲漢、童涵浦、林政楠、沈有忠、
　　　　　　吳玉山、傅澤民、邱明斌、林成蔚、
　　　　　　李佳怡、陳敦源、王光旭、陳揚中、
　　　　　　范玫芳、黃東益、王宏恩、吳親恩、
　　　　　　林奕孜、蔡中民、冷則剛、賴潤瑤、
　　　　　　蔡文軒

發 行 人 ― 楊榮川
總 經 理 ― 楊士清
總 編 輯 ― 楊秀麗
副總編輯 ― 劉靜芬
責任編輯 ― 林佳瑩、吳肇恩
封面設計 ― 恣遊設計有限公司 / 陳思辰
出 版 者 ― 五南圖書出版股份有限公司
地　　址：106台北市大安區和平東路二段339號4樓
電　　話：(02)2705-5066　傳　　真：(02)2706-6100
網　　址：https://www.wunan.com.tw
電子郵件：wunan@wunan.com.tw
劃撥帳號：01068953
戶　　名：五南圖書出版股份有限公司
法律顧問　林勝安律師
出版日期　2023 年 7 月初版一刷
定　　價　新臺幣 620 元

經典永恆·名著常在

五十週年的獻禮——經典名著文庫

五南，五十年了，半個世紀，人生旅程的一大半，走過來了。

思索著，邁向百年的未來歷程，能為知識界、文化學術界作些什麼？

在速食文化的生態下，有什麼值得讓人雋永品味的？

歷代經典·當今名著，經過時間的洗禮，千錘百鍊，流傳至今，光芒耀人；

不僅使我們能領悟前人的智慧，同時也增深加廣我們思考的深度與視野。

我們決心投入巨資，有計畫的系統梳選，成立「經典名著文庫」，

希望收入古今中外思想性的、充滿睿智與獨見的經典、名著。

這是一項理想性的、永續性的巨大出版工程。

不在意讀者的眾寡，只考慮它的學術價值，力求完整展現先哲思想的軌跡；

為知識界開啟一片智慧之窗，營造一座百花綻放的世界文明公園，

任君遨遊、取菁吸蜜、嘉惠學子！